"十一五"国家重点图书

王云五文集

王云五文集·叁

宋元教学思想
革新时代教学思想

（上册）

王云五 著

江西教育出版社
JIANGXI EDUCATION PUBLISHING HOUSE

图书在版编目（CIP）数据

宋元教学思想；革新时代教学思想/王云五编著. —南昌：江西教育出版社，2011.4

（王云五文集）

ISBN 978-7-5392-5987-1

Ⅰ.①宋… Ⅱ.①王… Ⅲ.①教育思想—思想史—中国 Ⅳ.①G40-092

中国版本图书馆 CIP 数据核字（2011）第 033129 号

书　　名：宋元教学思想　革新时代教学思想（全二册）

著　　者：王云五

出 品 人：傅伟中

责任编辑：洪晓梅

特约编辑：王晓梵　马晓茹　萧　桓

装帧设计：翁　涌

出版发行：江西教育出版社

社　　址：南昌市抚河北路 291 号

邮政编码：330008

印　　刷：北京信彩瑞禾印刷厂

版　　次：2011 年 4 月第 1 版

印　　次：2011 年 4 月第 1 次印刷

规　　格：32 开（880mm×1230mm）

　　　　　21.5 印张　510 千字

定　　价：78.00 元

赣版权登字-02-2011-21

王云五先生获韩国建国大学名誉博士学位

王云五先生与获得博士学位的学生合影
（立者自右至左为陈宽强、雷飞龙、汤承业、陈水逢、张治安、
周道济、王寿南、傅宗懋、缪全吉、孙广德、谢延庚）

王云五先生为吴健雄博士颁奖（1965 年 7 月 21 日）

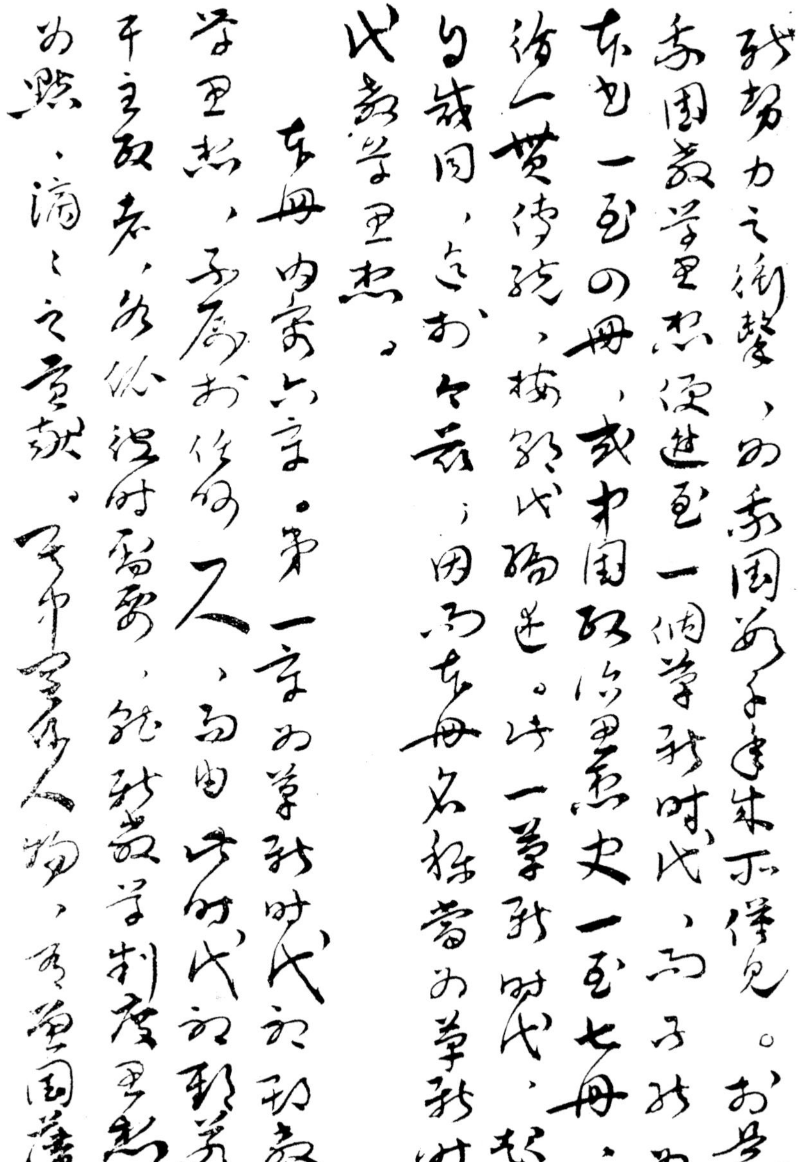

王云五《革新时代教学思想》序言手迹

本卷例言

1. 《王云五文集》本卷辑入《宋元教学思想》和《革新时代教学思想》共两种，分别属于王云五编《中国教学思想史》系列之第三、五册；编辑底据为其初版本。选辑是因为宋代教育思想固有的显著史学地位和革新时代教学体制变革的深远影响，以及作者对其所具地位或影响的个性见解。其未辑入之第一、二、四、六册依次为《先秦教学思想》、《汉唐教学思想》、《明清教学思想》、《中国教学思想综合研究》。王云五《中国教学思想史》诸册初版本由台湾商务印书馆分别于 1970 至 1971 年印制。

2. 本书系由竖排繁体字版改作横排简化字本。

3. 本书行文传述与引征文献相辅相成；传文及其叙列分目小题编用书宋字，所用仿宋字主要为引文及其括引典籍文目。

4. 本书引文大体有正史与笔记之不同，编者对正史部分给予复核和校点，对人物名及著籍名的误笔误引做了修正，对明显疏误的植字和断句做了技术处理，且对脱文进行必要补正，对删句补加省略符号；至于笔记等其他各种征引文字，兹因古籍浩瀚而难以辨识著者引征本源，故一般地照编于原本，但对原本的一些可疑文字也依据众家之见做了修改，请读者注意。

5. 对原本传述文字中复加征引的字句（及句读），与例文所举之不一致处，本书有所必要统一；或将传述行文中的引号予以必要删除（即视为非直接引用）。

6. 本书在由繁体字本改为简化字本，尤其对古籍征引用字的变易工作中，必然遭遇汉字发展历程中衍生的种种问题，不止有一般意义上的“繁体字”和“异体字”，还有在广义“古今字”涵盖下的复杂名目；其具体编辑处理办法，择要说明于以下相关诸条。

7. 对繁体字，一般按照《简化字总表》（1986 年 6 月 24 日国务院批准重新印发）予以简化。对专名字的处理是：凡现今广为人知的人名，如果由于简化字会令人陌生的繁体字，予以保留；凡历史上当时使用的地名，如果不用简化字可以保留一定文献意义的繁体字，亦予保留。

8. 对异体字，大致按照经过 1986 年、1988 年调整的《第一批异体字整理表》（1955 年 12 月 22 日文化部、文改委发布）予以淘汰，使用 796 组规范字；对历史文件中程式化使用的异体字如果因“规范”会产生歧义则予以保留，凡沿用至今的联绵字如因“废异”而损失原有旨趣则予以保留。

9. 对上述两表限定之外的古今字及相类字，如大量通假中的假字，予以保留，以维护引文的通用情况；其他如本字、书字、方字也原则地依引文之所见，而同字、俗字、旧字等则从易读易解考虑宽泛地做了优选处理。

10. 对原本中的异形字，按照 GB2312－80《信息交换用汉字编码字符集》废旧采新；对异形词则一般地予以保留，不强用教育部和国家语委推荐的词形。

11. 对原本中各种姓氏译名、各种地理译名，本书予以原译保留；译名由于一定原因造成的前后文不相一致，本书做资料原状保留。

12. 本书方方面面传述往往采用先提纲挈领、再条分缕析的办法，由于急就成章，却出现提纲之目与分析之题交相缺失、序次颠倒等不对应情况，编辑加工时一一做了处理，其间一个重要原则是有下题则补齐上目，无下题则上目存留。

13. 本书传述正文（非引文部分）用字方面的简繁变动，依据通常语文惯例，即参考此《例言》条7、条8，而不采信本《例言》条9的办法。

14. 本书对《革新时代教学思想》（见下册）的引文原则上予以资料性保留，对部分传述文字涉及当代政治事件时的不当语句、词汇，在不影响文献价值的情况下，均予以技术处理，但其中“我国”“中国”之类用词，本书为维护资料性未予变化；假如删改可能失去资料意义，则在保留相关引文（包括遣词）的同时亦照存有关评语。

15. 本书所有书名标点均依原本（用引号或不标识），即不使用书名号；对引句引词的引号有无，一般视原本编定。

16. 本卷中《革新时代教学思想》原本《附录·著者六十年来有关教学之浅见》鉴于其内容可见于《王云五文集》卷伍《商务印书馆与新教育年谱》及《王云五文集》卷陆《岫庐八十自述》等，本书故未辑入。

17. 本书中引用之古籍原注和作者对引文的注释均采用圆括形式（古籍原注书宋小字），编辑注释采用方括号“［］”注式，并在“［］”内注文后缀“编注”字样。

18. 虽然我们对本书进行了以上编辑加工，但其现存文字之意旨、观点等，也偶有不妥之处，不便一一说明，但并不代表我们认同其立场或言论，相信读者会一一甄别明鉴。

总　目　录

宋元教学思想

序

本书为中国教学思想史之第三册，其涵盖时期为宋元两代。

此时期之教学思想，虽由范文正开其端，继以欧阳文忠、王荆公、司马文正及苏文忠诸大家，实际上则以理学家朱晦翁为其重心。晦翁上承周程张四子，而与并世之吕东莱、叶水心、陆象山大同小异，盖皆以宋代之理学为关键也。下传至元代，其代表人物如许鲁斋与吴草庐者，亦无非继承有宋理学之余绪。

理学家与非理学家之于教学思想，大抵前者侧重于学，后者则侧重于教，即以教化为政治之要道。此时期之非理学家多为政治家与政治思想家，不免因施政而侧重于教；至理学家则以修学及诏人为学为主要任务，自别有其重点也。

余于是不禁深有感焉。士君子达则兼善天下，穷则独善其身。然所谓兼善天下者，乃其所处时代之天下，而非永久之天下也；所谓独善其身者，非真独善也，盖修学立言之效果，不仅吸引当世人士之从游，其立言垂教，且往往愈久弥芳也。使孔孟得志于政途，其造福仅一时之一国，又奚能师表万世；使晦翁得志于朝廷，又奚能立言垂教，以至于不朽。是则达非真达，穷非真穷，亦视夫其人而已。

宋代理学家之治学方法，尤以朱晦翁所提倡者，多与现在相合，而有当于科学方法，诚难能而可贵。姑举一事为例。其在第四门中之第二节读书次第与第四节为学先后，均主张先其易者，后其难者；此与法儒笛卡尔方法论先易后难及由已知推及未知之说，原则殆无二致，而晦翁之说前出于笛卡尔者不下四世纪。孰谓中华民族不讲求科学方法乎？

又宋代开山之教学思想家范希文，于文事之外，不忘武备，一反重文轻武之传统；盖其对外患之来烛照机先，可谓独到之见。继之以苏子瞻之教战守，与叶水心之教战，足见宋代学者多主文武并重之教育，或亦受范希文之影响欤？是为序。

一九七一年二月四日

目　　录

第一章　范仲淹的教学思想

一

仲淹，字希文，其生平事迹见宋史列传第七十三，内容如左：

唐宰相履冰之后，其先邠州人也。后徙家江南，遂为苏州吴县人。仲淹二岁而孤；母更适长山朱氏，从其姓，名说。少有志操，既长知其家世，乃感泣辞母，去之应天府，依戚同文学，昼夜不息。冬月惫甚，以水沃面；食不给，至以糜粥继之。人不能堪，仲淹不苦也。举进士第，为广德军司理参军，迎其母归养。改集庆军节度推官，始还姓，更其名。监泰州西溪盐税；迁大理寺丞，徙监楚州粮料院。母丧去官。晏殊知应天府，闻仲淹名，召寘府学。上书请择郡守，举县令，斥游惰，去冗僭，慎选举，抚将帅；凡万余言。服除，以殊荐，为秘阁校理。仲淹泛通六经，长于易，学者多从质问；为执经讲解，亡所倦。尝推其奉（俸），以食四方游士；诸子至易衣而出，仲淹晏如也。每感激论天下事，奋不顾身；一时士大夫矫厉尚风节，自仲淹倡之。天圣七年，章献太后将以冬至受朝，天子率百官上寿；仲淹极言之，且曰：奉亲于内，自有家人礼，顾与百官同列，南面而朝之，不可为后世法。且上疏请太后还政，不报。寻通判河中府，徙陈州。时方建太一宫及洪福院，市材木陕西。仲淹言：昭应寿宁，天戒不远，今又侈土木，破民产，非所以顺人心合天意也；宜罢修寺观，减常岁市木之数，以蠲除积负。又言：恩幸多以内降除官，非太平之政。事虽不行，仁宗以为忠。太后崩，召为右司谏；言事者多暴太后时事。仲淹曰：太后受遗先帝，调护陛下者十余年，宜掩其小故，以全后德；帝为诏中外，毋辄论太后时事。初太后遗诰，以太妃杨氏为皇太后，参决军国事。仲淹曰：太后，母号也，自古无因保育而代立者。今一太后崩，又立一太后，天下且疑陛下不可一日无母后之助矣。岁大蝗旱，江淮京东滋甚。仲淹请遣使循行，未报，乃请间曰：宫掖中半日不食，当何如？帝恻然；乃命仲淹安抚江淮，所至开仓振之，且禁民淫祀。奏蠲庐舒折役茶、江东丁口盐钱，且条上救弊十事。会郭皇后废，率谏官御史伏阁争之，不；能得。明日将留百官，揖宰相廷争。方至待漏院，有诏出知睦州。岁余徙苏州。州大水，民田不得耕，仲淹疏五河，导太湖，注之海，募人兴作，未就。寻徙明州，转运使奏留仲淹以毕其役。许之。拜尚书礼部员外郎、天章阁待制。召还，判国子监，迁吏部员外郎，权知开封府。时吕夷简执政，进用者多出其门。仲淹上百官图，指其次第曰：如此为序迁，如此为不次，如此则公，如此则私；况进退近臣，凡超格者不宜全委之宰相。夷简不悦。他日论迁都之事。仲淹曰：洛阳险固，而汴为四战之地；太平宜居汴，即有事必居洛阳；当渐广储蓄，缮宫室。帝问夷简，夷简曰：此仲淹迂阔之论也。仲淹乃为四论以献，大抵讥切时政。且曰：汉成帝信张禹，不疑舅家，故有新莽之祸；臣恐今日亦有张禹坏陛下家法。夷简怒诉曰：仲淹离间陛下君臣，所引用皆朋党也。仲淹对益切，由是罢知饶州。殿中侍御史韩渎希宰相旨，请书仲淹朋党，揭之朝堂。于是秘书丞余靖上言曰：仲淹以一言忤宰相，遽加贬窜；况前所言者，在陛下母子夫妇之间乎？陛下既优容之矣，臣请追改前命。太子中允尹洙自讼与仲淹师友，且尝荐己，愿从降黜。馆阁校勘欧阳修以高若讷在谏官，坐视而不言，移书责之。由是三人者皆坐贬。

明年夷简亦罢。自是朋党之论兴矣。仲淹既去，士大夫为论荐者不已。仁宗谓宰相张士逊曰，向贬仲淹，为其密请建立皇太弟故也；今朋党称荐如此，奈何？再下诏戒敕。仲淹在饶州岁余，徙润州，又徙越州。元昊反，召为天章阁待制，知永兴军，改陕西都转运使。会夏竦为陕西经略安抚招讨使，进仲淹龙图阁直学士以副之。夷简再入相，帝谕仲淹，使释前憾。仲淹顿首谢曰：臣乡论，盖国家事，于夷简无憾也。延州诸砦多失守，仲淹自请行；迁户部郎中，兼知延州。……（多所建树）帝皆用其议。仲淹又请修承平、永平等砦，稍招还流亡，定堡障，通斥候，城十二砦。于是羌汉之民，相踵归业。久之，元昊归陷将高延德。因与仲淹约和，仲淹为书戒喻之。会任福败于好水川，元昊答书语不逊，仲淹对来使焚之。大臣以为不当辄通书，又不当辄焚之。宋庠请斩仲淹，帝不听，降本曹员外郎，知耀州，徙庆州，迁左司郎中，为环庆路经略安抚缘边招讨使。初元昊反，阴诱属羌为助，而环庆酋长六百余人约为乡道。事寻露，仲淹以其反复不常也，至部即奏行边，以诏书犒赏诸羌，阅其人马，为立条约……（诸所处置，无不适当）帝大喜曰：吾固知仲淹可用也。进枢密直学士，右谏议大夫……帝方锐意太平，数问当世事，仲淹语人曰：上用我至矣，事有先后，久安之弊，非朝夕可革也。帝再赐手诏，又为之开天章阁，召二府条对。仲淹皇恐，退而上十事……天子方信向仲淹，悉采用之。宜著令者，皆以诏书画一颁下；独府兵法众以为不可而止。又建言周制三公分兼六官之职，汉以三公分部六卿，唐以宰相分判六曹。今中书，古天官冢宰也；枢密院，古夏官司马也。四官散于群有司，无三公兼领之重，而二府惟进拟差除，循资级，议赏罚，检用条例而已。上非三公论道之任，下无六卿佐王之职；非治法也。臣请仿前代，以三司、司农、审官、流内诠、三班院、国子监、太常、刑部、审刑、大理、群牧、殿前马步军司，各委辅臣兼判其事。凡官吏黜陟，刑法轻重，事有利害者，并从辅臣予夺；其体大者，二府佥议奏裁。臣请自领兵赋之职；如其无补，请先黜降。章得象等皆曰不可。久之，乃命参知政事贾昌朝领农田，仲淹领刑法。然卒不果行。初仲淹以忤吕夷简放逐者数年。士大夫持二人曲直，交指为朋党。及陕西用兵，天子以仲淹士望所属，拔用之。及夷简罢，召还，倚以为治，中外想望其功业，而仲淹以天下为己任，裁削幸滥，考核官吏，日夜谋虑，兴致太平。然更张无渐，规摹阔大；论者以为不可行。及按察使出，多所举劾，人心不悦。自任子之恩薄，磨勘之法密，侥幸者不便，于是谤毁稍行，而朋党之论浸闻上矣。会边陲有警，因与枢密副使富弼请行边。于是仲淹为河东陕西宣抚使，赐黄金百两，悉分遣边将。麟州新罹大寇，言者多请弃之。仲淹为修故砦，招还流亡三千余户，蠲其税，罢榷酤予民。又奏免府州商税，河外遂安。比去，攻者益急。仲淹亦自请罢政事。乃以为资政殿学士、陕西四路宣抚使，知邠州。其在中书所施为，亦稍稍沮罢。以疾请邓州，进给事中，徙荆南。邓人遮使者请留。仲淹亦愿留邓，许之。寻徙杭州，再迁户部侍郎；徙青州。会病甚，请颍州，未至而卒，年六十四。赠兵部尚书，谥文正。……仲淹内刚外和；性至孝，以母在时方贫，其后虽贵，非宾客，不重肉。妻子衣食，仅能自充，而好施予，置义庄里中，以赡族人。泛爱乐善，士多出其门下。虽里巷之人皆能道其名字。死之日，四方闻者，皆为叹息。为政尚忠厚，所至有恩，邠庆二州之民与属羌，皆画像，立生祠事之。及其卒也，羌酋数百人哭之如父；斋三日而去。

本章资料系以国学基本丛书本范文正公全集为根据。全集包括正集二十卷，别集四卷，奏议上下二卷，尺牍上中下三卷，附年谱一卷，言行拾遗事余四卷，鄱阳遗事录不分卷，褒贤祠记二卷，优崇及忠宣遗文、赞颂疏等不分卷。

宋代教学思想，希文开其端，至朱熹而大成。元晦最崇敬希文，其论希文有如左之各项：

（一）宋朝忠义之气，却是范文正作成起来。

（二）天地间气，第一流人物。

（三）至范文正，方厉廉耻，振作士气。

（四）本朝惟范文正公振作士大夫之气为多。

（五）范文正公杰出之才，自做秀才时，便以天下为己任。

二

本章所搜集之资料，属于为学者较少，教育则较多。仍分为（甲）为学之部与（乙）教育之部。

（甲）为学之部

括有：（一）实学与文章，（二）履行与艺业，（三）武学，（四）大将读书诸目。

（一）实学与文章

（范文正公集政府奏议上答手诏条陈十事）谨按周礼卿大夫之职各教其所治，三年一大比，考其德行道艺，乃献贤能之书于王。王再拜受之，登于天府。盖言王者举贤能，所以上安宗社，故拜受其名，藏于庙中，以重其事也。卿大夫之职，废既久矣。今诸道学校如得明师，尚可教人六经，传治国治人之道。而国家乃专以辞赋取进士，以墨义取诸科，士皆舍大方而趋小道，虽济济盈庭，求有才有识者，十无一二；况天下危困，乏人如此，将何以救？在乎教以经济之业，取以经济之才，庶可救其不逮。或谓救弊之术，无乃后时。臣谓四海尚完，朝谋而夕行，庶乎可济，安得晏然不救，坐视其乱哉！臣请诸路州郡，有学校处，奏举通经有道之士，专于教务，务在兴行；其取士之科，即依贾昌朝等起请。进士先策论而后诗赋，诸科墨义之外，更通经旨，使人不专辞藻，必明理道，则天下讲学必兴，浮薄知劝。最为至要。

希文鉴于当代士子皆重文章，而轻实学，系因在上者鼓励失当。盖古代读书人绝大多数以服官为目标。国家取士如专重辞赋与墨义，则“士皆舍大方而趋小道；虽济济盈庭，求有才有识者，十无一二”。希文为挽救此弊，力主“取以经济之才”。所谓经济，在昔系指经邦济世，与现代经济之意义不同，而包涵更广。更具体言之，希文主张“进士先策论而后诗赋，诸科墨义之外，更通经旨，使人不专辞藻，必明理道”，即重实学而轻文章也。

（二）履行与艺业

（范文正公集政府奏议上再进前所陈十事）为天下举人，先取履行，次取艺业；将以正教化之本，育卿士之材也。

履行谓行为，艺业指知识与技能。希文主张取士先重行为，次及知识与技能。换言之，即德行重于知能。如此始能“正教化之本，育卿士之材”。由于国家取士有所侧重，则士子当能有所适从。

（三）武学

（范文正公集卷八上执政书）昔成周之盛，王道如砥。及观周礼，则大司马阵战之法，粲然具存。乃知礼乐之朝，未尝废武。今孙吴之书，禁而废学，苟有英杰，受亦何疑?

我国向来重文轻武。希文主张独异，盖以武力用于侵略纵非所宜，若用以自卫，殊为正当与必要。以故，礼乐之朝，未尝废武，则以我纵不侵略他国，难保他国不侵略我。若毫无准备，一旦遭遇侵略，几何不陷于危亡。宋处于唐代藩镇跋扈与五代动乱之后，太祖借杯酒而释诸将兵权，宜其倾向于偃武修文，以致外患迭乘，国基动荡。希文独首倡不宜轻视武学与武备，可谓烛照机先。

（四）大将读书

（范文正公言行拾遗事余卷一）公与相国韩公为西帅，狄武襄青隶其节下，为人器度深远，咸奇之曰，此国器也。公尝以左氏春秋，授狄武襄曰，熟之，可以断大事。将不知古今，乃匹夫之勇。青于是晚节益喜书史，既明见时事成败，尤好节义。

希文一面注重武学，一面又主张大将宜读经书，盖深明义理，可断大事也。“将不知古今，乃匹夫之勇”；欲为万人之敌，不可不兼读经籍也。

三

（乙）教育之部

括有（一）教化，（二）教育，（三）名教，（四）分科教育，（五）研究，（六）学校，（七）学额，（八）讲学，（九）人材，（十）选举诸节。

○ 第一节　教化

（1）教化

（范文正公集卷七奏上时务书）国之文章，应于风化；风化厚薄，见乎文章。是故观虞夏之书，足以明帝王之道；览南朝之文，足以知衰靡之化。故圣人之理天下也，文弊则救之以质，质弊则救之以文。质弊而不救，则晦而不彰；文弊而不救，则华而将落。前代之季，不能自救，以至于大乱。乃有来者，起而救之。故文章之薄，则为君子之忧，风化其坏，则为来者之资。惟圣帝明王，文质相救，在乎己，不在乎人。

此言文章为风化之代表，故观一代之文章典籍，可知其风化之厚薄。“圣人之理天下也，文弊则救之以质，质弊则救之以文”。希文认为宋之前代，当其季世不能自救，遂至大乱。因而为政者，鉴于文章之薄，即知风化之坏，戚然忧之，亟谋自救。此即教化之所本也。

又如：

（范文正公集卷八上执政书）五代以来，诸侯暴酷，视民如芥，生杀由之。皇朝龙兴，典章一宽。真宗皇帝，至仁如天，尽心于此。内则举执法之吏，外则创按刑之司，徒流之间，无敢差者。若今于教化之道复如刑名之用心，亦何患不至乎？

此言宋承五代之后，大乱亟思为治，一面宽以待民，一面严以绳法，所谓宽猛并济。然若能更进一步，推行教化，一如对于刑名之用心，则不等用法用刑，而民自守法畏刑；盖法与刑为消极之救济，不若教与化之可为积极的防范也。

○ 第二节 教育

括有（1）教育，（2）育才诸目。

（1）教育

（范文正公集卷八上执政书）古者庠序列于郡国，王风云迈，师道不振，斯文销散，由圣朝之弗救乎？当太平之朝，不能教育，俟何时而教育哉！乃于选用之际，患其才难，亦由不务耕而求获矣。今春诏下礼闱，凡修词之人，许存策论；明经之士，特与旌别。天下之望，翕然称是。其间所存策论，不闻其谁；激劝未明，人将安信？倘使呈试之日，先策论，以观其大要；次诗赋，以观其全才。以大要定其去留，以全才升其等级。有讲贯者，别加考试。人必强学，副其精举。复当深思治本，渐隆古道。先于都督之郡，复其学校之制。约周官之法，兴阙里之俗，辟文学掾，以专其事。敦之以诗书礼乐，辨之以文行忠信；必有良器，蔚为邦材。况州县之用乎？夫庠序之兴，由三代之盛王也，岂小道哉！孟子谓得天下英材而教育之，一乐也。岂偶言哉！行可数年，士风丕变，斯择材之本，致理之基也。

希文主张广设学校于郡国，以作育士子；“敦之以诗书礼乐，辨之以文行忠信”。并主张向来礼闱试士，凡修词之人，许为策论，明经之士，特与旌别。如此分别办理，其标准如何订定，听各人自行申报，未必可信；若先加以考核，岂非考试之前又需甄试乎？希文则主张两者并试，惟“先策论，以观其大要，次诗赋，以观其全才。以大要定其去留，以全才升其等级”；殊与情理相合。盖取士系为任官，任官须通达时事，策论所以试时事之认识与见解，为服官必要之条件，故以策论之合格与否定去留，实甚公允；至于诗赋之优劣，可觇学力之深浅，优者升其等级，亦尚合理。

（2）育才

（范文正公集卷八上时相议制举书）夫善国者莫先育材；育材之方，莫先劝学；劝学之要，莫尚宗经，宗经则道大，道大则才大，才大则功大。盖圣人法度之言存乎书，安危之机存乎易，得失之鉴存乎诗，是非之辨存乎春秋，天下之制存乎礼，万物之情存乎乐。故俊哲之人入乎六经，则能绍法度之言，察安危之几，陈得失之鉴，析是非之辨，明天下之制，尽万物之情；使斯人之徒辅成王道，复何求哉？……今文庠不振，师道久缺；为学者不根乎经籍，从政者罕议乎教化……今朝廷思救其弊，兴复制科，不独振举滞淹，询访得失，有以劝天下之学，育天下之才；是将复小为大，抑薄归厚之时也。斯文丕变，在此一举。然恐朝廷命试之际，谓所举之士，皆能熟经籍之大义，知王霸之要略；则反屏而弗问，或将访以不急之务，杂以非圣之书，辨二十八将之功勋，陈七十二贤之德行。如此之类，何所补益？盖欲伺其所未至，误其所尝习，不以教育为意，而以去留为功；若如所量，恐非朝廷劝学育才之道也。何哉？国家劝学育材，必求为我器用，辅我风教，设使皆明经籍之旨，并练王霸之术，问十得十，亦朝廷教育之本意也。况文有精粗，理有优劣，明试之下，得失尚多，何患去留之难乎？今或伺其所未至，误其所尝习，则天下贤俊，莫知所守，将博习非圣，旁攻异端。圣人之门，无复启发；逮于后举，差之益远。如此，则制科之设，足以误多士之心，不足以救斯文之弊。恭惟前圣之文之道，昭昭乎为神器于天下；得之者昌，失之者亡，后世圣人，开学校，设科等，率贤俊以趋之，各使尽其心，就其器，将以共理于天下。故书曰：咸有一德，斯之谓矣。愿相府为此一举，倘昌言于两制。如能命试之际，先之以六经，次之以正史，该之以方略，济之以时务，使天下贤俊，翕然修经济之业，以教化为心，趋圣人之门，成王佐之器；十数年间，异人杰士，必穆穆于王庭矣。何患俊乂不允，风化不兴乎？救文之弊，自相公之造也。当有吉甫辈，颂吾君之德，吾相之功，登于金石，永于天地者矣。四海幸甚，千载幸甚。

本段说明育才当以六经为主，然既以六经育才，即应本六经而试士；若于六经之外，别觅问题试士，殊非朝廷劝学育材之道。本文所主张者，为命试之际，“先之以六经，次之以正史，该之以方略，济之以时务”；如此，则才智之士，庶几穆穆于王庭矣。

又如：

（范文正公集卷七南京书院题名记）若夫廊庙其器，有忧天下之心。进可为卿大夫者；天人其学，能乐古人之道，退可为乡先生者，亦不无矣。观夫二十年间，相继登科，而魁甲英雄，仪羽台阁；盖翩翩焉，未见其止。宜观名列，以劝方来。登斯缀者，不负国家之乐育，不孤师门之礼教，不忘朋簪之善导；孜孜仁义，惟日不足，庶几乎刊金石而无愧也。抑又使天下庠序，规此而兴，济济群髦，咸底于道；则皇家三五之风，步武可到，戚门之光，亦无穷已。他日门人中，绝德至行，高尚不仕，如睢阳先生者，当又附此焉。

我国古代书院为私立的研究所；山长士子，人才辈出，较之公立之学校，以造就科举人才为目的者颇异其趣。此为育才之另一途径，夙为我国士人所特别注意。

○ 第三节　名教

本节分为（1）崇名教，（2）重名两目。

（1）崇名教

（范文正公案卷八上资政晏侍郎书）若以某邀名为过，则圣人崇名教，而天下始劝。庄叟云：为善无近名。乃道家自全之说，岂治天下者之意乎？名教不崇，则为人君者，谓尧舜不足慕，桀纣不足畏；为人臣者，谓八元不足尚，四凶不足耻。天下岂复有善人乎？人不爱名，则圣人之权去矣。经曰：立身扬名；又曰，善不积，不足以成名；又曰，耻没世而名不称；又曰，荣名以为宝。是则教化之道，无先于名。三古圣贤，何尝不著于名乎？

本文注重教以好名，换言之，即以名为教。道家虽主张不可好名，儒家则反是。希文认为人君不好名，将谓尧舜不足慕，桀纣不足畏；人臣不好名，则将谓八元不足尚，四凶不足耻。“天下岂复有善人乎？”

（2）重名

（范文正公集卷八近名论）老子曰：名与身孰亲？庄子曰：为善无近名。此皆道家之训，使人薄于名，而保其真。斯人之徒，非爵禄可加，赏罚可动；岂为国家之用哉？我先王以名为教，使天下自劝。汤解网，文王葬枯骨；天下诸侯，闻而归之。是三代人君，已因名而重也。太公直钓以邀文王，夷齐饿死于西山，仲尼聘七十国以求行道，是圣贤之流，无不涉乎名也。孔子作春秋，即名教之书也；善者褒之，不善者贬之，使后世君臣，爱令名而劝，畏恶名而慎矣。夫子曰：疾没世而名不称。易曰：善不积，不足以成名。然则为善近名，岂无伪邪？臣请辩之。孟子曰：尧舜性之也，三王身之也，五霸假之也。后之诸侯，逆天暴物，杀人盗国，不复爱其名者也。人臣亦然。有性本忠孝者，上也；行忠孝者，次也；假忠孝而求名者，又次也。至若简贤附势，反道败德，弑父叛君，惟欲是从，不复爱其名者，下也。人不爱名，则虽有刑法干戈，不可止其恶也。武王克商，式商容之闾，释箕子之囚，封比干之墓；是圣人敦奖名教，以激劝天下。如取道家之言，不使近名；则岂复忠臣烈士，为国家之用哉？

本段说明道家与儒家对于名的看法，迥不相同。道家的老庄均认为名的价值低而薄。儒家则自三代的人君已知重名。孔子作春秋，一褒一贬，使后世君臣“爱令名而劝，畏恶名而慎”。至于宁受恶名而不辞者，则刑法干戈不能止其恶，真是无所不为矣。

○ 第四节　分科教育

本节分为（1）音乐教育与（2）医学教育二目：

（1）音乐教育

（范文正公集卷九与唐处士书）盖闻圣人之作琴也，鼓天地之和而和天下。琴之道，大乎哉！秦作之后，礼乐失驭。于嗟夫！琴散久矣。后之传者，妙指美声，巧以相尚；丧其大，矜其细，人以艺观焉。皇宋文明之运，宜建大雅。东宫故谕德崔公，其人也。得琴之道，志于斯，乐于斯，垂五十年。清静平和，性与琴会。著琴笺，而自然之义在矣。某尝游于门下，一日请曰：琴何为是？公曰：清厉而静，和润而远。某拜而退，思而释曰：清厉而弗静，其失也躁；和润而弗远，其失也佞；弗躁弗佞，然后君子，其中和之道欤？一日又请曰：今之能琴，谁可与先生和者？曰：唐处士可矣。某拜而退，美而歌曰：有人焉，有人焉，且将师其一二。属远仕千里，未获所存；今复选于上京，崔公既没，琴不在于君乎？君将怜其意，授之一二；使得操尧舜之音，游羲黄之域，其赐也岂不大哉？又先王之琴，传而无穷；上圣之风，存乎盛时。其旨也，岂不远矣？

本文极言琴之美妙，为用之大而广。琴为乐器之一，是则音乐之影响于人者大矣。古代之六艺教育，乐居第二；降及今日，基本教育，亦有音乐一科。是则古今中外，在教育上同一重视音乐也，明矣。

（2）医学教育

（范文正公集政府奏议下奏乞在京并诸道医学教授生徒）臣观周礼，有医师掌医之政令，岁终考其医事，以制其禄。是先王以医事为大，著于典册。我祖宗朝，置天下医学博士，亦其意也。即未曾教授生徒。今京师生人百万，医者千数；率多道听，不经师授，其误伤人命者，日日有之。臣欲乞出自圣意，特降敕命，委宣徽院选能讲说医书三五人为医师。于武成王庙，讲说素问难经等文字。召京城习医生徒听学，并教脉候，及修合药饵。其针灸亦别立科教授。经三年后，方可选试。高等者，入翰林院，充学生祗应。仍指挥今后不由师学，不得入翰林院。如在外面私习，得医道精通，有近上朝臣三人奏举者，亦送武成王庙比试，更委宣徽院复试；取医道精深高等者，方得入翰林院祗应。如内中及诸宫院使不经官学，百姓医人有功效者，只与支赐。如祗应十年以上，果有效者，即与助教，或殿侍三司军大将安排；即不得入翰林院。所有诸道州府，已有医学博士，亦令逐处习生徒，并各选官专管。仍指挥转运使，提点刑狱，转运判官，所到点检其学医生徒，候念得两部医书精熟，即与免户下诸般差配。如祗应州府，累有功效者，即保明闻奏，与助教安排。所贵天下医道各有原流，不致枉人性命，所济甚广，为圣人美利之一也。

我国医学虽发明甚早，历代亦有杰出人才。无如国家未予提倡，听其自生自灭。于是不学无术，滥竽充数，以道听途说，不经师授者，误伤人，无日无之。希文独加注重，奏请制定医学教育计划，举行科试，高第者使入翰林院，并规定今后不由师学，不经科试，不得入翰林院。其在外私习，医道精通者，经朝臣三人奏举，亦得特准应试。此外祇应十年，累有效者，只许担任助教，亦不得入翰林院，其重视科名如此，亦即所以重视医学也。统观全文，希文在宋代对于向不重视医学，以其有关人命，提出整套教育选拔计划，与现代大学教育之重视医学，并无二致。设彼时能获采行，并积极推进，则我国医学至今定已昌明，不仅拯救无数误死之人命而已也。

○ 第五节　研究

本节分为（1）国子监与郡学，（2）馆殿二目。

（1）国子监与郡学

（范文正公集政府奏议上奏乞两府兼判）国子监，及诸道郡学，聚天下之士，讲议诗书，服习礼乐；长养贤俊，为国器用。此地官司徒之职也。臣请命辅臣兼判，以总天下郡学。每遇科场开日，或有德行文学之士，乡里所推重者，不以应举不应举，许郡学士众，举履行善状，诣所属荐举。逐处官员，更体量名实相副者，保明闻奏，当议别行敦遣，以劝天下之士。

国子监为中央最高学府，郡学为地方高级学校，均寓有多少研究之意义，其中国子监为尤。希文建议以辅臣兼长国子监，以总天下各郡学。郡学士众，对于有德行文学，为乡里推重者，得诣所属荐举；各处官员，体量其名实相符者，得保明闻奏，别行敦遣，以劝天下之士。

（2）馆殿

（范文正公集政府奏议下奏杜杞等充馆职）臣闻书曰：先王坐以待旦，旁求俊乂。盖天下治乱，系之于人；得人则治，失人则乱。故先王尽心焉。臣伏睹朝廷两府，任人多擢于两制；词臣必由于馆殿。是馆殿为育材之要府，岂宜贤俊不充，至于衰索。唐太宗置文馆，延天下贤良文学之士，令更宿直；听朝之暇，引入内殿，讲论政事，至夜久方罢。今馆阁臣寮，率多清贫。侨居桂玉之地，皆求省府诸司职任。或闻在馆供职者惟三两人，甚未称陛下长养群材之意。臣窃见虞部员外郎杜杞、太常丞章岷、秘书丞尹源、秘书丞张掞、殿中丞王益柔、殿中丞吕士昌、大理寺丞苏舜钦、大理寺丞楚建中、环州军事判官姚嗣宗、国子监直讲孙复，或文词雅远，可润皇猷，或经述精通，能发圣蕴。伏望圣慈，委中书相度；其间声实已著者，乞不限资任。先次召试，各补馆职。或有未协公议者，乞加询采，更候悉其才行，即赐施行。今后馆阁臣寮，供职经二年，不就诸司职任者，乞特与恩例差遣，庶令英俊之游，日玩典籍，不亲米盐之务，专修经纬之业，长育人才，无尚于此。

此言帝王特置之文馆与内庭殿阁，唐太宗时每延揽天下贤良文学之士，俾于听朝之暇，引入内殿讲论政事。现今馆阁臣僚，率多清贫，亟求省府诸司职任，以致馆臣留任者寥寥无几。因特举若干人，以备选任馆职。此种职任不仅有助于帝王，亦使其人有加深研究之机会，实两全之举也。

○ 第六节　学校

本节分为（1）学校，（2）武学校，（3）建学要旨，（4）私人兴学诸目。

（1）学校

（范文正公集卷八上执政书）古者庠序列于郡国。王风云迈，师道不振，斯文销散，由圣朝之弗救乎？当太平之朝，不能教育，俟何时而教育哉！……夫庠序之兴，由三代之盛王也，岂小道哉？孟子谓得天下英才而教育之，一乐也。岂偶言哉。行之数年，士风丕变，斯择材之本，致理之基也。

本文极言学校之重要，并言"当太平之朝，不能教育，俟何时而教育哉!"设能广兴学校，则人材辈出，更能慎重取士，不仅士风丕变，且为致理之基也。

（2）武学校

（范文正公集政府奏议上奏乞指挥国子监保明武学生令经略部署司讲说兵书）臣窃闻国家兴置武学以来，苦未有人习艺，或恐英豪隐晦，耻就学生之列。倘久设此学无人可教，则虑外人窥觇，谓无英材，于体未便。欲乞指挥国子监，不须明立武学之名，如学生中有好习兵书者，令本监官员保明。委是忠良之人，即密令听读。臣窃见边上，甚有弓马精强，谙知边事之人，则未曾习学兵书，不知为将之体，所以未堪拔擢。欲乞指挥陕西路、河东逐路经略司，于将佐及使臣军员中，拣选识文字，的有机智武勇，久远可以为将者，取三五人，令经略部署司参谋官员等，密与讲说兵书讨论胜策。所贵边上武勇已著之人，更知将略，或因而立功，则将来有人可任，即不得声张，多教人数。

希文鉴于原有武学校，无人愿来学习，建议指挥国子监，不用武学之名，如学生中有好习兵书者，密令本监官员保明，密使听讲兵书。又将佐军员之中，有机智武功而识文字者，亦令其主管密保数人，予以特别训练。务使纵无武学之名而有武学之实。由此可以推见彼时重文轻武，愿入武学校学习者不多。希文认为武学不可偏废，特议变通办法。以文学校而兼武学，或不用武学之名，而密予有关武学之训练，其用心良苦，而思想亦周。

（3）建学要旨

（范文正公集卷七邠州建学记）国家之患，莫大于乏人。人曷尝而乏哉？天地灵粹，赋于万物，非昔醇而今漓。吾观物有秀于类者，曾不减于古。岂人之秀而贤者，独下于古欤？诚教有所未格，器有所未就而然耶？庠序可不兴乎？庠序者，俊乂所由出焉。三王有天下各数百年，并用此道，以长养人材。材不乏而天下治，天下治而王室安；斯明著之效矣。庆历甲申岁，予参贰国政，亲奉圣谋，诏天下建郡县之学，俾岁贡群士，一由此出。明年春，予得请，为豳城守。署事之三日，谒夫子庙。通守太常王博士稷告予曰：奉诏建学，其材出于诸生备矣。今夫子庙隘甚，群士无所安。因议改卜于府之东南隅，地为高明，遂以建学，并其庙迁焉。以兵马监押刘保、节度推官杨承用，共掌役事。博士朝夕视之。明年夏，厥功告毕，增其庙度，重师礼也。广其学官，优生员也。谈经于堂，藏书于库；长廊四回，室从而周，总一百四十楹。广厦高轩，处之显明；士人洋洋，其来如归，且曰：吾党居后稷公刘之区，被二帝三王之风，其吾君之大赐，吾道之盛节欤？敢不拳拳服膺，以树其德业哉！予既改南阳郡，博士移书，请为之记。予尝观易之大象，在小畜曰君子以懿文德，谓其道未通，则畜乎文德，俟时而行也；在兑曰君子以朋友讲习，谓相说之道，必利乎正，莫大于讲习也。诸生其能知吾君建学，圣人大易之旨，则庶几乎。故书之。

建学要旨，不外“重师礼也……优生员也，谈经于堂，藏书于库”四事。希文出守豳城，为郡建学，而为之记，其要旨注重上述四事，可谓知本矣。设不重师礼，不优遇生员，堂不讲经，库无藏书，则虽有堂皇之校舍，岂能称之为学，则以其不备建学之要旨也。

（4）私人建学

（范文正公集年谱）二年乙亥，年四十七岁。是年公在苏州，奏请立郡学；先是公得南园之地，既卜筑而将居焉。阴阳家谓必踵生公卿。公曰：吾家有其贵，孰若天下之士，咸教育于此，贵将无已焉。遂即地建学，既成或以为太广。公曰：吾恐异时患其隘耳。元祐四年，公之子纯礼，出自奉常；制置江淮六路漕事，持节过乡郡；即学拜公像。睹学之敝，复请于朝，新而广之。吴学至今甲于东南。

此为希文私人所建之学，盖以所得之吉地，原以供私宅之用者，改而建学。成绩既优，地方文风因而鼎盛。吴学至今甲于东南，拜其赐也。

○ 第七节　学额

本节不分目，其说如左：

（范文正公集卷十五代胡侍郎奏乞馀杭州学名额表）窃以三代右文，四郊立学；尊严师道，教育贤材。被服礼乐之风，准绳仁义之行。功磨国器，标率人伦。式致用于荐绅，乃助成于声教；俊造以之富盛，基业由是绵昌。至于唐家，中外建学，文物之盛，三代比隆。国家徇铎敷文，舞干布化。四方庠序，比比而兴。万国英翘，拳拳以劝。臣伏见馀杭郡，素为善地，蔚有秀民，宜恢正始之风，丕变轻扬之俗。前知州李谘在任日，重修宣圣庙，建置学舍数十厦，面势显敞，允为儒宫，足容弦诵之流，迥处云山之胜。臣自出守此郡，延见诸生。据众状举请，曾到御前。进士杨希堂领文会有二十余人，日课艺业，其来不已，所益居多。臣欲乞朝廷，依天雄军江宁府，特赐州学名额，用明劝导；庶获修长。岁时不隳，方俗可厚。颜闵德行，远侔洙泗之间；唐虞文章，广及江湖之上。臣无任祈天俟命激切屏营之至。

古代士子以服官为唯一进身之路，唯国家取士限于学额，学额丰裕，进身较易，学额不充，则虽有相当成就，亦难进。前清末造，往往以外省人寄籍于首都所在之大兴、宛平二县，而应试获取者，辄较在各该本省为容易，即以该两县学额丰裕之故。希文出守馀杭郡，是处文风甚盛，而学额未充，士子获售维艰，特请赐州学名额，用明劝导。

〇 第八节　讲学

本节分为（1）讲说，（2）传道两目。

（1）讲说

（范文正公集卷十八代人奏乞王洙充南京讲书状）臣闻三代盛王致治天下，必先崇学校，立师资，聚群材，陈正道，使其服礼乐之文，游名教之地，精治人之术，蕴致君之方。然后命之以官，授之以政。济济多士，咸有一德。列于朝，则有制礼作乐之盛；布于外，则有移风易俗之善。故声诗之作，美上之长育人材，正在此矣。国家崇儒敦古，右文致化。三京五府，多建庠序，当州近辅之郡，宜崇治本，兼至圣文宣王庙，已有学舍三十余间，有修学进士二十余人。非有讲贯，何以发明。臣窃见贺州富川县主簿，充应天府书院说书王洙，于天圣二年，御前进士及第。素负文藻，深明经义，在彼讲说，已满三年。伏望圣慈，特与除授当州职事官，兼州学讲说。所贵国家教育之道，风布于邦畿；进修之人，日闻于典籍。士务稽古，人知向方。干冒圣威，臣无任云云。

此言讲说经义，为前代教学法最要之一环，盖彼时主要教材，端在经书，凡能讲说经义，发明经旨者，皆为优良教师。希文物色适当讲员，极力推荐，盖深知讲员与教学关系之重大也。

（2）传道

（范文正公集卷八上张右丞书）某闻先知觉后知，先觉觉后觉；伊尹之心也。哲人传焉，故贤贤相与，其道不息。若显若隐者，则惟时尔。使伊尹之心邈乎无传，则贤贤相废，来代以降，岂复有致君尧舜，觉天下之后觉者哉？今有施阿衡之才之道，而将博其传者，可无眷眷以求其人乎？有服膺仁义，亲逢圣贤，而未预其传者，可无遑遑以听于大人之门乎？敢斋戒以辨之。

此言讲学功用之一，在乎传道，亦犹韩退之师说所谓传道、授业解惑者也。为教师者，如只知授业解惑，而不以传道为其主要目的，误矣。

○ 第九节　人材

本节分为（1）各科人材及（2）文与武两目。

（1）各科人材

（范文正公集卷五选任贤能论）书曰：先王昧爽丕显，坐以待旦，旁求俊彦，启迪后人。其勤求人材如是之急也。然则求之之道，不可一端。皋陶赞禹曰：亦行有九德……禹曰：何？皋陶曰：宽而栗，柔而立，愿而恭，乱而谨，扰而毅，直而温，简而廉，刚而塞，强而义；彰厥有常，吉哉！孔子之门人，目以四科：一曰德行，谓颜渊闵子骞也；二曰政事，冉有季路也；三曰言语，宰我子贡也；四曰文学，子游子夏也。此所谓求人之道，非一端也。

△栗，庄也。　△乱，治也。　△扰，顺也。　△塞，实也

本文所称九德，谓人之德性不同；所称四科，谓人之专学不同。一人不能兼具九德，亦犹一人不能兼长四科；于人材有各科之别，用人者择其适于所事而用之，斯可矣。若责备求全，天下宁有几人？

（2）文与武

（范文正公集卷七奏上时务书）文经之，武纬之，此二道者，天下之大柄也。昔诸侯暴武之时，孔子曰：俎豆之事，则尝闻之。此圣人救之文也。及夹谷之会，孔子则曰：有文事者，必有武备；请设左右司马。此圣人济之武也。文武之道，相济而行，不可斯须而去焉。唐明皇之时，太平日久，人不知几，国不虑危；大寇犯关，势如瓦解；此失武之备也。经曰：祸兮福所倚，福兮祸所伏。又曰：

防之于未萌，治之于未乱。圣人当福而知祸，立治而防乱。故善安身者，在康宁之时，不谓终无疾病。于是有节宣方药之备焉。善安国者，当太平之时，不谓终无危乱，于是有教化经略之备焉。我国家文经武纬，天下大定。

希文文武并重之说，屡见不一，一矫古昔重文轻武之弊。其对于教育，自亦文武并重。此就前一目主张分科教育之原则，更进而为文武分科，同等重视。然而本文虽言之谆谆，朝廷却狃于习惯，未能积极措施，浸成荏弱之风，一败于金人，再亡于元人，致启异族统治中国之端，殊可惜也。

○ 第十节　选举

本节分为（1）选才，（2）保举人才，（3）武举三目。

（1）选才

（范文正公集卷八上执政书）李唐之盛，常设制科；所得大才，将相非一。使天下奇士，学经纶之盛业，为邦家之大器，亦策之上也。先朝偶属多务，暂停此科。今可每因贡举之时，申其坠典；必有国士，继于唐人，岂非邦家之盛选欤？勿谓未必得人，遂废其道。此皆慎选举，敦教育之道；亦何患乏人哉！

教学用三者为一联锁。在我国古昔，所谓教与学率指士人而言。农工商虽未尝不需学习，以其教导不按系统，且多出自家传，故往往不视同教。至其为用，亦多限于一家之事业，用不着政府与社会之关怀。因之，所谓用，亦限于士人，而用之者则多为政府。政府用人，向赖选举。所谓选是指在上者之选择，所谓举是指在下者或有司之推荐。希文以为李唐盛时，常设制科，即抡才之特科，与一般贡举有别。宋初偶停此种特科，非所以选拔奇才异能之道，因建议于举行贡举之际，同时举办制科，则得人之盛，或可比拟唐代也。

（2）保举人才

（范文正公集第十八举张伯玉应制科状）窃见秘书丞知并州太谷县事张伯玉天赋才敏，学穷阃奥，善言皇王之治，博达今古之宜，素蕴甚充，清节自处，尝应科举，未亲册封。如令仰被清问，罄陈大略，必能竭前人之正论，副大君之虚怀。择而行之，有补圣政。臣今保举其人，堪充应贤良方正，能直言极谏科。若不如所举，臣甘俟朝典。

古代在考试取才之外，尚有保举人才之一法。希文保举若干适当之人，以备任用。并明言若不如所举，即所举不当，甘俟朝典。是人臣保举人才，例须负其责任也。

（3）武举

（范文正公集卷八上执政书）今可于忠孝之门，搜智勇之器堪将材者，密授兵略，历试边任，使其识山川之向背，历星霜之艰难，一朝用之，不甚颠沛。十得三四，不云盛乎。至于四海九州，必有壮士。宜设武举，以收其遗；唐郭子仪，武学所得者也，斯可遗乎。又臣僚之中，素有才识，可赐孙吴之书，使知文武之方，异日安边，多可指任。此皆育将才之道也。

所谓武举，谓习武之学生，经过考试而中式者，其制度，或一级或二级不等。如是考取之人才，可能成为名将。唐郭子仪，屡立大功，为国家之栋梁，亦出自武举也。

第二章　欧阳修的教学思想

一

欧阳修，字永叔。其生平行谊见神宗实录本传，原文如左：

庐陵人，唐太子率更令询之后。询四世孙琮为吉州刺史。又八世，生万，为吉州安福令。其子孙或居安福，或居庐陵。万之八世孙观，修父也。徙居永丰。修四岁而孤。母郑氏有女节，以荻画地，教修书字。稍长，从邻里借书读，或手抄之。抄未竟而成诵。举进士，有声。补西京留守推官。召试学士院，迁镇南军节度掌书记，馆阁校勘。修为人质直闳廓，见义敢为；机阱在前，直行不顾。每放逐困踬，辄数年；及复振起，终不改其操。范仲淹贬知饶州，论救者众，谏官高若讷独不言。修以书责若讷，言其不复知人间有羞耻事。若讷以闻，谪峡州夷陵令，徙光化军乾德令，改武成军节度判官。迁太子中允，馆阁校勘，修崇文总目、礼书。总目成，改集贤校理，知太常礼院。数论天下事：陕西用师，上三策以揣敌情，及指陈利害甚众；诏百官上封事，又上疏言三敝五事，力陈当时之所宜忧者。以贫求补外，得通判滑州。仁宗增谏官员，用天下名士，召修知谏院。是时西师久，京东西群盗起，中外骚然。仁宗既进退大臣，欲遂改更诸事。范仲淹、杜衍、韩琦、富弼皆辅政，修屡请召对咨访，责以所为。仁宗降手诏，出六条；后遂下诏，劝农桑，兴学校，多所更革。用修同修起居注。阅月，拜右正言，知制诰。

初吕夷简罢相，夏竦为枢密使，复夺之，代以杜衍。同时进用富弼、韩琦、范仲淹等。石介作庆历圣德诗，言退奸不易，进贤之难，而终篇意在夏竦。竦尤不悦，因与其党造为党论，目仲淹、衍及修为党人。修乃上朋党论，其大略言小人无朋，惟君子则有之。盖小人所好者利禄，所贪者财货，当其同利之时，暂相党引以为朋，及其见利而争先，或利尽而交疏，则反相贼害，虽其兄弟亲戚，不能相保；故曰小人无朋。君子则不然，所守者道义，所行者忠信，所惜者名节，以之修身，则同道而相益，以之事国，则同心而共济；终始如一，故君子有朋也。又上疏言杜衍、韩琦、范仲淹、富弼相继罢去，天下皆知其为可用之贤，而不闻其有可罢之罪；自古小人谗害忠贤，其说不远，欲广陷良善，不过指为朋党，欲动摇大臣，必须诬以专权。其故何也？去一善人而众善人尚在，则未为小人之利，欲尽去之，则善人少过，难为一一求瑕；唯是指以为朋，则可一时尽逐。至如自古大臣，已被主知而蒙信任，则难以他事动摇；惟有专权是上之所恶，必须此语方可倾之。正士在朝，群邪所忌；谋臣不用，敌国之福也。今此四人一旦罢去，而使群邪相贺于内，四夷相贺于外；臣所以为陛下惜之也。为党论者尤恶修异己，又善言其情状，至使内侍蓝元震上疏言范仲淹、欧阳修、尹洙、余靖：前日蔡襄谓之四贤，斥去未几，复升天衢；四贤得时，遂引蔡襄以为同列，下则以国家爵禄为己私惠，上则朋党胶漆皆聚本朝。设使逐人私党不过十数，同心丑正已为五六十人；相依为重，将紊纪纲，九重至深，万机至重，何由察知？赖仁宗终不之信。修之使河东，以陕西用兵久，河东刍粮不足，言者请废麟州，或请移治合河津，或请废五寨。修为四议以较麟州利害，请移兵就食于滨河，清塞堡，缓急不失应援，平时可省馈运，麟州得不废。又建言忻、代、岢岚、火山四郡有禁地，弃而不耕，民私籴虏中以应军须；今悉耕之，岁可得数百万石以实边。又言河东民故贫，军兴以来，赋敛尤重，行路嗟怨；条上可罢者数十事以宽民力。修自河东还，会保州兵叛，出修为龙图阁直学士，河北都转运使。保州平，大将李昭亮私纳妇女，通判冯博文等窃效之。修捕博文系狱，昭亮皇恐，立出之。自保州之变，河北兵骄，小不可意则思乱。人情务在姑息，修乞遏将帅权重，以消未萌；保塞之胁从者二千余人，分隶河北。夏竦为宣抚使曰是去祸而遗根也，欲以便宜诛之。修权知成德军，遇之于内黄，竦夜半屏人以告修。修曰：祸莫大于杀降，昨保州叛卒，朝廷许以不死；今戮之矣，此曹本以胁从故得脱，奈何一旦杀无辜二千人？既非朝旨，诸郡且不肯从；缓之，则籍籍必生变，是趣之为乱也。遂止。河决澶渊，陈执中欲塞商胡，决横陇故道。修言功大必不可成，徒劳人。执中罢。文彦博复用李仲昌议，欲开六塔河。修言六塔河不能吞伏，且复决；再争之，不得，既而滨棣德博数千里皆被害。……修妹适张龟正，龟正无子而死，有龟正前妻之女才四岁，无所归，以俱来。及笄，修以嫁族兄之子晟。张氏后在晟所与奴奸，事下开封府。狱吏附致其言以及修，乃以户部判官苏安世，内侍王昭明杂治之，卒无秋毫。乃坐用张氏奁中物买田立欧阳氏券，左迁知制诰，知滁州。久之，迁起居舍人，知扬州，徙颍州，复龙图阁直学士，知应天府，以母忧去。既免丧，入见。仁宗恻然，怪修发白，问在外几年，今年几何；恩意甚至，命判流内铨。小人恐修复用，伪为修奏，乞澄汰内侍两省挟威令为奸利者。书腾都下，宦者人人切齿。杨永德者阴以言中修，出知同州；外议不平，论救者众，遂留刊修唐书，为翰林学士，加史馆修撰，勾当三班院，改侍读学士，知蔡州未行，复为翰林学士，判太常寺。修在朝，以奖进天下士为己任……修之文章为天下宗匠。蜀人苏洵尝论修文章，词令雍容似李翱，切近适当似陆贽；而修之才，亦似过此二人。至修作唐书、五代史，叙事不愧刘向班固也……嗣拜右谏议大夫，判尚书礼部，又判秘阁秘书省，加兼侍读，辞不受……权开封府，承包拯威仪之后，一切循理，不事风采……唐书成，拜礼部侍郎，为枢密副使，与曾公亮同力，振举纪纲，革去宿弊，考天下兵数及三路屯戍几何，地理近远，皆为图籍。未几，参知政事，预定策立英宗为皇子事。英宗初年，未亲政事，慈圣光献太后垂帘，修与二三大臣佐佑两宫，镇抚四海；执政聚议，事有未可，修未尝不力争。……修以奉祠家居，上遣内侍就中书阁取而阅之。蒋之奇言修帷箔事，事连其长子妇。修杜门，请付有司案治。诏诘问之奇，语所从来，之奇言得之彭思永，思永言出于风闻，暧昧无实，尝戒之奇勿言。天子为其辞穷，降思永知黄州，之奇监道州酒；遣中使手诏慰安修。修遂称疾，力解机务；以观文殿学士刑部尚书知亳州，年六十矣。乞致仕者六，不从；迁兵部尚书，知青州，除检校太保宣徽南院使，判太原府，三辞不受。徙知蔡州，以老病乞骸骨。章数上，乃为观文殿学士太子少师致仕。卒年六十有六，赠太子太师。太常初谥曰文。常秩曰：修有定策之功，请谥文忠；乃用之。……修博极群书，好学不倦；集三代以来金石刻为一千卷，校正史氏百家讹谬之说为多。所著易童子问三卷，诗本义十四卷，居士集五十卷，内外制奏议四六集又四十余卷。

本章所根据资料，系国学基本丛书欧阳永叔集，括有居士集五卷，居士外集三十五卷，易童子问三卷，外制集三卷，内制集八卷，表奏书启四六集八卷，奏议集十八卷，河南奉使奏草二卷，河北奉使奏草二卷，濮议四卷，崇文总目叙释一卷；于役志一卷，归国录二卷，诗话一卷，笔说一卷，试笔一卷，近体乐府三卷，集古录跋尾十卷，书简十卷及附录五卷。

二

本章分为（甲）为学之部与（乙）教育之部。

（甲）为学之部

括有（一）一般之学，（二）科类之学，（三）消遣之学，（四）研究各节。

○ 第一节 一般之学

本节分为（1）学与知，（2）德与才，（3）君子之学诸目。

（1）学与知

（欧阳文忠公集卷四十八问进士策三首）问礼乐之书散亡，而杂出于诸儒之记，独中庸出于子思。子思圣人之后也，其所传宜得其真，而其说有异（一作戾）乎圣人者，何也？论语云：吾十有五而志于学，三十而立，四十而不惑，五十而知天命。盖孔子自年十五而学，学十五年而后有立；其道又须十年而一进。孔子之圣，必学而后至，久而后成；而中庸曰自诚明谓之性，自明诚谓之教。自诚明，生而知之也；自明诚，学而知之也。若孔子者，可谓学而知之者。孔子必须学，则中庸所谓自诚而明，不学而知之者，谁可以当之欤？尧用四凶，其初非不思也，盖思之不能无失耳。故曰：惟帝其难之。舜之于事，必问于人而择焉，故曰舜好问。禹之于事，己所不决，人有告之言，则拜而从之，故曰禹拜昌言。

本文言诸儒之记杂出，甚至圣人之后之子思，其所传亦不免有异乎圣人者，盖以孔子之为学，随时而有进展，则以人虽有生而知之者，若孔子可谓学而知之者。由于才识随学而迭有进步，故同一人之才识随时而不同，因此可知为学之重要。我国将学与问二字联成一起，实甚妥善，盖学为累积而成，前人之经验，足供后人之借镜，问则所以探取前人或他人之经验也。

（2）德与才

（欧阳文忠公集表奏书启四六集卷七答胡秀才启）考行选贤，故人皆修德而自厚；论才较艺，则下或炫己而忘廉。诚诱养之道殊，致进趋之势异。浸久之俗，益薄恶而可嗟，习见为常，遂安恬而不怪。

此言德与才二者皆从学而来。在上者往往得借其鼓励而左右之。盖国家若重视考核德行，进用贤人，则人将修德以自厚；否则若只重才艺，则在下之士自不免倾心于才艺，并借此以自炫。“诚诱养之道殊，致进趋之势异”。永叔慨叹于浸久之俗，咸趋于才艺，恬不为怪。足见其有重德轻才之观念。

（3）君子之学

（欧阳文忠公外集卷十六与张秀才第二书）君子之于学也，务为道；为道必求知古。知古明道，而后履之以身，施之于事；而又见于文章而发之，以信后世。其道，周公、孔子、孟轲之徒常履而行之者是也。其文章，则六经所载，至今而取信者是也。其道易知而可法，其言易明而可行；及诞者言之，乃以混蒙虚无为道，洪荒广略为古。其道难法，其言难行。孔子之言道曰：道不远人。言中庸者曰：率性之谓道。又曰：可离非道也。春秋之为书也，以成隐让而不正之。传者曰：春秋信道不信邪，谓隐未能蹈道。齐侯迁卫，书城楚丘；与其仁，不与其专封。传者曰：仁不胜道。凡此所谓道者，乃圣人之道也。此履之于身，施之于事，而可得者也。岂如诞者之言者耶？尧禹之书皆曰：若稽古。傅说曰：事不师古，匪说攸闻。仲尼曰：吾好古敏以求之者。凡此所谓古者，其事乃君臣上下礼乐刑法之事；又岂如诞者之言者邪？此君子之所学也。夫所谓舍近而取远云者，孔子昔：（疑）生周之世，去尧舜远；孰与今去尧舜远也？孔子删书，断自尧典，而弗道其前。其所谓学，则曰祖述尧舜。如孔子之圣且勤而弗道其前者，岂不能邪？盖以其渐远而难彰，不可以信后世也。今生于孔子之绝后，而反欲求尧舜之已前，世所谓务高言而鲜事实者也。

此言君子之学，以道为主。所谓道系指周公、孔子、孟轲之徒常履而行之者。“易知而可法，易明而可行”。为道必求知古。仲尼曰：吾好古敏以求之者，盖古人发明之义理，经长期淘汰，而仍能保存者，当然是健全而可行之义理。故所谓知古与法古者，非谓守旧也，乃以古道之能保存至今者，以其具有保存之价值故。因而取法于古道，即所以取法于健全而不可磨灭之义理也。

○ 第二节　科类之学

本节分为（1）小学，（2）儒家，（3）道家，（4）法家，（5）墨家，（6）周礼诸目。

（1）小学

（欧阳文忠公集崇文总目叙释）古者教学之法，八岁而入小学，以习六甲四方书数之艺，至于成童而后授经。儒者究极天地人神事物之理，无所不通。故其学有次第而后大成焉。尔雅出于汉世，正名命物，讲说者资之；于是有训诂之学。文字之兴，随世转易，务趋便省，久后乃或亡（其本）。三苍之说，始志字法；而许慎作说文，于是有偏旁之学。五声异律，清浊相生；而孙炎始作字音，于是有音韵之学。篆隶古文，为体各异。秦汉以来，学者务极其能；于是有字书之学。先儒之立学，其初为法，未始不详而明；而后世犹或讹失。故虽小学，不可阙焉。

小学为认识文字之学，为一切学问之始基。此与现代等于国民教育初基之小学校不同。后者为国民基本教育之初步，所包括者不限于识字。前者专为认识文字之学，故推而广之，包括字形、字音与字义；换言之，即包括篆隶行楷各种字形，以及音韵、训诂之学，即大学阶段及研究所阶段所修习者皆在其内。

（2）儒家

（欧阳文忠公集崇文总目叙释）仲尼之业，垂之六经；其道闳博。君人治物，百王之用，微是无以为法。故自孟轲、扬雄、荀况（一作卿）之徒，又驾其说，扶而大（本）之。历世诸子，转相祖述，自名一家。异端其言，或破碎于大道；然订其作者之意，要之孔氏，不有殊焉。

儒家为孔子一脉相传的学说，“垂之六经，其道闳博；君人治物，百王之用，微是无以为法”。就其所言，永叔固纯粹属于儒家者流也。

（3）道家

（欧阳文忠公集崇文总目叙释）道家者流，本清虚，去健羡，泊然自守。故曰：我无为而民自化，我好静而民自正。虽圣人南面之术（治），不可易也。至或不究其本，弃去仁义，而归之自然，以因循为用，则儒者病之。

道家为老子一脉相传的学说，主张无为，谓：“我无为而民自化，我好静而民自正。”以因循为用，儒者病之。永叔虽未明示其对于道家之态度，然自其遵循儒家之立场观之，因不难想见也。

（4）法家

（欧阳文忠公集崇文总目叙释）法家者流，以法绳天下，使一本于其术。商君申韩之徒，乃推而大之，挟其说以干世主，收取功名。至其尊君抑臣，辨职分，辅礼制，于王治不为无益。然或狃细苛，持刻深（一作深刻），不可不察者也。

法家导源于管仲，尚与儒家不乏共同之态度，只就其所谓“礼义廉耻，国之四维”观之，可以概见。惟自商君以后，“或狃细苛，或持深刻”，可谓变本加厉，益与儒家相去远。永叔对其尊君抑臣，辨职分，辅礼制，虽认为于王治不为无益，究竟毁多于誉。

(5) 墨家

(欧阳文忠公集崇文总目叙释) 墨家者流，其言贵俭兼爱，尊质右鬼，非命尚同。此墨家之所行也。孟子之时，墨与杨其道塞路。轲以墨子之术俭而难遵，兼爱而不知亲疏，故辞而辟之。然其强本啬用之说，有足取焉。

墨家为墨翟所传的学说，旨在贵俭兼爱，尊质右鬼，非命尚同。孟子虽持异议，尤指摘其兼爱，谓不知亲疏。然永叔虽崇信儒家，却认墨家强本啬用之说有足取者。

(6) 周礼

(欧阳文忠公集卷四十八问进士策三首) 问：六经者，先王之治具，而后世之取法也。书载上古，春秋纪事，诗以微言感刺，易道隐而深矣。其切于世者，礼与乐也。自秦之焚书，六经尽矣。至汉而出者，皆其残脱颠倒；或传之老师昏耄之说，或取之冢墓屋壁之间。是以学者不明，异说纷起。况乎周礼，其出最后；然其为书备矣。其天地万物之统，制礼作乐，建国君民；养生事死，禁非道善。所以为治之法，皆有条理。三代之政美矣，而周之治迹，所以比二代而尤详见于后世者：周礼著之故也。然汉武以为渎乱不验之书，何休亦云六国阴谋之说；何也？然今考之，实有可疑者。夫内设公卿大夫士，下至府史胥徒，以相副贰；外分九服，建五等，差尊卑以相统理。此周礼之大略也。而六官之属，略见于经者五万余人。而里闾县都之长，军师卒伍之徒，不与焉。王畿千里之地，为田几井，容民几家？王官王族之国邑几数，民之贡赋几何？而又容五万人者于其间，其人耕而赋乎？如其不耕而赋，则何以给之？夫为治者故若是之烦乎？此其一可疑者也。秦既诽古，尽去古制。自汉以后，帝王称号，官府制度，皆袭秦故，以至于今。虽有因有革，然大抵皆秦制也，未尝有意于周礼者；岂其体大而难行乎？其果不可行乎？夫立法垂制，将以遗后也；使难行而万世莫能行，与不可行等尔。然则反秦制之不若也。脱有行者，亦莫能兴；或因以取乱，王莽后周是也。则其不可用决矣，此又可疑也。

周礼为儒家六经之一。秦火后，至汉而出者，或传之老师昏耄之说，或取之冢墓屋壁之间；是以学者不明，异说纷起。周礼为其最后出者，而其为书独备。前人已多疑为伪书。永叔更揭其可疑之要点，谓王畿千里之地，竟容六官之属至五万余人，奚堪负担？且自汉以后，帝王称号，官府制度，皆袭秦故，以至于今，竟未尝有意于周礼者。脱有行者，亦莫能兴，或因以取乱，王莽、后周是也。然则周礼表面上虽极完备，却不堪实施，又可疑之至也。

○ 第三节　消遣之学

本节分为（1）学书为乐，与（2）学书消日二目。

（1）学书为乐

（欧阳文忠公集笔说）苏子美尝言：明窗净几，笔砚纸墨，皆极精良，亦自是人生一乐。然能得此乐者甚稀。其不为外物移其好者，又特稀也。余晚知此趣，恨字体不工，不能到古人佳处。若以为乐，则自足有余。

（2）学书消日

（欧阳文忠公集笔说）自少所喜事多矣。中年已来，渐以废去，或厌而不为，或好之未厌，力有不能而止者。其愈久益深而尤不厌者，书也。至于学字，为于不倦时，往往可以消日。乃知昔贤留意于此，不为无意也。

右两段文字，标题稍异，用意则一。一言学书可以为乐，一言学书可供消遣，消遣时日，亦即为乐也。我国书法为艺术之一；艺术足以怡情，尤堪消遣时日。为学者欲于学中求乐处，无事不可，独艺术时时皆可为乐，又非其他学术可及也。

○ 第四节　研究

本节不分目，其说如次：

（欧阳文忠公集表奏书启，四六集卷六上执政谢馆职启）今月日蒙恩以本官充前馆职者。受命之始，荣惧交并。伏以国家悉聚天下之书，上自文籍之初，六经传记百家之说，翰林子墨之文章；下至医卜禁咒神仙黄老浮图异域之言，靡所不有。号为书林。又择聪明俊乂之臣以游其间；因其校雠，得以考阅，使知天地事物古今治乱九州四海幽荒隐怪之说，无所不通，名曰学士。一日天子阙左右之人，思宏博之彦；出赞明命，入承顾问，遂登宰辅，以厘百工。一有取焉，多从此出。所以平居优游，崇奖其业；馆以禁署，食于太官。诗菁莪之育人材，易鼎饪之养贤者。凡在兹选，得非茂欤？然而廪重职闲，则未免尸禄；官无吏责，则可容幸人。若修者，以寒陋之资，被文艺之举；自初营职，已与书筵。于时上有鸿儒侍从之才，下多群贤论撰之众；而修方被罪谴，窜之荆蛮，流离五年，赦宥三徙，山川跋履，风波雾毒，凡万四千里而后至于京师。其奔走之役，忧思之劳，形意俱衰，岂暇旧学？比其来复，书已垂成；遂因众功，岂有微效。奏御之日，凫雁而前，例蒙褒嘉，正以职秩。虽因时而幸会，实有腼于面颜。此盖伏遇某官，柱石之功，佐佑明主，钧衡之任，进退百官，方畴众劳，不忍独弃。遂令忝冒，出自生成；在于颛愚，何以为报？虽未能著见德业，以称君子教育之仁；犹可以作为诗歌，称颂圣朝功化之美。

馆职由于藏书丰富，所与其事者，皆为文人学士，平时职务亦不过忙；因而有志研究者，既有书，有时，且多益友，自以此为最适于进修之地。诗所谓菁莪之育人材；易所谓鼎饪之养贤者，信夫。

（乙）教育之部

括有（一）立学设教，（二）重太学，（三）音乐教育，（四）取士，（五）选将，（六）其他各节。

〇 第一节　立学设教

本节分为（1）立学，（2）教育如琢玉，（3）诲人以规矩诸目。

（1）立学

（欧阳文忠公集卷三十九吉州学记）庆历三年秋，天子开天章阁，召政事之臣八人问治天下：其要有几？施于今者宜何先？使坐而书以对。八人者皆震恐失位，俯伏顿首，言此非愚臣所能及，惟陛下所欲为，则天下幸甚。于是诏书屡下，劝农桑，责吏课，举贤才。其明年三月，遂诏天下皆立学，置学官之员。然后海隅徼塞四方万里之外，莫不皆有学。呜呼！盛矣。学校，王政之本也。古者致治之盛衰，视其学之兴废。记曰：国有学，遂有序，党有庠，家有塾；此三代极盛之时，大备之制也。宋兴，盖八十有四年，而天下之学始克大立；岂非盛美之事，须其久而后至于大备欤？是以诏下之日，臣民喜幸；而奔走就事者，以后为羞。其年十月，吉州之学成。州旧有夫子庙，在城之西北。今知州事李侯宽之至也，谋与州人迁而大之，以为学舍。事方上请，而诏已下；学遂以成。李侯治吉，敏而有方。其作学也，吉之士率其私钱一百五十万以助；用人之力，积二万二千工，而人不以为劳。其良材坚甓之用，凡二十二万三千五百，而人不以为多。学有堂筵斋讲，有藏书之阁，有宾客之位，有游息之亭；严严翼翼，壮伟闳耀，而人不以为侈。既成，而来学者常三百余人。予世家于吉，而滥官于朝，进不能赞扬天子之盛美，退不得与诸生揖让乎其中。然予闻教学之法，本于人性，磨揉迁革，使趋于善；其勉于人者勤，其入于人者渐。善教者以不倦之意，须迟久之功。至于礼让兴行，而风俗纯美，然后为学之成。

今州县之吏，不得久其职而躬视于教化也；故李侯之绩，及于学之立，而不及待其成。惟后之人，毋废慢天子之诏，而殆以中止。幸予他日，因得归荣故乡，而谒于学门，将见吉之士，皆道德明秀而可为公卿；问于其俗，而婚丧饮食皆中礼节；入于其里，而长幼相孝慈于其家；行于其郊，而少者扶其羸老，壮者代其负荷于道路。然后乐学之道成，而得时从先生耆老，席于众宾之后，听乡乐之歌，饮献酬之酒，以诗颂天子太平之功；而周览学舍，思咏李侯之遗爱，不亦美哉！故于其始成也，刻辞于石，而立诸其庑以俟。

三代极盛之时，国有学，遂有序，党有庠，家有塾，可谓大备。宋庆历四年三月，诏天下皆立学，并置学官，于是海隅徼塞四方万里之地，皆有学。永叔独举吉州之学为例。州之李侯悉心推行政令，又得人民竭诚赞助，故甚具规模。惟州县之吏，不得久于其职而躬视其教化；李侯因不及待其成而去。永叔以吉人而仕于朝，力盼后之人一面遵守功令，一面完成前任志愿；盖立学为百年树人之大计，任何人皆有其责也。

（2）教育如琢玉

（欧阳文忠公外集卷二十四监试玉不琢不成器赋）至宝虽美，因人乃彰；欲成器而斯尚，由载琢以为良。瑕玷弗施，始中含于温润；切磋有则，取应用于圆方。披大礼之遗言，洞先儒之所录；以谓玉不因琢，器莫得以自贵，人不因学，道无由而内勖。故我诱之于人，谕之以玉；内含其美，虽禀质而可嘉；外饰其形，假载雕而后足。然以宝有可尚，世诚所希。价连城而有待，气如虹而上挥。礼神之用斯在，磨玷之言则非。禀尔天真，包十德而成质；制由工巧，参六瑞以凝辉。然则攻自他山，列乎良璞，虽曰宝也，不能效于自用；虽曰坚也，未有成于不琢。美在中矣，徒内抱于英华；砻而错诸，始外成于圭角。岂不以玉者华于国而可重，器者用于人而克安；规矩殊形于圭璧，短长具制于躬桓。亦犹在镕者金，必资乎锻砺之设；从绳者木，遂分乎曲直之端。且夫人务其师，玉贵其德。性虽本善，不学则弗至于道；质虽至美，不琢则弗成其饰。稽匪刻匪雕之说，理实异斯；嘉如切如磋之言，义诚有得。彼大圭贵乎尚质，鸣佩取乎扬声；虽效珍而并用，在设谕以非精。曷若彰教诲而有渐，譬琢雕而可成。是故西琥东圭，舍规模而安创；半璋全璧，非制度以难明。向若追琢不加，刻画非备；虽缜密以含彩，在文华而曷视，故杨子以谓玉不雕，则璠玙不作器。

本文以琢玉喻教育。其要旨在“人务其师，玉贵其德，性虽本善，不学则弗至于道；质虽至美，不琢则弗成其饰”。正如杨子所谓玉不雕，则璠玙不作器也。

（3）诲人以规矩

（欧阳文忠公外集卷二十四大匠诲人以规矩赋）工善其事，器无不良；用准绳而相诲，由规矩以为常。度木随形，俾不欺于曲直；运斤取法，必先正于圆方。载考前文，爰稽哲匠。伊作器以祖善，必诲人而攸尚。有模有范，俾从教之克精；中矩中规，责任材而必当。诚以人于道也，非学而弗至；匠之能也，在器而攸施。既谆谆而诲尔，俾拳拳而服之。默受以全，曲则轮而直则轸；动皆有法，梡为鞠而断为棋。然则道不可以弗知，人不可以无诲。苟审材之义失，则教人之理昧。规矩有取，为圭为璧以异宜；制度可询，象地象天以是配。匠之心也，本乎力巧；工之事也，作于圣人。因从绳而取谕，彰治材而有伦。学在其中，辨盖舆之异状；艺成而下，明凿枘之殊陈。义不徒云，道皆有以。将博我而斯在，宁小巧而专美。殊玉工之作器，惟求磨琢之精；异扁人之斲轮，但述苦甘之旨。是知直在其中者谓之矩，曲尽其妙者本乎规。然工艺以斯下，俾后来之可师。道或相营，引圆生方生而作谕；言如未达，譬周旋折旋而可知。是何朴斵为工，剞劂斯主；玩其役以虽未，听乃言而可取。故孟子谓学者之诲人，亦必由于规矩。

方形的标准为矩，圆形的标准为规；故“知直在其中者谓之矩，曲尽其妙者本乎规”。教育之道，不能仅凭主观，须有客观的标准，始不致有“失诸毫厘，谬以千里”之弊。故孟子谓学者之诲人，亦必由于规矩，良有以也。永叔强调“大匠诲人以规矩”，盖深合乎教育之道。

○ 第二节　重太学

本节不分目，其说如左：

（欧阳文忠公集奏议集卷十四举留胡瑗管勾太学状）伏见新除国子监直讲胡瑗充天章阁侍讲，有以见圣恩奖崇儒学褒劝经术之臣也。然臣等窃见国家自置太学十数年间，生徒日盛，常至三四百人。自瑗管勾太学以来，诸生服其德行，遵守规矩；日闻讲诵，造德修业。昨来国学开封府并锁厅进士得解人中三百余人，是瑗所教。然则学业有成，非止生徒之幸；庠序之盛，亦（自）是朝廷美事。今瑗既升讲筵，遂去太学；窃恐生徒无依，渐以分散。窃以学校之制．自昔难兴。惟唐太宗时生员最多，史册书之，以为盛美。其后庠序废坏；至于今日，始复兴起。若一旦分散，诚为可惜也。臣等欲望圣慈特令胡瑗同勾当国子监，或专管勾太学；所贵生徒不至分散。伏候敕旨。

太学为中央最高学府，得其人主持，则来学者多，成绩亦斐然可观。自胡瑗主持太学以来，诸生服其德行，进德修业。今瑗升任讲筵，专为帝王讲书，未能兼管太学。永叔认为对帝王一人之进讲，其为效用远不如对千百学子之讲授督导为重要，因奏请特令胡瑗兼主太学，或仍专任之，务使生徒不致因太学失去优良师表而分散。

○ 第三节 音乐教育

本节不分目，其说如左：

（欧阳文忠公集崇文总目叙释乐类）三代礼乐，自周之末，其失已多；又经秦世灭学之暴。然书及论语孝经得藏孔氏之家；易以卜筮不禁，而诗本讽诵，不专在于竹帛，人得口以传之。故独礼之于六经，其亡最甚。而乐又有声器，尤易为坏失。及汉兴，考求典籍，而乐最缺绝，学者不能自立。遂并其说于礼家书为五经，流别为六艺。夫乐所以达天地之和，而饬化万物；要之感格人神，象见功德。记曰：五帝殊时，不相沿乐。所以王者有因时制作之盛，何必区区求古遗缺？至于律吕钟石，圣人之法，虽更万世，可以考也。自汉以来，乐之沿革惟见史官之志，其书不备。隋唐所录，今著其存者云。

“乐所以达天地之和，而饬化万物；要之感格人神，象见功德”，足见其对于感化之功用。因之谈教育者，不能舍乐。我国古代之六艺教育，乐居其第二位。永叔于乐甚为重视，除叙释其沿革外，于其感化作用特予强调。

○ 第四节 取士

本节分为（1）取士，（2）分区取士，（3）馆阁取士，（4）古今取士异同，（5）布衣博士，（6）贡举诸目。

古代教育专为造就士人，而士人之任务，则以服官为主。因之，考试取士，实与教育有极密切之关系，而取士之方，所以影响教育者亦至深且巨也。

（1）取士

（欧阳文忠公集国学试策三道）夫近世取士之弊，策试为先：谈无用之空文，角不急之常论。知井田之不能复，妄设沿革之辞；知榷酤之不可除，虚开利害之说。或策之者钩探微细，殆皆游谈；而对之者骫骳曲辞，仅能塞问。弃本求末，舍实得华。若乃诗书之可疑，圣贤之异行；乐所以导和而率俗，官所以共治而建中。此皆圣师之所谈，明问之至要。敢陈臆见，用备询求。

本段强调近世取士方法之不切实用，徒以空文搪塞。例如明知井田不可恢复，而妄谈沿革；又明知榷酤之不可除，却空陈利害。凡此皆不可能获致实用之人材。永叔侧重于“导和而率俗”与“共治而建中”的策略；换句话说，就是要所取之士，能够化民成俗，与夫治民行法也。

又如：

（欧阳文忠公集奏议集卷八详定贡举条状）取士之方，必求其实；用人之术，当尽其材。今教不本于学校，士不察于乡里，则不能核名实。有司束以声病，学者专于记诵，则不足尽人材，此献议者所共以为言也。臣等参考众说，择其便于今者，莫若使士皆土著而教之于学校，然后州县察其履行，则学者修饬矣。故为学制合保荐送之法。夫上之所好，下之所趋也。今先策论，则文辞者留心于治乱矣；简其程式，则闳博者得以驰骋矣；问以大义，则执经者不专于记诵矣。故为先策论过落简诗赋考式问诸科大义之法。此数者其大要也。其诗赋之未能自肆者，杂用今体，经术之未能亟通者，尚依旧科，则中常之人皆可勉及矣。此所谓尽人之材者也。

本项原则与前一项相同，而办法更为具体。

又如：

（欧阳文忠公集奏议集卷十六议新学状）若夫设教，则以劝善兴化尚贤励俗为事；其被于人者渐，则入于人也深；收其效者迟，则推其功也远。故常缓而不迫。古者家有塾，党有庠，遂有序，国有学。自天子诸侯之子，下至国之俊选，莫不入学。自成童而学，至年四十而仕。其习乎礼乐之容，讲乎仁义之训，敦乎孝悌之行，以养父兄，事长上，信朋友，而临财廉，处众让；其修于身，行于家，达于邻里，闻于乡党，然后询于众庶，又定于长老之可信者而荐之，始谓之秀士。久之，又取其甚秀者为选士。久之，又取其甚秀者为俊士。久之，又取甚秀者为进士。然后辨其论，随其材而官之。夫生七八十岁而死者，人之常寿也。古乃以四十而仕，盖用其半生为学考行；又广察以邻里乡党而后其人可知。然则积德累善，如此勤而久，求贤审官，如此慎而有次第；然后矫伪干利之士，不容于其间，而风俗不陷于偷薄也。古之建学取士，其施设之方如此也。方今之制，以贡举取人，往者四岁一诏贡举，而议者患于太迟；更趣之为间岁，而应举之士来学于京师者，类皆去其乡里，远其父母妻子，而为旦暮干禄之计；非如古人自成童至于四十，就学于其庠序，而邻里乡党得以众察徐考其行实也。盖古之养士，本于舒迟，而今之取人，患于急迫；此施设不同之大概也。臣请详言方今之弊：既以文学取士，又欲以德行官人。且速取之欤？则真伪之情未辨，是朝廷本欲以学劝人修德行，反以利诱人为矫伪。此其不可一也。若迟取之欤？待其众察徐考而渐进，则文辞之士，先已中于甲科；而德行之人，尚未登于内舍。此其不可二也。且今入学之人，皆四方之游士，赍其一身而来，乌合群处，非如古人在家在学，自少至长，亲戚朋友邻里乡党众察徐考其行实也。不过取于同舍一时之毁誉，而决于学官数人之品藻尔。然则同学之人，蹈利争进，爱憎之论，必分朋党。昔东汉之俗尚名节，而党人之祸及天下；其始起于处士之横议而相訾也。此其不可三也。夫人之材行，若不因临事而见，则守常循理，无异众人。苟欲异众，则必为迂僻奇怪以取德行之名，而高谈虚论以求材识之誉。前日庆历之学，其弊是也。此其不可四也。今若外方专以文学贡士，而京师独以德行取人，则实行素履著于乡曲，而守道丘园之士，皆反见遗。此其不可五也。近者朝廷患四方之士寓京师者多，而不知其士行，遂严其法，使各归于乡里。今又反使来聚于京师，云欲考其德行。若不用四方之士，止取京师之士，则又示人以不广。此其不可六也。夫儒者所谓能通古今者，在知其意，达其理，而酌时之宜尔。大抵古者教学之意，缓而不迫，所以劝善，兴化，养贤，励俗，在于迟久，而不求近效急功也。臣谓宜于今而可行者，立为三舍可也，复五经博士可也。特创新学，虽不若即旧而修废，然未有甚害，创之亦可也。教学之意，在乎敦本，而修其实事。给以糇粮，多陈经籍，选士之良者，以通经有道之士为之师，而举察其有过无行者黜去之，则在学之人，皆善士也。然家取以贡举之法，待其居官为吏，已接于人事。可以考其贤善优劣而时取其尤出类者旌异之，则士知修身力行，非为一时之利，而可伸于终身，则矫伪之行不作，而偷薄之风归厚矣。此所谓实事之可行于今者也。

本文兼论取士与育才，盖二者在古昔关系极密，因士子几以服官为唯一出路，与工商业社会中读书人不以服官为限者不同。以故，取士之目标，不免成为育才之准则，即自学之人亦无不受此影响也。

（2）分区取士

（欧阳文忠公集奏议集卷十六论逐路取人劄子）臣伏见近有臣寮上言，乞将南省考试举人，各以路分糊名，于逐路每十人解一人等事；虽已奉圣旨，送两制详定，臣亦有愚见，合具敷陈。窃以国家取士之制，比于前世，最号至公。盖累圣留心，讲求曲尽；以谓王者无外，天下一家。故不问东西南北之人，尽聚诸路贡士，混合为一，而惟材是择。又糊名誊录而考之，使主司莫知为何方之人，谁氏之子，不得有所憎爱薄厚于其间。故议者谓国家科场之制，虽未复古法，而便于今世。其无情如造化，至公如权衡，祖宗以来不可易之制也。传曰：无作聪明乱旧章。又曰：利不百者不变法。今言事之臣，偶见一端，即议更改；此臣所区区欲为陛下守祖宗之法也。臣所谓偶见一端者，盖言事之人，但见每次科场，东南进士得多，而西北进士得少；故欲改法，使多取西北进士尔。殊不知天下至广，四方风俗异宜，而人性各有利钝。东南之俗好文，故进士多而经学少。西北之人尚质，故进士少而经学多。所以科场取士，东南多取进士，西北多取经学者，各因其材性所长，而各随其多少取之。今以进士经学合而较之，则其数均；若必论进士，则多少不等。此臣所谓偏见之一端，其不可者一也。国家方以官滥为患，取士数必难增。若欲多取西北之人，则却须多减东南之数。今东南州军进士取解者，二三千人处，只解二三十人，是百人取一人；盖已痛裁抑之矣。西北州军取解，至多处不过百人，而所解至十余人，是十人取一人；比之东南，十倍假借之矣。若至南省，又减东南而增西北，则是已裁抑者又裁抑之，已假借者又假借之。此其不可者二也。东南之士，于千人中解十人，其初选已精矣。故至南省，所试合格者多，西北之士学业不及东南，当发解时，又十倍优假之，盖其初选已滥矣。故至西北，所试不合格者多。今若一例以十人取一人，则东南之人合格而落者多矣，西北之人不合格而得者多矣。至于他路理不可齐，偶有一路合格人多，亦限以十一落之。偶有一路合格人少，亦须充足十一之数。使合落者得，合得者落，取舍颠倒，能否混淆，其不可者三也。且朝廷专以较艺取人，而使有艺者屈落，无艺者滥得。不问缪滥，只要诸路数停，此其不可者四也。且言事者本欲多取诸路土著之人，若此法一行，则寄应者争趋而往。今开封府寄应之弊可验矣。此所谓法出而奸生，其不可者五也。今广南东西路进士，例各绝无举业。诸州但据数解发，其人亦自知无艺，只来一就省试而归，冀作摄官尔。朝廷以岭外烟瘴，北人不便，须藉摄官，亦许其如此。今若一例与诸路十人取一人，此为缪滥，又非西北之比。此其不可者六也。凡此六者，乃大概尔，若旧法一坏，新议必行，则弊滥随生，何可胜数？故臣以谓且遵旧制，但务择人；推朝廷至公，待四方如一。惟能是选，人自无言。此乃当今可行之法尔。若谓士习浮华，当先考行；就如新议，亦须只考程试，安能必取行实之人？议者又谓西北近虏，士要牢笼；此甚不然之论也。使不逞之人不能为患则已，苟可为患，则何方无之？前世贼乱之臣，起于东南者甚众；其大者如项羽萧铣之徒是已。至如黄巢王仙芝之辈，又皆起乱中州者尔。不逞之人，岂专西北？矧贡举所设，本待材贤；牢笼不逞当别有术，不在科场也。惟事久不能无弊，有当留意者。然不须更改法制，止在振举纲条尔。近年以来，举人盛行怀挟，排门大噪，免冠突入，亏损士风，伤败善类。此由举人既多，而君子小人杂聚，所司力不能制，虽朝廷素有禁约，条制甚严，而上下因循，不复申举。惟此一事为科场大患，而言事者独不及之。愿下有司，议革其弊。此当今科场之患也。

本文说明分区定额取士之六项不可理由。盖国家取士惟才，如掺入分区定额，以示公允，则失去取士惟才之原意。查现行考试取士制度，亦有分省定额之规定，尚幸定额不甚严格，不妨以各省皆有至少一人获取，以表现其代表性。余尝著论详言之。

（3）馆阁取士

（欧阳文忠公集奏议集卷十八又论馆阁取士劄子）臣窃以馆阁之职，号为育材之地。今有两府阙人，则必取于两制；两制阙人，则必取于馆阁。然则馆阁，辅相养材之地也。材既难得而又难知，故当博采广求而多畜之；时冀一得于其间，则杰然而出为名臣矣。其余中人以上，优游养育以奖成之，亦不失为佳士也。自祖宗以来，所用两府大臣多矣。其间名臣贤相出于馆阁者，十常八九也。祖宗用人，初若不精；然所采既广，故所得亦多也。是以有文章，有学问，有材有行，或精于一艺，或长于一事者，莫不畜之馆阁而奖养之。其杰然而出者，皆为贤辅相矣；其余不至辅相而为一时之臣者，亦不可胜数也。先朝循用祖宗旧制，收拾养育，得人尤多。自陛下即位以来，所用两府之臣一十三人，而八人出于馆阁，此其验也。只自近年议者患馆职之滥，遂行厘革而改更之；初矫失太过，立法既峻，取人遂艰，使下多遗贤之嗟，国有乏材之患。今先朝收拾养育之人，或已被迁擢，或老病死亡，见在馆者无几。而新法艰阻，近年全无选进。臣今略具馆阁取人旧制并新格，则可见取人之法如何，所得之人多少也。

一，旧制：馆阁取人以三路，进士高科，一路也；大臣荐举，一路也；岁月畴劳，一路也。进士第三人以上及第者，并制科及第者，不问等第，并只一任替回，便试馆职。进士第四第五人，经两任亦得试。此一路也。两府臣寮初拜命，各举三两人，即时召试。此一路也。其余历任繁难久次，或寄任重处者，特令带职。此一路也。今三路塞其二矣。自科场改为间岁后，第一人及第者须两任回，方得试；自第二人至第五人更永不试。制科入第三者，亦须两任回，方得试。其余等第，并永不试；则进士高科一路已塞矣。两府大臣所荐之人，并只上簿候馆职有阙，则于簿内点名召试。其如馆阁本无员数，无有阙时，故自置簿来，至今九年，不曾点试一人。则大臣荐举一路又塞矣。惟有畴劳带职一路尚在尔。

一，新制：馆阁共置编校八员，本为馆中书籍久不齐整，而馆职多别有差遣，不能专一校正，乃别置此八员，故选新进资浅人，令久任而专一校读。所以先令作编校二年，然后升为校勘。为校勘四年后，升为校理。为校理又一年，方罢编校，别任差遣。然自置编校后，适值馆阁取人之路渐废；今议者遂只以编校为取士新格，往时直馆直院直阁校理，皆无定员，惟材是用，不限人数。今编校限以八员为定，以此待天下之多士，宜其遗材于下矣。八员之内，仍每七年方遇一员阙而补一人，以此知天下滞材者众矣。

右以臣愚见，编校八员，自可仍旧。每有员阙，令中书择人进拟。陛下必欲牢笼天下英俊之士，则宜脱去常格而奖拔之。今负文学、怀器识、磊落奇伟之士，知名于世而未为时用者不少，惟陛下博访审察，悉召而且置之馆职，养育三数年间，徐察其实，择其尤者而擢用之，知人自古圣人所难，然不以其难而遂废，但拔十而得一二，亦不为无益矣。况中人上下，养育奖成之，不止得一二也。

此言馆阁为养成优秀人才，以备大用之地，其取人不宜过严。帝王宜脱去常格而奖拔之，务宽其选，养之数年，平时悉心体察，择尤擢用。纵不能尽属人才，然十得一二，亦殊值得也。

（4）古今取士异同

（欧阳文忠公集卷四十八问进士策四首）问古之取士者，上下交相待以成其美。今之取士者，上下交相害，欲济于事。可乎？古之士，教养有素而进取有渐，上之礼其下者厚，故下之自守者重。上非厚礼，不能以得士；士非自重，不能以见礼于上。故有国者设爵禄车服礼乐于朝以待其下，为士者修仁义忠信孝悌于家以待其上。设于朝者，知下之能副其待，则愈厚；居下者，知上之不薄于己，故愈重。此岂不交相成其美欤？后世之士则反是。上之待其下也，以谓干利而进尔；虽有爵禄之设，而日为之防，以革进之滥者。下之视其上也，以谓虽自重，上孰我知；不自进，则不能以达。由是上之待其下也益薄，下之自守者益不重而轻。呜呼！居上者欲得其人，在下者欲行其道，其可得邪？原夫三代取士之制如何？汉魏迨今其变制又如何。宜历道其详也。制失其本，欲其反古当自何始？今之士，皆学古通经，稍知自重矣。而上之所以礼之者，未加厚也。噫！由上之厚，然后致下之自重欤？必下之自重，然后上礼之厚欤？

二者两不为之先，其执亦奚由而合也。

古今取士不同之处，即“古之士教养有素而进取有渐；上之礼其下者厚，故下之自守者重。今之士则反是，上之待其下也，以谓干利而进尔，而日为之防；下之视其上也，以谓虽自重，上孰我知，不自进，则不能以达”。一念之差，于是自重沦为自卑，如此而得人，纵幸有才，其人格亦可以想见。以之处事，以之临民，根本既误，枝节又何能为？永叔之意，认为欲挽颓风，惟有礼之厚，然后致下之自重；亦惟有下之自重，然后上礼之厚。

（5）布衣博士

（欧阳文忠公集奏议集卷十四举布衣陈烈充学官劄子）臣伏见国家崇建学校，近年以来，太学生徒常至三四百人。此朝廷盛美之事，数百年来未尝有也。然而教导之方，必慎其选；其进德修业，必有笃行君子可以不言而化者，使居其间，以为学者师法，庶几内修其实，不止聚徒之多，为虚名之美也。伏见福州处士陈烈清节茂行，著自少时，晚而益勤，久而愈信；非惟一方学者之所师，盖天下之士，皆推尊其道德，谓宜以礼致之朝廷，必有裨补。近闻命以官秩，使教学于乡里；其礼甚薄，未足以称励贤旌德之举。臣今乞以博士之职，召致太学；虽未能尽其材，亦足以副天下学者之所欲，而成朝廷崇贤劝学之实。

此为特别取士之道，即饱学之士，不经科举而膺荐为太学之师，所谓布衣博士是也。此为科举以外别辟一途。山林高尚之士，得借此而仕进；然其利弊则视乎荐举者之是否得人而已。

（6）贡举

（欧阳文忠公集论更改贡举事件劄子）臣窃闻近有臣寮上言，请改更贡举进士所试诗赋策论先后，事已下两制详议。伏以贡举之法，用之已久，则弊当变更。然臣谓必知致弊之因，方可言变法之利。

今贡举之失者，患在有司取人，先诗赋而后策论，使学者不根经术，不本道理，但能诵诗赋，节抄六帖、初学记之类者，便可剽盗偶俪，以应试格；而童年新学全不晓事之人，往往幸而中选。此举子之弊也。今为考官者，非不欲精较能否，务得贤材，而常恨不能如意。太半容于缪滥者，患在诗赋策论通同杂考，人数既众，而文卷又多，使考者心识劳而愈昏，是非纷而益惑，故于取舍往往失之者。此有司之弊也。故臣谓先宜知此二弊之源，方可言变法之利。今之可变者，知先诗赋为举子之弊，则当重策论；知通考纷多为有司之弊，则当随场去留而后可。使学者不能滥进，考者不至疲劳。今若不改通考之法，而但更其试日之先后，则于革弊，未尽其方。凡臣所请者，若漫然泛言之，恐不能尽其利害。请借二千人为率，以明变法之便。谨条如左：凡贡举旧法，若二千人就试，常额不过五百人。是以诗赋策论六千卷中（每一人三卷），选五百人，而日限又迫，使考试之官殆废寝食，疲心竭虑，因劳致昏。故虽有公心而所选多滥；此旧法之弊也。今臣所请者，宽其日限，而先试以策而考之：择其文辞鄙恶者，文意颠倒重杂者，不识题者，不知故实略而不对所问者，误引事迹者，虽能成文而理识乖诞者，杂犯旧格不考式者；凡此七等之人，先去之。计于二千人可去五六百；以其留者，次试以论。又如前法而考之，又可去其二三百。其留而试诗赋者，不过千人矣。于千人而选五百，则少而易考，不至劳昏；考而精当，则尽善矣。纵使考之不精，亦选者不至太滥。盖其节抄剽盗之人，皆以先经策论去之矣。比及诗赋，皆是已经策论，粗有学问，理识不至乖诞之人；纵使诗赋不工，亦足以中选矣。如此，可使童年新学全不晓事之人，无由而进。此臣所谓变法必须随场去留，然后能革旧弊者也。其外州解送到，且当博采。只可尽令试策，要在南省精选，若省榜奏人至精，则殿试易为考矣。故臣但言南省之法，此其大概也。其高下之等，仍乞细加详定；大率当以策论为先。

永叔在本段中，继上项取士的意见，而益具体化。并举二千人应考为例，将各场考试，变更其先后，逐步淘汰；务使不学之徒，不易侥幸获选。

○ 第五节 选将

本节仅一目，括有二说，如左：

(1)（欧阳文忠公集准诏言事上书）臣又闻古语曰：将相无种，故或出于奴仆，或出于军卒，或出于盗贼，惟能不次而用之，乃为名将耳。国家求将之意虽劳，选将之路太狭。今诏近臣举将，而限以资品，则英豪之士在下位者，不可得矣。试将材者限以弓马一夫之勇，则智略万人之敌皆遗之矣。山林奇杰之士，召而至者，以其贫贱而薄之，不过与一主簿借职，使其怏怏而去，则古之屠钓饭牛之杰，皆激怒而失之矣。至于无人可用，则宁用龙钟跛躄庸懦暗劣之徒，皆授之兵柄；天下三尺童子，皆为朝廷危之。前日澶渊之卒，几为国家生事；此可见也。议者不知取将之无术，但云当今之无将。臣愿陛下革去旧弊，奋然精求，有贤豪之士，不须限以下位；有智略之人，不必试以弓马；有山林之杰，不可薄其贫贱。惟陛下能以非常之礼待人，人臣亦将以非常之效报国。

本段言将才不易得，而强调为将者当为有智略之人，不必试以弓马。其原则固属正确。惟现代军事专门化，统兵之将，须为专材，不能与古代只须有智略而能驭下者，便已尽其能事也。

(2)（欧阳文忠公集奏议集卷二论军中选将劄子）凡求将之法，先取近下禁军至厢军中年少有力者，不拘等级，因其技同者，每百人，团为一队而教之，较其技精而最勇者，百人之中，必有一人矣。得之以为队将。此一人技勇，实能服其百人矣。以为百人之将可也。合十队将而又教之，较其技精而最勇者，十人之中，必有一人。得之以为裨将。此一人之技勇，实能服其千人矣，以为千人之将可也。合十裨将而又教之。夫技勇出千人之上而难为胜矣，则当择其有识见知变通者，十人之中，必有一人矣。得之以为大将。此一人之技勇，乃万人之选，而又粗知变通，因择智谋之佐以辅之，以为万人之将可也。幸而有技勇不足而材识出乎万人之外者，此不世之奇将；非常格之所求也。臣所谓只于军中自可求将者，此也。诚能如此，得五七万兵，随而又得万人之将五七人；下至千人百人之将皆自足。然后别立军名而为阶级之制，每万人为一军以备宿卫。有事则行师出征，无事则坐威天下。比夫以丰衣厚禄养骄惰无用之卒，而递迁次补，至于校帅皆是凡愚暗懦之人，得失相万矣。若臣之说果可施行，俟成一军则代旧禁兵万人散出之，使就食于外。新置之兵，便制其始；稍增旧给，不使太优。常役其力，不令骄惰。比及新兵成立，旧兵出尽，则京师减冗费，得精兵，此之为利又远矣。

此言将才之养成，当赖在职训练。例如每百人编为一队，拔其尤者一，以为百人之长。然后再集十队之长而集训之，又从十人中拔其尤者一人，以为千人之长。如是继续训练选拔，万人之将，甚且更多人之将皆可依此原则选拔之。

○ 第六节　其他

括有（1）士风，（2）不材与赃吏，（3）出版管制诸目。其说如左：

（1）士风

（欧阳文忠公集奏议集卷五论举馆阁之职劄子）臣窃见近年风俗浇薄，士子奔竞者多，至有偷窃他人文字，干谒权贵以求荐举，如丘良孙者。又有广费资财，多写文册，所业又非绝出，而惟务干求势门，日夜奔驰，无一处不到，如林槩者。此二人并是两制臣寮奏乞召试，内丘良孙近虽押出，而林槩已有召试指挥。旧来本无两省以上举馆职明文，尚犹如此奔竞；今若明许荐人，则今后荐者无数矣。臣欲于近降诏书内两省举馆职一节，添入遇馆阁阙人，即朝廷先择举主，方得荐人。仍乞别定馆阁合存员数，以革冗滥。

此言士风浇薄，奔竞者多，往往干求权贵，为之荐举，致不免有所荐非人之弊。永叔主张须遇馆阁缺人，即由朝廷先择举主，方得荐人，以昭慎重。

（2）不材与赃吏

（欧阳文忠公集奏议集卷一论罢郑戬四路都部署劄子）［疑误，下列引文实选自《欧阳文忠公集·奏议集》卷十《再论按察官吏状》。——编注］不材之人为害深于赃吏。国家之法除赃吏，因民告发者乃行之；其他不材之人，大者坏州，小者坏县，皆明知而不问。臣谓凡赃吏多是强黠之人，所取在于豪富，或不及贫弱。不材之人不能驭下，虽其一身不能乞取，而恣其群下，共行诛剥，更无贫富，皆被其殃。为害至深，纵而不问；故臣尤欲尽取老病缪懦者，与赃吏一例黜之。

永叔认为庸材为害，甚于赃吏；因赃吏尚有因人举发而受惩处；庸材则明知者多不过问，以致祸国更甚。因而主张尽取老病缪懦者与赃吏一例黜之。

（3）出版管制

（欧阳文忠公集奏议集卷十二论雕印文字劄子）臣伏见朝廷累有指挥，禁止雕印文字，非不严切；而近日雕板尤多，盖为不曾条约书铺贩卖之人。臣窃见京城近有雕印文集二十卷，名为宋文者，多是当今论议时政之言。其首篇是富弼往年让官表，其间陈北虏事宜甚多；详其语言，不可流布。而雕印之人不知事体，窃恐流布渐广，传入虏中，大于朝廷不便。及更有其余文字，非后学所须，或不足为人师法者；并在编集，有误学徒。臣今欲乞明降指挥，下开封府，访求板本焚毁及止绝书铺。今后如有不经官司详定，妄行雕印文集，并不得货卖。许书铺及诸色人陈告，支与赏钱二百贯文，以犯事人家财充；其雕板及货卖之人，并行严断。所贵可以止绝者。

在今日盛唱出版自由之际，而贤如永叔者竟奏请管制出版。乍视似属失当。然就其中所陈，如富弼往年让官表，其间所陈北虏事宜甚多，为免流布于虏，致碍国事，则事关国家安危，不能不有所限制。英国为出版最自由之国家，而当第二次大战之际，其国王演词，因有泄漏国家机密事宜，亦遭删除，始予公布。永叔所处时代，外患甚烈，文字之发布足以资敌者，自有慎重之必要。永叔主张须先经官司详定，始准雕版流布，盱衡时局，自亦有其必要，不可一律以其妨碍出版自由而责备之也。

第三章　王安石的教学思想

一

王安石，字介甫，其生平事迹见宋史列传卷八十六，兹摘录其大要如次：

（安石）抚州临川人。父益，都官员外郎。安石少好读书，一过目，终身不忘。其属文动笔如飞。初若不经意；既成，见者皆服其精妙。友生曾巩携以示欧阳修，修为之延誉。擢进士上第，签书淮南判官。旧制，秩满许献文求试馆职。安石独否。再调知鄞县……文彦博为相，荐安石恬退，乞不次进用，以激奔竞之风。寻召试馆职，不就。修荐为谏官，以祖母年高辞，修以其须禄养，言于朝，用为群牧判官，请知常州；移提点江东刑狱，入为度支判官。时嘉祐三年也。安石议论高奇，能以辨博济其说；果于自用，慨然有矫世变俗之志。于是上万言书（按即上仁宗皇帝言事书，见临川先生文集卷三十九书疏类）……后安石当国，其所举措，大抵皆祖此书。俄直集贤院。先是馆阁之命屡下，安石屡辞；士大夫谓其无意于世，恨不识其面。朝廷欲畀以美官，惟恐其不就也。明年同修起居注，辞之累日。阁门吏赍敕就付之，拒不受。吏随而拜之，则避于厕。吏置敕于案而去。又追还之。上章至八九，乃受。遂知制诰，纠察在京刑狱。自是不复辞官矣。……安石本楚士，未知名于朝，以韩吕二族为巨室，欲借以取重，乃深与韩绛，绛弟维及吕公著交。三人更称扬之，名始盛。神宗在颍邸，维为记室，每讲说见称，辄曰：此非维之说，维之友王安石之说也。及为太子庶子，又荐自代。帝由是想见其人。甫即位，命知江宁府。数月召为翰林学士，兼侍讲。熙宁元年四月始造朝入对。帝问为治所先。对曰：择术为先。帝曰：唐太宗何如？曰：陛下当法尧舜，何以太宗为哉！尧舜之道至简而不烦，至安而不迂，至易而不难；但末世学者不能通知，以为高不可及。帝曰：卿可谓责难于君，朕自视眇躬，恐无以副卿此意，可悉意辅朕，庶同济此道。一日讲席群臣退，帝留安石坐，曰：有欲与卿从容论议者。因言唐太宗必得魏徵，刘备必得诸葛亮，然后可以有为。二子诚不世出之人也。安石曰：陛下诚能为尧舜，则必有皋、夔、稷、卨；诚能为高宗，则必有傅说。彼二子皆有道者所羞，何足道哉！……二年二月拜参知政事。上谓曰：人皆不能知卿，以为卿但知经术，不晓世务。安石对曰：经术正所以经世务，但后世所谓儒者，大抵皆庸人；故世俗皆以为经术不可施于世务尔。上问：然则卿所施设，以何为先？安石曰：变风俗，立法度，最方今之所急也。上以为然。于是设制置三司条例司，命与知枢密院事陈升之同领之。安石令其党吕惠卿任其事；而农田、水利、均输、保甲、免役、市易、保马、方田诸役相继并兴，号为新法。遣提举官四十余颁行天下……由是赋敛愈重，而天下骚然矣……吕公著、韩维，安石借以立声誉者也，欧阳修、文彦博荐己者也，富弼、韩琦用为侍从者也，司马光、范镇交友之善者也；悉排斥，不遗力。……七年春，天下久旱，饥民流离，帝忧形于色，对朝嗟叹，欲尽罢法度之不法者。安石曰：小旱常数，尧汤所不免；此不足招圣虑，但当修人事以应之。帝曰：此岂细事？朕所以恐惧者，正为人事之未修尔：今取免行钱太重，人情咨怨，至出不逊语，自近臣以至后族，无不言其害；两宫泣下，忧京师乱起，以为天旱，更失人心。安石曰：近臣不知为谁；若两宫有言，乃向经、曹佾所为尔。冯京曰：臣亦闻之。安石曰：士大夫不逞者，以京为归；故京独闻此言，臣未之闻也。监安上门郑侠上疏，绘所见流民扶老携幼困苦之状，为图以献，曰旱由安石所致；去安石，天必雨。侠又坐窜岭南。慈圣、宣仁二太后流涕谓帝曰：安石乱天下。帝亦疑之，遂罢为观文殿大学士，知江陵府……八年二月复拜相，安石承命，即倍道来。三经义成，加尚书左仆射，兼门下侍郎。以子雱为龙图阁直学士；雱辞，惠卿劝帝允其请。由是嫌隙愈著，惠卿为蔡承禧所击，居京俟命。雱风御史中丞邓绾，复弹惠卿与知华亭县张若济为奸利事，并狱鞫之。惠卿出守陈，十月彗出东方，诏求直言，及询政事之未协于民者，安石率同列疏言……帝曰：闻民间殊苦新法。安石曰：祁寒暑雨，民犹怨嗟；此无庸恤。帝曰：岂若并祁寒暑雨之怨亦无邪？安石不悦，退而属疾卧，帝慰勉起之……及子雱死，尤悲伤不堪，力请解几务。上益厌之，罢为镇南军节度使，同平章事，判江宁府。明年改集禧观使，封舒国公；屡乞还将相印。元丰二年，复拜左仆射观文殿大学士，换特进，改封荆。哲宗立，加司空。元祐元年卒，年六十八，赠太傅。绍圣中，谥曰文。……安石未贵时，名震京师。性不好华腴，自奉至俭，或衣垢不浣，面垢不洗；世多称其贤。蜀人苏洵独曰：是不近人情者，鲜不为大奸慝；作辨奸论以刺之，谓王衍卢杞合为一人。安石性强忮，遇事无可否，自信所见，执意不回。至议变法，而在廷交执不可。安石传经义，出己意，辩论辄数百言，众不能诎。甚者谓天变不足畏，祖宗不足法，人言不足恤。罢黜中外老成人几尽，多用门下儇薄少年。久之，以旱引去。洎复相，岁余罢，终神宗世，不复召见凡八年。

介甫著作遗传至今者有周官新义，唐百家诗选及王临川集，合三种。本章所根据之资料为王临川集，其内容共一百卷，计开一至十三卷为古诗，十四至三十四卷为律诗，三十五卷为挽辞，三十六及三十七卷为集句与歌曲，三十八卷为四言诗、古赋、乐章等，三十九卷为书疏，四十卷为奏状，四十一卷至四十四卷为劄子，四十五至四十八卷宗为内制，四十九至五十五卷为外制，五十六至六十卷为表，六十二至七十卷上为论议，七十卷下至七十一卷为杂著，七十二至七十八卷为书，七十九至八十一卷为启，八十二至八十三卷为记，八十四卷为序，八十五至八十六卷为祭文（附哀辞），八十七至八十九卷为神道碑，九十卷为行状及墓表，九十一至一百卷为墓志。其中取材最多者，为书疏、劄子、书启数项，按元代所修之宋史王安石传，对于介甫毁多于誉。介甫为厉行新法，所树之政敌颇多，元人去宋未久，不免有因袭陈说，对介甫事功未及详加评价者固多。然明代学人态度便不如是。明嘉靖三十九年提督江广两省学政之王宗沐所撰临川文集序，则转为誉多于毁。

此为对于介甫功罪最早之翻案。晚近以来，学人为介甫鸣不平者更多。

二

介甫夙以政治家及政治思想家著称，其于教学方面固鲜为后世所称道也。然介甫好学有得，虽其生时政敌亦未尝否认，则于教学思想断非贫乏，特不至如以传道授业者之同等丰富耳。兹就其文集中搜罗所得之资料，别为（甲）为学之部与（乙）教育之部。（甲）部较少，（乙）部特多。

（甲）为学之部

括有（一）读经，（二）好礼两目。其说如左：

（一）读经

（答曾子固书）久以疾病不为问，岂胜乡往？前书疑子固于读经有所不暇，故语及之。连得书，疑某所谓经者佛经也，而教之以佛经之乱俗。某但言读经，则何以别于中国圣人之经？子固读吾书每如此，亦某所以疑子固于读经有所不暇也。然世之不见全经久矣；读经而已，则不足以知经。故某自百家诸子之书，至于难经素问本草诸小说，无所不读，农夫女工，无所不问；然后于经为能知其大体而无疑。盖后世学者，与先王之时异矣；不如是，不足以尽圣人故也。扬雄虽为不好非圣人之书，然于墨、晏、邹、庄、申、韩，亦何所不读？彼致其知，而后读，以有所去取。故异学不能乱也；惟其不能乱，故能有所去取者，所以明吾道而已。子固视吾所知，为尚可以异学乱之者乎？非知我也。方今乱俗不在于佛，乃在于学士大夫沉没利欲，以言相尚，不知自治而已。子固以为如何？

本文论为学当读圣人之经籍，而非佛经；惟读经不能专限于经书，必须旁涉诸子百家，相与比较，然后于经为能知其大体而无疑也。

（二）好礼

（礼论）呜呼！荀卿之不知礼也。其言曰：圣人化性而起伪。吾是以知其不知礼也。知礼者，贵乎知礼之意。而荀卿盛称其法度节奏之美，至于言化，则以为伪也；亦乌知礼之意哉？故礼始于天而成于人，知天而不知人则野，知人而不知天则伪。圣人恶其野而疾其伪，以是礼兴焉。今荀卿以谓圣人之化性为起伪，则是不知天之过也。然彼亦有见而云尔。凡为礼者，必诎其放傲之心，逆其嗜欲之性；莫不欲逸而为尊者劳，莫不欲得而为长者让。擎跽曲拳，以见其恭。夫民之于此，岂皆有乐之之心哉？患上之恶己而随之以刑也。故荀卿以为特劫之法度之威，而为之于外尔；此亦不思之过也。夫斫木而为之器，服马而为之驾，此非生而能者也。必故削之以斧斤，直之以绳墨，圆之以规而方之以矩，束联胶漆之，而后器适于用焉。前之以衔勒之制，后之以鞭策之威；驰骤舒疾，无得自放，而一听于人，而后马适于驾焉。由是观之，莫不劫之于外而服之以力者也。然圣人舍木而不为器，舍马而不为驾者，固亦因其天资之材也。今人生而有严父爱母之心，圣人因其性之欲而为之制焉。故其制虽有以强人，而乃以顺其性之欲也。圣人苟不为之礼，则天下盖将有慢其母者矣；此亦可谓失其性也。得性者以为伪，则失其性者乃可以为真乎？此荀卿之所以为不思也。夫狙猿之形，非不若人也；欲绳之以尊卑而节之以揖让，则彼有趋于深山大麓而走耳。虽畏之以威，而驯之以化，其可服邪？以谓天性无是而可以化之使伪耶？则狙猿亦可使为礼矣。故曰：礼始于天而成于人；天则无是，而人欲为之者，举天下之物，吾盖未之见也。

礼为人与人间的善良关系，亦即人的善性的表现。礼与法的区别，则前者出于自然，后者出于人为。人能依其天然的善性解决问题，自较依人为的规律而加以解决者，为更适当。盖礼为防范于未然，与法之制裁于已然者，可避免中间的一段冲突过程也。

介甫咎荀卿之不知礼，以其谓圣人之化性为起伪。本来削木为器，勒马为驾，亦莫不劫之于外而服之以力者。然圣人之为教，固亦因天资之材；盖人生而有严父爱母之心，圣人因其性之欲而为之制，其制虽有以强人，实乃顺其性之欲。其所以为之礼教，即所以维持其善性，否则善性一失，将流于不可收拾。狙猿形状颇近于人，若教以揖让敬长之礼，必不能行，即畏之以威，依然无效，足证其性与人异。人性合于礼，故以礼约束而使不至失性而狂乱；猿性不合礼，任何诱导威胁，均难望收效。是则荀卿所谓化性起伪之说不攻自破矣。

三

（乙）教育之部

括有（一）立学，（二）学与用，（三）教学法，（四）取士，（五）其他诸节。

○ 第一节　立学

括有（1）立学，（2）学校诸目。其说如左：

（1）立学

（慈溪县学记）天下不可一日而无政教，故学不可一日而亡于天下。古者井天下之田，而党庠遂序国学之法立乎其中。乡射、饮酒、春秋合乐、养老、劳农、尊贤、使能、考艺、选言之政，至于受成、献馘、讯囚之事无不出于学。于此养天下智仁圣义忠和之士，以至一偏一伎一曲之学，无所不养。而又取士大夫之材行完洁，而其施设已尝试于位而去者，以为之师。释奠释菜，以教不忘其学之所自；迁徙逼逐，以勉其怠，而除其恶。则士朝夕所见所闻，无非所以治天下国家之道；其服习必于仁义，而所学必皆尽其材。一日取以备公卿大夫百执事之选，则其材行皆已素定。而士之备选者，其施设亦皆素所见闻而已，不待阅习而后能者也。古之在上者，事不虑而尽，功不为而足；其要如此而已。此二帝三王所以治天下国家而立学之本意也。后世无井田之法，而学亦或存或废。大抵所以治天下国家者，不复皆出于学。而学之士群居族处，为师弟子之位者，讲章句课文字而已。至其陵夷之久，则四方之学者废而为庙，以祀孔子于天下，斫木抟土如浮屠道士法为王者象，州县吏春秋帅其属释奠于其堂，而学士者或不预焉。盖庙之作出于学废，而近世之法然也。今天子即位若干年，颇修法度而革近世之不然者，当此之时，学稍稍立于天下矣。犹曰州之士满二百人，乃得立学；于是慈溪之士不得有学，而为孔子庙如故，庙又坏不治。今刘君在中言于州，使民出钱，将修而作之，未及为而去，时庆历某年也。后林君肇至，则曰古之所以为学者吾不得而见，而法者吾不可以毋循也。虽然，吾之人民，于此不可以无教。即因民钱作孔子庙，如今之所云，而治其四旁，为学舍讲堂其中；帅县之子弟，起先生杜君醇为之师，而兴于学。噫！林君其有道者耶！

本文系介甫借慈溪县立学而发表其意见；盖谓学不仅教生徒以知识，并使有练习公务之机会。正如郑子产不毁乡校之用意，且使一般人于此议论国政，获得公民的训练也。

（2）学校

（临川集卷卅九上仁宗皇帝言事书）所谓教之之道何也？古者天子诸侯，自国至于乡党，皆有学，博置教导之官而严其选。朝廷礼乐刑政之事，皆在于学。士所观而习者，皆先王之法言德行治天下之意；其材亦可以为天下国家之用。苟不可以为天下国家之用，则不教也；苟可以为天下国家之用者，则无不在于学。此教之之道也。

此言学校之目的，在严选教导之官，以礼乐刑政之事启迪生徒；凡所教者皆可以为天下国家之用。

又如：

（临川集卷卅九上仁宗皇帝言事书）方今州县虽有学，取墙壁具而已，非有教导之官长育人才之事也。唯太学有教导之官，而亦未尝严其选。朝廷礼乐刑政之事，未尝在于学。学者亦漠然，自以礼乐刑政为有司之事，而非己所当知也。学者之所教，讲说章句而已。讲说章句，固非古者教人之道也。近岁乃始教之以课试之文章。夫课试之文章，非博诵强学，穷日之力，则不能及。其能工也，大则不足以用天下国家，小则不足以为天下国家之用。故虽白首于庠序，穷日之力，以帅上之教，及使之从政，则茫然不知其方者皆是也。盖今之教者，非特不能成人之才而已，又从而困苦毁坏之，使不得成才者，何也？夫人之才成于专而毁于杂。故先王之处民才：处工于官府，处农于畎亩，处商贾于肆，而处士于庠序；使各专其业，而不见异物，惧异物之足以害其业也。所谓士者，又非特使之不得见异物而已，一示以先王之道，而百家诸子之异说皆屏之而莫敢习者焉。

本段除续言学校之功用，非徒具形式而已，首须有优良的教导之官，次则所教当为有益国用之事物，然今之学校，只重讲说章句，或教以课试之文。须知课试之文，穷日之力，尚不能工；其能工也，大则不足以用天下国家，小则不足以为天下国家之用，故虽穷年白首于庠序，及使之从政，则茫然无知。先王之教民，务求实用，要能实用，须专其业。如此，始不失为教士之道。

○ 第二节　学与用

括有（1）教材，（2）学用相左二目。其说如左：

（1）教材

（上仁宗皇帝言事书）今士之所宜学者，天下国家之用也。今悉使置之不教，而教之以课试之文章，使其耗精疲神穷日之力，以从事于此。及其任之以官也，则又悉使置之，而责以天下国家之事。在古之人以朝夕专其业于天下国家之事，而犹才有能有不能。今乃移其精神，夺其日力，以朝夕从事于无补之学；及其任之以事，然后卒然责之以为天下国家之用，宜其才之不足以有为者矣。臣故曰：非特不能成人之才，又从而困苦毁坏之，使不得成材也。

本段揭发学校所教者，实际上为应试之文章，然应试中式，出而任官，则责以天下国家之事；如此学非所用，用非所学，大悖教育之意义。因之，所采取之教材，亟宜有改进之必要也。

（2）学用相左

（上仁宗皇帝言事书）今士之所宜学者，天下国家之用也。今悉使置之不教，而教之以课试之文章，使其耗精疲神穷日之力以从事于此。及其任之官也，则又悉使置之，而责以天下国家之事。夫古之人以朝夕专其业于天下国家之事，而犹才有能有不有。今乃移其精神，夺其日力，以朝夕从事于无补之学；及其任之以事，然后卒然责之以为天下国家之用，宜其才之足以有为者少矣（书疏八十四）

此言入学所受教者多为课试之文章，使之耗精疲神；及一旦任官，则又悉置其所学，而责以天下国家之事。如此，学非所用，用非所学，无怪乎人才足以有为者鲜矣。

○ 第三节　教学法

（原教）善教者藏其用，民化上而不知所以教之之源。不善教者反此，民知所以教之之源，而不诚化上之意。善教者之为教也，致吾义忠，而天下之君臣义且忠矣；致吾孝慈，而天下之父子孝且慈矣；致吾恩于兄弟，而天下之兄弟相为恩矣；致吾礼于夫妇，而天下之夫妇相为礼矣。天下之君君臣臣父父子子兄兄弟弟夫夫妇妇，皆吾教也。民则曰：我何赖于彼哉？此谓化上而不知所以教之源也。不善教者之为教也，不此之务，而暴为之制，烦为之防，劬劬于法令诰戒之间，藏于府，宪于市，属民于鄙野，必曰臣而臣，君而君，子而子，父而父，兄弟者无失其为兄弟也，夫妇者无失其为夫妇也；率是也有赏，不然则罪。乡闾之师，族酇之长，疏者时读，密者日告；若是其悉矣，顾不有服教而附于刑者。于是嘉石以惭之，圜土以苦之，甚者弃之于市朝，放之于裔末，卒不可以已也。此谓民知所以教之之源，而不诚化上之意也。善教者浃于民心，而耳目无闻焉；以道扰民者也。不善教者施于民之耳目，而求浃于心，以道强民者也。扰之为言，犹山薮之扰毛羽，川泽之扰鳞介也；岂有制哉？自然然耳。强之为言，其犹囿毛羽沼鳞介乎。一失其制，脱然逝矣。噫！古之所以为古，无异焉，由前而已矣。今之所以不为古，无异焉，由后而已矣。或曰，法令诰戒不足以为教乎？曰，法令诰戒末也，吾云尔者，本也；失其本而求之末，吾不知其可也。

本文言教学法，谓善教者，在使人不知不觉，受其感化也。不善教者，与此适相反，动加强迫，违者辄加以惩罚，因是不能使人悦服，其所发生之成果，远不如善教者之浃于人心，所谓以道扰（化）民者也。其结论为“法令诰戒，末也；吾云尔者，本也。失其本而求其末，吾不知其可也”。一言以蔽之，介甫所主张的教学法，在感化，而不在强制。

○ 第四节　取士

括有（1）取士之弊，（2）取士之滥二目。其说如左：

（1）取士之弊

（临川集卷卅九上仁宗皇帝言事书）方今取士，强记博诵而略通于文辞谓之茂才异等贤良方正；茂才异等贤良方正者，公卿之选也。记不必强，诵不必博，略通于文辞，而又尝学诗赋，则谓之进士。进士之高者，亦公卿之选也。夫此二科所行之技能不足以为公卿，不待论而后可知。而世之议者，乃以为吾常以此取天下之士，而才之可以为公卿者常出于此，不必法古之取人而后得士也。其亦蔽于理矣。先王之时，尽所以取人之道，犹惧贤者之难进，而不肖者之杂于其间也。今悉废先王所以取士之道，而驱天下之才士悉使为贤良进士，则士之才可以为公卿者，固宜为贤良进士，而贤良进士亦固宜有时而得才之可以为公卿者也。然而不肖者苟能雕虫篆刻之学，以此进至乎公卿；才之可以为公卿者，困于无补之学，而以此绌死于岩野盖十八九矣。夫古之人有天下者，其所以慎择者，公卿而已。公卿既得其人，因使推其类以聚于朝廷，则百司庶物，无不得其人也。今使不肖之人幸而至乎公卿，因得推其类聚之朝廷，此朝廷所以多不肖之人，而虽有贤智，往往困于无助不得行其意也。且公卿之不肖，既推其类以聚于朝廷；朝廷之不肖，又推其类以备四方之任使；四方之任使者，又各推其不肖以布于州郡。则虽有同罪举官之科，岂足恃哉！适足以为不肖者之资而已。

此言彼时所取之茂才异等贤良方正以及所谓进士，皆借文辞而进身；而由此进身，皆为他日公卿之选。虽其中不乏少数可用之才，大多数皆学非所用。公卿之职关系国家之为治甚大，苟不得其人，则方以类聚，朝廷多为不肖之人，虽有同罪举官之科，岂足恃哉！故取士之弊，结果定不免祸国也。

(2) 取士之滥

(临川集卷卅九上仁宗皇帝言事书) 其次九经五经学究明法之科，朝廷固已尝患其无用于世而稍责之以大义矣，然大义之所得，未有以贤于故也。今朝廷又开明经之选，以进经术之士，然明经之所取，亦记诵而略通于文辞者则得之矣；彼通先王之意而可以施于天下国家之用者，顾未必得与于此选也。其次，则恩泽子弟，庠序不教之以道艺，官司不考问其才能，父兄不保任其行义，而朝廷辄以官予之，而任之以事。武王数纣之罪，则曰官人以世。夫官人以世，而不计其才行，此乃纣之所以乱亡之道，而治世之所无也。

此不仅言学非所用，甚至未尝为学而任官之恩泽子弟。此正如武王数纣之罪，谓其官人以世，即以家世关系而任官，未尝为学与应试者而言，其为冒浮，较前目取士之弊，又有甚焉。

〇 第五节　其他

本节只有一目，即所谓教与不教是也。其说如左：

(上仁宗皇帝言事书) 今法严令具，所以罗天下之士可谓密矣；然而亦尝教之以道艺，而有不帅教之刑以待之乎？亦尝约之以制度，而有不循理之刑以待之乎？亦尝任之以职事，而有不任事之刑以待之乎？夫不先教之以道艺，诚不可以诛其不帅教；不先约之以制度，诚不可以诛其不循理；不先任之以职事，诚不可以诛其不任事。此三者，先王之法所尤急也。今皆不可得诛，而薄物细故，非害治之急者，为之法禁；月异而岁不同，为吏者至不可胜记。又况能一二避之而无犯者乎？此法令所以玩而不行，小人有幸而免者，君子有不幸而及者焉。此所谓不能裁之以刑也。凡此皆治之非道也。

本段强调不教而诛之弊；其意以为应先教以道艺，约以制度，任以职事；其有不帅教，不循制，不任事者，然后处以刑罚，则可消泯刑罚于无形。即或不得已而处罚，然罚至而人不怨。设对薄物细故，动加法禁，朝令夕改，法令如毛；为吏者尚不尽记忆，况一般人乎？因此，对于类此苛细之禁令宜尽量免除，以免陷民于罪；其较重大者，无不先教而后罚，斯不悖于治道矣。

第四章　司马光的教学思想

一

司马光的传略，据清康熙间张伯行辑刊之司马温公文集，就宋史本传节要如左：

司马光，字君实，池次子也。七岁时，群儿戏于庭，一儿跌瓮水中，众惊走；光持石击瓮破之，儿得活。京洛间画以为图。中进士甲科，判礼部。故事，日当食，京师不见，表贺。光言四方见，京师不见，此人君为阴邪所蔽；天下皆知，而人主独不知，其为患益甚，不当贺。从之。同知谏院，上疏曰：臣向者进说，乞选宗室为继嗣，意谓即行，今寂无所闻，必有小人言陛下春秋鼎盛，何遽为此不祥之事：此欲仓卒之际，援立其所厚善者耳；定策国老，门生天子之祸，可胜道哉！帝大感动，命送中书。光见宰相曰：诸公不及今定议，异日禁中夜半出寸纸：以某人为嗣；则天下莫敢违矣。韩琦等拱手曰：谨奉教。英宗遂立为皇子。诏刺陕西义勇二十万，民情惊扰。光见韩琦言其非。琦曰：君见庆历间，乡兵刺为保捷，忧今复然；已降敕与民约永不戍边矣。光曰：朝廷尝失信于民，故民不信；虽光亦未敢信也。琦曰：吾在此，君何忧？光曰：君长在此地可也，异日他人当位，因见兵用之运粮戍边，反掌间事耳。琦嘿然。不数年皆如光虑。神宗即位，擢翰林学士。上疏论修身治国之要，曰仁、曰明、曰勇、曰审官、曰信赏、曰必罚。且曰：臣获罪三朝，皆以此六言献；平生力学所得，尽在是矣。西戎部将嵬名山，欲以横山之众，取谅祚以还。诏边臣招纳。光以为名山之众未必能制谅祚；幸而胜之，灭一谅祚，何利之有？若其不胜，必引众归我，不知何以待之？臣恐朝廷不独失信谅祚，又将失信于名山矣。若名山余众尚多，还北不可，入南不受，穷无所归，必将突据边城，以救其命；陛下不见侯景之事乎？上不听，遣种谔发兵迎之；取绥州，费六十万，西方用兵自此始矣。执政以河朔旱伤，国用不足，乞南郊勿赐金帛。诏学士议。光曰：救灾节用，宜自贵近始。王安石曰：国用之所以不足，以未得善理财者。光曰：善理财者，不过头会箕敛耳。安石曰：不然，善理财者，不加赋而国用足。光曰：天下安有此理？天地所生，财货百物，不在民则在官；彼设法夺民，其害甚于加赋。此盖桑弘羊欺武帝之言，太史公书之以见其不明耳。迩英进讲，至曹参代萧何，帝曰：汉常守萧何之法，不变可乎？对曰：宁独汉，使三代之君，常守禹汤文武之法，虽至今存可也。吕惠卿言：先王之法，有一年一变者，正月始和，布法象魏是也；有五年一变者，巡守考制度是也；有三十年一变者，刑罚世轻世重是也。光曰：布法象魏，布旧法也。诸侯变礼易乐者，王巡守则诛之，不自变也。刑，新国用轻典，乱国用重典；是为世轻世重，非变也。夫治天下，譬如居室，敝则修之，非大坏不更造也。三司使掌天下财，不才而黜可也，不可使执政侵其事，今为制置三司条例司何也？宰相以道佐人主，安用例？苟用例，则胥吏矣；今为看详中书条例司何也？惠卿不能对。光曰：平民举钱出息，尚能蚕食下户，至于饥寒流离，况县官督责之威乎？惠卿曰：青苗法愿取则与之，不愿不强也。光曰：愚民知取债之利，不知还债之害；非独县官不强，富民亦不强也。自太宗平河东，立籴法时，米斗十钱，民乐与官为市。其后物贵而和籴不解，遂为世世患。臣恐今日之青苗亦犹是也。

帝曰：陕西行之久，民不以为病。光曰：臣西人也，见其病不见其利；当时朝廷不许，有司尚能病民，况许之乎？帝曰：坐仓籴米何如？光曰不便。惠卿曰：籴米百万斛，则省东之漕，而以其钱供京师。光曰：东南钱荒而粒米狼戾，今不籴米而漕钱，弃其所有，取其所无，农末皆病矣。侍讲吴申曰：光言至论也。帝欲用光，访之安石。安石曰：光外托劘上之名，内怀附下之实；而欲置之左右，与论国事，此消长之大机也。光才岂能害政；但在高位，则异论之人倚以为重。今用光，是与异论者立赤帜也。安石求退。帝拜光为枢密副使。光辞曰：陛下所以用臣，盖察其狂直，庶有补于国家；陛下诚罢制置条例司，追还提举官，不行青苗助役等法，虽不用臣，臣受赐多矣。帝曰：枢密兵事，官各有职，不当以他事为辞。对曰：臣未受命，则犹侍从，于事无不可言者。帝曰：王安石素与卿善，卿何自疑？光曰：臣善安石，岂如吕公著？安石初举公著，后复毁之。一人之身，前后是非，诚可笑也。光竟出知永兴军；请判西京御史台，归洛，绝口不论事。光常患历代史繁多，人主不能遍览；为资治通鉴以献。加资政殿学士，凡居洛阳十五年；天下以为真宰相，田夫野老，皆号为司马相公，妇人孺子亦知其为君实也。帝崩，赴阙；入临，卫士望见，皆以手加额曰：此司马相公也。所至，民遮道聚观，马至不得行；曰公无归洛，留相天子，活百姓。哲宗幼冲，太皇太后临政，起为门下侍郎。是时天下之民，引领拭目以观新政；而议犹谓三年无改于父之道。光曰：先帝之法，其善者，虽百世不变可也；若安石惠卿所建，为天下害者，改之当如救焚拯溺，况太皇太后以母改子，非子改父。遂罢保甲、保马、市易诸法。或谓光曰：熙丰旧臣，多憸巧小人也；他日有以父子义间上，则祸作矣。光正色曰：天若祚宗社，必无此事。元祐元年得疾，时青苗、免役、将官之法犹在，而西戎之事未决，光叹曰：四患未除，吾死不瞑目矣。折简与吕公著云：光以身付医，以家事付愚子；惟国事未有所托，今以属公。乃论免役之害，乞直降敕罢之。遂罢青苗钱，复常平粜籴法。拜尚书左仆射。辽夏使至，必问光起居，敕其边吏曰：中国相司马矣，毋轻生事开边隙。光以身徇社稷，躬亲庶务。宾客举诸葛亮食少事烦以为戒。光曰：死生命也。是年卒，年六十八。太皇太后闻之恸，与帝临其丧；明堂礼成不贺。赠太师温国公，谥曰文正。绍圣初，御史周秩论光诬谤先帝，尽废成法；章惇蔡卞请发冢斫棺。帝不许，令夺赠谥，仆碑。蔡京擅政，撰奸党碑，以光为首；令郡国皆刻石。长安石工安民当镌字，辞曰：愚人不知立碑之意，但司马相公海内称其正直，今谓之奸邪，民不忍刻也。府官怒，欲加罪。泣曰：被役不敢辞，乞免镌安民二字于石；恐得罪于后世。闻者愧之。建炎中，配飨哲宗庙廷。

君实之著作有易说、书仪、类篇、切韵指掌图、资治通鉴、通鉴释例、稽古录、资治通鉴考异、家范、法言集注、潜虚、微言、涑水纪闻、涑水学案、续诗话、传家集、温公文集等。其中为本章所根据之资料，则出自涑水学案与最后二种，即传家集与温公文集。传家集共八十卷，为最完备之全集。温公文集共十四卷，以表及章奏、书启为主。

二

本章分为（甲）为学之部与（乙）教育之部。

（甲）为学之部

括有（一）为学态度，（二）为学本体，（三）为学方法诸节。

○ 第一节　为学态度

括有（1）为学诚实，（2）务实，（3）致知格物，（4）学问高远诸目。

（1）为学诚实

（涑水学案下）刘漫堂麻城学记曰：温公之学，始于不妄语，而成于脚踏实地。学者明乎是，则暗室不可欺，妻妾不可罔。

此言首在不妄语，而终于脚踏实地，换言之，则切实为学，不自欺亦不欺人。君实之为学，固能如是也。

（2）务实

（传家集进五规状）周书曰：若作梓材，既勤朴斫，惟其涂丹艧。此言为国家者必先实而后文也。夫安国家，利百姓，仁之实也；保基绪，传子孙，孝之实也；辨贵贱，立纲纪，礼之实也；和上下，亲远迩，乐之实也；决是非，明好恶，政之实也；诘奸邪，禁暴乱，刑之实也；察言行，试政事，求贤之实也；量材能，课功状，审官之实也；询安危，访治乱，纳谏之实也；选勇果，习战斗，治兵之实也。实之不存，虽文之盛美，无益也。臣窃见方今远方穷民，转死沟壑；而屡赦有罪，巡门散钱，其于仁也不亦远乎？……是非错缪，贤不肖混淆；而钩校簿书，访寻比例，其于政也不亦远乎？奸暴不诛，冤结不理；而拘泥微文，纠擿细过，其于刑也不亦远乎？伏望陛下，拨去浮文，悉敦本实：选任良吏，以恩惠庶民；深谋远虑，以保安宗庙；张布纲纪，使下无觎心；和厚风俗，使人无离怨；别白是非，使万事得正；诛锄奸恶，使威令必行；取有益，罢无用，使野无遗贤；进有功，退不职，使朝无旷官；察谠言，考得失，使谋无不尽；择智将，练勇士，使征无不服。如是则国家安若泰山，而四维张之也。又何必以文采之饰，歌颂之声，炫耀愚俗之耳目哉！

本段强调为国家者必先实而后文。实之不存，虽文之盛美，无益也。君实因此力劝其君拨去浮文，悉敦本实，则国家安若泰山矣。

（3）致知格物

（传家集致知在格物论）人之情莫不好善而恶恶，慕是而羞非；

然善且是者盖寡，恶且非者实多，何哉？皆物诱之也，物迫之也。桀纣亦知禹汤之为圣也，而所为与之反者，不能胜其欲心故也。盗跖亦知颜闵之为贤也，而所为与之反者，不能胜其利心故也。不轨之民，非不知穿窬探囊之可羞也，而冒行之，驱于饥寒故也。失节之臣，亦非不知反君事仇之可愧也，而忍处之，逼于刑祸故也。况于学者，岂不知仁义之美廉耻之尚哉？斗升之秩，锱铢之利诱于前，则趋之如流水，岂能安展禽之黜，乐颜子之贫乎？动色之怒，毫末之害迫于后，则畏之如烈火，岂能守伯夷之饿，徇比干之死乎？如此则何暇仁义之思，廉耻之顾哉？不惟不思与不顾也，抑亦莫之知也。譬如逐兽者不见泰山，弹雀者不觉露之沾衣也。所以然者，物蔽之也。故水诚清矣，泥沙汩之，则俯而不见其影；烛诚明矣，举掌翳之，则咫尺不辨人眉目。况富贵之汩其智，贫贱之翳其心哉？惟好学君子为不然，己之道诚善也，是也。虽茹之以藜藿，如粱肉；临之以鼎镬，如茵席。诚恶也，非也。虽位之以公相，如涂泥；赂之以万金，如粪壤。如此则视天下之事，善恶是非，如数一二。此辨黑白，如日之出，无所不照；如风之入，无所不通。洞然四达，安有不知者哉？所以然者，物莫之蔽故也。于是依仁以为宅，遵义以为路；诚意以行之，正心以处之，修身以帅之。则天下国家何为而不治哉！大学曰：致知在格物。格，犹捍也，御也；能捍御外物，然后能知至道矣。郑氏以格为来，或者犹未尽古人之意乎？

此处所谓格物，谓捍御物欲也；能捍御物欲，则心无杂念，以之研究，自不难知至道矣。一般人之解说，以格物为穷究物之义理，始能致知，即获得真知灼见。此处解说稍异其趣。然惟能捍御物欲，始能专心研求物理；故格物之解说虽稍异，究能殊途同归也。

（4）学问高远

（涑水学案上）或曰：蘧伯玉五十而知四十九年之非，信乎？

曰：何啻其然也？古之君子好学者，有垂死而知其未死之前所为非者；况五十年乎？夫道如山也，愈升而愈高；如路也，愈行而愈远。学者亦尽其力与心耳。自非圣人，有能穷其高远者哉！

为学如登山，愈升而愈高；为学又如行路，愈行而愈远。惟能耐心实行，不厌不倦，最后始有所得。蘧伯玉行年五十而知四十九年之非。为学者当有此虚心，以接纳新知，不宜故步自封，习非成是，一感自足，便永无改进。学者存心，要深知学问之高远，并非一蹴可几，故愈学愈感不足，愈求进步，甚至“朝闻道，夕死可矣”；如此精神，终有成功之一日。

○ 第二节　为学本体

括有（1）君子之行，（2）道，（3）道与文，（4）理性命诸目。

（1）君子之行

（涑水学案上）孟子称所愿学者孔子；然则君子之行，孰先乎孔子？孔子历聘七十余国，皆以道不合而去，岂非非其君不事乎？孺悲欲见孔子，孔子辞以疾，岂非非其友不友乎？阳货为政于鲁，孔子不肯仕，岂非不立于恶人之朝乎？为定哀之臣，岂非不羞污君乎？为委吏为乘田，岂非不卑小官乎。举世莫知之，不怨天，不尤人，岂非遗佚而不怨乎？饮水曲肱，乐在其中，岂非厄穷而不悯乎？居乡党，恂恂似不能言，岂非由由然与之偕而不自失乎？是故君子邦有道则见，邦亡道则隐，事其大夫之贤者，友其士之仁者，非隘也；和而不同，遁世无闷，非不恭也。苟无失其中，虽孔子由之，何得云君子不由乎？

为学当以君子之行为准则。君子之行莫先于孔子。孔子非其君不事，非其友不友，不立于恶人之朝；举为其行为之准则。然而间有例外，即不羞污君，不卑小官；后者系为贫而仕，只期本人清白尽职，自无不可。其愿为鲁定公哀公之臣，似有不羞污君之嫌；顾亦有说，则以生在鲁国，为期其父母之邦，不至沦落，苟有一分可尽之力，当不惮为之。其行似与准则不符，其心实可悯也。若在他国，孔子必不屑为之。至其饮水曲肱，乐在其中，即以为学之乐凌驾一切，此非君子之行欤？和而不同，遁世无闷，皆君子之行之准则，孔子独能之，岂得以其愿臣于鲁之定哀二公而非之，毋乃死马当活马医之意乎？

(2) 道

（传家集卷六十四中和论）君子从学贵于博，求道贵于要；道之要在治方寸之地而已。大禹谟曰：人心惟危，道心惟微；惟精惟一，允执厥中。危则难安，微则难明；精之所以明其微也，一之所以安其危也；要在执中而已。中庸曰：喜怒哀乐之未发谓之中，发而皆中节谓之和。君子之心于喜怒哀乐之未发，未始不存乎中，故谓中庸。庸，常也，以中为常也。及其既发，必制之以中，则无不中节；中节，则和矣，是中和一物也。养之为中，发之为和。故曰中者，天下之大本也；和者，天下之达道也；智者，知此者也；仁者，守此者也；礼者，履此者也；乐者，乐此者也；政者，正其不然者也；刑者，威其不从者也。合而言之谓之道，道者圣贤之所共由也。岂惟人哉！天地之所以生成，万物靡不由之。故曰，致中和，天地位焉，万物育焉。孔子曰：君子无终食之间违仁，造次必于是，颠沛必于是。故曰，道不可须臾离，可离非道也。

所谓道，在治方寸之地，即人心而已。人心首在中和。喜怒哀乐之未发谓之中；发而皆中节谓之和。君子之心，在喜怒哀乐未发之时，即未受感情冲动之时，当存乎中，故谓之中庸，亦即中与常之义。及受了感情之冲动，必制之以中，使无不中节，如是便谓之和，故中与和一物也；一在保持于未发之前，一在挽救于既发之后。无论智者，仁者，礼者，乐者，政者，刑者，无不以保持此中和之道为目的或手段，合而言之，即所谓道也；道也者，圣贤所共由之路径也。此一正确之路径，不可须臾离开，否则必误入歧途，违道远矣。以故，君子之行首须守道不移，为学不外遵循此名异而实同之本体而已。

(3) 道与文

(涑水学案上) 或曰：庄子之文，人不能为也。曰：君子之学，为道乎？为文乎？夫惟文胜而道不至者，君子恶诸，是犹朽屋而涂丹雘，不可处也；眢井而幂绮缋，不可履也；乌喙而渍饴糖，不可尝也，而子犹嗜之乎？或曰：庄子之辩，虽当世宿学，不能自解。曰：然则佞人也；尧之所畏，舜之所难，孔子之所恶，是青蝇之变白黑者也，而子独悦之乎？

此言庄子以文胜，其文之典雅，为他人所不能及；然而为学目标，为文乎？为道乎？文胜而道不至者，犹朽屋而涂丹雘，不仅君子恶之，常人亦不得而居也。庄子之文虽辩，然则佞人耳。权衡利害，当知所抉择，故为学当以道为重，不宜为外形之文所惑也。

(4) 理性命

(涑水学案上) 易曰：穷理尽性，以至于命。世之高论者，竞为幽僻之语，以欺人，使人跂悬而不可及，愦瞀而不能知，则尽而舍之，其实奚远哉！是不是，理也；才不才，性也；遇不遇，命也。

理为是与非之别；性为才与不才之别；命为遇与不遇之别。易称人当穷理尽性，以至于命，换言之，即极力研求是与非，而尽量接收智能；此为人所当为。至于命运如何，遇与不遇，听之于天可也。惟是当世高论者，竞为幽僻之语以欺人，即强词夺理，而不顾是非；此则大谬不然者也，学者当戒之。

○ 第三节　为学方法

括有（1）顺自然，（2）安分，（3）无欲速，（4）回心，（5）

治心，（6）羡厌诸目。其说如左：

（1）顺自然

（涑水学案上）治心以正，保躬以静；进退有义，得失有命，守道在己，成功则天，夫复何为？莫非自然。

所谓顺自然者，一言以蔽之，即尽人力以听天命之意也。所谓尽人力，即“治心以正，保躬以静，进退有义，守道在己”；至于得失则听诸天命，不必强求，自不宜怨天而尤人。如此，则为学一贯努力，不因得失而变心。此种顺自然之态度，实为为学必成之正当方法也。

（2）安分

（涑水学案上）或曰：夫士者，当美国家，利百姓，功施当时，泽及后世；岂独龊龊然仅司其分不敢失陨而已乎？曰：非谓其然也。智愚勇怯贵贱贫富，天之分也。君明臣忠父慈子孝，人之分也。僭天之分，必有天灾；失人之分，必有人殃。尧舜禹汤文武勤劳天下，周公辅相致太平，孔子以诗书礼乐教洙泗，颜渊箪食瓢饮安于陋巷；虽德业异守，出处异趣，如此其远也，何尝舍其分而妄为哉？

智愚勇怯贵贱贫富，天之所赋，故谓之天分；君明臣忠父慈子孝，人所当为，故谓之人分。僭天之分与失人之分，皆非所宜。古圣先贤，功业不同，成就互异，固未尝舍其分而妄为也。为士者立志固不妨高，却不可妄求，所谓安分是也。人当努力，至成功失败，一听于天，固不可怨天尤人，惟尽己之责而已。

（3）无欲速

（涑水学案上）夫树木，树之一年而伐之，足以给薪苏而已；三年而伐之，则足以为桷；五年而伐之，则足以为楹；十年而伐之，则足以为栋。岂非收功愈远，而为利愈大乎？

凡事尽力愈多，历时愈久，则成就愈大。譬如种树，一年而伐之，仅足供薪用；十年而伐之，则足以为栋。因此，为学无欲速，当多下工夫，工夫所下愈多愈久，则其为用必愈大也。

（4）回心

（涑水学案上）或问子能无心乎，迂叟曰：不能。若夫回心，则庶几矣。何谓回心？曰：去恶而从善，舍非而从是；人或知之而不能从，以为如制骍马，如斡磻石之难也。静而思之，在我而已；如转户枢，何难之有？

所谓回心，系回转心之向往，例如去恶而从善，舍非而从是；为事虽似难，求其在我而已。天下无难事，只怕有心人。为学者，可不知所抉择乎？

（5）治心

（涑水学案上）学者所以求治心也；学虽多而心不治，何以学为？

为学者贵能约束其心，苟不能约束其心，胡思妄想，则学虽多，究有何益？

（6）羡厌

（涑水学案上）人情若厌其所有，羡其所不可得；未得则羡，已得则厌，厌而求新，则为恶无不至矣？

羡者，慕已所无而他人所有者；厌者，倦于已所有而渐渐不感兴趣者。此固人之常情，然以之处事接物，殊属不妥，诚所谓厌而求新，则为恶无不至矣。

（乙）教育之部

括有（一）取士，（二）举士，（三）科场改制，（四）逐路取人，（五）贡举诸节。

○ 第一节 取士

括有（1）取士之道，（2）取士之弊两目。因取士而施教，故教育方针与取士极有关系，观取士则可知教育矣。

（1）取士之道

（传家集论举选状）窃以取士之道，当以德行为先，其次经术，其次政事，其次艺能。近世以来，专尚文辞。夫文辞者，乃艺能之一端耳，未足以尽天下之士也。国家虽设贤良方正等科，其实皆取文辞而已。近以袷享赦节文，应天下士人有素敦节行，兼通学术，久为乡里所推者，委转运使、提点刑狱，同加搜访，每路各三两人，仍与本处长吏连署结罪保举。闻奏所举之人，朝廷命本州敦遣，至则馆于太学，待遇甚厚。考试之际，不糊名誊录，既而署等补官，皆过所望；此诚合先王取士之道。臣谓国家将除积久之弊，立太平之基，天下士大夫皆靡然向风矣。行之未几，忽闻朝廷一切罢之，无不怅然失望。臣诚戆愚，不识所谓。若以所举之人多非实有材行，则当治举保之罪，别加搜访，岂可以一二人谬滥，废天下之举贤，是犹因溺而废天下之舟，因噎而废天下之食也。且人之毁誉，或出爱憎，虽复圣贤，不能自免。孔子曰：众好之，必察焉；众恶之，必察焉。恐国家亦未可以此遥断否臧，遽行黜陟也。就使其人平昔所行诚有亏缺，古之人或举于鱼盐，或举于盗贼；岂可不容其改行自新，而终身弃之乎？且人之行能，迭有短长，若不弃瑕录用，而以一节废之，则失人多矣。

本段主张取士当以德行为先，而兼重经术、政事与艺能。近世专尚文辞，已未足尽取士之责。某次宋代朝廷令地方官保举素敦节行，兼通学术之士，公开考试，取销糊名；署等补官，皆过所望。天下士大夫靡然向风。想不到，行之未久，又一切罢之。君实认此却为正当取士之道；即有一二保举失当之人，尽可罪其保举者，不必因噎废食也。又所谓糊名，系指将试卷中之应试人姓名，予以弥封，俾评阅试卷者不致受人运动；此在仅凭试卷评定去取者，自属严密而公平之办法。然若不专以考试之文章为断，而参以应试人之声望与名誉，则试卷糊名似无大关系。不过为试卷慎密计，糊名之制不妨并存，而于评定试卷后，再就应试者之声望名誉另行考虑，然后与试卷评分合并决定，亦无不可；似不必以取销糊名制为理想办法也。

（2）取士之弊

（议贡举状）臣窃惟取士之弊，自古始以来，未有若近世之甚者也。何以言之？自三代以前，其取士无不以德行为本，而未尝专贵文辞也。汉氏始置茂才、孝廉等科，皆命公卿大夫州郡举有经术德行者，策试以治道，然后官之。故其风俗敦尚名节。降及末世，虽政衰于上，而俗清于下；由取士之术素加奖励故也。魏晋以降，贵通才而贱守节，习尚浮华，旧俗益败；然所举秀、孝，犹以经术取之。州郡皆置中正，以品其才行，一言一动之失，或终身为累，士犹兢兢不敢自放。隋始置进士，唐益以明经等科，而秀、孝遂绝。止有进士明经二科，皆自投牒求试，不复使人察举矣。进士初但试策，及长安神龙之际，加试诗赋；于是进士专尚属辞，不本经术，而明经止于诵书，不识义理。至于德行，则不复谁何？自是以来，儒雅之风日益颓坏，为士者狂躁险薄，无所不为；积日既久，不胜其弊。于是又设誊录封弥之法，盖朝廷苦其难制，而有司急于自营也。夫欲搜罗海内之贤俊，而掩其姓名以考之，虽有颜闵之德，苟不能为赋诗论策，则不免于遭摈弃，为穷人；虽有跖跻之行，苟善为赋诗论策，则不害于取高第，为美官。臣故曰：取士之弊，自古始以来，未有若近世之甚者，非虚言也。今幸遇陛下圣明，心知贡举之极弊；慨然发愤，深诏群臣使得博议利病，更立新规，是千载一时也。议者或曰：古人乡举里选，今欲知士之德行，宜委知州知县者采察其实，保而荐之；臣独以为不然。古者分地建国，自卿大夫士皆以其国人为之；犹患处士之德行不可得而详也。故又择其乡之贤者，使为闾胥比长，自幼及长，朝夕察其所为；然后士之德行美恶莫得而隐也。今夫知州知县，杂四海九州之人，远者三岁而更，近者数月而更，或初到官，即遇科场，遽责之知所部士人之德行，诚亦难矣。又应开封府举者，常不减数千人；而开封府狱讼之繁，知府者自旦至暮，耳不暇听，目不暇视，又有余裕可使之察数千人之德行乎？议者又曰：宜去封弥誊录，委有司考其文辞，参以行实而取之。臣独以为不然。夫士之德行，知州县者尚不能知；而有司居京师，一旦集天下之士，独以何术知之？其术不过以众人之毁誉决之。孔子曰：众好之，必察焉；众恶之，必察焉。夫众之毁誉，庸讵足以尽其实乎？必如是行之，臣见其爱憎互起，毁誉交作，请托公行，贿赂上流；谤讟并兴，狱讼不息，将纷然淆乱，朝廷必厌苦之，而复用封弥誊录矣。夫封弥誊录，固为此数者而设之也。譬犹筑防以鄣洚水也。今不绝其源，而徒去其防，则横流之患，愈不可救矣。臣虽至愚，平生固尝竭其思虑，欲以少救其弊。今敢陈二策，乞陛下俯加裁择。……臣愚欲乞今后应系举人，令升朝官以上岁举一人，提点刑狱以上差遣者岁举二人，谏议大夫或待制以上岁举三人；不以所部非所部，乡里非乡里，除自己亲戚及曾犯真刑或私罪，情理重，曾经罚赎，及不孝不友，盗窃淫乱明有迹状者，不得举外，其余皆得举之。仍于举状内明言臣今保举某州某科某人有学术节行乞赐召试；若举状既上之后却有前后诸般违碍事发，其举主并依律文贡举非其人，分故失，从公私罪定断，受赃而举者以枉法论。……朝廷若不能行此保举之法，其次莫若修学校之法以取之。臣伏见自庆历以来，天下诸州虽立学校，大抵多取丁忧及停闲官员，以为师长，借其供给，以展私惠。聚在仕官员及井市豪民子弟十数人，游戏其间，坐耗粮食，未尝讲习；修谨之士多耻而不入。间有二千石自谓能兴学者，不过盛修室屋，增置庄产，广积粮储，多聚生徒，以采虚名。师长之人自谓能立教者，不过谨其出入，节其游戏，教以抄节经史，剽窃时刻，以夜继昼，习赋诗论策以取科名而已。此岂先王立学之意邪？于以修明圣道，长育人材，化民成俗，固已疏矣。臣欲乞自今天下州学，只许置教授一人；委本州长吏于本处命官中选择，无过犯有节行，能讲说为众所服者，举奏补充。若本州无人，则奏乞下铨司于见在铨选人内，拣选进士明经诸科出身人，历任无赃私罪，能讲说经书者，奏补充逐州教授；应举人初入学者，并为外舍生。唯赴听讲及公试外，不得于学中宿食。其教授每日讲书毕，取在学诸生姓名书于签上，杂置筒中，抽取三人，问以听过书中疑义三条，使对众解说，通者置簿记录，粗者不问，不者有罚。每月中两次公试，所习举业委教授考校，定优劣等第，具姓名出榜，示讫，亦置簿记录；其有过犯者，小过则罚钱，中过则降等，大过则斥出学，亦置簿记录。每遇春秋释奠毕，委教授选择外舍生到学，及半年以上。自前次释奠以来，说书多通，公试多在优等，过犯情轻数少，即升入内舍为初等生。始听于学中宿食。又选择初等生升为中等生，中等生升为高等生，皆如外舍生之法；其有二人已上比较难决者，即特令说书，及试所业以决之。皆须具状申本州，委知州通判更加审核，委得公当，然后给牒补之。……高等生补及半年以上者，具姓名结罪，保明闻奏。仍给与公凭，许令免解直就省试，其高等生占不尽解额，方许本处其余举人取解。……夫经术深浅，非程试所能知；行义美恶，非朝夕所能察。今使之处于学校，经二三年，累经选择，升至高等，又占解额，妨众人进取之路；若其行义少有过差，必不为众人所容矣。由此观之，其高等生经术则讲说常通，文艺则屡入优等；过犯则全然轻少，行义则为众所服。比之糊名誊录，考其一日所试赋诗论策，偶有所长而取之者，相去远矣。

本项文字与前一项互相发明。前项标目为取士之道，本项则为取士之弊；其相同之点均归咎于取士侧重文辞，而忽略于德行与学术。惟两项亦颇有前后不甚符合之处，例如前项赞同保举，而于糊名制之取消似未予反对；本项则认为地方官保举仍不可靠，糊名制亦无取消之必要。前项作于嘉祐六年（公元一〇六一），本项则作于熙宁二年（公元一〇六九），其间相距八年，而君实以同一作者前后意见不无出入。

〇 第二节　举士

（传家集章奏三十七乞以十科举士劄子）臣窃惟为政之要，莫如得人；百官称职，则万务咸治。然人之才性，各有所能，或优于德而啬于才，或长于此而短于彼。虽皋夔稷契，止能各守一官；况于中人，安可求备？是故孔门以四科论士，汉室以数路得人。若指瑕掩善，则朝无可用之人。苟随器授任，则世无可弃之士。臣误蒙甄擢，备位宰相，慎选百官，乃其职业。而智识浅短，见闻褊狭；知人之难，圣贤所重，寰宇至广，俊彦如林，或以恬退滞淹，或以孤寒遗逸，被褐怀玉，岂能周知？若专引知识，则嫌于狭私，难服众心；若止循资序，则官非其人，何以致治。莫若使在位达官人举所知，然后克协至公，野无遗贤矣。臣不胜狂愚，欲乞朝廷设十科举士。一曰，行义纯固，可为师表科。二曰，节操方正，可备献纳科。三曰，智勇过人，可备将帅科。四曰，公正聪明，可备监司科。五曰，经术精通，可备讲读科。六曰，学问该博，可备顾问科。七曰，文章典丽，可备著述科。八曰，善听狱讼，尽公得实科。九曰，善治财赋，公私俱便科。十曰，炼习法令，能断请谳科。应职事官，自尚书至给舍谏议寄禄官；自开府仪同三司，至太中大夫职；自观文殿大学士至待制。每岁须得于十科中举三人。其状云：臣窃见某人有何行能，臣今保举堪充某科；如蒙朝廷擢用后，不如所举及犯正入已赃，臣甘伏朝典不辞；候奏状到日，付中书省择勤谨吏人二人，专切收掌，仍十科各置簿书时，抄录年月日，某官姓名举某官姓名，别置合举官臣僚簿。岁终不举，及人数不足，按劾施行。或遇在京外方有事，须合差官，体量相度，点检磨勘。刬刷催促，推勘定夺，则委执政亲检逐簿各随所举之科选差，令试管勾上件事务。若能办集，即别置簿记其劳绩，遇本科职任有阙，则委执政亲检逐簿，选名实相称，或举主多有劳绩之人补充；仍于本人除官敕告前，尽开坐举主姓名于后。或不如所举，其举主从贡举非其人律科罪，犯正入已赃，举主减三等科罪。若因受贿徇私而举之，罪名重者，自从重法，期在必行，不可宽宥。虽见为执政官朝廷所不可辍者，亦须降官示罚，即朝廷临时因事特诏举官，不在十科之内者，有不如所举，亦同此法。所贵人人重慎，所举官皆得人。

此为君实建议使在位达官，人举所知，不依一般科举方法，别为十科举士；并规定自尚书至给舍谏议等寄禄官，自开府仪同三司至太中大夫职，自观文殿大学士至待制，每岁须得于十科中举三人，而课以所举不实之罪，罪名重者，自从重法，期在必行，不可宽宥。此为别辟一种取士之途径。

○ 第三节　科场改制

（传家集贡院定夺科场不用诗赋状）准中书送下天章阁待制判国子监吕公著劄子。臣闻以言取人，固未足以尽人之才。今之科场，格之以辞赋，又不足以观言。国家承平日久，文物至盛；学者莫不欲宗经向道。至于浮华博习，有不得已而为之者。先帝察取士之弊，尝集近臣之论，形于诏文；则曰：本学校以教之，然后可以求其行。

先策论，则辨理者得尽其说；简程式，则闳博者颇见其才。虽丁宁申谕，而有司不能奉行。窃闻昨来南省考校，始专用论策升黜，议者颇以为当。臣犹恐四方疏远，未知所尚，有司各持所见，则人无适从。欲乞今来科场，更不用诗赋；如未欲遽罢，即乞令第一场试论，第二场试策，第三场试诗赋。每遇廷试，亦以论压诗赋为先后升降之法，庶成先帝之志，永底人文之盛。臣谬司学政，盍进舆言；如允所奏，即乞预行告示，令本院定夺闻奏者，当院看详。近世取人专用诗赋，其为弊法，有识共知。今来吕公著欲乞科场，更不用诗赋；委得允当。然进士只试论策又似太简；欲乞今后省试除论策外，更试周易、尚书、毛诗、周礼、仪礼、春秋、论语大义，共十道为一场。其策只问时务。所有进士帖经墨义一场，从来不曾考校，显是虚设，乞更不试。御前除试论外，更试时务策一道。如此则举人皆习经术，不尚浮华；若是依旧不罢诗赋之时，即先试后试，事归一体，别无损益。今若罢去诗赋，仍乞依吕公著起请，预行告示，使天下学者早得闻知。

本文主张科场不用诗赋；如不欲遽罢，即乞令第一场试论，第二过试策，第三场试诗赋。每遇廷试，亦以论压诗赋。然进士只试论策，又似太简；今后各省，除论策外，更试诸经共十道为一场，其策只问时务，庶可获取实用之人材，而不为词章占优势。

○ 第四节　逐路取人

（贡院乞逐路取人状）准中书批送下知封州柳材奏，欲乞今后南省考试进士，将开封国学锁厅举人试卷衮同糊名；其诸道州府举人试卷，各以逐路糊名委封弥官于试卷上题以在京逐路字，用印送考试官。其南省所放合格进士，乞于在京逐路以分数裁定取人。所贵国家科第，均及中外。如允所请，伏乞下两制详定者。右谨具如前。当院今将簿籍勘会，近岁三次科场内。嘉祐三年，国子监得解及免解进士，共一百一十八人，及第者二十二人，约五人中取一人。开封府得解及免解进士共二百七十八人，及第者四十四人，约六人中取一人。河北路得解及免解进士，共一百五十二人，及第者五人，约三十人中取一人。京东路得解及免解进士共一百五十七人，及第者五人，梓州路得解及免解进士共六十三人及第者二人，并约三十一人中取一人。广南东路得解及免解进士共九十七人，及第者三人，约三十二人中取一人。荆湖南路得解及免解进士共六十九人，及第者二人，约三十四人中取一人。广南西路得解及免解进士共三十八人，利州路得解及免解进士共三十六人，夔州路得解及免解进士共二十八人，及第者各只一人。河东路得解及免解进士共四十四人，全无人及第。嘉祐五年，国子监得解及免解进士共一百八人，及第者二十八人，开封府得解及免解进士共二百六十六人，及第者六十九人，并约四人中取一人。京东路得解及免解进士共一百五十人，及第者五人，约三十人中取一人。荆湖南路得解及免解进士共六十九人，及第者二人，约三十四人中取一人。广南东路得解及免解进士共八十四人，及第者二人，约四十二人中取一人。河东路得解及免解进士共四十一人，陕西路得解及免解进士共一百二十三人；及第者各只一人。荆湖北路得解及免解进士共二十四人，广南西路得解及免解进士共六十三人，夔州路得解及免解进士共三十二人，并全无人及第。嘉祐七年，国子监得解及免解进士共一百一十一人，及第者三十人，约四人中取一人。开封府得解及免解进士共三百七人，及第者六十六人，约五人中取一人。荆湖南路得解及免解进士六十八人，及第者二人，约三十四人中取一人。陕西路得解及免解进士共一百二十四人，及第者二人，约六十二人中取一人。河北路得解及免解进士共一百五十四人，河东路得解及免解进士共四十五人，荆湖北路得解及免解进士共二十三人，及第者各一人。广南东路得解及免解进士共七十七人，广南西路得解及免解进士共六十三人，利州路得解及免解进士共二十八人，并全无人及第。以此比较在京及诸路举人得失多少之数，显然大段不均。盖以朝廷每次科场所差试官，率皆两制三馆之人；其所好尚，即成风俗。在京举人，追趋时好，易知体面，渊源渐染，文采自工。使僻远孤陋之人，与之为敌；混同封弥，考较长短，势不侔矣。孔子曰：十室之邑，必有忠信如丘者焉。言虽微陋之处，必有贤才，不可诬也。是以古之取士以郡国户口多少为率，或以德行，或以材能，随其所长，各有所取。近自族姻，远及夷狄，无小无大，不可遗也。今或数路之中全无一人及第，则所遗多矣。国家用人之法，非进士及第者不得美官；非善为赋诗论策者，不得及第；非游学京师者，不善为赋诗论策。以此之故，使四方学士皆弃背乡里，违去二亲，老于京师，不复更归。其间亦有身负过恶，或隐忧匿服，不敢于乡里取解者，往往私买监牒，妄冒户贯，于京师取解。自间岁开科场以来，远方举人惮于往还，只在京师寄应者，比旧尤多。国家虽重为科禁，至于不用荫赎，然冒犯之人，岁岁滋甚。所以然者，盖由每次科场及第进士，大率是国子监开封府解送之人；则人之常情谁肯去此而就彼哉！夫设美官厚利进取之涂，以诱人于前，而以苛法空文禁之于后，是犹决洪河之尾而捧土以塞之，其势必不行矣。书曰：无偏无党，王道荡荡。国家设贤能之科，以俟四方之士；岂可使京师诈妄之人独得取之。今来柳材所起请科场事件，若依而行之，委得中外均平，事理允当；可使孤远者有望进达，侨寓者各思还本土矣。难者必曰：国家比设封弥誊录以尽至公，其诸路举人，所以及第少于在京者，自以文艺疏拙，长短相形，理宜黜退；今若于封弥试卷上题在京逐路字号，必虑试官挟私者，因此得以用情。是大不然。国家设官分职以待贤能，大者道德器识，以弼谐教化；其次明察惠和，以拊循州县；其次方略勇果，以捍御外侮；小者刑狱钱谷，以供给役使。岂可专取文艺之人，欲以备百官济万事邪？然则四方之人，虽于文艺或有所短，而其余所长有益于公家之用者，盖亦多矣。安可尽加弃斥，使终身不仕邪？凡试官挟私者，不过徇其亲知乡党。今虽题逐路字号，若试官欲挟其亲知，则一路之人共聚一处，不知何者为其亲知；若欲徇其乡党，则一路之中所取自有分数，岂敢偏于本路剩取一人？以此言之，虽题逐路字号，试官亦无所容其私也。今欲乞依柳材起请，今后南省考试云云，裁定取人；若朝廷尚以为有所嫌疑，即乞令封弥官将国子监开封府及十八路临时各以一字偏傍立号。假若国子监尽用乾字，开封府尽用坤字，京东路尽用离字，京西路尽用坎字为偏傍，其余路分别依此例，委知贡举官于逐号之中，考校文理善恶；各随其短长，每十人中取一人奏名，其不满十人者，六人以上亦取一人，五人以下更不取人。其亲戚举人别试者，缘人数至少，更不分别立号，只依旧条混同封弥，分数取人。其合位奏者，更不入南省奏名数内。

本文将各路取士与应考人数比较，证明有少至三数人中取其一，亦有多至六七十人者取其一，在路与路之间固已显示其不公平；而与京师比较，更相形见绌，其故大致因游学京师者多善为赋诗论策。以此之故，使四方学士皆弃背乡里，违去二亲，老于京师，不复更归；其间亦有身负过恶，或隐忧匿服，不敢于乡里取解者，往往私买监牒，妄冒户贯，于京师取解。其流弊不可胜言，不仅对诸路学子明示其不公平而已，“国家设贤能之科，以俟四方之士，岂可使京师诈妄之人独得取之？”至恐试卷中标明各路，试官可能徇其亲知，不知一路之人共聚一处，何者为试官亲知，实亦不易辨识。以此言之，虽题逐路字号，试官亦无所容其私也。且欲防偏私之弊，亦未尝无办法，可令封弥官将国子监开封府及十八路临时各以一字为偏傍立号，而委知贡举官于逐号之中考较文理善恶，各随其短长，每十人中取一人奏名，其不满十人者，六人以上亦取一人，五人以下更不取人。如此则对各路士子，既可公平使有进身之路，亦得免试官徇私之弊。君实对于知封州柳材逐路取人之建议，详加研究，表示赞同，并述其所见与防弊之法。

○ 第五节　贡举

（传家集议贡举状）臣准御史台牒，准敕节文：天下学校贡举之法，宜令两府两省待制以上，御史台三司三馆臣僚，各限一月，具议状闻奏者。臣闻诗云：无竞惟人，四方其训之。言欲立强于天下者，无如得人，得人而任之以事，则四方斯顺之矣。臣惟取士之弊，自古始以来，未有若近世之甚者也。何以言之？自三代以前，其取士无不以德为本，而未尝专贵文辞也。汉氏始置茂才孝廉等科，皆命公卿大夫州郡举有经术德行者，策试以治道，然后官之。故其风俗敦尚名节。降及末世，虽政衰于上，而俗清于下，由取士之术素加奖厉故也。魏晋以降，贵通才而贱守节，习尚浮华，旧俗益败。然所举秀孝，犹以经术取之。州郡皆置中正，以品其才行；一言一动之失，或终身为累，士犹兢兢不敢自放。隋始置进士，唐益以明经等科，而秀孝遂绝。止有进士明经二科，皆自投牒求试，不复使人察举矣。进士初但试策，及长安神龙之际加试诗赋。于是进士专尚属辞，不本经术；而明经止于诵书，不识义理。至于德行则不复谁何。自是以来，儒雅之风，日益颓坏。为士者狂躁险薄，无所不为。积日既久，不胜其弊。于是又设誊录封弥之法，盖朝廷苦其难制，而有司急于自营也。夫欲搜罗海内之贤俊，而掩其姓名以考之，虽有颜闵之德，苟不能为赋诗论策，则不免于遭摈弃，为穷人；虽有跖跻之行，苟善为赋诗论策，则不害于取高第，为美官。臣故曰：取士之弊，自古始以来，未有若近世之甚者，非虚言也。今幸遇陛下圣明，心知贡举之极弊，慨然发愤，深诏群臣，使得博议利病，更立新规；是千载一时也。议者或曰：古人乡举里选，今欲知士之德行，宜委知州知县者采察其实，保而荐之。臣独以为不然。古者分地建国，自卿大夫士皆以其国人为之，犹患处士之德行不可得而详也，故又择其乡之贤者，使为闾胥、比长。自幼及长，朝夕察其所为；然后士之德行美恶，莫得而隐也。今夫知州知县，杂四海九州之人，远者三岁而更，近者数月而更；或初到官即遇科场，遽责之知所部士人之德行，诚亦难矣。又应开封府举者，常不减数千人；而开封府狱讼之繁，知府者自旦至暮，耳不暇听，目不暇视，又有余裕可使之察数千人之德行乎？议者又曰：宜去封弥誊录，委有司考其文辞，参以行实而取之。臣独以为不然。夫士之德行，知州县者尚不能知，而有司居京师，一旦集天下之士，独以何术知之？其术不过以众人之毁誉决之。孔子曰：众好之，必察焉；众恶之，必察焉。夫众之毁誉，庸讵足以尽其实乎？必如是行之，臣见其爱憎互起，毁誉交作，请托公行，贿赂上流，谤讟并兴，狱讼不息，将纷然淆乱，朝廷必厌苦之而复用封弥誊录矣。夫弥封誊录，固为此数者而设之也。譬犹筑防以障泽水也。今不绝其源，而徒去其防，则横流之患，愈不可救矣。臣虽至愚，平生固尝竭其思虑，欲以少救其弊。今敢陈二策，乞陛下俯加裁择。臣闻上之所为，下之所归也，国家从来以赋诗论策取人，不问德行；故士之求仕进者，日夜孜孜，专以习赋诗论策为事，惟恐不能胜人。父教其子，兄勉其弟，不是过也。今若更以德行取人，则士之力于德行，亦犹是也。诚风化清浊之原，历代讹谬而不寤，必待圣朝然后正之者也。夫德行修之于心，藏之于身，虽家人有所不知，况于乡党？况于州县？况于朝廷？将何从知之？故必待明哲公正之臣，知而举之；然后四海之士，皆可得而官使也。然举荐之法既行，则干求属请，诚所不能无也；要在所举非其人者，国家以严法绳之，勿加恩贷，则苟且徇私之人皆知惧矣。且国家既以德行取士，则彼贪猾轻躁之人，依附权要，枉道求进者，皆为清议所贬，见弃于时。虽有举者，必不多矣。臣愚欲乞今后应系举人，令升朝官以上，岁举一人；提点刑狱以上差遣者，岁举二人；谏议大夫或待制以上，岁举三人。不以所部非所部，乡里非乡里，除自己亲戚，及曾犯真刑，或私罪，情理重，曾经罚赎，及不孝不友，盗窃淫乱，明有迹状者，不得举外，其余皆得举之。仍于举状内明言：臣今保用某州某科某人有学术节行，乞赐召试。若举状既上之后，却有前后诸般违碍事发，其举主并依律文贡举非其人，分故失，从公私罪定断；受赃而举者，以枉法论。其举状逐时送下礼部，贡院置簿记录。若应举人而不举者，岁终委贡院勘会姓名闻奏，乞严加朝典。每遇三年一开贡举，委贡院截自诏下之日勘会；选择举主最多者，从上取之。倍于每次科场南省奏名人数，具姓名闻奏，乞下本贯，发遣赴阙。其本贯更不考试，即具申状解送赴贡院，仍出公凭给付，逐人令赴贡院照会，限十一月内取齐，十二月内引见，正月内委贡院考试。进士试经义策三道，子史策三道，时务策三道，更不试赋诗及论。明经及九经等诸科，试本经及论语孝经大义，共四十道。明经加试时务策三道。其帖经墨义，一切皆不试。对策及大义，但取义理优长，不取文辞华巧。唯所对经史乖僻，时务疏阔者，即行黜落。其奏名人数，并依科场旧制，至御试时，进士明经，各试时务策一道；九经等诸科，试本经大义十道。所有名字高下，并只以举主多者为上。举主数同，则以举状到省月日先后为次。其举人所纳家状，及授官后吏部所给告身，并须开坐元初举主人数姓名，若及第后犯私罪情理重，及赃罪，其举主并减一等坐之，未及第者减三等；皆不以去官及赦原。如此则群臣不敢挟私妄举，士人皆崇尚经术，重惜操履，风俗丕变矣。

朝廷若不能行此保举之法，其次莫若修学校之法以取之。臣伏见自庆历以来，天下诸州虽立学校，大抵多取丁忧及停闲官员以为师长，借其供给，以展私惠，聚在仕官员及井市豪民子弟十数人，游戏其间，坐耗粮食，未尝讲习。修谨之士，多耻而不入。间有二千石自谓能兴学者，不过盛修室屋，增置庄产，广积粮储，多聚生徒，以采虚名。师长之人，自谓能立教者，不过谨其出入，节其游戏，教以抄节经史，剽窃时文，以夜继昼；习赋诗论策，以取科名而已。此岂先王立学之意邪？于以修明圣道，长育人材，化民成俗，固已疏矣。臣欲乞自今天下州学，只许置教授一人，委本州长吏于本处命官中选择无过犯，有节行，能讲说，为众所服者，举奏补充。若本州无人，则奏乞下铨司选差，委铨司于见在铨选人内，拣选进士明经诸科出身人，历任无赃私罪，能讲说经书者，奏补充逐州教授。应举人初入学者，并为外舍生，唯赴听讲及公试外，不得于学中宿食；其教授每日讲书毕，取在学诸生姓名，书于签上，杂置筒中，抽取三人，问以听过书中疑义三条，使对众解说。通者置簿记录，粗者不问，不者有罚。每月中两次公试，各试所习举业，委教授考校，定优劣等第，具姓名出榜，示讫，亦置簿记录。其有过犯者，小过则罚钱，中过则降等，大过则斥出学；亦置簿记录。每遇春秋释奠，委教授选择外舍生到学及半年以上，自前次释奠以来，说书多通，公试多在优等，过犯情轻数少，即升入内舍为初等生，始听于学中宿食；又选择初等生升为中等生，中等生升为高等生，皆如外舍生之法。其有二人已上比较难决者，即特令说书及说所业以决之；皆须具状申本州，委知州通判更加审核，委得公当，然后给牒补之；如后来有过降等者，其牒即行抽取毁抹。其教授选择、纠举、升降第，若有不公，委知州通判觉察取勘闻奏，乞行冲替。其开封府举人，旧无府学，并令寓教于国子监。其国子监举人，须实是品官子弟，方得依条入学；其教试选升之法，并与外州同，以直讲比教授，判监、同判监比知州、通判。凡国子监开封府及诸州军内舍高等生额，并用本处解额之半；其中等倍高等，初等倍中等，若人数未足，则阙之，不得溢额补人。若遇诏下开贡举，委本处判监同判监知州通判，截自其日勘会高等生补及半年以上者，具姓名结罪，保明闻奏，仍给与公凭，许令免解，直就省试。其高等生占不尽解额，方许本处其余举人取解。其中等初等生，于取解时仍别立号，常比其余举人多取分数；所有高等生至省试，亦别立号，每七人中取一人奏名。如此则举人亦稍向经术，敦行义矣。夫经术深浅，非程试所能知；行义美恶，非朝夕所能察。今使之处于学校，经二三年，累经选择，升至高等，又占解额，妨众人进取之路；若其行义少有过差，必不为众人所容矣。由此观之，其高等生经术，则讲说常通，文艺则屡入优等，过犯则全然轻少，行义则为众所服；比之糊名誊录，考其一日所试赋诗论策，偶有所长而取之者，相去远矣。况近年举人，或一无行能，横遇恩泽，幸得免解者，不可胜数。今高等生行能如此，裁免一解，岂足惜哉？此学校之法也。若朝廷又不能如此，只于旧条之中毛举数事，微有更张，则于取士之道，并无所益，徒更烦苛，不若悉循旧贯之为愈也。

此为君实对于贡举之主张，说明甚详，大体重实学与德行而轻词章，拟令朝官按其等级每年荐举一二三人不等，每遇三年，一开贡举，选择举主最多者从上取之，分别进士、明经等科。进士科试以经义策，子史策，时务策，不试赋诗及论；明经科则于经义以外，加试时务策。凡举主失当者皆受处分。又诸州学校，须慎选教授，严其课程，由外舍而内舍，由初等而中等、高等，其升级均依严定之程序。质言之，君实主张荐举与学校并行。此文可代表其全系的取士与教育思想。

第五章　苏轼的教学思想

一

据宋史本传第九十七，苏轼的生平事迹如左：

苏轼，字子瞻，眉州眉山人。生十年，父洵游学四方。母程氏，亲授以书。闻古今成败，辄能语其要。……比冠，博通经史，属文日数千言。好贾谊、陆贽书。既而读庄子，叹曰：吾昔有见，口未能言；今见是书，得吾心矣。嘉祐二年，试礼部。方时文磔裂诡异之弊胜，主司欧阳修思有以救之。得轼刑赏忠厚论，惊喜。欲擢冠多士，犹疑其客曾巩所为，但寘第二。复以春秋对义居第一，殿试中乙科。后以书见修，修语梅圣俞曰：吾当避此人出一头地。闻者始哗不厌，久乃信服。丁母忧，五年调福昌主簿。欧阳修以才识兼茂，荐之秘阁。试六论，旧不起草，以故文多不工；轼始具草，文义粲然。复对制策，入三等。自宋初以来，制策入三等，惟吴育与轼而已。除大理评事，签书凤翔府判官。……治平二年，入判登闻鼓院。英宗自藩邸闻其名，欲以唐故事召入翰林，知制诰。宰相韩琦曰：轼之才远大器也，他日自当为天下用。要在朝廷培养之，使天下之士，莫不畏慕降伏，皆欲朝廷进用；然后取而用之，则人人无复异词矣。今骤用之，则天下之士，未必以为然，适足以累之也。英宗曰：且与修注如何？琦曰：记注与制诰为邻，未可遽授；不若于馆阁中近上帖职与之，且请召试。英宗曰：试之未知其能否，如轼有不能邪？琦犹不可。及试二论，复入三等，得直史馆。轼闻琦语曰：公可谓爱人以德矣。会洵卒，赙以金帛，辞之，求赠一官。于是赠光禄丞。……熙宁二年还朝，王安石执政，素恶其议论异己，以判官告院。四年安石欲变科举，兴学校，诏两制三馆议。轼上议（反对）……神宗悟曰：吾固疑此；得轼议，意释然矣。……时安石创行新法，轼上书论其不便。……安石滋怒，使御史谢景温论奏其过。穷治无所得，轼遂请外，通判杭州。……时新政日下，轼于其间，每因法以便民，民赖以安。徙知密州……又徙知湖州，上表以谢；又以事不便民者，不敢言，以诗托讽，庶有补于国。御史李定、舒亶、何正言摭其表语，并媒蘖所为诗，以为讪谤。逮赴台狱，欲寘之死。锻炼久之，不决。神宗独怜之，以黄州团练副使安置。轼与田父野老相从溪山间，筑室于东坡，自号东坡居士。三年神宗数有意复用，辄为当路者沮之。神宗尝语宰相王珪、蔡确曰：国史至重，可命苏轼成之。珪有难色。神宗曰：轼不可，姑用曾巩。巩进太祖总论，神宗意不允；遂手札移轼汝州，有曰：苏轼黜居思咎，阅岁滋深，人材实难，不忍终弃。轼未至汝，上书自言饥寒；有田在常，愿得居之。朝奏夕报可。……神宗崩，哲宗立，复朝奉郎知登州。召为礼部郎中。……元祐元年，轼以七品服入侍延和；即赐银绯，迁中书舍人。……寻除翰林学士，二年，兼侍读，每进读至治乱兴衰邪正得失之际，未尝不反复开导，觊有所启悟。哲宗虽恭默不言，辄首肯之。……四年，积以论事为当轴者所恨。轼恐不见容，请外。拜龙图阁学士知杭州。……唐刺史李泌始引西湖水作六井，民足于水。白居易又浚西湖水入漕河，自河入田，所溉至千顷，民以殷富。湖水多葑，自唐及钱氏，岁辄浚治；宋兴废之，葑积为田，水无几矣。漕河失利，取给江潮，舟行市中，潮又多淤。三年一淘，为民大患；六井亦几于废。轼见茅山一河，专受江潮，盐桥一河，专受湖水，遂浚二河以通漕。复造堰闸以为湖水蓄泄之限。江潮不复入市，以余力复完六井。又取葑田积湖中南北径三十里为长堤，以通行者。吴人种菱，春辄芟除，不遗寸草。且募人种菱湖中，葑不复生，收其利以备修湖。取救荒余钱万缗粮万石及请得百僧度牒以募役者，堤成，植芙蓉杨柳其上，望之如画图。杭人名为苏公堤。……轼二十年间，再莅杭，有德于民。家有画像，饮食必祝。又作生祠以报。六年召为吏部尚书，未至，以弟辙除右丞，改翰林承旨。辙辞右丞，欲与兄同备从官不听。轼在翰林数月，复以谗请外。乃以龙图阁学士出知颍州。……七年徙扬州……未阅岁，以兵部尚书召兼侍读。是岁哲宗亲祀南郊，轼为卤簿使导驾，入太庙，有赭缴犊车并青盖犊车十余争道，不避仪仗，轼使御营巡检使问之，乃皇后及大长公主。时御史中丞李之纯为仪仗使，轼曰：中丞职当肃政，不可不以闻。之纯不敢言，轼于车中奏之。哲宗遣使赍疏驰白太皇太后，明日诏整肃仪卫；自皇后而下，皆毋得迎谒。寻迁礼部兼端明殿、翰林侍读两学士，为礼部尚书。……八年，宣仁后崩，哲宗亲政。轼乞补外，以两学士出知定州。时国是将变，轼不得入辞。既行，上书言天下治乱，出于下情之通塞；至治之极，小民皆能自通。迨于大乱，虽近臣不能自达。陛下临御九年，除执政台谏外，未尝与群臣接。今听政之初，当以通下情除壅蔽为急务。……定州军政坏弛，诸卫卒骄惰不教；军校蚕食其廪赐，前守不敢谁何。轼取贪污者配隶远恶；缮修营房，禁止饮博，军中衣食稍足，乃部勒战法。众皆畏伏。……会春大阅，将吏久废上下之分。轼命举旧典，帅常服出帐中，将吏戎服执事。副总管王光祖自谓老将，耻之，称疾不至。轼召书吏使为奏，光祖惧而出。讫事，无一慢者。定人言自韩琦去后，不见此礼至今矣。契丹久和，边兵不可用；惟沿边弓箭社与寇为邻，以战射自卫，犹号精锐。故相庞籍守边，因俗立法，岁久法弛，又为保甲所挠，轼奏免保甲；及两税折变科配，不报。绍圣初，御史论轼掌内外制日，所作词命，以为讥斥先朝。遂以本官知英州，寻降一官。未至，贬宁远军节度副使，惠州安置。居三年，泊然无所蒂芥；人无贤愚，皆得其欢心。又贬琼州别驾，居昌化。昌化故儋耳地，非人所居；药饵皆无有。初僦官屋以居，有司犹谓不可。轼遂买地筑室，儋人运甓畚土以助之。独与幼子过处，著书以为乐。时时从其父老游，若将终身。徽宗立，移廉州，改舒州团练副使；徙永州。更三大赦，遂提举玉局观，复朝奉郎。轼自元祐以来，未尝以岁课乞迁，故官止于此。建中靖国元年卒于常州。年六十六。轼与弟辙，师父洵为文。既而得之于天，尝自谓作文如行云流水，初无定质，但常行于所当行，止于所不可不止。虽嬉笑怒骂之辞，皆可书而诵之。其体浑涵光芒，雄视百代；有文章以来，盖亦鲜矣。洵晚读易，作易传，未完，命轼述其志。轼成易传，复作论语说。后居海南，作书传。又有东坡集四十卷，后集二十卷，奏议十五卷，内制十卷，外制三卷，和陶诗四卷。自为举子至出入侍从，必以爱君为本；忠规谠论，挺挺大节，群臣无出其右。但为小人忌恶挤排，不使安于朝廷之上。高宗即位，赠资政殿学士……又崇赠太师，谥文忠。

本章所根据资料为明成化海虞程氏重刊苏文忠公全集，括有前集四十卷，后集二十卷，续集十二卷，奏议集十五卷，外制集三卷，内制集十卷，应诏集十卷。余主编国学基本丛书时，收入其中，定名为苏东坡集。

二

本章资料无多，尤以为学方面为然。兹仍分为（甲）为学之部与（乙）教育之部。

（甲）为学之部

仅括有一目，其说如左：

学以修善

（宋元学案苏氏蜀学略）君子日修其善，以消其不善；不善者日消，有不得而消者焉。小人日修其不善，以消其善；善者日消，有不可得而消者焉。夫不可得而消者，尧舜不能加焉，桀纣不能逃焉。是则性之所在也。又曰：性之所在，庶几知之，而性卒不可得而言也。

此言为学之主要目的，在“修其善，以消其不善”。在理为学之时，“不善者日消”；然仍有不得而消者焉。是为君子为学之常规。惟小人却不如是，他虽有修学之名，而无其实。凡事不进则退，善既不能增长，难免日渐消灭。所谓不得消除者，实本于性，任何人无法逃避也。

（乙）教育之部

括有（一）敦教化，（二）学校，（三）贡举，（四）养士，（五）教战守诸目。其说如左：

（一）敦教化

（东坡集应诏集策别第十二）夫圣人之于天下，所恃以为牢固不拔者，在乎天下之民可与为善，而不可与为恶也。昔者三代之民，见危而授命，见利而不忘义；此非必有爵赏劝乎其前，而刑罚驱乎其后也。其心安于为善，而忸怩于不义；是故有所不为。夫民知有所不为，则天下不可以敌，甲兵不可以威，利禄不可以诱；可杀可辱，可饥可寒，而不可与叛；此三代之所以享国长久而不拔也。及至秦汉之世，其民见利而忘义，见危而不能授命；法禁之所不及，则巧伪变诈无所不为，疾视其长上，而幸其灾。因之以水旱，加之以盗贼，则天下枵然，无复天子之民矣。世之儒者，常有言曰：三代之时，其所以教民之具，甚详且密也。学校之制，射飨之节，冠昏丧祭之礼，粲然莫不有法。及至后世，教化之道衰，而尽废其具；是以若此无耻也。然世之儒者，盖亦尝以此等教天下之民矣。而卒以无效，使民好文而益偷，饰诈而相高，则有之矣；此亦儒者之过也。臣愚以为若此者，皆好古而无术，知有教化而不知名实之所存者也。实者所以信其名，而名者所以求其实也。有名而无实，则其名不行；有实而无名，则其实不长。凡今儒者之所论，皆其名也。昔武王既克商，散财发粟，使天下知其不贪；礼下贤俊，使天下知其不骄；封先圣之后，使天下知其仁；诛飞廉恶来，使天下知其义。如此则其教化天下之实，固已立矣。

为治之道，首赖教化，教化可使天下之民为善，与刑赏仅能使人不敢为恶者，其功效相差甚远。惟仅知教化而不知重名实，其效仍不甚可靠。盖“有名而无实，则其名不行；有实而无名，则其实不长”，故又须名实兼顾也。

教化之涵义，视教育为广，教即教育，化即感化。前者为有形的，如设学校以教育人民是；后者为无形的，如种种设施，或以身示范，使人民受其感动，化不善而为善者是。

（二）学校

（东坡集后集南安军学记）古之为学者四：其大者则取士论政，而其小者则弦诵也。今亡矣，直诵而已。……夫化恶莫若进善；故择其可进者，以射侯之礼举之；其不率教，甚者则挞之，小则书其罪以记之。非疾之也，欲与之并生而同忧乐也……射所以致众而论士也，众一而后论定……礼曰：受成于学。郑人游于乡校，以议执政。或谓子产毁乡校，何如？子产曰：不可！善者吾行之，不善者吾改之，是吾师也。孔子闻之，谓子产仁。古之取士论政者必于学；有学而不取士，不论政，犹无学也。

古代学校于教养人材之外，尚寓有论政之作用；盖学校既为育材之所，即含有学术渊薮之意。我国夙以学术为治国之大经，由学术渊薮而研讨政事之得失，可以发挥学术之作用，亦正合学术治国之义。郑子产不因乡校论政而毁之，正如所谓议之为善者，吾师法之，议之为不善者，吾改正之。子瞻坦言："有学而不取士，不论政，犹无学也。"惟其所谓论政，在研究政事之得失而已，非谓干涉政事也。况古代尚无民意机关，如国会及地方议会等，故不妨一切集中于讲学之学校。今既有民意机关专司其事，各有专业，学校当集注全副精神，从事于学术之研究；如其讨论政事得失，旨在研究，自不致逾越范围。若超过此范围，涉及民意机关之职掌者，自宜慎重为之。是故学校议政，今昔情形，自有其不同之处也。

（三）贡举

（议学校贡举状）贡举之法……议者所欲变改，不过数端。或曰，乡举德行而略文章；或曰，专取策论而罢诗赋；或欲举唐室故事，兼采誉望而罢封弥；或欲罢经生朴学，不用贴墨而考大义。此数者皆知其一不知其二者也。臣请历言之。夫欲兴德行，在于君人者修身以格物，审好恶以表俗；孟子所谓君仁莫不仁，君义莫不义；君之所向，天下趋焉。若欲设科立名以取之，则是教天下相率而为伪也。上以孝取人，则勇者割股，怯者庐墓；上以廉取人，则弊车羸马，恶衣菲食。凡可以中上意无所不至矣。德行之弊，一至于此乎？自文章而言之，则策论为有用，诗赋为无益；自政事言之，则诗赋策论均为无用矣。虽知其无用，然自祖宗以来，莫之废者；以为设法取士，不过如此也。岂独吾祖宗？自古尧舜亦然。书曰：敷奏以言，明试以功，自古尧舜以来，进人何尝不以言？试人何尝不以功乎？议者必欲以策论定贤愚能否，臣请有以质之。近世士大夫文章华靡者，莫如杨亿；使杨亿尚在，则忠清鲠亮之士也，岂得以华靡少之？通经学古者，莫如孙复、石介；使孙复、石介尚在，则迂阔矫诞之士也，又可施之于政事之间乎？自唐至今，以诗赋为名臣者不可胜数；何负于天下，而必欲废之。近世士人纂类经史，缀缉时务，谓之策括；待问条目，搜抉略尽，临时剽窃，窜易首尾，以眩有司，有司莫能辨也。且其为文也，无规矩准绳，故学之易成；无声病对偶，故考之难精。以易学之士，付难考之吏，其弊有甚于赋者矣。唐之通榜故是弊法，虽有以名取人，厌伏众论之美，亦有贿赂公行，权要请托之害，至使恩去王室，权归私门。降及中叶，结为朋党之论，通榜取人，又岂足尚哉？诸科举取人，多出三路；能文者既已变而为进士，晓义者又皆去以为明经，其余皆朴鲁不化者也。至于人才，则有定分；施之有政，能否自彰。今进士日夜治经传子史，贯穿驰骛，可谓博矣；至于临政，曷尝用其一二？顾视旧学已为虚器，而欲使此等分别注疏，粗识大义，而望其才能增长，亦已疏矣。臣故曰：此数者皆知其一而不知其二也。特愿陛下留意其远者大者。必欲登俊良，黜庸回，总览众才，经略世务，则在陛下与二三大臣，下至诸路职司，与良二千石耳。区区之法何预焉。然臣窃有私忧过计者，敢不以告。昔王衍好老庄，天下皆师之；风俗凌夷，以至南渡。王缙好佛，舍人事而修异教；大历之政，至今为笑。故孔子罕言命，则为知者少也。子贡曰：夫子之文章，可得而闻也；夫子之言性与天道，不可得而闻也。夫性命之说，自子贡不得闻；而今之学者，耻不言性命，此可信也哉？今士大夫至以佛老为圣人，粥书于市者，非庄老之书不售也。读其文，浩然无当而不可穷，观其貌，超然无著而不可挹；岂此真能然哉？盖中人之性，安于放而乐于诞耳。使天下之士能如庄周齐死生，一毁誉，轻富贵，安贫贱；则人主之名器爵禄，所以砺世摩钝者废矣。陛下亦安用之？而况其实不能，而窃取其言以欺世者哉！臣愿陛下明敕有司，试之以法言，取之以实学；博通经术者虽朴不废，稍涉浮诞者虽工必黜。则风俗稍厚，学术近正，庶得忠实之士，不至蹈衰季之风，则天下幸甚。

本文阐述各种考选人才方法，皆有可议，未必尽善；然稽诸史乘，亦无一方法不能拔擢贤才。凡对改革贡举方法诸说，类多知其一而不知其二。子瞻于议论本题之后，断言当“试之以法言，取之以实学；博通经术者，虽朴不废，稍涉浮诞者，虽工必黜”。

（四）养士

（东坡集后集志林）春秋之末，至于战国，诸侯卿相皆争养士自谋。夫说客谈天雕龙坚白同异之说，下至击剑扛鼎鸡鸣狗盗之徒，莫不宾礼，靡衣玉食，以馆于上者，何可胜数？越王勾践有君子六千人，魏无忌、齐田文、赵胜、黄歇、吕不韦皆有客三千人。而田文招致任侠奸人六万，家于薛；齐稷下谈者亦千人；魏文侯、燕昭王、太子丹皆致客无数。下至秦汉之间，张耳、陈余号多士，宾客厮养皆天下豪俊；而田横亦有死士五百人，其略见于传记者如此；度其余，皆倍官吏而半农夫也。此皆奸民蠹国者；民何以支，而国何以堪乎？苏子曰：此先王所不能免也。国之有奸也，犹鸟兽之有鸷猛，昆虫之有毒螫也。区处条理使各安其处，则有之矣；锄而尽去之，则无是道也。吾考之世变，知六国之所以久存而秦之所以速亡者，盖出于此，不可以不察也。夫智、勇、辩、力，此四者皆天民之秀杰者也，类不能恶衣食以养人，皆役人以自养者也。故先王分天下之富贵，与此四者共之；此四者不失职，则民靖矣。四者虽异，先王因俗设法，使出于一。三代以上出于学，战国至秦出于客，汉以后出于郡县吏，魏晋以来出于九品中正，隋唐至今出于科举。虽不尽然，取其多者论之。六国之君，虐用其民，不减秦始皇、二世；然当是时，百姓无一人叛者，以凡民之秀杰者，多以客养之不失职也。其力耕以奉上，皆椎鲁无能为者，虽欲怨叛而莫为之先，此其所以久安而不即亡也。始皇初欲逐客，用李斯之言而止；既并天下，则以客为无用，于是任法而不任人，谓民可以恃法而治，谓吏不必才取，能守吾法而已。故堕名城，杀豪杰，民之秀异者散而归田亩，向之食于四公子、吕不韦之徒者，皆安归哉？不知其能皓首黄馘以老死于布褐乎，抑将辍耕太息以俟时也。秦之乱虽成于二世，然使始皇知畏此四人者有以处之，使不失职，秦之亡不若是速也。

此言具有智、勇、辩、力之四种人，皆为人类之杰出，如使之失所，不妥为安置，势必扰乱国家；使不遑宁处，国亦随之而亡。故古代国君卿相，皆对此等杰出之人予以安慰，即所谓养士是也。本文历举先秦诸国君卿相养士之多，故六国之君，虐用其民，不减于秦始皇与二世，然当时百姓无一人叛，国遂以安。及秦，始皇初欲逐客，用李斯之言而止，故能少安。既并天下，以所养之士无用，悉予遣散，任法而不任人，二世而遂亡国。则以此种杰出之人，为自谋，多投赴嚣雄，发动暴乱，如张耳陈余之流，招致秦所弃之士，遂以亡秦；故秦之亡不始于二世之昏聩，实肇端于始皇之摈弃所养之士。子瞻生当专制时代，认为足以左右国家者，惟上述四种杰出之士，其他民众，人数虽多，惟力耕以奉上，不敢稍违纪。故认为欲使国安定，惟养士，务使杰出之人，各得其所，则不待治而治。即使君臣无道，亦可以苟延其命运。所谓养士之道，三代以上出于学，战国至秦出于客，汉以后出于郡县吏，魏晋以来出于九品中正，隋唐至今，出于科举；总之，务使此等杰出之人获得安顿，则大之可使国安宁，少之可使一时无事。科举制度千载相沿，所以不变者，则以其能安抚士人，使不为乱也。现代工商业发达，才智之士，不患无其他出路，自当别论。

（五）教战守

（东坡集应诏策别十六）夫当今生民之患，果安在哉？在于知安而不知危，能逸而不能劳；此其患不见于今，将见于他日。今不为之计，其后将有所不可救者。昔者先王知兵之不可去也，是故天下虽平，不敢忘战；秋冬之隙，致民田猎以讲武，教之以进退坐作之方，使其耳目习于钟鼓旌旗之间而不乱，使其心志安于斩刈杀伐之际而不慑。是以虽有盗贼之变，而民不至于惊溃。及至后世，用迂儒之议，以去兵为王者之盛节。天下既定，则卷甲而藏之。数十年之后，甲兵顿弊；而人民日以安于佚乐，卒有盗贼之警，则相与恐惧讹言，不战而走。开元天宝之际，天下岂不大治？惟其民安于太平之乐，酣豢于游戏酒食之间；其刚心勇气，消耗钝眊，痿蹶而不复振。是以区区之禄山一出而乘之，四方之民，兽奔鸟窜，乞为囚虏之不暇。天下分裂，而唐室因以微矣。盖尝试论之，天下之势，譬如一身；王公贵人，所以养其身者，岂不至哉？而其平居常苦于多疾。至于农夫小民，终岁劳苦，而未尝告疾；此其故何也？夫风雨霜露寒暑之变，此疾之所由生也。农夫小民，盛夏力作，而穷冬暴露；其筋骸之所冲犯，肌肤之所浸渍，轻霜露而狎风雨。是故寒暑不能为之毒。今王公贵人，处于重屋之下，出则乘舆，风则袭裘，雨则御盖；凡所以虑患之具，莫不备至。畏之太甚，而养之太过；小不如意，则寒暑入之矣。是故善养身者，使之能逸而能劳；步趋动作，使其四体狃于寒暑之变。然后可以刚健强力，涉险而不伤。夫民亦然。今者治平之日久，天下之人，骄惰脆弱，如妇人孺子，不出于闺门。论战斗之事，则缩头而股栗；闻盗贼之名，则掩耳而不愿听。而士大夫亦未尝言兵，以为生事扰民，渐不可长。此不亦畏之太甚而养之太过欤？且夫天下固有意外之患也。愚者见四方之无事，则以为变故无自而有；此亦不然矣。今国家所以奉西北之虏者，岁以百万计；奉之者有限，而求之者无厌。此其势必至于战。战者必然之势也，不先于我则先于彼，不出于西则出于北。所不可知者，有迟速远近，而要以不能免也。天下苟不免于用兵，而用之不以渐；使民于安乐无事之中，一旦出身而蹈死地，则其为患，必有所不测。故曰天下之民，知安而不知危，能逸而不能劳；此臣所谓大患也。臣欲使士大夫尊尚武勇，讲习兵法：庶人之在官者，教以行阵之节，役民之司盗者，授以击刺之术，每岁终则聚之郡府，如古都试之法，有胜负赏罚，而行之既久，则又以军法从事。然议者必以为无故而动民，又挠以军法，则民将不安。而臣以为此所以安民也。天下果未能去兵，则其一旦将以不教之民而驱之战；夫无故而动民，虽有不怨，然孰与夫一旦之危哉？今天下屯聚之兵，骄豪而多怨，陵压百姓而邀其上者何故？此其心以为天下之知战者，惟我而已。如使平民皆习于兵，彼知有所敌，则固已破其奸谋，而折其骄气。利害之际，岂不亦甚明欤？

本文强调军备之必要，绝不可因国家无事而懈弛。以故平时须教人民战守之术，务使训练有素，一旦有警，立时可以备战。子瞻主张务“使士大夫尊尚勇武，讲习兵法；庶人在官者教以行阵之节，役民之司盗者授以击刺之术”。每年终并聚之郡府，实行演习，予以赏罚，行之既久，又以军法从事。或谓此举难免使人民不安，但子瞻谓此乃安民之道。

第六章　周程张四子的教学思想

本书体例，一如中国政治思想史，原以一人占一专章为原则，本章特破例，合周濂溪、程明道、程伊川、张横渠四人于一章，而列于朱熹一章之前，则以宋代理学家，周程张朱五人为最著。周氏开其端，二程与张氏续有发明，而朱晦翁独集其大成。就根本言，五人原无二致；就具体言，则周程张四子开其端，朱子则广集而踵其成。余既以朱子对于教学思想之阐扬启发最为完备，自成一章；然其前期之四子，互有多少异同，而与朱子之主张亦多源流之关系。经再四考虑，特破例为四子合撰一章，径列于朱子一章之前，以明其关系。

本章所根据之资料，以宋元学案之濂溪、明道、伊川、横渠四学案及朱晦翁所编近思录为主。其中以论为学之道占绝大多数，教育之道仅居少数。惟依全书一贯之体例，仍分为（甲）为学之部与（乙）教育之部。由于为学之部详尽复杂，可能于部之下，再分为门与节目，以资统驭，而清眉目。至于教育之部，因资料较简，无取乎详加分析。

兹先将四子之传略叙述于左：

（一）周敦颐，营道人，字茂叔。初为分宁主簿，调南安军司理参军，移桂阳令；治绩甚著。又徙知南昌，富家大姓黠吏恶少，惴惴焉不独以得罪为忧，而又以污秽善政为耻。熙宁初知郴州，用赵抃、吕公著荐，为转运判官，以洗冤泽物为己任。以疾求知南康军，因家庐山莲花峰下，胸怀洒落，如光风霁月。著太极图说及通书，为宋理学之开祖。二程皆其弟子。卒谥元公。所居曰濂溪，世称濂溪。

朱熹集敦颐、二程及张载之言论为近思录，黄宗羲编宋元学案，又分列敦颐之语录为濂溪语录。本章所依据之资料，以此二书为主。

（二）程颢，字伯淳，世居中山，后徙为河南人。父珦，太中大夫。奉父命，与其弟颐，从周敦颐游。举进士，调鄠县主簿。邑有石佛，岁传其首发光，远近聚观。颢谓其僧曰，吾有职事，俟复见，为吾取其首来观之。自是光不复见。熙宁初为御史里行。神宗数召见。颢前后进说，大约以正心窒欲求贤育才为言，务以诚意感悟主上。复与王安石议新法不合，出签书镇宁军判官，知扶沟县。哲宗立，召为宗正丞，未赴卒。谥纯公。颢资性过人，而充养有道；和粹之气盎于面背，门人交友相从数十年，未尝见其忿厉之容；得不传之学于遗经，以兴起斯文为己任。辨异端，辟邪说，使圣人之道焕然复明于世。孟子之后一人而已。文彦博采众论，题其墓曰明道先生。

朱熹集周程张诸家之说为近思录。黄宗羲编宋元学案，又分列颢之语录为明道语录。后人集其遗文语录为程子遗书。本章所依据资料，以前二书为主。

（三）程颐，颢弟，字正叔。年十八游太学，著颜子好学论，胡瑗大惊异之，即延见，处以学职。哲宗初，擢崇政殿说书，每进讲，色甚庄，继以讽谏。出管勾西京国子监。颐学本于诚，以大学、语、孟、中庸为标指，而达于六经。动止语默，一以圣人为师。世称伊川先生。卒谥正公。有易、春秋传文集等行世。

朱熹集近思录，多载其言论，黄宗羲编宋元学案，分列颐之学案为伊川学案。本章所依据之资料，以后书为主。

（四）张载，郿县横渠镇人，字子厚。载少孤，自立，喜谈兵，至欲结客取洮西地。年二十一，以书谒范仲淹，仲淹劝读中庸，载犹以为不足。又读诸释老，反而求诸六经。尝坐虎皮，讲易京师。程颐兄弟与论易，次日撤坐辍讲，尽弃异学。嘉祐间举进士，为云岩令。熙宁初为崇文院校书。寻屏居南山下，终日危坐一室，与诸生讲学，告以变化气质之道。吕大防荐知太常礼院，以疾归，卒谥明，后定谥献。其学以易为宗，以中庸为的，以礼为体，以孔孟为极。著正蒙、西铭、东铭及易说。世号横渠先生。传其学者为关学。

朱熹编近思录，亦集其说。黄宗羲编宋元学案，列其语录为横渠语录。本章所依据资料，以后二者为主。

二

本章分为（甲）为学之部与（乙）教育之部。

（甲）为学之部

括有（一）阅读，（二）致疑，（三）致知，（四）心思，（五）文字，（六）学行，（七）为学性质，（八）为学方法，（九）不学各门。

◎ 第一门　阅读

括有（1）读书，（2）读史诸节：

○ 第一节　读书

（近思录卷三致知）伊川曰：今人不会读书，如诵诗三百，授之以政，不达；使于四方，不能专对，虽多，亦奚以为？须是未读诗时，不达于政，不能专对；既读诗后，便达于政，能专对四方，始是读书。

读书之目的，不只是求知识，并须利用所获得的知识而付诸实行。诗可以代表人情风土，如诵诗三百，不能任政事，出使于诸国，不能应对适宜，便是学而不知其用，不能算是真个获得读书的利益。因此，要达读书之目的，必须能利用其由此所得的知识。换言之，善读书者，须是能读活书，不是专读死书。

〇 第二节　读史

（近思录卷三致知）伊川曰：先生每读史到一半，便掩卷思量，料其成败，然后却看；有不合处，又更精思，其间多有幸而成，不幸而败。今人只见成者便以为是，败者便以为非，不知成者煞有不是，败者煞有是底。

又如：

（近思录卷三致知）伊川曰：凡读史不徒记事迹，须要识其治乱安危兴废存亡之理，且如读高帝纪，便须识得汉家四百年终始治乱当如何，是亦学也。

以上两段文字均言读史不徒记事迹，必须设身处地，参入史事之中，预料其成败利钝；如此把自身和史事融合一起，自非运用思考不为功。并须研究其成败与是非，成者可能由于侥幸，不能便以为是；败者可能由于意外，不能便以为非。此为阅读方面最要的关键，否则只读而不思，究有何益？

◎ 第二门　致疑

括有（1）会疑，（2）怀疑，（3）知疑诸目。其说如左：

（1）会疑

（伊川学案）学者先要会疑。

人会怀疑，始肯去研究；肯研究才有进步。伊川说学者先要会疑，实系为学的重要关键。

（2）怀疑

（横渠学案）读书少则无由考校得义精；盖书以维持此心，一时放下，则一时德性有懈。读书则此心常在，不读书则终看义理不见。

书须成诵，精思多在夜中，或静坐得之；不记则思不起，但通贯得大原后书亦易记。所以观书者，释己之疑，明己之未达，多见多知所益，则学进矣。于不疑处有疑，方是进矣。

本文主旨在读书于不疑处有疑，方有进境。然要不疑处有疑，不能不多读书，盖浅尝辄止，引不起考校之心；如无考校之心，则人云亦云，不会怀疑。“书须成诵，精思多在夜中，或静坐得之”，盖惟夜静，始易运用心思，能运用心思，则不疑处始能起疑，能起疑，则乐于研究，而有成矣。

（3）知疑

（近思录卷二为学）横渠曰：不知疑者，只是不便实作；既实作则须有疑，有不行处，是疑也。

知疑较怀疑，又进一步，盖已肯定其为可疑矣。读书首先要会疑，其次要怀疑，最后则知疑。“不知疑者，只是不便实作，既实作，则须有疑。”总观以上三说，皆谓疑是研究之起点，能疑始肯研究，能研究始有进展也。

◎ 第三门　致知

括有（1）致知，（2）致知格物，（3）穷理尽性，（4）博学近思，（5）生而知之，（6）知识即力量诸目。其说如左：

（1）致知

（近思录卷三致知）问：人有志于学，然知识蔽固，力量不至，则如之何？伊川曰：只是致知，若知识明，则力量自进。

有人问伊川，人虽有志于学，以力量不足，知识仍然蔽固，则如之何。伊川告以只有设法穷理，终有致知之一日。

又如：

（近思录卷三致知）伊川曰：学原于思。

此言学术出自思想，思想之运用，即在穷理尽性。

（2）致知格物

（伊川学案）今人欲致知，须要格物；物不必谓事物，然后谓之物也。自一身之中，至万物之理，但理会得多，相次自然豁然有觉处。

此于致知之外，增入格物一语。所谓物，自一身以至万物，皆括入其中；格物者即穷究物之事理，如此所得的知识，定然是真知灼见，换言之，较诸仅凭思索而得的知识又有进焉。

（3）穷理尽性

（明道学案）穷理尽性，以至于命；三事一时并了，允无次序，不可将穷理作知之事。若实穷得理，即性命亦可。

穷理尽性，即致知格物之别称。穷理尽性之结局已尽了人事，至于命运如何，则听之于天；三者可以一时并了。然若实际穷得理，即性命亦可能受其影响；况人事已尽，结果可以不计也。

（4）博学近思

（明道学案）博学而笃志，切问而近思；何以言仁在其中。学者要思得之，如此便是彻上彻下之道。

以坚定的意志而求博学，以诚切的究问而运用心思，仁便在其中。为学者当求得此结果，便是彻上彻下之道。

（5）生而知之

（伊川学案）生而知之，学而知之亦是才。问：生而知之，要学否？曰：生而知固不待学，然圣人必须学。

人有生而知之者，亦有学而知之者，其结果同是才学。或问生而知之者，是否也需要学。伊川答以生而知之固不待学，然圣人必须学，则以学为参考及利用前人或他人之所知，以资比较，至少对于生而知之者有益无损。

（6）知识即力量

（伊川学案）问：人有志于学，然知识蔽锢，力量不至，则如之何？曰：只是致知。若致知，则知识当自渐明，不曾见人有一件事终思不到也。知识明，则力量自进。问曰：何以致知？曰：在明理；或多识前言往行，识之多则理明，然人全在勉强也。

西人有恒言："知识即权力。"伊川在此称："知识明，则力量自进。"其意殆不谋而合。或谓有志于学者，因力量不至，知识仍蔽锢。伊川告以"只是致知，若致知，则知当自渐明"。所谓致知者，致力于求知也。人能致力，不曾见有一件事终思不到也。换言之，即力量下到尽头，定有成就，有成就，则力量又随而增大，即所谓以学养学也。又致知之方，除致力外，必须明究其理，或多识前言往行，以资参证。

◎ 第四门　心思

括有（1）心志，（2）心悟，（3）觉悟诸目。其说如左：

（1）心志

（伊川学案）学者先务固在心志；有谓欲屏去闻见知思，则是绝圣弃智；有欲屏去思虑，患其纷乱，则须是坐禅入定。如明鉴在此，万物毕照；是鉴之常，难为使之不照。人心不能不交感万物，亦难为使之不思虑。若欲免此，惟是心有主……大凡人心不能二用，用于一事，则他事便不能入者，事为之主也；事为之主，尚无思虑纷扰之患，若主于敬，焉有此患乎？

学者先务，在于心志。有主张屏去思虑，以免纷歧者，殊属非是。心志犹如明镜，万物毕照，难以使之不照。惟须使是心有主而已。人心不可二用；用于一事，则他事不能入。既有一事为主，当无思虑纷扰之患。故心志之为物，只须使之专一，则杂念不生，有益无损矣。

（2）心悟

（横渠学案）学贵心悟，守旧无功。

此言为学贵乎心悟，心悟者，运用心思而使之领悟也。

（3）觉悟

（伊川学案）问：学何以有至觉悟处？曰：莫先致知；能致知，则思一日而愈明一日，久而后有觉也。学无觉，则何益矣，又奚学为？

人问伊川为学何以有至觉悟处。答以莫如先致知，能致知，则思一日而愈明一日，久而后有觉悟也。盖能致力于求知者，愈思则愈明，最后乃得觉悟。为学如不能觉悟，又奚学为？此处所谓觉悟与前一目之心悟，名异而实同也。

◎ 第五门　文字

本节分为（1）书札文字，（2）文艺，（3）解释注疏，（4）记诵博识诸目。其说如左：

（1）书札文字

（明道学案）忧子弟之轻俊者，只教以经学念书，不得令作文字。子弟凡百玩好，皆夺志。至于书札，于儒者事最近，然一向好著亦自丧志，如王虞颜柳辈，诚为好人则有之。曾见有善书者知道否？平生精力，一用于此，非惟徒废时日，于道便有妨处，只此丧志也。

明道认为凡百玩好，皆足以夺志，故子弟多作文字，甚至书札，亦足以丧志。盖人之平生精力多用于文字书札方面，非惟徒废时日，于学道亦有妨碍。故以子弟之轻俊为忧者，最好只“教以经学念书”，不使他务，俾得专心为道也。

（2）文艺

（明道学案）世有以读书为文为艺者。曰：为文谓之艺，犹之可也；读书谓之艺，则求诸书者浅矣。

文艺属于词章，耽于词章者，不免有妨实学。世有以读书为文为艺，殊属不当；以作文为艺，尚可，若并以读书为艺，则所求于书者浅矣。

(3) 解释注疏

(伊川学案) 学者多蔽于解释注疏，不须用功深。

解析注释，可便于读古书，然若专志于解释注疏，不过专从文字着手，对于文字所含的实学与原理，不免转为所蔽。其结果只是表面之学，不须用深切工夫。

(4) 记诵博识

(近思录卷二为学) 明道先生以记诵博识，为玩物丧志。

记诵博识，本非恶事，明道犹认为玩物丧志，则以此皆表面工夫，与实学相去尚远。

◎ 第六门　学行

括有 (1) 为学之乐，(2) 著力与得力，(3) 学有得，(4) 力行诸目。其说如左：

(1) 为学之乐

(濂溪学案下) 明道曰：昔受学于周茂叔，每令寻仲尼颜子乐处，所乐何事。

学而能行，首须感觉为学之乐。周濂溪所以诏明道者，首令寻仲尼与颜渊为学之乐，其所乐究竟何在。惟能乐此不疲，始能有得，始能实行。

(2) 著力与得力

(近思录卷二为学) 明道曰：凡人为学，便须知著力处；既学，便须知得力处。

所谓著力，即是用力；所谓得力，即是见效。明道诏人，为学首须知道如何用力，继须发现何处业已见效。如此则力不虚用，用而必效。

（3）学有得

（伊川学案）或问如何学可谓之有得？曰：大凡学问，闻之知之皆不为得；得者，须默识心通，学者欲有所得，须是笃诚意烛理，上知则颖悟自别，其次须以义理涵养而得之。

所谓学问，仅能闻之或知之，皆算不得为有得，真正有得，必须默识心通。欲达到此点，须诚意烛理。其上者能颖悟，而有异于他人；其次则借涵养而深明其义理。

（4）力行

（伊川学案）吕氏童蒙训曰：伊川妙处，全在要人力行，所以不欲苦言，用意深者，当自得之。

伊川劝人为学之妙处，在能力行。欲能力行，则在用意深，而仍归本于感觉为学之乐。

◎ 第七门　为学性质

括有（1）学者三种，（2）为学五步骤，（3）学者四失诸目，其说如左：

（1）学者三种

（近思录卷二为学）伊川曰：古之学者一，今之学者三，异端不与焉。一曰文章之学，二曰训诂之学，三曰儒者之学。欲趋道舍儒者之学不可。

又如：

（伊川学案）今之学者歧而为三，能文者谓之文士，读经者谓之讲师，惟知道者乃儒学也。

右开两段文字，措词稍异，实际相同，均将学者分为三种。其一，为专攻文章之学，即能文者，称之为文士；其二，专攻训诂之学，即读经者，称之为讲师；其三，专攻儒家之义理，即知道者，称之为儒者。

（2）为学五步骤

（近思录卷二为学）伊川曰：博学之，审问之，慎思之，明辨之，笃行之，五者废其一，非学也。

博学为广集当学之资料，即现今科学方法所谓观察；审问为利用所得资料加以研究，即现今科学方法所谓分析、综合、类别、比较等；慎思为利用思考，就已研究之资料，再加心智上之考核，即现今科学方法所谓心理的，或内在的考虑或想象；明辨系就上述各种方法所得结果，加以判断，换言之，即现今科学方法之所谓结论。以上四者皆为为学处事须采行之方法，与现今科学方法甚相合。笃行即于研究所得的结果，予以切实执行，此为实施，而非研究，盖研究已获有结论，重在能切实执行也。

（3）学者四失

（横渠学案）学者四失，为人则失多，好高则失寡，不察则易，苦难则止。

学者之有四失，诚如高忠宪所为之诠释，谓："为人则有徇外之多，好高则寡取善之益，不察则忽易妄行，苦难则逡巡自画。"

◎ 第八门　为学方法

括有（1）为学方针，（2）为学努力，（3）为学技巧，（4）为学态度，（5）为学戒备，（6）为学类别，（7）为学次第诸节。

○ 第一节　为学方针

括有（1）为学趋向，（2）为学门庭，（3）为学之方，（4）为己为人，（5）变化气质，（6）安所不安，（7）为学先重功业，（8）天理，（9）敬，（10）敬与义，（11）知与养诸目。其说如左：

（1）为学趋向

（近思录卷二为学）明道曰：根本须是先培壅，然后可立趋向也。趋向既正，所造浅深，则由勉与不勉也。

为学当先从培养下手，然后立定趋向。换言之，便是立定方针。方针务须正确，至于造诣深浅，则视乎能否勉力。一言以蔽之，为学之方针正确，无论如何总有多少成就。

（2）为学门庭

（近思录卷三致知）伊川曰：学者要自得，六经浩渺，乍来难尽晓，且见得路径后，各自立得一个门庭，归而求之可矣。

此言古籍极多，学者读书欲有所得，初时恐难尽了解，最好能以类相从，各立门户，则举一反三之功，不难收获。

（3）为学之方

（近思录卷三致知）焞初问为学之方。伊川曰：公要知为学，须是读书，书不必多看，要知其约；多看而不知其约，书肆耳。颐缘少时读书贪多，如今多忘了；须是将圣人言语玩味，入心记著；然后力去行之，自有所得。

伊川认为为学之方，当从读书下手，但读书不必贪多，要知其大旨精义。若只知多看，不求精义，简直有如一家书店。伊川早年读书贪多，随读随忘。自知其弊，因而主张细玩圣人言语之意味，心知其大旨，则记忆较易，自不患无所得。

（4）为己为人

（近思录卷二为学）伊川曰：古之学者为己，欲得之于己也；今之学者为人，欲见知于人也。

又如：

（伊川学案）古之学者为己，其终至于成物；今之学者为人，其终至于丧己。学也者，使人求于内也，不求于内而求于外，非圣人之学也。何谓不求于内而求于外？以文为主者是也。学也者，使人求于本也；不求于本而求于末，非圣人之学也。

此两段文字，均言为学欲得之于己，不当只求见知于人。为己而学，终至成物，为人而学，终至丧己。为己重内，为人则重外；为己求其本，为人则求其末。两相比较，自以为己为宜也。

(5) 变化气质

(横渠学案) 为学大益，在自能变化气质，不尔，卒无所发明，不得见圣人之奥，故学者先须变化气质，变化气质，与虚心相表里。

为学方针之一，在能变化气质，否则，将无所发明，不得见圣人之奥妙。然欲变化气质，须能与虚心接物相表里，设一切自以为是，又安能使其气质有所变化乎。

(6) 安所不安

(伊川学案) 人苟有朝闻道夕死可矣之志，则不肯一日安其所不安也。何止一日，须臾不能，如曾子易箦，须如此乃可。人不能如此者，只是不见实理，实理得之于心自别，若耳闻口道者，心实不见；若见得，必不肯安于所不安。

为学之另一方针，在求心之所安；为着不肯一日安其所不安，自然产生朝闻道夕死可矣之观念。盖为学在求真理。一日不能发见真理，只是人云亦云，耳闻口道，心何能安？故欲安所不安，必须力求真理。

(7) 天理 [上题目 (7) 阙文，可见此门○ 第七节 (3) 项；此下诸项依底本行文编序。——编注]

(明道学案) 吾学虽有所授受，天理二字，都是自家体贴出来。

学问虽有授者与受者，但天理较为抽象，似非授者言词所能表达，亦非受者智慧所能接受，必须由自家体贴而领悟之。

(8) 敬

(伊川学案) 涵养须用敬，进学则在致知。

敬为做学问重要态度之一，换言之，即郑重其事，尊贵所学。有此态度，始能借致知而进于学。

（9）敬与义

（伊川学案）问敬义何别？曰：敬只是持己之道，义便知有是有非。顺理而行，是为义也。若只守一个敬，不知集义，却是都无事也。

敬与义之区别：敬是持身的态度，义即是了解是与非之心智能力。郑重态度是为敬，顺理而行是为义；如只知敬，不知义，那就等于不能有所作为。

（10）知与养

（明道学案）学在知其所有，又在养其所有。

凡所具有之学识，可借为学而知之；然仅知其所有，仍有未足，须能养其所有。所谓养，即保养与涵养是也，一时之知可能遗忘，长期涵养，便永不遗忘矣。

○ 第二节　为学努力

括有（1）志学，（2）笃信好学，（3）宏毅，（4）为学果敢，（5）不息，（6）为学坚固，（7）务实诸目。其说如左：

（1）志学

（近思录卷二为学）濂溪曰：圣希天，贤希圣，士希贤。伊尹颜渊，大贤也。伊尹耻其君不为尧舜，一夫不得其所，若挞于市。颜渊不迁怒，不贰过，三月不违仁。志伊尹之所志，学颜子之所学；过则圣，及则贤，不及则亦不失于令名。

此言为学须先立志，立志当取法夫上，例如圣人则希望达到天道，贤士则希望成为圣人；一般士人则希望成为贤士。伊尹颜渊均立志高远：伊尹以其君不能成为尧舜而感到羞耻；颜渊则三月不违仁。士人立志当以伊尹之志为志，以颜渊之学为学。能超过志向，则成圣人，能勉副志向则为贤人，纵然成果低于志向，亦不失其令名。所谓取法乎上，尚得乎中是也。

（2）笃信好学

（横渠学案）笃信好学。笃信不好学，不越为善人信士而已。

所谓笃信，只是有志于仁，未能达好恶之甚也。仁与不仁之间，相距甚微。惟明足以察其几，惟健足以致其决，非好学孰能。故横渠主张笃信之外，必须好学。若仅能笃信而不好学，至多不失为善人信士而已。

（3）宏毅

（明道学案）士不可以不宏毅，任重而道远。重担子须是硬脊梁方担得，礼乐在进反之间，便得性情之正。

宏毅谓大而刚，因其责任甚重，前途远大。此种重担子，须有硬脊骨之人方才担当得起。

（4）为学果敢

（近思录卷二为学）伊川曰：今之学者，如登山麓，方其迤逦，莫不阔步，及到峻处便止；须要刚决果敢以进。

伊川认为今之学者，仿如登山之初，莫不阔步，但到了险峻之处，便止步不前。此乃缺乏果敢气度之故。真正为学，须能刚决果敢，不要遇难即退。

（5）不息

（横渠学案）学者有息时，一如木偶人，牵搐则动，舍之则息；一日而万生万死。学者有息时，亦与死无异，是心死也，身虽生，身亦物也。天下之物多矣。学者本以道为生，道息则死矣，终是伪物；当以木偶人为譬以自戒，知息为大不善，因设恶譬，如此只欲不息。

横渠认为学者停息不进之时，一如木偶，待人牵引始能行动，否则便停息。结果又如一日之万生万死。实际上学者停息不前之时，殆与死者无异，其身虽生，心则死矣。学者本以道为其生命，道息则无异死矣。停息不进，实最不妥，譬为木偶，实不为过。

(6) 为学坚固

(近思录卷二为学) 伊川曰：人安定则学坚固。

伊川认为学者能安定为学，则其学坚固。否则心旌摇动，如何能有进步？

(7) 务实

(近思录卷二为学) 伊川曰：学者须是务实，不要近名；有意近名，则是伪也。大本已失，更学何事。为名与为利，清浊虽不同，然其利心则一也。

伊川认为学者须能务实。不要以获得名誉为要着。人如为近名而为学，其学已属于伪。根本既丧失，更能学何事。名与利虽有清浊之殊，然其为利则一也。故学者当一心务实，切忌借学以猎名。

○ 第三节　为学技巧

括有 (1) 志学强礼与不惑，(2) 力戒循行数墨，(3) 不必远求，(4) 善反，(5) 日新，(6) 学如登山，(7) 鞭辟近里诸目。其说如左：

(1) 志学强礼与不惑

(横渠学案) 志学然后可与适道，强礼然后可与立，不惑然后可与权。

有志于学，始能适道，加强守礼，始可与立；根本固定，不为外物迷惑，始可适用权变。以上三者，皆为为学之要诀。

(2) 力戒循行数墨

(明道学案) 程氏遗书曰：学者先学文，鲜有能至道；至如博观泛滥，亦自为害。故先生尝教谢良佐曰：贤读书，慎不要循行数墨。

所谓循行数墨，系指就书之外表阅读，不能用心思考而言。因此，学者先学为文，其心志集中于文章方面，鲜能达于至道；至若博观泛滥，只求多读，亦复无益有害。

（3）不必远求

（明道学案）学者不必远求，近取诸身，只明人理敬而已矣。便是约处。

为学近取诸身，换言之，即能身体力行已足，无待远求。为学求约，只在明人理敬而已矣。

（4）善反

（横渠学案）真西山曰：张子有言，为学大益，在自求变化气质，此即所谓善反之者也。

所谓善反，即变化气质，使之复反于固有之善性也。横渠认为，为学不求大益，即希圣希贤，只须变化气质已足矣。

（5）日新

（近思录卷二为学）伊川曰：君子之学必日新；日新者，日进也。不日新者，必有退；未有不进而不退者。惟圣人之道，无所进退，以其所造者极也。

日新犹言日有进步，凡事不进则退。故君子之为学，务求日新，即日进。只有圣人已造其极，故无所进退，始为例外也。

（6）学如登山

（伊川学案）今之学者，如登山麓，方其迤逦，莫不阔步；及到峻处，便逡巡。

为学有如登山，今之学者，初时如登山麓，莫不阔步前进。但一到险峻之处，便逡巡不前。行百里者半九十，最后程途实最苦辛，平地尚如此，登山更为显著，故不可不努力到底也。

（7）鞭辟近里

（近思录卷二为学）明道曰：学只要鞭辟近里著己而已；故切问而近思，则仁在其中矣。

鞭辟，即策励；近里，谓入到深处。明道认为为学须能策励以达深处，其办法即在切问而近思；惟能问始有启发，惟近思始有心得。

○ 第四节 为学态度

括有（1）下问，（2）自得，（3）性静，（4）中和，（5）通世务，（6）进德修业诸目。其说如左：

（1）下问

（近思录卷二为学）横渠曰：人多以老成则不肯下问，故终身不知；又为人以道义先觉处之，不可复谓有所不知，故亦不肯下问。从不肯问，遂生百端欺妄人，我宁终身不知。

为学以能向他人发问为要。孔子入太庙每事问便是显著之例。今人多以老成自居，不愿下问于人，加以自认为先觉者，更不愿自暴其有所不知；不仅对于资格不如己者不肯下问，即对于平辈，甚或高于己者，亦多不愿有所问，因而以不知为知，遂至终身不知。此种态度，对为学最有害。

（2）自得

（明道学案）大抵学不言而自得者，乃自得也。有安排布置者，皆非自得也。性静者可以为学。

凡为学不言而自知者，乃真正之自得，其须要安排布置而后知者，不能认为自得也。不言之人则性静，惟性静者始能为学。

（3）性静

（近思录卷二为学）明道言，性静者可以为学。

此紧接上一目而言，力称性静之人，可以为学。

（4）中和

（濂溪学案上）陆曰：通书云，中者和也，中节也，天下之达道也，圣人之事也。故圣人立教，俾人自易其恶，自致其中而止矣。

周濂溪所著的通书有言："中者和也"，其意则言中节，犹谓适合分际，不激不昂也。因此，圣人立教，务使人知过必改，以返于中和之道。此亦为学态度之要着也。

（5）通世务

（伊川学案）学者不可不通世务。天下事譬如一家，非我为则彼为，非甲为则乙为。

天下譬如一家，凡应为之事，此人不为之，则彼人不得不为之；甲不为之，则乙不得不为之。换言之，则应为之事必须有人为之。因此，学者不可不通世务，惟通世务，始知何者当为与不当为也。为学态度，亦当如是，盖学问系累积而成，任何人皆应致其一分之力，我如不为，他人必须为之，则何如由我为之。

（6）进德修业

（濂溪学案上）实胜，善也；名胜，耻也；故君子进德修业，孳孳不息，务实胜也。德业有未著，则恐恐然畏人知，远耻也，小人则伪而已矣。故君子日休，小人日忧。

为学当务实而避名。以实胜为善，若无其实而居其名，不免耻辱。故君子为学，孳孳不息，图得实学，而以实胜也。德业未著，则力避虚名，盖避耻辱也。君子与小人之别，则在实胜于名或名胜于实而已矣。

○ 第五节　为学戒备

括有（1）志小气轻，（2）眼界狭小，（3）不欺暗室，（4）闻过有耻诸目。其说如左：

（1）志小气轻

（近思录卷二为学）横渠曰：学者大不宜志小气轻。志小则易足，易足则无由进；气轻则以未知为已知，未学为已学。

志小则容易满足，容易满足则不求进步；气轻则以未知为已知，不仅欺人，且以自欺，更何能求进步？

（2）眼界狭小

（明道学案）坐井观天，非天小，只以自家入井中，被井筒拘束了。然井何罪，亦何可废；但出井中，便见天大，已见天如此大，不为井所拘，却入井中也不害。

所谓眼界狭小，犹如坐井观天，非天小也，视线为井筒所限，不能见其大也。为学须有远大眼光，力戒眼界狭小。

（3）不欺暗室

（明道学案）学始于不欺暗室。

人处于暗室之中，认为无人得见，便可欺人，随而连自己也欺骗了。此种态度对于为学最有害，必须戒除。人须具有知之为知之，不知为不知的观念，始能有助于学问。因而不欺暗室，便是为学重要条件之一。

（4）闻过有耻

（濂溪学案上）人之生，不幸不闻过，大不幸无耻。必有耻则可教；闻过则可贤。

人有过而不闻，实为不幸，其尤不幸者，则闻过而不知耻。“知耻近乎勇”，则谓知耻始能勇于改过也。

○ 第六节　为学类别

括有（1）知德知人，（2）为学难行，（3）君子之学，（4）圣人之道诸目。其说如左：

（1）知德知人

（横渠学案）知至学之难易，知德也；知其美恶，知人也。知此人，人且知德，故能教人使入德。仲尼所以问同而答异，以此。

孔子教人，因人而施，故往往问同而答异，无他，为学者类别之不同也。所谓知德，谓知至学之难易；所谓知人，谓知其人之美恶。既知其人，复知其德，故能教之使入德。因人施教，问同答异，则由于是也。

（2）为学难行

（明道学案）王荆公尝与明道论事不合，因谓先生曰：公之学，如上壁，言难行也。明道曰：参政之学，如捉风。

程明道与王荆公论事不合，荆公谓明道曰：公之学，如上壁，谓其难行也。明道谓荆公曰：参政之学，如捉风。风固不可捉者，不仅难行，且难成矣。

（3）君子之学

（伊川学案）君子之学，在于意必固我既忘之后，而复于喜怒哀乐未发之前，则学之至也。

君子之学，在于私意认为必然之后，亦即消除私意之后；而复返于喜怒哀乐感情冲动之前。盖谓当以中正和平之心情而从事研究，始不至因偏见而妨碍其成功也。

（4）圣人之道

（近思录卷二为学）濂溪曰：圣人之道，入乎耳，存乎心，蕴之为德行，行之为事业。彼以文辞而已者陋矣。

此言圣人之道，贵能实行，入于耳，存于心，蕴蓄而为德行，实施而为事业，重事实而不重文辞。彼专止于文辞者可谓固陋矣。

○ 第七节　为学次第

括有（1）为学次序，（2）少进与躐等，（3）为学先重功业，（4）官先事士先志诸目。其说如左：

（1）为学次序

（近思录卷二为学）伊川曰：古之学者，优柔厌饫，有先后次序；今之学者，却只做一场话说，务高而已。

此言古之为学者，有先后次序；今之为学者，只知唱高调，不务实际，自然亦不重视次序。

（2）少进与躐等

（伊川学案）问：人有日诵万言，或妙绝技艺，此可学否？曰：不可。大凡所受之才，难加勉强，止可少进，而钝者不可使利也。惟理可进。除是积学既久，能变化得气质，则愚必明，柔必强；盖大贤以下则论才，大贤以上则不论才也。

人类天赋，智愚不一，绝不可强愚为智。盖钝者不可使利，只宜少进，不宜过分勉强，以免陷于躐等之弊。不过积学既久，当能变化气质，使愚必明，柔必强。因积学而成为大贤，大贤以上，无需论其智愚；惟大贤以下，则不得不论其才智耳。总之，求进步为当然之事，不过进步宜稳健，则不宜过急与躐等是也。

（3）为学先重功业

（横渠学案）既学而先有以功业为意者，于学便相害；既有意，必穿凿创意，作起事也。德未成而先以功业为事，是代大匠斲，稀不伤手也。

此言为学不当以功业为先；盖一有此意，便不免穿凿创意，德未成而先以功业为事，不免躐等。此于为学次第之原则相悖，譬如以一生手而代大匠斲，多致伤手也。

（4）官先事士先志

（横渠学案）凡学，官先事，士先志。谓有官者先教之事；未官者，使正其志焉。志者，教之大伦而言也。

所谓官先事，指贵族子弟，未学而先官，此种为官之人，必须教以所任之事，有如现今之所谓在职训练也。至于为学而未官之人，须先使立定其志向，即教以大伦是也。

◎ 第九门 不学

括有（1）不学，（2）自弃，（3）学不进诸目。其说如左：

（1）不学

（明道学案）不学，便老而衰。

本目直言不学之结果，谓不学之人，便老而衰。所谓老，指其态度而言，所谓衰，指其结果而言。凡不学之人，往往自以为是，不肯下问，于是人虽未老，而态度已老矣。又不学之人，则知识薄弱，称之为衰，殆为西方所谓知识即权力之对向也。

（2）自弃

（近思录卷二为学）伊川曰：莫说道将第一等让与别人，且做第二等；才如此说，便是自弃，虽与不能居仁由义者差等不同，其自弃一也。言学便以道为志。言人便以圣为志。

又如：

（伊川学案）人皆可以至圣人，而君子之学，必至于圣人而后已；不至于圣人而后已者，皆自弃也。孝其所当孝，弟其所当弟，自是而推之，则亦圣人而已矣。

以上两段，一称为学者立志愈高愈好，不宜自甘于第二等；盖一有此意，便是自弃。故立志言学当以至道为目标，言人当以圣人为目标。取法乎上，往往仅得其中，若取法乎中下，其结果便不堪问。其二则称人皆可以至圣人，君子之为学，务以至于圣人而后已。且圣人亦非大难，只要从“孝其所当孝，弟其所当弟”，由是而推及于一切，则亦圣人而已矣。

（3）学不进

（明道学案）人之学不进，只是不勇。

为学只要能立志，能努力，是没有不成的；如其人之学不进，断不应推诿他事，只是没有为学之勇气而已。故为学不进者，非他，无勇气耳。

（乙）教育之部

此一部门所搜得的资料，还较为学之部为少。为使体例一致，姑仍存此一部。且教与学原有密切关系，实际上在本章为学之部却也包括了若干间接有关教育之资料，留在为学之部固可，移入教育之部亦未尝不可也。

本部括有（一）学校，（二）师道，（三）师友，（四）讲习，（五）受教有心，（六）事豫则教诸目。其说如左：

（一）学校

（明道学案陈治法十事）庠序学校之教，先王所以明人伦，化成天下者也。今师学废而道德不一，乡射亡而礼义不兴。贡举不本于乡里，而行实不修；秀士不养于学校，而人材多废。此较然之事，亦非有今古之异者也。

此为明道所陈治法十事之一，谓庠序学校之教，先王所以明人伦，化成天下者也。所谓明人伦，即关于伦理之教，今之所谓德育也；所谓化成天下，即教化人民，使之化行俗美，借此以便于为治之道也。因此，先王之教育目的有二：一在提倡伦理道德，一则感化人民，以便于统治。前者似为个人，后者似为大众，实际上个人若皆良善，未有不易于统治者也。今则师道不尊，道德沦丧，礼义不兴，贡举不征诸乡里公论；于是所养之士，行实不修，人材不由学校养成，致多废弃。以上事实显然，亦不尽由于今古之别。实际上先王之法未尝不可行于今日，虽时移世易，其原则固仍可采行而不变也。

（二）师道

（濂溪学案上）圣人立教，俾人自易其恶，自至其中而止矣。故先觉觉后觉，暗者求于明，而师道立。师道立，则善人多；善人多，则朝廷正而天下治矣。

此言圣人设教之目的，在使人知过必改，返于中庸之道，因此，须由先觉之人教导后觉之人，愚昧之人求教于明达之人，于是师道立；师道既立，则受教之人将成为善人，善人日多，则朝廷正而天下治。由此可见设教不仅要启发个人，使尽为善士，且有助于治理国家天下也。

（三）师友

（濂溪学案上）道义者，身有之则贵且尊。人生而蒙，长无师友则愚。是道义由师友，有之而得贵且尊，其义不亦重乎？其聚不亦乐乎？

又如：

（濂溪学案上）天地间至尊者道，至贵者德而已矣。至难得者人，人而至难得者道德有于身而已矣。求人至难得者有于身，非师友，则不可得也已。

所谓师，指传道授业者而言；所谓友，指相互切磋为学者而言。师只一种，友则有二，所谓益友损友是也。此处所指当然是益友。上开两段文字，其一谓身怀道义，则贵且尊。人之初生，本蒙昧无知，端赖良师益友为之启迪，与之切磋。故由师友而获得之道义，既贵且尊；其为义殊重，其相聚亦殊乐也。其二则谓天地间，道与德至尊贵，而身怀道义之人亦至难得；此种人当尊之为师，与之为友也。此处师友并称，则指为学者不仅须有良友，尚须有益友也。

（四）讲习

（近思录卷二为学）明道曰：朋友讲习，更莫如相观而善工夫多。

讲习一词，见于周易“君子以朋友讲习”，犹今所谓讨论，此则朋友相互求益之道也。又礼称相观而善之谓摩，乃力行事也。讨论所以辨其义理，其为益尚稍逊于相观而感化也。

（五）受教有心

（横渠学案）有受教之心，虽蛮貊可教；为道既异，虽党类难相为谋。

教育须要有愿受教之人。人苟有受教之心，虽在蛮貊，亦可施教；否则，一方面施教，他方面不愿受教，为道既不同，虽同属党类，亦难相为谋也。故教育首须养成生徒乐于受教，此循循善诱之可贵也。

（六）事豫则教

（横渠学案）事豫则立，必有教以先之；尽教之善，必精义以研之；精义入神，然后立斯立，动斯和矣。

凡事先有豫备，始能成功；然所谓豫备，莫如准备才识，即受教育也。理想之教育，当必研求精义；一俟精义入神，然后可以立，亦可动，立便站得稳，动辄合乎中和之道。此则教育之大旨也。

第七章　朱熹的教学思想

一

朱熹是宋代第一位教学思想家，其言论包罗教与学的各方面，亦可谓集宋代教学思想之大成。其生平事迹，据宋史列传第一百八十八，有如左之记述：

朱熹，字元晦，一字仲晦，徽州婺源人。父松，字乔年，中进士第。胡世将、谢克家荐之，除秘书省正字。赵鼎都督川、陕、荆、襄军马，招松为属，辞。鼎再相，除校书郎；迁著作郎；以御史中丞常同荐，除度支员外郎，兼史馆校勘，历司勋吏部郎。秦桧决策议和，松与同列上章，极言其不可。桧怒，风御史论松怀异自贤，出知饶州；未上，卒。熹幼颖悟，甫能言，父指天示之曰：天也。熹问曰：天之上何物？松异之。就傅，授以孝经，一阅，题其上曰：不若是，非人也。尝从群儿戏沙上，独端坐，以指画沙，视之，八卦也。年十八，贡于乡，中绍兴十八年进士第，主泉州同安簿，选邑秀民充弟子员，日与讲说圣贤修己治人之道，禁女妇之为僧道者。罢归，请祠，监潭州南岳庙。明年，以辅臣荐，与徐度、吕广问、韩元吉同召，以疾辞。孝宗即位，诏求直言，熹上封事……时相汤思退方倡和议，除熹武学博士，待次。乾道元年促就职。既至而洪适为相，复主和；论不合，归。三年陈俊卿、刘珙荐为枢密院编修官，待次。五年，丁内艰。六年工部侍郎胡铨以诗人荐，与王庭珪同召，以未终丧辞。……九年梁克家相，申前命，又辞。克家奏熹屡召不起，宜蒙褒录。执政俱称之。上曰：熹安贫守道，廉退可嘉；特改合入官，主管台州崇道观。熹以求退得进，于义未安，再辞。淳熙元年，始拜命。二年，上欲奖用廉退，以励风俗。龚茂良行丞相事，以熹名进。除秘书郎，力辞，且以手书遗茂良，言一时权幸群小，乘间谗毁；乃因熹再辞，即从其请，主管武夷山冲佑观。五年史浩再相，除知南康军；降旨便道之官。熹再辞，不许。至郡，兴利除害；值岁不雨，讲求荒政，多所全活。讫事，奏乞依格推赏纳粟人。间诣郡学，引进士子，与之讲论。访白鹿洞书院遗址，奏复其旧，为学规，俾守之。明年夏大旱，诏监司郡守，条其民间利病，遂上疏言天下之务，莫大于恤民……陛下之号令黜陟不复出于朝廷，而出于一二人之门……上读之，大怒曰：是以我为亡也。熹以疾，请祠，不报。陈俊卿以旧相守金陵，过阙入见，荐熹甚力。宰相赵雄言于上曰：士之好名，陛下疾之愈甚，则人之誉之愈众；无乃适所以高之，不若因其长而用之，彼渐当事任，能否自见矣。上以为然，乃除熹提举江西常平茶盐公事，旋录救荒之劳，除直秘阁；以前所奏纳粟人未推赏，辞。会浙东大饥，宰相王淮奏，改熹提举浙东常平茶盐公事，即日单车就道；复以纳粟人未推赏，辞职名。纳粟赏行，遂受职名。入对，首陈灾异之由，与修德任人之说……上为动容。所奏凡七事，其一二事手书以防宣泄。熹始拜命，即移书他郡，募米商，蠲其征。及至，则客舟之米已辐辏。熹日钩访民隐，按行境内；单车屏徒从，所至人不及知。郡县官吏惮其风采，至自引去。所部肃然。凡丁钱、和买、役法、榷酤诸政，有不便于民者，悉厘而革之。于救荒之余，随事处画，必为经久之计。有短熹者，谓其疏为政。上谓王淮曰：朱熹政事却有可观。熹以前后奏请，多所见抑；幸而从者率稽缓后时，蝗旱相仍，不胜忧愤，复奏言："为今之计，独有断自圣心，沛然发号，责躬求言；然后君臣相戒，痛自省改。其次惟有尽出内库之钱，以供大礼之费（者）为收籴之本。诏户部免征旧负；诏漕臣依条检放租税；诏宰臣沙汰被灾路分州军监司守臣之无状者；遴选贤能，责以荒政，庶几犹足下结人心，消其乘时作乱之意。不然，臣恐所忧者不止于饥殍，而将在于盗贼；蒙其害者不止于官吏，而上及于国家也。"知台州唐仲友与王淮同里为姻家，吏部尚书郑丙、侍御史张大经交荐之，迁江西提刑，未行，熹行部至台，讼仲友者纷然；按得其实。章三上，淮匿不以闻。熹论愈力；仲友亦自辩。淮乃以熹章进呈。上令宰属看详，都司陈庸等乞令浙西提刑委清强官究实；仍令熹速往旱伤州郡相视。熹时留台未行；既奉诏，益上章论，前后六上。淮不得已，夺仲友江西新命，以授熹。辞不拜，遂归，且乞奉祠。时郑丙上疏，诋程氏之学，且以沮熹。淮又擢太府寺丞陈贾为监察御史，贾面对，首论近日搢绅有所谓道学者，大率假名以济伪，愿考察其人，摈弃勿用；盖指熹也。十年诏，以熹累乞奉祠，可差主管台州崇道观；既而连奉云台鸿庆之祠者五年。十四年周必大相，除熹提点江西刑狱公事；以疾辞，不许，遂行。十五年淮罢相，遂入奏，首言近年刑狱失当，狱官当择其人；次言经总制钱之病民，及江西诸州科罚之弊；而其末言：陛下即位二十七年，因循荏苒，无尺寸之效可以仰酬圣志……及奏，上曰：久不见卿，浙东之事，朕自知之；今当处卿清要，不复以州县为烦也。时曾觌已死，王抃亦逐，独内侍甘昪尚在，熹力以为言。上曰：昪乃德寿所荐，谓其有才耳。熹曰：小人无才，安能动人主？翌日，除兵部郎官，以足疾丐祠。本部侍郎林栗尝与熹论易、西铭不合，劾熹本无学术，徒窃张载、程颐绪余，谓之道学；所至辄携门生数十人，妄希孔孟历聘之风，邀索高价，不肯供职；其伪不可掩。上曰林栗言似过。周必大言熹上殿之日，足疾未瘳，勉强登对。上曰：朕亦见其跛曳。左补阙薛叔似亦奏援熹，乃令依旧职江西提刑。太常博士叶适上疏与栗辨，谓其言无一实者。谓之道学一语，无实尤甚；往日王淮表里台谏，阴废正人，盖用此术；诏熹昨入对，所论皆新任职事。朕谅其诚，复从所请，可疾速之任。会胡晋臣除侍御史，首论栗执拗不通，喜同恶异，无事而指学者为党。乃黜栗知泉州。熹再辞，免。除直宝文阁，主管西京嵩山崇福宫。未逾月，再召，熹又辞。始熹尝以为口陈之说有所未尽，乞具封事以闻。至是投匦进封事……疏入，夜漏下七刻，上已就寝，亟起秉烛读之终篇。明日除主管太一宫，兼崇政殿说书。熹力辞。除秘阁修撰，奉外祠。光宗即位，再辞职名，仍旧直宝文阁。降诏奖谕。居数月，除江东转运副使，以疾辞。改知漳州。奏除属县无名之赋七百万，减经总制钱四百万。以习俗未知礼，采古丧葬嫁娶之仪，揭以示之；命父老解说，以教子弟。土俗崇信释氏，男女聚僧庐，为传经会。女不嫁者，为庵舍以居。熹悉禁之。常病经界不行之害，会朝论欲行泉汀漳三州经界，熹乃访事宜，择人物及方量之法，上之；而土居豪右浸渔贫弱者以为不便，沮之。宰相留正，泉人也，其里党亦多以为不可行。布衣吴禹圭上书讼其扰人。诏且需后，有旨先行漳州经界。明年以子丧，请祠。时史浩入见，请收天下人望；乃除熹秘阁修撰，主管南京鸿庆宫。熹再辞。诏论撰之职，以宠名儒，乃拜命。除荆湖南路转运副使，辞。漳州经界竟报罢，以言不用，自劾。除知静江府，辞，主管南京鸿庆宫。未几差知潭州，力辞。黄裳为嘉王府翊善，自以学不及熹，乞召为宫僚。王府直讲彭龟年亦为大臣言之。留正曰：正非不知熹；但其性刚，恐到此不合，反为累耳。熹方再辞，有旨：长沙巨屏，得贤为重。遂拜命。会洞獠扰属郡，熹遣人谕以祸福；皆降之。申敕令严武备，戢奸吏，抑豪民。所至兴学校，明教化。四方学者毕至。宁宗即位，赵汝愚首荐熹及陈傅良。有旨赴行在奏事。熹行，且辞。除焕章阁待制侍讲，辞，不许；入对……复面辞待制侍讲。上手劄：卿经术渊源，正资劝讲；次对之职，勿复劳辞，以副朕崇儒重道之意。遂拜命……每以所讲编次成帙以进；上亦开怀容纳。熹又奏，勉上进德。……始宁宗之立，韩侂胄自谓有定策功，居中用事。熹忧其害政，数以为言；且约吏部侍郎彭龟年共论之。会龟年出护使客，熹乃上疏斥言左右窃柄之失；在讲筵复申言之。御批云：悯卿耆艾，恐难立讲，已除卿宫观。汝愚袖御笔还上，且谏且拜，内侍王德谦径以御笔付熹，台谏争留不可。楼钥、陈傅良旋封还录黄。修注官刘光祖、邓驲封章交上。熹行，被命除宝文阁待制，与州郡差遣，辞。寻除知江陵府，辞；仍乞遣还新旧职名，诏依旧焕章阁待制，提举南京鸿庆宫。庆元元年初，赵汝愚既相，将召四方知名之士，中外引领望治。熹独惕然，以侂胄用事为虑；既屡为上言，又数以手书启汝愚，当用厚赏酬其劳，勿使得预朝政，有防微杜渐，谨不可忽之语。汝愚方谓其易制，不以为意；及是汝愚亦以诬逐，而朝廷大权，悉归侂胄矣。熹始以庙议自劾，不许；以疾再乞休致。诏：辞职谢事，非朕优贤之意，依旧秘阁修撰。二年，沈继祖为监察御史，诬熹十罪，诏落职，罢祠。门人蔡元定亦送道州编管。四年，熹以年近七十，申乞致仕。五年，依所请。明年卒。年七十一。疾且革，手书属其子在，及门人范念德、黄榦，拳拳以勉学及修正遗书为言。翌日，正坐整衣冠，就枕而逝。

熹登第五十年，仕于外者仅九考，立朝才四十日。家故贫。少依父友刘子羽，寓建之崇安；后徙建阳之考亭。箪瓢屡空，晏如也。诸生之自远而至者，豆饭藜羹，率与之共。往往称贷于人以给用；而非其道义，则一介不取也。自熹去国，侂胄势益张。何澹为中司，首论专门之学，文诈沽名，乞辨真伪。刘德秀仕长沙，不为张栻之徒所礼；及为谏官，首论留正引伪学之罪。伪学之称，盖自此始。太常少卿胡纮言：比年伪学猖獗，图为不轨；望宣谕大臣权住进拟。遂召陈贾为兵部侍郎。未几，熹有夺职之命。刘三杰以前御史论熹、汝愚，刘光祖、徐谊之徒，前日之伪党，至此又变而为逆党。即日除三杰右正言，右谏议大夫姚愈论道学权臣结为死党，窥伺神器；乃命直学士院高文虎草诏谕天下。于是攻伪学日急。选人余嚞至上书，乞斩熹。方是时，士之绳趋尺步，稍以儒名者，无所容其身。从游之士，特立不顾者屏伏丘壑，依阿巽懦者更名他师，过门不入，甚至变易衣冠，狎游市肆，以自别其非党；而熹日与诸生讲学不休。或劝其谢遣生徒者，笑而不答。有籍田令陈景思者，故相康伯之孙也，与侂胄有姻连，劝侂胄勿为已甚。侂胄意亦渐悔。熹既没将葬。言者谓四方伪徒期会送伪师之葬。会聚之间，非妄谈时人短长，则谬议时政得失；望令守臣约束，从之。嘉泰初，学禁稍弛。二年诏：熹以致仕，除华文阁待制，与致仕恩泽。后侂胄死，诏赐熹遗表恩泽，谥曰文。寻赠中大夫，特赠宝谟阁直学士。理宗宝庆三年，赠太师，追封信国公，改徽国。……其为学，大抵穷理以致其知，反躬以践其实；而以居敬为主。尝谓圣贤道统之传，散在方册；圣经之旨不明，而道统之传始晦。于是竭其精力，以研穷圣贤之经训。所著书有：易本义启蒙，蓍卦考误，诗集传，大学中庸章句或问，论语孟子集注，太极图通书，西铭解，楚辞集注辨证，韩文考异。所编次有：论孟集议，孟子指要，中庸辑略，孝经刊误，小学书，通鉴纲目，宋名臣言行录，家礼，近思录，河南程氏遗书，伊洛渊源录，皆行于世。熹没，朝廷以其大学语孟中庸训说，立于学官；又有仪礼经传通解，未脱稿，亦在学官。平生为文，凡一百卷；生徒问答，凡八十卷，别录十卷。理宗绍定末，秘书郎李心传乞以司马光、周敦颐、邵雍、张载、程颢、程颐、朱熹七人列于从祀，不报。淳祐元年正月，上视学，手诏以张周二程及熹从祀孔子庙。黄榦曰：道之正统待人而后传；自周以来，任传道之责者，不过数人；而能使斯道章章较著者，一二人而止耳。由孔子而后，曾子、子思继其微，至孟子而始著；由孟子而后，周程张子继其绝，至熹而始著。识者以为知言。

本文资料以朱子语类为主，并以宋元学案中之晦翁学案补充之。至朱文公文集，虽经通读一过，发见有关教学之资料殊鲜，故从略。

二

本章仍分为（甲）为学之部与（乙）教育之部，而以（甲）部占绝大多数。

（甲）为学之部

为学之部又分为（一）一般为学，（二）为学原则，（三）为学科目，（四）为学次◎第四门，门之下又分节目，或有节无目，或有目无节，则以其包罗甚广，不能不详为分析之故。

◎ 第一门　一般为学

括有（一）为学方法，（二）专心致志，（三）思与勉，（四）实行，（五）理会求进，（六）致疑，（七）读书程式，（八）学者之病诸节。

○ 第一节　为学方法

括有（1）为学方法，（2）学须读书，（3）读书法诸目，其说如左：

（1）为学方法

（语类卷四十二论语廿四颜渊篇下）读书须要将圣贤言语体之于身，如克己复礼与出门如见大宾，须就自家身上体看，我实能克己与主敬行恕否？件件如此，方始有益。（时举）

又如：

（语类卷九十三孔孟周程）明道之学，从容涵泳之味洽；横渠之学，苦心力索之功深。（端蒙）

以上两段文字，一主张身体力行，惟能以身试行，始足称为学；其二则称程明道之为学，在从容涵泳，张横渠之为学，在苦心力索。二者表面虽异，实殊途而同归。

（2）学须读书

（宋元学案卷四十八晦翁学案）学固不在乎读书，然不读书，则义理无由明；要之无事不要理会，无书不要读。若不读这一件书，便缺了这一件道理；为理会这一件事，便缺不了这一件道理。

此言为学虽不限于读书，然书为他人或前人优良经验之结晶，不读书而全赖一己之摸索，则义理无由明。总之，事事皆须明其义理，要明义理，则不可不读书。书中既多含前贤的经验，不读书则一切从头作起；未能利用前贤之优良经验，实最可惜。因而为学与读书二者殆为一事也。

（3）读书法

（语类卷十学四读书法上）读书以观圣贤之意，因圣贤之意，以观自然之理。（节）

又如：

（语类卷十学四读书法上）文字大节目，痛理会三五处，后当迎刃而解。学者所患在于轻浮，不沉着痛快。（方子）

以上两段，一主张读书可观圣贤之意，而由于圣贤之博学多识，可借以观自然之理。又一主张读书时，须先对文字的大节目，痛下工夫，以理会其若干处；此若干处若已理会得，则下文将不难迎刃而解。因此，学者之读书，切忌轻浮，必须着实用工，尤以开始时为然。

○ 第二节　专心致志

括有（1）读书专心，（2）为学专一，（3）为学主一，（4）为学须心定，（5）求放心诸目。

（1）读书专心

（语类卷十学四读书法）今人读书，看未到这里，心已在后面，才看到这里，便欲舍去了。如此，只是不求自家晓解。须是徘徊顾恋，如不欲舍去，方会认得。

此言今人读书，看未完这里，心已在后面。如此不能专心一事，无异躐等。躐等就是站不住脚，便是见异思迁，如何能够澈底了解？真正读书之人，必须徘徊不肯离去，顾恋不愿丢开，好像舍不得暂时放弃，这样才能真正认得。

（2）为学专一

（语类卷八学二论为学之方）为学须是专一。吾儒惟专一于道理，则自有得。（砥）

既知道自家患在不专一，何不便专一去。（逍遥）

为学与读书虽广狭略殊，而结果则一。读书既须专一其意志，为学自亦相同。上文所引语类两段，一称吾儒惟专一道理，则自有得；二称既知自家患在不专一，何不便专一。实际上只要意志坚定，专一固非大难也。

（3）为学主一

（宋元学案卷四十八晦翁学案）熹旧时亦要无所不学：禅道、文章、楚辞、诗、兵法，事事要学。一日，忽思之曰：且慢！我只有一个浑身，如何兼得许多。自此逐时去了。学者须是主一上做工夫，若无主一工夫，则所讲底义理无安着处，那不是自家物事。

晦翁自言旧时所学亦甚杂，自禅道、文章，以至兵法，几无一不学。偶尔觉悟，以一身而兼学如许事物，定然一无所成。因此逐渐丢弃，专从主一上做工夫。主一系以一时一事为主，换言之，便是专一。自矫正旧习以来，学问始有进步；盖专研一事的义理，自然有着落，而所学也就成为自家的。

（4）为学须心定

（语类卷十二学六持守）未有心不定而能进学者。人心万事之主，走东走西，如何了得。（砥）

此言人心为万事之主，走东走西，方针不定，自必一事无成。故晦翁主张为学必须心定。

（5）求放心

（语类卷五十九孟子九仁人心也章）学问之道无他，求其放心而已，诸公为学只须于此着切用工夫。且学问固亦多端矣，而孟子直以为无他；盖身如一屋子，心如一家主。有此家主，然后能洒扫门户整理事务。若是无主，则此屋不过一荒屋尔，会何用焉。（壮祖）

又如：

（宋元学案卷四十八晦翁学案）为学大要只在求放心，此心泛滥，无所收拾，将甚处做管辖处。其他用功须闲漫，须先就自心上立得定，决不杂，则自然光明四达。

放心指放失之心而言。心为人体之主，与一家之主无异。若心既泛滥无所收拾，无异丧失了全体之管辖处。故孟子以为学问之道无他，求其放心，即收回放失之心而已。

他如收回放心与收心二条，亦即求放心之意，特其措词稍异而已。其说如左：

（1）收回放心

（语类卷五十九孟子九仁人心也章）明道曰：圣贤千言万语，只是教人将已放底心，反复入身来，自能寻向上去，下学而上达。（大雅）

（2）收心

（宋元学案四十九晦翁学案下）夫读书因收心之一助；然今只读书时收得心，而不读书时，便为事所夺，则是心之收也常少，而其放也常多矣。且胡为而不移此读书工夫，向不读书处用力，使动静两得，而此心无时不存乎。

此处前一项之收回放心，与求放心之意正同。后一项之收心，则以读书时可收心，不读书时便为事所夺，是则收心仅为暂时，而非恒久，则何如暂移此读书工夫，向不读书处用力，极力研求收心之方法，养成习惯，则可无放失其心之虞矣。

○ 第三节　思与勉

括有（1）学与思，（2）知与思，（3）发愤忘食，（4）勉学，（5）多学，（6）为学谨细，（7）为学须熟诸目，其说如左：

（1）学与思

（语类卷九十六程子之书二）学原于思，思所以起发其聪明。（端蒙）

又如：

（语类卷二十四论语六）学而不思，如读书不思道理，是如何？思而不学，如徒苦思索，不依样子做。（植）

右两段均言学与思两者并重。前者谓学原出于思，思所以起发其聪明，后者谓学而不思，有如读书不思道理；思而不学，有如徒苦一己思索，不依前贤的模范去做，实两失之。

（2）知与思

（宋元学案卷四十八晦翁学案）问知与思，于人身最紧要？曰：然，二者也只是一事，如手相似，思是交这手去做事也。思所以用夫知也。性只是理，情是流去运用处。心之知觉即所以具此理而行此情者也，具此理而觉其为是非者，是心也。此处分别，只是毫厘之间，精心察之，乃可见尔。

此处谓知与思之别，在思所以用夫知也；然二者也只是一事。知其情理，然后利用思以处分之。此处分别，只是毫厘之间。

（3）发愤忘食

（语类卷三十四论语十六子在齐闻韶章）吴伯英问：心不在焉，则食而不知其味，是心不得其正也；然夫子闻韶，何故三月不知肉味？曰：也有时如此，所思之事大，而饮食不足以夺其心也。且如发愤忘食，吾尝终日不食，皆非常事，以其所愤所思之大，自不能忘也。（壮祖）

所谓发愤忘食，实因所思之事关系重大，而饮食不足以夺其心也。不过此非常事，且不知肉味自与忘食有异。心有所专，则重此轻彼，亦为应有之事。总之，为学当能发愤，而发愤之结果，可能偶而忘食，但与长期不知肉味究有别也。

（4）勉学

（语类卷八学二论为学之方）大抵为学虽有聪明之资，必须做迟钝工夫始得；既是迟钝之资，却做聪明底样工夫，如何得？（伯羽）

又如：

（语类卷八学二论为学之方）今之学者本是困知勉行底资质，却要学他生知安行底工夫；便是生知安行底资质，亦用下困知勉行工夫，况是困知勉行底资质？（文蔚）

以上两段劝人勉学之理由，一称聪明之资，须做迟钝工夫；二谓困知勉行之资，不宜妄学生知安行之人；盖言人不宜妄恃聪明，把功课看得太容易，宁以聪明之资，仿迟钝者之下苦工也。

（5）多学

（语类卷四十五论语二十七子曰赐也章）孔子告子贡曰：女以予为多学而识之者与？予一以贯之。盖恐子贡只以己为多学，而不知一以贯之之理也。后人不会其意，遂以为孔子只是一贯，元不用多学。若不是多学，却贯个甚底？且如钱贯谓之贯，须是有钱方贯得，若无钱却贯个甚？（文蔚）

多学谓能下死工夫，一以贯之在通达大体，执简驭繁；二者似有不同，实则同出一辙。所谓贯譬如将钱贯串一起，然若没有钱，将如何贯得。赚钱须费工夫，譬如多学，多学以后才能将所学者贯串起来。孔子恐子贡不明一以贯之之理，故于其盛称孔子多学之时，勉以一贯，并非谓无需多学也。

（6）为学谨细

（语类卷八学二论为学之方）晦翁因论为学曰：愈细密，愈广大；愈谨确，愈高明。（僩）

开阔中又着细密；宽缓中又着谨严。（广）

多学以外，还须谨学；所谓谨学，便是细密，不肯粗枝大叶，把学问轻轻放过。故主张开阔中又着细密，宽缓中又着谨严；二者固不可偏废也。

（7）为学须熟

（宋元学案卷四十八晦翁学案）学者须是熟，熟时一唤便在目前；不熟时，须著紧思索。到思索得来，意思已不如初了。

又如：

（语类卷十学四读书法）泛观博取，不若熟读而精思。（道夫）

大抵观书先须熟读，使其言若出于吾之口；继以精思，使其意若出于吾之心，然后可以有得。（履孙）

又如：

（语类卷十学四读书法）大凡读书，须是熟读，熟读了自精熟，精熟后理自见得。如吃果子一般，劈头方咬开，未见滋味便吃了。须是细嚼教烂，则滋味自出，方始识得这个是甜是苦，是甘是辛，

始可知味。(卓)

读书为学，须要烂熟，烂熟时一唤便在眼前。观书先要熟读，“使其言若出于吾之口；继以精思，使其意若出于吾之心”。读书有如吃果子，不可囫囵，如此便不知其味；必须细嚼教烂，则滋味自出。

○ 第四节　实行

括有:（1）读书要切己，（2）读书要虚心切己，（3）不宜等待，（4）务速，（5）为学着实，（6）实行，（7）致知力行。其说如左:

（1）读书要切己

(语类卷十一学五读书法下）读书不可只专就纸上求理义，须反来就自家身上推究。秦汉以后无人说到此，亦只是一向去书册上求，不就自家身上理会。自家见未到，圣人先说在那里，自家只借他言语来就身上推究始得。(淳)

此言读书不可只就纸上求理义，必须推究到自己身上，换言之，就是努力去实行。

（2）读书要虚心切己

(语类卷十一学五读书法下）读书须是虚心切己；虚心方能得圣贤意，切己则圣贤之言不为虚说。(举)

此言切己之外，更须处以虚心。所谓虚心便是乐于接受圣贤之言；惟能虚心，始能得圣贤之意。至于切己，便是努力实行，如此则圣贤之言不为虚说。二者交相为用，先能虚心以接纳圣贤之言，继则努力以实行圣贤之言。

（3）不宜等待

(语类卷八学二论为学之方）今人做工夫，不肯便下手，皆是要等待。如今日早间有事，午间无事则午间便可下手，午间有事晚间便可下手；却须要待明日。今月若尚有数日，必直待后月；今年尚有数月，不做工夫，必曰今年岁月无几，直须来年。如此，何缘长进？（盖卿）

本文要旨，一言以蔽之，便是今日能为之事不待明日为之。等待便是懒惰的托词，也就是懒惰的实现。

（4）务速

（语类卷卅五论语十七学如不及章）学如不及，犹恐失之。如今学者却恁地慢了。譬如捉贼相似，须是著起气力精神，千方百计去赶捉他；如此犹恐不获。今却在此安坐，熟视他，不管他，如何奈得他何？

务速便是等待的反面。古人说得好，"学如不及，犹恐失之"。晦翁把为学譬如捉贼，尽速去捉，犹恐给他逃脱了。若竟熟视若无睹，岂不错过机会。

（5）为学着实

（语类卷八学二论为学之方）今之学者，直与古异。今人只是强探向上去；古人则逐步步实做将去。（广）

又如：

（语类卷八学二论为学之方）世俗之学，所以与圣贤不同者，亦不难见。圣贤直是真个去做。说正心，直要心正；说诚意，直要意诚。修身、齐家，皆非空言。今之学者，说正心，但将正心吟咏一晌；说诚意，又将诚意吟咏一晌；说修身，又将圣贤许多说修身处讽诵而已。或缀拾言语，缀缉时文。如此为学，却于自家身上，有何交涉？这里须用著意理会。今之朋友，固有乐闻圣贤之学，而终不能去世俗之陋者，无他，只是志不立尔。学者大要立志，才学便要做圣人是也。（谟）

以上两段，其一谓做学问者须脚踏实地，一步步上进，不宜妄想急进；其二谓做学问者须诚实，说一句便算一句，不可自欺欺人。今人多缀拾一些名言时文，自诩淹博，于己究有何益。故宜戒之。

（6）实行

（语类卷十三学七力行）学之之博，未若知之之要；知之之要，未若行之之实。（祖道）

此言学博不如知要，知要不如实行。盖浮泛之多闻，不若一二事之深知；纵能深知，苟不能实行，亦等于无用也。

（7）致知力行

（宋元学案卷四十九晦翁学案下）专于考索，则有遗本溺心之患；骛于高远，则有躐等凭虚之忧。二者皆其弊也。考圣人之教，固不越乎致知力行之论；患在人不知所用力尔，莫非致知也。

为学有二弊：一为凭空考索，一则好高躐等。欲救前弊，在能致知；欲救后弊，在能力行。

○ 第五节　理会求进

本节分为（1）一个心，（2）一条路，（3）培养，（4）上进，（5）骤进诸目。

（1）一个心

（语类卷四十二论语廿四司马牛问仁章）学者千章万句，只是理会一个心。且如仁者其言也讱，察其言便可知出本心之存与不存，天理人欲之胜负。（端蒙）

为学以心为最要，千章万句，不外要理会一个心。本心之存否，与天理人欲之胜负，即为为学之关键。

（2）一条路

（语类卷四十二论语廿四司马牛问君子章）为学须先寻得一个路径，然后可以进步，可以观书；不然则书自书，人自人，且如孔子说：内省不疚，夫何忧何虑。（可学）

为学要有一条适当的路径，换句话说，就是适当的方法，然后才有进步。例如读书，如无一条路径，则可能书自书，人自人。因此，一个心固然是基本，一条路也是进程之所系也。

（3）培养

（宋元学案卷四十八晦翁学案）学者须是培养，今不做培养工夫，如何穷得理？程子言：动容貌，整思虑，则自生敬；敬只是主一也。存此则自然天理明。

培养犹如修养，平时不做修养工夫，自不能穷理。程子所谓动容貌，整思虑，即端庄其形，整饬其心，自然生敬；如是则天理自明。

（4）上进

（语类卷八学二论为学之方）为学须觉今是而昨非，日改月化，便是长进。（砥）

为学之道，当常要觉得今是而昨非，换言之，则随时有所改善，始为上进之道。

（5）骤进

（语类卷十学四读书法）学者读书，须是于无味处常致思焉。至于群疑并兴，寝食俱废，乃能骤进。因叹骤进二字最下得好。须是如此。若进得些子，或进或退，若存若亡，不济事。如用兵相杀，争得些儿小可一二十里地，也不济事。须大杀一番，方是善胜。为学之要，亦是如此。（贺孙）

为学上进与骤进究有不同。上进指平时一般的进步，骤进则有突然大进步的情形。为学须能致疑，能致疑则亟谋解决，其解决之急，简直寝食俱废，因之其进步定可骤然突出。所谓骤进与平常之进步迥异。譬如作战，并不是小规模者，必须大杀一番，始能争个大胜。作战之大胜，正如为学之骤进也。

○ 第六节 致疑

括有（1）读书寻疑，（2）解疑，（3）不尽信书诸目。其说如左：

（1）读书寻疑

（语类卷十一学五读书法下）某向时与朋友说读书，也教他去思索，求所疑。近方见得读书只是且恁地虚心就上面熟读，久之自有所得，亦自有疑处。盖熟读后，自有窒碍不通处；是自然有疑，方好转量。今若先去寻个疑，便不得。又曰：这般也有时候。旧日看论语，合下便有疑，盖自有一样事被诸先生说成数样，所以便著疑。今却有集注了，且可傍去看教。心熟少间，或有说不通处，自见得疑；只是未可先去疑著。（贺孙）又如：

（语类卷十一学五读书法下）读书无疑，须教有疑；有疑者，却要无疑。到这里，方是长进。（道夫）

以上两段，其一谓初时借思索而寻疑；稍后虚心熟读，固有所得，亦自不能无疑。这些疑义是自然发生的。又如论语中往往有一事被诸人作不同解说，也就不能无疑。不过现在已有集注，且多旁证，疑点渐少。这些疑点，不待专意寻求，自能呈露。其二谓读书遇无可疑者，须教有疑；有疑者，却使无疑。前者在寻求问题，后则求解决问题。皆为学之良好方法也。

（2）解疑

（宋元学案卷四十八晦翁学案）读书，始读未知有疑，其次渐渐有疑，中则节节是疑，过了这一当后，疑渐渐解，以致融会贯通，都无所疑，方始是学。

此言疑之衍进，初时读书未知有疑，指尚未深入；其次渐渐有疑，换言之，则疑义已达最高峰；然经过研究考证后，疑渐了解，卒至融会贯通，一无所疑。经过此一循环，为学方成。

(3) 不尽信书

(语类卷六十一孟子十一尽信书章) 孟子说尽信书不如无书者，只缘当时恁地战斗残戮，恐当时人以此为口实，故说此。然血流漂杵，看上文自说前阵倒戈，攻其后，以北。不是武王杀他，乃纣之人自蹂践相杀。荀子云：所以杀之者非周人也，商人也。(贺孙)

此言书不可尽信，系因有些描写过度，有些则因写作时别有目的，不易为后世读者所了解。例如武王伐纣，一方面说前阵倒戈，他方面却说血流漂杵；既倒戈似无剧烈之战，则不应流血如是之多。实际上并非武王大杀纣军，乃纣之人蹂践相杀。因此，荀子曾说，所以杀之者非周人，乃商人也。此与读书应先寻疑，然后研究解疑，固同一理由也。

○ 第七节　读书程式

括有 (1) 读书务求深入，(2) 读书须能致思，(3) 为学不自足，(4) 为学如登塔，(5) 为学为己与为人，(6) 志学与立，(7) 读书三昧，(8) 读书记忆力，(9) 博学，(10) 博与约，(11) 涵养与穷理，(12) 为学长善救失，(13) 知行诸目。其说如左：

(1) 读书务求深入

(语类卷十一学五读书法下) 读书若有所见，未必便是，不可便执著，且放在一边，益更读书，以求新见。若执著一见，则此心便被此见遮蔽了。……圣人七通八达，事事说到极致处。学者须是多读书，使互相发明，事事穷到极致处。所谓本诸身，征诸庶民，考诸三王而不谬，达诸天地而不悖，质诸鬼神而无疑，百世以俟圣人而不惑，直到这个田地，方是。语云执德不弘，易云宽以居之，圣人多说个广大宽洪之意；学者要须体之。(广)

此言读书骤有所见，未必便是，当益更读书，以求新见。若仅执一见，则此心不免被遮蔽了。惟能多读书，可以互相发明，事事穷到极致处。质言之，即读书者不可浅尝辄止，务宜深入。

（2）读书须能致思

（宋元学案卷四十八晦翁学案）学者读书，须是于无味处当致思焉。至于群疑并兴，寝食俱废，乃能骤进。

此言读书者，于乏味之处，当加以思考，一经思考，可能群疑并起，因疑而好奇，因好奇以致寝食俱废，学问始得精进。

（3）为学不自足

（语类卷廿五论语七）子入太庙，每事问；知底更审问，方见圣不自足处。（贺孙）

孔子入太庙时，每事必问，尽管知道的事也提出疑问，此不仅由于不自满足，且可获得旁证。

（4）为学如登塔

（语类卷十三学七力行）为学如登塔，逐一层登将去。上面一层虽不问人，亦自见得，若不去实踏过，却悬空妄想，便和最下底层不曾理会得。（升卿）

为学有如登塔，逐层上去，步步高升。最高一层，虽不待登临，亦可从外间看到；但毕竟未曾实地体察，不免悬空妄想，势将与最下一层未经体察者，同样未能理会。

（5）为学为己与为人

（语类卷四十四论语二十六古之学者为己章）立之问：古之学者为己，今之学者为人。曰：此只是初间用心，分毫之差耳。（时举）

为学为己，乃真正底做学问；为学为人，则事事迎合他人之意旨，纵有所得，亦不得谓之真学问。其关系如此之大，然起于初时一念之差，所谓失之毫厘，谬以千里也。

（6）志学与立

（语类卷二十三论语五）问志学与立，曰：志是要求个道，犹是两件物事；到立时便是脚下已踏着了也。（时举）

志学与立之差别，一是有志于道，不过怀此志愿而已。二则立定脚跟，便已养成习惯，实行有素；是则后者固胜于前者也。

（7）读书三昧

（语类卷十学四读书法）少看熟读，反复体验，不必想像计获；只此三事，守之有常。（夔孙）

大凡看文，少看熟读，一也；不要钻研立说，但要反复体验，二也；埋头理会，不要求效，三也。三者，学者当守此。（人杰）

此为读书之三种要诀，前后两段文字，主张无别。第一便是少看熟读；第二，是反复体验；第三，是埋头理会，不求有得而自然得之。

（8）读书记忆力

（语类卷十一学五读书法下）昔陈烈先生苦无记性。一日读孟子：学问之道无他，求其放心而已矣。忽悟曰：我心不曾收得，如何记得书。遂闭门静坐，不读书百余日，以收放心。却去读书，遂一览无遗。（僩）

此言记忆力有赖于意志专一，若心思放逸，如何专一。陈烈因读孟子至学问之道无他，求其放心而已一语，忽有所悟，暂停读书，专收其放心。及放心业已收回，则意志专一，一览无遗，其记忆力迥然不同于前矣。

（9）博学

（语类卷八学二论为学之方）博学，谓天地万物之理，修己治人之方，皆所当学。然亦各有次序，当以其大而急者为先，不可杂而无统也。（德明）

博学谓所学包罗甚广，如天地万物之理，修己治人之方，无不属之。此固可贵，然亦当有限度，即所学当循次序，先易后难，先急后缓，不宜杂然而无系统也。

(10) 博与约

(语类卷十一学五读书法下) 为学须先立大本，其初甚约，中间一节甚广大，到末梢又约。孟子问：博学而详说之，将以反说约也。故必先观论、孟、大学、中庸，以考圣贤之意；读史以考存亡治乱之迹；读诸子百家，以见其驳杂之病。其节目自有次序，不可逾越。近日学者多喜从约，而不于博求之。不知不求于博，何以考验其约。如某人好约，今只做得一僧，了得一身。又有专于博上求之，而不反其约。今日考一制度，明日又考一制度，空于用处作工夫，其病又甚于约而不博者。要之均是无益。(可学)

博与约二者似相反，实即相成，要在调剂得当而已。善于为学者，“其初甚约，中间一节甚广大，到末梢又约”，正如孟子所称：“博学而详说之，将以反约也。”因此，读书须依次第，先从四书下手，以考圣贤之意，次读史以考存亡治乱之迹，又次读诸子百家，以见其驳杂之病。近日学者多喜从约而不于博求之，又有专于博上求之而不知反于约者；二者皆失，其病尤以后者为甚。盖不求于博，将何以考验其约；或专事于博，今日考一制度，明日又考一制度，如此杂乱无章，有害更甚于知约而不知博矣。

(11) 涵养与穷理

(语类卷九学三论知行) 涵养中自有穷理工夫，穷其所养之理；穷理中自有涵养工夫，养其所穷之理。两项都不相离，才见成；两处便不得。(贺孙)

此言涵养与穷理相互为用，涵养中自有穷理工夫，穷理中亦自有涵养工夫；两项都不相离，才能有成。盖前者穷其所养之理，后者则养其所穷之理，缺一不可也。

（12）为学长善救失

（语类卷八学二论为学之方）或论人之资质，或长于此而短于彼。曰：只是长善救失。或曰：长善救失，不特教者当如此；人自为学，亦当如此。曰：然。（焘）

所谓长善救失，谓增长其优点，与矫正其缺点。盖人之资质不同，或长于此，或短于彼；于其长处当发展之，于其短处，则挽救之。如此舍短取长之方法，于教与学均甚有用也。

（13）知行

（语类卷九学行论知行）知行常相须，如目无足不行，足无目不见。论先后，知为先；论轻重，行为重。（闳祖）

论知之与行，曰：方其知之而行未及之；则知尚浅。既亲历其域，则知之益明，非前日之意味。（公谨）

本文括有两段文字。其一谓知与行常相须，有如目无足则不能行走，足无目则不能察见。其二，则谓方其知之而行未及之，则所知尚浅。若能加以实行，则所知当益明。故论先后，知为先；论轻重，则行为重。虽有先后轻重之不同，而其相依为用，则确定不易也。

○ 第八节　学者之病

括有（1）学者之病，（2）读书贪多，（3）为学懒惰，（4）饱食不用心，（5）中道而废，（6）骄吝，（7）空言，（8）读书从容，（9）为学何必读书诸目。其说如左：

（1）学者之病

（宋元学案卷四十八晦翁学案）今学者之病，所患在于未有洒然冰解冻释处。纵有力持守，不过只是苟免显然尤悔而已，似此皆不足道也。

此言学者之病，在缺乏冰解冻释处。所谓冰解冻释，即指方针决定明朗而言。若此，则虽有力持守，只能免却显然之尤悔而已，仍不足道也。

（2）读书贪多

（语类卷十学四读书法）读书不可贪多，常使自家力量有余。正淳云：欲将诸书循环看。曰：不可如此。须看得一书彻了，再看一书。若杂然并进，却反为所困。如射弓，有五斗力，且用四斗弓，便可拽满，己力欺得他过。今学者不忖自己力量去观书，恐自家照管他不过。（常）

此言力量不要用得过度，应该酌留余力，以资应付。读书亦正如此，不可贪多。晦翁语正淳云：须看得一书澈底，再看他书；若杂然并进，反为所困。学者如不忖自己力量，贪多务得，难免欲进反退也。

（3）为学懒惰

（宋元学案卷四十九晦翁学案下）人之所以懒惰，只缘见此道理不透，所以一向提掇不起；若见得道理分明，自住不得，岂容更有懒惰时节耶？

为学所以懒惰，只缘其人见理不清，因此鼓不起兴趣，精神也就不能振奋。但若见得道理分明，自然努力不息，何至懒惰？

又如：

（语类卷十一学五读书法下）今世上有一般议论，成就后生懒惰。如云不敢轻议前辈，不敢妄立论之类，皆中怠惰者之意。前辈固不敢妄议论，然论其是非，何害？固不可凿言立论，然读书有疑，有所见，自不容不立论；其不立论者，只是读书不到疑处耳。（璘）

本段所称懒惰原因稍异于前段，则以惑于一般议论，以为不当轻议前辈，或妄自立论。此种言论，正合懒惰者之意而为所借口。实则对前辈固不宜妄加批评，然而是非果分明，则加以论列，又何害？又凭空立论，固非所宜；设读书有疑，有所见自不妨立论。总之，读书懒惰者，只是不肯寻疑，如寻到可疑之点，由于好奇之心人皆有之，自然乐于研究，以谋解决。此则驱除懒惰之主力也。

（4）饱食不用心

（语类卷四十七论语廿九饱食终日章）问：饱食终日，无所用心，难矣哉。心体本是运动不息，若顷刻间无所用之，则邪僻之念便生，圣人以为难矣哉，言其至危而难安也。曰：心若有用，则心有所主，只看如今才读书，心便主于读书，才写字，心便主于写字，若是悠悠荡荡，未有不入于邪僻。（贺孙）

此言心有所用，则运动不息；设若听其悠悠荡荡，则邪僻之念难免发生。盖有所用则有所主，惟饮食安闲，无所事事者，辄置其心于无用之地，如此则不流于邪僻者，鲜矣。

（5）中道而废

（语类卷三十二论语十四）中道而废与半途而废不同，半途是有那懒而不进之意，中道是那只管前去，中道力不足而止。这中道说得好。（高）

半途而废，是有意的放弃学业，出自懒惰的根性；中道而废，是指力不足而止，并非出自故意。然因此不能进步，则与半途而废无别，均为读书之弊也。

（6）骄吝

（语类卷卅五论语十七如有周公之才之美章）骄吝是挟其所有以夸其所无。挟其所有是吝，夸其所无是骄。而今有一样人，会得底不肯与人说，又却将来骄人。（僩）

骄是夸其所无，吝是挟其所有。今有一种人，自己懂得的，不肯对人说，这便是吝；同时自己所不懂的却自夸，这便是骄。二者同是读书为学之弊。

(7) 空言

(语类卷十三学七力行) 专做时文底人，他说底都是圣贤说话，且如说廉，他且会说得好，说义也会说得好。待他身做处，只自不廉，只自不义；缘他将许多话，只是就纸上说。廉，是题目上合说廉；义，是题目上合说义，都不关自家身己些子事。(贺孙)

专做时文的人，往往口事心非。口说的都是圣贤的话，说廉说义，样样周全，但实行起来却不如是。此种空言，究有何用?

(8) 读书从容

(语类卷十学四读书法) 人言读书当从容玩味；此乃自怠之一说。若是读此书未晓道理，虽不可急迫，亦不放下，犹可也。若徜徉终日，谓之从容，却无做工夫处。譬之煎药，须是以大火煮滚，然后以慢火养之，却不妨。(人杰)

所谓从容，便是徜徉终日，毫不认真，更不必说紧张了。读书为学者，纵不急迫，亦不可随便放下。否则便毫无进步可言。

(9) 为学何必读书

(语类卷四十论语廿二子路使子羔为费宰章) 问：何必读书，然后为学? 曰：子路当初使子羔为费宰，意不知如何，本不是如此。只大言来答。故孔子恶其佞。(淳)

此为子路强辩之词，实则其初意未必如此。盖读书系为学之途径，因人类的知识文化咸由累积而成。读书可以利用前贤的经验，于为学有最大帮助。故认为为学不必读书，殊属非是。

◎ 第二门　为学原则

括有（一）为学之本，（二）知类通达，（三）格物致知，（四）持敬，（五）敬与义诸节。

○ 第一节　为学之本

(宋元学案卷四十九晦翁学案下) 自圣学不传，世之为士者不知学之有本，而惟书之读。则其所以求于书，不越于记诵训诂文辞之间，以钓声名干利禄而已。是以天下之书愈多，而理愈昧；学者之心愈勤，而心愈放；词章愈丽，议论愈高，而其德业事功之实，愈无以逮乎古人。然非书之罪也，读者不知学之有本，而无以为之地也。

此言仅读书而不知为学之本，结果所得不外记诵训诂文辞等，借此以沽名钓誉而已。盖为学之本在德业事功之实，而不在词章之美丽、议论之惊人。不知其本者，所读之书愈多，而愈昧于义理。此非书之罪也，不知读书之本而已。

○ 第二节　知类通达

（语类卷八十七礼记学记）九年知类通达。横渠说得好，学者至于能立，则教者无遗恨矣。此一事方谓大成。盖学者既到立处，则教者亦不消得管他。（赐）

所谓知类通达谓知识畅达，能触类旁通，论事而不惑；这便是学问做到能立的地步。学者既到能立，则教者亦不消管得，可以听其自由为学也。

○ 第三节　格物致知

本节括有（1）格物致知，（2）格物，（3）致知，（4）真知诸目。其说如左：

（1）格物致知

（语类卷十五大学二经下）刘伯问格物致知。曰：格物是物物上穷其至理；致知是吾心无所不知。格物是零细说，致知是全体说。（时举）

所谓格物是就物物上穷其至理；所谓致知是吾心无所不知。此为做学问的极则。又格物是指零细的一事一事而言；致知则就全体而言。此其大较也。

(2) 格物

(语类卷十五大学二经下) 格物者，格，尽也，须是穷尽事物之理；若是穷其三两分，便未是格物；须是穷尽得到十分，方是格物。(贺孙)

又如：

(语类卷十五大学二经下) 格物二字最好，物谓事物也，须穷极事物之理，到尽处，便有一个是，一个非。是底便行，非底便不行。凡自家身心上皆须体验得一个是非，若讲论文字，应接事物，各各体验，渐渐推广，地步自然宽阔。(德明)

又如：

(语类卷十五大学二经下) 或问：格物是学者始入道处，当如何着力？曰：遇事接物之间，各须一一去理会，始得。不成是精底去理会。粗底又放过了；大底去理会，小底又不问了。如此，终是有欠阙，但随事遇物皆一一去穷极，自然分明。(祖道)

此处将格物二字细加分析，其一谓格者，尽也，须是穷尽事物之理，换句话说，穷尽到了十分才算得是格物。其二，谓物是一切事物，穷尽事物之理，结果便有一个是，一个非；是的便行，非的便不行。此一段是阐明格物的目的。其三，谓遇事接物之间，各须一一理会始得，不可只顾精的大的，忘却粗的小的，那就不免有所欠缺，算不得是格物了。此一段特指格物的工夫与程度。

(3) 致知

(语类卷十五大学二经下) 问：致知莫只是致察否？曰：如读书而求其义，处事而求其当，接物存心，察其是非邪正，皆是也。(寓)

所谓致知，是指读书而求其义，处事而求其当；凡接物存心，无不察其是非邪正皆是。由此可见，学者当利用格物的方法，以求达致知之目的；而致知之目的，则在深悉其是非与邪正是也。

（4）真知

（语类卷十五大学二经下）致知所以求真知，真知是要澈骨都见得透。（道夫）

由格物而致知，而致知之目的，便要达成真知。所谓真知，便是彻骨都见得透，换言之，便是一些都不要含糊。

○ 第四节　持敬

（语类卷十二学六持守）程子只教人持敬，孔子告仲弓亦只是说，如见大宾，如承大祭，此心常存得。便见得仁。（夔孙）

又如：

（语类卷十二学六持守）问敬何以用之？曰：只是内无妄思，外无妄动。（柄）

持敬谓遇事处以庄重的态度，做学问能出以庄重自是正当办法。如见大宾，如承大祭，自不能不出以庄重的态度，此其一也。至于持敬如何下工夫，则晦翁谓“只是内无妄思，外无妄动”，无妄思妄动，便是庄重的工夫。此其二也。

○ 第五节　敬与义

（语类卷十二学六持守）敬者守于此而不易之谓；义者施于彼而合宜之谓。（夔孙）

此处言敬与义之区别。敬者守于此而不易之谓，义者施于彼而合宜之谓。前者言遇事不肯苟且；后者则言遇事必求合宜。是皆为学之道也。

◎ 第三门　为学科目

括有（一）课程，（二）大学，（三）礼乐，（四）博文约礼，（五）博学约文，（六）学与事理，（七）义理，（八）求仁，（九）据德依仁，（一〇）诵诗，（一一）作文，（一二）变化气质诸节。

○ 第一节 课程

（语类卷八十六礼三周礼经论）古人学校教养，德行、道艺、选举、爵禄、宿卫、征伐、师旅、田猎，皆只是一项事，皆一理也。（僩）

晦翁主张学者所修，亦即学校所教的课程，当有德行、道艺、爵禄、宿卫、征伐、师旅、田猎各方面，盖包括修养、文事、制度、武学以及游艺诸科在内也。

○ 第二节 大学

（语类卷十四大学一纲领）今人都是为人而学，某所以教诸公读大学。且看古人为学是如何，是理会甚事；诸公愿为古人之学乎，愿为今人之学乎。（敬仲）

晦翁劝人为学，先从大学一书入手，借此可知古人如何为学。盖今人之学多为人而学，然古人之学则为己而学。读了大学一书，细味其言，便可知梗概了。

○ 第三节 礼乐

（语类卷八十四礼一）问：礼书学礼，首引舜命契为司徒敷五教，命夔典乐教胄子两条。文蔚窃谓，古人教学不出此两者。契敷五教，是欲使人明于人伦，晓得这道理；夔典乐教胄子，是欲使人养其德性，而实有诸己。（文蔚）

礼与乐为古代两项重要学科。舜命契为司徒，敷五教，即五伦之教，使人人各依其分际，礼也。又命夔典乐教胄子，即各家之长子，以养其德性，乐也。古人教学不外此二者，其重要可知矣。

又分别言之，即：

（1）礼

（语类卷八十四礼一）古礼难行；后世苟有作者，必须酌古今之宜，若是古人如此繁缛，如何教今人要行得。古人上下习熟，不待

家至户晓，皆如饥食而渴饮，略不见其为难。（贺孙）

所谓礼，系指善良风俗而言，风俗非一成不变，不能不因时制宜。所谓礼教，谓遵行善良风俗之原则而已，古人繁缛之仪节，不适于今日者，自不妨变而通之，以求适合时代。故原则上虽当慎守不渝，细节上尽可变通也。

（2）乐

（语类卷八十六礼三周礼经论）古者教法：礼乐射御书数，不可阙一；就中乐之教尤亲切。夔教胄子，只用乐，大司徒之职也是用乐。盖是教人朝夕从事于此，拘束得心长在这上面。盖为乐有节奏，学他底急也不得，慢也不得，久之都换了他一副情性。（植）

古代之六艺，乐居第二，仅次于礼，盖朝夕从事于此，拘束得心，即因其有节奏，急也不得，慢也不得，久而久之，可以调协性情，收效于无形之中也。

○ 第四节　博文约礼

（语类卷卅六论语十八颜渊喟然叹章）博我以文，约我以礼；圣门教人只此两事，须是互相发明。约礼底工夫深，则博文底工夫愈明；博文底工夫至，则约礼底工夫越密。（广）

又如：

（语类卷卅三论语十五雍也篇四）问：博文不约礼，必至于汗漫；如何？曰：博文而不约礼，只是徒看得许多，徒记得许多，无归宿处。（节）

以上两段文字，其一谓文要渊博，却须以礼约束之。两者相互为用，约礼的工夫深，则博文的工夫愈明，博文的工夫至，则约礼的工夫愈密。其二则谓，博文而不约之以礼，必至汗漫，徒看得许多，徒记得许多，却无归宿之处。足见彼此相需相成也，

○ 第五节　博学约文

（语类卷卅三论语十五雍也篇四）博学于文，考究时自是头项多；到得行时，却只是一句，所以为约。若博学而不约之以礼，安知不畔于道？徒知要约，而不博学，则所谓约者未知是与不是，亦或不能不畔于道也。（僩）

此与前目之博文约礼，略有差别；前者谓博于文而约之以礼，后者谓博于学而约之以文。盖博学于文，头项虽多，但到得行时，只是一句，故称之为约。若博学而不约之以礼，安知不叛于道。若徒知要约，而不博学，则所谓约者，未知是与不是，亦则不能不叛于道也。总之，先求博学，然后就其中慎加选择，择其最切要与最适当者而取之，则是与不是尽有选择余地，与徒然知约而不知博中选约者，为效自不同也。

○ 第六节　学与事理

（语类卷七学一小学）古者初年入小学，只是教之以事，如礼乐射御书数及孝弟忠信之事。自十六七入大学，然后教之以理，如致知格物及所以为忠信孝弟者。（骧）

古代初年入小学时，只习礼乐射御书数及孝弟忠信之事，多是具体的。及自十六七岁转入大学，则所学者为致知格物及忠信孝弟之原理，多属于抽象方面。此其大较也。

○ 第七节　义理

（宋元学案卷四十八晦翁学案）学者要看义理，须是胸次放开，磊落明快。恁地去，第一不可先责效；才责效便有忧愁底意思。只管如此，胸中便结聚一饼子不散。今且放开闲事，不要闲思量，只专心去玩味义理，便会心精，心精便会熟。

又如：

（宋元学案卷四十九晦翁学案下）熹窃观古昔圣贤所以教人为学之意，莫非使之讲明义理，以修其身，然后推以及人，非徒欲其务记览为词章，以钓声名取利禄而已也。今人之为学者既反是矣。然圣贤所以教人之法，具存于经，有志之士，固当熟读深思而问辨之。苟知其理之当然，而责其身以必然，则夫规矩禁防之具，岂待他人设之而后有所持循哉。

此两段文字均注重义理。其一，谓不可先责效，责效便不免忧愁，胸中不免有郁结。最好是专心玩味义理。其二，非徒为词章，以钓声名，取利禄。一有此种贪念，义理便为所蒙蔽。总之，二者均要知其理之当然，而责其身以必然，始系真正为学之道。

○ 第八节　求仁

（语类卷六性理三）学者须是求仁。所谓求仁者，不放此心。圣人亦只教人求仁。盖仁义礼智四者，仁足以包之。若是存得仁，自然头头做着，不用逐事安排。故曰：苟志于仁矣，无恶也。（方子）

此言仁义礼智四者，仁足以包之。“苟志于仁矣，无恶也。”足见仁为诸德之首要，且包括其他美德在内。学者当知所本也。

○ 第九节　据德依仁

（语类卷卅四论语十六志于道章）先生问：据德依仁，如何分别？学者累日说皆不合，乃曰：德是逐件上理会底；仁是全体大用当依靠处。又曰：据德是因事发见底，依仁是本体不可须臾离底；据德如着衣吃饭，依仁如鼻之呼吸气。（僩）

德与仁之区别，前者是逐件上理会的，后者是全体大用当依靠的。又据德是因事发见的，依仁是本体不可须臾离的。因之，德是个别的行为，仁则属于全体；故仁之为用，更有合于根本也。

○ 第十节　诵诗

（语类卷四十三论语廿五诵诗三百章）亚夫问诵诗三百，何以见其必达于政？曰：其中所载可见。如小夫贱隶，闾巷之间，至鄙陋之事；君子平日耳目所不曾闻见者，其情状皆可因此而知之，而圣

人所以修德于己，施于事业者，莫不悉备于其间。(贺孙)

诗有关于人民风俗。多诵诗，则可借以了解小夫贱隶以至鄙陋之事；此皆为君子平日耳目所不曾闻见者，因诵诗而知民俗，知民俗则知所以为政也。

○ 第十一节 作文

(语类卷十学四读书法) 欧公言，作文有三处思量：枕上，路上，厕上。他只是做文字尚如此，况求道乎？今人对着册子时，便思量；册子不在，心便不在。如此济得甚事？(义刚)

作文多费思量：枕上，路上，厕上皆不能忘。求道较作文尤费思量，更应如此。若是对着册子才思量，离开册子，便不再思量，那便大悖为学之道。

○ 第十二节 变化气质

(语类卷四性理一) 人之为学，却是要变化气禀；然极难变化。如孟子道性善，不言气禀；只言人皆可以为尧舜。若勇猛直前，气禀之偏自消，工夫自成。故不言气禀。看来吾性既善，何故不能为圣贤，却是被这气禀害。如气禀偏于刚，则一向刚暴；偏于柔，则一向气弱之类。人一向推托道气禀不好，不向前，又不得；一向不察气禀之害，只昏昏地去，又不得。须知气禀之害，要力去用功克治，裁其胜而归于中乃可。(璘)

人性出于自然，气禀则可变化。人之为学，当可变化气禀。气禀或偏于刚，或偏于柔，未尝不可以为学变化之。只要勇猛直前，气禀之偏自消。盖人性本善，人亦皆可为尧舜，变化气禀，并非不可能。若推托气禀不好，不肯向前，那只是自暴自弃。须知气禀之害是可以挽回的，只要用功去挽救，使归于中，固不难也。

◎ 第四门 为学次第

括有（一）为学次第，（二）读书次序，（三）大学次序，（四）为学先后诸节，皆不分目。

○ 第一节　为学次第

（语类卷八学二论为学之方）譬如登山，人多要至高处，不知自低处不理会，终无至高处之理。（德明）

又如：

（语类卷八学二论为学之方）某适来因澡浴，得一说。大抵揩背须从头徐徐用手，则力省垢可去。若于此处揩，又于彼处揩，用力杂然，则终日劳而无功。学问亦如此。若一番理会不了，又作一番理会，终不济事。（盖卿）

以上两段文字，其一，譬如登山，须从低处至高处，如不理会低处，终无以达到高处。其二，譬如澡浴揩背，从头徐徐用手，则既省力，又能除垢；若杂然用力，时而揩此，又时而揩彼，不仅费力多，且终有疏漏处，真可谓劳而无功。做学问亦复如此，必须依序以求理会，既省力，又不至疏漏也。

○ 第二节　读书次序

（语类卷七十八尚书一）问致知读书之序。曰：须先看大学，然六经亦皆难看，所谓圣人有郢书，后世多燕说是也。如尚书收拾于残阙之余，却必要句句义理相通，必至穿凿，不若且看他分明处；其他难晓者，姑阙之可也。程先生谓读书之法，当平其心，易其气，阙其疑，是也。（麻）

郢书燕说，指牵强附会而言。读书者，若必要句句义理相通，必至穿凿附会。不若且看其分明处，其他难晓者，姑阙之可也。例如尚书，收拾于残阙之余，断难逐一了解，遇不解者，不妨暂行阙疑，俟易解者一一通晓，再行考究其不可解者，可能由易解而推及于难解。法国哲人笛卡尔之方法论，主张研究者先从易解处着手，徐及较难解处，亦即由已知推及于未知。程子谓读书之法，当平其心，易其气，阙其疑，其意与笛氏近似。

○ 第三节　大学次序

（语类卷十五大学二经下）说大学次序，曰：致知格物是穷此理，诚意正心修身，是体此理；齐家治国平天下，只是推此理。要做三节看。（雉）

前文举尚书为例，此处则举大学为例。依其次序，则以致知格物穷此理；以诚意正心修身体此理，以齐家治国平天下推此理。如此分三节去做，不仅是由易到难，合乎顺序，且不从致知格物以穷此理下手，则理尚不明，如何能诚意正心修身，以体验此理？又本文如尚未能体验，又何从推而广之，以至于齐家、治国、平天下。盖皆有当然之顺序，不宜躐等也。

○ 第四节　为学先后

（语类卷八十六礼三周礼经论）曹问周礼。曰：不敢教人学，非是不可学，亦非是不当学；只为学有先后，先须理会自家身心合做底，学周礼却是后一截事。

又如：

（语类卷八十七礼四学记）问善问者如攻坚木一段。曰：此说最好，若先其难者，理会不得，更进步不去，须先其易者，难处且放下，少间见多了，自然相证而解。

善问者如攻坚木，先其易者，后其节目。非特善问，读书求义理皆然。置其难处，先理会其易处；易处通，则坚节自迎刃而解矣。若先其难者，则刃顿斧伤而终不可攻。（僩）

以上两段文字中，其一，谓周礼非不当学，只是学有先后。周礼关系政制，非一般人所能通晓，为求合自己身心，做学问当分先后，周礼是后一截当做的学。其二，以攻坚木为喻，若先其难者。

一时理会不得，当然不易有进步。故主张为学须先其易者，难处且暂放下，等到后来经验多了，自可借相证而解决。同理，善问者如攻坚木，先其易者。非特善问为然，读书求义理皆然。置其难处，先理会其易处，易处通，则坚节自迎刃而解。此说亦与法儒笛卡尔论为学之程序，先易后难，由已知到未知，原则正同。

（乙）教育之部

本部分为（一）教育方法，（二）士与取士，（三）其他诸节。

〇 第一节　教育方法

括有（1）教士方针，（2）教人之道，（3）教法，（4）因材施教，（5）四教，（6）女教，（7）大学与小学，（8）举一反三诸目。其说如左：

（1）教士方针

（语类卷八学二总论为学之方）圣人教人有定本。舜使契为司徒，教以人伦：父子有亲，君臣有义，夫妇有别，长幼有序，朋友有信。夫子语颜渊曰：克己复礼为仁；非礼勿视，非礼勿听，非礼勿言，非礼勿动。皆是定本。（人杰）

所谓定本，犹言方针。舜之教育方针，首先使契为司徒，教以人伦，即以整饬人伦为方针，其具体目标，在使父子有亲，君臣有义，夫妇有别，长幼有序，朋友有信。父子、君臣、夫妇、长幼（包托兄弟尊卑在内）与朋友，谓之五伦。五伦间相处各得其所，则人与人间和谐而合作，在家在国与在社会均有裨益。父子间首当维持相亲之情；君臣间当维持合理之关系；夫妇间当各尽其责；长幼间当维持伦序；朋友间当维持信用。此为人与人间之正当关系。至于个人之道德，则正如孔子之语颜渊，以非礼勿视，非礼勿听，非礼勿言，非礼勿动；换言之，则个人之视听言动，一本于礼，礼者人与人相处之善良习惯也。人人能依照善良习惯而视听言动，则于己保持规律的生活，于人维系善良的关系，社会定然和谐，则民安而国治。此皆教育上之基本原则也。

(2) 教人之道

（语类卷卅四论语十六子以四教章）教人之道，自外约，入向里去，故先文后行；而忠信者又立行之方也。(谟)

此言教人之道，先从外简约选定教材，然后灌输入内，换言之，先从语言文字下手，使之通晓原则，然后督促实践。但无论如何，必须寓以忠信，切实为之。

(3) 教法

（语类卷八学二论为学之方）学须先理会那大底；理会得大底了，将来那里面小底自然通透。今人却是理会那大底不得，只去搜寻里面小小节目。(植)

此言教学使先须理会大的，即根本的，因为大的和根本的理会了，那就小的和枝叶的自然通透。今之教学者往往与此相反，先从小小的节目下手，纵使这些节目通晓了，却于大的和根本的可能茫无所知。

(4) 因材施教

（语类卷十九论语一语孟纲领）且如孔子教人，亦自有等。圣人教人何不欲教他做颜曾底事业；而子贡子路之徒所以止于子贡子路者，是其才止于此。且如克己复礼，虽然止是教颜子如此说，然所以教他人，亦未尝不是克己复礼底道理。(卓)

孔子教人，何以不一律教以颜子曾子的事业；其对于子贡和子路的教法又是一套，其故系因其才仅止于此，不得不因材施教。不过关于克己复礼的道理，虽然教颜子是如此，然教他人，也未尝不是这个道理，则因这种根本的原则，人人皆当受教，与专门的事业不得不因材施教者有别。

(5) 四教

(语类卷卅四论语十六子以四教章) 读子以四教，曰：其初须是讲学，讲学既明，而后修于行，所行虽善，然更须反之于心，无一毫不实处，乃是忠信。(时举)

四教是指文、行、忠、信而言。最初是讲学，讲学属于文。讲学既明，而后修于行。以上文行两教既已达到，仍须反之于心，无一毫不实之处，始够得上忠信二教。因此，四教是互有关联，而且具有先后次序的。

(6) 女教

(语类卷七学一章) 问：女子亦当有教。自孝经之外，如论语只取其面前明白者教之，如何？曰：亦可，如曹大家女戒，温公家范亦好。(义刚)

晦翁主张女子亦应受教育，但其范围视男子为狭，即除孝经以外，论语只取其面前明白者教之。他如曹大家女戒，温公家范亦可以施教。此非晦翁故意歧视女子，实因彼时男女的地位不同，即如任官便非女子所有之权利，于是有关政事者自无施教之必要也。

(7) 大学与小学

(语类卷七学一章) 问：大学与小学不是截然为二。小学是学其事，大学是穷其理，以尽其事否？曰：只是一个事，小学是学事亲学事长，是真理会那事。大学是就上面委曲详究那理。其所以事亲是如何？事长是如何？古人于小学存养已熟，根基已深厚。到大学只就上面点化出些精彩。古人自能食能言，便已教了。一岁有一岁工夫；到二十时圣人资质已自有十分（寓作三分）；大学只出治光彩，今都蹉过，不能转去做，只据而今当地头立定脚做去。补填前日欠阙，栽种后来合做的，如二十岁觉悟，便从二十岁立定脚力做去；三十岁觉悟，便从三十岁立定脚力做去。(淳)(寓同)

此言小学与大学之区别，在事与理二字。小学在学其事，大学在穷其理。小学所教只是要他去实行；大学所教则使之详究其理。

（8）举一反三

（语类卷卅四论语十六不愤不启章）凡物有四隅；举一隅则其三隅之理可推，若不解以三隅反，则于这一隅亦恐未必理会得去。（植）

善教者不当使人学一事只知一事，学二事只知二事；如此则所教有尽，而所当知者则无穷。因而有所谓举一反三之教法，换句话说，对于一个具有四隅之物体，学得做一隅，便当推及其他三隅的做法，因为就已具的知识而推广之，是学者应有的责任；学者既应如此，教者亦当如此。推广所知是一个比较容易的步骤，如果这事也不能办，那就是不能利用已得的经验，更不肯用些推广所知的心思，这样安能成材？

○ 第二节　士与取士

括有（1）士，（2）志士，（3）下学上达，（4）科举与读书，（5）科举得失，（6）仕而优则学诸目。其说如左：

（1）士

（语类卷四十三论语廿五子路问士章）问何如斯可谓之士一段，曰：圣人见子路有粗暴底气象，故告之以切切怡怡；又恐子路一向和说去了，又告之以朋友切切偲偲，兄弟可怡怡。圣人之言，是恁地密。（谦之）

士为读书人阶级。孔子告子路，以一位读书人应该保持和蔼的态度；随又告以朋友之间应有互相劝勉之责，与兄弟为保持友爱，以和气相处者有别。是则读书人不仅以研求学问为要务，其态度自亦与一般人相异也。

（2）志士

（语类卷十三学七力行）学者当以志士不忘在沟壑为念，则道义重而计较死生之心轻矣。况衣食至微末事，不得未必死，亦何用犯义犯分，役心役志，营营以求之耶。某观今人因不能咬菜根而至于违其本心者众矣，可不戒哉！（大雅）

有志为学之人，应时时不忘艰苦；如此则注重道义，而计较生死之心轻微矣。衣食丰啬，关系甚微，偶有缺乏，未必即死，又何至犯义犯分以营求之？今人常有因不能度过艰苦生活，而违背本心者。须知饿死事小，失节事大；况艰苦生活未必即死耶？有志为学之人，当知所戒备矣。

（3）下学上达

（语类卷四十四论语二十六莫我知也夫章）下学只是事，上达便是理。下学上达只要于事物上见理，使邪正是非各有其辨，若非子细省察，则所谓理者何从而见之？（谟）

所谓下学，指事而言；所谓上达，指理而言。要能下学而上达，只须在事物上见理，使邪正分明，是非辨清。不过要辨析何者有合于理，必须子细省察，盖事关微妙，一念之差，便成大错。读书人亟宜注意及之。

（4）科举与读书

（语类卷十三学七力行）士人先要分别科举与读书两件孰轻孰重。若读书上有七分志，科举上有三分，犹自可；若科举七分，读书三分，将来必被它胜却。况此志全是科举，所以到老全使不着，盖不关为己也。圣人教人，只是为己。（泳）

前代读书人，以服官为唯一出路。科举是读书人达到服官的途径。因此，许多读书人把科举与读书视同一事；此实大谬。真正的读书人，应先分别科举与读书孰轻孰重。若对于读书有七分的志，对科举仅有三分，犹自可。反之，若七分对科举，三分对读书，将来必全为科举所制胜。至若全心全意都属于科举，换句话说，完全为科举而读书；是则读书完全为人，而非为己。此与圣人教人为学只是为己者，完全相悖。

（5）科举得失

（语类卷十三学七力行）尝论科举云：非是科举累人，自是人累科举。若高见远识之士，读圣贤之书，据吾所见而为文以应之，得失利害置之度外，虽日日应举，亦不累也。居今之世，使孔子复生，也不免应举，然岂能累孔子耶。自有天资，不累于物，不须多用力以治之者，甚于科举，自小便见得轻，初非有所见而轻之也。（伯羽）

晦翁论科举之得失，谓“非是科举累人，自是人累科举”。盖真正读书之士，饱读圣贤之书，据所见而为文，置得失于度外，虽日日应举，亦不累也。

（6）仕而优则学

（语类卷四十九论语三十一仕而优则学章）问仕而优则学，曰：此为世族子弟而设，有少年而仕者原不曾学，故于职事之暇可以学。学而优则仕，无可说者。（谦之）

一般咸称学而优则仕；此处独谓仕而优则学，系指世族子弟而言。此等人年少而仕，尚未曾学；因此，职事之暇，可以学，以补其不足。此与学而优则仕者大异。

○ 第三节　其他

括有（1）当仁不让于师，（2）学问非外物诸目。其说如左：

（1）当仁不让于师

（语类卷四十五论语二十七当仁不让于师章）或问：当仁不让于师，这当字是承当之当么？曰：然。亦是任字模样。（焘）

弟子对师谦让，原是不易的原则。此处独谓不让于师，似不免僭越。然其前有当仁二字，即为不让于师之惟一条件。当字有承当或担当之意，又有任字之意。无论如何，弟子凡担当或肩任为仁之事，不宜推诿拖延，虽有师长在前，苟不热心担任，则弟子不宜有所谦让。

（2）学问非外物

（语类卷八学二论为学之方）学问是自家合做底；不知学问则是欠阙了自家底，知学问则方无所欠阙。今人把学问来做外物添底事看了。（广）

学问系自己的事，并非外物。不知学问，便是自家的缺点；知学问才无所欠缺。既然是自家的事，则尽人对于学问都是责无旁贷的。

第八章　吕祖谦的教学思想

一

吕祖谦，字伯恭，据宋史儒林传四，其生平事迹如左：

……尚书右丞好问之孙也。自其祖始居婺州。祖谦之学，本之家庭，有中原文献之传。长从林之奇、汪应辰、胡宪游；既又友张栻、朱熹，讲索益精，初荫补入官，后举进士，复中博学宏词科，调南外宗教。丁内艰，居明招山。四方之士争趋之。除太学博士。时中都官待次者例补外，添差教授严州。寻复召为博士，兼国史院编修官，实录院检讨官。轮对，勉孝宗留意圣学，且言：恢复大事也，规模当定，方略当审；陛下方广揽豪杰，共集事功，臣愿精加考察，使之确指经画之实，孰为先后，使尝试侥幸之说不敢陈于前，然后与一二大臣定成算而次第行之，则大义可伸，大业可复矣。召试馆职。先是，召试者率前期从学士院求问目，独祖谦不然；而其文特典美。尝读陆九渊文，喜之，而未识其人。考试礼部，得一卷，曰：此必江西小陆之文也。揭示果九渊，人服其精鉴。父忧免丧，主管台州崇道观。越三年，除秘书郎，国史院编修官，实录院检讨官；以修撰李焘荐，重修徽宗实录。书成进秩，面对……迁著作郎，以末疾请祠归。先是，书肆有书曰圣宋文海，孝宗命临安府校正刊行。学士周必大言文海去取差谬，恐难传后，盍委馆职铨择，以成一代之书。孝宗以命祖谦。遂断自中兴以前，崇雅黜浮，类为百五十卷。上之，赐名皇朝文鉴。诏除直秘阁。时方重职名，非有功不除；中书舍人陈骙驳之。孝宗批旨云：馆阁之职，文史为先；祖谦所进，采取精详，有益治道，故以宠之，可即命词。骙不得已，草制。寻主管冲祐观。明年，除著作郎兼国史院编修官，卒，年四十五，谥曰成。祖谦学以关洛为宗，而旁稽载籍，不见涯涘；心平气和，不立崖异。一时英伟卓荦之士，皆归心焉。少卞急。一日诵孔子言，躬自厚而薄责于人，忽觉平时忿懥涣然冰释。朱熹尝言，学如伯恭，方是能变化气质；其所讲画，将以开物成务。既卧病，而任重道远之意不衰。居家之政，皆可为后世法。修读诗记、大事记，皆未成书。考定古周易、书说、阃范、官箴、辨志录、欧阳公本末，皆行于世。晚年会友之地，曰丽泽书院，在金华城中。既殁，郡人即而祠之。

本章所根据的资料，以宋元学案中之东莱学案为主，间参以吕东莱文集。

二

本章分为（甲）为学之部与（乙）教育之部。

（甲）为学之部

括有（一）为学目标，（二）为学方法，（三）其他诸节。

○ 第一节　为学目标

本节括有（1）致知力行，（2）知与行，（3）作有用看，（4）发见欠阙，（5）学贵矫偏，（6）为学畜德诸目。其说如左：

（1）致知力行

（宋元学案东莱学案与朱侍讲书）致知力行，本交相发。学者若有实心，则讲贯玩索，固为进德之要。亦有一等后生，推求言语工夫常多，点检日用工夫常少。虽便略见仿佛，然终非实有诸己也。

默而成之，不言而信，存乎德行。训诱之际，愿常存此意，非谓但使之力行，而以致知为缓；但示之者当有序。夫子亦有可以语上、不可以语上之别。

为学不仅要求知，且须能实行。致知力行，本交相发。但有些后生学子，推求言语工夫常多，点检日用工夫常少；言语固不尽能致知实学，日用尤为实行的表现，是则此等人对于致知力行工夫实有欠缺。致知力行，二者同样重要，亦不宜仅顾力行，而误认致知为缓也。

又如：

（宋元学案东莱学案与邢邦用书）论致知则见不可偏，论力行则进当有序，并味此两言，则无笼统零碎之病。

本目要旨在“致知则见不可偏，力行则进当有序”。设有偏见，则所获得的知识，难期其合正轨；设无次序，则所行者难免紊乱。故两者实宜并重。

（2）知与行

（宋元学案东莱学案）知犹识路，行犹进步。若谓但知便可，则释氏一超直入如来地之语也。

所谓知譬如识路，所谓行便是进步。不识路，则不免南辕北辙，其所行进，可能还须退回转向，徒劳无功，安得有真正的进步？但仅仅识路，不肯前进，亦无补于事。

（3）作有用看

（宋元学案东莱学案与朱侍讲书）人二三十年读圣人书，一旦遇事，便与里巷人无异。或有一听老成人之语，便能终身服膺；岂老成人之言过于六经哉？只缘读书不作有用看故也。

此言读圣人书数十年，一旦有事，竟不能利用读书所得，以作明智之衡断；可是偶听老成人之言，往往终身不忘，难道老成人之言胜于六经吗？只因读书之人不认为其有实用，以致读过之后，未能知所利用；倒是听到老成人之言，以其为经验之谈，可供实用，自然会加以牢记和利用，是则为学目标，不宜茫然也，明矣。

（4）发见欠阙

（宋元学案东莱学案与朱侍讲书）未至圣人，安能无欠阙；须深思欠阙者甚处，然后从而进之。

人非圣人，自不免有欠缺之处，为学目标之一，在发见自己的欠缺，究在何处，然后从而改进。

（5）学贵矫偏

（宋元学案东莱学案与朱侍讲书）大凡人之为学，最当于矫揉气质上做工夫；如懦者当强，急者当缓，视其偏而用力。

人非完人，势不能无所偏向。为学目标之一，在矫正气质，针对其缺点而为之，例如性懦者当使强，性急者当使缓，皆向偏处短处用工夫；如此，则偏者可使正，短者可使长。

（6）为学畜德

（宋元学案东莱学案丽泽讲义）多识前言往行，考迹以观其用，察言以求其心；而后德可畜。不善畜，盖有玩物丧志者。

为学可借读书，而多识前贤之言行、考其事迹，以观其用，察其言语，以窥其心；如此，则借前贤之感召，可以蓄德。人如不善于蓄德，必不免有玩物丧志者；反之，能蓄德，则于是非之辨，至为显然，无益之事，当能戒备。

○ 第二节　为学方法

括有（1）自省，（2）一鼓作气，（3）为学工夫，（4）本末并举，（5）平帖的确，（6）持恒，（7）专心，（8）诵说，（9）忧患进德，（10）随地为学，（11）考验气质诸目。其说如左：

（1）自省

（宋元学案东莱学案论语说）见贤思齐，才有一分不如，便不是齐。见不贤内自省，如舜之圣，禹尚以丹朱戒之。此最学者日用工夫。然格其义，是圣贤地位。

有志为学之人，须能见贤思齐，换句话说，见着贤人，不肯多让，要努力争取和他一样，若稍有不如，便不能算为齐等。同时见着不贤之人，也要自己省察一番，发见自己是否也是不贤。以上两说，最为学者当努力之处；如能就此穷究，将不难达到圣贤地位。

又如：

（宋元学案东莱学案与刘子澄书）行有不得者，当返求诸己。外有龃龉，必内有窒碍。反观内省，皆是进步，不敢为时异势殊之说以自恕。

此与上段名异而实同，盖反观内省，便是见着他人之贤否，而反观自己是否相同。不宜借口时代或局势不同，而宽恕自己。这也是为学进德之一道。

（2）一鼓作气

（宋元学案东莱学案杂说）为学须是一鼓作气，间断便非学，所谓再而衰也。

为学必须不断努力，犹如一鼓作气；如稍间断，便不免陷于再而衰之状态。击鼓因稍间断而势衰，为学亦正相同。

（3）为学工夫

（宋元学案东莱学案与叶正则书）静多于动，践履多于发用，涵养多于讲说，读经多于读史。工夫如此，然后能可久可大。

为学工夫有几点当特别注意，即：（一）静多于动；（二）践履多于发用，犹言力行多于创意；（三）涵养多于讲说；（四）读经多于读史。能如是，然后可久可大。

又如：

（宋元学案东莱学案与陈正己书）贤士大夫，盖有学甚正，识甚明，而其道终不能孚格远近者，只为实地欠工夫。

此言学者间有学甚正，识甚明，而终不能孚格远近；只因欠缺实地的为学工夫。

又如：

（宋元学案东莱学案与朱侍讲书）学者所以徇于偏见，安于小成，皆是用功有不实。若实用功，则动静语默，日用间自有去不得处，必悚然不能安也。

此言学者如不作实地为学工夫，不免要徇于偏见，或安于小成。如能实地用功，则间有去不得处，定觉悚然不安，而亟谋改进也。

（4）本末并举

（宋元学案东莱学案与陈同甫书）学者自应本末并举；若有体无用，则所谓体者，必参差卤莽无疑。然特地拈出，却似有不足则夸之病。

此言为学当体用兼备，换言之，即本末并举。若有体无用，则其体定然是参差卤莽，其须特别指出者，便是因不足而自大。此病不除，则为学如何能成？

（5）平帖的确

（宋元学案东莱学案与潘叔昌书）为学工夫，涵泳渐渍，玩养之久，释然心解。平帖的确，乃为有得，天高地厚，鸢飞鱼跃之语，恐发得太早。

所谓平帖，便是平稳妥帖；所谓的确，便是正确不差。为学工夫，务须如此，固不宜躁急，尤不可卤莽。须于平时作长期涵养，则释然心解，乃为真正有得。任何高傲矜夸之态度，均当避免，尤不可发得太早。

（6）持恒

（宋元学案东莱学案与周允升书）散漫歇灭，学者同病。尝记胡文定有语曰：但持敬十年，自别。此言殊有味。大抵目前学者，用功甫及旬月，未见涯涘，则已逡巡退却，不复自信。久大德业，何自而成？经曰：念终始典于学。

为学必须持之以恒。目前学者，用功甫及旬月，则已逡巡退却，如此散漫歇灭，久大之德业，何自而成？经书有言，“念终始典于学”，旨哉斯言，凡欲为学有成，必须始终如一，不可浅尝辄止。

（7）专心

（宋元学案东莱学案与朱侍讲书）往来讲论，一问一答，谓之无意向气味则不可。然歇灭断续，玩岁愒日，终难见功。须令专心致志，绝利一源，凝聚停蓄，方始收拾得。

为学当专心致志，使精神凝聚，贯澈到底，始能有成。切忌歇灭断续，意即时学时辍，则虚度光阴，终难见功。

（8）诵说

诵谓诵读经书，其目的在增进记忆；说是解说经书，其目的在了解义理。括有如左之二说。

其一为讲贯诵绎：

（宋元学案东莱学案与邢邦用书）讲贯诵绎，乃百代为学通法。学者缘此支离泛滥，自是人病，非是法病；见此而欲尽废之，正是因噎废食。然学者徒能言其非而未能反己就实，悠悠汩汩，无所底止，是又适所以坚彼之自信也，诚深思之。

此言讲贯诵绎，系为学通常方法，如因支离泛滥，以致无何成绩，只是人为之弊，而非方法之弊，不宜因噎而废食。

其二为行动与诵说：

（宋元学案东莱学案论语说）古今为学，十分之中，九分是动容周旋，洒扫应对进退，一分在诵说。今之学者，全在诵说。入耳出口，了无涵蓄，所谓道听涂说，德之弃也。

动容，周旋，洒扫应对进退，为童子为学之初步，亦即为学之行动，因其可以学习礼仪与操作，虽浅易而合实，故为学十分之中，常居其九。至于诵书解说，仅居其一。古代为学，大率如是。今之学者，全赖诵说以为学，其学只出于口而入于耳，效用转不如古代行动之学。

(9) 忧患进德

(宋元学案东莱学案与潘叔度书) 忧患中最是进德处。深味自致之语，识惰性之极，而以哀敬持之，则心之本体常存矣。

人往往因忧患而奋励，且由此深味与体认世故与惰性，使心之本体常存，其有助于进德，辄较耽于安乐者为胜。

(10) 随地为学

(宋元学案东莱学案孟子说) 学者非特讲论之际，始是为学；闻街谈巷语，句句皆有可听。见舆台皂隶，人人皆有可取。如此德岂不进。

为学可以不限地，不限时，讲论固是为学之道，即街谈巷语，亦多不乏可学之处，甚至舆台皂隶，亦未尝无可取之善行，要当随时随地注意观察，皆可为进德之途径。

(11) 考验气质

(宋元学案东莱学案与陈君举书) 近思为学，必须于平日气禀资质上验之，如滞固者疏通，顾虑者坦荡，智巧者易直。苟未如此转变，要不得力。

此言为学须于平日考验气质，如发见有何欠缺，则针对矫正之，对滞固者疏通之，顾虑过多者坦荡之，智巧者易直之。有此转变气质之功，定然有所改进。

○ 第三节　其他

括有（1）腐儒，（2）窠臼内外，（3）著书之难诸目。其说如左：

（1）腐儒

（乾道六年轮对劄子）章句陋生，乃徒诵诂训，迂缓拘挛，自取厌薄，不知内省；反归咎陛下之不用儒。臣以为尚幸陛下不用之耳。倘陛下误信而轻用之，真责治效于是曹；绵岁历月，必无所成，陛下遂谓儒术止此；圣人之道，永无复施之日矣。臣窃为儒学贺。夫不为俗学所汩者，必能求实学；不为腐儒所眩者，必能用真儒。圣道之兴，指日可俟。臣所私爱过计者，独恐希进之人，不足测知圣意之缊，妄意揣摩，抵排儒学，谓智力足以控海宇，不必道德；权利足以奔走群众，不必诚信；材能足以兴起事功，不必经术。

有些人徒诵训诂，不明治体，虽号称曰儒，实为腐儒。此种人不用还好，不幸而用之，断不能责其治绩；因此而归咎于儒者之无用，真可谓冤枉矣。故必须任用真儒，即必须能求实学之人。

（2）窠臼内外

（宋元学案东莱学案丽泽讲义）今之为学，自初至长，多随所习熟为之，皆不出窠臼外。惟出窠臼外，然后有功。

窠臼，犹言现成之格式，盖谓今之学者，自初至长，多蹈常袭故，不出现成格式之外，很难有特出的成就。惟能独出心裁，不拘于现成格式者，然后有功。

（3）著书之难

（宋元学案东莱学案与陈同甫书）著书大是难事，虽高明之资，亦不可不思有余不敢尽之语。

为学之结果，欲以之传授后人，或流传远处，往往从事于著书；然著书却非易事，虽以高明之资，亦不可不慎重考虑，时作相当保留，就是想到应有余不敢尽之言。

（乙）教育之部

括有（一）教育方针，（二）讲学，（三）随根性，（四）责善，（五）后生可畏，（六）容易领略之病，（七）论学难免偏颇，（八）音乐教育诸目。其说如左：

（一）教育方针

（宋元学案东莱学案丽泽讲义）教国子以三德三行，立其根本，因是纲举目张。然又须教以国政，使之通达治体。古之公卿，皆自幼时便教之，以为异日之用。今日之国子，即他日之公卿，故国政之是者，则教之以为法；或失，则教之为戒。又教之以如何整救，如何措画，使之洞晓国家之本末源委。然后他日用之，皆良公卿也。自科举之说兴，学者视国事如秦越人之视肥瘠，漠然不知，至有不识前辈姓名者。一旦委以天下之事，都是杜撰。岂知古人所以教国子之意？然又须知上之人所以教子弟，虽将以为他日之用，而子弟之学，则非以希用也。盖生天地间，岂可不知天地间事乎？

上古教育，为贵族所专有，至孔子始开放于大众。国子为公卿大夫之子，皆贵族之子也。彼时之教育方针，在以三德三行立其根本，且又教以国政，使之通达治体。盖今日之国子，即他日之公卿，即以从政为家世相承之业，因之，自幼即教以为政之道，对国政之是者，教其取法，对国政之非者，引以为戒。此外并教以挽救筹画之方，使晓然于国家之本末源委。此皆古代之教育方针也。然自中世实行科举以来，学者或重文章，或囿于经书，对于现实的国事，茫然无知。一旦幸而中式，出而从政，用非所学，如何能有良好之效。不过教育方针，虽宜侧重为国致用，但受教之子弟，则不当以干禄为惟一目标，盖人生天地间，不可不知天地间事，纵然没有机会从政，亦当以求知之目标求学也。

（二）讲学

（宋元学案东莱学案）时事所以艰难，风俗所以浇薄，推其病源，皆由讲学不明之故。若使讲学者多其达也，自上而下，为势固易。虽不幸皆穷，然善类既多，气焰必大，薰蒸上腾，亦有转移之理，虽然此特忧世之论耳。中天下而立，定四海之民；所性不存，此又当深其致思也。

讲学为教育之常用步骤。使讲学者多而显于世，则自上而下，为势固易；设讲学者不幸而不获显达，然善类既多，薰蒸上腾，亦足以转移风俗，亦何至时事艰难，风俗浇薄乎；此即由于讲学不明之故也。故讲学者能明大道，无论其为穷达，皆有裨于世，否则纵幸而显达，以讹传讹，亦未必有补于世事与风俗也。

（三）随根性

（宋元学案东莱学案与朱侍讲书）学者气质，各有利钝，工夫各有浅深，要之不可限以一律，正须随根性，识时节，箴之中其病，发之当其可。

学者根性不同，教者不宜限于一律，应随其根性，箴之中其病，发之当其可，始为有效。

（四）责善

（宋元学案东莱学案）父子之间不责善，非置之不问也，盖在乎滋长涵养其良心。

父子不责善，盖恐有伤感情，故易子而教，古今中外，同此原则。然所谓不责善，非置之不问，盖人各有良心，只须积极上予以培养滋长，不待其陷于恶，然后加以严厉之督责也。

（五）后生可畏

（宋元学案东莱学案与陈同甫书）后生可畏，就中收拾得一二人，殊非小补。要须帅之以正，开之以渐，先惇厚笃实，而后辩慧敏锐，则岁晏刈获，必有倍收。

此言后生前途无量，如肯努力上进，则其成就，诚可畏；即使仅就其中养成一二人，亦非少补。养成后生之道，当帅之以正，开之以渐，首先注重惇厚笃实，而后辩慧敏锐，前者是德，后者是才，先德后才，循循善诱，虽成材较迟，为用必大，犹如种田收获稍迟，所收成者当大有增也。

（六）容易领略之病

（宋元学案东莱学案与朱侍讲书）讲论形容之语，欲指得分明，却恐缘指出分明，学者便有容易领略之病，而少涵泳玩索之功，其原殆不可不谨也。

教学之法，如为师者讲论特别分明，学者领悟自易；然得来容易，毫不费力，将使学者失去自动研究之功，此点亦不可不注意。真正善教者，只宜揭示大纲，使学者推类上进，有如举一隅而以三隅反也。

（七）论学难免偏颇

（宋元学案东莱学案与朱侍讲书）论学之难，高者其病堕于元虚，平者其末流于章句。二者之失，高者便入于异端，平者浸失其传，犹为惇训。故勤行义，轻重不同，然要皆是偏。

论学难免于偏，过高则堕于元虚，平淡之末又可能流于章句。二者皆不尽当。高者易入异端，平者渐失其传，畸轻畸重，皆不免失之于偏颇。

（八）音乐教育

（宋元学案东莱学案周礼说）大司乐掌成均之法。自舜命夔教胄子，以此知五帝三王之政，无不由乐始；盖陶冶之功，入人最深，动荡鼓舞，优游浃洽，使自得之。

此言音乐教育之重要，盖以其陶冶之功，入人最深之故。自舜命夔以乐教胄子，则可推知五帝三王之政无不由乐开始也。

第九章　叶适的教学思想

一

叶适，字正则，为宋代有数的教学思想家，其论学有所异同于朱熹。余既述朱熹之教学思想，特另辟一章，论述叶氏。先记其传略如左：

永嘉人，擢淳熙五年进士第二。授平江节度推官。召为太学正。由秘书郎出知蕲州；入为尚书左选郎官，赞赵忠定定内禅，迁国子监司业。力求补外。赵公贬，先生亦降两官，奉祠。起为湖南转运判官，知泉州。召入权兵部侍郎。丁忧，服除；权工部侍郎，以用兵除知建康府，兼沿江制置使。兵罢，夺职，奉祠。凡十三年而卒，年七十四，谥忠定。

以上系黄梨洲原本；以下则全谢山所补，今摘要如左，与之合为一传略：

开禧用兵之说起，以人望召入朝。先生当淳熙时，屡以大仇未复为言。至是谓韩侂胄曰：是未可易言也。请先择濒淮沿汉数十州郡，牢作家计，州以万家为率。国家大捐缗钱二千万，为之立庐舍，具牛种，置器仗；耕织之外，课习战射，计一州有二万人胜兵。三数年间，家计完实，事艺精熟。二十万人，声势联合，心力齐同，敌虽百万，不敢轻挠；如其送死，则长弓劲矢，倚堑以待。当是时，我不渝约，挑彼先动；因其际会，河南可复。既复之后，于已得之地，更作一重；气壮志强，实力足恃。虽无大战，敌自消缩。况谋因力运，虽大战亦无难。此所谓先为不可胜以待可胜者也。侂胄意方锐，不听。先生上劄子……盖先生之意，在修边而不急于开边，整兵而不急于用兵。而其要尤在节用减赋，以宽民力。时以为迂缓，不用。但欲借先生之名以草诏，先生力辞。已而皇甫斌、李爽、郭倬之徒出淮汉间，俱大败，或不战溃。先生叹曰：所谓用兵，乃如是乎？于是乃出先生安集两淮……时中朝方急于求和，先生以为不必，但请力修堡坞以自固，乃徐为进取之渐；而韩侂胄死，朝事又一变。许及之、雷孝友，本韩党也，至是畏罪，乃反劾先生附会侂胄起兵端，并以此追削辛弃疾诸人官，而先生前此封事具在庙堂，竟莫能明其本末，盖大臣亦借此以去君子。先生杜门家居，绝不自辩也。尝叹息曰：女真崛起暴强，据吾太平之土壤，已五六十年矣，使其复为，天祚盛极将亡，他人必出而有之，不可畏哉！盖其先见如此。

二

本章资料以宋元学案中之水心学案为根据，依一般通例，分为（甲）为学之部与（乙）教育之部。

（甲）为学之部

括有（一）一般为学，（二）为学目标，（三）为学作用，（四）为学方法，（五）道学，（六）其他诸节。

○ 第一节　一般为学

括有（1）好学，（2）古今为学二目。其说如左：

（1）好学

（宋元学案水心学案上）不迁怒，不贰过，以是为颜子之所独能；而凡孔氏之门，皆轻愠频复之流欤？是孔子诬天下以无人也。

盖置身于喜怒是非之外者，始可以言好学；而一世之人，常区区乎求免于喜怒是非之内而不获，如搰泥而扬其波也。呜呼！必若是，则惟颜子耳。

孔子谓颜回不迁怒不贰过，堪称好学；然则孔氏之门，难道都不免是迁怒与贰过之徒吗？从表面看起来，好像孔子厚诬天下以无人了。其实，惟能置身于喜怒是非之外者，始可称为好学。纵观举世之人，常欲免于喜怒是非之内而不可得，惟颜回独能如是耳。盖不迁怒，不贰过，表面上看似容易，但联想起来，能如是者，定然是免于喜怒是非之人，那就真是难能可贵，恐怕只有颜子才够得上罢。

（2）古今为学

（宋元学案水心学案下题周子实所录）古人多识前言往行，以蓄其德。近世以心通性达为学，而见闻几废。狭而不充，为德之病。

古代为学，以多识前言往行，取法昔贤，以蓄其德为主。近世为学，则以心通性达为主。前者侧重客观，后者则侧重主观。侧重主观者，只知从心官内发，对于前贤言行有如废弃不顾，过分促狭，窒塞见闻，实为蓄德之病也。

○ 第二节　为学目标

括有（1）为学与受益，（2）利与义两目。其说如左：

（1）为学与受益

（宋元学案水心学案下赠薛子长）读书不知接统绪，虽多无益也。为文不能关教事，虽工无益也。笃行而不合于大义，虽高无益也。立志而不存于忧世，虽仁无益也。

为学原欲有益于人己。然“读书不知接统绪，虽多无益也；为文不能关教事，虽工无益也；笃行而不合于大义，虽高无益也，立志而不存于忧世，虽仁无益也”。前三项有关于己；第四项则有关于人。读书多，为文工与笃行矣，然未必尽有益于己也，则以不知统绪，无关教事，不合大义之故。至于不能存心于忧世，亦于人无益也。

(2) 利与义

(宋元学案水心学案上) 和洽言：古之大教在通人情，所谓不以格物者也。又言：勉而行之必有疲瘁。疲瘁二字，深得其要。故大人以利和义，不以义抑利。

此言古之大教在通人情；通人情，则人乐于为学。若加以强迫，然后为学，定感身心疲瘁。古人于利与义之分，不以义抑利，而以利和义。所谓义抑利者，勉而行之也；所谓利和义者，使其自爱而为之也。故为学目标虽在义，却不宜硬性强迫，否则使学者丧失其为学之乐趣也。

○ 第三节　为学作用

括有言与文一目，其说如左：

言与文

(宋元学案水心学案上) 立言非专为文，言之支流派别散而为文，则言已亡，言亡而大义息矣。

此言立言在有内容，换言之，即言之有物。言之支流派别散而为文，故文为言之衍。若专重文，而不顾其内容，则言亡而大义息矣。

又如：

(宋元学案水心学案下周南仲集序) 文者，言之衍也。古人约义礼以言，言所未定，稍曲而伸之尔。其后俗益下，用益浅，小为科举，大为典册，虽刻秾损华，往往在义理之外，力且尽而言不立。

文为言之延长或伸张。古人将礼义集约而立言，借言而代表礼义；言有不周之处，则稍借文字而伸张之。故文之原意，原以代言，亦即代表礼义也。后世所用文字，小之以供科举，大之则构成书籍，虽备极华丽，往往出于礼义之外，虽用力多而无关于立言。凡专以文字为学者，有失为学之作用矣。

○ 第四节　为学方法

括有（1）学与敬与（2）学与心二目。其说如左：

（1）学与敬

（宋元学案水心学案下）程氏诲学者，以敬为始。予谓学必始于复礼，礼复而后能敬。

此言程氏教其弟子，谓为学当以敬谨将事开始。叶氏则谓学必始于复礼，能复礼然后能敬。实则非敬何以复礼，敬为复礼之道。然则叶氏之言，殆不无倒果为因之嫌矣。

（2）学与心

（宋元学案水心学案下皇极大学中庸三论总述）唐虞三代，上之治为皇极，下之教为大学，行之天下为中庸。汉以来，无能明之者。今世之学始于心，而三者始明。然唐虞三代，内外无不合，故心不劳，而道自存。今之为道者，务出内以治外，故常不合。

此言唐虞三代，上以皇极为治，下以大学设教，而推行于天下则为中庸。自汉以来，无有能明其真相者。宋代之学始于心，借心之作用，上述三者始明。然以心为本，由内而治外，亦常有不合处；却不如唐虞三代，内外无不合，无须劳心，而道自存。

○ 第五节　道学

括有（1）道学，（2）道与言，（3）道常在，（4）道之复兴诸目。其说如左：

（1）道学

（宋元学案水心学案下与吴明辅书）垂谕道学名实真伪之说，古人以学致道，不以道致学。道学之名，起于近世儒者，其意曰：举天下之学，不足以致道，独我能致之云尔。其本少差，其末大弊。

道学，又称理学，起于宋代之儒者，实际上已渗入佛家思想于其中。古人原以学致道，而非以道致学。近世儒者独谓举天下之学，不足以致道，惟我能致之；此种主观主义，根本上稍有差误，其末难免大弊。

（2）道与言

（宋元学案水心学案上）知道然后知言；知言则无章句。近世虽无章句之陋，其所以为患者，不知道，又不知言，与昔日章句无异也。

此谓道为言之所本，知道然后知言；真正知言，将不为章句所累。其患实由于既不知道，又不知言；如此，则其所形于文章者，固无异昔日之所谓章句也。

（3）道常在

（宋元学案水心学案下信州学记）周衰，不复取士；冻馁甚者几不活矣。孔孟不以其不取而不教也，孔孟之徒不以其不取而不学也，道在焉故也。后世取士矣，师视其取否而后教之，士视其取否而后学之。夫道不以取而后存也。

周室到了衰世，不复取士，士几无以为生活。然孔孟不以其不取士而不教；孔孟之徒亦不以其不取而不学；则以有道在焉之故。盖学者，学道也；道如在则不论国家取士与否，教者照常教，学者亦照常学。后世又恢复取士矣，于是师又视其取否而后教之，士又视其取否而后学之。此不是真正之为学；因所学者为道，道不以取士与否而存废者也。

（4）道之复兴

（宋元学案水心学案上）明于道者，有是非而无古今；至学之则不然。不深于古，无以见后；不监于后，无以明前。古今并策，道可复兴。圣人之志也。

道是古今一体之事物，只有是与非，不分古与今。但是为学之道，便不如是，不是深明古来经验，便无以鉴别后出之事物；同时不鉴于后，亦无以知前，只有古今并加策励，所学之道，始可复兴于今日。

○ 第六节　其他

本节仅括有一目，如左：

大学

（宋元学案水心学案上）所谓大学者，以其学而大成，异于小学；居可以修身，出可以治国平天下者也。

此处所谓大成，谓大成之学，与开始为学时之小学有别。达于大学者，居家可以修身；即独善其身，出而任事，则可以治国平天下。

（乙）教育之部

括有（一）教育目标，（二）育材，（三）师道诸节。

○ 第一节　教育目标

教育目标，括有中与和二字，所谓致中和是也。

中和

（宋元学案水心学案上）司徒以五礼防万民之伪，而教之中；以六乐防万民之情，而教之和。

上古掌教育人民之责者为司徒，其教育目标在中与和二字。其方法则以五礼防万民之伪，而教之“中”，以六乐防万民之情，而教之“和”。礼为人与人间之善良关系，人人皆能守此善良关系，则一切不能流于极端，而合乎中道。乐为陶冶人民性情之具，教以六乐，则人民性情温柔，而适合于和平相处之道。

○ 第二节　育材

括有（1）教养人民，（2）学养，（3）人材，（4）教战诸目。其说如左：

（1）教养人民

（宋元学案水心学案下）世之论尝曰：吏必设学，而教且养人最急，不知吏当先自教且自养，急有甚于人者。烛物之知浅，察己之功不深，意则以教且养者厚民，实则以教且养者病民。且自一令长以上，所关于民，杀活成败，不可豫测。若但竖数十屋而官，群数十士而饭，而曰教养尽是矣，何其易也？

教养人民，原为为治者之要着，但是要教养人民，当先教养自身。盖临民者，如令长以上，对于人民之死生关系至大，若徒有教养人民之形式，而不知真正爱民，则所谓教民、养民，结果难免不变而为病民也。

（2）学养

（宋元学案水心学案下士学）古者养士而后取，今不养而取之，当因今之学以取士，而务养其心。

养士含有教养士人之意；古代先养士而后取士，近世则平时不养士，遇有需要时，则仓卒取之。此实先后倒置。叶氏亟主张以养为先也。

（3）人材

（宋元学案水心学案上）为国不患无材。若人主失道，自致灭亡，材虽多，不能救。

为治须赖人材，本为不易之原则。天下之大，原不患无人材，只是人主失道，自取灭亡，纵有许多人，亦于事无补。盖利用人材者在人主，人主无道，即有人材而不能用，将何以救亡？

（4）教战

（宋元学案水心学案上）自战国以来，能教其人而用之，惟诸葛亮，非驱市人之比。所以其国不劳，其兵不困，虽败而可战。

叶氏主张之教育，不限于义理与文事。战阵之事，亦有需教育，

“以不教民战，是谓弃之”。实际上，能先教战而后用兵者，历史上具体之例，首推诸葛亮，因他不肯随随便便，使未经训练之人作战，因此，“其国不劳，其兵不困，虽败而能战”。若不教民而战，则有如乌合之众，一败便不堪收拾矣。

○ 第三节　师道

括有（1）学与师与（2）师与心二目。其说如左：

（1）学与师

（宋元学案水心学案下长溪学记）三代远矣，令有政而不知学；孔孟远矣，师有道而不知统。

令谓临民之官，他有政事待办，却不知学。孔孟教人，重视师道，然而只知师道，而不能统摄，还是不够。为学须有师，师当深明为师之道，始有济于事。

（2）师与心

（宋元学案水心学案上）徐遵明指其心，谓真师正在于此。古者师无误，师即心也，心即师也。非师无心，非心无师。以左氏考之，周衰，设学而教者，师已有误，故其义理渐差。及至后世，积众师之误，以成一家之学，学者惟师之信，而心不复求。遵明此语，殆千载所未发。虽然，师误犹可改，心误不可为。此既遵明所不及，而以心为陷阱者，方滔滔矣。

古者以心为师，心谓良心，盖以人性本善，人之心自能辨别是非善恶；以心为师，则是非善恶，皆能作适当鉴衡，故不至有误也。后世设学而教者，其师不能无误，以讹传讹，积非成是；学者惟师是信，不复返求于心。是犹言主观之思考，有胜于客观之师承也。然而师误犹可改正，心误则一误到底，不可挽救。叶氏之意，殆欲以师与心并用欤？盖一面利用他人之经验，一面又凭借一己之思考；互有短长，则互相矫正，岂非至当乎？

第十章　陆九渊的教学思想

一

明末清初的大儒黄宗羲，于其所编纂宋元学案中有关象山学案，评述朱熹与陆九渊二人之芥蒂，据称："宗朱者诋陆为狂禅，宗陆者以朱为俗学；两家之学，各成门户，几如冰炭矣。嗟乎！圣道之难明，濂洛之后，正赖两先生继起，共扶持其废堕，胡乃自相龃龉，以致蔓延今日，犹然借此辨同辨异，以为口实，宁非吾道之不幸哉！虽然，二先生之不苟同，正将以求夫至当之归，以明其道于天下后世，非有嫌隙于其间也。道本大公，各求其是，不敢轻易唯诺以随；此尹氏所谓有疑于心，辨之弗明弗措。"此言朱陆之异同，在其所见之道，亦即哲学方面之问题。至对于教学方面，则两人主张，未尝有大差别也。余既集朱氏之教学思想为一章，其前又冠以朱氏所遵循之周程张四子之教学思想一章；故对于大同小异之陆氏教学思想，亦不可不紧随朱氏之后，别为一章也。

兹先述陆氏传略，据象山学案之言如左：

陆九渊，字子静，自号存斋。金溪人，梭山、复斋之弟也。三四岁时，问其父贺天地何所穷际。父奇之。闻人诵伊川语，自觉若伤我者，尝曰：伊川之言，奚为与孔子孟子之言不类。读论语，即疑有子之言支离。他日读古书，至宇宙二字，解者曰：四方上下曰宇，往古来今曰宙。忽大省曰：宇宙内事乃己分内事，己分内事乃宇宙内事。又尝曰：东海有圣人出焉，此心同也，此理同也。西海有圣人出焉，此心同也，此理同也。千百世之上，有圣人出焉，此心同也，此理同也。千百世之下有圣人出焉，此心同也，此理同也。乾道八年登进士第，为吕东莱所识，始至行都，从游者甚众；先生能知其心术之微，言中其情，多至汗下。亦有相去千里，素无雅故，闻其概而尽得其为人。语学者曰：念虑之不正者，顷刻而知之，即可以正；念虑之正者，顷刻而失之，即为不正。有可以形迹观者，有不可形迹观者。必以形迹观人，则不足以知人；必以形迹绳人，则不足以教人。又曰：今天下学者，惟有两途；一途朴实，一途议论，足以明人心之邪正，破学者窟宅矣。一生饭次交足，饭既，先生谓之曰：汝适有过，知之乎？生曰：已省。其规矩之严，又如此。淳熙元年，授靖安主簿；丁忧，服阕，调崇安。九年，以侍从荐，除国子正，迁敕命所删定官。轮对，除将作监丞。给事王信疏驳，主管台州崇道观。既归，学者愈盛。每诣城邑，环坐二三百人，至不能容。结茅象山，学徒复大集。居山五年，来见者案籍逾数千人。绍熙二年，除知荆门军。故事太守下车，必先揭约束，延宾受牒，皆有日期。吏以白。先生曰：安用是？宾至即见，持牒即入，无早暮。于是下情尽达。两造有不待状对辩求决者。郡已大治。荆门素无城壁，先生以为四战之地，遂议筑之，二旬而毕。郡于上元设醮，为民祈福，先生乃会吏民讲洪范敛福锡民一章以代之。发明人心之善，所以自求多福者。听者莫不晓然，至有泣下者。三年卒官，年五十四。嘉定十年，赐谥文安。

本章资料，以象山先生全集为根据，取材以其中之语录为主，间及宋元学案中之象山学案。

二

本章分为（甲）为学之部与（乙）教育之部。甲部所占资料特多，乙部仅备一格而已。

（甲）为学之部

括有（一）为学目的，（二）为学纲要，（三）学者种类，（四）为学方法诸节。

〇 第一节　为学目的

括有（1）学为人，（2）学问须论是非，（3）学以近智，（4）学重日用，（5）学知所好，（6）为学切己自反诸目。其说如左：

（1）学为人

（宋元学案象山学案）凡欲为学，当先识义利公私之辨。今所学果为何事？人生天地间，为人自当尽人道。学者所以为学，学为人而已，非有为也。

为学首要目的，在学为人；盖人生天地间，自当尽人道，尽人道之大要，当先识义与利及公与私之辨。若此大要昧然不知，换言之，即义利不分，公私不辨，岂非有失为人之道乎？

（2）学问须论是非

（象山全集卷卅五语录）学问须论是非，不论效验。如告子先孟子不动心，其效先于孟子。然毕竟告子不是。

此与前目大旨相同，盖义与利，公与私，孰是孰非，不可不辨。故为学目的须论是非，不论效验，设虽有效验，而不辨是非，仍于为学目的有违也。

（3）学以近智

（象山全集卷卅一语录）学也者，是所以致明致知之道也。向也不明，吾从而学之；学之不已，岂有不明者哉！向也不知，吾从而学之；学之不已，岂有不知者哉！学果可以致明而致知，则好学者，可不谓近智乎？

学可以不明者得明，不知者得知，明与知即智也。由是观之，学不是接近智慧之手段乎？

（4）学重日用

（象山全集卷卅五语录）圣人教人，只是就人日用处开端，如孟子言徐行后长，可为尧舜。不成在长者后行，便是尧舜？怎生做得尧舜样事，须是就上面着工夫。圣人所谓吾无隐乎尔，谁能出不由户，直截是如此。

与长者走路，徐徐其行，总在长者后面追随。此一小节，孟子说可为尧舜，乍听起来，似没有这般容易。其实徐徐后于长者为日常之事，人之日常行事，如皆能推类而行，则事事无不合正轨，尧舜之圣亦不过如是而已；所谓积小见大，积少成多，即此意也。

（5）学知所好

（宋元学案象山学案）学者要知其所好。此道甚大，人多不知好之，只爱事骨董。君子之道，淡而不厌。朋友之相资，须助其知所好者；若引其逐外，即非也。

道的关系最大，人多不知所好；如能知其所当好者为道，则孳孳然从事于此，不杂趋于他务，所成就者因得其本而大。因此，朋友相与切磋者，亦当以助其知所好，庶不外于正轨也。

（6）为学切己自反

（象山全集卷卅四语录）或问先生之学，当来自何处入。曰：不过切己自反，改过迁善。

为学目的尚有切己自反，改过迁善二事，实则系属一事，因遇事能就本身实行设想，就是反求诸身，则知其为过，定然改正，知其为善，定然采取。如此为学，始不落于空，始有合于实也。

○ 第二节　为学纲要

括有（1）学得其纲，（2）道在近易，（3）为学立志，（4）有志，（5）学有所立，（6）学与用，（7）为学有所兴起，（8）学问与自修诸目。其说如左：

（1）学得其纲

（宋元学案象山学案）学问不得其纲，则是二君一民等是也。恭敬若不得其纲，则恭敬是君，此心是民。若得其纲，则恭敬者乃保养此心也。

为学务重纲领，如不得其纲，无异二君而一民，主客不相配。又如恭敬如不得其纲，则恭敬自恭敬，此心是此心，二者不能联为一体。若得其纲，则恭敬有保养此心之作用，成为一体，而非各行其是也。

（2）道在近易

（象山全集卷卅五语录）道在迩而求诸远；学在易而求诸难。只就近易处，着着就实，无尚虚见，无贪高务远。

为学之目的在明道，道不在远处，乃在近处。其事本易，却误以为难；实则只须在近处易处，步步踏实而求之，不尚虚玄，不望高远，得道固非难，学成自易也。

（3）为学立志

（象山全集卷卅四语录）学者须先立志，志既立，却要遇明师。

为学大纲，以能立志为首要，能立志，则无论自修或从师，始有成效。至于从师，则不能不望有明师也。

（4）有志

（象山全集卷卅五语录）学者须是有志。读书只理会文理，便是无志。

此言学者须是有志。所谓有志，便是想从为学获得某种效果，以达其目的。如仅就所读之书理会其文理，充其量只能获前贤留下来的一些智识，不能如有志者之以求达某种目的为其结果也。

(5) 学有所立

(宋元学案象山学案) 大凡为学，须要有所立，论语云：己欲立而立人。卓然有不为流俗所移，乃为有立。须思量天之所以与我者是甚底？为还是要做人否。理会得这个明白，然后方谓之学问。

有所立，犹言有所成立或成就。论语谓已有所立，始能使他人亦有所立。要有所立，必须坚定不移，不随流俗。吾人当知天之所以我者，为何事物，是否以做人为最大目的，换句话说，就是要学为人。明白此点，方谓之学问。

(6) 学与用

(象山全集卷卅四语录) 古人幼而学之，壮而欲行之。今之论学者，所用非所学，所学非所用。

学以致用，为现今一句口头语，其中实含有真理。如果学而不能致用，则所学是空虚的；又如所用者非所学则所学等于无用，而所用亦不能得心应手。

(7) 为学有所兴起

(象山全集卷卅四语录) 兴于诗，人之为学贵于有所兴起。

诵诗能激发人的感情，使人兴起。凡人为学，贵能有所兴起。因此，诗之为用，亦可观矣。

(8) 学问与自修

(象山学案卷卅四语录) 如切如磋者，道学也；如琢如磨者，自修也。骨象脆，切磋之工精细；玉石坚，琢磨之工粗大。学问贵细密，自修贵勇猛。

学问固贵有师友，尤贵能自修。切磋与琢磨两辞，均以喻为学。切磋言与师友之问学，琢磨犹言自修。切磋之对象如骨象，是很脆的，故工作必须精细；琢磨之对象如玉石，是很坚的，故工作必须粗大。此意义代表问学要精细，自修贵勇猛。

○ 第三节　学者种类

括有（1）学者四样，（2）古今学者，（3）向学者多不尽可喜诸目。其说如左：

（1）学者四样

（宋元学案象山学案）学者大约有四样：一，难知学路，而恣情纵欲，不肯为；一，畏其事大且难而不为者；一，求而不得其路；一，未知路而自谓能知。

本目所称学者四样，即将学者大别为四类。其一，难知学路，而恣情纵欲，不肯为，盖谓既不知，又不为也。其二，畏其事大而不为者，盖谓畏难而不为也。其三，求而不得其路，盖谓虽求为学之路，终不能得也。其四，未知路而自谓能知，盖自欺欺人者。皆有违学者原则，然求而不得其路，纵然无所得，而已作相当之努力；此固较畏难而不为者为高，较既不知又不为与自欺欺人者，尤为高出也。

（2）古今学者

（象山全集卷卅五语录）今之学者，譬如行路。偶然撞着一好处，便且止，觉时已不如前人。所以乍出乍入，乍明乍暗。

古今学者不同之处，则今人为学譬如无目的地行路，偶然撞着一好处，便自满而终止。古人为学，须先定目的，循着目的进行，有条不紊，终底于成。因此，今之学者出入无定，明暗不常，非正轨也。

（3）向学者多不尽可喜

（象山全集卷卅五语录）先生语伯敏云：近日向学者多，一则以喜，一则以惧。夫人勇于为学，岂不可喜，然此道本日用常行。近日学者，却把作一事，强大虚声，名过于实，起人不平之心。是以为道学之说者，必为人深排力诋。此风一长，岂不可恼。

为学者多，本为可喜之事，惟今之学者往往强大虚声，名过其实，虽多而不尽可喜；盖此种人所为道学之说，必为人所深排力诋。重量而不重质之风气，实不宜助长也。

○ 第四节 为学方法

括有（1）为学要诀，（2）为学寻疑，（3）学与思，（4）思考，（5）格物，（6）先易后难，（7）善自理会，（8）子细玩味，（9）学须辛苦，（10）求放心，（11）学专一路，（12）读书务求平易，（13）读经须重注疏，（14）自立自重，（15）学者戒夸，（16）为学门户诸目。其说如左：

（1）为学要诀

（象山全集卷卅五语录）博学审问慎思，始条理也。如金声而高下隆杀，疾徐疏数，自有许多节奏；到力行处，则无说矣，如玉振然，纯一而已。知至知终，皆必由学，然后能至之终之，所以孔子学不厌，发愤忘食。

为学要诀，不外金声玉振二语。金声有高下隆杀，疾徐疏数（频也）之别，自有许多节奏；此所以喻研究阶段，须利用种种方法也。玉振只有纯一的声音，指研究已毕，进至实行阶段，则只有力行一着而已。为学自开始研究，以至研究而实行，自始至终，无不赖之。孔子所以学不厌，竟至发愤忘食者，盖初时多方研究，最后努力实行；二者无不需要不厌与专一之精神，竟至连食事都忘却了。

（2）为学寻疑

（象山全集卷卅五语录）为学患无疑，疑则有进。孔门如子贡，而无所疑，所以不至于道。孔子曰：女以予为多学而识之者欤？子贡曰：然。往往孔子未然之。

为学有两步骤，一为寻疑，二为决疑。研究之动机，起于怀疑。

因怀疑而谋解决，为人类好奇心所促使，愈研究而愈感兴趣，所谓疑则有进是也。故为学之初，乍视似无可疑，务须寻觅疑点；一经发见疑点，便须极力解决此疑点。孔门弟子如子贡等，因接受相沿之说，不加怀疑，所以不至道。孔子往往不以为然，换言之，则孔子固主张为学寻疑者也。

（3）学与思

（象山全集卷卅四语录）读书亲师友是学，思则在己。问与辨皆须别人。自古圣人，亦因往哲之言，师友之言，乃能有进；况非圣人，岂有任私智而能进学者？然往哲之言，因时乖理，其指不一，方册所载又有正伪纯疵；若不能择，则是泛观。欲取决于师友，师友之言，亦不一，又有是非当否；若不能择，则是泛从泛观。泛从何所至止？

学须靠师友，思则专赖自己。自古圣人，亦因往哲之言，师友之言，乃能有进。况非圣人，岂能任私智而能进？因此，思与学须相互并用。惟往哲之言，载在方册，不尽可靠。师友之言，亦不一。徒学而不思，往往亦难免盲从之弊。

（4）思考

（象山全集卷卅二语录）义理之在人心，实天之所与，而不可泯灭焉者也。彼其受蔽于物，而至于悖理违义，盖亦弗思焉耳。诚能反而思之，则是非取舍，盖有隐然而动，判然而行，决然而无疑者矣。

此言人性本善，义理存于人心，系本诸天赋。其间偶有不明义理者，系受蔽于物。苟能运用思考；则义理之辨，定然规复，于是是非取舍，判然分明。故思考之为用，足以复返于本善之人性。

（5）格物

（象山全集卷卅四语录）中庸言博学审问慎思明辨，是格物之方。

所谓博学，是多多参考前贤之经验；所谓审问，是细细研究事物之得失；所谓慎思，是慎重运用思考，所谓明辨，是正确决定是非。这便是格物的工夫。所谓格物，即穷究事理。而穷究事理的步骤，有外在的与内在的二者，外在即参考他人的经验，内在即运用自己的思考；二者并用，便可产生穷理的效果。

(6) 先易后难

(象山全集卷卅四语录) 学者读书，先于易晓处，沉涵熟复，切己致思，则他难晓者，涣然冰释矣。若先看难晓处，终不能达。

此为学习的自然顺序，先从容易的开始，然后渐进于较难，则易晓者解决后，较难者自不难迎刃而解。法国名哲学家笛卡尔的方法论，亦作如是主张。西洋谈科学方法者，咸认为创说，实则远在我宋代学者主张之后。

(7) 善自理会

(象山学案卷卅五语录) 学者不自着实理会，只管看人口头言语，所以不能进。且如做一文字，须是反复穷究者，不得又换思量，皆要穷到穷处项项分明。他日或问人，或听人言，或观一物，自有触长底道理。

此言学者当自行思考，着实理会，切忌人云亦云。凡作文字期有所表现者，须是反复穷究，穷究不得，又另行思量，别辟途径，必须穷到穷尽之处，项项分明，始认为满足。凡能如是者，他日或问人，或听人言，或接触事物，自不致因误信，而失却自己的独立见解。不过他人之长处，亦不宜漠视，必先经过思考，是者是之，非者非之。

(8) 子细玩味

(象山全集卷卅五语录) 读书之法，须先平平淡淡去看，子细玩味，不可草草。所谓优而柔之，厌而饫之，自然有涣然冰释，怡然理顺底道理。

善读书者，须能子细玩味，不可草草。譬如食物，不要囫囵吞下，不知其味，必须细细咀嚼，物之真味，始能呈现。

(9) 学须辛苦

(宋元学案象山学案) 莫厌辛苦，此学脉也。

此言为学须勤，不嫌辛苦，始能有成。

(10) 求放心

(象山全集卷卅二语录) 仁，人心也；心之在人，是人之所以为人，而与禽兽草木异焉者也，可放而不求哉！古人之求放心，不啻如饥之于食，渴之于饮，焦之待救，溺之待援，固其宜也。学问之道，盖于是乎在。下愚之人，忽视玩听，不为动心；而其所谓学问者，乃转为浮文缘饰之具，甚至假之以快其逐利纵欲之心，扇之以炽其伤善败类之焰，岂不甚可叹哉！

本目要旨在“心之在人，是人之所以为人”；设心已放失，又不求其复返，是何异自沦于禽兽草木之伦。孟子谓：“学问之道无他，求其放心焉耳矣。”为学之首要目的在学为人，心既与人有如上所说的重大关系，是则为学不可不求放心，毫无疑义矣。凡忽视玩听，不为动心之人，其所为学，不是浮文缘饰，便是快其私欲；学既无成，即表面上有成，亦于己于世何补？因而为学方法，必须求其放失之心，盖甚显明矣。

(11) 学专一路

(象山全集卷卅四语录) 或有讥先生之教人，专欲管归一路者。先生曰：吾亦只有此一路。

所谓学专一路，即做人之路。象山答问时，直言只有此一路。

(12) 读书务求平易

（象山全集卷卅五语录）先生曰：读书不必穷索，平易读之，识其可识者，久将自明，毋耻不知。子亦见今之读书谈经者乎？历叙数十家之旨，而以已见终之，开辟反复，自谓究竟精微；然试探其实，固未之得也，则何益乎？

此言读书只须平易为之，识其可识者，久之自能推类而自明。象山认为今之读书谈经者历叙数十家之旨，而殿以一己之见，表面上似甚堂皇，实则试探其实，固未尝有所得。总之，为学务求诚实，知之为知之，不知为不知，如此便终有知之之一日；若徒托空言，掩饰门面，不肯脚踏实地，不愿自认不知，转以为耻，结果只有沦于自欺欺人之域。是则平易诚可贵也。

（13）读经重注疏

（象山全集卷卅五语录）后生看经书，须着看注疏，及先儒解释。不然，执己见议论，恐入自是之域，便轻视古人。至汉唐间，名臣议论，反之吾心，有甚悖道处，亦须自家有征诸庶民而不谬底道理，然后别白言之。

经书历时甚久，古今辞义与文物不无歧异。注疏及先儒解释，经长期之考据，自有助于经书之了解；能加以参考，自较徒执己见为佳。然前人议论，亦不无悖道之处，是又不能不出以一己之思考；然得前人注疏为参证，资以比较，自易接近经书原意。

（14）自立自重

（象山全集卷卅五语录）自立自重，不可随人脚跟，学人言语。

为学须有自己的立场与思考，此便是自立自重的原则。切不可随人脚跟，学人言语。盖个人乱闯，固未尝无误，若一味随人，何异盲从？然所谓自立自重，并非乱闯之谓，乃有立场、有思考之谓也。

（15）学者戒夸

（象山全集卷卅五语录）学者先须不可陷溺其心，又不当以学问夸人。夸人者，必为人所攻。只当如常人，见人不是，必推恻隐之心，委曲劝谕之，不可则止。若说道我底学问如此，你底不是，必为人所攻。兼且所谓学问者，自承当不住。某见几个自主张学问，某问他你了得也未，他心下不稳。如此则是学乱说，实无所知。如此之人，谓之痼疾不可治，宁是纵情肆欲之人，犹容易与他说话。最是学一副乱说底，没奈他何。此只有两路，利欲道义，不之此，则之彼。

为学须能虚心，切戒自满。不要以我的学问如此，他人与我不同者皆谓不当。此种自夸之人，实则见解不尽可靠，甚或自以为是，实无所知。此种予智自雄，胡说乱道之人，真是不可救药，转不如纵情肆欲者，还易将他驳倒，终使是非分明也。

（16）为学门户

（象山全集卷卅四语录）后世言学者，须要立个门户。此理所在，安有门户可立？学者又要各护门户，此尤鄙陋。

任何门户之见，皆难得公允；然而后世言学，却言须要立个门户。须知理只有一个是正确的，安有门户可立？且一有门户之见，势必各自维护门户，尤为不当。

（乙）教育之部

括有（一）教育目标，（二）师道，（三）朋友切磋，（四）教法诸节。

○ 第一节　教育目标

本节只有一目，即“与众共善”。其说如左：

与众共善

（象山全集卷卅二语录）自为之，不若与人为之；与少为之，不若与众为之。此不易之理也，仁，人心也；为仁由己，而由人乎哉！我欲仁，斯仁至矣。仁也者，因人之所自为者也。然吾之独仁，不若人焉而共近乎仁。与一二人焉而共近乎仁，孰若与众人而共近乎仁？与众人焉共近乎仁，则其浸灌薰陶之厚，规切磨砺之益，吾知其与独为之者，大不侔矣。故一人之仁，不若一家之仁为美；一家之仁，不若邻焉皆仁之为美；其邻之仁，不若里焉皆仁之为美也。

教育之首要目标，在与众共善。教学之旨在教人或使学为人之道，其所教之人或使学之人，必须愈多愈好。盖使一人或少数人趋于仁，不若使许多人或大众共进于仁之为佳。故教育之道，务以普及为鹄的。孔子门人七十，弟子三千，以一人之力而教育如许之多人，可为教育最早之例。又孔子主张有教无类，即不问来学之往行如何，苟有志于受教，无不乐予教育；此亦可为最佳之教育先例。现代教育，除国民教育必须普及外，即大专教育亦尽可能使之普遍化。即与众共善之道也。

○ 第二节　师道

括有（1）师法，（2）师友二目。其说如左：

（1）师法

（象山全集卷卅五语录）先生语缪文子云：近日学者无师法，往往被邪说所惑；异端能惑人。自吾儒败绩，故能入。使古唐虞之时，道在天下；愚夫愚妇，亦皆有浑厚气象。是时便使活佛、老子、庄、列出来．也开口不得。惟陋儒不能行道，如人家子孙，败坏父祖家风，故释老却倒来点检你。

谈师道，首重师法。自百家之说纷至沓来，唐虞时代，道在天下，愚夫愚妇浑厚之气象大变。儒者之教，如不能重师法，将难免为邪说所惑。

（2）师友

（象山全集卷卅五语录）子合问学问之道何先？曰：亲师友，去己之不美也。人资质有美恶，得师友琢磨，知己之不美而改之。

此目师与友并称，盖师者所以传道授业，友者所以互相切磋；益友之效用，仅次于良师而已。无论为师为友，对于我之不善，同样有以改善之。

○ 第三节　朋友切磋

括有（1）择友，（2）切磋之道，（3）切磋贵乎中的诸目。其说如左：

（1）择友

（象山全集卷卅二语录）友者，所以相与切磋琢磨，以近乎美，而为君子之归者也。其所向苟不如是，恶可与之为友哉！此毋友不如己者之意甚矣，趋向之不可不说，而友之不可不择也……彼其趋向之差，而吾与之为友，则其朝夕游处之间，声薰气染，波荡风靡，岂不大可畏哉！

友分为益友损友二种；益友不下于良师，损友则足以浸染为恶。故择友不可不慎。古圣有言，毋友不如己者，则不仅损友不宜交，即不如己之友，与之交游，亦复无益，盖朝夕游处之间，最易声薰气染也。

（2）切磋之道

（象山全集卷卅五语录）切磋之道，有受得尽言者，有受不得者。彼有显过大恶，苟非能受尽言之人，不必件件指摘他，反无生意。

此言朋友间相互切磋，当察看对方性情，对于能受尽言者，固不妨尽言；其有受不得者，对其显过大恶，不必件件指摘，以致引起反感，转不克改过迁善。为期发生效用，不宜过分操切也。

（3）切磋贵乎中的

（象山全集卷卅四语录）与朋友切磋，贵乎中的，不贵泛说。亦须有手势，必使其人灾去病解，大病洒然豁然，若沉疴之去体而濯清风也。若我泛而言之，彼泛而听之，其犹前所谓杜撰名目使之持循是也。

朋友切磋之道，不宜空泛发言，须能一语中的，一经采纳，即能生效。俟信用建立后，则他日有所尽言，亦定易获得采纳也。

○ 第四节　教法

括有（1）自重，（2）教艺二目，其说如左：

（1）自重

（象山全集卷卅五语录）教小儿，须发其自重之意。

教小儿之法，最主要者，莫如使知自重；盖惟能自重者，始知自爱；知自爱，则定能自励矣。

（2）教艺

（象山全集卷卅五语录）不爱教小人以艺，常教君子以艺。盖君子得之，不以为骄；不得，不以为歉。小人得以为吝，败常乱教。

人有特长之技艺，当以之教君子，不宜以教小人。则因君子学得其技艺，不致以此而骄傲，若不能学得，亦无遗恨；小人反是，若得之必吝啬而不以转教他人，若无所得，转紊乱其所受教，使人误会所教之不当也。

第十一章　许衡的教学思想

一

许衡，字仲平，据元史本传，其生平行谊如左：

许衡，怀之河内人也。世为农。父通，避地河南，以泰和九年九月，生衡于新郑县。幼有异质。七岁入学，授章句，问其师曰：读书何为？师曰：取科第耳。曰：如斯而已乎？师大奇之。每授书，又能问其旨义。久之，师谓其父母曰：儿颖悟不凡，他日必有大过人者，吾非其师也；遂辞去，父母强之而不能止。如是者，凡更三师。稍长，嗜学如饥渴。然遭世乱，且贫无书。尝从日者家见书疏义，因请寓宿，手抄归。既逃难徂徕山，始得易王辅嗣说。时兵乱中，衡夜思昼诵，身体而力践之。言动必揆诸义而后发。尝暑中过河阳，渴甚。道有梨，众争取啖之，衡独危坐树下自若，或问之，曰：非其有而取之，不可也。人曰：世乱，此无主。曰：梨无主，吾心独无主乎？转鲁，留魏；人见其有德，稍稍从之。居三年，闻乱且定，乃还怀；往来河洛间，从柳城姚枢，得伊洛程氏及新安朱氏书，益大有得。寻居苏门，与枢及窦默相讲习，凡经传子史，礼乐名物，星历兵刑、食货水利之类，无所不讲；而慨然以道为己任。尝语人曰：纲常不可一日而亡于天下，苟在上者无以任之，则在下之任也。凡丧祭嫁娶，必征于礼，以倡其乡人；学者浸盛。家贫躬耕，粟熟则食；粟不熟，则食糠核菜茹，处之泰然。讴诵之声，闻户外如金石。才有余，即以分诸族人及诸生之贫者。人有所遗，一毫弗义，弗受也。枢尝被召入京师，以其雪斋居衡，命守者馆之，衡拒不受也。有果熟烂堕地，童子过之，亦不睨视而去；其家人化之如此。甲寅，世祖出王秦中，以姚枢为劝农使，教民耕植。又思所以化秦人，乃召衡为京兆提学。秦人新脱于兵，欲学无师；闻衡来，人人莫不喜幸来学。郡县皆建学校，民大化之。世祖南征，乃还怀；学者攀留之不得，从送之临潼而归。中统元年，世祖即皇帝位，召之京师。时王文统，以言利进为平章政事。衡、枢辈入侍，言治乱休戚，必以义为本。文统患之，且窦默日于帝前排其学术，疑衡与之为表里，乃奏以枢为太子太师，默为太子太傅，衡为太子太保。阳为尊用之，实不使数侍上也。默以屡攻文统不中，欲因东宫以避祸，与枢拜命，将入谢。衡曰：此不安于义也，姑勿论；礼，师傅与太子位东西乡，师傅坐，太子乃坐，公等度能复此乎？不能，则师道自我废也。枢以为然；乃相与怀制立殿下，五辞乃免。改命枢大司农，默翰林侍讲学士，衡国子祭酒。未几，衡亦谢病归。至元二年，帝以安童为右丞相，欲衡辅之，复召至京师，命议事中书省……（乃陈立国规模，中书大要，为君难及农桑学校等事，详见奏议。帝深嘉纳之。）阿合马为中书平章政事，领尚书省六部事；因擅权，势倾朝野，一时大臣多阿之。衡每与之议，必正言，不少让。已而其子又有佥枢密院之命。衡独执议曰：国家事权，兵民财三者而已；其父典民与财，子又典兵，不可。帝曰：卿虑其反耶？衡对曰：彼虽不反，此反道也。阿合马由是衔之，亟荐衡宜在中书，欲因以事中之。俄除左丞。衡屡入辞免，帝命左右掖衡出。衡出及阈，还奏曰：陛下命臣出，岂出省耶？帝笑曰：出殿门耳。从幸上京，乃论列阿合马专权罔上，蠹政害民若干事；不报。因谢病，请解机务。帝恻然，召其子师可入，谕旨，且命举自代者。衡奏曰：用人，天子之大柄也；臣下泛论其贤否则可，若授之以位，则当断自宸衷，不可使臣下有市恩之渐也。帝久欲开太学；会衡请罢益力，乃从其请。八年以为集贤大学士，兼国子祭酒，亲为择蒙古子弟，俾教之。衡闻命喜曰：此吾事也。国人子，大朴未散，视听专一；若置之善类中，涵养数年，将必为国用。乃请征其弟子王梓、刘季伟、韩思永、耶律有尚、吕端善、姚燧、高凝、白栋、苏郁、姚燉、孙安、刘安中十二人为伴读。诏驿召之来京师，分处各斋，以为斋长。时所选弟子皆幼稚。衡待之如成人，爱之如子；出入进退，其严若君臣。其为教，因觉以明善，因明以开蔽，相其动息，以为张弛。课诵少暇，即习礼，或习书算。少者，则令习拜跪揖让，进退应对；或射，或投壶，负者罚读书若干遍。久之，诸生人人自得尊师敬业。下至童子，亦知三纲五常为生人之道。十年，权臣屡毁汉法，诸生廪食或不继，衡请还怀，帝以问翰林院学士王磐，磐对曰：衡教人有法，诸生行可从政；此国之大体，宜勿听其去。帝命诸老臣议其去留。窦默为衡恳请之，乃听衡还；以赞善王恂摄学事。刘秉忠等奏乞以衡弟子耶律有尚、苏郁、白栋为助教，以守衡规矩；从之。国家自得中原，用金大明历；自大定是正后，六七十年，气朔加时渐差。帝以海宇混一，宜协时正日。十三年诏王恂定新历，恂以为历家知历数，而不知历理，宜得衡领之。乃以集贤大学士兼国子祭酒，教领太史院事，召至京……十七年历成，奏上之。赐名曰授时历，颁之天下。六月，以疾请还怀。皇太子为请于帝，以子师可为怀孟路总管以养之。且使东宫官来谕衡，曰：公毋以道不行为忧也；公安，则道行有时矣。其善药自爱。十八年，衡病革，家人祠。衡曰：吾一日未死，宁不有事于祖考。扶而起，奠献如仪。既撤，家人馂，怡怡如也。已而卒，年七十三……大德二年，赠荣禄大夫司徒，谥文正。至大二年，加正学垂宪佐运功臣，太傅开府仪同三司，封魏国公。皇庆二年，诏从祀孔子庙廷。延祐初，又诏立书院京兆以祀衡，给田奉祀事，名鲁斋书院。

本章所根据资料为宋元学案中之鲁斋学案，及清张伯行辑印之许鲁斋集。后一书内容六卷；其中卷一为遗书，卷二为奏议，卷三为说书，卷四为杂著及书简，卷五为附录，卷六为元史本传、国学事述及古今儒先议论。

二

本章资料无多；然仍可分为：（甲）为学之部与（乙）教育之部。

（甲）为学之部

括有（一）学问之道，（二）良知良能，（三）思虑，（四）疑问，（五）怠惰之心，（六）学者治生。其说如左：

（一）学问之道

（宋元学案鲁斋学案）凡事理之际有两件。有由自己底，有不由自己底。由自己底，有义在，不由自己底，有命在。归于义命而已。汲汲焉，毋欲违也；循循焉，毋敢惰也。非止学问如此，日用事为之间皆当如此，乃能有成。

此言事理之间，凡由自己的，有义在；不由自己的，有命在。因此，任何事，须不脱义与命两者。为学者既毋欲违，亦不敢惰。且不止为学当如此，日常行事，亦当如此，始能有成。

（二）良知良能

（宋元学案鲁斋学案）圣人是因人心固有良知良能上扶接将去。他人心本有如此意思，爱亲敬兄，蔼然四端，随感而现。圣人只是与发达推扩，就他原有底本领上进将去，不是将人心上原无底强去安排与他。后世即将良知良能去断丧了，却将人性上原无底强去安排裁接，如雕虫小技；以此学校废坏，坏却天下人才，及去做官，于世事人情，殊不知远近，不知何者为天理民彝。以此民何由向方，如何养得成风俗。他如风俗人伦，本不曾学，他家本性已自坏了，如何化得人?

良知良能谓天赋的知识与才能。所谓圣人，是循着人心固有的良知良能，继续发展而上进。其本心原是爱亲与敬长的。圣人只是就其本心发达推扩，换句话说，只就原有的本领积极上进，不是将人心原没有的强去安排。后世的人往往将良知良能断丧了，却将人性原没有的强去安排裁接，例如雕虫小技便是强去安排裁接之一例。因此学校原以造就人才者，转而坏却不少人才。一旦出而任官，对于世事人情，多所不解，如何能使人民倾心向往呢?

（三）思虑

（宋元学案鲁斋学案）或问心中思虑多，奈何？曰：不知所思虑者何事；果求所当知，虽千思万虑可也。若人欲之萌，即当斩去，在自知之耳。人心虚灵，无槁木死灰不思之理，要当精于可思虑处。

思虑系人的心官作用，由此而获得的知能，是人为的，而非天赋的，故与良知良能适相反。人之思虑多，有好亦有坏。如思虑在求所当知，虽千思万虑可也。若所思虑者在人之嗜欲，则亟宜截断。人心不像槁木死灰，没有不思之理，惟当注重思虑务向正途，不可走向歧途是已。

（四）疑问

（宋元学案鲁斋学案）先生说书章数不务多，唯恳款周折。见学者有疑问，则喜溢眉宇。

疑问是研究的起点；人能遇事疑问，即遇事肯研究。此即为学进步之关键也。

（五）怠惰之心

（宋元学案鲁斋学案）日用间若不自加提策，则怠惰之心生焉。怠惰心生，不止于悠悠无所成，而放僻邪侈随至矣。

人对于日常任事，如不提起精神，则怠惰之心难免发生。怠惰不仅使人陷于一无所成，而且放僻邪侈亦踵其后也。

（六）学者治生

（宋元学案鲁斋学案）学者治生最为先务；苟生理不足，则于为学之道有所妨。彼旁求妄进，及作官谋利者，殆亦窘于生理所致。士君子当以务农为主；商贾虽逐末，果处之不失义理，或以姑济一时，亦无不可。

此言学者不宜坐食，当兼治生计为急。此盖衣食足然后知礼义之意。若生计不足，则于为学之道不免有妨碍。凡妄求财货，与作官图利，皆因窘于生计之故。士君子最好是半读半耕，既得安心为学，亦不致妄起贪念。古代重农而轻工商，仲平则认为从事工商而不失义理，亦无不可。

（乙）教育之部

括有（一）育材，（二）教人与用人二目。其说如左：

（一）育材

（遗书）先王设学校，养育人材，以济天下之用；及其弊也，科目之法愈严密，而士之进于此者愈巧，以至编摩字样，期于必中。上之人不以人材待天下之士，下之人应此者，亦岂仁人君子之用心也哉？虽得之，何益于用？上下相待，其弊如此；欲使生灵蒙福，其可得乎？先王设学校，后世亦设学校，但不知先王何为而设也。上所以教人，人所以为学，皆本于天理民彝，无他教也，无异学也。

此言教育人材之重要性。设学校为育材的必要办法；惟后世流弊，士子多不务实学，但图取巧为进身之阶。此种人材，于国何用？

仲平对于士风日坏，深致慨叹，而强调育材正轨，当使“上所以教人，下所以为学；皆本于天理民彝”。

（二）教人与用人

（宋元学案鲁斋学案）先生又尝曰：教人与用人正相反；用人当用其所长，教人当教其所短。

此言教人与用人，其目标适相反。用人当用其所长，使能发生最大效能也；教人当教其所短，使弥补缺憾，有所上进也。

第十二章　吴澄的教学思想

一

吴澄，字幼清，据元史列传称：

抚州崇仁人。……三岁，颖悟日发；教之古诗，随口成诵。五岁，日受千余言，夜读书至旦。母忧其过勤，节膏火，不多与。澄候母寝，燃火复诵习。九岁，从群子弟试乡校，每中前列。既长，于经传皆通之，知用力圣贤之学。尝举进士，不中。至元十三年，民初附，盗贼所在蜂起。乐安郑松招澄居布水谷，乃著孝经章句，校定易、书、诗、春秋、仪礼及大小戴记。侍御史程钜夫奉诏求贤江南，起澄至京师。未几，以母老辞归。钜夫请置澄所著书于国子监，以资学者。朝廷命有司即其家录上。元贞初，游龙兴，按察司经历郝文迎至郡学，日听讲论，录其问答，凡数千言。行省掾元明善，以文学自负，尝问澄易、诗、书、春秋奥义，叹曰：与吴先生言，如探渊海，遂执子弟礼，终其身。左丞董士选延之于家，亲执馈食，曰：吴先生，天下士也。既入朝，荐澄有道，擢应奉翰林文字。有司敦劝久之。乃至，而代者已到官。澄即日南归，未几除江南儒学副提举，居三月，以疾去官。至大元年召为国子监丞。先是许文正公衡为祭酒，始以朱子小学等书授弟子，久之，渐失其旧。澄至，且燃烛堂上，诸生以次受业，日昃退燕居之室，执经问难者接踵而至。澄各因其材质，反复训诱之，每至夜分，虽寒暑不易也。

皇庆元年，升司业，用程纯公学校奏疏，胡文定公六学教法，朱文公学校贡举私议，约之为教法四条：一曰经学，二曰行实，三曰文艺，四曰治事；未及行。又尝为学者言，朱子于道问学之功居多，而陆子静以尊德性为主，问学不本于德性，则其敝必偏于言语训释之末，故学必以德性为本，庶几得之。议者遂以澄为陆氏之学，非许氏尊信朱子本意，然亦莫知朱陆之为何如也。澄一夕谢去，诸生有不谒告而从之南者。俄拜集贤直学士，特授奉议大夫，俾乘驿至京师。次真州，疾作不果行。英宗即位，超迁翰林学士，进阶太中大夫。先是，有旨集善书者粉黄金为泥，写浮屠藏经；帝在上都，使左丞速速诏澄为序。澄曰：主上写经，为民祈福，甚盛举也，若用以追荐，臣所未知。盖福田利益虽人所乐闻，而轮回之事，彼习其学者犹或不言，不过谓为善之人死则上通高明，其极品则与日月齐光，为恶之人死则下沦污秽，其极下则与沙虫同类；其徒遂为荐拔之说，以惑世人。……泰定元年，初开经筵，首命澄与平章政事张珪，国子祭酒邓文原为讲官……会修英宗实录，命总其事。居数月，实录成，未上，即移疾不出。中书左丞许师敬奉旨赐宴国史院，仍致朝廷勉留之意。宴罢即出城登舟去，中书闻之，遣官驿追，不及而还，言于帝曰：吴澄国之名儒，朝之旧德；今请老而归，不忍重劳之，宜有所褒异。诏加资善大夫，仍以金织文绮二及钞五千贯赐之。……出登朝署，退归于家与郡邑之所经由，士大夫皆迎请执业；而四方之士不惮数千里蹑屩负笈来学山中者，常不下千数百人。少暇即著书，至将终，犹不置也。于易、春秋、礼记各有纂言，尽破传注穿凿，以发其蕴；条归纪叙，精明简洁，卓然成一家言。……初澄所居草屋数间，程钜夫题曰草庐，故学者称之为草庐先生……卒年八十五，赠江西行省左丞上护军，追封临川郡公，谥文正。

二

本章所根据之惟一资料为宋元学案中之草庐学案。至于吴文正集，现悉只有文渊阁四库全书本，虽由商务书馆决定收入四库珍本二集中，将于本年终印行，此时尚未及参考；惟深信其有关教学之言论，大致已括入草庐学案矣。他日如续有发现，当设法补入于本书重版中也。

本章资料尽属于为学方面，故不分部。兹按顺序分为（一）为学方法，（二）为学集中，（三）实地研究，（四）自立，（五）读四书法诸节。

○ 第一节　为学方法

括有（1）读书法，（2）心与理，（3）学与心，（4）反求诸心，（5）随事用力诸目，其说如左：

（1）读书法

（宋元学案草庐学案）读书当知书之所以为书，知之必好，好之必乐；既乐，则专在我。苟至此，虽不读，可也。

读书之最要条件，在鼓起兴趣。兴趣之生首当知书之所以为书，盖一书之中往往包罗前贤许多智慧，读书犹如发掘前人之宝库。果有此认识，则对于读书无有不感乐趣者；既有乐趣，则定能自动读书，其成绩可观，自不待言矣。

（2）心与理

（宋元学案草庐学案）所贵乎读书者，欲其因古圣贤之言以明此理存此心而已。此心之不存，此理之不明；而口圣贤之言，其与街谈巷议涂歌里谣等之为无益相同。

读书之益，在其借古圣贤之言论，以明此理，存此心。所谓此理，系指真理或接近真理而言；所谓此心指明了真理之心而言。设若不明真理，且不存明了真理之心，则虽口诵圣贤之言，究与街谈巷议、路人之歌、乡里之谣，尽管习闻有素，或是出入口耳，其为利益究有何区别？是故为学必须运用心思与理解，否则将等于不学也。

（3）学与心

（宋元学案草庐学案）夫学，孰为要？孰为至？心是已。天之所以与我，我之所以为人者，在是。不是之求，而他求焉，所学何学哉？圣门之教，各因其人，各随其事。虽不言心，无非心也。孟子始直指而言先立乎其大者。噫！其至矣乎？其至矣乎？邵子曰：心为大之极。周子曰：纯心要矣。张子曰：心清时，视明听聪，四体不待拘束，而自然恭敬。程子曰：圣贤千言万语，只是欲人将已放之心，约之使入身来。此皆得孟子之正传者也。

此言为学与思考关系之重大。我国古代以心为思考之官能，与今世生理学家，认此为属于脑者有别。孟子特别指出为学先立乎其大者，又更具体指出“学问之道无他，求其放心而已”，换言之，就是把放失之心收回，始能从事于学问。宋代理学家张载则言“心清时，视明听聪”，亦即容易研究学问。盖人云亦云，不加思考，不足以言学问。学与心之关系从可知矣。

（4）反求诸心

（宋元学案草庐学案）若曰：徒求之五经，而不反之吾心，是买椟而弃珠也。此则至论。不肖一生切切然惟恐堕此窠臼。学者来此讲问，每先令主一持敬，以尊德性；然后令其读书穷理，以道问学。有数条目警省之语，又拣择数件书，以开学者格致之端；是盖欲先反之吾心，而后求之五经也。

此言五经固然容有许多至理名言，但如不反求吾心，而利用心官加以思考，则无异抛弃了最宝贵之物。幼清自言一生只恐陷于此弊。故对于从游问学之人，无不劝以尊德性而道问学，并慎选若干部书读之，以开发学者格物致知之端。一言以蔽之，即先反之吾心，而后求之圣贤之言也。

（5）随事用力

（宋元学案草庐学案）圣贤教人，使其随事用力；及其至也，无一事之非仁，而本心之全德亦在是矣。

此言任何事都要努力为之，为学尤然。努力之结果，将无一事不可臻于完善。

○ 第二节　为学集中

括有（1）主一，（2）内外合一之知二目。其说如左：

（1）主一

（宋元学案草庐学案）学者工夫，则当先于用处著力，凡所应接，皆当主于一。主于一，则此心有主，而暗室屋漏之处，自无非僻，使所行皆由乎天理。如是积久，无一事而不主一，则应接之处，心专无二。能如此，则事物未接之时，把捉得住，心能无适矣。若先于动处不能养其性，则于静时岂能存其心哉！

所谓主一，谓“心专无二”。凡所应接之事物，皆当主于一。所谓主于一，便是心中有主，不致摇惑。如此积久不变，养成习惯，则事物未接之时，已把捉得住，心能无适。总之，在动处不能先养其性，则静时岂能存其心？然而一切皆赖于心专无二也。

（2）内外合一之知

（宋元学案草庐学案）知者，心之灵，而智之用也。未有出于德性之外者。曰：德性之知，曰闻见之知；然则知有二乎哉？夫闻见者所以致其知也。夫子曰：多闻阙疑，多见阙殆。又曰：多闻择其善者而从之，多见而识之；盖闻见虽得于外，而所闻所见之理，则具于心。故外之物格，则内之知致。此儒者内外合一之学，固非如记诵之徒，博览于外，而无得于内；亦非如释氏之徒专求于内，而无事于外也。今立真知多知之目，而外闻见之知于德性之知，是欲矫记诵者务外之失，而不知其流入于异端也。圣门一则曰多学，二则曰多识，鄙孤陋寡闻而贤以多问寡，曷尝不欲多知哉？记诵之徒，则虽有闻有见，而实未尝有知也。

本段主旨在“闻见虽得于外，而所见所闻之理，则具于心。故外之物格，则内之知致”。此则内外合一之知也。

○ 第三节　实地研究

（宋元学案草庐学案精语）知得某事之为是，某事之为非，而不讨分晓，仍旧糊涂，是戕贼其智。今不就身上言学，却就文学上钻刺，言某人言性如何，某人言性如何；非善学者也。孔孟教人之法不如此。如欲去燕京者，观其行程节次，即得雇船买马起程，两月之间，可到燕京，则见其宫阙是如何，街道是如何，风沙如何，习俗如何；应皆了然，不待问人。今不求到燕京，却但将曾到人所记录，逐一去挨究，参互比较；见他人所记录者有不同，愈添惑乱。盖不亲到其地，而但凭人之言，则愈求而愈不得其真矣。

此言为学须实地研究，始算得是真有所得，不可人云亦云。譬如要往某地考察，最好亲自前往，始能对其宫室、街道、风俗、人情一一了然。若只将曾到该地之人所记录者，加以利用，则间接所得之资料是否切实可靠，往往成为问题。故实地观察，始可得第一手之资料也，任何事皆当如此，为学尤然。

○ 第四节　自立

（宋元学案草庐学案）朱陆二师之为教，一也。而二家庸劣之门人各立标榜，互相诋訾。至于今，学者犹惑；呜呼！甚矣。道之无传，而人之易惑难晓也。为人子孙者，思自立而已矣。族姓之或微或著，何算焉？能自立欤？虽微而浸著。不能自立欤？虽著而浸微。

盛衰兴替，亦何常之有，惟自立之为贵。

此言为学当谋自立，师承他人，固可利用他人之经验：然切忌门户之见，如朱熹与陆九渊之为教，本无二致，然二家庸劣之门人，各立门户，各是其师，如此互相诋毁，转令真理愈模糊。总之，为人后者，设能自立，则族姓虽微而著，若仅知标榜其祖先，借以自豪，则纵系事实，其荣耀仍属于祖先，于己何与？虽著而实微。盛衰兴替，端赖发奋，自立自强，始为一己真正之荣耀也。

○ 第五节　读四书法

（宋元学案草庐学案）读四书有法，必究其理而有实悟，非徒诵习文句而已。必敦谨其行而有实践，非徒入口耳而已。朱子尝谓大学有二关：格物者梦觉之关，诚意者人兽之关。实悟为格，实践为诚。物既格者，醒梦而为觉；否则虽当觉时，犹梦也。意既诚者，转兽为人；否则虽列人群，亦兽也。此为读四书，而未离乎梦，未免乎兽者，盖不鲜，可不惧哉！物之格在研精，意之诚在慎独。苟能是，始可为真儒，可以范俗，可以垂世；百代之师也。

此为为学之一种特殊方法，试举读四书为例，“必究其理，而有实悟；非徒诵习文句而已”。朱子曾经说过，读大学有两个关须渡过，一是梦与觉之关，二是人与兽之关；前者属于格物方面，后者属于诚意方面。穷究真象为格，能格始能实际地觉悟；实行践履为诚，能诚，始能转兽为人。今之读四书而未能离乎梦，未免乎兽性者，殊属不少。格物之方法在精研，诚意之方法在慎独，如此始得谓为真正之儒者。

王云五文集·叁

宋元教学思想
革新时代教学思想

（下册）

王云五 著

江西教育出版社
JIANGXI EDUCATION PUBLISHING HOUSE

革新时代教学思想

序

此为中国教学思想史之第五册；若与拙著中国政治思想史并计，当为姊妹合编之第十二册。两书在第十一册以前，咸按朝代编纂，本册独异其趣，改称为革新时代教学思想者，请得言其故。

我国思想家，无论为政治，为教学，或为经济，为法律，无不盛极于春秋战国之际。其时诸子百家，众说纷陈，即以周室徒拥虚名，诸侯殆如独立，学者之主张不得志于一国者，转而之他，以彼所挟自鸣于各该政权，期大行其道。因而思想循自由途径而发展，洵至百家争鸣。及汉以后，特崇儒术，历代继之，虽诸家偶获抬头，率以儒为正宗。自魏晋迄明清，儒术控制学人思想，构成单一路线，传统不稍变。故余所著政治思想史，咸按朝代编述，虽两遭异族入主，思想路线固仍旧也。

唯自清末鸦片战争以来，创深痛巨，当局目击西洋之船坚炮利，在学与教；为适应局势，不免有多少改革，由技艺渐及于学术。此种新势力之冲击，为我国数千年来所仅见。于是我国教学思想便进至一个革新时代，而不能如本书一至四册，或中国政治思想史一至七册，循一贯传统，按朝代编述。此一革新时代，起自咸同，迄于今兹，因而本册名称当为革新时代教学思想。

本册内容六章。第一章为革新时代初期教学思想，不属于任何一人，而由此时代初期若干主政者，各依彼时需要，就新教学制度

思想为点点滴滴之贡献。其中关系人物，有曾国藩、李鸿章、沈葆桢、左宗棠、李端棻、容闳、孙家鼐、盛宣怀、张百熙、张之洞诸人。其革新事业之范围，在学校方面，由同文馆，渐及若干专业学堂，而至京师大学堂；游学方面，由幼童，而至船政学生、海军学生等；译书方面，由官书局，而江南制造局等。此时代之萌芽时期，教学之革新，并非出自一人，亦无一定方针。及张香涛（之洞）秉政，始综合诸家之措施，逐渐形成革新之方策。

盖自中西接触以还，国人对于西学之态度，与其所悬拟之方针，先后约得四种。其一，中学为主，西学为从。此为明代西洋历算输入中国，虽被接受，却视为附从之学，只认为在我国学术中加入一个小小的末流。其二，中学为体，西学为用。此在革新初期已有或显或晦之主张。至张香涛始作明朗而确定的表示。观其言“今欲强中国，存中学则不得不讲西学”，是已明认西学为用之重大，与明季视为附从或末流者不同；唯继言“然不先以中学固其根柢，则其祸烈于不通西学者”，是又明认非先固根柢即确定本体，不能收西学之功效也。其三，为全盘西化，即入民国以后，若干醉心西学之人所主张，然人数殊不多。其四，为中西并重，即最近发展之趋势。殆鉴于西洋物质文明高度发达，而其伦理道德多趋于堕落，今“总统”蒋先生秉承国父遗教指出伦理、民主、科学为复兴中华文化之三大支柱。其中第一项为我国之特长，第三项为西方之特长，第二项为中西共同之目标。我国在思想上发源最早，嗣为独裁政制所掩。民国成立以来开始复兴，然在习行上，尚待力争上游。西洋之民主国家习行有素，足资取法。是则互有短长，均宜择善而从，故中西并重，实为最中正之方针。香涛所提之“中学为体，西学为用”纵不如中西并重之更合理想，尚不失为兼顾之道也。

本书所分六章，除第一章叙清季教学革新之初期，第二章叙张

香涛综合初期之革新而奠系统化之基外，实际上之革新重镇当公认为创造民国之国父孙先生，在本册中以第三章详述之。其在民初直接间接主持教育行政与学术研究为时最久，对教学思想有不少贡献者，则咸推蔡孑民先生，在本册中以第五章详述之。他如第四章叙述之梁任公，与第六章叙述之胡适之两氏，对教育与学术均有相当影响。

本书限于一贯之体例，被叙述之思想家皆为业已作古者，并按其去世之先后为序；因而当代不少卓越之教学思想家，不得不从略。本书于正文六章以外，增一附录，参入著者六十年来有关为学与教育之浅见。由于著者直接间接从事于教育事业不下六十年，而其为学，则自髫龄至今，继续不辍，垂七十五六年；在此期间，或受前贤之感召，或由一己之偶得，讲演写作，多至数十万言，其中一得之愚，足以表现个人主张者，就尚存之文稿，约得二十余篇，凡十万言，谨附刊书末，以就正于大雅闳达，并将于本书第六册中国教学思想综合研究中，附列于各有关项目之下，以明师承所自，或别出心裁。此又本书另一特例也。

一九七一年七月十日

目　录

第一章　革新时代初期的教学思想

思想可以产生事实，事实亦能影响思想，彼此互为因果。我国教与学的思想，数千年来，无不基于本国固有的文化。文化的一般定义为民族的生活方式。生活方式愈进步，文化也愈进步。我国古来的生活方式所根据与表现者为礼乐，礼乐之表现在周代已大备；因之周代的文化恒为后世所矜式。同时，周代中的春秋战国时期，思想尤为发达，真是百家齐鸣，有如西方希腊雅典发皇时期之丰富。揆厥原因，在此时期，周室徒拥虚名，诸侯殆如独立，与雅典的城国时期相似。学者的主张不得志于甲国者，辄转而之乙国丙国，以其主张，自鸣于各该政权，期大行其道。

此时期思想派别甚多，举其主流有儒道法墨四者。儒家"祖述尧舜，宪章文武，宗师仲尼"。其来源甚古，一脉相承，而集大成于孔子。其究竟之理想为仁与恕，其施行之主要教化在礼与乐。道家以黄老为宗。然由黄帝以迄周代之老子，年湮代远，中间不闻有何过渡之桥梁。据实言之，当为周代老聃与庄周等的思想，而后世更远溯至黄帝。然谓老庄以前，无先导之者则又不然。据汉书艺文志述其主旨，欲"绝去礼学，兼弃仁义，曰独任清虚，可以为治"。质言之，在养先天之性，使人之精神身体两得平安。从老子道德经所称"虚其心，实其腹，弱其志，强其骨"，可得概略。墨家可追溯之渊源为周代之墨翟，然一种思想之发生以至成熟，当非一人之力，

意其前仍有若干迹象，特不若儒家之可以远溯耳。其主旨在兼爱、上贤与节用。此一学派，自秦而后殆绝，幸墨子一书，流传甚广，吾人今日尚能体认其梗概也。法家据汉书艺文志称“出于理官，信赏必罚，以辅礼制”。所谓理官，便是司法官。又据孟子所称，“舜为天子，皋陶为士”，则尧舜时代已有理官，即儒家亦不反对信赏必罚之原则。惟周末，商君，申不害，韩非诸人之主张，则过分崇尚法制，刻薄寡恩，尤以商君为甚。至于管子，汉志虽列为道家，隋唐志均改列于法家，后志实较正确。盖管子所称“不法法，则无常；法不法，则令不行”二语可为代表。世称申韩为法家之祖，实则管仲当被推为法家真祖，以其主张，多合乎现代的法学思想也。

自汉以后，儒家被尊为思想正宗，道法二家，时盛时衰，迄于今其影响力仍存在，独墨家虽传诵不衰，其影响力殆等于零。自宋以后，外来的禅家思想，于或隐或现之下，渗入于儒家，其影响力亦不可漠视。然无论如何，儒家思想，在教与学上，自汉迄清末，彻头彻尾是主要的根据，是无可否认的。惟自鸦片战争以后，我国创巨痛深，目击西洋之船坚炮利，在教与学上，不免渐渐起了多少改革，以期适应局势。由于教与学受了新的冲击，为数千年来所未有，从此以后我国的教学便进至一个革新时代，而不能如本书一至四册之按朝代区分。此一时代当从清季咸同以后开始，以迄于今兹，其时代可称为革新时代，因而本册之名称当为革新时代的教学思想。此时代初期之革新教学行为与思想，不始于任何一人，举其较重要者，有曾国藩、李鸿章、彭玉麟、李端棻、王文韶、盛宣怀、张百熙、张之洞诸人。其范围，则学校方面由同文馆及若干专业学堂而至京师大学堂；游学方面，则由幼童，以至船政学生，海军学生等。译书方面，则有官书局及江南制造局等。兹分别就上举六节，摘述有关文书及其创设之人，然后略加评论。

第一节　学校

括有（1）同文馆，（2）广方言馆，（3）船政学堂，（4）水陆师学堂，（5）天津中西学堂，（6）翻译书院，（7）大学堂，（8）革新学制诸目。

（1）同文馆

清咸丰十年，既设总理各国事务衙门，旋由该衙门于同治元年附设此馆，延西人为教习，教授英、法、德、俄四国语言文字，兼授天文、化学、算学等。又该衙门为恭亲王奕䜣所主持，当然调用彼时所谓熟识洋务之人员为助理。此一最早设置之新学堂究为何人所创设，尚无从考证。惟冯桂芬之校邠庐抗议四十八篇中，曾有采西学、制洋器、设立同文馆、重专对等议，是否有多少间接影响，亦意中事。要之，毕竟为彼时局势所要求，奕䜣为人尚开通，毅然为此，亦固其所。顾彼时仍有守旧之大臣如倭仁者，竟于同治六年疏请停办该馆，其理由谓："天文算学，为益甚微；西人教习正途，所损甚大……今求此一艺之末，而又奉夷人为师。无论夷人诡谲，未必传其精巧；即使教者诚款，学者诚学，所成就者不过术数之士，古今来未闻有恃术数而能起衰抗弱者也……且夷人者，吾仇也。咸丰十年，称兵犯顺，凭陵我畿甸，震惊我宗社，焚毁我园囿，戕害我臣民；此我朝二百年未有之辱……今复举聪明俊秀，国家所培养，而储以为用者，变而从夷，正气为之不伸，邪气因而弥炽，数年以后，不尽驱中国之众，咸归于夷不止……"此疏奉交恭亲王议后，经即复奏，大意谓："前因倭仁条奏，谓此事窒碍难行，经沥陈举办情形，实具不得已苦衷，并系与各省疆臣悉心商筹，非臣等私见……况雇觅洋人，不过与之讲求其法，并奏明不修弟子之礼。此折业经发钞，倭仁岂有不知，乃一则曰师事夷人，再则曰奉夷为师，

辄臆造师事名目，阻人向往。当御史张盛藻奏此事明奉谕旨之后，臣衙门投考者尚不乏人；自倭仁倡议以后，京师各省士大夫，聚党私议，甚且以无稽谣言，煽惑人心，臣衙门遂无复有投考者……今人心既为浮言所摇，臣等无从勉强。拟就见在投考者择期考选，取中者入馆研究，仍时加察核，倘有弊端，即奏请裁撤……”足见举办一项新政，真是不易。

（2）广方言馆

此为同治二年李鸿章奏请设置，其有关文件如左：

（请设广方言馆疏）窃臣前准总理衙门来咨，遵议设立学习外国语言文字学馆，如同文馆等。因伏维中国与洋人交接，必先通其志，达其欲，周知其虚实诚伪，而后有称物平施之效。互市二十年来，彼酋之习我语言文字者不少，其尤者能读我经史。于朝章宪典吏治民情，言之历历。而我官员绅士中，绝少通习外国语言文字之人。各国在沪均设立翻译官一二员，遇中外大臣会商之事，皆凭外国翻译官传述，亦难保无偏袒捏架情弊。中国能通洋语者，仅恃通事。凡关局军营交涉事务，无非雇觅通事，往来传话。而其人遂为洋务之大害。查上海通事一途，获利最厚；于士农工商之外，别成一业。其人不外两种，一广东宁波商伙子弟，佻达游闲，别无转移执事之路者，辄以学习通事为逋逃薮。一英法等国设立义学，招本地贫苦童稚，与以衣食而教肄之。市儿村竖来历难知，无不染洋泾习气，亦无不传习彼教。此两种人者，类皆资性蠢愚，心术卑鄙，货利声色之外，不知其他。且其仅通洋语者十之八九，兼识洋字者十之一二。所识洋字亦不过货名价目与俚浅文理，不特于彼中兵刑食货张弛治忽之大，瞢焉无知，即遇有交涉事宜，词气轻重缓急，往往失其本旨；惟知借洋人势力，播弄挑唆，以遂其利欲，蔑视官长，欺压平民，无所忌惮。即如会办防堵一节，闲与通习汉语之大酋晤谈，

尚不远乎情理，而琐屑字件，势不能一一面商。因而通事假手其间，勾结洋人，为分肥之计；诛求之无厌，挑斥之无理，支销之无艺，欺我聋喑，逞其簧鼓，或遂以小嫌酿大衅。洋务为国家怀远招携之要政，乃以枢纽付若辈之手，遂至彼己之不知，情伪之莫辨，操纵进退讫不得其要领，此非细故也。京师同文馆之设，实为良法。行之既久，必有正人君子奇尤异敏之士，出乎其中，然后尽得西人之要领，而思所以驾驭之，绥靖边陲之原本，实在于此。惟是洋人总汇之地，以上海广东两口为最，种类较多，书籍较富，见闻较广，语言文字之粗者一教习已足，其精者在博采周咨，集思广益，非求之上海广东不可。故行之他处，犹一齐人傅之说也，行之上海广东，更置之庄岳之间之说也。臣愚拟请仿照同文馆之例，于上海添设外国语言文字学馆，选近郡年十四岁以下资禀颖悟根器端静之文童，聘西人教习，兼聘内地品学兼优之举贡生员，课以经史文艺。学成之后，送本省督抚考验，请作为该县附学生，准其应试。其候补佐贰佐杂等官，有年少聪慧愿入馆学习者，呈明由同乡官出具品行端方切结，送局一体教习，借资照料。学成后，亦酌给升途，以示鼓励。均由海关监督督筹试办，随时察核具详。三五年后，有此一种读书明理之人，精通番语；凡通商督抚衙门及海关监督应添设翻译官承办洋务者，即于学馆中遴选承充，庶关税军需可期核实，而无赖通事亦稍敛迹矣。夫通商纲领，固在总理衙门，而中外交涉事件则两口转多，势不能以八旗学生兼顾，惟多途以取之，随地以求之，则习其语言文字者必多。人数既多，人才斯出。彼西人所擅长者，推算之学，格物之理，制器尚象之法，无不专精务实，泐有成书，经译者十才一二，必能尽阅其未译之书，方可探赜索隐，由粗显而入精微。我中华智巧聪明，岂出西人之下，果有精熟西文转相传习，一切轮船火器等巧技，当可由渐通晓，于中国自强之道，似

有裨助。

（3）船政学堂

此为同治五年，左宗棠创建造船厂于福州，所附设之船政学堂。分为前堂后堂二所，分习驾驶与制造。其后首批派往欧洲留学之学生，即选自该学堂。详见第二节出洋游学。

（4）水陆师学堂

此为张之洞与吴大澂于光绪十三年疏请在粤省设立，其关系文件如左：

（粤省创设水陆师学堂以储群材疏）窃惟古今人材皆出于学，学之为事，讲习与历练兼之。近日海防要策，首重水师兵轮，次则陆军火器。外洋诸国于水陆两军皆立专学。天文、海道、算学、轮机、炮械、营垒、工作制造，分类讲求。童而习之，毕生不徙其业。是以称雄海上。我朝圣武恢闸，中国人材所萃；将才何一不备，兵法何一不精。特是时势不同，船炮机算诸端，至今日而巧者益巧，烈者益烈。若欲因时制变，固非设学不可，近年天津福州皆设水师学堂，而天津兼设武备学堂以练陆师；诚以二者不可偏废也。广东南洋首冲，边海兼筹，应储水陆师器使之材，较他省为尤急。光绪三年前督臣刘坤一捐银十五万两，奏明生息，为储养洋务人才之用。光绪六年，前督臣张树声，抚臣裕宽，于省城东南四十里长洲地方，就前款内拨银建造学馆，分派教习，考选学生，肄习西洋语文算法。用项取之前次息银，特以限于费绌，定额较少。此外有关兵事诸端，未能肄及。臣之洞到任后，察看该馆生徒学业，尚堪造就，改名博学馆。于奏请筹办闽粤两省，开设学堂各务折内，声明在案。臣等审度时势，公同筹商，拟即就其地改为水陆师学堂。并须添购地段，增建堂舍教习，所以区功课而臻完备。其水师均各额设七十名，先挑选博学馆旧生，通晓外国语文算法者三十名为内学生，再遴选曾

在军营历练胆气素优之武弁二十名为营学生。再拟选业已读书史能文章，年十六以上三十以下之文生二十名为外学生。无论生监俱准就学。其水师则学英国语文，分管轮驾驶两项。管轮堂学机轮理法制造运用之源，驾驶堂学天文海道驾驶攻战之法。其陆师则学德国语文，分马步枪炮营造三项。内学生取其翻译已晓，算法已谙；营学生取其兵事已历，胆气已壮；此外学生取其志向已定，文理已通。惟营学生外学生两途年龄较长，学习外国语文稍有不便。应于洋教习之外，添用华翻译一名，转相解授，以便领悟。其房舍则分为水师诵堂，水师操堂，陆师诵堂，陆师操场，陆师马步炮操场。其规制课程略仿津闽成法；复斟酌粤省情形，稍有变通。大抵兼采各国之所长，而不染习气。谨求武备之实用，而不尚虚文。堂中课程，限定每日清晨先读四书五经数刻，以端其本。每逢洋教习歇课之日，即令讲习书史，试以策论，俾其通知中国史事兵事，以适于用。在堂者一律仍准应文武试，以开其上进之程。其营学生外学生两途，年岁不必甚幼，庶可辨其志趣气质，不致虚养庸下之才，语文但取粗通，不必以此一端耗其心力目力。总期由粗入精，必不使逐末遗本。水师学成之后，拨入练船。另设练船正，教习枪炮帆缆，教习测算。教习四员皆用洋弁。在船课读，即在中国沿海口岸游行，认真练习。一年之后，再选其才艺尤长者分赴外国学堂兵船学习。其陆师则三年学成后，择尤出洋，分赴各国学堂陆军练习。水陆均令每年九月在堂，三月在船在营。遇有外洋有事，拟照西国通例，前往观览，以资考镜实事。现在购买地基，添造学舍，兴筑场厂，约估需银六万余两。每月员弁薪水，华洋教习薪费，学生赡费，丁役工食，约需银五千两。按之津闽章程，已属节省。堂中应用书籍机器，随时添置。除博学馆原有每年息银六千余两外，应于海防经费项下开支。粤省度支极绌，岂敢更增用款，然为此储才要务，不得

不竭力成之。惟学堂事属创始，总办者非有熟习大员未易胜任。查有二品衔分省补用道吴仲翔，才识沉毅，思虑精详，前充福建船政提调十余年，船政始规皆其创办。嗣经北洋大臣李鸿章调赴天津，委办水师学堂，亦著成效。现在请假回籍，经臣等函邀来粤，询商一切。相应请旨将吴仲翔交臣等差委，拟即委令总办水师学堂事务，以资熟手。至洋教习拟用三员。水师驾驶洋教习一员，查有福建船厂英员李家，在闽期满，堪以调充。陆师语文测算兼操练正洋教习一员，粤省现有德弁欧披次堪以充补。其副教习一员，应由臣等咨商德国出使大臣，向外部选订。此外应设汉教习十一员，水师则驾驶操演洋文各一员，华文三员，陆师则英文帮教二员，德文帮教一员，华文二员。其稽查各堂及经管钱粮文案各委员酌用。此举现经臣等详加筹度，饬据广东布政使高崇基会同海防善后局司道拟议章程详请具奏前来。除咨明海军衙门总理衙门暨户兵二部外，谨合词恭折具陈。

就本文中，并可发见在此稍前，天津福州皆设有水师学堂。天津则有武备学堂以练陆师。广州则合水陆师为一学堂。盖皆因时势所需要，实逼处此，初非任何一人之独特理想或创见也。

（5）天津中西学堂

此为天津海关道盛宣怀所发起。实际上系转奉光绪二十一年上谕所指示而筹议者。此时距百日维新前约三年，清廷已萌维新之芽，故有此谕。兹将关系文件附后：

（拟设天津中西学堂请奏明立案禀）敬禀者：窃于光绪二十一年闰五月二十九日，奉宪台札开，光绪二十一年闰五月二十八日，承准军机大臣字寄，奉上谕自来求治之道，必当因时制宜。况当国事艰难，尤宜上下一心，图自强而弥隐患。朕宵旰忧勤，惩前毖后。惟以蠲除痼习，力行实政为先。叠据中外臣工，条陈时务，详加披

览，采择施行：如修铁路、铸钞币、造机器、开矿产、折南漕、减兵额、创邮政、练陆军、整海军、立学堂；大抵以筹饷练兵为急务，以恤商惠工为本源，皆应及时举办。至整顿厘金，严核关税，稽察荒田，汰除冗员各节，但能破除情面，实力讲求，必于国计民生，两有裨益。各直省将军督抚，将以上诸条各就本省情形，与藩臬两司暨各地方官悉心筹画，酌度办法，限文到一月内分晰复奏。当此创巨痛深之日，正我君臣卧薪尝胆之时，各将军督抚受恩深重，真有天良，谅不至畏难苟安，空言塞责。原折片均著抄给阅看，将此各谕令知之。钦此。钦遵。寄信前来，合行恭录谕旨，抄录原奏，札饬悉心筹议。札到该司道等即便钦遵，迅速妥筹议复，以凭酌核具奏等因。奉此。伏查自强之道，以作育人才为本，求才之道，尤宜以设立学堂为先。光绪十二年前任津海关道周馥，禀请在津郡设立博文书院，招募学生，课以中西有用之学。嗣因与税务司德璀琳意见不合，筹款为难，致将造成房屋抵押银行。蹉跎十年，迄未开办。可见创举之事空言易，实行难；立法易，收效难。况树人如树木，学堂迟设一年，则人才迟起一年。日本维新以来，援照西法，广开学堂书院，不特陆军海军将弁皆取材于机器工程之外部，出使诸员亦皆取材于律例科矣。制造枪炮开矿造路诸工，亦皆取材于机器工程科地学化学科矣。仅十余年灿然大备。中国智能之士，何地蔑有，但选将才于俦人广众之中，拔使才于诗文帖括之内；至于制造工艺皆取材于不通文理，不解测算之匠徒，而欲与各国絜长较短，断乎不能。职道之愚，当赶紧设立头等二等学堂各一所，为继起者规式，惟二等学堂功课必须四年，方能升入头等学堂，头等学堂功课必须四年方能造入专门之学，不能躐等，即难免迟暮之憾。现拟通融求速办法，二等学堂本年拟由天津上海香港等处先招已通小学堂第三年功夫者三十名，列作头班，已通第二年功夫者三十名，列

作二班，已通第一年功夫者三十名，列作三班。来年再续招三十名列作四班。合成一百二十名为额。第二年起，每年即可拔出头班三十名升入头等学堂。其余以次递升，仍每年挑选三十名入堂，补四班之额，源源不绝。此外国所谓小学堂也。至头等学堂，本年拟先招已通大学堂第一年功夫者，精选三十名列作末班，来年即可升列第三班。并取二等之第一班三十名升补头班第四等之缺。嗣后按年递升，亦以一百二十名为定额。至第四年底头等头班三十名准给考单，挑选出堂，或派赴外洋分途历练，或酌量委派洋务职事。此外国所谓大学堂也。职道与曾充教习之美国驻津副领事丁家立考究再三，酌拟头等二等学堂章程，功课必期切近而易成，大约头等学堂每年需经费银三万九千余两，二等学堂每年需经费银一万三千余两，共需银五万二千两左右。现值国用浩繁，公款竭蹶，事虽应办，而费实难筹。职道查津海钞关近年有收开平煤税每年约库平银一万四五千两，为从前所无之税款，似可尽数专提，以充学堂经费。又天津米麦进口，自光绪十九年禀明，每石专抽博文书院经费银三厘，每年约收捐银三四千两。拟每石改收银五厘，亦不为多。又电报局禀明由天津至奉天借用官线，递寄海兰泡出洋电报，每字津贴洋银一角，电线通时每年约计应缴洋三四千元。营口一带，线断之后已经停止。嗣后锦州至奉天改造商线，仅借用天津至锦州官线一段贴费更微，拟令电报局以后不计字数，每年捐缴英洋二万元。又招商局运漕由沪至津，轮船向系援照沙宁船成案，装运土货例，准二成免税，借以抵制洋商。拟令招商局以后在承运漕粮运脚免税项下，每年捐缴现银二万两。以上合计，每年捐银五万二千两左右。全数解交津海关道库存储，专备天津头等二等学堂常年经费通筹扯算，似可有盈无绌。所有头等学堂，应即照前北洋大臣李批准周前道原拟，以博文书院房屋为专堂。现经胡臬司顾全大局，由粮台设法筹

款，向银行赎回，作为公产。其屋价内原有总税务司赫德及津海关税务司德璀琳捐款在内，如仍作学堂，税务司亦必乐从。所需购办格致化学器具书籍等项，及聘请教习川资创办应用之款，不在常年经费之内。查光绪十九年起，至二十一年四月止，米捐存银八千余两，拟即在此款内，核实动用。二等学堂应觅地另行盖造，拟在开办初年，教习学生尚未齐全，应余经费之内提用。毋庸请发公款。其房屋未造成之先，应即借用头等学堂，房屋甚宽，足可敷用。所有学堂事务，任大责重，必须遴选深通西学体用兼备之员总理，方不致有名无实。头等学堂拟请宪台札委二品衔候选道伍廷芳总理，二等学堂，拟请札委同知衔候补知县蔡绍基总理。并拟订请美国人丁家立为总教习。该堂延订中西教习，考取学生，购办机器书籍等事，均由职道会商伍道蔡令及总教习，于年内妥速开办，以免因循，虚旷岁月。向来学堂有会办提调监督各名目，今拟一概删除，藉省开销，而杜纷杂。谨缮呈章程清折，是否有当，伏乞宪台俯赐鉴核迅赐批示遵行并请奏明立案，以垂久远，实为公便。肃此敬请勋安，伏乞垂鉴。谨将拟设天津头等二等学堂章程功课经费与总教习丁家立酌议各款，分缮清折，恭呈钧鉴。

北洋大臣王批：据禀创设头等二等学堂，遴选学生各以一百二十为定额，应需经费每年约共银五万五千两，该道仰体时艰，就本任及经管招商电报各局设法筹款，不动丝毫公帑，洵属讲求时务，公而忘私。所拟章程功课，均甚妥协。伍道廷芳蔡令绍基深谙西学，准派为学堂总办，各司其事。并准延订美国人丁家立为总教习。一切应办事宜，责成该道会商，妥为布置。即于年内开办。各项捐款，每年全数解存关库，随时支用。年终汇册报查，勿稍含混。余如所议办理。仰候具奏，另檄行知。仍将章程功课照抄两份，迅速呈送，以凭分咨军机处总理衙门总核。并候札饬伍道等遵照。缴折存。

按此一中西学堂，分为头二等。并订有肄业年限，已渐接近一种新的学制，较之以前之同文馆、广方言馆及专业之水陆师学堂等，又进一步。后来逐渐发展，便成为北洋大学堂。时任北洋大臣者王文韶也。

（6）翻译书院

创是议者为丹徒马建忠，即仿外国文法，而就中国古文撰为著名之马氏文通传世者也。虽仅有其议，未见实行，然其主张仍有举述之必要，俾可发见彼对办学之思想也。

（拟设翻译书院议）窃谓今日之中国其见欺于外人也甚矣。道光季年以来，彼与我所立约款税则，则以向欺东方诸国者，转而欺我。于是其公使傲睨于京师，以陵我政府；其领事强梁于口岸，以抗我官长；其大小商贾盘踞于租界，以剥我工商；其诸色教士散布于腹地，以惑我子民。夫彼之所以悍然不顾，敢于为此者，欺我不知其情伪，不知其虚实也。然而其情伪虚实非不予我以可知也。外洋各国，其政令之张弛，国势之强弱，民情之顺逆，与其上下一心相维相系，有以成风俗而御外侮者，率皆以本国语言文字，不惮繁琐而笔之于书。彼国人人得而知之，并无一毫隐匿于其间。中国士大夫其泥古守旧者无论已，而一二在位有志之士，又苦于言语不达，文字不通，不能遍览其书，遂不能遍知其风尚。欲其不受欺也得乎？虽然，前车之覆，后车之鉴也。然则欲使吾士大夫之在位者尽知其情实，尽通其塞蔽，因而参观互证，尽得其刚柔操纵之所以然，则译书一事，非当今之急务与？语云：知彼知此，百战百胜。战胜于疆场则然，战胜于庙堂亦何独不然？泰西各国自有明通市以来，其教士已将中国之经传纲鉴，译以辣丁法英文字。康熙间于巴黎斯设一汉文书馆。近则各国都会不惜重赀，皆设有汉文馆。有能将汉文古今书籍，下至稗官小说，译成其本国语言者，则厚廪之。其使臣

至中国，署中皆以重金另聘汉文教习，学习汉文，不尽通其底蕴不止。各国之求知汉文也如此，而于译书一事，其重且久也又如此。近今上海制造局、福州船政局与京师译署，虽设有同文书馆，罗致学生，以读诸国语言文字。第始事之意，止求通好，不专译书。即有译成数种，或仅为一事一艺之用；未有将其政令治教之本原条贯，译为成书，使人人得以观其会通者。其律例公法之类，间有摘择；或文辞艰涩，于原书之面目尽失本来，或挂一漏万，割裂重复，未资足为考计之助。夫译之为事难矣。译之将奈何？其平日冥心钩考，必先将所译者与所以译者两国之文字，深嗜笃好，字栉句比以考彼此孳生之源，同异之故。所有相当之实义，委曲推究，务审其声音之高下，析其字之繁，文字句简，尽其文体之变态，及其义理精深奥折之所同然。夫如是，则一书到手，经营反复，确指其意旨之所在，而又摹写其神情，仿佛其语气，然后心悟神解，振笔而书。译成之文，适如其所译而止，而曾无毫发出入于其间。夫而后能使阅者所得之益，与观原文无异，是则为善译也已。……余生也晚，外患方兴，内讧荐至；东南沦陷，考试无由。于汉文之外，乃肆意于辣丁文字，上及希腊并英法语言。盖辣丁乃欧洲语言文字之祖，不知辣丁文字，犹汉文之昧于小学，而字义未能尽通。故英法通儒日课辣丁古文词，转译为本国之文者此也。少长又复旁涉万国史事，舆图、政教、历算、度数，与夫水光声电以及昆虫草木金石之学，如是者五六年，进读彼所谓性理格致之书又一二年；而后于彼国一切书籍庶几贯穿融洽，怡然理顺，涣然冰释，遂与汉文无异。前者郭侍郎出使，随往英法，暇时因举曩所习者，在法国考院与考其文字格致两科，而幸获焉。又进与考律师之选，政治之选，出使之选，亦皆获焉。曾拟将诸国政教之源流，律例之同异，以及教养之道，制用之经，古今沿革之凡，货财敛散之故，译为一书；而为事

拘牵，志未得遂。近复为世诟忌，摈斥家居。幸有暇日，得以重理旧业。今也倭氛不靖，而外御无策；盖无人不追悔于海禁初开之后，凡士大夫中能有一二人深知外洋之情实而早为之变计者，当不至有今日也。余也蒿目时艰，窃谓中国急宜创设翻译书院，爰不惜笔墨，既缕陈译书之难易得失于左，复将书院条目与书院课程胪陈于右。倘士大夫有志世道者，见而心许，采择而行之，则中国幸甚。

一，翻译书院之设，专以造就译才为主。诸生之入院者拟选分两班。选已晓英文或法文年近二十，而姿质在中人以上者十余名，入院，校其所造英法文之浅深，酌量补读，而日译新事数篇以为工课。加读汉文如唐宋诸家之文，而上及周秦汉诸子。日课论说，务求其辞之达而理之举，如是者一年，即可从事翻译，而行文可免壅滞艰涩之弊。

一，选长于汉文年近二十而天姿绝人者亦十余名，每日限时课读英法文字，上及辣丁希腊语言，果能工课不辍，用志不纷，而又得循循善诱者为之指示，不过二年，洋文即可通晓。然后肆力于翻译，收效必速。盖先通汉文，后读洋文，事半功倍，其为文理，无间中外，所异者事物之通名耳。

一，拟请一兼通汉文洋文之人为书院监理，并充洋文教习。凡诸生应读洋文书籍，与每日译书课程，皆其派定。应译之书亦择选，而考校诸生之勤惰进退，及学有成效与否，胥责成焉。

一，拟请长于古文词者四五人，专为润色已译之书，并充汉文教习，改削论说，暇时商定所译名目，必取雅驯，不戾于今，而有征于古者，一一编录，即可为同文字典底本。又拟雇用书手五六名，以备钞录。

一，院中有执事者，必须常川住院。诸生则旬日休沐一次，准

假岁无过一月。岁终诸生勤惰，由监理禀报批饬榜示。

一，应译之事，拟分三类：其一，为各国之时政。外洋各国内治之政，如上下议院之立言；各国交涉之件，如各国外部往来信札，新议条款，信使公会之议，其原文皆有专报。此须随到随译，按旬印报。书院初设即应举办者也。其二，为居官者考订之书。如行政治军生财交邻诸大端，所必需者也。为书甚繁。今始举其尤当译者数种，如罗玛律要，为诸国定律之祖；诸国律例异同，诸国商律考异，民主与君主经国之经，山林渔泽之政，邮电铁轨之政，公法例案，备载一切交涉事件原委，条约集成，自古迄今，宇下各国凡有条约无不具载，其为卷甚富。译成约可三四百卷。东方领事便览，生财经权之学，国债消长、银行体用，方舆集成，凡五洲险要皆有详图，为图三千余幅，乃舆图中最为详备之书，罗玛总王责撒两行军日记，法王那波伦第一行军日记。此两王者，西人称为古今绝无仅有之将才，所载攻守之法至为详备。他书应译者，不可胜记。而诸书类皆英法文字，择其善者译之。开院后一年，其已通洋文诸生，即可将前书分课翻译，二年后新读洋文诸生亦可助译，则出书自易。其三，为外洋学馆应读之书。应次第译成，于彼国之事方有根柢。如万国史乘，历代兴废政教相涉之原，又算法几何八线重学热光声电，与夫飞潜动植金石之学，性理格致之书，皆择其尤要而可资讨论者，列为逐日课程。一二年后，即派诸生更译，附旬报印送，以资观览焉。

一，书院中拟设书楼，除初设时已购中外书籍外，新出者应随时添购，其书籍必派人专司，日时启闭。每月按簿查点其初应购之书值约数千，每岁添费数百金，可以补其未备。

一，一二年后拟于院中自备活字板一副，雇刻工之精于刻图者数名，其初译件不多，可倩书坊代印。

一，书院房屋总宜宽敞整洁，其居地宜附近通商口岸，取其传递便捷消息灵通；而外洋各报纸，公司船随到随送，即可分译，不致稽留。

一，书院费用皆有定额，拟派一支应者专司出入，按月呈报。至书院内各项额外开支，皆宜预筹经费，按年拨给，以为书院立不拔之基焉。

按马建忠，字眉叔，为震旦大学校长马湘伯之弟。除精通国学外，其外国文字学术，当于国内就天主教学校肄习。及随郭嵩焘出使英法，公余入校进修，据上文自称，于文字、格致两科均毕业；律师及政治外交，亦应考及格。观其所著马氏文通，堪称博通中外文字语言，故能有此沟通中西文法之创作。使能依其志愿，并由个人悉心翻译外国名著，成绩定然不下于严复。至其所提设立翻译书院之议能见之实施，并由彼主持院政，则所造就之译材，定然可观，我国翻译西书之成绩，或当不下于日本，而不必于百日维新失败后，间接由日文转译西籍也。惜其怀才不遇，又未能独力肩荷其所擅长之译事，以致传世者，除马氏文通一创作外，仅有适可斋记言、记行二书，其视严氏之成绩远逊，惜哉！

（7）大学堂

此为有关设立大学堂之奏疏，为刑部左侍郎李端棻所提出。据闻出自梁启超手笔。兹列全文于后。

（请推广学校疏）奏为时事多艰，需材孔亟，请推广学校，以励人才而资御侮，恭折仰祈圣鉴事。窃臣闻国于天地必有与立，言人才之多寡系国势之强弱也。去岁军事既定，皇上顺穷变通久之义，将新庶政，以图自强；恐办理无人，百废莫举。特降明诏，求通达中外能周时用之士，所在咸令表荐，以备擢用。纶綍一下，海内想望，以为豪杰云集，富强立致。然数月以来，应者寥寥，即有一二，

或仅束身自好之辈，罕有济难瑰伟之才。于侧席盛怀，未能尽副。夫以中国民众数万万，其为士者十数万，而人才乏绝至于如是；非天之不生才也，教之之道未尽也。夫二十年来，都中设同文馆，各省立实学馆、广方言馆、水师武备学堂、自强学堂，皆合中外学术，相与讲习，所在而有。而臣顾谓教之之道未尽，何也？诸馆皆徒习西语西文，而于治国之道，富强之原，一切要书多未肄及；其未尽一也。格致制造诸学，非终身执业，聚众讲求，不能致精。今除湖北学堂外其余诸馆，学业不分斋院，生徒不重专门。其未尽二也。诸学或非试验测绘不能精，或非游历察勘不能确；今之诸馆未备图器，未遣游历，则日求之于故纸堆中，终成空谈，无自致用。其未尽三也。利禄之路，不出斯途；俊慧子弟，率从事帖括，以取富贵。及既得科第，遂与学绝，终为弃材。今诸馆所教率自成童以下，苟逾弱冠，即已通籍；虽或向学，欲从末由。其未尽四也。巨厦非一木所能支，横流非独柱所能砥；天下之大，事变之亟，必求多士，始济艰难。今十八行省只有数馆，每馆生徒只有数十，士之欲学者，或以地僻而不能达，或以额外而不能容。即使在馆学徒一人有一人之用，尚于治天下之才，万不足一，况于功课不精，成就无几。其未尽五也。此诸馆所以设立二十余年，而国家不一收奇才异能之用者，惟此之故。曰然则岩穴之间，好学之士，岂无能自绩学以待驱策者。曰：格致制造农商兵矿诸学，非若考据词章帖括之可以闭户獭祭而得也。书必待翻译而后得读，一人之学能翻群籍乎？业必待测验而后致精，一人之力能购群器乎？学必待游历而后征实，一人之身能履群地乎？此所以虽有一二倜傥有志之士，或学焉而不能成，或成矣而不能大也。乃者钦奉明诏，设官书局于都畿，领以大臣，以重其事。伏读之下，仰见圣神措虑，洞见本原。臣于局中一切章程，虽未具悉，然知必有良法美意，以宣达圣意，阐扬风化者。他

日奇才异能，由斯而出，不可胜数也。惟育才之法，匪限于一途；作人之风，当遍于率土。臣请推广此意，自京师以及各省府州县皆设学堂。府州县学选民间俊秀子弟年十二至二十者入学；其诸生以上欲学者听之。学中课程，诵四书通鉴小学等书，而辅之以各国语言文字及算学天文地理之粗浅者，万国古史近事之简明者，格致理之平易者；以三年为期。省学选诸生年二十五以下者入学；其举人以上欲学者听之。学中课程，诵经史子及国朝掌故诸书，而辅之以天文舆地算学格致制造农商兵矿时事交涉等学，以三年为期。京师大学选举贡监年三十以下者入学，其京官愿学者听之。学中课程，一如省学；惟益加专精，各执一门，不迁其业，以三年为期。其省学大学所课，门目繁多；可仿宋胡瑗经义治事之例，分斋讲习，等其荣途，一归科第；予以出身，一如常官。如此，则人争濯磨，士知向往；风气日开，技能自成，才不可胜用矣。或疑似此兴作，所费必多；今国家正值患贫，何处筹此巨款？臣查各省及府州县率有书院，岁调生徒入院肄业，聘师讲授，意美法良。惟奉行既久，积习日深，多课帖括，难育异才。今可令每省每县各改其一院，增广功课，变通章程，以为学堂书院。旧有公款其有不足，始拨官款补之；因旧增广，则事顺而易行，就近分筹，则需少而易集。惟京师为首善之区，不宜因陋就简，示天下以朴，似当酌动帑藏，以崇体制。每岁得十余万，规模已可大成。中国之大，岂以此十余万为贫富哉？或又疑所立学堂既多，所需教习亦众；窃恐乏人堪任此职。臣以为事属创始，学者当起于浅近，教者亦无取精深。今宜令中外大吏，各举才任教习之士，悉以名闻。或就地聘延，或考试选补。海内之大，必有可以充其任者。学堂既立，远之得三代庠序之意，近之采西人厂院之长。兴贤教能之道，思过半矣。然译其记诵，而不廓其见闻，非所以造异才也。就学者有日进之功，其不能就学者

无讲习之助，非所以广风气也。今推而广之，厥有与学校之益相须而成者，盖数端焉。一曰设藏书楼。好学之士半属寒俊，购书既苦无力，借书又难其人。坐此固陋寡闻无所成就者，不知凡几。高宗纯皇帝知其然也，特于江南设文宗文汇文澜三阁，备庋秘籍，恣人借观。嘉庆间大学士阮元推广此意，在焦山灵隐起立书藏，津逮后学；自此以往，江浙文风甲于天下。作人之盛，成效可睹也。泰西诸国，颇得此道。都会之地，皆有藏书，其尤富者至千万卷，许人入观。成学之众，亦由于此。今请依乾隆故事，更加增广，自京师及十八行省省会，咸设大书楼，调殿板及各官书局所刻书籍，暨同文馆制造局所译西书，按部分送各省以实之。其或有切用之书，为民间刻本，官局所无者，开列清单，访画价值，徐行购补。其西学书陆续译出者，译局随时咨送，妥定章程，许人入楼看读。由地方公择好学解事之人经理其事。如此则向之无书可读者，皆得以自勉于学，无为弃才矣。古今中外有用之书，官书局有刻本者居十之七八。每局酌提部数，分送各省；其费至省，其事至顺。一奉明诏，事即立办；而饷遗学者，增益人才，其益盖非浅鲜也。二曰创仪器院也。格致实学．咸借试验。无视远之镜，不足言天学；无测绘之仪，不足言地学；不多见矿质，不足言矿学；不习睹汽机，不足言工程之学。其余诸学，率皆类是。然此等新器，所费不赀；家即素封，亦难备购；学何从进，业焉能成？今请于所立诸学堂，咸别设一院，购藏仪器，令诸学徒皆就试习，则实事求是，自易专精。各器择要而购，每省拨万金以上，已可粗备。此后陆续添置，渐成大观，则其费尚易措筹。而学徒所成，视昔日纸上空谈，相去远矣。三曰开译书局也。兵法曰：知己知彼，百战百胜。今与西人交涉，而不能尽知其情伪；此见弱之道也。欲求知彼，首在译书。近年以来，制造局同文馆等处，译出刻成，已百余种，可谓知所务也。然

所译之书，详于术艺，而略于政事；于彼中治国之本末，时局之变迁，言之未尽。至于学校农政商务铁路邮政诸事，今日所亟宜讲求者，一切章程条理，彼国咸有专书，详哉言之。今此等书悉无译本。又泰西格致新学，制造新法；月异岁殊，后来居上。今所已译出者率十年以前之书，其数亦少，未能尽所长。今请于京师设大译书馆，广集西书之言政治者，论时局者，言学校农商工矿者，及新法新学近年所增者，分类译出，不厌详博，随时刻布，廉值发售；则可以增益见闻，开广才智矣。四曰广立报馆也。知今而不知古则为俗士，知古而不知今，则为腐儒。欲博古者，莫若读书；欲通今者，莫若阅报。二者相须而成，缺一不可。泰西每国报馆多至数百所，每馆每日出报多数万张。凡时局政要商务兵机新艺奇技，五洲所有事故，靡所不言。阅报之人，上自君后，下至妇孺，皆足不出户而于天下事了然也。故在上者，能措办庶务，而无壅蔽；在下者能通达政体，以待上之用。富强之原，厥由于是。今中国邸钞之外，其报馆仅有上海广州香港十余所。主笔之人，不学无术；所言率皆浅陋，不足省览。总署海关近译西报，然所译甚少，又未经印行，外间末由得见，今请于京师及各省会并通商口岸繁盛镇埠，咸立大报馆，择购西报之尤善者，分而译之。译成除恭缮进呈御览，并咨送京外大小衙门外，即广印廉售，布之海内。其各省政俗土宜，亦由各馆派人查检，随时报闻；则识时之俊日多，干国之才日出矣。五曰选派游历也。学徒既受学数年，考试及格者，当选高才，以充游历。游历之道有二。一游历各国，肄业于彼之学校，纵览乎彼之工厂；精益求精，以期大成。一游历各省，察验矿质、钩核商务、测绘舆地，查阅物宜，皆限以年期，厚给薪俸，随时著书，归呈有司。察其切实有用者，为之刊布，优加奖励。其游惰而无状者，官则立予降黜，士则夺其出身。数年之后，则辅轩绝域之士，斐然成章；郡国利病

之书，备哉粲烂矣。或疑近年两次所派游历学生，未收大效。不知前者所派游历乃职官，而非学童。在中国既未经请求，至外洋亦未尝受学；故事涉空衍，寡有所成。其所派学生，又血气未定；读中国书太少，遽游历绝域，易染洋风；虽薄有技能，亦不适于用。今若由学堂选充，两弊俱免。其所成就，必非前此之所能例也。夫既有官书局、大学堂以为之经，复有此五者以为之纬，则中人以下皆可自励于学；而奇才异能之士，其所成就益远且大。十年以后，贤俊盈廷，不可胜用矣。以修内政，何政不举？以雪旧耻，何耻不除？上以恢列圣之远猷，下以慑强邻之狡启；道未有急于是者。若仰蒙采择，乞饬下中外大臣，妥议章程，取旨施行。臣愚一得之见，是否有当，伏乞皇上圣鉴、训示。谨奏。

兹附列总理各国事务衙门遵旨议复一折于左：

（议复李侍郎推广学校折）奏为遵旨议奏事。光绪二十二年五月初二日军机处钞交刑部左侍郎李端棻奏请推广学校以励人才一折，本日奉上谕著该衙门议奏。钦此。臣等查该侍郎原奏所陈各节，大抵以时事多艰，人才惟乏；朝廷之旁求虽切，荐剡之奇杰罕闻。因推原于立学之方，育才之术，蕲以树风声而开趋向，浅学扩其闻见，通才益使精研。其在于今，诚为切要。综观环球各国三十年来，莫不以兴教劝学为安内攘外之基；崇学者积治以富强，虚伪者积衰以贫弱。事如操券，成效炳然。则今日广励学官，诚属自强本计。惟是施行宜为之次第，条理必致极精详。近日风气大开，士崇新学。词林郎署，愿就同文馆肄业者，颇不乏人。外间各省书院，亦多有斟酌时宜，于肄业经古以外，增加算学制造诸课者。臣衙门于去年十二月，议复御史陈其璋推广学堂奏内，请旨饬下沿江沿海将军督抚，于已设学堂者，量为展拓，未设学堂者，择要仿行，听令官绅集赀，奏明办理。亦即该侍郎所谓推广学校，励人才而资御侮之意。

业经奉旨通行各省遵办在案。如内地各府县绅耆，闻风向慕，自可由督抚酌拟办法，或就原有书院，量加程课，或另建书院，肄习专门。果使业有可观，三年后由督抚奏明该衙门再行议定章程，请旨考试录用，以昭激劝。其藏书楼、仪器院、译书馆三节，均可于新立学堂中兼举并行。西人报例有专谈时务者，有专谈艺学者。时务之报，译者尚多；艺学之报，译者寥寥，而为用甚广，亦不妨令学堂中选择译之，以收知新之助。凡此皆朝廷所乐为鼓舞。惟在地方官之劝导有方，而兴学校以嘉惠士林；要仍视人士之乐于向学。若地方自安僻固，无意请求；虽加提倡，固亦无益也。该侍郎所请选派游历一节，与臣衙门奉派同文馆学生出洋学习，所议章程大意略同。游历诚多多益善，而过多亦虑经费之难支。应请嗣后游历学生，由学堂选派者，即由学堂筹给资斧；由商局选派者，即由商局筹给资斧。出洋时仍由督抚给与文凭，到洋后仍由出使大臣一体照料。推广之中，仍存限制；庶几事无窒碍，可以经久常行。以上各节，均系就臣衙门奏定成案，量与扩充。如蒙俞允，恭俟命下，即由臣衙门通行各省，责令实力奉行，以期得收实效。至该侍郎所请于京师建设大学堂，系为扩充官书局起见，应请旨饬下管理书局大臣，察度情形，妥筹办理。所有臣衙门遵议缘由，理合恭折具陈，伏乞皇上圣鉴，训示遵行，谨奏。

至于管理官书局大臣孙家鼐复奏，对于设置大学堂，亦表赞同，并列举应注意者数事：一曰，宗旨宜先定，谓当以中学为主，西学为辅，中学为体，西学为用。二曰，学堂宜加造也，谓不可不崇体制，先建大学堂一区，容大学生百人，四围分建小学堂四所，每所容小学生三十人。三曰，学问宜分科也，谓拟分立十科：（一）天算科，算学附焉；（二）地学科，矿学附焉；（三）道学科，各教源流附焉；（四）政学科，西国政治及律例附焉；（五）文学科，各国语

言文字附焉；（六）武学科，水师附焉；（七）农学科，种植水利附焉，（八）工学科，制造格致各学附焉；（九）商学科，轮舟铁路电报附焉；（一〇）医学科，地产植物化学附焉。又大学堂学生，年以二十五岁为度，以中学西学一律赅通者为上等，中学通而略通西学者次之，西文通而粗通中学者又次之。其学生来源有三，即：（1）由同文、方言各馆调取，（2）由内外各衙门咨送，（3）由举贡生监曾学西文者自行取结招考。

（8）革新学制

清代自咸同以来，为适应需要，零零星星，创设新式学堂，业有多所，惟其间并无系统，不能构成一种革新学制。戊戌维新失败后，慈禧复出主政，一时虽废除许多新政，独于办理新式学堂一事，以其由来已久，并非光绪帝与其维新派所发动，故仍保全不废。及光绪二十六年拳乱后，创深痛巨，内则强有力之疆吏纷纷进言，外则列强之督责纷至，乃不得不推广新学堂，视为救亡之惟一途径。因是清廷于光绪二十七年，即新政挫折后之第三年，谕令各省将书院改为高等学堂或大学堂，各府书院改为中学堂，各县书院改为小学堂；然未见诸实行。其次年管学大臣张百熙奏定学校章程，又次年癸丑（光绪二十九年）命孙家鼐、张百熙、张之洞三人会同审定，通令全国实行。光绪三十一年明诏废八股、罢科举，并设立学部，统辖全国学堂。此一革新学制草案大部分以日本学制为蓝本，经过二十九年修正后，自下至上，为初等小学堂三年，高等小学堂四年，中学堂五年，高等学堂三年，大学堂四年，通儒院三或四年。此外尚有旁系之初级师范学堂、优级师范学堂、中等实业学堂及高等实业学堂等。

当上举奏定学堂章程颁布时，尚未订定明确之教育宗旨。及学部成立后，其次年即光绪三十二年三月乃奏请宣布教育宗旨，谓：

“教育之系于国家密且大矣。若欲审度宗旨，以定趋向，自必深察国势民风强弱贫富之故，而后能涤除陋习，造就全国之民。”因定忠君、尊孔、尚公、尚武、尚实为教育宗旨，认为前二者乃“中国政教之所固有，而亟宜发明，以拒异说者”，后三者乃“中国民质之所最缺，而亟宜箴砭，以图拔起者”。同年四月奉谕公布。

第二节 游学

括有（1）幼童出洋留学，（2）闽厂学生出洋学习，（3）留学日本潮三目。分列资料如左：

（1）幼童出洋留学

（曾国藩李鸿章会奏拟选子弟出洋学艺折）国藩上年在天津办理洋务，经前江苏巡抚丁日昌奉旨来津会办，屡与臣商榷，拟请聪颖幼童，送赴泰西各国书院，学习军政船政步算制天诸书，约计十余年，业成而归。使西人擅长之技，中国皆能谙习，然后可以渐图自强。且谓携带幼童前赴外国者如四品衔刑部主事陈兰彬，江苏候补同知容闳，皆可胜任等语。臣国藩深韪其言，曾于上年九月、本年正月，两次附奏在案。臣鸿章复往返函商，窃谓自斌春及志刚、孙家穀两次奉命游历各国，于海外情形，业已窥其要领。如舆图、算法、步天、测海、造船、制器等事，无一不与用兵相表里。凡西人游学他国，得有长技者，归即延入书院，分科传授，精益求精。其于军政船政，直视为身心性命之学。今中国欲仿效其意，而精通其法；当此风气既开，似宜亟选聪颖子弟，携住外国肄业，实力讲求，以仰副我皇上徐图自强之至意。查美国新立和约第七条，内载嗣后中国人欲入美国大小官学习学各等文艺，须照相待最优国人民一体优待。又美国可以在中国指准外国人居住地方，设立学堂；中国人亦可在美国一体照办等语。本年春间，美国公使过天津时，臣鸿章

面与商及，允俟知照到日，即转致本国，妥为照料。三月间，英国公使来津接见，亦以此事有无相询。臣鸿章当以实告，意颇欣许。亦谓先赴美国学习；英国大书院极多，将来亦可随便派往。此固外国人所深愿，似于和好大局，有益无损。臣等伏思外国所长，既肯听人共习，志刚、孙家穀又已导之先路，计由太平洋乘轮船径达美国，月余可至，当非甚难之事。或谓天津上海福州等处，已设局仿造轮船枪炮军火，京师设同文馆选满汉子弟，延西人教授，又上海开广方言馆，选文童肄业；似中国已有基绪，无须远涉重洋。不知设局制造，开馆教习，所以图振奋之基也。远适肄业，集思广益，所以收远大之效也。西人学求实济，无论为士为工为兵，无不入塾读书，共明其理，习见其器，躬亲其事，各致其心思巧力，递相师授，期于月异而岁不同。中国欲取其长，一旦遽图尽购其器，不惟力有不逮，且此奥窔中苟非遍览久习，则本原无由洞彻，而曲折无以自明。古人谓学齐语者须引而置之庄岳之间。又曰百闻不如一见，此物此志也。况诚得其法而归，触类引伸；视今日所为孜孜以求者，不更扩充于无穷耶？惟是试办之难有二：一曰选材，一曰筹费。盖聪颖子弟，不可多得，必其志趣远大，品质朴实，不牵于家累，不役于纷纭者，方能远游异国，安心学习，则选材难。国家帀项，岁有常额，增此派人出洋肄习之款，更须措办，则筹费又难。凡此二者，臣等亦深知其难，第以成山始于一篑，蓄艾期于三年。及今以图，庶他日继长增高，稍易为力。爰饬陈兰彬、容闳等，悉心酌议，加以复核。拟派员在沪设局，访选沿海各省聪颖幼童，每年以三十名为率，四年计一百二十名。分年搭船赴洋，在外国肄习十五年后，按年分起挨次回华。计回华之日，各幼童不过三十岁上下，年力方强，正可及时报效。闻前闽粤宁波子弟，亦时有赴洋学习者，但止图识粗浅洋文洋话，以便与洋人交易，为衣食计。此则入选之初，

慎之又慎。至带赴外国，悉归委员管束，分门别类，务求学术精到。又有翻译教习，随时课以中国文义；俾识立身大节，可冀成有用之材。虽未必皆为伟器，而人才既众，当有瑰异者出乎其中。此拔十得五之说也。至于通计费用，首尾二十年，需银百二十万两，诚属巨款。然此款不必一时凑拨，分析计之，每年接济六万，尚不觉其过难。除初年盘川发给委员携带外，其余指有定款，按年预拨，交与银号陆续汇寄，事亦易办。总之，图事之始，固不能予之甚吝，况远适异国，储才备用，更不可以经费偶乏，浅尝中辍。近年来设局制造，开馆教习，凡西人擅长之技，中国频知究心。所需经费，均蒙谕旨准拨；亦以志在必成，虽难不惮，虽费不惜。日积月累，成效渐有可观。兹拟选派聪颖子弟赴外国肄业，事虽稍异，意实相同。谨将章程十二条，恭呈御览。合无仰恳天恩饬下江海关于洋税项下，按年指拨，勿使缺乏。恭候命下，臣等即饬设局挑选聪颖子弟，妥慎办理。如有章程中未尽事宜，并请饬下总理衙门酌核更改。臣等亦可随时奏请更正。所有拟选聪颖子弟，前赴泰西各国肄习技艺缘由，谨合词恭折具陈。

稍后又由李鸿章单衔奏拟派员携带幼童出洋，并应办事宜疏如左：

窃臣等拟选聪颖子弟前赴泰西各国肄习技艺，以培人才，业于十年七月初三日专折会奏在案。旋准总理衙门复奏，不分满汉子弟，择其质地端谨，文理优长，一律送往。每年所需薪水膏火，准于江海关洋税项下借拨等因；知照前来。伏查挑选幼童出洋肄业，固属中华创始之举，抑亦古来未有之事。所有携带幼童委员，联络中外，事体重大，拟之古人出使绝域，虽时地不同，而以数万里之遥，需之二十年之久，非坚忍耐劳，志趣卓越者，不足以膺是选。查有奏调来江之四命衔刑部候补主事陈兰彬，夙抱伟志，以用世自命。挹

其容貌，则粥粥若无能，绝不矜才使气；与之讨论时事，皆洞烛几微，盖有远略，而具内心者。又运同衔江苏候补同知容闳，前在花旗等处最久，而志趣深远，不为习俗所囿。同治二年曾派令出洋购买机器。该员练习外洋风土人情，美国尤熟游之地，足以联外交而窥秘钥。以上二员，上次折内业经奏明，均堪胜任。相应请旨饬派陈兰彬为正委员，容闳为副委员，常川驻扎美国，经理一切事宜。此时不敢遽请奖叙，将来办有成效，再由臣等从优酌保。至挑选幼童，应在上海先行设局。头批出洋后，即挑选次年之第二批。又挑选第三年第四年各批。与出洋之员呼吸相通。查有盐运使衔候补知府刘翰清，渊雅纯笃，熟悉洋务，业经檄令总理沪局事宜。所有驻洋及在沪两局，中外大小事件，由陈兰彬等互相商办，各专责成。兹将臣等前奏所未及者，酌拟应办事宜，开列清单，恭呈御览，仰恳天恩，饬下总理衙门核复施行。

附出洋应办事宜六条：

一，挑选幼童，不分满汉子弟，年十二岁至二十岁为率，收录入局。由沪局委员查考中学西学，分别教导。将来出洋后肄习西学，仍兼讲中学，课以孝经小学五经及国朝律例等书。随资高下，循序前进。每遇房虚昴星等日，正副二委员传集各童宣讲圣谕广训，示以尊君亲上之义，庶不至囿于异学。

一，幼童选定后，取具年貌籍贯，暨亲属甘结，收局注册。在沪局肄习，以六个月为率，察看可以造就，方准资送出洋。仍由沪局送册报明通商大臣，转咨总理衙门查考。至洋局课程，以四个月考验一次。年终分别等级报查。其成功则以十五年为率。中间艺成后游历两年，以验所学。然后回至内地，听候总理衙门酌量器使，奏明委用。此系选定官生，不准半涂而废，亦不准入籍外洋。学成后不准在华洋自谋别业。

一，出洋委员及驻沪办事所有内外往来文件，应刊给关防。洋局之文曰，奏派选带幼童出洋肄业事宜关防。沪局之文曰，总理幼童出洋肄业沪局事宜关防。均经臣刊刻饬发，以资信守。

一，每年八月颁发时宪书，由江海关转交税务司递至洋局。恭逢三大节以及朔望等日，由驻洋之员，率同在事各员以及诸幼童望阙行礼，俾娴仪节，而昭诚敬。

一，出洋办事，除正副二委员外，拟用翻译一员，教习一员。查有五品衔监生曾恒忠，究心算学，兼晓沿海各省土音，堪充翻译事宜。光禄寺典簿附监生叶源浚，文笔畅达，留心事务，堪充出洋教习事宜。业由臣檄饬遵照。届时同正副委员一并前往。

一，每年需用经费，查照奏定章程，于江海关洋税项下指拨。洋局用款，下年应用之项，于上年六月前由上海道筹拨银两，眼同税务司汇寄外洋，交驻洋之员验收。其沪局用款，即交沪局总办支销。惟原奏系二十年内共用一百二十万金，约计每年须六万两。而细加推算，分年应用之款，参差不齐，不能适符六万之数。如首数年沪上设局，幼童齐往，用款较巨。第四年竟至八万九千六百余两，末数年幼童已归，用款较减。第十九年仅需二万三千四百余两。此外各年递推，亦皆多寡悬殊，兹有陈兰彬等核开清单，某年应用银若干，交江海关道署存照，按年寄洋，仍由该道分析造报以昭核实。

按派幼童赴美游学，实为香山容闳氏所建议。容氏借教会西人之助，曾留学美国耶鲁大学，归国后，在地方襄办洋务。同治七年条陈当道，选聪颖子弟赴美国游学，以年龄十二至十四岁为度，留学期间为十五年。由政府派监督管理，并派中文教员补修国文。议上，层达曾国藩、李鸿章，得其赞同，于同治九年奏上清廷。十年设留学预备学堂于上海，十一年夏，第一批幼童三十人出国。嗣复分批续派。其监督初为陈兰彬容闳二人，管理认真，成绩甚佳。光

绪二年，清廷改任吴子登为监督。吴性顽固，痛诋留学生之学问道德，闻于朝；适美国禁止华工，有一顽固御史，借此奏请停办留学，并撤回所派学生。清廷竟从其请，于光绪七年，游学生百人被撤返国。虽未竟所业，而成材者尚不少。后来蜚声于政治外交之唐绍仪、梁敦彦及工程界之詹天佑等尤其表表者。

（2）闽厂学生出洋学习

此为北洋大臣李鸿章及南洋大臣沈葆桢于光绪二年会衔奏疏，就福建船政厂附设之前后学堂，选派学生分赴英法两国学习驾驶练兵，以三年至五年为期。所派学生年龄程度，均较前派赴美之幼童为长为高，留学时期亦远较幼童之十五年为短。此项学生多能终其学业，其杰出人材有严复，详见于本章第三节之译书事项。此项游学生计选派二次。第一次三十名，第二次十四名。兹录其奏稿于左：

（闽厂学生出洋学习折）奏为选派华洋监督，率领闽厂学生出洋学习，以储人才而重防务，恭折仰祈圣鉴事。窃臣葆桢前于同治十二年十一月奏陈船工善后事宜折内请于闽厂前后学堂，选派学生分赴英法两国学习制造驾驶之方，及推陈出新练兵制胜之理；速则三年，迟则五年，拟令船厂监督日意格详议章程，经总理衙门议请敕下南北洋大臣会商熟筹等因。奉旨依议钦此，钦遵在案。旋因台湾有事，倥偬未及定议。上年臣等筹议海防折内，于出洋学习一事，龂龂焉不谋同辞。及臣日昌臣赞诚先后接办船政，察看前后堂学生内秀杰之士，于西人造驶诸法多能悉心研究。亟应遣令出洋学习，以期精益求精。臣等往返函商，窃谓西洋制造之精，实源本于测算格致之学。奇才叠出，月异日新。即如造船一事，近时轮机铁胁，一变前模。船身愈坚，用煤愈省，而行驶愈速。中国仿造，皆其初时旧式。良由师资不广，见闻不多。官厂艺徒虽已放手自制，止能循规蹈矩，不能继长增高。即使访询新式，孜孜效法，数年而后，

西人别出新奇，中国又成故步。所谓随人作计，终后人也。若不前赴西厂观摩考索，终难探制作之源。至如驾驶之法，近日华员亦能自行管驾，涉历风涛。惟测量、天文、沙线、遇风、保险等事，仍未得其深际。其驾驶铁甲兵船，于大洋狂风巨浪中，布阵应敌，离合变化之奇，华员皆未经见，自非目接身亲，断难窥其秘钥。查制造各厂，法为最盛；而水师操练，英为最精。闽厂前堂学生，本习法国语言文字，应即令赴法国官厂学习制造，务令通船新式轮机器具，无一不能自制，方为成效。后堂学生，本习英国语言文字，应即令赴英国水师大学堂，及铁甲兵船，学习驾驶，务令精通该国水师兵法，能自驾铁甲船于大洋操战，方为成效。如此分投学习，期以数年之久，必可操练成才，储备海防之用。至学生中有天资杰出，能习矿学化学及交涉公法等事，均可随宜肄业，惟人数既多，道里辽远，非遴选贤员，派充监督，不足以资统驭，而重责成。查有三品衔候选道李凤苞，学识闳通，志量远大；于西洋舆图算术，及各国兴衰源流，均能默讨潜搜；中外交涉要务，尤为练达，实属不可多得之才。以之派充华监督必能胜任。至访询各国官厂官学，安插学生，延请洋师，仍应有情形熟悉之员，联络维持，主客方无隔阂。臣葆桢原奏所称正一品衔闽厂监督日意格，前已回国；经臣等催调来华商办一切。该员久襄船政，条理熟谙；于船厂学生情谊亦能融洽，以之派充洋监督，必可胜任。六月间李凤苞、日意格二员来津禀商，臣鸿章适有烟台之役，即携该员等同往。饬令筹议章程。滇案结后，曾将该员等所议各节，钞送总理衙门核夺。兹经臣等再四讨论，复与李凤苞日意格切实核减学生员数，以三十名为度。肄习年限以三年为度；责以成效，严定赏罚。出洋经费分年汇解；约共需银二十万两。此项经费，必应筹定有著之款。臣鸿章前议由闽省额拨南北洋海防项下，酌提动用，先尽厘金拨解；厘金不敷，即在

闽海四成洋税项下，就近凑拨。旋准福州将军臣文煜咨称，闽关四成洋税，暂无存款；俟第六十五结届满，再行核数拨解等因。新授闽浙督臣何璟，过保定时，面与臣商一切，亦深以为然。兹由臣日昌函致臣鸿章，议定由闽省厘金项下，筹银十万两，闽海关四成洋税项下，筹银五万两，船政经费项下，匀拨银五万两。此项二十万之数均已议有著落，查照分年汇解章程，第一年七万三千两有奇，第二年六万两有奇，第三年五万八千两有奇，并游历及应支教习脩金等费，随时核计拨汇。闽力虽甚拮据，必能酌量缓急，以符定议。应请于海防额饷内作正开销。查西洋各国，均以中国遣人赴彼学习，为和好证验。前派幼童赴美国，英使即有该国大书院极多，将来亦可随时派往之语。秋间滇案议结时，臣鸿章面告威妥玛，以拟遣学生赴英学习，该使允俟总理衙门知照到日，转致本国外部。九月间威妥玛回国过晤，臣复与商明照办。惟该国兵船定例稍严，闻日本近时已有七人在英兵船学习。臣在烟台阅视洋操，即见有日本武弁在英国铁甲船随同操演。今议学生分班送往，又有郭嵩焘等驻英商办，当无碍难之处。至法使白来尼屡以日意格办船有效为言，此举亦该使所深愿。现拟令该监督等率同学生于明年正月启行，应请敕下总理衙门，迅速分别知照英法驻京公使，令其转达本国妥为照料。臣鸿章于本年三月间，因并员李劢协回国之便，派令武弁卞长胜等七人，同赴德国军营学习兵技。当时未派监督，心甚悬念。此次李凤苞出洋，饬令该员按三个月一次，由轮车驰赴德国，兼查卞长胜等功课，并请总理衙门酌量照会德国驻京公使，一体知照办理。近自同治十二年筹遣幼童赴美学习之后，上年日意格回国，臣葆桢遣学生数名随往游学。本年臣鸿章又遣卞长胜等赴德学习。此次又派李凤苞等率领学生分赴英法两国。从此中国端绪渐引，风气渐开，虽未必人人能成，亦可拔十得五，实于海防自强之基，不无裨益。

谨将臣等筹议船政学生出洋章程及经费数目，分缮清单，恭呈御览，仰恳饬下总理衙门核准施行。

附选派船政学生出洋肄业章程十条：

一，奏派华洋监督各一员，不分正副，会办出洋肄业事务。俟挈带生徒到英法两国时，两监督公同察看大学堂、大官厂，应行学习之处，会同安插；订请精明教习指授。如应调赴别厂，或更换教习，仍须会商办理。其督课约束等事，亦责成两监督，不分畛域。如遇两监督分驻英法之时，则应分投照顾。其华员及生徒经费归华监督支发，洋员洋教习及华文案经费归洋监督支发。每年底由两监督将支发各数，会衔造报。凡调度督率，每事必会同认真探讨，和衷商榷，期于有成。万一意见不合，许即据实呈明通商大臣、船政大臣察夺。

一，选派制造学生十四名，制造艺徒四名，交两监督带赴法国学习制造。此项学生既宜另延学堂教习课读，以培根柢；又宜赴厂习艺，以明理法，俾可兼程并进，得收速效，以备总监工之选。其艺徒学成后，可备分厂监工之选。凡所习之艺，均须极新极巧。倘仍习老样，则惟两监督是问。如有他厂新式机器，及炮台兵船营垒矿厂应行考订之处，由两监督随时酌带生徒量给，其第一年除酌带量给外，其余生徒可以无须游历。第二第三两年约以每年游历六十日为率，均不必尽数同行，亦不必拘定时日。

一，选派驾驶学生十二名，交两监督带赴英国学习驾驶兵船。此项学生应赴水师学堂先习英书，并另延教习指授枪炮水雷等法。俟由两监督陆续送格林回次抱士穆德大学院肄习其间，并可带赴各厂及炮台兵船矿厂游历，约共一年。再上大兵船大铁甲船学习水师各法约二年，定可有成。但上兵船额可援日本派送肄业之例，陆续拔尤，分班派送五六人。其未到班者，仍留大学堂学习。既上兵船，

须照英国水师规制，除留辫发外，可暂改英兵官装束。其费由华监督归经费项下支给，内有刘步蟾林泰曾二名，前经出洋学习，此次赴英，即可送入大兵船肄业。

一，制造生徒赴法国官学官厂学习，驾驶学生赴英国格林回次抱士穆德学堂，并铁甲大兵船学习；应请总理衙门先行分别照会驻京之英法公使咨会本国外务院，准照办理。其英国学习各事，或再由中国驻英钦差大臣就近咨商办理。两项学生每个月由华洋监督会同甄别一次，或公订专门洋师甄别，并由华监督酌量调考华文论说，其学生于闲暇时宜兼习史鉴等有用之书，以期明体达用。所有考册，由两监督汇送船政大臣，转咨通商大臣备核。其驻洋之期，以抵英法都城日起，计满三年为限。未及三年之前四个月，两监督考验学成者送回供差。其中若有数人将成未成，须续学一年或半年者，届时会同禀候裁夺。总以制造者能放手造作新式船机，及全船应需之物，驾驶者能管驾铁甲兵船，回华调度布阵。并有专门洋师考取，给予确据者，方为成效。如一切办无成效，将监督议处。

一，制造驾驶两项学生之内，或此外另有学生愿学矿务化学及交涉公法等事者，由两监督会商挑选，就其才质所近，分别安插学习，支给教习脩金。仍由两监督随时抽查功课，令将逐日所习详记送核，亦以三年为期。学成后公订专门洋师考验确实，给有的据，送回供差。

一，两监督及各项生徒，自出洋以迄回华，凡一切肄习功课，游历见闻，以及日用晋接之事，均须详注日记。或用药水印出副本，或设循环簿递次互换，总以每半年汇送船政大臣查核，将簿中所记由船政抄咨南北洋大臣复核。或别国有便益新样之船身机轮及一切军火水陆机器，由监督随时探明觅取图说，分别绘译，务令在洋生徒考究精确，实能仿效。一面将图说汇送船政衙门察核，所需各费，

作正开销。

一，各项生徒，如遇所订教习不能认真指教，或别有不便之处，应随时诉明华监督，会同洋监督察看确实，妥为安置。若该生徒无故荒废，不求进益，有名无实，及有他项嗜好者，均由两监督会商，分别留遣严究。其员生每月家信二次信资，以及医药等费，作正开销。或延洋医或延驻洋钦使之官医，或应另请派拨医生，均于到洋后酌定。万一因攻苦积劳，致有不测之事，则运回等费，作正开销，并给薪费一年半，仍酌量情节，禀请附奏，以示优恤。如有闻讣丁忧者，学生在洋守制二十七日，另加恤赏，饬该家属具领。

一，此次选派生徒，应由监督溯查考绩，详加验看；如有不应出洋，滥收带往，不能在官学官厂造就，以致剔回者，其回费由监督自给。倘生徒赴洋后，有借词挟制情事，因而剔回者，即将挟制实在情形禀请抵华后查明惩究，如咎不在监督者，仍开报回费；实系因病遣回者，不在此例。

一，两监督和衷会办，当互相觉察。万一华监督有敷衍塞责等情弊，而洋监督不行举发者，咎各相等。查有扶同确据，即分别照会咨行，随时撤换，不必俟三年期满。如果事事实际，生徒多优异者，将两监督专折奏请奖叙。

一，此次所议章程，总以三年学有成效为限。若三年后或从此停止，或另开局面，均由船政大臣通商大臣会商主裁，外人不得干预。

(3) 留学日本潮

此系指光绪二十四年，戊戌维新挫败后，青年不满于清廷之顸颟。于此冲击之下，又以日本蕞尔三岛战胜中国，实因明治维新成功之故，故与其远赴欧美，所费不赀，语文尤为隔阂，不如改取就近游学日本之捷径。彼时日本书籍所用汉字占极大成分，梁任公所主张和文汉读法，一月小成，数月大成，确有几分真实性。因之，

渐渐掀起初次的留学日本潮。及至光绪三十年日俄战争，翌年结束，日本大胜，我国朝野益形惊讶，而归功于日本的新教育，于是更鼓起第二次留学日本潮，一时多至万人。日本更为我国初到的留学生，增设专校专科，使年事已长，且不通日本语文者，并可借通译而受课。此等学生，中多年事既长，甚至已有官职者，而其国文亦多足观；于是纵使对于新学识未能深入，业已借其增进之见闻，而增进其协助或发动新政之能力。因此，此时期的留日学生，所以贡献于国家社会者，实远较留学美英法等国者为大。

第三节　译书

括有：(1) 江南制造局，(3) 官书局，(3) 私人译书，(4) 私人建议。分述如左：

(1) 江南制造局

同治四年，曾国藩、李鸿章设江南制造局于上海，附设译书局。除制造局工作不在本章论述范围，姑予从略外，至译书局，即针对制造局之工作范围，以兼通中西文字之国人，或借西人口述，国人笔记，翻译种种有关造船、制械，以及理工方面之基本科学图书，为数多至百数十种，远过于北京同文馆所译之部数。

(2) 官书局

此为光绪二十一年总理各国事务衙门奏请设立，并请派大员管理，经于二十二年正月二十一日奉上谕，派孙家鼐管理。旋由孙氏奏拟官书局开办章程疏如后：

(奏官书局开办章程疏) 奏为请旨事。光绪二十二年正月二十一日奉上谕总理各国事务衙门奏，新设官书局请派大员管理一折。著派孙家鼐管理。钦此。臣恭奉谕旨，朝夕筹思，且与原办书局诸臣悉心酌度，谨拟开办章程，分条胪列，恭呈御览。一、藏书籍。拟

设藏书院，尊藏列朝圣训钦定诸书，及各衙门现行则例，各省通志，河漕盐厘各项政书；并请准其咨取储存度列其古今经史子集有关政术学业者，一切购置院中，用备留心时事讲求学问者入院借观，恢广学识。一、刊书籍。拟设刊书处译刻各国书籍。举凡律例公法商务农务制造测算之学，及武备工程诸书，凡有益于国计民生与交涉事件者，皆译成中国文字，广为流布。一、备仪器。拟设游艺院，广购化学电学光学诸新机，矿质地质动物植物各异产，分别部居，逐门陈列，俾学者心摹手试，考验研求，了然于目，晓然于心。将来如制造船只枪炮等事，可以别材质之良窳，物价之低昂，用法之利钝，不致受人朦蔽。一、广教肄。拟设学堂一所，延精通中外文理者一人为教习。凡京官年力富强者，子弟之姿性聪颖安详端正者，如愿学语言文字及制造诸法，听其酌出学资，入馆肄习。一、筹经费。总理衙门原奏，每月拨银一千两。查局中用款，以延教习翻书籍为大宗。此外译报及书手匠役人等工价伙食，费亦不赀。每月千两，只供各项之用。至于购买图籍仪器等款，尚无所出。原办零星招股，过于冗碎，自应遵照原奏，酌核收纳。现在事属创行，需款数难预定。惟有就现有经费，次第兴办，总以撙节为充拓之基，切戒滥费，以收实济。一、分职掌。上年部院诸臣设书局，仓猝举办，即草定规模，议事尚未画一。今拟将局中诸务各分职掌，庶心志专一，可期日起有功。所有在局办事诸臣，职名另单开呈御览。一、刊印信。拟刻一木质关防，文曰管理官书局大臣之关防。凡向总理衙门领取经费，及有行文事件，即以此为凭信，以上七条，如蒙俞允，臣即敬谨遵行，即从本日开办。臣窃惟同治初年总理衙门请设立同文馆，讲求泰西诸国文字，令翰詹部院各官一体入馆习练。维时议论纷纭，人情疑阻，风气未开，事因中止。后虽经总理衙门设法招徕，入馆生徒略有成就，而读书明理之人从事其中者绝少；遂

致中外间隔，彼己不知，仓猝应机，动多舛误。近者倭人搆衅，创巨痛深。一二文人学士，默参消息，审知富强之端，基乎学问，讲肄所积，爰出人才；砥砺奋兴，消除畛域；期以洞中外之情形，保国家于久大。此与同治初年设立同文馆之意实相表里，诚转移风气一大枢纽也。臣开办初章，事归简要；未尽事务，渐图扩充。其藏书刊书游艺学堂诸所，稽查诸员，考其课业，综理诸员，总其纲维。各期敬业乐群，尊贤尚齿；善资群议，术集众长，庶几成材者扩会通过半之思，志学者得师友观摩之益。至局中用款，惟延请翻译钞写书籍典收文簿登记帐目及工匠制造之人发给薪水。此外与办局务翰詹科道部院诸臣，皆出于诚恳之心，忠勤之念，但期创开风气，增广见闻，为异日报效国家之用，臣亦鉴其初心，亦概不请奖叙，不支薪资。至印送各路电报，只选择有用者照原文钞录，不加议论。凡有关涉时政臧否人物者，概不登载，以符总理衙门原奏。所有议立条款，请旨遵办缘由，谨缮折具陈。伏乞皇上圣鉴训示。谨奏。

"同治初年恭邸奏开同文馆，倭文端公抗疏力争，遽尼成议。假使斯局开于三十年前，向之肄业编检皆位卿孤矣。用以更新百度，力图富强；安见不能驾泰西诸国而上之。吁！"。

就上文所称，官书局之任务，除藏书籍、刊书籍为其当然职责外，关于备仪器、广教肄两事均似超出其范围。然以一官书局而派大学士孙家鼐管理自不免有扩充职掌之可能。除备仪器一项，限于每月千两之经费，自无从办理外，其广教肄一项，遂引起总署对于李端棻奏请兴办大学堂一案，亦请交官书局核议，自无怪其结果仅止于核议而已。至其应有职掌之刊书籍一项，实际上尚远不如江南制造局之多。

（3）私人译书

严复，字几道，一字又陵，光绪二年以福建船政学堂学生，由

沈葆桢派往英国海军学校研究战术及炮台之学，旁及哲学及社会科学。归国后，任教于北洋海军学校。庚子拳乱，避居上海七年，从事外国名著之汉译，有天演论、穆勒名学、群学肄言、群己权界论、原富、法意、社会通诠、名学浅说九种，其译文典雅，为世所称道。自目前读书界视之，或以为汉文过于艰深，实则在彼时言之无文，行之不远之原则下，其影响于士大夫阶级至为重大。

（4）私人建议

有高凤谦翻译泰西有用书籍议一文，可为代表。凤谦字梦旦，福建闽侯人，曾任留日学生监督，光绪末年加入商务印书馆编译所，继张菊生（元济）为商务印书馆第二任编译所所长，以热心翻译外国名著，而西文非其所长，后来曾坚邀胡适之继其任。适之于民国十年暑期来所试办两月后，嫌编译行政过繁，力辞，并举余为代。余亦试办二三月，尚觉勉能胜任，遂开始了余与该馆半世纪之关系。梦旦谢世后，余曾著有我所认识的高梦旦先生一文（现列入拙著谈往事）。兹将梦旦在清末所著翻译泰西有用书籍议一文附后：

（翻译泰西有用书籍议）有声音而后有言语，有言语而后有文字。然五方之声音，长短高下，清浊疾徐，既万有不齐；言语文字即因以俱异。有王者起，患天下之不一，以同文为先。于是读书之士，挟方寸之简，上下千年，纵横万里，无所不可通。夫而后中国之文字汇于一。其环中国而处者，如日本朝鲜各邦，虽用中国之文字，犹不能无所异同。况泰西违绝数万里，千岁未通者耶；互市以来，天下竞尚西学，竞习西文，然而音义诡异，则学之难也。教授乏人，则师之难也。由官设学，则周遍之难也。由民自学，则经费之难也。文义深远，则成功之难也。国不一国，则兼通之难也。惟以译书济之，则任其难者不过数十人，而受其益者将千万人而未已。泰西有用之书，至蕃至备，大约不出格致政事两途。格致之学，近

人犹知讲求，制造局所译多半此类。而政事之书，则鲜有留心，译者亦少。盖中国之人震于格致之难，共推为泰西绝学；而政事之书，则以为吾中国所固有，无待于外求者。不知中国之患，患在政事之不立，而泰西所以治平者，固不专在格致也。况格致之学各有附隶，非制造之人不能学，即学之亦无所用，且需仪器以资考验，非徒据纸上之空谈。若夫政事之书，剖析事理，议论时政，苟通汉文者无不能学。果能悉力考求各国政事之得失，兵力之强弱，邦交之合离，俗尚之同异，何国当亲，何国当疏，何事足以法，何事足以戒，无不了了于胸中。遇有交涉之事，办理较有把握。即欲兴一新治，亦不至事事仰鼻息于人，或反为愚弄。此翻译政事之书，所以较之格致为尤切也。译书之要有二：一曰谐名物。泰西之于中国，亘古不相往来，即一器一物之微，亦各自为风气。有泰西所有，中国所无者；有中国所有，泰西所无者；有中西俱有，而为用各异者。至名号则绝无相通，译者不能知其详，以意为之名，往往同此一物，二书名异。且其物为中国所本有者，亦不能举中国之名以实之。更有好更新名，强附文义，以为博通；令人耳目炫乱，不知所从。宜将泰西所有之物，如六十四原质之类，及一切日用常物，一一考据其于中国所有者，以中名名之；中国所无者则遍考已译之书，择其通用者用之；其并未见于译书者，则酌度其物之原质与其功用，而别为一名。凡泰西所用之物，用中字西字详细胪列，刊为一书。颁布通行后之译者，以此为准，不得更改其他。权衡度量，国各不同，亦宜定为一表，如英磅合中权若干，法迈合中尺若干，详为条举，以附前书之后。（中西权衡度量表一书，金陵亦有刻表，但考据未尽精详耳。）一曰谐声音。名物制度，有义可寻；虽有异同，犹可稽考。地名人名，有音无义，尤为混杂。西人语言，佶屈聱牙；急读为一音，缓读为二三音。且齐人译之为齐音，楚人译之为楚音；故同一名也，

百人译之而百异，即一人译之而前后或互异。瀛寰志略中所载国名之歧，多至不可纪极。宜将罗马字母编为一书，自一字至十数字，按字排列，注以中音。外国用英语为主，以前此译书多用英文也。中国以京语为主，以天下所通行也。自兹以后，无论以中译西，以西译中，皆视此为本，即一二音不尽符合，不得擅改，以归画一。此书若成，可与名物之书相辅而行。译者俱有所据。若将此二书呈之译署，请旨颁行，饬令各省译局及私家撰述，一体遵照，尤为利便。此二者译书之根本也。若译书之人，必兼通中西文而后可。其有专精西文者，可以文士辅之。传曰：言之无文，行而不远。必使所译之书质而不流于俗，博而不伤雅。

右文选自皇朝经世文新编，未载撰著年月；然文中有“若将此二书呈之译署”（即总理各国事务衙门之别称）。查该衙门于光绪二十七年（一九〇一年）改组为外务部。是则撰此文时至少当在是年以前。查商务印书馆创办于光绪二十三年，梦旦之加入该馆至少在其创办后五年。是则此文之作或在驻日留学生监督任内。彼时汉译日文书籍正在高潮，梦旦独重汉译泰西有用书籍，显然表示其取法乎上之意。又强调主张译名译音之统一，殊为正确。然迄于七十余年后之今日，虽大学院曾有译名统一之发动，近年“国立”编译馆赓续其事，已陆续订定若干种专科译名，然于人地译名，尚多未臻统一，诚可慨也。

第二章　张之洞的教学思想

革新时代初期的教与学，皆系应时势之要求，头痛医头，脚痛医脚，初无一定的计画；故倡其议与负其举办之责者，非一人一时或一地。由办学而游学而译书，尤以所办之新式学堂，并无系统。最初为同治元年总理各国事务衙门在北京所设之同文馆，终之以京师大学堂，直至光绪二十八九年张百熙等所奏定之学堂章程，系统始粗具。本书第一章，所由以革新时代初期教学思想为名，列举诸家所倡办或倡议，而不如全书体例，以一人占一章者，即以此故。及至张之洞，始综合诸家之倡办倡议，并参以一己之见解，括入有关中外新旧之教与学主张，咸出于一人之手笔，不仅集其前与同时期之大成，且发挥不少独到之见。故以第二章专述张氏之教学思想，由是而转入于革新时代的另一新时期，即民国时代的教学思想。

一

之洞，字香涛，其生平行谊见清史本传如左：

直隶南皮人。少有大略，务博览为词章，记诵绝人。年十六，举乡试第一。同治二年成进士。廷对策不循常式，用一甲三名，授编修。六年，充浙江乡试副考官，旋督湖北学政。十二年，典试四川，就授学政。所取士多俊才。游其门者，皆私自喜得为学涂径。光绪初，擢司业，再迁洗马。之洞以文儒致清要，遇事敢为大言。俄人议归伊犁，与使俄大臣崇厚订新约十八条。之洞论奏其失，请

斩崇厚，毁俄约。疏上，乃褫崇厚职治罪；以侍郎曾纪泽为使俄大臣，议改约。六年，授侍讲，再迁庶子。复论纪泽定约执成见，但论界务，不争商务。并附陈设防练兵之策。疏凡七八上，往者词臣率雍容养望，自之洞喜言事，同时宝廷、陈宝琛、张佩纶辈，锋起纠弹时政，号为清流。七年，由侍讲学士擢阁学，俄授山西巡抚。当大祲后，首劾布政使葆亨、冀宁道王定安等黩货。举廉明吏五人。条上治晋要务。未及行，移督两广。八年，法越事起。建议当速遣师赴援，示以战意，乃可居间调解。因荐唐炯、徐延旭、张曜材任将帅。十年春入觐。四月，两广总督张树声解任，专治军。遂以之洞代。当是时，云贵总督岑毓英，广西巡抚潘鼎新，皆出督师。尚书彭玉麟治兵广东。越将刘永福者，故中国人，素骁勇，与法抗。法攻越未能下，复分兵攻台湾。其后遂据基隆。朝议和战久不决。之洞至，言战事，气自倍。以玉麟夙著威望，虚己听从之。奏请主事唐景崧募健卒出关，与永福相犄角。朝旨因就加永福提督，景崧五品卿衔。炯、延旭，亦皆已至巡抚当前敌；被劾得罪去，并坐举者。之洞独以筹饷械劳，免议。广西军既败于越，朝旨免鼎新，以提督苏元春统其军。而之洞复奏遣提督冯子材、总兵王孝祺等，皆宿将。于是滇越两军合扼镇南关，殊死战，遂克谅山。会法提督孤拔攻闽浙，炮毁其坐船，孤拔殪。而我军不知法愿停战，廷议许焉。授李鸿章全权大臣。定约，以北圻为界。叙克谅山功，赏花翎。之洞耻言和，则阴自图强。设广东水师学堂，创枪炮厂，开矿务局。疏请大治水师，岁提专款购兵舰。复立广雅书院，武备文事并举。十二年，兼署巡抚。于两粤边防控制之宜，辄多更置。著沿海险要图说上之。在粤六年，调补两湖。会海军衙门奏请修京通铁路，台谏争陈铁路之害，请停办。翁同龢等请试修边地，便用兵，徐会澧请收修德州、济宁路利漕运。之洞原修路之利……得旨报可。遂有

移楚之命。大冶产铁，江西萍乡产煤。之洞乃奏开炼铁厂汉阳大别山下，资路用，兼设枪炮钢药专厂。又以荆襄宜桑棉麻枲而饶皮革，设织布、纺纱、缫丝、制麻革诸局。佐之以堤工，通之以币政。由是湖北财赋称饶，土木工作亦日兴矣。二十一年，中东事棘，代刘坤一督两江。至则巡阅江防，购新出后膛炮，改筑西式炮台，设专将专兵领之。募德人教练，名曰江南自强军。采东西规制，广立武备、农工商、铁路、方言、军医诸学堂。寻还任湖北。时国威新挫，朝士日议变法，废时文改试策论。之洞言废时文非废五经四书也，故文体必正，命题之意必严。否则，国家重教之旨不显，必致不读经文，背道忘本，非细故也。今宜首场试史论及本朝政法，二场试时务，三场以经义终焉；各随场去留而层递取之，庶少流弊。又言武科宜罢骑射刀石，专试火器。欲挽重文轻武之习，必使兵皆识字，励行伍以科举。二十四年政变作。之洞先著劝学篇以见意，得免议。二十六年，京师拳乱，时坤一督两江，鸿章督两广，袁世凯抚山东，要请之洞同与外国领事定保护东南之约。及联军内犯，两宫西幸，而东南幸无事。明年，和议成，两宫回銮。论功，加太子太保。以兵事粗定，乃与坤一合上变法三疏。其论中国积弱不振之故，宜变通者十二事，宜采西法者十一事。于是停捐纳，去书吏，考差役，恤刑狱，筹八旗生计，裁屯卫，汰绿营，定矿律、商律、交涉律，行银圆，取印花税，扩邮政。其尤要者，则设学堂，停科举，奖游学。皆次第行焉。二十八年，充督办商务大臣，再署两江总督。有道员私献商人金二十万为寿，请开矿海州，立劾罢之。考盐法利弊，设兵轮缉私，岁有赢课。明年入觐，充经济特科阅卷大臣。厘定大学堂章程毕，仍命还任。陛辞奏对，请化除满汉畛域，以彰圣德，遏乱萌。上为动容。旋裁巡抚，以之洞兼之。三十二年晋协办大学士。未几，内召，擢体仁阁大学士，授军机大臣，兼管学部。三十

四年，督办粤汉铁路。德宗暨慈禧皇太后相继崩，醇亲王载沣监国摄政。之洞以顾命重臣，晋太子太保。逾年，亲贵浸用事，通私谒，议立海军。之洞言海军费绌，可缓立，争之不得。会亲贵举津浦铁路总办人选。之洞谓舆情不属。监国摄政王曰：不属又若何？之洞对曰：民且激变。监国曰：吾不畏也，有兵在。之洞退而叹曰：不意今日闻亡国之言。遂得疾卒，年七十三。朝野震悼，赠太保，谥文襄，入祀贤良祠。之洞短身巨髯，风仪峻整。莅官所至，必有兴作，务宏大，不问费多寡。爱才好客，名流文士争趋之。在晋创令德堂，在蜀则尊经书院，在鄂则两湖书院，成就多士。管学部时，设立京师图书馆。又奏请将内阁大库档案，移庋学部，保存史料，厥功尤巨。所撰輶轩语及书目答问，亦为士林推重。任疆寄数十年，及卒，家不增一亩。

本章资料系根据张文襄公全集、劝学篇及南皮学案。其中所采资料以劝学篇为主。

二

本章分为（甲）为学之部与（乙）教育之部。

（甲）为学之部

括有（一）为学方针，（二）为学原则，（三）为学方法，（四）课业诸节。

○ 第一节　为学方针

本节仅一目，即：中西学与体用

（劝导篇循序）今欲强中国，存中学则不得不讲西学。然不先以中学固其根柢，端其识趣，则强者为乱首，弱者为人奴，其祸烈于不通西学者。

自中西学术接触以来，国人对于西学之态度，与其所悬拟的方

针，计先后有四种：其一，中学为主，西学为从。此为明代西洋历算输入中国，虽被接受，却视为附从之学，只认为在我国学术中，加入一个小小的末流。其二，中学为体，西学为用。此在革新的初期已有或显或晦之主张。至香涛始作明显而确定的表示，观其言“今欲强中国，存中学则不得不讲西学”，是已明认西学为用之重大，与明季视为附从或支流者不同。惟继言：“然不先以中学固其根柢，则其祸烈于不通西学者”，是又明言非先固根柢，即确定本体，不能收西学之功用也。其三，为全盘西化，即入民国以后，若干醉心西学之人所主张，然人数殊不多。其四，为中西学并重，即最近发展之趋势，盖鉴于西洋物质文明高度发达，而其伦理道德多趋于堕落。今“总统”蒋先生秉承国父遗教，指出伦理、民主、科学为复兴中华文化之三大支柱。其中第一项为我国之特长，第三项为西洋之特长，第二项为中西共同之目标。我国在思想上由来很古，嗣为独裁政制所掩，民国成立以来开始复兴；然在习行上，尚有待于力争上游，西洋或其中之民主国家，习行既久，牢不可破，足资取法。是则互有长短，择善而从，故中西并重，实为最中正之方针。香涛所提倡之“中学为体，西学为用”，纵不如中西并重之更合理想，尚不失为兼顾之道也。

○ 第二节　为学原则

括有（1）劝学，（2）守约，（3）智愚与存亡诸目。其说如左：

（1）劝学

（劝学篇自序）昔楚庄王之霸也，以民生在勤箴其民，以日讨军实儆其军，以祸至无日训其国人。夫楚当春秋鲁文宣之际，土方辟，兵力强，国势方张，齐晋秦宋无敢抗颜行。谁能祸楚者？何为而急迫震惧如是之皇皇也？君子曰：不知其祸，则辱至矣；知其祸，则福至矣。今日之世变，岂特春秋所未有，抑秦汉以至元明所未有也。

语其祸，则共工之狂，辛有之痛，不足喻也。庙堂旰食，乾惕震厉；方将改弦，以调琴瑟，异等以储将相。学堂建，特科设；海内外志士发愤扼腕，于是图救时者言新学，虑害道者守旧学，莫衷于一。旧者因噎而食发，新者歧多而羊亡；旧者不知通，新者不知本。不知通则无应敌制变之术，不知本则有非薄名教之心。夫如是，则旧者愈病新，新者愈厌旧；交相为愈，而恢诡倾危乱名改作之流，遂杂出其说，以荡众心。学者摇摇，中无所主；邪说暴行，横流天下。敌既至无与战，未至无与安。吾恐中国之祸，不在四海之外，而在九州之内矣。窃维古来世运之明晦，人才之盛衰，其表在政，其里在学。不佞承乏两湖，与有教士化民之责。夙夜兢兢，思有所以裨助之者；乃规时势，综本末，著论二十四篇，以告两湖之士。海内君子，与我同志，亦所不隐。内篇务本以正人心，外篇务通以开风气。内篇九。曰同心，明保国保教保种为一义。手足利则头目康，血气盛则心志刚，贤才众多，国势自昌也。曰教忠，陈述本朝德泽深厚，使薄海臣咸怀忠良，以保国也。曰明纲，三纲为中国神圣相传之至教，礼政之原；本人禽之大防，以保教也。曰知类，闵神明之胄裔，无沦胥以亡，以保种也。曰宗经，周秦诸子，瑜不掩瑕；取节则可，破道勿听，必折衷于圣也。曰正权，辨上下，定民志，斥民权之乱政也。曰循序，先入者为主，讲西学必先通中学，乃不忘其祖也。曰守约，喜新者甘，好古者苦；欲存中学，宜治要而约取也。曰去毒，洋药涤染，我民斯活，绝之使无萌楠也。外篇十五。曰益智，昧者来攻，迷者有凶也。曰游学，明时势，长志气，扩见闻，增才智，非游历外国不为功也。曰设学，广立学堂，储为时用，为习帖括者击蒙也。曰学制，西国之强，强以学校；师有定程，弟有适从；授方任能，皆出其中，我宜择善而从也。曰广译，从西师之益有限，译西书之益无方也。曰阅报，眉睫难见，苦药难尝；知

内弊而速去，知外患而豫防也。曰变法，专己习常，不能自存也。曰变科举，所习所用，事必相因也。曰农工商学，保民在养，养民在教；教农工商，利乃可兴也。曰兵学，教士卒不如教将领，教兵易练，教将难成也。曰矿学，兴地利也。曰铁路，通血气也。曰会通，知西学之精意，通于中学，以晓固蔽也。曰非弭兵，恶教逸欲，而自毙也。曰非攻，教恶逞小忿，而败大计也。二十四篇之义，括之以五知。一知耻，耻不如日本，耻不如土耳其，耻不如暹罗，耻不如古巴。二知惧，惧为印度，惧为越南，缅甸，朝鲜，惧为埃及，惧为波兰。三知变，不能变法；不变其法，不能变器。四知要，中学考古非要，致用为要；西学亦有别，西艺非要，西政为要。五知本，在海外不忘国，见异俗不忘亲，多智巧不忘圣。凡此所说，窃尝考诸中庸，而有合焉。鲁弱国也。哀公问政，而孔子告之曰，好学近乎知，力行近乎仁，知耻近乎勇。终之曰，果能此道矣，虽愚必明，虽柔必强。兹内篇所言，皆求仁之事也。外篇所言，皆求智求勇之事也。夫中庸之书，岂特原心杪忽，校理分寸而已哉！孔子以鲁秉礼而积弱；齐邾吴越皆得以兵侮之。故为此言，以破鲁国臣民之聋聩，起鲁国诸儒之废疾，望鲁国幡然有为，以复文武之盛。然则无学、无力、无耻，则愚且柔；有学、有力、有耻，则明且强。在鲁且然，况以七十万方里之广，四百兆人民之众者哉？吾恐海内士大夫狃于晏安，而不知祸之将及也。故举楚事。吾又恐甘于暴弃，而不复求强也，故举鲁事。易曰：其亡其亡，系于苞桑。惟知亡，则知强矣。

本文于新旧中外，备述其调和之意，如谓“旧者因噎而食废，新者歧多而羊亡；旧者不知通，新者不知本；不知通则无应敌制变之术，不知本则有非薄名教之心”。是则香涛对于新旧之观念可知。如谓“其表在政，其里在学”，是则香涛对于政与学之观念可知。劝

学篇全文二十四篇，分为内篇九，外篇十五。内篇括有同心，教忠，明纲，知类，宗经，正权，循序，守约，去毒等。外篇括有益智，游学，设学，学制，广译，阅报，变法，变科举，农工商学，兵学，矿学，铁路，会通，非弭兵、非攻等。而总之以自序。由此可知香涛之新旧参用也。闻光绪二十八年政变作，香涛因先著劝学篇以见意，得免议。

(2) 守约

(劝学内篇守约第八）儒术危矣。以言乎迩，我不可不鉴于日本；以言乎远，我不可不鉴于战国。昔战国之际，儒术几为异学诸家所轧。吾读司马谈之论六家要指，而得其故焉。其说曰：儒家者流，博而寡要，劳而少功。何以寡要少功，由于有博无约，如此之儒，止可列为九流之一耳。焉得为圣？焉得为贤？老诟儒曰：绝学无忧。又以孔子说十二经为大谩。墨诟儒曰：累寿不能尽其学。墨子又教其门人公尚过不读书。法诟儒曰：藏书策，修文学，用之则国乱。大率诸子所操之术，皆以便捷放纵，投世人之所好，而以繁难无用诬儒家。故学者乐闻而多归之。夫先博后约，孔孟之教所同；而处今日之世变，则当以孟子守约施博之说通之。且孔门所谓博，非今日所谓博也。孔孟之时，经籍无多，人执一业，可以成名，官习一事，可以致用；故其博易言也。今日四部之书，汗牛充栋，老死不能遍观而尽识。即以经而论，古言古义，隐奥难明；讹舛莫定。后师群儒之说解，纷纭百出，大率有确解定论者，不过什伍而已。沧海横流，外侮洊至，不讲新学，则势不行；兼讲旧学，则力不给。再历数年，苦其难而不知其益，则儒益为人所贱，圣教儒书浸微浸灭，虽无嬴秦坑焚之祸，亦必有梁元文武道尽之忧；此可为大惧者矣。尤可患者，今日无志之士，本不悦学；离经畔道者，尤不悦中学。因倡为中学繁难无用之说，设淫辞而助之攻，于是乐其便而和

之者益众，殆欲立废中学而后快。是惟设一易简之策以救之，庶可以间执仇中学者之口，而解畏难不学者之惑。今欲存中学，必自守约始。守约必自破除门面始。爰举中学各门求约之法，条列于后；损之又损，义主救世，以致用当务为贵，不以殚见洽闻为贤。十五岁以前，诵孝经、四书、五经正文，随文解义；并读史略、天文、地理、歌括图式诸书，及汉唐宋人明白晓畅文字有益于今日行文者。自十五岁，始以左方之法，求之。统经史诸子理学政治地理小学各门，美质五年可通，中材十年可了。若有学堂专师，或依此纂成学堂专书，中材亦五年可了；而以其闲兼习西文，过此以往，专力讲求时政，广究西法。其有好古研精不骛功名之士，愿为专门之学者，此五年以后，博观深造，任自为之。然百人入学，必有三五人愿为专门者；是为以约存博，与子夏所谓博学近思，荀子所谓以浅持博，亦有合焉。大抵有专门著述之学，有学堂教人之学；专门之书，求博求精，无有底止，能者为之，不必人人为之也。学堂之书，但贵举要切用，有限有程，人人能解，且限定人人必解者也。将来入官用世之人，皆通晓中学大略之人，书种既存，终有萌蘖滋长之日。吾学吾书，庶几其不亡乎。

所谓守约，系指首先通达中学之大指，只求其要，不求其详。其详则留待专家为之，其要则人人皆当为之。先明中学大指，然后讲求时政，广究西法，如此则中学为体、西学为用之目的可以达成；如此则表里政学之作用可以实现。

（3）智愚与存亡

（劝学篇下益智第一）自强生于力，力生于智，智生于学。孔子曰：虽愚必明，虽柔必强，未有不明而能强者也。人力不能敌虎豹，然而能禽之者，智也。人力不能御大水堕高山，然而能阻之开之者，智也。岂西人智而华人愚哉？欧洲之为国也多。群虎相伺，各思吞

噬，非势钧力敌，不能自存。故教养富强之政，步天测地格物利民之技能，日出新法，互相仿效，争胜争长。且其壤地相接，自轮船铁路畅通以后，来往尤数，见闻尤广，故百年以来，焕然大变，三十年内，进境尤速。如家处通衢，不问而多知，学有畏友，不劳而多益。中华春秋战国三国之际，人才最多，累朝混一以后，傫然独处于东方，所与邻者，类皆陬澨蛮夷，沙漠蕃部，其治术学术无有胜于中国者。惟是循其旧法，随时修饬，守其旧学，不逾范围，已足以治安而无患，迨去古益远，旧弊日滋，而旧法旧学之精意渐失。今日五洲大通，于是相形而见绌矣。假使西国强盛开通，适当我圣祖高宗之朝，其时朝廷恢豁大度，不欺远人，远识雄略，不囿迂论，而人才众多，物力殷阜，吾知必已遣使通问，远游就学。不惟采其法师其长，且可引为外惧，借以儆我中国之泄沓，戢我中国之盈侈。则庶政百能，未必不驾而上之。乃通商用兵，待至道光之季，其时西国国势愈强，中国人才愈陋，虽被巨创，罕有儆悟……士之智也；种宜土化，农具粪料，农之智也；机器之用，物化之学，工之智也；访新地，创新货，察人国之好恶，较各国之息耗，商之智也；船械营垒，测绘工程，兵之智也。此教养富强之实政也。非所谓奇技淫巧也。华人于此数者，皆主其故常，不肯殚心力以求之。若循此不改，西智益智，中愚益愚，不待有吞噬之忧，即相忍相持，通商如故，而失利损权，得粗遗精，将冥冥之中，举中国之民，已尽为西人之所役矣。役之不已，吸之朘之不已，则其究必归于吞噬而后快。是故智以救亡，学以益智。士以导农工商兵。士不智，农工商兵不得而智也；政治之学不讲，工艺之学不得而行也。大抵国之智者，势虽弱，敌不能灭其国；民之智者，国虽危，人不能残其种。求智之法如何？一曰去妄，一曰去苟。固陋虚憍，妄之门也；侥幸怠惰，苟之根也。二蔽不除，甘为牛马土芥而已矣。

本文主旨在“力生于智，智生于学”二语。智生于学，中外无不承认，至谓力生于智，则正如西方所盛道之 Knowledge is Power，盖智识可以产生力量与权力。“人力不能敌虎豹，然而能禽之者，智也”。智出于学，人之所以亟亟为学者，为自存必需之要求也。欧洲因壤地相接，竞争甚亟，故生息于其间之人，不得不兢兢为学，非好学也，局势所迫也；且由于竞存之需要，其所为学，必为有用之实学无疑。我国春秋战国三国之际，人才最多，其情形殆相同。惟自国内统于一尊，四境又多为落后民族，为学目的既非出于竞存，即肯为学，不免转向于虚浮方面。苟安之习既养成，一旦与强有力、智尤广之欧洲民族接触，几何不沦于挫败？因此，挽救的唯一方法，便是学，便是求智，便是借此加强国力。

○ 第三节 为学方法

括有（1）为学用心，（2）择术二目。其说如左：

（1）为学用心

（创建尊经书院记）诸生问曰：有依课计功，而无所得者，何也？曰不用心之咎也。平日嬉娱，临课而搜索枵腹，日日课试无益也。翻书抄撮，姑以塞责，检之不能得，读之不能句，摘之不得其起止；抄考据之书，不能辨其孰为引证语，孰为自下语也；抄记事之书，不了然此事之原委也。如此则抄之而仍忘，引之而不解，虽日日抄书，无益也。作为文章，以剿袭为逸，以储材为劳。读近人浅俗之文，则喜；古集费神思，则厌。甘仰屋以课虚，不肯学古而乞灵。虽日日为词章，无益也。用心之状，古书虽奥必求其通，不能通者，考之群书，勿病其繁；问之同学，不以为耻。文章纵苦涩，勿因人纵蹈摹古之讥，勿染时俗之习。如此而不效，未之有也。说用心第七。

用心与否系为学成败之关键。平日嬉娱，不肯日日读书者，专

赖临时抱佛脚，固然无所成就，即表面上日日为学，而不能用心者，亦未必有何成果。盖不能用心者，抄书而仍忘，引书而不解；虽日日抄书无益也。凡能用心者，古书虽奥，必求其通，不能通之，考之群书，勿病其繁；问之同学，不以为耻。总之，为学方法，不计林林总总，要以能用心为主。

(2) 择术

(创建尊经书院记) 诸生问曰：志在读书矣，宜读何书？曰：在择术。宜择何术？曰，无定。经史、小学、舆地、推步、算术、经济、诗古文辞，皆学也。无所不通者，代不数人。高材或兼二三，专门精求其一。性有所近，志有所存；择而为之，期于必成。非博不通，非专不精。说择术第三。

此言学的范围甚广，无所不通者，寥寥无几。纵属高材，亦只能兼通二三，若求专精，当集中于一。学者当就性之所近，志之所存，专择其一，集中精力为之，务期必成。为学之初，非博涉不能通达，及粗有成就，则非专不精，此择术之所以重要也。

○ 第四节　课业

括有 (1) 中学大略，(2) 保存国粹二目，其说如左：

(1) 中学大略

(劝学内篇守约) 学堂专书，中材五年可了，而以其间兼习西文。过此以往，专力讲求时政，广究西法。其有好古研精不骛功名之士，愿为专门之学者，此五年以后博观深造，任自为之。然百人入学，必有三五人愿为专门者。是为以约存博，与子夏所谓博学近思，荀子所谓以浅持博，亦有合焉。大抵有专门著述之学，有学堂教人之学。专门之书，求博求精，无有底止。能者为之，不必人人为之也。学堂之书，但贵举要切用，有限有程，人人能解，且限定人人必解者也。将来入官用世之人，皆通晓中学大略之人。书种既

存，终有萌蘖滋长之日。吾学吾书，庶几其不亡乎？

一，经学通大义。切于治身心治天下者，谓之大义。凡大义必明白平易，若荒唐险怪者，乃异端非大义也。易之大义，阴阳消长；书之大义，知人安民；诗之大义，将顺其美，匡救其恶；春秋大义，明王道，诛乱贼；礼之大义，亲亲尊尊贤贤；周礼大义，治国治官治民，三事相维。此总括全经之大义也。如十翼之说易，论孟左传之说书，大小序之说诗，孟子之说春秋，戴记之说仪礼，皆所谓大义也。欲有要而无劳，约有七端：一明例，谓全书之义例；一要指，谓今日尤切用者，每一经少则数十事，多则百余事；一图表（诸经图表，皆以国朝人为善，谱与表同）；一会通，谓本经与群经贯通之义；一解纷，论先儒异义，各有依据者，择其较长一说主之，不必再考，免耗日力（大率国朝人说而后出者较长）；一阙疑，谓隐奥难明，碎义不急者，置之不考；一流别，谓本经授受之源流，古今经师之家法。以上七事，分类求之，批郤导窾，事半功倍。大率群经以国朝经师之说为主；易则程传与古说兼取；论孟学庸，以朱注为主，参以国朝经师之说；易止读程传及孙星衍周易集解；书止读孙星衍尚书今古文注疏；诗止读陈奂毛诗传疏；春秋左传止读顾栋高春秋大事表；春秋公羊传止读孔广森公羊通义；春秋穀梁传，止读钟文丞穀梁补注；仪礼止读胡培翚仪礼正义；周礼止读孙诒让周礼正义；礼记止读朱彬礼记训纂；论孟除朱注外，论语有刘宝楠论语正义，孟子有焦循孟子正义，可资考证古说，惟义理仍以朱注为主；孝经即读通行注本，不必考辨；尔雅止读郝懿行尔雅义疏；五经总义止读陈澧东塾读书记，王文简（引之）经义述闻；说文止读王筠说文句读。以上所举诸书，卷帙已不为少；全读全解，亦须五年。宜就此数书中，择其要义先讲明之，用韩昌黎提要钩元之法，就元本加以钩乙标识（但看其定论，其引征辨驳之说，不必措意）。若照前说七端，节录纂集，

以成一书，皆采旧说，不参臆说一语；小经不过一卷，大经不过二卷。尤便学者。此为学堂说经义之书，不必章释句解，亦不必录本经全文。师以是讲，徒以是习；期以一年或一年半毕之。如此治经，浅而不谬，简而不陋；即或废于半涂，亦不至全无一得，有经义千余条，以开其性识，养其本根；则终身可无离经畔道之患。总之，必先尽破经生著述之门面，方肯为之。然已非村塾学究，科举时流之所能矣。

一，史学考治乱典制。史学切用之大端有二：一事实，一典制。事实择其治乱大端，有关今日鉴戒者考之，无关者置之；典制择其考见世变，可资今日取法者考之，无所取者略之。事实求之通鉴。通鉴之学，约之以读记事本末。典制求之正史二通。正史之学，约之以读志，及列传中奏议。二通之学，通典通考，约之以节本，不急者乙之，通考取十之三，通典取十之一，足矣。通志二十略，知其义例可也。考史之书，约之以读赵翼廿二史劄记。史评约之以读御批通鉴辑览。若司马公通鉴论，义最纯正，而专重守经；王夫之通鉴论宋论，识多独到，而偏好翻案。惟御批最为得中，而切于经世之用。凡此皆为通今致用之史学；若考古之史学，不在此例。

一，诸子知取舍。可以证发经义者，及别出新理而不悖经义者，取之；显悖孔孟者，弃之。说详宗经篇。

一，理学看学案。五子以后，宋明儒者递相沿袭，探索幽渺，辨析朱陆；掊击互起，出入佛老，界在微茫；文体多仿宗门语录，质而近俚，高明者厌倦而不观，谨愿者惝恍而无得，理学不绝如线焉耳。惟读学案，可以兼考学行，甄综流派。黄梨洲明儒学案成于一手，宗旨明显，而稍有门户习气；全谢山宋元学案，成于补辑，选录较宽，而议论持平。学术得失，了然易见。两书甚繁，当以提要钩元之法读之。取其什之二即可。通此两书，其余理学家专书可

缓矣。惟朱子语类原书甚多，学案所甄录者，未能尽见朱子之全体真面，宜更采录之；陈兰甫东塾读书记，朱子一卷最善。

一，词章读有实事者。一为文人，便无足观；况在今日，不惟不屑，亦不暇矣。然词章有奏议书牍记事之用，不能废也。当于史传及专集总集中，择其叙事述理之文读之；其他姑置不读。若学者自作，勿为钩章棘句之文，勿为浮诞嵬琐之诗，则不至劳精损志矣。

一，政治书读近今者。政治以本朝为要；百年以内政事，五十年以内奏议，尤为切用。

一，地理考今日有用者。地理专在知今：一形势，一今日水道，一物产，一都会，一运道，一道路，一险要，一海陆边防，一通商口岸。若汉志之证古，水经注之博文，姑俟暇日考之可也。考地理必有图，以今图为主，古图备考。此为中学地理言；若地球全形、外洋诸国，亦须知其方域广狭，程途远近，都会海口，寒暖险易，贫富强弱；按图索之，十日可毕，暂可不必求详。重在俄法德英日本美六国，其余可缓。

一，算学各随所习之事学之。西人精算，而算不足以尽西艺，其于西政更无与矣。天文地图、化力光电、一切格致制造，莫不有算；各视所业何学，即习何学之算，取足应用而止。如是则得实用而有涯涘。今世学人治算学者，如李尚之、项梅侣、李壬叔诸君，专讲算理，穷幽极微，欲卒其业，皓首难期；此专家之学，非经世之具也。

一，小学但通大旨大例。中学之训诂，犹西学之翻译也。欲知其人之意，必先晓其人之语：去古久远，经文简奥，无论汉学宋学，断无读书而不先通训诂之理。近人厌中学者，动诋训诂，此大谬可骇者也。伊川程子曰：凡看文字，先须晓其文义，然后可求其意；未有文义不晓而见意者也。朱子曰：训诂则当依古注。又曰：后生

且教他依本子，认得训诂文义分明为急；今人多是躐等妄作，诳误后生，其实都晓不得也。又曰：汉儒可谓善说经者，不过只说训诂，使人以此训诂玩索经文。又曰：向议欲刊说文，不知韩丈有意否？因赞成之为佳。朱子所注各经，训诂精审，考据说文者甚多。潜夫论：圣为天口、贤为圣译，可谓善譬。若不通古音古义而欲解古书，何异不能译西文而欲通西书乎？惟百年以来，讲说文者终身钻研，汩没不反，亦是一病。要之，止须通其大旨大例，即可应用。大旨大例者，解六书之区分，通古今韵之隔阂，识古籀篆之源委，知以声类求义类之枢纽，晓部首五百四十字之义例，至名物无关大用。

在中学为体西学为用的方针下，凡智识分子除研究新学或专门学术外，至少须具备中学，即国学的始基或大略。据香涛的主张，在五年的中等学校阶段，于兼习西文之外，应修习中学大略，括有：（一）经学通大义，（二）史学考治乱典制，（三）诸子知取舍，（四）理学看学案，（五）政治书读近今者，（六）地理考今日有用者，（七）算学各随所习之事学之，（八）小学（即文字学）但通大旨大例。其中每项多作详细的说明，并指定应读之书。及其所读之分量，不必尽读。

（2）保存国粹

（创立存古学堂折）窃谓今日环球万国学堂，皆最重国文一门。国文者，本之文字语言历古相传之书籍也；即间有时势变迁，不能适用者，亦必存而传之，断不肯听其断灭。至本国最为精美擅长之学术技能、礼教风尚，则尤为宝爱护持，名曰国粹，专以保存为主。凡此皆所以养其爱国之心思，乐群之情性。东西洋强国之本原，实在于此，不可忽焉。夷考尚书云：“惟土物爱，厥心臧聪，听祖考之彝训”。盖必知爱其土物，乃能爱其乡土，爱其本国；如此则为存心

良善，方能听受祖考之教训。是知必爱国敬祖其心，乃为善；若反是则为不善也。中国之圣经贤传，阐明道德，维持世教，开启神智，尊显乡邦；固应与日月齐光，尊奉传习。即列朝子史事理博赅，各体词章、军国资用，亦皆文化之辅翼，宇宙之精华；岂可听其衰微，渐归泯灭？谨查光绪二十九年钦定学堂章程内，学务纲要第十一条，即系重国文，以存国粹；言之已详。臣自前两年回鄂以来，体察学堂情形，所有现派各学堂各监学，及中文之经学史学算学图学中国地理中国词章等各门教员，皆系臣在楚所设经心两湖两书院中之都讲高材，分布各处。该生等中学素有根柢，人品向来端纯，深知宗法圣贤，兼以博览典籍。故此次分派各学堂职业，以及赶学速成师范，补习普通，派赴外洋游历考察学务，均有可用之人。但通省学堂需人甚多。且京师调取，以及各省索取络绎不绝，外出太多，已觉不敷应用。诚恐数年以后，经心两湖旧学生年齿已长，或仕宦登朝，或有事外出；学堂建设日广，需用教员管理员日众，旧日学生日稀，将何以取资应用？而中文中学向来义理精深，文词雅奥；新设学堂学生，所造太浅，仅可为初等小学国文之师，必至高文专门学，普通中学，优级师范，高等小学，皆无教国文专门之教员。倘高等以下各学堂之中学既微，中师已断，是所有国文之经史词章无人能解，无人能教，然则将来所谓大学专门，岂非徒托空言？既无周秦传经之名师，安有两汉立学之博士。窃恐不免有经籍道熄，纲沦法斁之忧。言念及此，不胜大惧。查经心书院乃臣从前提学湖北时所建，专为令诸生通经学古而设；所出人才，蔚然称盛。兹即将经心书院故址，改为存古学堂。将屋宇量加修改添造，务期合法；建造书库，多储中国旧学图书、金石、名人翰墨、前代礼器；专聘博通中学经史诸子词章各门学问之师儒为教员，选取中学较优之生，收入此堂肄业，即专习此数门。数门之中，经学为一门，应于群经

中认占一部。说文、尔雅学、音韵学，亦附此门内。史学为一门，应于廿四史及通鉴通考中认占一部。本朝掌故，即附此门内。词章为一门，金石学书法学亦附此门内。以上或经或史无论认习何门，皆须兼习词章一门。而词章之中，但专习一种即为合格，或散文，或骈文，或古诗古赋皆可；兼习者，听博览为一门，凡习经史词章三门者，后四年皆须同习博览一门。以学堂本应选取高等小学毕业者升入，特以目前初等高等小学尚未造有成才，应特就各学生员考选，不拘举贡廪增附，皆可。至监生童生皆不收录。惟总须年在三十五岁以下。如犯有嗜好者，一律禁止屏绝。其课程虽与各学堂稍异，至其与学堂同者则规矩整肃，衣冠画一；讲授皆在讲堂，问答写于粉牌；每日兼习兵操。出入有节，起居有时，课程钟点有定，会食应客有章；皆与现办文武各学堂无异，与旧日书院积习绝不相同。其中虽间有年长身弱者，柔软体操，器械体操，兵式体操，均应一律演练。惟各项体操中，其练习过难，用力过猛者，免其肄习。要之孔子所言温故而知新一语，实为千古教育之准绳。所谓故者，非陈腐顽固之谓也。盖西学之才智技能，日新不已；而中国之文字经史，万古不磨。新故相资，方为万全无弊。若中国之经史废，则中国之道德废；中国之文理词章废，则中国之经史废。国文既无，而欲望国势之强，人才之盛，不其难乎？

我国古籍丰富，其文字往往不为现今学子所了解，因此，教授此类古籍之教师，不可不特别养成，否则后起者难为继，而蕴藏国粹之古籍，纵然存在，已非一般人所能诵解。香涛为供应此种人材，特设存古学堂以养成之。余意古籍之难读者，纵有充分的胜任教师，其讲授费时费事，且难详尽，似宜兼重对于古籍之整理，择其较重要而较难了解者，加以今注今译，则凡能读浅近文言或白话文者，得今注今译为助，自不难了解其内容，较诸养成少数教师，不仅可

以相辅并行，且收效尤广也。

（乙）教育之部

括有（一）育材制度，（二）分科教育，（三）教授法，（四）游学，（五）取士，（六）其他诸节。

○ 第一节　育材制度

括有（1）储才，（2）兴学概要，（3）学制借镜诸目。其说如左：

（1）储才

（奏旨修备储才折）凡九事：曰练陆军，曰治海军，曰造铁路，曰各省分设枪炮厂，曰广开学堂，曰讲商务，曰讲工政，日多选游历人员，曰预备巡幸之所。

本文为一般有关新政之建议；然其中广开学堂、练陆军、治海军、多选游历人员四项皆与储才攸关。除广开学堂及练陆军、治海军三项为储备文武人材之必要途径外，其多选游历人员，即所以使在职人员目击西方新的建设与措施，有如在职训练，而其所设施之训练，则为新的方面。甚至预备巡幸之所，亦无非使闭居深宫之帝王一开眼界，俾能接受新的措施，以有助于变法图强也。

（2）兴学概要

（劝学外篇设学第三）今年特科之诏下，士气勃然，濯磨兴起。然而六科之目，可以当之无愧，上副圣心者，盖不多觏也。去年有旨令各省筹办学堂，为日未久，经费未集，兴办者无多。夫学堂未设，养之无素，而求之于仓卒；犹不树林木而望隆栋，不作陂池而望巨鱼也。游学外洋之举，所费既巨，则人不能甚多。且必学有初基，理已明，识已定者，始遣出洋，则见功速而无弊。是非天下广设学堂不可。各省各道各府各州县皆宜有学。京师省会为大学堂，道府为中学堂，州县为小学堂。中小学以备升入大学堂之选。府县

有人文盛、物力充者，府能设大学、县能设中学，尤善。小学堂习四书，通中国地理，中国史事之大略，算数绘图格致之粗浅者。中学堂各事，较小学堂加深，而益以习五经，习通鉴，习政治之学，习外国语言文字。大学堂又加深加博焉。或曰天下之学堂以万数，国家安得如此之财力以给之？曰先以书院改为之。学堂所习，皆在诏书科目之内，是书院即学堂也，安用骈枝为？或曰：府县书院，经费甚薄，屋宇甚狭，小县尤陋，甚者无之；岂足以养师生，购书器？曰一县，可以善堂之地，赛会演戏之款，改为之；一族，可以祠堂之费改为之。然数亦有限，奈何？曰：可以佛道寺观改为之。今天下寺观，何止数万？都会百余区，大县数十，小县十余；皆有田产。其物业皆由布施而来，若改作学堂，则屋宇田产悉具，此亦权宜而简易之策也。方今西教日炽，二氏日微，其势不能久存。佛教已际末法中半之运，道家亦有其鬼不神之忧；若得儒风振起，中华乂安，则二氏固亦蒙其保护矣。大率每一县之寺观，取什之七以改学堂，留什之三以处僧道。其改为学堂之田产，学堂用其七，僧道仍食其三。计其田产所值，奏明朝廷旌奖，僧道不愿奖者，移奖其亲族以官职。如此，则万学可一朝而起也。以此为基，然后劝绅富捐赀以增广之。昔北魏太武太平真君七年，唐高祖武德九年，武宗会昌五年，皆尝废天下僧寺矣。然前代意在税其丁，废其法，或为抑释以伸老，私也。今为本县育才，又有旌奖，公也。各省荐绅先生，以兴起其乡学堂为急者，当体察本县寺观情形，联名上请于朝，诏旨宜无不允也。其学堂之法，约有五要。一曰，新旧兼学。四书五经中国史事政书地图为旧学，西政西艺西史为新学，旧学为体，新学为用，不使偏废。一曰，政艺兼学。学校地理，度支赋税，武备律例，劝工通商，西政也；算绘矿医，声光化电，西艺也。才识远大而年长者，宜西政；心思精敏而年少者，宜西艺。小学堂先

艺而后政，大中学堂先政而后艺。西艺必专门，非十年不成，西政可兼通数事，三年可得要领。大抵救时之计，谋国之方，政尤急于艺。然讲西政者亦宜略考西艺之功用，始知西政之用意。一曰，宜教少年学算须心力锐者，学图须目力好者，学格致化学制造须质性颖敏者，学方言须口齿清便者，学体操须气体精壮者。中年以往之士，才性精力已减，功课往往不能中程，且成见已深，难于虚受，不惟见功迟缓，且恐终不深求，是事倍而功半也。一曰，不课时文。新学既可以应科目，是与时文无异矣。况既习经书，又兼史事地理政治算学，亦必于时文有益。诸生自可于家习之，何劳学堂讲授，以分其才思夺其日力哉？朱子曰：上之人曾不思量，时文一件，学子自是著急，何用更要你教（语类卷一百九）。谅哉言乎。一曰，不令争利。外国大小学堂，皆须纳金于堂，以为火食束脩之费，从无给以膏火者。中国书院积习，误以为救济寒士之地，往往专为膏火奖赏而来；本意既差，动辄计较锱铢，忿争攻讦，颓废无志，紊乱学规，剽袭冒名，大雅扫地矣。今纵不能遽从西法，亦宜酌改旧规。堂备火食，不令纳费，亦不更给膏火。用北宋国学积分之法，每月核其功课分数多者，酌予奖赏。数年之后，人知其益，即可令纳费充用，则学益广，才益多矣。一曰，师不苛求。初设之年，断无千万明师。近年西学诸书，沪上刊行甚多，分门别类，政艺要领，大段已详。高明之士研求三月，可以教小学堂矣。两年之后，省会学堂之秀出者，可以教中学堂矣。大学堂初设之年，所造亦浅，每一省访求数人，亦尚可得。三年之后，新书大出，师范愈多，大学堂亦岂患无师哉？若书院猝不能多设，则有志之士，当自立学会，互相切磋。文人旧俗，凡举业楷书，放生惜字，赋诗饮酒，围棋叶戏，动辄有会；何独于关系身世安危之学而缓之？古人牧豕都养，尚可听讲通经，岂必横舍千间，载书兼两，而后为学哉？始则二三，渐

至什伯，精诚所感，必有应之于千里之外者。昔原伯鲁以不悦学而亡，越句践以十年教训而兴，国家之兴亡，亦存乎士而已矣。

上文所谓特科，当指光绪二十四年戊戌正月所开经济特科，距光绪二十八年香涛奉旨与孙家鼐、张百熙会商学堂章程之前四年。是则上文之兴学概要，当系香涛个人之私议。据称上年，即光绪二十三年有令各省筹办学堂，初无一定的系统与办法。香涛于上文主张京师省会办大学堂，道府办中学堂，州县办小学堂，并粗拟各级学堂课程，以及有关校舍经费师资等办法。除仍保持其中学为体西学为用的主张外，并建议西艺西政并重，惟小学堂先艺而后政，大中学堂先政而后艺。盖隐然已预垫四年后管学大臣张百熙所提出之学堂章程基础矣。

（3）学制借镜

（劝学外篇学制第四）外洋各国学校之制，有专门之学，有公共之学。专门之学，极深研几，发古人所未发，能今人所不能，毕生莫殚，子孙莫究。此无限制者也。公共之学，所读有定书，所习有定事，所知有定理，日课有定程，学成有定期（或三年，或五年），入学者不中程不止。惰者不得独少，既中程而即止，勤者不必加多。资性敏者同为一班，资性钝者同为一班；有间断迟误者附其后班。生徒有同功，师长有同教。此有限制者也。无事无图，无堂无算，师无不讲之书，徒无不解之义。师以已习之书为教，则师不劳；徒以能解之事为学，则徒不苦。问其入何学堂，而知其所习何门也；问其在学堂几年，而知其所造何等也。文武将吏，四民百艺；其学无不皆同。小学堂之书较浅，事较少，如天文地质绘图算学格致方言体操之类，具体而微。中学堂书较深，事较多（如小学堂地图则极略，仅具疆域山水大势，又进则有府县详细山水，又进则有铁路电线矿山教堂，余书仿此），方言则兼各国，算学则讲代数对数；于是化学医术政治，

以次而及，余事仿此。大学堂又有加焉。小学中学大学，又各分为两三等；期满以后，考其等第，给予执照。国家欲用人才，则取之于学堂，验其学堂之凭据，则知其任何官职而授之。是以官无不习之事，士无无用之学，其学堂所读之书，则由师儒纂之，学部定之，颁于国中；数年之后，或应增减订正，则随时修改之。其学堂之费，率皆出地方绅富之捐集，而国家略发官款以补助之。入学堂者但求成才，不求膏火；每人月须纳金若干，以为饮食束脩之费，贫家少纳，富家多纳。其官绅所筹学堂之费，专为建堂延师购书制器之用，不为学生膏奖。来学者既已出费，则必欲有所得而后归。学成之后，仕宦工商，各有生计，自无冻馁。此以教为养之法也。是以一国之内，当有小学数万区，中学数千，大学百数，由费不仰给于官，亦不尽仰给于绅故也。其善有三。出赀来学则不惰，志不在利则无争，官不多费则学广。苏子瞻沮新法学校之说曰：必将发民力以治宫室，敛民财以养游士。如西法所为，可无多费之虞矣。王介甫悔新法学校之误曰：本欲变学究为秀才，不谓变秀才为学究。如西法所为，可无变为学究之患矣。凡东西洋各国立学之法，用人之法，少异而大同；吾将以为学式。

此为香涛在提出其兴学概要以前，参考各国学制，作为借镜。在此以前，清政府兴学，皆系枝枝节节，有某种特别需要，即设某一种学堂，以养成需要之人材，并无系统化之意。香涛为谋新学制之系统化，故参考各国制度而折衷之。

○ 第二节　分科教育

括有（1）农工商学，（2）矿学，（3）兵学诸目，其说如左：

（1）农工商学

（劝学篇农工商学第九）石田千里，谓之无地；愚民百万，谓之无民。不讲农工商之学，则中国地虽广，民虽众，终无解于土满人

满之讥矣。劝农之要如何？曰讲化学。田谷之外，林木果实、一切种植、畜牧养鱼，皆农属也。生齿繁，百物贵，仅树五谷；利薄不足以为养。故昔之农患惰，今之农患拙；惰则人有遗力，所遗者一二，拙则地有遗利，所遗者七八。欲尽地利，必自讲化学始。周礼，草人掌土化之法，实为农家古义。养土膏，辨谷种，储肥料，留水泽，引阳光，无一不需化学。又须精造农具，凡取水杀虫，耕耘磨砻，或用风力，或用水力，各有新法利器，可以省力而倍收，则又兼机器之学。西人谓一亩之地，种植最优之利，可养三人。若中国一亩所产，能养一人，亦可谓至富矣。然化学非农夫所能解，机器非农家所能办。宜设农务学堂。外县士人，各考其乡之物产，以告于学堂。堂中为之考求新法新器，而各县乡绅有望者，富室多田者，试办以为之倡。行而有效，民自从之（上海农学报，多采西书，甚有新理新法；讲农政者宜阅之）。昔者英忌茶之仰给于华也，印度锡兰，讲求种茶，无微不至。自印茶盛行，茶市日衰，销路仅恃俄商；大率俄销十之八，英美销其一二。缘茶中含有一质，涩而兼香，西人名曰胆念。印茶惟胆念较华茶略少，故俄尚食华茶。若再数年，印茶日精，恐华茶无人过问矣。此茶户种茶不培，摘芽不早，茶商不用机器，烘焙无法之弊也。丝之为利，比茶尤多。十年以前，西洋各国用华丝者十之六；三年以内，日本丝销十之六，意国丝十之三，华丝仅十之一。且本贵则价难减，价昂则销愈滞；此由养蚕者不察病蚕，售茧者多搀坏茧。茧耗既多，成本自贵之弊也。外国种棉，分燥土湿土两种，长茎宜湿地，短茎宜燥地，种植疏阔，故结实肥大。洋布洋纱，为洋货入口第一大宗，岁计价四千余万两。自湖北设织布局以来，每年汉口一口进口洋布，已较往年少来十四万匹。特是洋纱最精，有至四十号者，而华棉绒短纱粗，以机器纺之，仅能纺至十六号纱止。以故不能与洋纱洋布敌；购洋棉子种之，多不

蕃茂。此由农夫见小，种棉过密，又不分燥湿之弊也。麻为物贱，南北各省皆产；然仅供缉绳作袋之用，川粤江西，仅能织夏布耳。西人运之出洋，搀以棉则织成苎布；搀以丝则织为绸缎。其利数倍。此由沤浸无术，不能去麻胶又无搀丝之法之弊也。丝茶棉麻四事，皆中国农家物产之大宗也。今其利尽为他人所夺，或虽有其货而不能外行，或自有其物而坐视内灌，愚懦甚矣。西法植物学谓土地每年宜换种一物，则其所吸之地质不同；而其根叶坏烂入土者，其性各别，又可以补益地力。七年一周，不必休息，而地方自肥；较古人一易再易三易之法，更为精微。此亦简显易行者也。工学之要如何？曰教工师。工者，农商之枢纽也。内兴农利，外增商业，皆非工不为功。工有二道，一曰工师，专以讲明机器学理化学为事，悟新理，变新式，非读书士人不能为，所谓智者创物也。一曰匠首。习其器、守其法、心能解、目能明、指能运，所谓巧者述之也。中国局厂良匠，多有通晓机器者，然不明化学算学，故物料不美，不晓其源，机器不合，不通其变。且自秘其技，不肯传授多人，徒以把持居奇鼓众生事为得计。此王制所谓执技事上，不与士齿者耳。今欲教工师，或遣人赴洋厂学习，或设工艺学堂，均以士人学之，名曰工学生。将来学成后，名曰工学人员，使之转教匠首。更宜设劝工场，凡冲要口岸，集本省之工作各物，陈列于中，以待四方估客之来观，第其高下，察其好恶，巧者多销，拙者见绌。此亦劝百工之要术也。商学之要如何？曰通工艺。夫精会计、权子母，此商之末，非商之本也。外国工商两业相因而成，工有成器，然后商有贩运，是工为体、商为用也。此易知者也。其精于商术者，则商先谋之，工后作之：先察知何器利用，何货易销，何物宜变新式，何法可轻成本，何国喜用何物，何术可与他国争胜；然后命工师，思新法，创新器，以供商之取求。是商为主，工为使也；此罕知者也。

二者相益，如环无端，中国之商惟听其自然而已。所冀者亿中之利，如博塞求赢，但凭时运；所分者坐贾之余，如刮毛龟背，虽得不多，虽有积货如阜，日赢千金，犹为西商役也。至劝商之要，更有三端。一曰译商律。商非公司不巨，公司非有商律不多。华商集股，设有欺骗，有司罕为究追，故集股难。西国商律精密，官民共守，故集股易。一曰自治。近年茶市虽敝，然仍是芽嫩无烟者，价高而速售；霉湿搀杂者，样盘抵换者，价亏而难销。若不求自治之方，而欲设总行以为合群持价之计；西商固必不听，群贩亦必不从。一曰游历。各省宜设商会，上海设一总商会；会中自举数人，出洋游历，察其市情货式，随时电告，以为制造贩运之衡。此较设外洋公司为易。夫学问之要，无过阅历；各国口岸，即商务之大学堂也。大抵农工商三事，互相表里，互相钩贯；农瘠则病工，工钝则病商，工商聋瞽则病农，三者交病，不可为国矣。至如驼羊之毛，鸡鸭之羽，皆弃材也；马牛之皮革，皆贱货也。西商捆载而去，制造而来，价三倍矣。水泥、火砖、火柴、火油、洋毡、洋纸、洋蜡、洋糖、洋针、洋钉，质贱用多而易造者也；事事仰给外人，而岁耗无算矣。然而以上诸事，非士绅讲之，官吏劝之不可。荀卿盛称儒效。而谓儒不能知农工商之所知，此末世科目章句之儒耳；乌睹所谓效哉？

香涛在上开论农工商学一文中，最后有：“荀卿盛称儒效，而谓儒不能知农工商之所知。此末世科目章句之儒耳，乌睹所谓效哉！”一语已道破我国传统教育不务实，而有澈底改革之必要。又概括言“农工商三事互相表里，互相钩贯；农瘠则病工，工钝则病商；工商聋瞽则病农，三者交病，不可为国矣”。香涛所主张兴办之新学，除适应其他需要而设置一般的及专业的学校外，其对于农工商之需要，则分别设置农工商专校，以养成所需的人材，实为适时与务实之主张。现今世界中若干小国或特殊地区，固有专赖工业或商业农业，

而维持其人民生计者，此以限于地势，不得不如是耳。但庞然大国，不可不谋各方面之自足，以免依赖他国。香涛之主张，实健全之主张，古今中外不宜忽视者也。

（2）矿学

（劝学外篇矿学第十一）矿学者，兼地学化学工程学三者而有之，其利甚博，而其事甚难。夫以浑浑土石，略见苗引；而欲测其矿质之优劣，矿层之厚薄，矿脉之横斜，施工之难易，是何异见垣一方，人之神术矣？西国矿师之精者，声价极重，不肯来华；其来者，中下驷而已。方今兴利之法，诚无急于此者。然华商既无数百万之巨赀，又无数十年之矿学，但凭西师一言，岂能骤集巨股？且无论何矿，非深不佳；水源不止一孔，石隔不止一层，资费耗尽，亦必中作而辍。若略备微资，姑用土法，遇水遇石，即已废然而返；是矿利终不可兴也。是惟有先讲实学，缓求速效之一法。今山东之矿，已为他人所笼；山西之矿，亦为西商所觊。若东三省之金，湖南四川云南以及川滇边界夷地番地之五金煤炭，最为丰饶，他省亦尚不少。有矿之省，宜由绅商公议，立一矿学会，筹集资斧，公举数人出洋，赴矿学堂学习。数年学成回华，再议开采。察矿之质性，而后购机。水有开通运道之法，陆有接通大小铁路之法，而后采矿。能不用西师固善，即仍用西师，我亦可辨其是非而不为所欺。如是则得尺得寸，不等于象罔求珠矣。窃谓今日万事根本，惟在于煤。故煤矿较他矿尤急，而开煤尤非凿井深入不为功。凡近地面之煤，其灰质必较多，其磺气必较重，其煤质必不甚坚结。土法之病，斜穿而不能深入，遇水而不能急抽。或积水混，或架木圮，或煤气闭，或地火发；是四者皆足以坏井。即使浅尝可得佳煤，而所得无多，其井已废。数月必弃一井，一年必易一山；人力已竭，而佳煤未动。虽凿遍九州之山，而断不能得一可用之煤矿。尝考英国之富，以煤

矿兴。故西人谓煤矿之利国利民，实在五金以上。五金若乏，可以他物代之。煤则孰能代之？煤源一断，机器立停，百举俱废。虽有富强之策，安所措手哉？大抵西法诸事，皆以先学艺后举事为要义。学将而后练兵；学水师而后购舰，学工师而后制造，学矿师而后开矿，其始似迟，其后转速，其费亦必省。或曰：必待学成而后开矿，如时迫效远何？无已，则有一变通之策焉。就本省内择取一矿，募西人之曾办矿厂确有阅历者，与议包办；一切用人购器，听其主持，不掣其肘。约定出矿后，优给余利。限满而不得矿有罚。即于局内设矿学堂，矿成获利以后，我之学生及委员工匠，皆已学成。此借矿山为矿学堂之法也。记曰：地不爱其宝，人不爱其情；若人无湛深之思，专一之志，而欲乞灵富媪，安坐指挥，以侥大利，盖不可得之数矣。

更有一策，与西人合本开采，本息按股匀分；但西本止可十之三四不得过半，尤为简易无弊。较之全为西人所据，及闷佳矿而不能开者，不远胜乎？此策在前三年，则必梗于时议；此时或可行矣。

矿产为地下天然资源之一类，与农产之属于地面资源，同为工商业所依赖；惟矿产开发所需要之人力与技术，远较农产为困难，且矿产之蕴藏往往限于地域。又工业所特别依赖之煤与铁，恒较其他矿产为普遍。矿产之探采、开发与冶炼亦多有赖于工学。香涛针对我国矿产与其为外人所觊觎，认为自行开发殊属必要；而开发矿产，除需要资金外，尤赖有适当之人材。故养成矿学人材，尤为先务之急。香涛对于农工商之教育，认为皆有配合农工商业经营之必要，盖以主持国家大政之政治家，兴业与教育必须合并考虑，视单纯之教育家或教育思想家，其所考虑之范围更广也。

(3) 兵学

（劝学外篇兵学第十）或曰：兵必须学。论语曰：以不教民战，

是谓弃之。诸葛忠武曰：八阵既成，自今行师，庶不复败矣。是兵有法有教也。或曰：兵不在学。霍去病曰：顾方略何如耳，不至学古兵法。岳武穆曰：运用之妙，存乎一心；是兵无法无教也。此皆圣贤名将之说也，何道之从？曰：吾将以四说通之。盖兵学之精，至今日西国而极。有械不利，利械不习，与无手同。工作不娴，桥道不便，辎重不备，与无足同。地理不熟，测量不准，侦探不明，与无耳目同。聚千万无手无足无耳目之人，乌得为兵？是必先教之以能战之具，范之以不败之法；既成为兵矣，而后可以施方略，言运用。至于方略运用，岂必西法？亦岂必古法哉？汉艺文志：兵家，分权谋形势阴阳技巧四类。西人兵学，惟阴阳不用，余皆兼之。枪炮雷电，铁路炮台，濠垒桥道，技巧也。地图测算，形势也。至攻守谋略，中西所同。因其械精艺多，条理繁细，故权谋一端，亦较中法为密。陆军之别有五：曰步队、马队、炮队、工队、辎重队，每一军皆兼有之。如四体具而后为人。工队，主营垒桥道之事；辎重队，主械药衣粮之事。西法以步队炮队为最重，马队止为包抄及侦探之用。工辎二队，古人所略。缘火器猛烈，或大队相持，或侦探扼守，必须掘地营，开濠堑，顷刻立就。若遇溪河泥沙，必须应时可渡。故立工队。今日用快枪快炮，所需弹药过多，以及备战各物，至为繁重。故立辎重队，分为数起，层递转运，故进不误用，退不全失。临战之善有三：一，未战先绘图，一，马队充侦探，一，前敌有军医。恤兵之善有四：一，饷厚；一，将不发饷，别有官主之；一，兵不自爨，官为供备；一，阵亡者恤其家终身。教武备学生之法有三：曰学堂，曰操场，曰野操。学堂讲军械理法地理测绘、战守机宜。古来战事：操场习体操，队伍，火器；野操习分合、攻守、侦探。将领教偏裨之法有二：曰兵棋，曰战图。兵棋者，取地图详绘山水道路林木村落，以木棋书马步各队；将校环坐，各抒所

见，商榷攻守进退之法。战图者，取西国古来大战事诸图，推究其胜败之故。其教之程期有三：教兵止在操场，迟者一年可用，速者半年可用。教弁即有学堂，步队辎重队弁十四月，马队弁十六月，炮队工队弁十八月，均兼随营操演。教将官者，学堂五年，随营操演二年。教大将者，学堂五年，随营二年，再入大学堂二年。凡为将官者，虽为官，仍不废学，以时受教于本管之将领；必至大将，乃不受学。初入学堂者，年无过二十岁。总之，略于教兵，详于教将；此其要旨也。自将及弁，无人不读书；自弁及兵，无人不识字，无人不明算，无人不习体操，无人不解绘图。此其通例也。水师之别有二：曰管轮，曰驾驶。管轮主轮机测量，驾驶主枪炮攻战。先教之于学堂，大率五年；复教之于练船，游历各国海口，习风涛，测海道，观战事，大率三年。其事较陆军为尤精。兵之等差有三：在营者为常备兵，教之三年，即遣之归，名为豫备兵，不给饷，每年调集一操，酌予奖赏。又三年，则罢为后备兵，有大战事，常备不足，则以豫备兵充之，大率每年常备之退为豫备兵者，约三之一，补新兵亦三之一。新旧层递蜕换，行之二十年，则举国之人，无不习战者。用饷愈省，得兵愈多，兵技常熟，兵气常新；其法创始于德，欧洲效之，东洋踵之。然此法所以能行者，外国重武，其民以充兵为荣，为国家效力计，不为一身糊口计。且工商多，闲民少，其兵皆有技能。军籍既脱，仍有执业，故可行也。中国若仿为之，则惟有于三年学成之兵，发给凭照，退为豫备兵，遣归本籍，酌给半饷，以供本县缉捕之用。改业远出者，不给饷。三年以后，亦照西法退为后备；有事募集，亦可得半。至其教将士之本务有二：曰知忠爱，曰厉廉耻。所以将士皆能知忠爱厉廉耻者，其道有一，曰尚武功。其国君服提督之服，邻国之君，相赠以武将之衔。临战之饥寒有备，战殁之家属有养。兵之死亡，君亲吊之；兵之创伤，后

亲疗之。故将之尊贵，过于文臣；兵之自爱，过于齐民。强国之由，其在此矣。今日朝野皆知练兵为第一大事。然不教之于学堂，技艺不能精也；不学之于外洋，艺虽精，习不化也；在上无发愤求战之心以倡导之，兵虽可用，将必不力也。或曰：使古之孙吴韩岳戚，近今之江塔罗李多与西人战，能胜否乎？曰能。亦学西法否乎？曰必学。夫师出以律，圣之明训也；知己知彼，军之善经也；后起者胜，古今之通义也；兵事为儒学之至精，胡文忠阅历有得之格言也。知忠爱廉耻则必学；其不学者，必其不知忠爱廉耻者也。使诸名将生今之世，必早已习其器，晓其法，参以中国之情势；即非仿行，亦必暗合，即出新意，亦同宗旨。而又鼓以忠义之气，运以奇正之略，奚为而不可胜哉？若近日武臣，怠惰粗疏，一切废弛；而借口于汉家自有制度，亦多见其无效忠死国之诚而已矣。方今兵制教法，东洋西洋大略皆同；盖由推求精善，故各国有则效而无改易之者。语曰：不习为吏，视已成事。况不习兵而又视不成事，岂不殆哉？

本文不仅言兵学，并论兵制，一切均主模仿西法，与香涛对于文事之主张中体西用者，改革更为澈底，则以我国上古虽有兵家之学，后世则以兵事委诸勇将悍兵，大多数几不知兵尚有学。反之，考察西洋兵学，至为详尽繁复，在在均需要专门研究与训练。故香涛认为我国欲挽危亡，对于兵事实有全盘取法西制之必要也。

○ 第三节　教授法

本节仅有一目，如左：

（1）善诱

（创建尊经书院记）诸生问曰：为弟子之道，敬闻命矣。然山长之教法不可知也。奈何？曰有良师来，其道可拟议而豫知也。书院非试场，月课非考试；此教未成者，非考已成者；非善诱不可。初学穷经，未知所从。凭臆妄说无益；不辨纯驳，任意钞撮亦无益。

每课发题，经解题必出先儒已有确解定论者，使之疏证，以觇其悟。或旧解两歧者，使之自决，以觇其断。先检元书，宣示诸生，使其领解，然后下笔。主讲既评其卷，指其乖合通塞，必为书一确解，张于讲堂。史论发题；论史事勿论一人，重考辨不重空论。诗赋杂文多令拟古，示以元作，使之考其义法，摹其气格。如是则课一解，即通一经义也；课一论，即知一史案也；课一诗文，即熟古人一诗文也。此非如科目有去取，不可令其射覆以窘之也。说善诱第十二。

此文主旨在书院非试场，月课非考试；此教未成者，非考已成者；非善诱不可。并酌举若干循循善诱之方法，以示其例。

○ 第四节　游学

本节仅有一目，如左：

(1) 游学之利

（劝学外篇游学第二）出洋一年，胜于读西书五年；此赵营平百闻不如一见之说也。入外国学堂一年，胜于中国学堂三年，此孟子置之庄岳之说也。游学之益，幼童不如通人，庶僚不如亲贵。尝见古之游历者矣，晋文公在外十九年，遍历诸侯，归国而霸。赵武灵王微服游秦，归国而强。春秋战国最尚游学，贤如曾子左邱明，才如吴起乐羊子，皆以游学闻。其余策士杂家，不能悉举。后世英主名臣，如汉光武学于长安；昭烈周旋于郑康成陈元方；明孙承宗未达之先，周历边塞；袁崇焕为京官之日，潜到辽东。此往事明效也。请论今事，日本小国耳，何兴之暴也？伊藤、山县、榎本、陆奥诸人，皆二十年前出洋之学生也。愤其国为西洋所胁，率其徒百余人，分诣德法英诸国；或学政治工商，或学水陆兵法。学成而归，用为将相；政事一变，雄视东方。不特此也，俄之前主大彼得愤彼国之不强，亲到英吉利荷兰两国船厂，为工役十余年，尽得其水师轮机驾驶之法，并学其各厂制造。归国之后，诸事丕变，今日遂为四海

第一大国。不特此也，暹罗久为法国涎伺，于光绪二十年与法有衅，行将吞并矣。暹王感愤，国内毅然变法，一切更始；遣其世子游英国，学水师。去年暹王游欧洲，驾火船出红海来迎者，即其学成之世子也。暹王亦自通西文西学，各国敬礼有加。暹罗遂以不亡。上为俄，中为日本，下为暹罗。中国独不能比其中者乎？至游学之国，西洋不如东洋。一，路近省费，可多遣。一，去华近，易考察。一，东文近于中文，易通晓。一，西书甚繁，凡西学不切要者，东人已删节而酌改之。中东情势风俗相近，易仿行，事半功倍，无过于此。若自欲求精求备，再赴西洋，有何不可？或谓昔尝遣幼童赴美学习矣，何以无效？曰失之幼也。又尝遣学生赴英法德学水陆师各艺矣，何以人才不多？曰失之使臣监督不措意，又无出身明文也。又尝派京员游历矣，何以材不材相兼？曰失之不选也。虽然，以予所知，此中固亦有足备时用者矣。若因噎废食之谈，豚蹄篝车之望，此乃祸人家国之邪说。勿听可也。尝考孟子所论圣贤帝王将相，历险难，成功业；其要归不过曰，动心忍性，增益其所不能而已。曰生于忧患而已。夫受侮而不耻，蹙国而不惧，是不动也。冥然罔觉，悍然不顾，以效法人为耻；是不忍也。习常蹈故，一唱百和，惮于改作，官无一知，士无一长，工无一计，外不远游，内不立学，是不增益所不能也。无心无性无能，是将死于忧患矣。何生之足云？

上文历举我国古代与世界名人游学有成之先例，盛称游学之利。惟主张学成归国能以所学利国福民者，有赖年稍长而有地位之人，较之幼童游学，纵有成就，而于国学无根柢，且不易有发挥所学之机会。又主张游学之国，西洋不如东洋，以其收效较易，且进一步更求深造，亦可渐游西洋也。

○ 第五节　取士

括有（1）整顿试场士风，（2）变通选法，（3）变更科举诸目。

(1) 整顿试场士风

(奏陈整顿试场积弊折) 办法八条：曰惩鬻贩，禁讹诈，禁拉榼，拿包揽，责廪保，禁滋事，杜规避，防乡试顶替。大指以为考试弊端各省皆有；然未有如川省今日之甚者。弊窦日巧，盘结日深；士子以舞弊为常谈，廪保视渔利为本分，以致寒士短气，匪徒生心，讼端日多，士习日敝，于人才风俗大有关系。臣多方整饬，似尚渐觉廓清；特是立法必要其久，除恶务绝其根。若暂就清肃，而不思立为成法，诚恐作奸犯科者，逾时复萌，仍无裨益。窃谓法不贵严，贵于必行；法不宜过重，过重则必不行。士为民望，边省尤甚。川省人心浮动，狱讼繁多。大凡户业公局唆讼诈财之案，必有文生在内；烧香结盟，纠众滋事之案，必有武生在内。激扬之道，固不仅在考试一端。然童试乃士子进身之始，棚场为万象荟萃之时；若此时即专以作奸犯科抗官滋事为务，通省郡县，相习成风；则异日成名，必蹈故辙。愚氓见惯，群思效尤，为患殆非浅鲜。故欲治川省之民，必先治川省之士。川省最多讼棍，而讼棍多系贡监文武生暗地唆架，当堂扛帮。遇有上控事件，尤所乐闻。出头承办，广募众赀，以为讼费。浮开叠敛，借此为生；且遍吓富家，若不厚赠，便当牵引拖累。此辈大为民害。所以地方官平日不能拿办，事后不问坐诬者，缘川省州县，每处必有数局，每局除他项绅士外，必有数文武生。既预局事，与官丁胥吏皆有来往，多有阴事为其所挟。喜则为关说助恶之人，怨则为反颜讦控之举。以故官吏虽甚苦之，而无可如何。此为川省败坏士习之根。查学政全书，本有生监搆讼主簿申报之条，拟令各州县各学，除平日随案详办外，其有素行狡谲，不能遽行定案详办者，凡遇学臣按临，各将健讼诸生姓名案据，开单各自呈递，不得互相关会。如既为州县学官开报，放告日又被人控，或无故控人，健讼属实，立饬惩办。局士被控，不准徇隐。此

举与定例举报优劣之意略同。无如习俗失真，以为学政一官，但司校阅文章，无暇整饬士习。川省教官，直不知有注劣之例，尤为可怪。屡经谕饬，无一开报。应请敕议申明严饬办理。

本文主旨在童试乃士子进身之始；若此时已作奸犯科，则异日成名，必蹈故辙。至于生监干涉词讼，养成刁风，一旦从政，定然难矫恶习。故欲整饬政风，当先从整顿试场与整饬士风开始，俾能正本清源也。

（2）变通选法

（奏请变通选法折）窃维吏部古号铨曹，今日亦曰诠选。诠者，称也。谓立法量才，如称之平也。外补难则害官方，内选滞则困寒酸；选补并重，斯为大公。且即用一班，乃国家取士抡才，为民社择人之上选。军功候补两途，皆由历练辛苦而得。滥竽虽不能免，要自干练为多。若事急则优其阶资，时平则扼其仕进，亦无以昭大信而劝将来。即使一时一项，略有出缺多寡之不同，而选补不偏枯，人情自无缺望。既以昭平允之定法，亦以示简易之宏纲。

任官选补公平，则寒士而贤能者不患无出路；反之，则夤缘运动随之而起，于是狡诈之徒高张，而贤士无从致用。吏治之败，实基于此。香涛建议变通选法，使外补之州县官，不致壅滞，而尤重视即用一班，谓为国家取士抡才，为民社择人之上选，选拔公平，将于吏治大有关系。

（3）变更科举

（劝学外篇变科举第八）朱子尝称述当时论者之言曰：国家若要恢复，须罢三十年科举。以为极好。痛哉斯言也！中国仕宦，出于科举；虽有他途，其得美官者，膺重权者，必于科举乎取之。自明至今，行之已五百余年。文胜而实衰，法久而弊起。主司取便以藏拙，举子因陋以侥幸；遂有三场实止一场之弊。所解者，高头讲章

之理；所读者，坊选程墨之文。于本经之义，先儒之说，概乎未有所知。近今数十年文体日益佻薄，非惟不通古今，不切经济，并所谓时文之法度文笔而俱亡之。今时局日新，而应科举者拘瞀益甚；傲然曰：吾所习者，孔孟之精理，尧舜之治法也。遇讲时务经济者，尤鄙夷排击之，以自护其短。故人才益乏，无能为国家扶危御侮者。于是诏设学堂，以造明习时务之人才；又开特科以搜罗之。夫学堂虽立，无进身之阶；人不乐为也。其来者，必白屋钝士，资禀凡下，不能为时文者也。其世族俊才，皆仍志于科举而已。即有特科之设，然廿年一举，为时过远，岂能坐待；则仍为八比诗赋小楷而已。救时之才，何由可得？且夫齐衣败紫，晋曳苴履，赵文王好剑而士死于相击，越句践好勇而士死于焚舟；从上所好也。两汉经学，实禄利之途驱之。使乡会试仍取决于时文，京朝官仍絜长于小楷；名位取舍，惟在于斯，则虽日讨国人而申儆之，告以祸至无日，戒以识时务，求通才，救危局，而朝野之汶暗如故，空疏亦如故矣。故救时必自变法始，变法必自变科举始。或曰：若变科举，废时文，则人不读五经四书可乎？于是有献学校贡举私议者曰：变科举者，非废四书文也，不专重时文，不讲诗赋小楷之谓也。窃谓今日科举之制，宜存其大体而斟酌修改之。昔欧阳文忠知谏院时，恶当时举人鄙恶剽盗全不晓事之弊，尝疏请改为三场分试随场而去之法，每场皆有去留。头场策合格者试二场，二场论合格者试三场，其大要曰：鄙恶乖诞，以渐先去，少而易考，不至劳昏；全不晓事之人无由而进。其说颇切于今日之情事。欧公之欲以策论救诗赋，犹今之欲以中学西学经济救时文也。今宜略师其意，拟将今日三场先后之序互易之，而又层递取之，大率如府县考复试之法。第一场试以中国史事，本朝政治论五道。此为中学经济。假使一省中额八十名者，头场取八百名；额四十名者，头场取四百名，大率十倍中额，即先发

榜一次。不取者罢归，取者始准试第二场。二场试以时务策五道，专问五洲各国之政、专门之艺。政如各国地理、官制、学校、财赋、兵制、商务等类；艺如格致、制造、声、光、化、电等类。此为西学经济。其虽解西法，而支离狂怪显悖圣教者，斥不取。中额八十名者，二场取二百四十名；额四十名者，取一百二十名，大率三倍中额。再发榜一次，不取者罢归，取者始准试第三场。三场试四书文两篇，五经文一篇，四书题禁纤巧者。合校三场均优者，始中式发榜如额。如是则取入二场者，必其博涉古今明习内政者也。然恐其明于治内，而暗于治外，于是更以西政西艺考之。其取入三场者，必其通达时务研求新学者也。然又恐其学虽博，才虽通，而理解未纯，趣向未正，于是更以四书文五经文考之。其三场可观而中式者，必其宗法圣贤，见理纯正者也。大抵首场先取博学，二场于博学中求通才，三场于通才中求纯正。先博后约，先粗后精；既无迂暗庸陋之才，亦无偏驳狂妄之弊。三场各有取义，较之偏重首场，所得多矣。且分场发榜，下第者先归，二三场卷数愈少，校阅亦易。寒士无久羁之苦，誊录无卷多谬误之弊，主司无竭蹶草率之虞；一举三善，人才必多，而著重尤在末场。犹之府县试皆凭末复以定去取；不愈见四书五经之尊哉？惟科举必以生员为基，其学政岁科两考生童，均可以例推之。岁科考例先试经古一场，即专以史论时务策两门发题，生员岁考正场原系一四书文一经文，生员科考正场原系一四书文一策，亦照岁考例改为经文，以免荒经之弊。童试一切照生员，惟将正场第二篇四书文，改为经文而已。盖生童考试旧章，正与今日所拟科举之法相类。二十年来，经古场久已列算学一门，是尤不劳而理者也。难者曰：主司不能尽通新学，将如之何？曰应试难，试官易。近年来上海编纂中外政学艺学之书，不下二十种；闱中例准调书，据书考校，何难之有？且房官中通晓时务者尚多，总

裁主考惟司复阅，何难之有？至外省主考学政，年力多强；诏旨既下，以三年之功讲求时务，自足以衡文量才而有余。乡会试之外，惟殿试临轩发策，典礼至重，自不可废。然可即据以为授职之等差，朝考似为可省。及通籍以后，无论翰苑部曹，一应职官，皆以讲求政治为主。凡考试文艺小楷之事，断断必宜停免。惟当考其职业，以为进退；则已仕之人才，不致以雕虫小技困之于老死矣。难者曰：本朝名臣，出于科举者多矣，安见时文之无益？不知登进限于一途，则英雄不能不归于一彀；此乃人才之亦能为时文，非时文之足以得人才也。且诸名臣之学识阅历，率皆自通籍以后，始能大进。然则中年以前，神智精力，销磨于应举者不少矣。假使主文者不专以八比诗赋为去取，所得柱石之臣，干城之士，不更多乎？窃谓议者之说，意救时而事易行，实本明旨，特科岁举讲求经济之意，而推阐之。因存其说于此。

香涛对于取士之道，随时代而逐渐趋于积极。在本节第一目中，仅主张整顿试场，第二目则主张变通选法。故就原有科举制，建言变通考诠之道。及至第三目，则随新学堂之兴办渐广，而作更积极的变更科举制度之主张。此项主张颇为具体。

〇 第六节　其他

括有译书一目。其说如左：

(1) 译书

(劝学篇广译第五) 十年以来，各省学堂，尝延西人为教习矣。然有二弊，师生言语不通，恃翻译为枢纽，译者学多浅陋，或仅习其语而不能通其学，传达失真，毫厘千里；其不解者则以意删减之，改易之。此一弊也。即使译者善矣，而洋教习所授，每日不过两三时，所教不过一两事；西人积习，往往故作迟缓，不尽其技，以久其期。故有一加减法而教一年者矣。即使师不惮劳，而一西人之学，

能有几何？一西师之费，已为巨款。以故学堂虽建，迄少成材，朱子所谓无得于心而所知有限者也。此二弊也。前一弊学不能精，后一弊学不能多，至机器制造局厂用西人为工师，华匠不通洋文，仅凭一二翻译者，其弊亦同。尝考三代即讲译学。周书有舌人，周礼有象胥诵训，扬雄录别国方言，朱酺译西南夷乐歌，于谨兼通数国言语。隋志有国语杂文，鲜卑号令，婆罗门书，扶南胡书，外国书。近人若邵阳魏源，于道光之季，译外国各书各新闻报，为海国图志。是为中国知西政之始。南海冯焌光，于同治之季，官上海道时，创设方言馆，译西书数十种。是为中国知西学之始。迹其先几远跖，洵皆所谓豪杰之士也。若能明习中学，而兼通西文，则有洋教习者师生对语，不惟无误，且易启发；无洋教习者，以书为师，随性所近，博学无方。况中外照会条约合同，华洋文义不尽符合，动为所欺，贻害无底。吾见西人善华语华文者甚多，而华人通西语西文者甚少；是以虽面谈久处而不能得其情，其于交涉之际，失机误事者多矣。大率商贾市井，英文之用多；公牍条约，法文之用多；至各种西学书之要者，日本皆已译之，我取径于东洋，力省效速，则东文之用多。惟是翻译之学有深浅，其仅能市井应酬语，略识帐目字者，不入等。能解浅显公牍书信，能识名物者为下等，能译专门学问之书，非所习者不能译也，为中等。能译各门学问之书，及重要公牍律法深意者，为上等。下等三年，中等五年，上等十年，我既不能待十年以后，译材众多，而后用之，且译学虽深，而其志趣才识，固未可知，又未列于仕宦；是仍无与于救时之急务也。是惟多译西国有用之书，以教不习西文之人；凡在位之达官，腹省之寒士，深于中学之耆儒，略通华文之工商，无论老壮，皆得取而读之，采而行之矣。译书之法有三：一各省多设译书局，一出使大臣访其国之要书而选译之，一上海有力书贾，好事文人，广译西书出售，销

流必广；主人得其名，天下得其用矣。王仲任之言曰：知古不知今，谓之陆沉：知今不知古，谓之聋瞽。吾请易之曰：知外不知中，谓之失心；知中不知外，谓之聋瞽。夫不通西语，不识西文，不译西书；人胜我而不信，人谋我而不闻，人规我而不纳，人吞我而不知，人残我而不见，非聋瞽而何哉？学西文者，效迟而用博，为少年未仕者计也；译西书者，功近而速效，为中年已仕者计也。若学东洋文，译东洋书，则速而又速者也。是故从洋师不如通洋文，译西书不如译东书。

本文主旨在文末“知外不知中，谓之失心；知中不知外，谓之聋瞽。夫不通西语，不识西文，不译西书；人胜而我不信，人谋而我不闻，人规而我不纳，人吞而我不知，人残而我不见，非聋瞽而何哉！”又其认定学西文与译书之功效，则以学西文者，效迟而用博，为少年未仕者计也；译西书者，功近而效速，为中年已仕者计也。余以为清末维新之推动，江南制造局与教会所设之广学会，厥功最大，则以其所译西书为彼时有志新学者之资源也。康长素不谙西文，甚至彼时易读之日文，亦无所知；而能借西学以发展其新思想者，最为明显之例。即张香涛与其他倾向新政之人士，亦何莫不然？香涛又以各种西学书之要者，日本皆已译之；我取径于东洋，力省效速，则东文之用多，致有“译西书不如译东书”之议。实则我国与日本对于西学之接触，为时相若，彼能大规模翻译西籍，我则瞠乎其后，实应惭愧万分。清末倾向新学之领导人物，如张香涛者，亦主张利用日本所辟之捷径，而不直接向大道直前；须知江南制造局及广学会之译书人，虽间有凭借西人口述，然亦不乏自读自译，如严几道等。惜夫马建忠设置翻译书院之建议，未予实施，否则译才养成既多，直接翻译西书亦何至不能比美日本乎？

第三章　国父孙先生的教学思想

一

先生，姓孙，名文，字逸仙，号中山，广东香山（现更名中山）县人。其生平行谊，简要明确，莫如其自传。虽所述事迹，断自民国元年，然自元年至其逝世之十四年，可于年谱中摘述补充。兹先将自传照录于后：

夫事有顺乎天理，应乎人情，适乎世界之潮流，合乎人群之需要，而为先知先觉者所决志行之，则断无不成者也。此古今之革命维新兴邦建国等事业是也。予之提倡共和革命于中国也，幸已达破坏之成功，而建设事业虽未就绪，然希望日佳，予敢信终必能达完全之目的也。故追述革命原起，以励来者，且以自勉焉。

夫自民国建元以来，各国文人学士之对于中国革命之著作，不下千数百种，类多道听途说之辞，鲜能知革命之事实，而于革命之原起，更无从追述，故多有本于予之伦敦被难记第一章之革命事由。该章所述，本甚简略，且于二十余年之前，革命之成否，尚为问题，而当时虽在英京，然亦事多忌讳，故尚未敢自承兴中会为予所创设者，又未敢表示兴中会之本旨为倾覆满清者。今于此特修正之，以符事实也。

兹篇所述，皆就予五十年来所记忆之事实而追述之：由立志之日起至同盟成立之时，几为予一人之革命也，故事甚简单，而于赞

襄之要人，皆能一一录之无遗。自同盟会成立以后，则事体日繁，附和日众，而海外热心华侨，内地忠烈志士，各重要人物，不能一一毕录于兹篇，当俟之修革命党史时，乃能全为补录也。

予自乙酉中法战败之年，始决倾覆清廷创建民国之志。由是以学堂为鼓吹之地，借医术为入世之媒，十年如一日。当予肄业于广州博济医学校也，于同学中物识有郑士良号弼臣者，其为人豪侠尚义，广交游，所结纳皆江湖之士，同学中无有类之者。予一见则奇之，稍与相习，则与之谈革命。士良一闻而悦服，并告以彼曾投入会党，如他日有事，彼可为我罗致会党以听指挥云。

予在广州学医甫一年，闻香港有英文医校开设，予以其学课较优，而地较自由，可以鼓吹革命，故投香港学校肄业。数年之间，每于学课余暇，皆致力于革命之鼓吹，常往来于香港澳门之间，大放厥辞，无所忌讳。时闻而附和者，在香港只陈少白、尤少纨、杨鹤龄三人，而上海归客则陆皓东而已。若其他之交游，闻吾言者，不以为大逆不道而避之，则以为中风病狂相视也。予与陈、尤、杨三人常住香港，昕夕往还，所谈者莫不为革命之言论，所怀者莫不为革命之思想，所研究者莫不为革命之问题；四人相依甚密，非谈革命则无以为欢，数年如一日，故港澳间之戚友交游，皆呼予等为四大寇。此为予革命言论之时代也。及予卒业之后，悬壶于澳门羊城两地以问世，而实则为革命运动之开始也。时郑士良则结纳会党，联络防营，门径既通，端倪略备，予乃与陆皓东北游京津，以窥清廷之虚实，深入武汉，以观长江之形势。至甲午中东战起，以为时机可乘，乃赴檀岛美洲，创立兴中会，欲纠合海外华侨以收臂助。不图风气未开，人心锢塞，在檀鼓吹数月，应者寥寥，仅得邓荫南与胞兄德彰二人，愿倾家相助，及其他亲友数十人之赞同而已。时适清兵屡败，高丽既失，旅顺继陷，京津亦岌岌可危，清廷之腐败

尽露，人心愤激，上海同志宋跃如乃函促归国。美洲之行，因而中止。遂与邓荫南及三五同志返国以策进行，欲袭取广州以为根据，遂开乾亨行于香港为干部，设农学会于羊城为机关。当时赞襄干部事务者有邓荫南、杨衢云、黄咏商、陈少白等，而助运筹于羊城机关者，则陆皓东、郑士良并欧美技师及将校数人也。予则常往来于广州香港之间，惨淡经营，已过半载，筹备甚周，声势颇众，本可一击而生绝大之影响，乃以运械不慎，致海关搜获手枪六百余杆，事机乃泄，而吾党健将陆皓东殉焉，此为中国有史以来为共和革命而牺牲者之第一人也。同时被株连而死者，则有丘四、朱贵全二人，被捕者七十余人，而广东水师统带程奎光与焉，后竟病死狱中。其余之人或囚或释。此乙未九月九日，为予第一次革命之失败也。

败后三日，予尚在广州城内，十余日后，乃得由间道脱险出至香港，随与郑士良、陈少白同渡日本，略住横滨。时予以返国无期，乃断发改装，重游檀岛，而士良则归国收拾余众，布置一切，以谋卷土重来；少白则独留日本，以考察东邦国情，予乃介绍之于日友菅原传。此友为往日在檀所识者，后少白由彼介绍于曾根俊虎，由俊虎而识宫崎弥藏，即宫崎寅藏之兄也。此为革命党与日本人士相交之始也。

予到檀岛后，复集合同志以推广兴中会，然已有旧同志以失败而灰心者，亦有新闻道而赴义者；惟卒以风气未开，进行迟滞，以久留檀岛，无大可为，遂决计赴美，以联络彼地华侨，盖其众比檀岛多数倍也。行有日矣，一日散步市外，忽遇有驰车迎面而来者，乃吾师康德黎与其夫人也。吾遂一跃登车，彼夫妇不胜诧异，几疑为暴客，盖吾已改装易服，彼不认识也。予乃曰："我孙逸仙也。"遂相笑握手，问以何为至此。曰："回国道经此地，舟停登岸流览风光也。"予乃趁车同游，为之指导，游毕登舟，予乃告以予将作环绕

地球之游，不日将由此赴美，将随到英，相见不远也，遂欢握而别。

美洲华侨之风气蔽塞，较檀岛尤甚，故予由太平洋东岸之三藩市登陆，横过美洲大陆，至大西洋西岸之纽约市，沿途所过之处，或留数日，或十数日，所至皆说以祖国危亡，清政腐败，非从民族根本改革无以救亡，而改革之任，人人有责任。而劝者谆谆，听者终归藐藐，其观迎革命主义者，每埠不过数人或十余人而已。然美洲各地华侨多立有洪门会馆。洪门者，创设于明朝遗老，起于康熙时代，盖康熙以前，明朝之忠臣烈士，多欲力图恢复，誓不臣清，舍生赴义，屡起屡蹶，与虏拼命，然卒不救明朝之亡。迨至康熙之世，清势已盛，而明朝之忠烈亦死亡殆尽，二三遗老，见大势已去，无可挽回，乃欲以民族主义之根苗，流传后代，故以反清复明之宗旨，结为团体，以待后有起者，可借为资助也，此殆洪门创设之本意也。然其事必当极为秘密，乃可防政府之察觉也。夫政府之爪牙为官吏，而官吏之耳目为士绅，故凡所谓士大夫之类，皆所当忌而须严为杜绝者，然后其根株乃能保存。而潜滋暗长于异族专制政府之下，以此条件而立会，将以何道而后可？必也以最合群众心理之事迹，而传民族国家之思想，故洪门之拜会，则以演戏为之，盖此最易动群众之视听也。其传布思想，则以不平之心，复仇之事导之，此最易发人之感情也。其口号暗语，则以鄙俚粗俗之言以表之，此最易使士大夫闻而生厌远而避之者也。其固结团体，则以博爱施之，使彼此手足相顾，患难相扶，此最合乎江湖旅客无家游子之需要也。而最终乃传以民族主义，以期达其反清复明之目的焉。国内之会党，常有与官吏冲突，故犹不忘其与清政府居于反对之地位，而反清复明之口头语，尚多了解其义者，而海外之会党多处于他国自由政府之下，其结会之需要，不过为手足患难之联络而已，政治之意味殆全失矣。故反清复明之口语，亦多有不知其义者。当予之在美洲鼓

吹革命也，洪门之人，初亦不明吾旨，予乃反而叩之反清复明何为者？彼众多不能答也。后由在美之革命同志鼓吹数年，而洪门之众乃始知彼等原为民族老革命党也。然当时予之游美洲也，不过为初期之播种，实无大影响于革命前途也，然已大触清廷之忌矣。故予甫抵伦敦之时，即遭使馆之陷，几致不测，幸得吾师康德黎竭力营救，始能脱险。此则檀岛之邂逅，真有天幸存焉，否则吾尚无由知彼之归国，彼亦无由知吾之来伦敦也。

伦敦脱险后，则暂留欧洲，以实行考察其政治风俗，并结交其朝野贤豪，两年之中，所见所闻，殊多心得，始知徒致国家富强，民权发达，如欧洲列强者，犹未能登斯民于极乐之乡也。是以欧洲志士，犹有社会革命之运动也。予欲为一劳永逸之计，乃采取民生主义，以与民族民权问题，同时解决，此三民主义之主张所由完成也。时欧洲尚无留学生，又鲜华侨，虽欲为革命之鼓吹，其道无由。然吾生平所志，以革命为惟一之天职，故不欲久处欧洲旷废革命之时日，遂往日本，以其地与中国相近，消息易通，便于筹画也。抵日本后，其民党领袖犬养毅遣宫崎寅藏、平山周二人来横滨欢迎，乃引至东京相会，一见如旧识，抵掌谈天下事，甚痛快也。时日本民党初握政权，大隈为外相，犬养为之运筹，能左右之。后由犬养介绍，曾一见大隈、大石尾崎等，此为予与日本政界人物交际之始也。随而识副岛种臣及其在野之志士如头山、平冈、秋山、中野、铃木等。后又识安川、犬冢、久原等。各志士之对于中国革命事业，先后多有资助，尤以久原、犬冢为最。其为革命奔走始终不懈者，则有山田兄弟、宫崎兄弟、菊池宣野等；其为革命尽力者，则有副岛、寺尾两博士。此就其直接于予者而略记之，以志不忘耳。其他间接为中国革命党奔走尽力者尚多，不能于此一一悉记。当俟之革命党史也。日本有华侨万余人，然其风气之锢塞，闻革命而生畏者，

则与他处华侨无异也。吾党同人有往返于横滨神户之间，鼓吹革命主义者。数年之中而慕义来归者，不过百数十人而已。以日本华侨之数较之，不及百分之一也。向海外华侨之传播革命主义也，其难固已如此，而欲向内地以传布，其难更可知矣。内地之人，其闻革命排满之言而不以为怪者，只有会党中人耳。然彼众皆知识薄弱，团体散漫，凭借全无，只能望之为响应，而不能用为原动力也。

由乙未初以至于庚子，此五年之间，实为革命进行最艰难困苦之时代也。盖予既遭失败，则国内之根据，个人之事业，活动之地位，与夫十余年来所建立之革命基础，皆完全消灭。而海外之鼓吹，又毫无效果。适于此时有保皇党发生，为虎作伥，其反对革命，反对共和，比之清廷为尤甚。当此之时，革命前途，黑暗无似，希望几绝，而同志尚不尽灰心者，盖正朝气初发时代也。时予乃命陈少白回香港，创办中国报，以鼓吹革命；命史坚如入长江，以联络会党；命郑士良在香港设立机关，招待会党。于是乃有长江会党及两广福建会党并合于兴中会之事也。旋遇清廷有排外之举，假拳党以自卫，有杀洋人围使馆之事发生，因而八国联军之祸起矣。予以为时机不可失，乃命郑士良入惠州，招集同志以谋发动，而命史坚如入羊城，招集同志以谋响应。筹备将竣，予乃与外国军官数人绕道至香港，希图从此潜入内地，亲率健儿，组织一有秩序之革命军，以救危亡也。不期中途为奸人告密，船一抵港，即被香港政府监视，不得登岸，遂致原定计划不得施行。乃将惠州发动之责，委之郑士良，而命杨衢云、李纪堂、陈少白等在香港为之接济，予则折回日本转渡台湾，拟由台湾设法潜渡内地。时台湾总督兒玉颇赞中国之革命，以北方已陷于无政府之状态也。乃饬民政长官后藤与予接洽。许以起事之后，可以相助。予于是一面扩充原有计划，就地加聘军官，盖当时民党尚无新知识之军人也。而一面命士良即日发动，并

改原定计划，不直逼省城，而先占领沿海一带地点，多集党众，以候予来，乃进行攻取。士良得命，即日入内地，亲率已集合于三洲田之众，出而攻扑新安、深圳之清兵，尽夺其械，随而转战于龙冈、淡水、永湖、梁化、白芒花、三多祝等处，所向皆捷，清兵无敢当其锋者。遂占领新安、大鹏至惠州、平海一带沿海之地，以待予与干部人员之入，及武器之接济。不图惠州义师发动旬日，而日本政府忽而更换，新内阁总理伊藤氏，对中国方针，与前内阁大异，乃禁制台湾总督，不许与中国革命党接洽，又禁武器出口及禁日本军官投效革命军者，而予潜渡之计划，乃为破坏。遂遣山田良政与同志数人往郑营报告一切情形，并令之相机便宜行事；山田等到郑士良军中时，已在起事之后三十余日矣。士良连战月余，弹药已尽，而集合之众已有万余人，渴望干部军官及武器之至甚切，而忽得山田所报消息，遂立令解散，而率其原有之数百人间道出香港。山田后以失路为清兵所擒被害，惜哉！此为外国义士为中国共和牺牲者之第一人也。

当郑士良之在惠州苦战也，史坚如在广州屡谋响应，皆不得当，遂决意自行用炸药攻毁两广总督德寿之署而歼之，炸发不中，而史坚如被擒遇害，是为共和殉难之第二健将也。坚如聪明好学，真挚诚恳，与陆皓东相若，其才貌英姿，亦与皓东相若，而二人皆能诗画亦相若。皓东沉勇，坚如果毅，皆命世之英才，惜皆以事败而牺牲。元良沮丧，国士沦亡，诚革命前途之大不幸也。而二人死节之烈，皓气英风，实足为后死者之模范，每一念及，仰止无穷。二公虽死，其精灵之萦绕吾怀者，无日或间也。

庚子之役，为予第二次革命之失败也，经此失败之后，回顾中国之人心，已觉与前有别矣。当初次之失败也，举国舆论莫不目予辈为乱臣贼子，大逆不道，咒诅谩骂之声不绝于耳。吾人足迹所到，

凡认识者，几视为毒蛇猛兽，而莫敢与吾人交游也。惟庚子失败之后，则鲜闻一般人之恶声相加，而有识之士，且多为吾人扼腕叹惜，恨其事之不成矣。前后相较，若差天渊，吾人睹此情形，中心快慰，不可言状，知国人之迷梦已有渐醒之兆。加以八国联军之破北京，清后帝之出走，议和之赔款九万万两而后，则清廷之威信已扫地无余，而人民之生计从此日蹙，国势危急，岌岌不可终日。有志之士，多起救国之思，而革命风潮自此萌芽矣。时适各省派留学生至日本之初，而赴东求学之士，类多头脑新洁，志气不凡，对于革命理想，感受极速，转瞬成为风气。故其时东京留学界之思想言论，皆集中于革命问题，刘成禺在学生新年大会演说革命排满，被清公使逐出学校。而戢元成、沈虬齐、张溥泉等则发起国民报，以鼓吹革命，留东学生提倡于先，内地学生附和于后，各省风潮，从此渐作。在上海则有章太炎、吴稚晖、邹容等借苏报以鼓吹革命，为清廷所控，太炎、邹容被拘囚租界监狱，吴亡命欧洲。此案涉及清帝个人，为朝廷与人民聚讼之始，清朝以来所未有也。清廷虽讼胜，而章、邹不过仅得囚禁两年而已，于是民气为之大壮。邹容著有革命军一书，为排满激烈之言论，华侨极为欢迎，其开导华侨风气，为力甚大，此则革命风潮初盛时代也。

壬寅癸卯之交，安南总督韬美氏托东京法公使屡次招予往见，以事未能成行；后以河内开博览会，因往一行。到安南时，适韬美已离任回国，嘱其秘书长哈德安招待甚殷。在河内时，识有华商黄龙生、甄吉亭、甄壁、杨寿彭、曾齐等，后结为同志，于钦廉河口等役，尽力甚多。河内博览会告终之后，予再作环球漫游，取道日本、檀岛而赴欧美。过日本时，有廖仲恺夫妇、马君武、胡毅生、黎仲实等多人来会，表示赞成革命，予乃托以在东物识有志学生，结为团体，以任国事。后同盟会之成立，多有力焉。目惠州失败以

至同盟会成立之间，其受革命风潮所感兴起而图举义者，在粤则有李纪堂、洪全福之事；在湘则有黄克强、马福益之事。其事虽不成，人多壮之。海外华侨亦渐受东京留学界及内地革命风潮之影响，故予此次漫游所到，凡有华侨之处，莫不表示欢迎，较之昔大不同矣。乙巳春间，予重至欧洲，则其地之留学生已多数赞成革命，盖彼辈皆新从内地或日本来欧，近一二年已深受革命思想之陶冶，已渐由言论而达至实行矣。予于是乃揭橥吾生平所怀抱之三民主义、五权宪法以号召之，而组织革命团体焉。于是开第一会于比京，加盟者三十余人；开第二会于柏林，加盟者二十余人；开第三会于巴黎，加盟者亦十余人；开第四会于东京，加盟者数百人，中国十七省之人皆与焉，惟甘肃尚无留学生到日本，故阙之也。此为革命同盟会成立之始，因当时尚多讳言革命二字，故只以同盟会见称，后亦以此名著焉。自革命同盟会成立之后，予之希望则为之开一新纪元。盖前此虽身当百难之冲，为举世所非笑唾骂，一败再败，而犹冒险猛进者，仍未敢望革命排满事业能及吾身而成者也。其所以百折不回者，不过欲有以振起既死之人心，昭苏将尽之国魂，期有继我而起者成之耳。及乙巳之秋，集合全国之英俊而成立革命同盟会于东京之日，吾始信革命大业可及身而成矣。于是乃敢定立中华民国之名称，而公布于党员，使之各回本省鼓吹革命主义，而传布中华民国之思想焉。不期年而加盟者，已逾万人，支部则亦先后成立于各省，从此革命风潮一日千丈，其进步之速，有出人意表者矣。当时外国政府之对于中国革命党，亦多刮目相看。一日，予从南洋往日本，船泊吴淞，有法国武官布加卑者奉其陆军大臣之命来见，传达彼政府有赞助中国革命事业之好意，叩予革命之势力如何。予略告以实情，又叩以各省军队之联络如何，若已成熟，则吾国政府立可相助。予答以未有把握，遂请彼派员相助，以办理调查联络之事，

彼乃于驻扎天津之参谋部，派定武官七人，归予调遣。予命廖仲恺往天津设立机关，命黎仲实与某武官调查两广，命胡毅生与某武官调查川滇，命乔宜斋与某武官往南京、武汉。时南京、武昌两处新军皆大欢迎，在南京有赵伯先接洽，约同营长以上各官相见，秘密会议，策划进行，而武昌有刘家连接洽，约同同志之军人在教会之日知会开会，到会者甚众。闻新军镇统张彪亦改装潜入，开会时各人演说，大倡革命，而法国武官亦演说赞成，事遂不能秘密。而湖广总督张之洞乃派洋关员某国人尾法武官之行踪，途上与之订交，亦伪为表同情于中国革命者也。法官以彼亦西人，不之疑也，故内容多为彼探悉，张之洞奏报其事于清廷，其中所言革命党之计划，或确或否，清廷得报，乃大与法使交涉，法使本不知情也，乃请命于政府何以处分布加卑等。政府饬彼勿问，清廷亦无如之何。未几法国政府变更，而新内阁不赞成是举，遂将布加卑等撤退回国，后刘家连等则以关于此事被逮而牺牲也。此革命运动之起国际交涉者也。同盟会成立不久，发刊民报，鼓吹三民主义，遂使革命思潮弥漫全国，自有杂志以来，可谓成功最著者。其时忠义之士，闻风兴起，当仁不让，独树一帜以建议者，踵相接也。其最著者，如徐锡麟、熊成基、秋瑾等是也。丙午萍醴之役，则同盟会会员自动之义师也。当萍醴革命军与清兵苦战之时，东京之会员莫不激昂慷慨、怒发冲冠，亟思飞渡内地，身临前敌，与虏拼命，每日到机关部请命投军者甚众，稍有缓却，则多痛哭流泪，以为求死所而不可得，苦莫甚焉。其雄心义愤，良足嘉尚！犹惜萍乡一举，为会员之自动，本部于事前一无所知，故临时无所备，然而会员之纷纷回国从军者，已相望于道矣。寻而萍醴之师败，而禹之谟、刘道一、宁调元、胡英等竟被清吏拿获，或囚或杀者多人，此为革命同盟会会员第一次之流血也。由此而后，则革命风潮之鼓荡全国者，更为从前所未有，

而同盟会本部之在东京，亦不能久为沉默矣。时清廷亦大起恐慌，屡向日本政府交涉，将予逐出日本境外。予乃离日本而与汉民、精卫二人同行而之安南，设机关部于河内，以筹划进行。旋发动潮州、黄冈之师不得利。此为予第三次之失败也。继又命邓子瑜发难于惠州，亦不利。此为予第四次之失败也。时适钦廉两府有抗捐之事发生，清吏派郭人漳、赵伯先二人各带新军三四千人往平之，予乃命黄克强随郭人漳营，命胡毅生随赵伯先营，而游说之，以赞成革命；二人皆首肯，许以若有堂堂正正之革命军起，彼等必反戈相应。于是一面派人往约钦廉各属绅士乡团为一致行动，一面派萱野长知带款回日本购械，并在安南招集同志，并聘就法国退伍军官多人，拟器械一到，则占据防城至东兴一带沿海之地，为组织军队之用。东兴与法属之芒街，仅隔一河，有桥可达，交通甚为便利也。满拟武器一到，则吾党可成正式军队二千余人，然后集合钦州各乡团勇六千人，而后要约郭人漳、赵伯先二人所带之新军约六千余人，便可成一声势甚大之军队，再加以训练，当我精锐，则两广可收入掌握之中，而后出长江以合南京、武昌之新军，则破竹之势可成，而革命可收完全之效果矣。乃不期东京本部之党员忽起风潮，而武器购买运输之计划为之破坏，至时防城已破，武器不来，予不特失信于接收军火之同志，并失信于团绅矣。而攻防城之同志至时不见武器之来，乃转而逼钦州，冀郭军之响应。郭见我军之薄弱，加以他军为之制，故不敢来。我军遂进围灵山，冀赵军之响应。赵见郭尚未来，彼亦不敢来。我军以力薄难进，遂退入十万大山。此为予第五次之失败也。钦廉计划不成之后，予乃亲率黄克强、胡汉民并法国军官与安南同志百数十人袭取镇南关，占领三要塞，收其降卒，拟由此集合十万大山之众，而会攻龙州。不图十万大山之众，以道远不能至，遂以百余众握据三炮台，与龙济光、陆荣廷等数千之众连

战七昼夜，乃退入安南。予过谅山时为清侦探所察悉，报告清吏，后清廷与法国政府交涉，将予放逐出安南。此为予第六次之失败也。予于离河内之际，一面令黄克强筹备再入钦廉，以图集合该地同志，一面令黄明堂窥取河口，以图进取云南，以为吾党根据之地。后克强乃以二百余人出安南，横行于钦廉上思一带，转战数月，所向无敌，敌人闻而生畏，克强之威名因以大著；后以弹尽援绝而退出，此为予第七次之失败也。予抵星洲数月之后，黄明堂乃以百数十人袭得河口，诛边防督办，收其降众千有余人，守之以待干部人员前往指挥。时予远在南洋，又不能再过法境，故难以亲随前敌以指挥，乃电令黄克强前往指挥。不期黄克强行至半途，被法官疑为日本人，遂截留之而送之回河内，为清吏所悉，与法政府交涉，乃解之出境，而河口之众，以指挥无人，失机进取，否则蒙自必为我有，而云南政府亦必无抵抗之力；观当时云贵总督锡良求救之电，其仓皇失措可知也。黄明堂守候月余，人自为战，散漫无纪，而虏四集，其数约十倍于我新集之众，河口遂不守，而明堂率众六百余人退入安南。此为予第八次之失败也。后党人由法政府遣送出境，而往英属星加坡。到埠之日，为英官阻难，不准登岸。驻星法领事乃与星督交涉，称此六百余众，乃在河口战败而退入法境之革命军，法属政府以彼等自愿来星，故送之至此云云。星督答以中国人民而与其本国政府作战，而未得他国承认为交战团体者，本政府不能视为国事犯，而只视为乱民；乱民入境，有违反政府之禁例，故不准登岸。而法国邮船停泊岸边两日，后由法属政府表白，当河口革命战争之际，法政府对于两方曾取中立态度，在事实上直等于承认革命党之交战团体也，故送来星加坡之党人，不能作乱民看待等语。星政府乃准登岸。此革命失败之后所发生之国际问题也。由黄冈至河口等役，乃同盟会干部由予直接发动，先后六次失败。经此六次之失败，精卫

颇为失望，遂约同志数人入北京，与虏酋拼命，一击不中，与黄复生同时被执系狱，至武昌起义后乃释之。同盟会成立之前，其出资以助义军者，不过予之亲友中少数人耳，此外则无人敢助，亦无人肯助也。自同盟会成立后，始有向外筹资之举矣。当时出资最勇而多者，张静江也，倾其巴黎之店所得六七万元尽以助饷；出其资勇而挚者，安南堤岸之黄景南也，倾其一生之积蓄数千元，尽献之军用，诚难能可贵也。其他则有安南西贡之巨商李卓峰、曾锡周、马培生等三人，曾各出资数万，亦当时之未易多见者。予自连遭失败之后，安南、日本、香港等地与中国密迩者，皆不能自由居处，则予对于中国之活动地盘已完全失却矣。于是将国内一切计划，委托于黄克强、胡汉民二人，而予再作漫游，专任筹款，以接济革命之进行。后克强、汉民回香港设南方统筹机构，与赵伯先、倪映典、朱执信、陈炯明、姚雨平等谋，以广州新军举事。运动既熟，拟于庚戌年正月某日发难，乃新军中有热度过甚之士，先一日因小事起风潮，于是倪映典仓卒入营，亲率一部分从沙河进攻省城，至横枝冈，为敌截击，映典中弹被擒死，军中无主，遂以溃散。此吾党第九次之失败也。时予适从美东行，至三藩市，闻败而后，则取道檀岛日本而回东方。过日本时，曾潜行登陆，随为警察探悉，不准留居，遂由横滨渡滨榔屿，约伯先、克强、汉民等来会，以商卷土重来之计划；时各同志以新败之余，破坏最精锐之机关，失却最利便之地盘，加之新军同志亡命南来者实繁有徒，招待安插，为力已穷，而吾人住食行动之资，将虞不继，举目前途，众有忧色，询及将来计划，莫不唏嘘太息，相视无言。予乃慰以一败何足馁，吾曩之失败，几为举世所弃，比之今日，其困难实百倍；今日吾党虽穷，而革命之风潮已盛，华侨之思想已开，从今而后，只虑吾人之无计划无勇气耳，如果众志不衰，则财用一层，予当力任设法。时各人亲

见滨城同志之穷，吾等亡命境地之困，日常之费，每有不给，顾安得余资以为活动？予再三言必可设法，伯先乃言如果欲再举，必当立速遣人携资数千金回国，以接济某处之同志，免彼散去，然后图集合再设机关以谋进行，吾等亦当继续回香港与各方接洽。如是日内即需川资五千元，如事有可为，则又非数十万大款不可。予乃招集当地华侨同志会议，勖以大义。一夕之间，则醵资八千有奇。再令各同志担任到各埠分头劝募，数日之内，已达五六万元，而远地更所不计，既有头批的款，已可分头进行；计划既定，予本拟遍游南洋英荷各属，乃荷属则拒绝不许予往，而英属及暹逻亦先后逐予出境，如是则东亚大陆之广，南洋岛屿之多，竟无一寸为予立足之地，予遂不得不远赴欧美矣。到美之日，遍游各地，劝华侨捐资以助革命，则多有乐从者矣。于是乃有辛亥三月二十九广州之举。是役也，集合各省革命党之精英，与彼虏为最后之一搏，事虽不成，而黄花冈七十二烈士轰轰烈烈之概，已震动全球，而国内革命之时势，实以之造成矣。此为吾党第十次之失败也。

先时陈英士、宋钝初、谭石屏、居觉生等既受香港军事机关之约束，谋为广州应援，广州既一败再败，乃转谋武汉。武汉新军，自予派法国武官联络之后，革命思想，日日进步，早已成熟，无知清吏防范亦日益加严，而端方调兵入川，湖广总督瑞澂则以最富于革命思想之一部分交端方调遣，所以然者，盖欲弭患于未然也。然自广州一役之后，各省已风声鹤唳，草木皆兵，而清吏皆尽入恐慌之地，而尤以武昌为甚。故瑞澂先与某国领事相约，请彼调兵船入武汉，倘有革命党起事，则开炮轰击。时已一日数惊，而孙武、刘公等积极进行，而军中亦跃跃欲动，忽而机关破坏，拿获三十余人。时胡英尚在武昌狱中，闻耗，即设法止陈英士等勿来，而炮兵与工程等营兵士已多投入革命党者，闻彼等名册已被捕获，明日则必拿

人等语，于是迫不及待，为自存计，熊秉坤首先开枪发难，而蔡济民等率众进攻，开炮轰击督署。瑞澂闻炮，立逃汉口，请某领事如约开炮攻击。以庚子条约，一国不能自由行动，乃开领事团会议，初意欲得多数表决即行开炮攻击以平之。各国领事对于此事，皆无成见，惟法国领事罗氏，乃予旧交，悉革命内容。时武昌之起义第一日，则揭橥吾名，称予命令而发难者，法领事于会议席上，乃力言孙逸仙派之革命党乃改良政治为目的，决非无意识之暴举，不能以义和拳一例看待而加干涉也。时领袖领事为俄国，俄领事与法领事同取一致之态度，于时各国多赞成之，乃决定不加干涉，而并宣布中立之布告。瑞澂见某领事失约，无所倚恃，乃逃上海。总督一逃，而张彪亦走，清廷方面，已失其统驭之权，秩序大乱矣。然革命党方面，孙武以造炸药误伤未愈，刘公谦让未遑，上海人员又不能到，于是同盟会会员蔡济民、张振武等，乃迫黎元洪出而担任湖北都督，然后秩序渐复。厥后黄克强等乃到，此时湘鄂之见已萌，而号令已不能统一矣。按武昌之成功，乃成于意外，其主因则在瑞澂一逃，倘瑞澂不逃，则张彪断不走，彼之统驭必不失，秩序必不乱也。以当时武昌之新军，其赞成革命者之大部分，已由端方调往四川，其尚留武昌者，只炮兵及工程营之部分耳。其他留武昌之新军，尚属毫无成见者也。乃此小部分以机关破坏而自危，决冒险以成功，成败在所不计，初不意一击而中也，此殆天心助汉而亡胡者欤？武昌既稍能久支，则所欲救武汉而促革命之成功者，不在武昌之一着，而在各省之响应也。吾党之士，皆能见及此，故不约而同，各自为战，不数月而十五省皆光复矣。时响应之最有力而影响于全国最大者，厥为上海。英士在此积极进行，故汉口一失，英士则能取上海以抵之，由上海乃能窥取南京。后汉阳一失，吾党又得南京以抵之，革命之大局因以益振，则上海英士一木之支者，较他着尤

多也。武昌起义之次夕，予适行抵美国哥罗拉多省典华城。十余日前，在途中已接到黄克强在香港发来一电，因行李先运送至此地，而密电码则置于其中，故途上无由译之。是夕抵埠，乃由行李检出密码，而译克强之电，其文曰："居正从武昌到港，报告新军必动，请速汇款应急"等语。时予在典华，思无法可得款，随欲拟电复之令勿动，惟时已入夜，予终日在车中体倦神疲，思虑纷乱乃止，欲于明朝睡醒精神清爽时再详思审度而后复之。乃一睡至翌日午前十一时，起后觉饥，先至饭堂用膳，道经回廊报馆，便购一报携入饭堂阅看，坐下一展报纸，则见电报一段曰"武昌为革命党占领"。是我心中踌躇未决之复电，已为之冰释矣。乃拟电致克强，申说复电延迟之由，及予以后之行踪，遂起程赴美东。时予本可由太平洋潜回，则二十余日可到上海，亲与革命之战以快生平，乃以此时吾尽力于革命事业者，不在疆场之上，而在樽俎之间，所得效力为更大也。故决意先从外交方面致力，俟此问题解决而后回国。按当时各国情形，美国政府对于中国则取门户开放机会均等领土保全，而对于革命则尚无成见，而美国舆论则大表同情于我；法国则政府民间之对于革命皆有好意；英国则民间多表同情，而政府之对中国政策，则惟日本之马首是瞻；德俄两国当时之趋势，则多倾向于清政府，而吾党之与彼政府民间皆向少交际，故其政策无法转移；惟日本则与中国最密切，而其民间志士不独表同情于我，且向有舍身出力以助革命者。惟其政府之方针实在不可测，按之往事，彼曾一次逐予出境，一次拒我之登陆，则其对于中国之革命事业可知，但以庚子条约之后，彼一国不能在中国单独自由行动。要而言之，列强之与中国有关系者有六焉：美、法二国，则当表同情革命者也；德、俄二国，则当反对革命者也；日本则民间表同情而其政府反对者也；英国则民间同情而其政府未定者也。是故吾之外交关键，可以举足

轻重，于我成败存亡所系者，厥为英国；倘英国右我，则日本不能为患矣。予于是乃起程赴纽约，觅船渡英，道过圣路易城时，购报读之，则有武昌革命军为奉孙逸仙命令而起者；拟建共和国体，其首任总统当属之孙逸仙云云。予得此报，于途中格外慎密，避却一切报馆访员，盖恶虚声而图实际也。过芝加哥时，则带同志朱卓文一同赴英。抵纽约，时闻粤中同志图粤急，城将下，予以欲免流血计，乃致电两广总督张鸣岐，劝之献城归降，而命同志全其性命，后此目的果达。到英国时，由美人同志咸马里，代约四国银行团主任会谈，磋商停止清廷借款之事。先清廷与四国银行团结约，订有川汉铁路借款一万万元，又币制借款一万万元。此两宗借款，一则已发行债票，收款存备待付者；一则已签约而未发行债票者。予之意则欲银行团于已备之款停止交付，于未备之款停止发行债票。乃银行主干答以对于中国借款之进行，悉由外务大臣主持，此事本主干当惟外务大臣之命是听，不应自由作主也云云。予于是乃委托维加炮厂总理为予代表往与外务大臣磋商，向英政府要求三事：一、止绝清廷一切借款；二、制止日本援助清廷；三、取消各处英属政府之放逐令，以便予取道回国。三事皆得英政府允许，予乃再与银行团主任开商革命政府借款之事。该主干曰："我政府既允君之请而停止吾人借款清廷，则此后银行团借款与中国，只有与政府交涉耳。然必君回中国成立正式政府之后乃能开议也。本团今拟派某行长与君同行归国，如正式政府成立之日，就近与之磋商也。"时以予在英国，个人所能尽之义务已尽于此矣。乃取道法国而东归。过巴黎，曾往见其朝野之士，皆极表同情于我，而尤以现任首相格利门梳为恳挚。予离法国三十余日，始达上海，时南北和议已开，国体犹尚未定也。当予未到上海之前，中外各报皆多传布谓予带有巨款回国，以助革命军，予甫抵上海之日，同志之所望我者以此，中外各报馆

访员之所问者以此。予答之曰：“予不名一钱也，所带回者，革命之精神耳！革命之目的不达，无和议之可言也。”于是各省代表乃开选举会于南京，选举予为临时总统，予于基督降生一千九百十二年正月一日就职。乃申令颁定国号为中华民国，改元为中华民国元年，采用阳历。于是予三十年如一日，恢复中华，创立民国之志，于斯竟成。

以上为国父自传，其下则就国父年谱中，从民国元年起至民国十四年，国父逝世之日止每年摘述一二大事如左：

民国元年

一月一日　先生就任临时大总统于南京。

二月十四日　参议院接受先生辞临时大总统职，即日致电袁世凯，告以推荐执事为临时大总统，明日参议院开选举会。

三月三日　同盟会举行全体会员大会，举先生为总理。

三月十一日　公布中华民国临时约法。

四月一日　先生解卸临时大总统职。

五月四日　在广州演讲平均地权。

八月十三日　同盟会发布改组为国民党宣言。

八月二十四日　抵北京，与袁世凯谈铁路外交实业问题。

十月十日　发表中国之铁路计划与民生主义一文。

民国二年

二月十一日　由上海起程赴日，以筹办全国铁路全权名义作友好访问。

四月二十六日　与黄兴联名通电，主严究宋教仁被刺案主犯。

七月十三日　李烈钧在江西湖口举兵讨袁，二次革命开始。

七月二十三日　发表宣言，劝袁世凯辞职，以息战祸。

十月十五日　袁世凯用北京总检察厅名义通缉先生及第二次革

命首要。

民国三年

五月二十三日　中华革命党在东京举行大会，先生被推荐为总理。

九月一日　发表中华革命党宣言。

民国四年

三月十日　揭发日本二十一条要求交涉真相，通告党员积极讨袁。

十二月十二日　袁世凯允僭帝位。

民国五年

五月九日　发表宣言，与各方一致讨袁尊重约法。

六月六日　袁世凯愤恚卒，翌日，黎元洪继任总统。

六月九日　先生发表规复约法宣言，并电黎元洪请恢复民国元年约法，尊重国会，从事建设。

六月二十三日　函劝段祺瑞恢复约法尊重国会。

民国六年

一月二十一日　所著民权初步告成，开始著中国存亡问题。

三月三十日　中华革命党通告党员，准备恢复国民党名称。

七月十七日　自汕头抵广州，倡导护法。

九月一日　国会非常会议选举先生为中华民国军政府海陆军大元帅，次日就任大元帅，宣言戡定内乱恢复约法。

十一月一日　任命蒋中正张群为大元帅府参军。

民国七年

五月四日　辞大元帅职，并发表宣言。

六月一日　自汕头登程，取道台北赴日本。

十二月三十日　撰孙文学说序。

民国八年

八月一日　在沪创办建设杂志，将英文原著实业计划译成中文，分期发表。

十月十日　改组中华革命党为中国国民党，公布总章。

民国九年

三月　著地方自治开始实行法。

六月三日　与唐绍仪、伍廷芳、唐继尧发表宣言，申讨桂系军阀。

九月二十二日　约蒋中正商讨大计。

十月五日　派蒋中正到汕头，参加讨桂系军阀之战。

十一月九日　在国民党会议席上解释训政意义。

十一月二十四日　抵广州，恢复军政府，重开军政府政务会议。

民国十年

四月七日　国会议决中华民国政府组织大纲，先生当选为非常大总统。

五月五日　就任非常大总统，军政府撤消，并发表对内对外宣言。

六月　在广州讲述三民主义。

九月十三日　蒋中正来粤商北伐。

十月十日　实业计划完成。

民国十一年

五月四日　以陆海军大元帅名义下北伐令。

六月六日　发表工兵计划宣言。

六月十六日　陈炯明叛变，围攻总统府，先生脱险抵海珠海军司令部。

八月九日　以北伐军回师失利，先生离粤赴香港。

九月四日　在沪召开会议，商国民党改进事。

民国十二年

一月二十六日　与苏俄代表越飞发表联合声明，认共产主义及苏维埃制度均不能施行于中国。

二月十八日　任命蒋中正为大本营参谋长。

三月五日　命司法独立，宜不受地方行政干涉，广东司法官吏应一律由大元帅委用。

六月十六日　特任蒋中正为大元帅行营参谋长。

十月九日　以大元帅名义下令讨伐曹锟，通缉贿选议员，并电段祺瑞、张作霖、卢永祥一致行动。

民国十三年

一月二十一日　在代表大会讲述民生主义。

同日　派蒋中正筹备陆军军官学校。

一月二十七日　开始在广东高等师范学校礼堂作三民主义系统之讲述，原定每周一次，嗣因要公频有间断，至八月二十四日复因北伐督师韶关而停止，计讲民族主义六讲，民权主义六讲，民生主义四讲。

二月三日　任命蒋中正为中国国民党本部军事委员会委员。

二月二十九　电蒋中正回粤任军官学校校长。

四月十二日　公布国民政府建国大纲。

五月三日　特任蒋中正为陆军军官学校校长兼粤军参谋长。

七月十五日　派蒋中正为各军军事训练筹备委员会委员长。

十月四日　在韶关接见段祺瑞代表许世英。

十一月一日　中央政治委员会议定与北方合作之条件。

十一月四日　决定北上，令胡汉民留守广州，代行大元帅职权。

十一月十日　发表北上宣言，主张速开国民会议及废除不平等

条约。

十二月二十八日　入北京就医。

民国十四年

一月二十六日　入协和医院受手术。

二月二十四日　病笃，遗嘱定稿。

三月十一日　签字遗嘱。

三月十二日　上午八时三十分逝世于北京。

四月二日　移灵北京西山碧云寺。

民国二十九年四月一日　国民政府通令全国，尊称先生为中华民国国父。

二

本章系就国父全集取材。凡国父主持之中国国民党各种措施，在国父逝世以前发布者，并予摘取。其在国父逝世以后者概不列入。惟国民党总裁蒋先生所著民生主义育乐两篇补述，系就国父平生对于育乐问题的私人谈话所提到的政策，以及其平生对于育乐问题所设想的措施和蒋总裁个人所领会与拟议的方针和方案，加以阐述，咸足以弥补国父民生主义全部讲稿中未完部分的缺憾者，当然视同国父本人的主张，并予列入。

本章仍依全书体例，分为（甲）为学之部与（乙）教育之部。

（甲）为学之部

括有（一）学问，（二）知行，（三）学者诸节。

○ 第一节　学问

括有（1）学问，（2）求学目的，（3）治学，（4）学问革命诸目。其说如左：

（1）学问

（求建设之学问为全国人民负责任——元年八月）学问为立国根本，东西各国之文明，皆由学问得来……世界之进化，随学问为转移。自有人类以来，必有专门名家发明各种专门学说，然后有各种政治实业之天然进化。

上文显示国父对于学问之重视，强调东西各国之文明，皆由学问得来。由学问而产生各种专门学说，然后有各种政治实业之天然进化。国父创为三民主义，以为建立中华民国之基础，即基于其学问之淹博。本章开宗明义，首列学问一节，明其本也。

又如：

（学生须以革命精神努力学问——二年二月）建设事业，不仅要与破坏时代持同一牺牲主义，并且需要一种大学问。欲求此种建设的学问，必须假以时期。或十年，或六七年之苦心研究，方能应用。不比破坏事业，只要不顾身命，冒险做去，即可以办到的。……学问志愿，两种并行。有学问而无志愿，不徒无益，而反有害。诸君志愿，须求大家之利益，办大家之事业，不必计较私人之利害。

此言破坏之后，应即继以建设。惟破坏事业，只要不顾身命，冒险做去，即可办到，而建设事业，则需要学问，尤需一种大学问。而且学问之外，还须有正确的志愿，即须求大家之利益，不必计较私人利害；盖虽有学问而无正确的志愿，非徒无益，而反有害也。

又如：

（学生要努力宣传担当革命的重任——十二年十月）世界上的学问，是少数人发明的。古今中外，多数人总是不知不觉的。但是世界进化，都是不知不觉做成的。

此言世界上的学问，都是少数人所发明，而执行之者则为不知不觉的多数人；因而世界的进化，都是不知不觉做成的。换言之，

即少数人劳心的成果，赖多数人劳力为之利用与推行；二者同样有益于世界，然苟无此少数人之发明，多数人虽愿卖力，却无所凭借，是则学问之为用终占先着也。

又如：

（世界道德之新潮流——十二年三月）诸君今晚来纪念七十二烈士……要学他们的道德观念！诸君要学他们的道德观念，是从什么地方学起呢？简直的说，就是要从学问上学起……从今晚起，爱惜光阴，发愤读书，研究为人类服务的各种学问。

国父在上述演词中，劝告青年们要学七十二烈士的道德观念，而要学烈士们的道德观念，则须从学问上学起，因为世界道德的新潮流，系为人类服务，而要达此目的，必须研究各种有关的学问。西人恒言，知识即权力，余尝仿其口吻，谓知识即道德；盖从我国所谓八德，要修身，须正心；要正心，须诚意；要诚意，须致知；要致知，须格物。修身、正心、诚意属于道德，而致知格物即属于知识，换言之，惟能具有真知灼见者，始能了然于道德之真价，即为利害计，亦惟道德能真正利人利己也。

又如：

（革命军的基础在高深的学问——十三年六月）诸君现在求学的时代，能够学得多少便是多少，只要另外加以革命精神，便可以利用。如果没有革命精神，就是一生学到老，死记得满腹的学问，总是没有用处……有了高深学问，才有大胆量，有了大胆量，才可以做革命军。所以做革命军的根本，还是在高深学问。要造就高深学问，是用什么方法呢？造就高深学问的方法，不但是每日在讲堂之内，要学先生所教的学问，还要举一隅而以三隅反，自己去推广。在讲堂之外，更须注重自修的工夫。

上开讲题为革命军的基础在高深学问，其意以为有了高深学问，

才有大胆量，有了大胆量，才可以做革命军，因为革命军须于一切牺牲在所不惜，惟对事理看得最透彻者，纯然入于精神的生活，浑忘肉体，始能对任何牺牲无所畏惧也。至如何始能达成高深学问，则有两条件，一为就所受业能举一反三；二为注重自修，日进不已是也。

（2）求学目的

（知难行易——十年十二月）求学的意思是求知识。因为世界上有很多的事情，很多的道理，都是我们不知道的；又因为世界的文明，要有知识才能够进步。有了知识，进步才很快。我们人类是求文明进步的，所以人类便要求知识。

此言世上许多事情和道理为我们所不知；而要想知道这些事情和道理，便须求学，因为求学便是求知识的惟一方法。又知识为促进文明之步骤。由于人类是求文明进步的，所以也有求知识，亦即求学之必要。

又如：

（学生要立志做大事不可做大官——十二年十二月）在学校求学，无论是那门科学，像文学物理化学农学，只要是自己性之所近，便拿那一门来反复研究，把其余关系于那一门的科学，也去过细参考，借用他们的道理和方法，来帮助那一门科学的发展，彻底考察，以求一个成功的结果。

此言所学科学，无论属于哪一门，只要性之所近，则不仅要反复研究，还须把与有关联的科学过细参考，借用这些有关科学的道理和方法，帮助所专攻一门科学的发展。因为每一门科学都不是完全孤立的，至少要与若干其他门类的科学有关联，如对关联的科学茫无所知，则专攻的科学便难有发展之可能。例如研究经济学者，不可不旁通政治学、社会学等关联科学是也。

(3) 治学

(孙文学说第三章) 如能用古人而不为古人所惑，能役古人而不为古人所奴；则载籍皆似为我调查，而使古人为我书记，多多益善矣。

此言善于治学者，对于古人所遗传之知识经验，应能作主动的利用，而不为所拘束或迷惑，换言之，即能役使古人，以供我用，而不为古人所奴役。如此则古人之著作，流传至今者，好像可供我主动的参考，古人则有如为我纪录下其所获得的知识与经验。

(4) 学问革命

(知难行易——十年十二月) 本大总统想要中国进步，不但是对于政治主张要革命，就是对于学问也主张要革命，要把全国人几千年走错了路都来改正，所以主张学问和思想都要经过一番革命了。

此言中国要想进步，不仅政治要革命，即学问也要革命。革命就是去旧革新，不要盲从古人，凡古人走错之路都来改正。至其所走的正确路线，当然遵循不改。

○ 第二节 知行

括有 (1) 良知，(2) 真知，(3) 知难行易诸目。其说如左：

(1) 良知

(社会主义之派别及批评——元年十月) 强权虽合于天演之进化，而公理实难泯于天赋之良知。

又如：

(地方自治为建国之础石——五年七月) 人智尽同，天与我以良知。学问虽有深浅，是非之心，则人皆有之。

良知为天赋人类以判别是非的知识；所谓“公理实难泯于天赋之良知”，与“是非之心，人皆有之”是也。

(2) 真知

(孙文学说第五章) 故天下事惟患于不能知耳，尚能由科学之理则，以求得其真知，则行之决无所难。

又如:

(孙文学说第五章) 凡真知特识，必从科学而来也。舍科学而外之所谓知识者，多非真知也。

所谓真知，是利用科学方法而求得的知识，“舍科学而外之所谓知识，多非真知也”。前一目之所谓良知，基于天赋，只要人心不为物欲所蔽，自然而然便知何者为是，何者为非。本目所谓真知，则从萌芽之知识，利用科学方法，加以研究，研究结果所获得的知识，始为真知。

(3) 知难行易

(孙文学说第一章) 专从事于知易行难一问题，以研求其究竟，几历年月，始恍然悟于古人之所传今人之所信者，实似是而非也。乃为之豁然有得，欣然而喜，知中国事向来之不振者，非坐于不能行也，实坐于不能知也。及其既知之而可不行者，则误于以知为易，以行为难也。倘能证明知非易而行非难也，使中国人无所畏而乐于行，则中国事大有可为矣。于是以余构思所得之十事，以证明“行之非艰，而知之维艰”，以供学者之研究，而破世人之迷惑焉。……

又如:

(同上) 夫知之非艰，行之维艰一语，传之数千年，习之遍全国，四万万人心理中，久之认为天经地义而不可移易者矣。……夫饮食者，至寻常至易行之事也，亦人生至重要之事，而不可一日或缺者也。凡一切人类物类，皆能行之；婴孩一出母胎则能之，雏鸡一脱蛋壳则能之，无待于教者也。然吾人试以饮食一事反躬自问，究能知其底蕴者乎？不独普通一般人不能知之，即近代之科学已大

有发明，而专门之生理学家、医药学家，卫生学家、物理学家、化学家，有专心致志于饮食一道者，至今已数百年，亦尚未能穷其究竟也。……

又如：

(同上第二章) 非综览人文之进化，详考财货之源流，不能知金钱之可用。又非研究经济之学，详考工商历史、银行制度、币制沿革，不能知金钱之现状也。要之，今日欧美普通之人，其所知于金钱者，亦不过如中国人士只识金钱万能而已，他无所知也……故曰，世人只能用钱，而不能知钱者也。此足为“行之非艰，知之维艰”之一证也。……

又如：

(同书第三章) 夫中国之文章，富矣丽矣；中国之文人，多矣能矣……然而数千年来，中国文人只能作文章，而不能知文章，所以无人发明文法之学，理则之学，必待外人输来，而乃知吾文章向来之缺憾。此足证明“行之非艰，而知之维艰”也……

前三章所引为知难行易之证者，其一为饮食，则人类全部行之者；其二为用钱，则人类之文明部分行之者；其三为作文，则文明部分之士人行之者。此三事也，人类之行之，不为不久矣，不为不习矣。然考其实，则只能行之，而不能知之，而间有好学深思之士，专从事于研求其理者，每毕生穷年累月，亦有所不能知，是则行之非艰，而知之实艰。以此三事证之，已为铁案不移矣。……

知易行难，为我国传统上之主张。国父经长期之研究，发见与传统适相反之创说，认为应作知难行易，并举十事以证明之。此处摘举其中饮食、用钱与作文三事为例，皆足以证明人人能行易行，而不易知其理由与真相者。因而主张吾人当先解决其远为困难之“知”一字，则人人无所畏于“行”，则中国事大有可为矣。

○ 第三节　学者

括有（1）士，（2）学者二目。其说如左：

（1）士

（创立农学会征求同志书——民前十七年）中华以士为四民之首，此外则不列于儒林矣。而泰西诸国则不然，以士类而贯四民。农夫也，有讲求耕植之会；工匠也，有讲求制器之会；商贾也，有讲求贸易之会：皆能阐明新法，著书立说，各擅专门；则称之曰：农士、工士、商士，亦非溢美之词。以视我国之农仅为农、工仅为工、商仅为商者，相去奚啻霄壤哉！故欲我国转弱为强，反衰为盛，必俟学校振兴，家弦户诵，无民非士，无士非民，而后可与泰西诸国并驾齐驱，驰骋于地球之上。

我国向所谓“士”，只限于读书人，而所谓读书人，除极少数为研究学术而读书外，绝大多数，皆以出仕为目的。至于农、工与商，多不读书，即偶有读书识字者，亦不齿于读书人之列，因而士农工商，构成四民，而四民中以士为首。泰西诸国则不如是，农工商皆可为士，初无士之单独一级。国父认为如要我国转弱为强，反衰为盛，必俟学校振兴，家弦户诵，无民非士、无士非民而后可。

（2）学者

（知难行易——十年十二月）从前中国人说“士为四民之首”，可见学者的力量，在社会上是很大的。详细地说，学者是先觉先知，一举一动，都是能够转移社会上的风气。社会对于学者也是极尊敬。如果学者有了主张，社会都是要服从。所以学者对于社会，对于国家，负担有一种责任。学者底责任，是在要中国进步……学者为四民导师，中国的社会是很崇拜的，普通人有不知道的事情，要告诉他们去行才好。

所谓学者，便是包括农工商在内，而专意为学之人，亦即广义

之“士”。我国夙称士为四民之首，现在似应改称广义之士，即学者，为人民之首。盖“学者是先觉先知，一举一动，都是能够转移社会上的风气，社会对于学者也是极尊敬”。所以学者对于社会国家负有使中国进步的责任，那就是以先觉先知的地位，领导人民，促使中国进步。

（乙）教育之部

括有（一）教养与教育，（二）教育之目的、使命与任务，（三）教师，（四）教法，（五）学生，（六）课业，（七）各级教育，（八）各种特殊教育，（九）各科教育，（一〇）学校，（一一）其他诸节。

○ 第一节　教养与教育

括有（1）教养，（2）教育二目。其说如左：

（1）教养

（上李鸿章病陈救国大计书——民前十八年）夫人不能生而知，必待学而后知；人不能皆好学，必待教而后学。故作之君，作之师；所以教养之也。自古教养之道，莫备于中华，惜日久废弛，庠序亦仅存其名而已。

又如：

（实行社会革命——元年四月）法定男子五六岁入小学，以后由国家教之养之，至二十岁为止，视为中国国民之一种义务。

此言国家设施教育之外，还须补助或维持学生的生活。我国古代有所谓廪生者，即以较优秀之生员，而接受公家多少的廪给，又如在书院从事研究者，亦可领受所谓膏火的津贴。现在大学以上之学生，往往领受公费或奖学金，均系教养兼施的事例。惟是限于财力，教养兼施只能限于优秀学生及研究生。

又如：

（军人精神教育第五讲）新世界国家，与以前国家不同。通常国家仅能保民，而不能教民养民，真能教民养民者，莫如三代。其时井田学校，皆有定制；教养之责，在于国家。后世则不然。所谓国家，无论政治若何修明，如汉之文景，唐之贞观，能保民斯为善矣。今日所抱改造新世界之希望，则非徒保民而已，举凡教民养民，亦当引为国家之责任。

此言通常国家仅能保民，惟新世界之国家，则兼负教民养民之责。三代盛世，学校井田之制并行，前者教民，后者则养民。后世则无论政治如何修明，能保民而已。国父认为我国今后，国家对于人民之责，须能保民教民与养民三者并重。

（2）教育

（国民党政见宣言——二年）教育为立国根本，振兴之道，不可稍缓。其今日所主宜振兴者：一曰法政教育，一曰工商教育，一曰中等教育，一曰小学师范教育，一曰女子教育。

教育的需求，虽永久不变，然针对现实的需求，每一个时期各有其需求更亟之教育。国父在此宣言所发表的主张，是在民国建立的最初时期。其时所亟需的教育，为法政，为工商，为中等，为小学师范，为女子。故依序特别提出之。法政教育所以特别需要，以由专制改建民主政制，人民骤然成为国家之主人，至少必须具有法政之常识。工商教育所以亟需者，因传统上以农立国之社会，渐进于工商社会，不能不有工商知识，以适应之。中等教育为较高之普通教育，前此国民不妨以小学教育而自足者，到了民国，自有提高之必要。小学师范为健全小学教育、女子教育为健全下一代之必要，在民国建立之初，均有其迫切之需要。以故，国父在此时期特别注重之教育，在此数端，而非谓一成不变也。

又如：

（知难行易——十年十二月）民国的人民，人人都是主人翁，人人都要替国家做事的，所以建设一个新地方，首先在办教育。要办普及的教育，令普通人民都可以得到教育，“然后人人才知道替国家去做事”。

国父在此一时期，就是到了民国十年，由于人人都是国家的主人翁，故人人都应该受有教育，因而提倡普及教育。

○ 第二节　教育之目的、使命与任务

括有（1）教育的目的，（2）教育平等，（3）教育的使命，（4）教育的任务诸目。其说如左：

（1）教育的目的

（民生主义育乐两篇补述第二章乙四）学校教育的目的就是要在课程上和课外活动中，教导一般青少年，使其得到上列各项知识和能力，而学校教育的功效，在陶冶学生的性格，并改正学生的行为，使其适于达成上项目标。教育的功效更要从学生出校之后，在家庭和社会生活上的表现和成绩来考核，并以考核的结果来作为改进课程及其内容与施教方法的参考材料。

此言学校教育之目的，特别注重德育与智育。所谓德育，便是“陶冶学生的性格，并改正学生的行为”；所谓智育，便是教导青少年，使其得到所需要的各项知识和能力。至于施教的场所，不仅在课堂上，还须在课外活动。甚至还要推及出校之后，即修毕学校功课之后，仍须进一步考核学生在家庭和社会生活上的表现和成绩，而以考核所得的结果，来作改进课程及其内容与施教方法参考资料。此则由于教育关系之重大，不宜故步自封，有随时改进之必要，而改进之依据，则莫若视曾受教者之实际表现，以为衡断也。

（2）教育平等

（社会主义之派别及批评——元年十月）圆胪方趾，同为社会之

人。生于富贵之家，即能受教育，生于贫贱之家，即不能受教育，此不平之甚也……主张平等教育，凡为社会之人，无论贫贱，皆可入公共学校，不特不取学膳等费，即衣履书籍，公家任其费用。尽其聪明才力，分专各科，即资质不能受高等教育者，亦按其性之所近，授以农工商技艺，使有独立谋生之才。卒业以后，分送各处服务，以尽其能。庶几教育之惠，不偏为富人所独受。其贫困不能造就者，亦可以免其憾矣。

又如：

（学生要立志做大事不可做大官——十二年十二月）现在民国，人民受教育，是大家都要有平等机会的。

国父提倡教育平等不只一次，其见之纪载者，一在民国元年十月，一在十二年十二月。前者在介绍社会主义制度下之教育，谓无论贫贱皆可入公立学校，不特不取学膳等费，即衣履书籍，公家亦任其费用。此为国家负担教育全责之例。后者则鉴于国内局势扰攘，财力艰难，为针对实际，只申明原则，务使人人均有受教育的平等机会，而暂时不提具体的办法。

（3）教育的使命

（民生主义育乐两篇补述第二章乙二）我们［此处删8字。——编注］要依据民生主义来重新计画教育的制度和学校课程，简单的说，我们要实行民生主义教育。总理说："民生就是人民的生活——社会的生存、国民的生计、群众的生命便是。"民生主义的教育就是要教导一般青少年使其适应人民生活的要求。换句话说，民生主义教育就是有计画的教导一般青少年，从民主的生活中，培养自己的人格，发展自己的才能，以家庭的子弟和国家的公民的地位，从事生产事业，努力于社会的进步和民族的复兴。

此为国民党总裁蒋先生补述国父民生主义的教育使命，在教导

一般青少年，使其适应人民生活的要求，就是从民主的生活中，培养自己的人格，发展自己的才能，从事生产事业，努力于社会的进步和民族的复兴。

（4）教育的任务

（民生主义育乐两篇补述第二章乙三）为了说明民生主义教育的特点，首先就要说明生活的内容。人类与一般动物的分别，只是一点，就是人类有了生活，还要充实生活的内容。我们中国人要做现代的公民，复兴民族，建设独立自由的国家，我们的生活就要包含下列的各方面：

（一）生理与心理的健康；

（二）伦理与道德的生活——以合作互助为根本的个人修养，在家庭与社会中和谐共处；

（三）家庭生活——家庭职务，洒扫应对进退的礼节；

（四）职业生活——生产技能与服务精神；

（五）公民生活——地方的、国家的与国际的政治常识与民主习惯；

（六）表达意思与进修学术之能力——语言文字之使用；

（七）利用闲暇的方法——保健、审美，使生活成为快乐的生活。

教育的任务在充实学生生活的内存，括有（1）生理与心理的健康，（2）伦理与道德的生活，（3）家庭生活，（4）职业生活，（5）公民生活，（6）表达意思与进修学术之能力，（7）利用闲暇的方法七方面。其中有人人必需的，如（1）至（5）方面是；有为学生所必需的，如（6）是；又有为看似不甚重要，而为文明国民在充实生活之条件下所需要。

○ 第三节　教师

本节仅括有一目如左：

(1) 教师

(提倡女子教育——元年五月) 必有学识，方可担任教育，盖学生之学识，恒视教师以为进退，故教师之责任甚大。

又如：

(女子要明白三民主义——十三年四月) 诸君毕业之后，是去教人的，是为国家培养人才的。培养人才，就是学师范者的任务。诸君要能够达到这种任务，便先要知道自己是生在什么时候，在这个时候是应该做些什么事业。

就国父全集中，发见有关于教师的讲话二项，均系对女子；即师范学生而言，可以窥见国父对于任教之重视。又以教师学识关系于学生者至为重大，因而劝勉此等将任教的女子，先要知道自己生在什么时候，在这个时候应该要做些什么事。这两点的确是任何一位现任或未来的教师所当特别注意。

○ 第四节　教法

本节只括有一目，如左：

(上李鸿章痛陈救国大计书——民前十八年) 凡天地万物之理，人生日用之事，皆列于学之中。使通国之人童而习之，各就性质之所近而肆力焉。又各设有专师，津津启导，虽理至幽微，事至奥妙，皆能有法以晓喻之，有器以窥测之，其所学由浅而深，自简及繁，故人之灵明日廓，智慧日积也。

此言施教者对于生徒，当“津津启导，虽理至幽微，事至奥妙，皆能有法以晓喻之，有器以窥测之，其所学由浅而深，自简而繁”。盖不仅善诱循循，且于必要时，须助以教具，俾资实验。此诚理想之教育方法也。

又如：

(社会问题——八年) 要教训群众，指导群众，或者是教训指导

知识很低的人，最要紧要替他们打算，不好一味拿自己做标本。这样的去做工夫，方才有趣味，方才得到研究的益处，方才能够感化多数的人。你看教马的人，他怎样能够把马教会的，就是他在教马的时候，他自己的意识已经先变了马。他不是先要马懂得他的意思，他是先要自己懂得马的意思。教马的人，在马的面前，是一点也用不得知慧的；如果要用人的知慧，一定要和马打起架来。你又看那教猢狲的人，他也是要就猢狲的性格去教猢狲，不是要就人的性格去教猢狲……所以我们如果要指导多数人，是先要把自己的知识学问收藏起来，处处去顺他的性，来诱起他的自觉；然后得来的结果，方能够圆满。

上文侧重对于成人教育的教法，谓这些人早年失学，知识多属很低，教授时务要迁就这些人的程度，不好一味拿自己做标本，例如训练马或猢狲，要先把自己的意识变为马或猢狲，处处针对这些动物的智商去施教，顺着他们的性，来诱起他们的自觉，才可以发生作用。

○ 第五节　学生

括有一目如左：

（非学问无以建设——元年五月）今日所成，只推倒一恶劣政府之障碍物而已，以后建设，万端待理，负责何人？则学生是也。

此言学生为国家未来的主人翁。在民国元年，国父与革命志士及先烈，虽已成功地推倒了恶劣政府的障碍，惟以万端待理的建议，则不能不期望于后起的学生们。

又如：

（学生应主张社会道德——元年八月）从前惯习，往往学生自命为学校之主人翁，鄙意以为此等恩怨，只宜于专制时代。皇帝为全国之大主人翁，压制平民；学生在学校，学成之后，辅助君主，欺

辱平民，虽不能为大主人翁，亦可为小主人翁。今则不然……今日在校为学生，异日即政治上之工人，社会上之公仆……学界能尽其责任，国基方能巩固。

以负责言，学生固为国家未来的主人翁；以尽职言，学生将为异日政治上之工人，或社会上之公仆；故宁以工人公仆自居，不宜以主人翁自命，如此则只知尽职，不致争权夺利。一念之差，关系极大，不可不察也。

又如：

（学生须以革命精神努力学问——二年二月）破坏之后，必须建设；恢复秩序，巩固邦基。学生诸君，必要为中华民国筹健全之方法，担负建设的责任，以措国家于磐石之安，方不负从前革命时一种伟大志愿。

此言革命第一阶段经过破坏之后，必须继以第二阶段的建设。建设有赖于各种专门学问，学生们须以革命精神努力学问，俾能肩起建设的责任。

又如：

（学生要努力宣传担当革命的重任——十二年十月）学生是读书明理的人，是指导社会的，若不能够以先知觉后知，以先觉觉后觉，而苟且从俗，随波逐流，那就无贵乎有学生了。

又如：

（凡一国之强弱以其国学生之程度为差）学生要立志做大事，不可做大官。

此言学生负有指导社会的责任，不当苟且从俗，随波逐流，必须立志做大事，不可要做大官，换句话说，便是要尽最大的义务，不宜贪图势位利禄。这才是以先知觉后知，以先觉觉后觉之人。

○ 第六节　课业

括有（1）四育与六艺，（2）学习与研究二目。其说如左：

（1）四育与六艺

（民生主义育乐两篇补述第二章乙一）我们要研讨民生主义教育的方针，首要指出的一点，就是教育的内容是包括着智育、德育、体育和群育。一个人要做独立自由的现代国家的国民，一定要完全受到这四育，这四育合起来才是健全的教育。我们中国过去的学校教育为什么有前面所说的三个缺点呢？就是因为过去的学校教育偏重智育，有时也提倡体育，但对于德育和群育却是忽略了，要知道没有德育和群育，那智育不过是讲习一些科学的皮毛，对于个人、家庭、社会和国家没有什么裨益，更谈不上对世界人类有什么贡献。没有德育和群育，那体育不过是养成几个选手替他的学校争面子、做广告，对于国民身心的健康毫无关系，这种偏枯的教育怎能替社会国家造就革命建设的人才呢？

我们中国古代的教育是以礼乐射御书数六艺为内容的。六艺教育的功用就是训练一个身心平衡、手脑并用、智德兼修、文武合一的健全国民，国家有了这样的国民，才能够立国于亚洲大陆，文治武功，见重于世界。我们可以说，汉唐盛世就是六艺教育的成果；可惜宋明以后，完全以科举为教育，一般知识分子走到故纸堆里去做工夫，用脑而不用手，谈心性而远离现实，讲文治而轻视武功，其结果个人成了病夫，而国势也就衰败了。

总理看见了国家受到列强的压迫，民族陷入危亡的境域，乃手创三民主义，领导国民革命，求中国的自由平等。总理深知要达成国民革命的目的，必须唤起民众，而教育更是唤起民众共同努力于革命建国事业的唯一方法，所以，总理三民主义各讲，都是我们中国教育宗旨与教育政策的根据，也可以说一部三民主义就是中国教

育的教范。其中民族主义各讲就是中国文化与伦理教育的教范，民权主义各讲就是中国政治与法律教育的教范，民生主义各讲就是中国经济与社会教育的教范。但是三民主义的最高原理是民生哲学，而总理一生奋斗，尤注重民生问题。我今天所以要特别提倡民生主义教育，就是体会总理关于教育的遗教，根据六艺教育的精神，要把智育、德育、体育和群育四者综合起来，重新衡量我们中国的教育方针。我认为只要民生主义教育能够实行，那民族民权主义教育亦就自然包括在内，而能同时并进，达到三民主义的理想。

民生主义教育的方针，在课业的内容兼重智育、德育、体育、群育四者，不宜有所缺略；在中国古代的教育内容，则括有礼、乐、射、御、书、数六项，谓之六艺，手脑并用，文治武功兼重。本来一部三民主义就是中国今后教育之规范，其中民族主义各讲，就是中国文化与伦理教育的教范；民权主义各讲就是中国政治与法律教育的教范；民生主义各讲就是中国经济与社会教育的教范。但是三民主义的最高原理是民生哲学，而国父一生奋斗，尤注意民生问题。现在特别提倡民生主义教育，就是体会国父关于教育的遗教，根据六艺教育的精神，将智德体群四育综合起来。只要民生主义教育能够实行，那民族民权主义教育自然包括在内。

（2）学习与研究

（孙文学说第七章）生徒之习练也，即行其所不知以达其欲能也。科学家之试验也，即行其所不知，以致其所知也。探索家之探索也，即以其所不知，以求其发见也。伟人杰士之冒险也，即行其所不知，以建其功业也。

此言习练、试验、探索与冒险四种步骤，皆为学习与研究所经的过程。习练为生徒达其欲能的步骤，试验为科学家致其所知的方法，探索为探索家求其发见的经历，冒险为伟人杰士建其功业的

特质。

○ 第七节　各级教育

括有（1）义务教育，（2）强迫教育，（3）中等教育，（4）师范教育，（5）大学教育诸目。其说如左：

（1）义务教育

（知难行易——十年十二月）就桂林的现状说，恐怕没有受教育的人很多；而民国的教育，又要普及。所以本大总统希望诸君令桂林周围的人民，无论贫富，凡在十岁以下底儿童，都要给教育把他们……你们现在求学的人，却要改变以前的旧行为，无论是先生或学生，各尽各的能力，担负责任，来同心协力，去调查四乡的户口，各办义务学校，让一般没有钱底人都可以去读书。首从桂林起，再推广到各县各地。

国父早自民国十年，全国尚未统一之时，即已就广西之桂林发动义务教育，即令桂林周围的人家，无论贫富，凡在十岁以下的儿童，都要受教育。首先调查四乡的户口，各办义务学校，让一般没有钱的人都可去读书。此可谓我国倡办最早的义务教育，其学龄在十岁以下，当然不收学费，以便利“没有钱底人”。

（2）强迫教育

（救国救民之责任在革命军——十三年）一个穷人家生了小孩子……到了年纪稍大，可以入学校的时候，国家便办得有很完全的幼稚园、小学……可以依次进学校，受很完全的教育，国家不收费。若是父母有不教子女进学校的，政府便要惩罚其父母，强迫子女去读书。此所谓强迫教育。

此较上一目之义务教育又进一步，不仅免收学费，且加以强迫。换言之，即父母不令其子女受此教育者有其责任。现在在国父的继承人“蒋总统”领导之下，除六年的国民小学为强迫教育外，尚有

三年的国中教育，亦为义务的，纵然不是强迫的。

又如：

（国民党第一次全国代表大会宣言——十三年）励行教育普及，以全力发展儿童本位教育。

此为国民党第一次全国代表大会，遵守国父的诏示，宣言励行教育普及，以全力发展儿童本位教育。独惜其时军阀纷争，加以剿共军需浩繁，旋又对日抗战。胜利后，又遭［删 5 字。——编注］事，在大陆迄未能实施义务教育，直至政府迁台后，始予实现。

（3）中等教育

（国民党政见宣言——二年）中等教育，为小学之模范，大学之基础。

此为国父所领导的国民党，于民国建立之初，即宣示中等教育之目的，为“小学之模范，大学之基础”。从而中等教育办得完善与否，下则影响到小学，上则影响到大学，其关系亦诚重大矣。

（4）师范教育

（国民党政见宣言——二年）小学师范教育，所以普及教育之第一步，而养成师范人才。

又如：

（女子要明白三民主义——十三年四月）学师范的人，本来是教少年男女去做人的。做人的最大事情是什么呢？就是要知道怎么样爱国，怎么样可以管国事………你们都是师范学生，毕业之后，就要做人师长；如果做师长的人，都不明白民国的道理，我们便永远没有希望造成民国的国基。

国父于民国建立之初，即经由其所领导的国民党，强调申明师范教育为普及小学教育的第一步。及民国十三年又亲自说明，学师范的人是教少年男女去做人的。做人的最大事情，就是要知道怎样

爱国，以及怎样管理国事；因此学师范的人，首先要自己明白民国的道理，才能够教人，否则我们便永远没有希望造成民国的基础。

（5）大学教育

（民生主义育乐两篇补述第二章丙五）照一般教育家的看法，大学是超越日常职业生活之上，求高深知识和远大成就的教育。大学教育既是超越日常职业生活的，所以准备升入大学的中学课程应该用大学课程做目标，也就脱离日常职业生活之外，职业教育便成为中学和大学这一“正途”之外的“别途”，正统之外的偏统了，我们民生主义教育不采取这个看法：

第一，我们认为教育是社会改革和民族复兴的根本。从儿童教育、青少年教育到成人教育，应该是陆续的、一贯的，使一般国民在这变动的社会中，适于构成新社会的分子，践履自己的责任，实现自己的志趣，有助于社会改革和国家复兴，因此小学和中学不是专门为了升学的学生打算，而是普遍为了升学和不升学的儿童少年和青年打算，大学也不能孤立于这一教育系统之外。

第二，大学是由青年进入成年的教育。在现代社会里，从一方面看，一般没有住过大学的成年人，从他们的工作和生活经验里对于社会实际问题的理解，不一定在大学生之下，他们对于这些实际问题的解答也许更比大学生为明确和切实。从他方面看，印刷术发达到今天这种程度，已能供应一般成年人要读的图书。就读书来说，大学生也不一定比校外的成年人优越，这在前面已经说过了。

所以我们对于大学教育要采取一个新的看法。民生主义社会并不把读书看成一个特权阶级的专业，也不需要一种自封于书斋以内的特权者，民生主义教育是要在社会各阶层里培养领导服务及管理的通才，所以大学要与政治军事经济社会各种机构及各种职业来通力合作，使各阶层具有适于上进的才能，得到大学的帮助，充实自

己，发展自己，所以大学教育应以下列三个原则做基础来改革：

（1）大学要训练各阶层各职业里服务的人才，不做某些特权阶级的装饰品。

（2）大学要讲授，更要研究，要与各企业和机关的研究室取得联系，而构成各种研究的中心。

（3）大学要为社会政治和文化的领导，而培养服务管理和负责尽职的通才。

为什么大学要提高专门学术的研究，又要培养通才呢？我们知道工业化愈是进步，职业上的分工必愈是精密，科学愈是进步，研究上的分工也必愈是精密。职业上分工到最后每一技工只做一种动作，研究上分工到最后每一科学家只做一种专题，中小学教育对于技工的简单动作，不能有什么帮助，也不必作什么帮助，一个青年就业之后，受简单的训练就能够做了。大学对于科学的专题研究，也不能一一有什么帮助，也不必一一去帮助，大学只是指导学生做科学研究的方法，让学生就业之后到工厂、到农场、到实验室或是到社会上去研究那些专题，所以大学教育虽然要帮助各职业各机关的研究，提高科学和技术水准，但是大学教育的主要目的，究竟还是智育与德育并重，专题与常识兼顾，训练通才，就是能够担当为社会政治和文化服务的中坚领导人才。

民生主义教育中的大学教育，异乎一般教育的看法。其一，民生主义教育学者认为教育是社会改革和民族复兴的根本；其二，大学是由青年进入成年的教育。所以大学教育应以下列三个原则做基础来改革：（1）大学要训练各阶层各职业里服务的人才，不做某些特权阶级的装饰品；（2）大学要讲授，更要研究，要与各企业和机关的研究室取得联系，而构成各种研究的中心；（3）大学要为社会政治和文化的领导，而培养服务管理和负责尽职的通

才。质言之，大学一面要提高专门学术的研究，一面又培养通才。再易言之，“大学教育的主要目的，究竟还是智育与德育并重，专题与常识兼顾，训练通才，使能担当为社会政治和文化服务的中坚领导人才”。

○ 第八节　各种特殊教育

括有（1）女子教育，（2）社会教育，（3）成人教育，（4）平民教育，（5）识字运动诸目。其说如左：

（1）女子教育

（提倡女子教育——元年五月）中国女子虽有二万万；惟于教育一道，向来多不注意，故有学问者甚少。处于今日自应认提倡女子教育为最要之事。

又如：

（国民党政见宣言——二年）女子教育，所以增进知识，发达女权。

国父于民国成立的初期，即于元年五月及二年直接间接发表其提倡女子教育的主张。前者强调女子教育的重要性，后者则认为女子教育可以发达女权。

（2）社会教育

（地方自治开始实行法）学校之等级，由幼稚园，而小学，而中学，当陆续按级而登，以至大学而后已。教育少年之外，当设公共讲堂、书库、夜学，为年长者养育智识之所。

国父认为除正规的各级教育，须次第兴办外，对于年长失学者，应举办社会教育，其办法为设置公共讲堂、书库、夜学等，以为养育智识之所。

（3）成人教育

（民生主义育乐两篇补述第二章丙六）今日的学校教育，让一个

学生从小学升中学，从中学升大学，大学毕业之后，仿佛不必再受什么教育了，其实一个大学毕业生进了社会，最初一阶段，他的学养并没有成熟到一切问题都能判断，一切工作都能担当的程度。到了第二阶段，他对于其所担任的工作是熟练了，但是像今日科学进步的迅速，社会变动的强烈，他十年前，五年前，甚至两三年前学习的东西，到了十年五年甚至两三年后，便不够用了。他要适应新的环境、新的事务和新的技术，必须再受教育。这还是就大学毕业生来说，那些没有升学的中学生和小学生呢？从儿童到少年，从青年到成年，就更有再受教育的必要了。

今日国家对于成人教育，或划入社会教育的范围，或当做补习教育来办，还没有把他看做教育的主流，使不能升学的学生以及大学毕业以后的学生，随社会的变动与科学技术的进步，重新受到社会生活和职业生活的教育。我们要建设民生主义社会，必须把成人教育当做教育的主流来办理，不过这种教育不能采取大学的形式，让一般成年进入校舍来听取教授们的讲读。这种教育是要大学的讲堂、科学馆、医院及疾病防治中心、工厂、矿场的研究室和电影广播等，有计划的合作，使一般成年得到他们在生活上需求的指导和帮助。对个人，要教他自觉其“做到老，学到老”；对社会，要使其成为一个大学校，让每一分子都能充实自己、发展自己。这才是民生主义社会建设的成功。

成人教育所以稍异于社会教育者，成人教育系于曾受学校教育，离校以后若干年所受的再教育，使其所学得以随时益进，而能适应新的环境。社会教育则对于从未受过教育，或仅受短期粗浅之教育者，得以启发或增进其知识。国父所建设的民生主义社会，必须把成人教育当做社会的主流来办理，惟不采取大学讲授的形式，只要大学的讲堂、科学馆、医院及疾病防治中心、工厂、矿场的研究室

和电影广播等，有计划的合作，使一般成年得到他们在生活上需求的指导和帮助，并使各个人自觉其“做到老，学到老”，而对社会，则让每一分子都能充实自己，发展自己。

（4）平民学校

（女子要明白三民主义——十三年四月）现在广东办了不少的平民学校，穷家的小孩子（像水上的儿童和乡村的儿童）能不能都到平民学校内去读书呢？平民学校不收学费，并且发给书籍，穷家的小孩子本可以去读书。但是乡下的小孩子要去放牛，每年要赚几块钱。水上的小孩子要去划船，每日是赚两毫钱。因为他们不赚钱，便没有饭吃，没有衣穿。到了没有饭吃，没有衣穿，就令有平民学校，不收学费，他们怎么能够去读书呢？要那些穷家小孩子都能够读书，不但是学校不收学费，有书籍给与他们读，还要那些读书的小孩子有饭吃，有衣穿，有屋住。要那些小孩子自出世以后，自少长成人，国家都有教有养，不要小孩子的父母担忧，那些穷家父母才能安心送小孩子去读书。现在穷家的父母，总是日日为小孩子的衣食住担忧，所以虽然办了许多平民学校，乡下的小孩子还是要放牛，城市的小孩子还是要做工。现在广州市的小孩子自八岁至十岁都要做工，那些做工的小孩子该有多少呢？那些穷小孩子未必没有很聪明的，也是有极大聪明的。如果能读书，或者也可成圣贤，也可以造就成很好的人才。但是现在无力去读书，不能上进，国家便减少了很多的人才！我们实行三民主义，国家发了大财，将来不但是要那一般平民能够读书，并且要那一般平民都能养活。

平民学校是对失学少年施以基本教育，纵然不收学费，还要无偿供应书籍，但是参加的人还是不多，因为这些失学少年不能不做工养活自己，没有时间去上课。所以要解决平民学校问题，仍须注意到一般贫苦少年的衣食住。这些少年中尽有聪颖之人，如使其有

机会读书，不难可使成材；只因无力去读书，便不能上进，因而国家便减少了很多可能造成的人才。国父认为国家对于这些失学少年，应设法把他能养活，那就平民学校才易收效。

(5) 识字运动

（民生主义育乐两篇补述丙一）中国过去把学校教育看做特权阶级的设备，所以学校办了几十年，而一般国民受到教育的机会却是很少，甚至不识字的人还是在全体人民中占很大的成分。

民生主义教育的目的是要教导一般国民使其适于民生主义的社会生活，并成为革命建国的器材。首先的一步就是要使一般国民都能识字，都能具备公民的常识，而一般儿童的强迫教育，就是民生主义教育的起点。

其次对于不识字的成年国民，无分于男女，要推行扫除文盲运动，使他们能够读书看报通讯记事。我们的宪政是以地方自治为基础，而民权主义是要一般国民在地方自治团体中行使四权。这四权的行使，一定要国民先能识字，所以扫除文盲运动乃是地方自治团体和市区乡镇中心学校的基本工作。

此言民权主义是要一般国民在地方自治团体中行使四权；这四权的行使，一定要国民先能识字。所以识字运动，亦即扫除文盲运动，乃是地方自治团体和市区乡镇中心学校的基本工作。

○ 第九节　各科教育

括有（1）三民主义教育，（2）公民教育，（3）道德教育，（4）中国固有道德，（5）社会道德，（6）忠孝，（7）博爱，（8）修身，（9）精神教育，（10）家庭生活教育，（11）职业生活教育，（12）生产教育，（13）法政教育，（14）政治教育，（15）体育，（16）军事教育，（17）兵学诸目。其说如左：

（1）三民主义教育

（三宝雁学校成立祝词）吾党主义，是曰三民；揭橥理则，地义天经。敷为教育，本正源清。勖哉诸子，竭厥陶成。

国父以三民主义教育，祝三宝雁学校之成立。因为一部三民主义就是中国教育的教范。其中民族主义各讲就是中国文化与伦理教育的教范，民权主义各讲就是中国政治与法律教育的教范，民生主义各讲就是中国经济与社会教育的教范。

（2）公民教育

（民生主义育乐两篇补述第二章丙三）公民教育的范围是很广的，他一方面包括着开会的方法、选举的制度和方法、政府的组织和职能、法律的常识和守法精神，一方面也包括着做一个好公民所应有的技能、态度和作风。公民教育不止是灌输知识，更要使其了解中国伦理习性，父慈、子孝、兄友、弟爱、夫义、妇顺的六项正德，乃是做中国国民的人，必不可少的基本条件。同时亦要改变学生的性格与行为，使其适应独立自由国家的生活。公民教育必须依下列各点来计画课程和课外活动：

（1）了解三民主义的本质和民主政治的观念，以及民主生活的方式；

（2）了解中华民国政治制度的原理和四权的运用方法；

（3）认识国家在国际环境中的地位和前途；

（4）了解中国文化在人类文化中的地位和责任；

（5）明了科学对于社会国家的贡献；

（6）从实际生活上发生研究社会问题的兴趣，从实际调查上学习研究社会问题的方法；

（7）从童子军教育、国民军事训练及劳动服务中培养爱国思想与民族精神。

公民教育不仅是“公民”这一课程的讲读，也不仅是课外活动如开班会、选级长等等，我们学校教育要特别注重中国历史和中国地理，只有这两个课程，才真正能够激发学生的爱国心和民族感情，使其认识中华民族忠孝仁爱信义和平八德，与礼义廉耻四维的重要，真正能够教导学生怎样做一个爱国的公民。就是社会学和经济学的知识，也必须从历史和地理两个课程上打定基础，才不至徒然拿外国的教材来讲习，反使学生的社会生活，得不到什么帮助。

公民教育为国家的公民尽人应该具有的知识与行为，不仅就这一课讲读，也不仅是课外活动所当随时注意和实践，还须特别注重本国历史和地理这两个课程，以激发学生的爱国心和民族感情，并使其认识中华民族的八德四维之重要性。学校中公民一课程必须依照七个条件来计划，具如上述。

（3）道德教育

（同胞要同心协力做建设事业——元年十月）中国是四千余年文明古国，人民受四千余年道德教育；道德文明，比外国人高若干倍。不及外国人者，只是物质文明。物质文明，就是农工商与各种实业，比较起来，实在不及外国远甚。

我国是四千余年的古国，道德文明，远胜世界各国，其不及他国者只是物质文明，除物质文明须迎头赶上外，固有的优良道德文明，应予极力尊重，故在教育上当特重道德教育。

（4）中国固有道德

（民族主义第六讲）讲到中国固有的道德，中国人至今不能忘记的，首是忠孝，次是仁爱，其次是信义，其次是和平。这些旧道德，中国至今还是常讲的。但是现在受外来民族的压迫，侵入了新文化；那些新文化的势力，此刻横行中国。一般醉心新文化的人，便排斥旧道德，以为有了新文化，便可以不要旧道德。不知道我们固有的

东西如果是好的，当然要保持，不好的才可以放弃。此刻中国正是新旧潮流相冲突的时候，一般国民都无所适从。中国从前的忠孝仁爱信义种种的旧道德，固然驾乎外国人，说到和平的道德，更驾乎外国人。这种特别的好道德，便是我们的精神。我们以后对于这种精神，不但是要保特，并且要发扬光大，然后我们民族的地位才可以恢复。

中国固有道德，最著者为忠孝仁爱信义和平八个字。这是我们珍贵的遗产，为东西各国所望尘莫及。可是由于新文化随西方民族的压迫力而来，一般醉心新文化的人，不免以为新文化可代替旧道德，实则大谬不然。须知我们固有的东西如果是好的当然要保存，不好的才可以改革。国父认为我们对于优良的固有道德不仅要保存，还须要发扬光大。

（5）社会道德

（学生应主张社会道德——元年八月）从前学界中人所知者，生存竞争，优胜劣败而已。然此种学说，在欧洲三十年前，颇为盛行；今日则不宜主张此说，应主张社会道德，以有余补不足。大凡天之生人，其聪明材力，各不相同。聪明材力之有余者，当辅助聪明材力之不足者，在政治上为工人，在社会上为社会公仆。今日中国革命成功，适值改良学说之际，学说既宜改良，方针亦宜改变。所谓今日唯一之方针者，社会道德是也。

现在之所谓社会道德，主旨在以有余补不足，换言之，即聪明材力之有余者，当辅助聪明材力之不足者。此与从前学界中人所盛道生存竞争，优胜劣败之说不同。国父认为今世界当注重社会道德，不宜再主张生存竞争之说也。

（6）忠孝

（民族主义第六讲）我们在民国之内，照道理上说，还是要尽

忠。不忠于君，要忠于国，要忠于民，要为四万万人者效忠。为四万万之人效忠，比较为一人效忠，自然是高尚得多。故忠字之好道德，还是要保存。讲到孝字，我们中国尤为特长，尤其比各国进步得多。孝经所讲孝字，几乎无所不包，无所不至。现在世界中最文明的国家，讲到孝字，还没有中国讲到这么完全。所以孝字更是不能不要的。国民在民国之内，要能够把忠孝二字讲到极点，国家自然可以强盛。

忠孝为我国传统上最高的道德。从前是忠于君，现在政制改为民主，则当忠于国与忠于民。至于孝，我国最特长，世界上任何文明国家，都没有中国讲到这么完全。国父认为国人应保存此两项美德，不必因君主已不存在，而对忠字有何怀疑，盖对于四万万人尽忠，较从前对一人尽忠更为高尚也。

(7) 博爱

(民权主义第二讲) 法国革命的时候，他们革命的口号，是自由、平等、博爱这三个名词，好比中国革命用民族、民权、民生三个主义一样。由此可说，自由、平等、博爱是根据于民权；民权又是由于这三个名词然后再发达。用我们三民主义的口号和法国革命的口号来比较……还有博爱的口号，这个名词的原文是兄弟的意思，和中国同胞两个字是一样解法，普通译成博爱。当中的道理，和我们的民生主义是相通的。因为我们的民生主义是图四万万人幸福的，为四万万人谋幸福就是博爱。

又如：

(五族协力以谋全世界人类的利益——元年九月) 窃维民国成立，五族一家，地球上所未有，从古所未见；洵为盛事！大抵革命之学，不外种族政治两种；而其目的，不外求自由平等博爱而已……使文明日进，智识日高，则必能推广其博爱主义，使全世界

为一大国家，亦未可定。

博爱一词颇近于我国之所谓兼爱，而实较兼爱之意义更广。此一名词肇始于法国革命的口号，于习用之自由与平等两名词外，更加上博爱一词。其原文是兄弟的意思，与我国常用的同胞一词相等，其道理和国父所提倡的民生主义是相通的，因为民生主义是谋求四万万人的幸福，既为全民谋幸福，当然是博爱。又国父建立民国主张五族一家，不稍歧视。我国先圣先贤所提倡的“四海一家”，与“四海之内，皆兄弟也”，实足为博爱一词的注脚。世界上文明日进，智识日高，如能集中其力，以谋求各民族和平相处，则全世界为一大国家，亦未可定。纵然今世界仍不免强凌弱，众凌寡，国与国间，民族与民族间纷争不已，以国父悲天悯人之怀抱，固甚盼博爱一词，能遍及于全世界也。

（8）修身

（民族主义第六讲）假如大家把修身的工夫做得很有条理，诚中形外，虽至举动之微，亦能在意。遇到外国人，不以鄙陋行为而侵犯人家的自由，外国人一定是很尊重的。所以今天讲到修身，诸位新青年便应该学外国人的新文化，只要先能够修身，便可来讲齐家、治国。现在各国的政治都进步了，只有中国是退步。何以中国要退步呢？就是因为受外国政治经济的压迫；推究根本原因，还是由于中国人不修身。不知道中国从前讲修身，进到正心、诚意、格物、致知；这是很精密的知识，是一贯的道理。像这样很精密的知识和一贯的道理，都是中国所固有的。我们现在要能够齐家治国，不受外国的压迫，根本上便要从修身做起，把中国固有智识的一贯道理先恢复起来，然后我们民族的精神和民族的地位，才都可以恢复。

修身本是我国固有的道德，内推则为正心、诚意、致知、格物，外扩则为齐家治国平天下。总称为八德。在我国提倡最早，发达也

最早，自受外国政治经济之压迫，往往因消极而退步，对修身中的礼貌一项转不如人。国父认为国人要发愤图强，当从修身做起，把中国固有的智识，一贯的道理先恢复起来。中国本是礼义之邦，从修身的外表方面，能事事以礼自持，定获外人的尊重。形于外者必诚于中，则内在的道德，亦定有进步也。

（9）精神教育

（军人精神教育）欲身任非常之事业，则必受非常之教育乃可。此非常之教育为何？即军人之革命精神教育是也……我国革命已及十年，虽未著成效，然风气日开，民智日进，而时下之奸雄强暴，亦必假托民意，始能生存于国中。此足见潮流之猛烈，非人力可以当之者。故此时有顺天应人之必要，则当以革命事业为己任。质言之，即能负责任与否之问题也。解决此问题，先问有无革命精神，有革命精神，成功必大！但革命精神，何自来耶？是在精神教育。……今兹所述之精神教育，即欲诸君灌输此精神于脑中，须臾弗离，虽至造次颠沛之间，守而勿失，夫然后可以为军人，可以言革命，可以卜成功，反是则否。

所谓精神教育，便是革命精神的灌输，使此种精神常存于脑中，虽在造次颠沛之间，守而勿失。

（10）家庭生活教育

（民生主义育乐两篇补述丙二）通常所谓“家庭教育”也不过学校里对于女生的课程，加一两课如缝纫和烹饪之类。这里所谓家庭生活教育，不是那样简单：民生主义的家庭生活教育就是学校必须与学生家庭合作，教导学生，使其性格和技能适应他的家庭生活，且更进一步建立适合民生主义新社会的家庭。换句话说，学校要了解学生的家庭状况与之合作，要教导青少年怎样做子弟，并使青少年知道怎样建立他适合于民生主义的新家庭。所以一个青少年，无

分于男女，都要在学校里接受下列几项知识和指导：

（1）家庭在社会国家中的地位和职责；“家为国本”的伦理观念；

（2）家庭的组织及其与一般亲属的关系，必须使其认识孝友睦姻任恤六行的重要；

（3）家庭中洒扫进退等日常工作及食衣住行等实际生活；

（4）子女的看护和指导，以及家务的管理与职责——家庭卫生及医药常识，家庭经济的节约，以及礼义廉耻四维的训勉。

所谓家庭生活教育，其主旨在为着适合民生主义新社会的家庭起见，学校必须与学生的家庭合作，教导学生，使其性格和技能适应他的家庭生活。因而在学校里须接受前四项的知识和指导。

（11）职业生活教育

（民生主义育乐两篇补述第二章丙四）职业生活教育，比现在职业学校或中学职业班的教育，是广泛得多，一般中小学课程都要包括着这一部门，让那些升学的学生适于就业，也让那些不能升学的学生也适于就业。更确切一点说，今日的小学没有替那百分之七十六不升初中的学生打算，初中没有替那百分之三十七不升高中的学生打算，高中也没有没替那百分之二十八不升大学的学生打算。我们民生主义教育却要替所有的青少年打算，使一级一级不升学的学生也能够适于就业，这才是健全的教育制度和实用的学校课程。

职业生活教育，要依下列各点来计划课程和课外活动：

（1）从家庭生活上了解社会经济状况，并学习处理经济事务的技能（家庭生活教育对于职业生活教育的帮助在此）；

（2）从公民教育上了解中国的资源、国际经济关系及社会问题（公民教育对于职业生活教育的帮助在此）；

（3）制造积极、自动、负责与服务的人生哲学，与手脑并用、

协力互助、分工合作的工作方法；

(4) 在工作时保持生理与心理的健康及减少伤害，增进安全的知识和技能；

(5) 增进工作能力的基本工具——例如（甲）数学、科学常识、写作能力，（乙）生产事业及市场情况的实地考察，及采取情报的方法，（丙）社会经济各种统计的搜集与整理的方法；

(6) 对于工具机器的管理、爱护、修理、保养的责任心，业务费用的设计考核，节约增产以及废物利用等常识的培养。

所谓职业生活教育，要比现在职业学校或中学职业班的教育广泛得多，其设施大要，是从家庭生活上了解社会经济状况并学习处理经济事务的技能，又从公民教育上了解中国的资源、国际关系及社会问题，俾养成一般学生对于职业生活与技能的大体认识。此外又训练手脑并用，以养成职业生活的习惯。借此使那些升学的学生与不能升学的学生均适于就业。

(12) 生产教育

（地方自治开始实行法）学校……当注意双手万能，力求实用；凡能助双手生产之机械，我当仿造……必期制造精良，实业发达。此亦学校所有事也。

又如：

（社会主义之派别及批评——元年十月）资质不能受高等教育者，亦按其性之所近，授以农工商技艺，使有独立谋生之计。

此言为着提倡生产教有，当注意双手万能，俾资质不能受高等教育者，可按其性之所近，分别授以农工商技艺，不致格格不相入。

(13) 法政教育

（国民党政见宣言——二年）法政教育，所以使国民多得法政常识。

此言民主国家的人民，人人应具有法政常识，俾能各尽其公民之责任。因此，纵非专攻政治或法律者，对于法政之常识，皆不可茫然无知也。

（14）政治教育

（中法学生杂志题词——十二年十二月）夫在学生时代，政治虽若与己身无关，而政治之理想与智识，实为学生要素；乏兹要素，而谓将来能救国者，未之敢期也。昔者日本维新以前，伊藤博文、井上馨等留学欧洲，科学以外，并悉心考察政治，故归国后，卒能使日本成维新之业，为东亚之雄。瞻彼前哲，实为我师。特在学生时代而研究政治不可无一定之标准。非然者，鲜不望洋而兴叹。今可为诸君之标准者维何？固莫三民主义与五权宪法若矣！

民主国家的人民，法政常识固须具有，而法与政之间，政治尤为重要。更具体言之，三民主义与五权宪法，尤为政治常识之特别重要者。因此，无论专攻那一学科之人，皆不可不兼受有关三民主义与五权宪法之教育。

又如：

（女子要明白三民主义——十三年四月）学师范的人，本来是教少年男女的，是教少年男女去做人的。做人的最大事情是什么呢？就是要知怎样爱国、怎么样可以管国事。

爱国与管理国事，是民主国家人民做人的最大事情，也就是政治常识。学师范的人是教少年男女的，是教少年男女去做人的。因此，学师范的人首先自己要懂得政治常识。

又如：

（中法学生杂志题词——十四年十二月）览诸君所为父，则关心侨胞教育者有人，以宣传新文化为己任者有人，学成归国效力者亦有人，志愿宏而识见远，无俟余言矣。虽然，诸君亦知自身之责任

尚有未尽者乎？在诸君之意，以为今日当学生时代，苟能尽心求学，以宣传新文化为事，即已尽吾天职，不问其他；其或以国中高谈政治，空言无补者为殷鉴，宁甘独善，不问政治；若果如斯，未免大误。

留学生大都业已成年，对于祖国政治不可不关心，故于其所专攻学业之外，宜并关心祖国政治之得失，加以研究改进。此固民主国家任何公民应有之责也。

(15) 体育

（国家之强在群策群力——五年八月）体育为教育之先导，体育既高，脑筋自足，知识亦高。

又如：

（精武本记序——八年十月）概自火器输入中国之后，国人多弃体育之技击而不讲，驯至社会个人积弱愈甚。

本目前一项言身体与精神有密切关系，体育可以保持或增进身体的强健，因而有助于精神与知识。次一项则以国人自火器输入后，对于中国固有体育之技击多不讲求，以致社会个人积弱愈甚。由此二说，足见国父对于体育之重视。

(16) 军事教育

（国民党政见宣言——二年）欲扩张军备，则求良好之将校。吾国今日之将校人才，异常缺乏，故此数年中亟宜振兴军事教育，以养成一般将校人才。

又如：

（致廖仲恺告所著国防计划目录函——十年七月）予近日拟著一书，以为宣传，使我国全国国民了解予之救国计划也。该书之目录，笔之如左（按仅录有关军事教育各目）：十五、发展国防教育计划……二十六、军事教育之改革和训练计划……三十六、派遣青年

军校学生，留学欧美各国，学习各军事专门学校及国防科学物质工程专门学校之意见书……四十一、聘请列强军事专门人员来华教练我国海陆空军事学生及教练国防物质技术工程之意见计划书……五十六、军人精神教育与物质教育之比较……五十九、训练不败之海陆空军队计划……

以上两项均强调军事教育之重要，第一项仅论原则。第二项则括有多种计划，包括整个国防教育计划与军事教育之改革和训练计划，以及选派青年军校学生留学欧美，聘请列强军事专家来华教练等等。

(17) 兵学

(民权主义第五讲) 兵学就是一种军事科学。专就兵学讲，外国的战术随时发明，随时改良。所谓日新月异……外国的武器和战术，每过十年便成一个大变动。换句话讲，就是外国的武器和战术，每过十年，便有一次革命……外国物质的进步，以武器为最快；武器的进步，又以战斗舰为最快……不但是海军的战斗舰有这样的大变动，就是陆军的枪炮也是日日进步。

兵学原是军事教育之一部门，包括战术及武器而言。除战术与军事教育并论，固无不可外，武器则属于制造方面，与工学尤为接近。故特辟一目论述之。外国的武器，每过十年，便有一次革命。外国物质的进步，以武器为最快；武器的进步，又以战斗舰为最快。他如陆军的枪炮，也是日新而月异。我们立国于世界，不能不迎头赶上。

○ 第十节　学校

括有（1）学校，（2）蒙学校，（3）农政学堂，（4）农师学堂，（5）义务学校，（6）地方自治学校诸目。

本节所列诸目，除第（1）目学校系泛论学校功用外，（2）至

(6) 诸目皆论特殊学校，至于正规之学校已分载于各级教育一节，兹不复述。

(1) 学校

(上李鸿章痛陈救国大计书——民前十八年) 有学校以陶冶之，则智者进焉，愚者止焉，偏才者专焉，全才者普焉。盖贤才之生，或千百里而见一，或千万人而有一。若非随人而施教之，则贤才亦以无学而自废，以至于湮没而不彰。

此言学校之主要功用为“智者进焉，愚者止焉，偏才者专焉，全才者普焉”，换句话说，就是：有知识的人可更获进步，愚昧的人可不再愚昧，偏才的人可成为专才，全才的人可以普遍化。由于天生的贤才，为数极少，千百里而见一，千万人而有一。如广设学校，因人施教，则人人可以成才；非然者虽有贤才之质，亦终不能成才也。

又如：

(实行社会革命——元年四月) 学校之中，备各种学问，务令学成以后，可独立为一国民，可有参政自由平等诸权。

此言学校备各种学问，虽有大中小程度之差别，终可使独立为一国民，而行使其参政自由平等诸权。是则公民教育，实为各级学校所必备，从可知矣。

又如：

(地方自治开始实行法) 学校者，文明进化之源泉也……学校之目的，于读书、识字、学问、智识之外，当注意双手万能，力求实用。凡能助双手生产之机械，我当仿造，精益求精。务使我能自造，而不依靠于人。

此言学校为文明进化之源泉，其目的于各种智识之外，注重双手万能，力求实用，一面仿造能助双手生产之机械。本项与上一项

合并观之，则国父对于办学之目的，除提高文化而外，对于公民与从事生产者之养成，特予重视。

（2）蒙学校

（与士蔑西报记者谈话——元年五月）记者问：注重教育否？国父答：然！记者问：从何处入手，是否先办学堂？国父答：予将从根本上入手，先使每乡皆有蒙学校，由蒙学校而至高等，由高等学校而至大学堂。

此处所谓蒙学校，实即国民学校，盖国父认为国民学校为教育之基础，故当普遍设置，然后视蒙学校毕业者之能力与志愿，继续升学。

（3）农政学堂

（上李鸿章痛陈救国大计书——民前十八年）水患平矣，水利兴矣，荒土辟矣；而犹不能谓之地无遗利，而生民养民之事备也。盖人民则日有加多，而土地不能以日广也。倘不日求进益，日出新法，则荒土既垦之后，人民之溢于地者，不将又有饥馑之患乎？是在急兴农学，讲求树畜，速其长植，倍其繁衍，以弥此憾也。夫天生人为万物之灵，故备万物为之用，而万物固无穷也，在人之灵能取之用之而已。夫人不能以土养，而土可生五谷百果以养人。人不能以草食，而草可以长六畜以为人食。夫土也，草也，固取不尽而用不竭者也。是在人能知土性之所宜，别土质之美劣而已。倘能明其理法，则能反硗土为沃壤，化瘠土为良田。此农家之地学化学也。别种类之生机，分结实之厚薄，察草木之性质，明六畜之生理，则繁衍可期，而人事得操其权。此农家之植物学、动物学也。日光能助农物之生长，电力能速农物之成熟。此又农家之格物学也。蚕蚀宜防，疫疠宜避。此又农家之医学也。农学既明，则能使同等之田，产数倍之物；是无异将一亩之田，变为数亩之用，即无异将一国之

地，广数国之大也。如此则民虽增数倍，可无饥馑之忧矣。此农政学堂所宜亟设也。

在民前十八年，我国的工业尚未萌芽，养民之道，全赖农业。国父为适应需要，特建振兴农业之议。振兴农业之道在急兴农学。所谓农学，包括地学、化学、植物学、动物学、格物学、兽医学种种。农学既明，则能使同等之田，产数倍之物；如是则人口虽增数倍，可无饥馑之忧。国父彼时所主张设立农政学堂，则以教授上开各种新科学为目标者也。

(4) 农师学堂

(上李鸿章痛陈救国大计书——民前十八年) 农民之见利必趋，群相仿效，到处皆然；是则农政之兴，甚易措手。其法先设农师学堂一所，选好学博物之士课之，三年有成；然后派往各省，分设学堂，以课农家聪颖子弟，又每省设立农艺博览会一所，与学堂相表里，广集各方之物产，时与老农互相考证。

此为农业之师范学堂。国父认为兴农政之初步，在先设农师学堂一所，选好学博物之士课之，三年有成，然后派往各省分设学堂，以课农家聪颖子弟。这些在各省兴办之农学堂，当系初级农校，与前一目之农政学堂规模较大，设科较深，似宜于重要地区开办一二所，集中人才，以从事教育及研究者不同。

(5) 地方自治学校

(地方自治为建国之础石——五年七月) 立地方自治学校，由各县选人入学，一二年学成后，归各地方任事。

又如：

(国民要以人格救国——十二年十月) 诸君在青年会，研究体育、智育、德育之外，喜欢做地方事情的人，还要……办一个地方自治学校，来造就这项专门人才。如果办到一年，便可得不少的人

才；至少办到三年，一定可以造就很多的人才。倘若人才造成了，到我这里来投效，只要我像现在在广东一样，有权用你们，我一定给一县或两三县，让你们去试验试验；有了成绩，再推广到全省，以至于全国。那么，中华民国便可以大治。

此为一种特殊学校，专为养成地方自治人才而设。国父认为国家政治的改良，应以地方自治为基础，如果基础的地方自治办不好，则其上级政府的政治是无法办好的。地方自治首需有懂得地方的人去办理。本来在各专科教育办得都很完善的国家，其所造就的人材，如肯为乡里服务，出其所学，以办理地方各项的自治事业，当没有问题。不过在民国初年，甚至到了民国十二年，由于国内军阀之争权夺利，彼此搆兵，使原应办有相当成绩的高等教育，都延迟了不少。因此，对于可办理地方自治的省分，亟需地方自治人才，自不得不临时举办，以速成的方法，集中训练相当的人员，实有其必要。

○ 第十一节　其他

括有（1）考试制度，（2）人尽其才，（3）童子军，（4）国民军训诸目。其说如左：

（1）考试制度

（五权宪法——十年七月）考试制度，在英国实行最早，美国实行考试，不过二三十年。现在各国的考试制度，差不多都是学英国的。穷流溯源，英国的考试制度，原来还是从我们中国学过去的，所以中国的考试制度，就是世界中最大最好的制度。

考试制度为就教育养成人才之结果，公平取士之方法，我国采行最早。在泰西方面，英国即为此制度最早实行者，然亦经由印度间接仿自我国。我国考试权虽在专制政体之下，以帝王皆特别重视，遂渐渐形成独立。国父认为考试制度不仅公平，而因其能独立执行，故收效至宏。因而国父不仅在取士方面认为应采我国传统上之优良

考试制度，且在国家权力划分上，亦有维持其独立性之必要，此则五权宪法中，考试权构成一种独立权，以与行政、立法、司法、监察四权平行之故。

（2）人尽其才

（上李鸿章痛陈救国大计书——民前十八年）所谓人尽其才，在教养有道，鼓励以方，在使得法也……故教养有道，则天无枉生之才；鼓励以方，则野无抑郁之士；任使得法，则朝无幸进之徒。斯三者不失其序，则人能尽其才；人能尽其才，则百事俱举；百事俱举矣，则富强不足谋也。

国父认为欲致国家于富强，须使国民人尽其才，而人尽其才之方，则有赖于教养有道，鼓励以方，任使得法。此三者不失其序，则人能尽其才矣。

（3）童子军

（民生主义育乐两篇补述第二章丙六）成年国民应受军训，未成年的国民应受童子军的训练。童子军与国民军训，在公民教育上是一条道路上的两个阶段。

童子军的训练，包括了智育、德育、体育和群育的四大项目。我们的民生主义社会建设，最要紧的是一般国民能够协和合作，童子军训练在这一点上是特别著有成效的。

旧社会的智识分子，只用头脑，不劳手足，这样“四体不勤，五谷不分”的人，对于民生主义社会是毫无用处，童子军训练是手脑并用、文武合一的训练，足以纠正过去士大夫的积习，引导一般青年走上科学教育与国防建设的道路。

童子军训练是手脑并用，文武合一的训练，与公民教育有极密切的关系。国父于提倡公民教育之外，并对童子军训练特予重视，则以其足以纠正过去士大夫的积习，引导一般青年走上科学教育与

国防建设的道路。

（4）国民军训

（民生主义育乐两篇补述第二章丙七）许多人把国民军训当做国家的一种征发和一种强制，却忽略了他的公民教育的意义。我们要知道，任何集体活动都有其规则，犯规的人便受纪律的制裁。一个网球队的训练，和一个国民兵团的训练，两者的纪律有轻重之分，但从公民教育上看来，两者的精神是一样的：一个网球队的队员受了严格训练，做了几场球赛，便感觉自己是属于他的队伍，把队伍的荣誉当做他自己的荣誉，这种感情是珍贵的，国民军训也是一样，一个国民在军训中，自觉其属于国家，国家的兴亡便是自己的荣辱，这才是国民军训的宗旨之所在，只有在这个宗旨之下，国民军训对于国民身心的健康才有裨益。负军训责任的人必须抱定这个宗旨，才能在军训活动中领导受训者，养成其合作的精神，锻炼其为国服务的信念，习惯于有秩序有纪律的生活，成为健全的公民。

童子军训练为未成年国民应受的训练，国民军训则为成年国民应受的训练；二者目的相同，同为公民教育上一条路的两个阶段。此项军训的目的在领导受训者，养成其合作的精神，锻炼其为国服务的信念，习惯于有秩序有纪律的生活，成为健全的公民。

第四章　梁启超的教学思想

一

启超，字卓如，号任公。据其弟启勋所为传略，生平事迹有如左列：

广东新会人。年十六入学海堂为正科生。十九入万木草堂。甲午以后，加入国事运动。年廿四，办时务报于上海。翌年冬，主讲长沙时务学堂。年廿六，值戊戌政变，去日本。又二年，自檀香山赴唐才常汉口之役。抵沪而事败，避地澳洲。旋适日本。四十岁始归国，参与民国新政。洪宪及复辟两役，奔走反抗甚力。欧战起，主张加入协约国。年四十六，漫游欧洲。翌年东归。萃精力于讲学著述。卒于民国十八年己巳。溯生于同治十二年癸酉，得年五十六。

任公著作极富，除文集十六册，所有论著、讲词、诗词以及酬应文字皆收入外，其他专著，已出版成书者多至十余种，范围颇广。其有关教学思想，多可自其文集中得之。

本章取材，即以文集为主。

二

本章分为（甲）为学之部与（乙）教育之部。

(甲）为学之部

括有（1）愚昧，（2）读书，（3）立志，（4）养心，（5）修

养，（6）为学与做人诸目。其说如左：

（1）愚昧

（饮冰室文集之五中国积弱溯源论——光绪二十二年）二曰愚昧。凡人之所以为人者，不徒眼耳鼻舌手足脏腑血脉而已，而尤必有司觉识之脑筋焉。使四肢五官具备，而无脑筋，犹不得谓之人也。惟国亦然。既有国形，复有国脑；国脑之不具，形为虚存。国脑者何？则国民之智慧是已。有智慧则能长其志气，有智慧则能增其胆识，有智慧则能生其实力，有智慧则能广其谋生之途，有智慧则能美其合群之治。集全国民之良脑，而成一国脑；则国于以富，于以强。反是则日以贫，日以弱。国脑之不能离民智而独成，犹国体之不能离民体而独立也。信如斯也，则我中国积弱之源，从可知也。四万万人中，其能识字者，殆不满五千万人也。此五千万人中，其能通文意，阅书报者，殆不满二千万人也。此二千万人中，其能解文法执笔成文者，殆不满五百万人也。此五百万人中，其能读经史，略知中国古今之事故者，殆不满十万人也。此十万人中，其能略通外国语言文字，知有地球五大洲之事故者，殆不满五千人也。此五千人中，其能知政学之本源，考人群之条理，而求所以富强吾国进化吾种之道者，殆不满百数十人也。以堂堂中国，而民智之程度，乃仅如此。此有心人所以睊睊而长悲也。而吾所最悲者，不悲夫少特达智慧之人，而悲夫少通常智慧之人；盖特达智慧者，人类中之至难得者也。非惟中国不多有之，即西国亦不多有之。若夫通常智慧，则异是矣。西国之民，自六七岁时，无论男女，皆须入学校。至十四五岁然后始出校。其校中所读之书籍，皆有定本。经通儒硕学之手编成，凡所以美人性质，长人志趣，浚人识见，导人材艺者，无不备焉。即使至贫之家，至钝之童，皆须在校数年，即能卒业数卷；而其通常之智慧，则固既有之矣。故无论何人皆能自治其身，

自谋其生，一寻常之信，人人皆能写，一浅近之报，人人皆能读。但如是，而其国脑之强，已不可思议；其国基之固，已不可动摇矣。且天下未有通常智慧之人多，而不能出一特达智慧之人者；亦未有通常智慧之人少，而能出特达智慧之人者。以天赋聪明而论，中国人岂必让于西人哉？然以我国第一等智慧之人，与西国第一等智慧之人比较，而常觉其相去霄壤者，则以乏通常智慧故也。今之所谓搢绅先生者，咿哑占毕，欺骄乡愚，曾不知亚细欧罗，是何处地方，汉祖唐宗，系那朝皇帝。然而秀才举人出于斯焉，进士翰林出于斯焉；浸假而州县监司出于斯焉，军机督抚出于斯焉。我二十余省之山河，四百兆人之性命，一举而付于其手矣。若以此为不足语耶？舍而求之于市廛之商旅，乡井之农氓，更每下愈况矣。何也？我国固无通常智慧之人也。以此而处于今日脑与脑竞争之世界，所谓盲人骑瞎马，夜半临深池，天下之险象，孰有过是者也。虽然，明知其险而无以易之，此所以日弱一日而至于今也。夫今日拳匪之祸，论者皆知为一群愚昧之人召之也。然试问全国之民庶，其不与拳匪一般见识者几何人？全国之官吏，其不与通拳诸臣一般见识者几何人？国脑不具，则今日一拳匪去，明日一拳匪来耳。而我二十余省之山河，四百兆人之性命，遂将从此而长已也，是不可不深长思者也。

此言国家之强弱系于人民之智慧与愚昧，人口之多少无与焉。以我国人口计，虽号称四万万；然而能识字，能阅书报者有几人？能执笔成文者有几人？能读经史略知中国古今之事故者有几人？其能略通外国语文，知有地球五大洲之事故者又有几人？其少数中之少数，能知政学之本源，考人群之条理，真是寥寥可数。以堂堂中国，而民智之程度如此，其何以立国于世界。任公之所以特别关怀者，不在特达智慧之人少，而在通常智慧之人特少。夫扫除愚昧，

启迪智慧，莫如教育。此文作于拳乱之后未久，任公深悲国人之愚昧，尤其是当局之愚昧足以亡国，故大声疾呼，以迅速改良教育制度为主。

（2）读书

（饮冰室文集之二湖南时务学堂学约——光绪二十三年）四曰读书。今之服方领习矩步者，畴不曰读书？然而通古今达中外，能为世益者，盖鲜焉。于是儒者遂以无用闻于天下。今时局变异，外侮交迫，非读万国之书，则不能通一国之书。然西人声光化电格算之述作，农矿工商史律之纪载，岁出以千万种计。日新月异，应接不暇。惟其然也，则吾愈不能于数十寒暑之中，划出期限，必能以数年之力，使学者于中国经史大义，悉已通彻，根柢既植；然后以其余日肆力于西籍。夫如是而乃可谓之学。今夫中国之书，他勿具论，即如注疏两经解，全史，九通，及国朝掌故官书数种；正经正史，当王之制，承学之士，所宜人人共读者也。然而中寿之齿，犹惧不克卒业。风雨如晦，人寿几何？若从而拨弃之，则所以求先圣之道，观后王之迹者，皆将无所依借。若率天下人而从事于此，靡论难其人也，即有一二劬学之士，断断然讲之，而此诸书者，又不过披沙拣金，往往见宝，其中精要之处，不过十之一二；其支离芜衍，或时过境迁，不切于今日之用者，殆十八九焉。而其所谓精要之一二者，又必学者于上下千古，纵横中外之学，深造有得，旁通发挥，然后开卷之顷，钩元提要，始有所获。苟学识不及，虽三复若无睹也。自余群书，数倍此数，而其不能不读，与其难读之情形，亦称是焉。是以近世学者，虽或浏览极博，矻究极勤，亦不过扬子云所谓绣其帨鞶，刘彦和所谓拾其芳草，于大道无所闻，于当世无所救也。夫书之繁博而难读也既如彼，其读之而无用也又如此。苟无人董治而修明之，吾恐十年之后，诵经读史之人，殆将绝也。今与诸

君子共发大愿，将取中国应读之书，第其诵课之先后，或读全书，或书择其篇焉；或读全篇，或篇择其句焉。专求其有关于圣教，有切于时局者。而杂引外事，旁搜新义以发明之。量中材所能肄习者，定为课分。每日一课，经学子学史学，与译出西书，四者间日为课焉。度数年之力，中国要籍一切大义，皆可了达；而旁征远引于西方诸学，亦可以知崖略矣。夫如是则读书者，无望洋之叹，无歧路之迷；而中学或可以不绝。今与二三子从事焉，若可行也，则将演为学校报，以资诸天下。读书之功课，凡学者每人设劄记一册，分专精涉猎两门；每日必就所读之书，登新义数则。其有疑义，则书而纳之待问匭，以待条答焉。其详细功课，别著之学校报中。

此言现代读书，不宜限于我国固有之典籍，尤须旁通外籍。以古籍言，已是汗牛充栋；然其菁华糟粕，杂然并陈，不可不先有区别。当取中国应读之书，第其诵读之先后，或读全书，或书择其篇焉，或读全篇，或篇择其句焉；专求其有关圣教，有切于时局者，而杂引外事，旁搜新义以发明之。量中材所能肄习者，定为课分，每日一课，经学、子学、史学与译出西书，四者间日为课焉。度数年之力，中国要籍一切大义，皆可了解；而旁征远引于西方诸学，亦可知其崖略矣。

（3）立志

（饮冰室文集之二湖南时务学堂学约——光绪二十三年）一曰立志。记曰：凡学士先志。孟子曰：士何事？曰，尚志。朱子曰：书不熟，熟读可记；义不精，细思可精。惟志不立，天下无可为之事。又曰：学者志不立，则一齐放倒了。今二三子俨然服儒者之服，诵先王之言；当思国何以蹙，种何以弱，教何以微，谁之咎欤？四万万人，莫或自任，是以及此。我徒责人之不任，我则盍任之矣？已欲立而立人，已欲达而达人；天下有道，丘不与易。孔子之志也。

思天下之民，匹夫匹妇不被其泽，若已推而纳之沟中。伊尹之志也。如欲平治天下，当今之世，舍我其谁？孟子之志也。做秀才时，便以天下为已任。范文正之志也。天下兴亡，匹夫之贱，与有责焉。顾亭林之志也。学者苟无此志，则虽束身寡过，不过乡党自好之小儒，虽读书万卷，只成碎义逃难之华士，此必非良有司与乡先生之所望于二三子也。朱子又曰：立志如下种子。未有播荑稗之种，而能获来牟之实者。科第衣食，最易累人。学者若志在科第，则请从学究以游；若志在衣食，则请由市侩之道。有一于此，不可教诲；愿共戒之。先立乎其大者，则其小者不能夺也。此为大人而已矣。立志之功课，有数端；必须广其识见。所见日大，则所志亦日大。陆子所谓今人如何便解有志，须先有智识始得。此一端也。志既立，必养之使勿少衰，如吴王将复仇，使人日聒其侧，曰：而忘越人之杀而父乎？学者立志，亦当如此，其下手处，在时时提醒，念兹在兹。又一端也。夫既定之后。必求学问以敷之，否则皆成虚语，久之亦必堕落也。此又一端也。

此言为学必先立志，否则虽束身寡过，不过乡党自好之小儒。立志当以已欲立而立人，已欲达而达人为旨。天下有道，丘不与易；孔子之志也。思天下之民，匹夫匹妇不被其泽，若已推而纳之沟中；伊尹之志也。当今之世，舍我其谁；孟子之志也。做秀才时，便以天下为已任；范文正之志也。天下兴亡，匹夫有责；顾亭林之志也。朱子有曰：立志如下种子。学者若志在科第，则请从学究以游；若志在衣食，则请由市侩之道。有一于此，不可教诲矣。

（4）养心

（饮冰室文集之二湖南时务学堂学约——光绪二十三年）二曰养心。孔子言仁者不忧，智者不惑，勇者不惧；而孟子一生得力，在不动心。此从古圣贤所最兢兢也。学者既有志于道，且以一身任天

下之重；而目前之富贵利达，耳目声色，游玩嗜好，随在皆足以夺志。八十老翁过危桥，稍不自立，一落千丈矣。他日任事，则利害毁誉，苦乐生死，樊然殽乱；其所以相撼者，多至不可纪极。非有坚定之力，则一经挫折，心灰意冷，或临事失措，身败名裂。此古今能成大事之人所以希也。曾文正在戎马之间，读书谈学如平时，用能百折不回，卒定大难。大儒之学，固异于流俗哉！今世变益亟，乱机益剧；他日二三子所任之事，所历之境，其艰巨危苦，视文正时又将过之。非有入地狱手段，非有治国若烹小鲜气象，未见其能济也。故养心者，治事之大原也。自破碎之学盛行，鄙夷心宗谓为逃禅；因佛之言心从而避之，乃并我之心亦不敢自有，何其傎也？率吾不忍人之心，以忧天下救众生，悍然独往，浩然独来，先破苦乐，次破生死，次破毁誉。记曰：国有道不变塞焉，强哉矫！国无道，至死不变；强哉矫！孟子曰：富贵不能淫，贫贱不能移，威武不能屈；此之谓大丈夫。反此即妾妇之道。养心之功课有二，一静坐之养心，二阅历之养心。学者在学堂中，无所谓阅历，当先行静坐之养心。程子以半日静坐半日读书。今功课繁迫，未能如此；每日亦当以一小时或两刻之功夫，为静坐时。所课亦分两种：一敛其心，收视返听，万念不起，使清明在躬，志气如神。一纵其心，遍观天地之大，万物之理，或虚构一他日办事艰难险阻，万死一生之境，日日思之，操之极熟，亦可助阅历之事。此是学者他日受用处，勿以其迂阔而置之也。

所谓养心，便是保养此心，不使遇事轻易动摇，即不动心是也。曾国藩在戎马之间，读书谈学如平时，用能百折不回，卒定大难。盖得力于养心也。孟子曰：富贵不能淫，贫贱不能移，威武不能屈；此之谓大丈夫。这便是养心的效果，养心的功课有二：一是静坐的养心；二是阅历的养心。由于在学堂中阅历不多，所以侧重于静坐。

静坐时，所课亦分两种：一是收敛其心，使万念不起；又一是纵逸其心，遍观天地之大，万物之理，虚构一他日办事艰难险阻，万死一生之感，日日思之，操之有素，一旦遇有意外，因准备有素，视若寻常，则不致受何影响矣。

（5）修养

（饮冰室文集之四十戴东原哲学——民国十二年）中国哲学，以利行为出发点。东原当然也是如此。他极力阐发孟子性善之旨；积极的修养方法，不外“扩而充之”那句话。他著书中关于这一点，也有许多精语。但都是引申孟子的话，今不多述了。现在有一个紧要问题，依他说，人性皆善。性善的人为什么会恶？宋儒归咎气质，他既不以为然，那么其咎究竟在何处？既已会为恶，怎样的对治那恶？宋儒讲的主静立极格物穷理种种方法，他既不以为然；那么，该用什么方法？如今请看东原解答这个问题。他说：

“人之不尽其才，患二：曰私，曰蔽。

私也者，其生于心为溺，发于政为党，成于行为慝，见于事为悖、为欺，其究为私已。

蔽也者，其生于心为惑，发于政为偏，成于行为谬，见于事为凿、为愚，其究为蔽已。

凿者其失为诬，愚者其失为固。诬而罔省，施之事亦为固。悖者在事为寇虐，在心为不畏天明；欺者在事为诡随，在心为无良。

去私莫如强恕，解蔽莫如学。”

这一段是东原全部著述中极紧要的话。虽然文字太过简洁古奥，读下去还可以了解。我也不多加注释了。现在要详述他“去私”“解蔽”两义。

“私”的来源在那里呢？他说：“私生于欲之失。”又说：“得乎生生者仁，及于是而害仁之谓私。”人类之有欲望，是东原所承认的

而且尊重的。因为“仁”的动机全从这里来。虽然，用之不得其当，却会生出不仁的结果。因为爱自己才有欲，爱便是仁的根核。但爱自己很容易弄到损人利己，所以也会趋到不仁。怎么才能除却那“欲之失”以去私呢？他说：“人之知，小之能尽美丑之极致，大之能尽是非之极致。然后遂己之欲者，广之能遂人之欲；达己之情者，广之能发人之情。”乐记说：“感于物而动，性之欲也；不能返躬，天理灭矣。”东原解释道：“及其感而动，则欲出于性；一人之欲，天下人之同欲也。故曰‘性之欲’。遂己之好恶，忘人之好恶，往往贼人以逞；欲返躬者，以人之逞其欲思身受之之情也。”如是则“以我之情絜人之情，而无不得其平。”这叫做“强恕”。能恕，私自然会去；结果则“不私，即其欲皆仁也”。以上讲去私的话，比较上也不过平平。其实东原所最注重者还在去蔽。他说：“求去私不求去蔽，重行不先重知，非圣学也。”前文所引“人之知能极是非之致……”也可见连强恕都是由知而来。所以去蔽是东原的修养第一义。

“蔽”的来源在那里呢？他说：“蔽生于知之失。”又说：“得乎条理者智，隔于是而病智之谓蔽。”又说：“朱子屡言‘人欲所蔽’；以为无欲则无蔽，非中庸虽愚必明之道也。有生而愚者，虽无欲亦愚也。欲之失为私不为蔽，自以为得理而所执之实谬，乃蔽。”又说：“宋儒曰‘人欲所蔽’；故不出于欲则自行无蔽。古今不乏严气正性疾恶如仇之人，是其所是而非其所非，执显然共见之重轻，实不知有时权之而重者于是乎轻，轻者于是乎重；其是非轻重一误，天下受其祸而不可救。”合这几段话看来，东原所谓蔽者，莫过于不顾客观的事情，而专凭主观的意见。他常说：“不以人蔽己，不以己自蔽。”其实人苟真能不以己自蔽，那里会被人所蔽呢？所以蔽皆起于主观。

他说："解蔽莫如学。"怎样学法呢？他说："最要体会孟子'条理'二字；得其条理，由合而分，由分而合，则无不可为。"拿现在话讲，即专从客观的虚心研究事物条理，综合一番又分析一番，分析一番又综合一番便是。不独如此，他还说："明理者，明其区分也；精义者，精其裁断也。"综合分析都是明其区分的工夫，是偏重客观方面。还要精其裁断，便是看主观的判断力如何。不过这种裁断，与区分工夫并行，自然和纯粹主观的意见有别了。

学为什么能去蔽呢？东原以为学的功用在训练自己心知的官能。他说："闻见不可不广，而务在能明于心。一事豁然使无余蕴，更一事而亦如是；久之心知之明进于圣智，虽未学之事，岂足以穷其智哉？"每研究一件事理，务要正面反面平面侧面都观察到，求其彻底了解。这种工作，并不专为这一件事，是要借来磨练我智慧，磨练多次，自然会成一个有智慧的人，所以他又说："知得十件而都不到地，不如知得一件却到地也。"他于是极言学问功用之大，说道："人之血气心知，性也；血气资饮食以养其化也，即为我之血气，非复所饮食之物矣。心知之资于问学其自得之也亦然。以血气言，昔者弱而今者强；是血气之得其养也。以心知言，昔者狭小而今也广大，昔者暗昧而今也明察；是心知之得其养也。故曰：'虽愚必明。'人之血气心知，往往不齐，得养不得养，遂至于大异。苟知问学犹饮食，则贵其化，不贵其不化。记问之学，入而不化者也。自得之则居之安，资之深，取之左右逢其源，我之心知极而至乎圣人之神明矣。"

他所谓解蔽莫如学的大旨，大略如是。这些话骤看过去，像是专从智识方面讲，无与于德性。其实不然，东原意思以为天下罪恶起于蔽者什而八九，不蔽，则几于至善了。从这一点说，也可以说东原哲学是"新知行合一主义"。东原说：

“儒者之学。将以解蔽而已矣。解蔽斯能尽我生，尽我生斯欲尽乎义命之不可以已。欲尽乎义命之不可以已而不吾慊志也。吾之行己，要为引而极之当世与千古而无所增，穷居一室而无所损。”读这几句话，不独可以见出东原精粹的学术，并可以见出他俊伟的人格了。

修养之道，在去私与解蔽二者。“去私莫如强恕，解蔽莫如学。”私生于欲之失。人类不能无欲望，然用之不得其当，却会生出不仁的结果；因为爱自己才有欲，爱便是仁的根核，但爱自己很容易弄到损人利己，所以也会趋于不仁。当思遂己之欲者，广之能遂人之欲；以我之情，絜人之情，而无不得其平，这就叫做强恕。能恕，私自然会去，结果则不私，即其欲皆仁也。至于蔽，则“生于知之失”。所谓“得乎条理者智，隔于是而病智之谓蔽”是也，东原所谓蔽者，莫过于不顾客观的事情，而专凭主观的意见。由于客观的事情，基于理智；主观的意见，便不免侧重情感，因而对于“知”的方面不免欠缺。因此，戴东原又说：“解蔽莫如学。学就是专从客观的虚心研究事物条理，结果便能获得真知。”东原以为学的功用在训练自己心智的官能。蔽固然是知的方面有缺憾，然而蔽的结果，也往往产生罪恶。解蔽以后，不仅增进知识，且行为上亦趋于善。因此，东原哲学便是“新的知行合一主义”。

（6）为学与做人

（饮冰室文集之三十九为苏州学生联合会公开讲演——民国十一年十二月二十七日）问诸君“为什么进学校”，我想人人都会众口一辞的答道“为的是求学问”。再问“你为什么要求学问”，“你想学些什么”，恐怕各人的答案就很不相同。或者竟自答不出来了。诸君啊！我请替你们总答一句吧：“为的是学做人。”你在学校里头学的什么数学几何物理化学生理心理历史地理国文英文，乃至什么哲学

文学科学政治法律经济教育农业工业商业等等，不过是做人所需要的一种手段；不能说专靠这些便达到做人的目的。任凭你把这些件件学得精通，你能够成个人不能成个人还是个问题。

人类心理，有知情意三部分。这三部分圆满发达的状态，我们先哲名之为三达德——智、仁、勇。为什么叫做“达德”呢？因为这三件事是人类普通道德的标准。总要三件具备才能成一个人。三件的完成状态怎么样呢？孔子说：“知者不惑，仁者不忧，勇者不惧。”所以教育应分为知育情育意育三方面。——现在讲的智育德育体育，不对；德育范围太笼统，体育范围太狭隘，——知育要教到人不惑，情育要教到人不忧，意育要教到人不惧。教育家教学生，应该以这三件为究竟。我们自动的自己教育自己，也应该以这三件为究竟。

怎么样才能不惑呢？最要紧是养成我们的判断力，想要养成判断力，第一步最少须有相当的常识，进一步对于自己要做的事须有专门智识，再进一步，还要有遇事能断的智慧。假如一个人连常识都没有，听见打雷，说是雷公发威；看见月蚀，说是虾蟆贪嘴。那么，一定闹到什么事都没有主意。碰着一点疑难问题，就靠求神问卜看相算命去解决。真所谓“大惑不解”成了最可怜的人了。学校里小学中学所教，就是要人有了许多基本的常识；免得凡事都暗中摸索。但仅仅有这点常识还不够我们做人。总要各有一件专门职业。这门职业，也并不是我一人破天荒去做，从前已经许多人做过。他们积了无数经验，发见出好些原理原则，这就是专门学识。我打算做这项职业，就应该有这项专门学识。例如我想农吗，怎样的改良土壤？怎样的改良种子？怎样的防御水旱病虫？等等。都是前人经验有得成为学识的。我们有了这种学识，应用他来处置这些事，自然会不惑；反是则惑了。做工做商等等都各各有他的专门学识。也

是如此，我想做财政家吗？何种租税可以生出何样结果？何种公债可以生出何样结果？等等，都是前人经验有得成为学识的。我们有了这种学识，应用他来处置这些事，自然会不惑，反是则惑了。教育家军事家等等都各各有他的专门学识。也是如此，我们在高等以上学校所求的智识，就是这一类。但专靠这种常识和学识就够吗？还不能。宇宙和人生是活的，不是呆的。我们每日所碰见的事理是复杂的，变化的，不是单纯的，印板的。倘若我们只是学过这一件才懂这一件，那么，碰着一件没有学过的事来到跟前，便手忙脚乱了。所以还要养成总体的智慧，才能得有根本的判断力。这种总体的智慧如何才能养成呢？第一件要把我们向来粗浮的脑筋，着实磨练他，叫他变成细密而且踏实。那么，无论遇着如何繁难的事，我都可以彻头彻尾想清楚他的条理；自然不至于惑了。第二件，要把我们向来昏浊的脑筋，着实将养他；叫他变成清明。那么，一件事理到跟前，我才能很从容很莹澈的去判断他，自然不至于惑了。以上所说常识学识和总体的智慧，都是智育的要件。目的是教人做到知者不惑。

怎么样才能不忧呢？为什么仁者便会不忧呢？想明白这个道理，先要知道中国先哲的人生观是怎么样。“仁”之一字，儒家人生观的全体大用都包在里头。“仁”到底是什么？很难用言语说明，勉强下个解释，可以说是“普遍人格之实现”。孔子说，“仁者人也”，意思是说人格完成就叫做“仁”。但我们要知道，人格不是单独一个人可以表见的，要从人和人的关系上看出来。所以仁字从二人，郑康成解他做“相人偶”。总而言之，要彼我交感互发，成为一体，然后我的人格才能实现。所以我们若不讲人格主义，那便无话可说；讲到这个主义，当然归宿到普遍人格。换句话说，宇宙即是人生，人生即是宇宙。我的人格，和宇宙无二无别。体验得这个道理，就叫

做“仁者”。然则这种仁者为什么就会不忧呢？大凡忧之所从来，不外两端：一曰忧成败，二曰忧得失。我们得着“仁”的人生观，就不会忧成败。为什么呢？因为我们知道宇宙和人生是永远不会圆满的。所以易经六十四卦，始“乾”而终“未济”。正为在这永远不圆满的宇宙中，才永远容得我们创造进化。我们所做的事，不过在宇宙进化几万万里的长途中，往前挪一寸两寸，那里配说成功呢？然则不做怎么样呢？不做便连这一寸两寸都不往前挪，那可真真失败了。“仁者”看透这种道理，信得过只有不做事才算失败，肯做事便不会失败，所以易经说：“君子以自强不息。”换一方面来看，他们又信得过凡事不会成功的，几万万里路挪了一两寸，算成功吗？所以论语说：“知其不可而为之。”你想，有这种人生观的人，还有什么成败可忧呢？再者，我们得着“仁”的人生观，便不会忧得失。为什么呢？因为认定这件东西是我的，才有得失之可言；连人格都不是单独存在，不能明确的画出这一部分是我的，那一部分是人家的，然则那里有东西可以为我所得？既已没有东西为我所得，当然也没有东西为我所失。我只是为学问而学问，为劳动而劳动，并不是拿学问劳动等等做手段来达某种目的——可以为我们“所得”的。所以老子说，“生而不有，为而不恃”；“既以为人己愈有，既以与人己愈多”。你想，有这种人生观的人，还有什么得失可忧呢？总而言之，有了这种人生观，自然会觉得“天地与我并生，而万物与我为一”，自然会“无入而不自得”。他的生活，纯然是趣味化，艺术化，这是最高的情感教育。目的教人做到仁者不忧。

怎么样才能不惧呢？有了不惑不忧工夫，惧当然会减少许多了。但是属于意志方面的事，一个人若是意志力薄弱，便有很丰富的智识，临时也会用不着；便有很优美的情操，临时也会变了卦。然则意志怎么才会坚强呢？头一件须要心地光明。孟子说：“浩然之气，

至大至刚；行有不慊于心，则馁矣。”又说：“自反而不缩，虽褐宽博，吾不惴焉；自反而缩，虽千万人，吾往矣。”俗语说得好：“生平不作亏心事，夜半敲门也不惊。”一个人要保持勇气，须要从一切行为可以公开做起。这是第一著。第二件要不为劣等欲望之所牵制。论语说，“子曰：吾未见刚者。或对曰申枨。子曰：枨也欲，焉得刚？”一被物质上无聊的嗜欲东拉西扯，那么，百炼钢也会变为绕指柔了。总之一个人的意志，由刚强变为薄弱极易，由薄弱返到刚强极难。一个人有了意志薄弱的毛病，这个人可就完了。自己作不起自己的主，还有什么事可做？受别人压制，做别人奴隶；自己只要肯奋斗，终须能恢复自由。自己的意志做了自己情欲的奴隶，那么，真是万劫沉沦，永无恢复自由的余地，终身畏首畏尾，成了个可怜人了。孔子说：“和而不流，强哉矫！中立而不倚，强哉矫！国有道，不变塞焉，强哉矫！国无道，至死不变，强哉矫！”我老实告诉诸君说罢，做人不做到如此，决不会成一个人。但做到如此真是不容易，非时时刻刻做磨练意志的工夫不可。意志磨练得到家，自然是看着自己应做的事，一点不迟疑，打起来便做。“虽千万人，吾往矣”，这样才算顶天立地做一世人，绝不会有藏头躲尾左支右绌的丑态。这便是意育的目的，要教人做到勇者不惧。

我们拿这三件事作做人的标准，请诸君想想，我自己现时做到那一件？那一件稍为有一点把握？倘若连一件都不能做到，连一点把握都没有，那可真危险了。你将来做人恐怕就做不成。讲到学校里的教育吗？第二层的情育，第三层的意育，可以说完全没有。剩下的只有第一层的知育。就算知育罢，又只有所谓常识和学识，至于我所讲的总体智慧靠来养成根本判断力的，都是一点儿也没有。“这种贩卖智识杂货店”的教育，把他前途想下去，真令人不寒而栗。现在这种教育，一时也改革不来，我们可爱的青年，除了他更

没有可以受教育之地方！诸君啊！你到底还要做人不要，你要知道危险呀。非你自己抖擞精神想方法自救，没有人能救你呀！

为学之目的，莫重于学做人。做人有三个条件，先哲名之为三达德，那就是智、仁、勇三者。孔子说："知者不惑，仁者不忧，勇者不惧。"智近似于现代之所谓智育；仁近似于现代之所谓德育；勇近似于现代之所谓体育；然而不免有广狭之分，除智外，仁与德育之比似较近于专，勇与体育之比似较近于狭。智仁勇三者具备，便是人格的完整，当然最适于做人之道。

学问之趣味

（饮冰室文集之三十九——民国十一年八月六日在东南大学为暑期学校学员讲演）我是个主张趣味主义的人，倘若用化学化分，"梁启超"这件东西，把里头所含一种原素名叫"趣味"的抽出来，只怕所剩下仅有个〇了。我以为，凡人必常常生活于趣味之中，生活才有价值。若哭丧着脸，捱过几十年，那么，生命便成沙漠，要来何用？中国人见面最喜欢用的一句话："近来作何消遣？"这句话我听着便讨厌。话里的意思，好像生活得不耐烦了。几十年日子没有法子过，勉强找些事情来消他遣他。一个人若生活于这种状态之下，我劝他不如早日投海。我觉得天下万事万物都有趣味，我只嫌二十四点钟不能扩充到四十八点，不够我享用。我一年到头不肯歇息，问我忙什么，忙的是我的趣味。我以为这便是人生最合理的生活，我常常想运动别人也学我这样生活。

凡属趣味，我一概都承认他是好的。但怎么样才算"趣味"？不能不下一个注脚。我说："凡一件事做下去不会生出和趣味相反的结果的，这件事便可以为趣味的主体。"赌钱趣味吗？输了怎么样？吃酒趣味吗？病了怎么样？做官趣味吗？没有官做的时候怎么样？……诸如此类，虽然在短时间内像有趣味，结果会闹到俗语说的"没趣一

齐来”。所以我们不能承认他是趣味；凡趣味的性质，总要以趣味始以趣味终。所以能为趣味之主体者，莫如下列的几项：一、劳作，二、游戏，三、艺术，四、学问。诸君听我这段话，切勿误会以为我用道德观念来选择趣味。我不问德不德，只问趣不趣。我并不是因为赌钱不道德才排斥赌钱，因为赌钱的本质会闹到没趣；闹到没趣，便破坏了我的趣味主义，所以排斥赌钱。我并不是因为学问是道德才提倡学问，因为学问的本质能彀以趣味始以趣味终，最合于我的趣味主义条件；所以提倡学问。学问的趣味，是怎么一回事呢？这句话我不能回答。凡趣味总要自己领略，自己未曾领略得到时，旁人没有法子告诉你。佛典说的：“如人饮水，冷暖自知。”你问我这水怎样的冷，我便把所有形容辞说尽，也形容不出给你听。除非你亲自嗑一口。我这题目——学问之趣味，并不是要说学问如何如何的有趣味，只要如何如何便会尝得着学问的趣味。

诸君要尝试学问的趣味吗？据我所经历过的，有下列几条路应走：

第一，“无所为”（为读去声）。趣味主义最重要的条件是“无所为而为”。凡有所为而为的事，都是以别一件事为目的，而以这件事为手段；为达目的起见，勉强用手段；目的达到时，手段便抛却。例如学生为毕业证书而做学问，著作家为版权而做学问，这种做法，便是以学问为手段，便是有所为；有所为虽然有时也可以为引起趣味的一种方便，但到趣味真发生时，必定要和“所为者”脱离关系。你问我“为什么做学问”，我便答道：“不为什么。”再问，我便答道：“为学问而学问。”或者答道：“为我的趣味。”诸君切勿以为我这些话掉弄虚机，人类合理的生活本来如此。小孩子为什么游戏？为游戏而游戏。人为什么生活？为生活而生活。为游戏而游戏，游戏便有趣；为体操分数而游戏，游戏便无趣。

第二，不息。“鸦片烟怎样会上瘾?”“天天吃。”“上瘾”这两个字，和“天天”这两个字是离不开的。凡人类的本能，只要那部分阁久了不用，他便会麻木，会生锈。十年不跑路，两条腿一定会废了。每天跑一点钟，跑上几个月，一天不得跑时，腿便发痒。人类为理性的动物，“学问欲”原是固有本能之一种；只怕你出了学校便和学问告辞，把所有经管学问的器官一齐打落冷宫，把学问的胃弄坏了，便山珍海味摆在面前，也不愿意动筷子。诸君啊！诸君倘若现在从事教育事业或将来想从事教育事业，自然没有问题。很多机会来培养你学问胃口。若是做别的职业呢？我劝你每日除本业正当劳作之外，最少总要腾出一点钟，研究你所嗜好的学问。一点钟那里不消耗了？千万别要错过，闹成“学问胃弱”的证候，白白自己剥夺了一种人类应享之特权啊。

第三，深入的研究。趣味总是慢慢的来，越引越多，像那吃甘蔗，越往下才越得好处。假如你虽然每天定有一点钟做学问，但不过拿来消遣消遣，不带有研究精神，趣味便引不起来。或者今天研究这样，明天研究那样；趣味还是引不起来。趣味总是藏在深处，你想得着，便要入去。这个门穿一穿，那个窗户张一张，再不会看见“宗庙之美，百官之富”如何能有趣味？我方才说：“研究你所嗜好的学问。”嗜好两个字很要紧，一个人受过相当的教育之后，无论如何，总有一两门学问和自己脾胃相合；已经懂得大概可以作加工研究之预备的，请你就选定一门作为终身正业（指从事学者生活的人说），或作为本业劳作以外的副业（指从事其他职业的人说）。不怕范围窄，越窄越便于聚精神；不怕问题难，越难越便于鼓勇气。你只要肯一层一层的往里面追，我保你一定被他引到“欲罢不能”的地步。

第四，找朋友。趣味比方电，越磨擦越出。前两段所说，是靠

我本身和学问本身相磨擦，但仍恐怕我本身有时会停摆，发电力便弱了。所以常常要仰赖别人帮助，一个人总要有几位共事的朋友，同时还要有几位共学的朋友。共事的朋友，用来扶持我的职业；共学的朋友，和共顽的朋友同一性质，都是用来磨擦我的趣味。这类朋友，能彀和我同嗜好一种学问的自然最好，我便和他打伙研究；即或不然，——他有他的嗜好，我有我的嗜好，只要彼此都有研究精神，我和他常常在一块或常常通信，便不知不觉把彼此趣味都磨擦出来了。得着一两位这种朋友，便算人生大幸福之一。我想只要你肯找，断不会找不出来。

我说的这四件事，虽然像是老生常谈，但恐怕大多数人都不曾会这样做。唉！世上人多么可怜啊！有这种不假外求不会蚀本不会出毛病的趣味世界，竟没有几个人肯来享受。古书说的故事“野人献曝”，我是尝冬天晒太阳的滋味尝得舒服透了，不忍一人独享，特地恭恭敬敬的来告诉诸君。诸君或者会欣然采纳吧！但我还有一句话，太阳虽好，总要诸君亲自去晒，旁人却替你晒不来。

所谓趣味，是指一件事做下去不会生出和趣味相反之结果的，这件事便可以为趣味的主体。但如初时或一时虽感趣味，然继续做下去，可能酿成与趣味相反的结果。例如赌博和喝酒，纵然一时感到趣味，但赌钱大输了以后，和喝酒患病以后，当然不会感到趣味，如此便不是真正的趣味。所谓真正的趣味，便是做学问。做学问可使人由不知者变为已知者，当然感到兴趣；而且不仅开始为然，越做下去，越有新的收获，其趣味定然益加浓厚，因而可以永久维持。不过要真正维持学问的永久趣味，还需注意以下这几件事。第一是无所为而为，那就是为学问而学问，不是以学问为手段。如若以学问为手段，图达功利的目的，则目的既达，可能便放弃手段而不再感浓厚的兴趣了。第二是为学不息，例如在学校时尽管很用功，但

毕业离校以后，认为目的已达，不再从事于学问，就是不免丧失趣味了。第三是深入的研究，那是要研究你所嗜好的学问才成。这嗜好二字，最关重要。趣味之能否永久维持，是要基于嗜好的。第四是找朋友共同研究，这样一来，可以彼此磨厉，愈磨厉，愈足以维持趣味。

（乙）教育之部

括有（一）教育方针，（二）德育，（三）群育，（四）智育，（五）教师，（六）各级各种教育，（七）青年运动，（八）养士与取士，（九）译书，（十）其他诸节。

○ 第一节　教育方针

括有（1）教育宗旨，（2）教育次序诸目。其说如左：

（1）教育宗旨

（饮冰室文集之十论教育当定宗旨——光绪二十八年）一国之教育，与一人之教育，其理相同。父兄之教子弟也，将来欲使之为士，欲使之为农为工为商，必定其所向焉，然后授之。未有欲为箕者而使之学冶，欲为矢者而使之学函也。惟国亦然。一国之有公教育也，所以养成一种特色之国民，使之结为团体，以自立竞存于优胜劣败之场也。然欲达此目的，决非可以东涂西抹。今日学一种语言，明日设一门学科；苟且敷衍，乱杂无章，而遂可以收其功也。故有志于教育之业者，先不可不认清教育二字之界说，知其为制造国民之具；次不可不具经世之炯眼，抱如伤之热肠，洞察五洲各国之趋势，熟考我国民族之特性，然后以全力鼓铸之。由前之说，则教育宗旨所由起也；由后之说，则教育宗旨所由立也。

吾国自经甲午之难，教育之论，始萌蘖焉。庚子再创，一年以来，而教育之声，遂遍满于朝野上下。此实渐进文明之一征也。虽然，向彼之倡此论任此责者，果能解教育之定义乎？何所为而为之

乎？果实有见于教育，所得将来之结果乎？由何道以致之乎？叩其故，则曰外国皆有教育，吾不可以独无之云尔。至外国何以有，吾国何以无，外国何以为之而能有功，吾国何以为之而久无效；此问题非彼等所能及也。英有英之教育，法有法之教有，德有德之教育，日有日之教育，则吾国亦应有吾国之教育。此问题更非彼等所能及也。其下焉者，见朝廷锐意教育，我亦趁风潮，附炎热，思博万一之宠荣。其上焉者，亦不过摭拾外论，瞥见欧美日本学制之一斑，震惊之，艳羡之，而思仿摹之耳。审如是也，是何异鹦鹉闻人笑语而亦学语，孩童见人饮食而亦思饮食也。审如是也，则今之所谓教育论者，全属无意识之举动，未尝有自主之思想，自主之能力，定其所向之鹄而求达之，与动物及下等野蛮之仅借外界刺激之力，以食焉息焉游焉争焉者，曾无以异？以是而欲成就文明人所专有之教育事业，岂可得耶？岂可得耶？

吾欲为吾国民定一教育宗旨，请先胪列他国之成案，以待吾人参考而自择焉。凡代表古代者三：曰雅典，曰斯巴达，曰耶稣教。代表现世者三：曰英吉利，曰德意志，曰日本。

第一，雅典。雅典者，古希腊市府之国，而民政之鼻祖也。其市民皆有参预政事之权，故其教育之宗旨，务养成可以为市民之资格，奖励其自由之性，训练其断事之识。又雅典人所自负者，欲全希腊文化之中心点集于其国也，故务使国民有高尚之理想，有厚重之品格，有该博之科学。一切教育条理，皆由此两大宗旨而生。故其国多私立学校，授种种群学哲学等；其人重名誉，轻金钱，有以学问为谋生之具者，则共鄙弃之，不与齿。其结果也，立法行政之制度，在上古号称最完善，至今为各国所仿效；而大儒梭格拉底、柏拉图、阿里士多德，皆生于其间。

第二，斯巴达。斯巴达者，亦希腊一国，与雅典对峙，而贵族

专制政体之名邦也。其教育制度，由彼中大立法家来喀格士所定，其宗旨在使斯巴达为全希腊最强之国，故先使全国人为军国民。一国之子弟，一国所公有也，父母不得而私之。童子年七岁即入公立学校，养之教之，皆政府责任；惟其以专制为政体也，故务束缚之，养其服从长上之性，非至四十以上不能自由。惟其以尚武为精神也，故专务操练躯体，使之强壮，每使之历人生不能堪之苦工。有过失者，鞭韃楚毒于长老之前，纪律极严。国如一军，常以爱国大义，讨实而训警之。故敌忾之心，无时或忘。斯巴达之教育，即由此专制尚武两大宗旨而生者也。其结果也，使其国狎主夏盟，雄长诸侯。

第三，耶稣教会。耶稣教之教育，非国民教育也。虽然，其宗旨之坚忍而伟大，有深足法者，且中古一线之文明，赖之以延，近世无量之文明，因之以发。故不可不论及之。耶稣教无固有之教育法，无固有之学制，无固有之教授材料；语其特色，则以耶稣为教育之理想，以耶稣为教育家之模范也。其宗旨在严守律法，而各自尊其自由权，且互尊他人之自由权；以至诚起信为体，以杀身成仁忍辱耐苦为用。当中世之初，教会本无学校，而此宗旨所磅礴郁积，愈光愈大，及今日而耶稣教之学堂，遂遍于大地。其结果也，能合无量数异国异种之人，结为一千古未有之大团体，其权力常与国家相颉颃，时或驾而上之。

第四，英吉利。盎格鲁撒逊种者，今日地球上最荣誉之民族也。其教育之宗旨，在养成活泼进步之国民；故贵自由，重独立，薰陶高尚之德性，锻炼强武之体魄；盖兼雅典斯巴达之长而有之焉。英国之学校，特注重于德育体育，而智育居其末。若以学科之繁，程度之高论之，则英国之视诸国，瞠乎后也。而绝大之学者，绝大之政治家，绝大之国民出焉。何也？其教育之优点，不在形质而在精神。其父母之视子女也，不视为己之附庸，而视为国民之分子。其

在家庭，其在学校，皆常有以启发其权利义务之观念，而使知自贵自重。其所教者常务实业，使其成年之后，可以自立，而断绝其倚赖他人之心。自其幼时，常使执事，使其有自治之力，虽离父兄去师长，而不至为恶风潮之所漂荡。故英之国民，皆各有常识，各有实力，非徒恃一二英雄豪杰以支拄国家者也。以故六洲五洋中，大而大陆，小而孤岛，无不有盎格鲁撒逊人种之足迹，而所至皆能自治独立，战胜他族。盖皆其教育宗旨所陶铸，非偶然耳。

第五，德意志。德国，新造之雄国也。其教育宗旨，可分两大段：一曰前宰相俾士麦所倡者，二曰今皇维廉第二所倡者。前者，民族主义之宗旨也；后者，民族帝国主义之宗旨也。当十九世纪之前半，日耳曼民族，封建并立，无所统一，大政治家士达因，大文家盎特等倡之，俾士麦承之，专发挥祖国之义，唤起瞢腾涣漫之人心，使为一体。其时普国学制之善甲欧陆，大将毛奇尝指小学校生徒而言曰："师丹之役，非我等能胜法人，而此辈之能胜法人也。"可谓至言。而小学校生徒何以有如许势力，非徒以其功课之完密而已，实其爱祖国爱同胞之精神为之也。及今皇即位，常勃勃欲龙跳虎掷于大地，而首注意于教育宗旨。彼尝自撰敕语数千言，论改革学风之事曰：我普通学校，我大学校，有共当努力者一事。曰：教养一国之少年，使其资格可以辅朕为全世界之主人翁，是也。此其气象何等雄伟？其眼光何等远大？而今日德意志民族所以骎骎然几与盎格鲁撒逊代兴者，则皆此二大宗旨之成绩也。

第六，日本。日本自距今三十年前，为封建之国者殆八百年。故有一种所谓武士道者，日人自称之为太和魂，即尚武之精神是也。又日本帝统，自开国以来，一线相承，未尝易姓；故其人以尊王爱国合为一事。尚武尊王二者，实日本教育宗旨之大原也。故国家思想，发达甚骤，自主独立之气，磅礴于国中，能吸取欧西文明，食

而化之，而不至为文明之奴隶。智育体育，皆日进步，其结果也，能战胜四百兆民族之中国，三岛屹立东海，为亚洲文明之魁。由此观之，安有无宗旨而可以成完备之教育者耶？安有无完备之教育，而可以结完备之团体，造完备之国民者耶？夫无团体无国民，则将不可一日立于大地。有志教育者，可无儆欤？可无勖欤？

以上六种，举其宗旨之长者，以示标准，请更论次其短者。其在雅典，偏于哲理，溺于文学，强武之气稍缺，其所养成者，只能为市府的民族，不能为国家的民族。故雅典亡而其文学亦与之俱亡，是可为人民恃国家而存立之明证也。其在斯巴达，专制暴威太甚，侵个人之自由权，其民不能离政府之外而自成一活泼强立之国民。故其末路，诸市叛之，失盟主之地位，而遂不能复兴。其在法兰西，自拿破仑称帝以来，中央政府之权力过大，其所设学校，皆务养成官吏，以供己之指挥。迄今垂百年，虽政体屡更，而此风迄不能改。故法国学校之学生，惟以试验及第为第一要件，其国民以得一官一职为第一宠荣。虚文盛而实业微，形质多而精神少；故法人与英人德人相驰逐于世界，而决不足以相及。其在奥大利，前宰相梅特涅，以十九世纪第一奸雄，把持其政局者四十年。其宗旨务在压制民权，柔和民气，教以极陈腐之耶稣圣诗，极烦缛之罗马文学，卒亦枉作小人。民权之气，终不可遏。而奥国国民，受毒既久，元气难复，至今犹不能与列强并也。其在俄罗斯，为今世专制第一雄国，其教育事务，受监督于宗教大臣之下；所谓希腊正教总监者也。俄以专制政治立国，自不得不行专制教育，然以一政府抗世界之大逆流，恐不免举鼎绝膑之惨。近者学生骚动之风潮，日盛一日，去春之事。俄皇固不能不让步焉矣。其在日本，自三十年来，震于欧西文明，专求新智识之输入；而于德育未尝留意，既已举千年来所受儒教之精神，破坏一空，而西人伦理道德之精华，亦不能有所得；青黄不

接，故风俗日坏，德心日衰。至今朝野上下，咸孜孜研究德育问愿，而大势滔滔，竟如抱束薪以塞瓠子，毫无所济，有心者咸忧之焉。以上数端，亦近世教育界得失之林也。

朱子曰："教学者如扶醉人，扶得东来西又倒。"教一人如是，教一国殆更甚焉。宗旨一偏，其流弊中于人心；往往有数十年数百年而不能拯其失者。观于法兰西奥大利日本之前事，可为长太息焉矣。夫偏犹不可，何况于误？误犹不可，何况于无？试问吾中国今日所谓教育家者，为有宗旨乎？为无宗旨乎？曰无也。谓彼以教汉奸育奴隶为宗旨，其论未免太苛。吾信衮衮诸公之必不然也，然舍此以外，竟未闻有一人提出一宗旨以表示于国民者何也？闻甲之言，曰：英文，要也，则教英文；乙之言曰：日本文，要也，则教日本文。丙之言曰：历史地理，要也，则教历史地理。丁之言曰：师范，要也，则教师范。戊之言曰：体操，要也，则教体操。己之言曰：小学校最急也，则称道小学校。庚之言曰：教科书，最先也，则争编教科书。如蝇之钻纸，任意触撞，如猴之跳戏，随人低昂；如航海而无罗针，如抚琴而无腔调，虽欲以成一小小结构，犹且不可，况乃为四万万庞大国民之向导者耶？且前者人人心目中，无所谓教育者，则亦已耳。今既有之，则发轫之始，实为南辕北辙所关；播核之初，永定苦李甘瓜之种。庄子所谓其作始也简，其将毕也必巨。今乃以乱弹之曲，鱼目之珠，盲人瞎马，夜半临池；天下可悲可惧之事，安有过此者耶？安有过此者耶？

然则为今之计奈何？曰：第一当知宗旨，使欲造成文学优美品格高尚之国民也，则宜法雅典；使欲造成服从纪律强悍耐苦之国民也，则宜法斯巴达；使欲造成至诚博爱迷信奉法之国民也，则宜法耶稣教会；使欲造成自由独立活泼进取之国民也，则宜法英吉利；使欲造成团结强立自负不凡之国民也，则宜法德意志；使欲造成君

国一体同仇敌忾之国民也，则宜法日本。苟不能者，则虽学法国之拿破仑可也，学奥国之梅特涅可也，学俄国之皮里加辣陀（现任宗教大臣）可也。彼其宗旨虽谬，然彼固有所为而为之，犹胜于无意识之动力，仅感受外界之刺激，突奔乱撞，与动物野蛮无别也。故必先知宗旨之不可以已，然后吾敢以更端进也。

第二，当择宗旨。今欲为我四万万同胞国民求一适当至善之教育宗旨，果何所适从乎？雅典、斯巴达，前劫之骨董也；其精神可采，其形质万不可师。耶稣教于欧洲文明，甚有关系焉；然今亦已成退院之僧，于国家主义时代，颇不适用，且其经累次枝节，与吾民族几冰炭不相容，其不可行，无待言也。或曰：俄罗斯与中国政体相近，宜学之；然俄人于内治，方且不能抗大势而思变计，吾何为蹈其覆辙焉？或曰：法兰西久为欧洲文明之中心点，又为十九世纪全球之原动力，盍试效之？然法民好动，吾民好静，其性之相反太甚。且按之历史地理之位置，无一仿佛者，乌从而追之？近年以来，吾国民崇拜日本之心极盛，事无大细，动辄曰法日本。虽然，日本非吾之所宜学也。彼岛国，吾大陆，一也。彼数千年一姓相承，我数千年禅篡征夺，二也。彼久为封建，民习强悍，我久成一统，民溺懦柔，三也。无已，则惟最雄伟之英吉利与德意志两民族乎？英人性喜保守，而改革以渐；此我所能学者也。德人昔本散涣，而今乃团结；此我所宜学者。虽然，彼英民德族者，亦皆各有其固有之特性，积之千余岁，养之百十年，乃始有今日。又非我空言疾呼曰，学之，学之，而遂能几者也。

第三当定宗旨。然则我国国民教育之宗旨，究何在乎？曰：今日之世界，民族主义之世界也。凡一国之能立于天地，必有其固有之特性。感之于地理，受之于历史，胎之于思想，播之于风俗，此等特性，有良者焉，有否者焉。良者务保存之；不徒保存之而已，

而必采他人之可以补助我者，吸为己有而增殖之。否者务刮去之；不徒刮去之而已，而必求他人之可以匡救我者，勇猛自克而代易之。以故今日各国之教育宗旨，无或有学人者，亦无或有不学人者。不学人然后国乃立，学人然后国乃强。要之，使其民备有人格（谓成为人之资格也，品行智识体力皆包于是）享有人权，能自动而非木偶，能自主而非傀儡，能自治而非土蛮，能自立而非附庸，为本国之民，而非他国之民；为现今之民，而非陈古之民；为世界之民，而非陬谷之民；此则普天下文明国教育宗旨之所同，而吾国亦无以易之者也。试问今日所谓教育家者，曾有见于此焉否也？试问彼辈所用之教育方法，其结果能致此焉否也？

两宗旨或数宗旨对抗并行可乎？曰：可。世界之进化也，恒由保守进取两大势力冲突调和而后成。有冲突必有调和，或先冲突后调和，或即冲突即调和。譬若甲之见以为专制政体适于中国者，则用全力以造专制之国民可也。乙之见以为立宪政体丙之见以为共和政体适于中国者，则用全力以造立宪共和之国民可也。但使其出于公心，出于热诚，不背乎前所谓普天下文明国共通之宗旨，则虽为斯巴达可也，虽为俄罗斯可也，虽为美利坚、法兰西可也，而必须有贯彻数十年之眼力，擎举全国民之气概，而不可如动物野蛮之受外界刺激，而为无意识之动。教育云，教育云，如是，如是。

此言古今中外，教育宗旨，国有不同；举其代表，可得六者。以古言，一为雅典，二为斯巴达，三为耶稣教会；以今言，四为英吉利，五为德意志，六为日本。以上六种，互有短长。其在雅典，则偏于哲理，溺于文学；强武之气稍缺，其所养成者，只能为市府的民族，不能为国家的民族。故雅典亡而其文学亦与之俱亡。其在斯巴达，则专制暴威太甚，侵个人之自由权，其民不能离政府之外而自成一活泼强立之国民。故其末路，诸市叛之，失盟主之地位而

遂不能复兴。其在耶稣教会，则无固有之教育法，无固有之学制，无固有之教材；此其短也；然语其特色，则以耶稣为教育之理想，以耶稣为教育家之模范；其宗旨在严守律法，而各自尊其自由权，且互尊他人之自由权，以至诚起信为体，以杀身成仁忍辱耐苦为用。其结果能合无量数异国异种之人，结为千古未有之大团体。此其长也。其在英吉利，则特重德育与体育，而智育居其末。若以学科之繁，程度之高论之，则英国之视诸国，瞠乎其后。此其短也。然而绝大之学者，绝大之政治家，绝大之国民出焉。何也？其教育之优，不在形质而在精神。其所教者，常务实业，使其成年之后，可以自立，而断绝其倚赖他人之心。故英之国民，皆各有常识，各有实力，非徒恃一二英雄豪杰之支持国家。此其长也。其在德意志，则前有俾士麦所谓之民族主义，后有维廉二世所谓之民族帝国主义，不仅维持独立，且有对外扩张之野心。此其短也。然其教育制度至为周密，气象雄伟，目光远大。因而科学发达，民智日兴，此其长也。其在日本，自三十年来，震于欧西文明，专求新智识之输入，而于德育未尝留意，举千年来所受儒教之精神，破坏一空，而西人伦理道德之精华，亦未有所得。此其短也。然其德体二育，事事模仿西洋，励精图治，进步甚锐，此其长也。

然则我国为今之计奈何？曰：第一当知宗旨。使欲造成文学优美品格高尚之国民也，则宜法雅典。使欲造成服从纪律，强悍耐苦之国民也，则宜法斯巴达。使欲造成至诚博爱，迷信奉法之国民也，则宜法耶稣教会。使欲造成自由独立，活泼进取之国民也，则宜法英吉利。使欲造成团结独立，自负不凡之国民也，则宜法德意志。使欲造成君国一体，同仇敌忾之国民也，则宜法日本。

要之，使其民备有人格，享有人权，能自动而非木偶，能自主而非傀儡，能自治而非土蛮，能自立而非附庸；为本国之民，

而非他国之民；为现今之民，而非陈古之民；为世界之民，而非陬谷之民。此则普天下文明国教育宗旨之所同，而吾民亦无以易之者也。

（2）教育次序

（饮冰室文集之九教育政策私议——光绪二十八年）顷者朝廷之所诏敕，督抚之所陈奏，莫不有州县小学、府中学、省大学，京师大学之议，而小学中学至今未见施设，惟以京师大学堂之成立闻。各省大学堂之计划亦纷纷起。若循此以往，吾决其更越十年而卒无成效者也，求学譬如登楼，不经初级，而欲飞升绝顶，未有不中途挫跌者。今勿论远者，请以日本留学生证之，吾国之游学日本者，其始亦往往志高意急，骤入其高等学专门学大学等，讲求政治法律经济诸学，然普通学不足，诸事不能解悟，卒不得不降心以就学于其与中学相当之功课。苟其能降心焉者，即其他日能大成者也。不尔，则虽有所成，终亦寡也。吾见夫坐此之故，而中途辍业以归者，不知几何人矣。夫其人当数年前，乃肯轻千里，越重洋，负笈而东来，则必其志气学识有以秀绝于常人矣。然其困难犹若此，况在内地，遽焉集所谓翰林、部曹、举贡、生监者，而欲授之以大学之课程，是何异强扶床之孙，而使与龙伯大人竞者也。当十八世纪以前，欧美各国小学之制度未整，至十九世纪以后，巨眼之政治家始确认教育之本旨，在养成国民；普之皮里达埒、法夏哥士等，首倡小学最急之议。自兹以往，各国从风。德将毛奇于师丹战胜归国之际，指小学校生徒而语曰：非吾侪之功，实彼等之力。盖至言也。今中国不欲兴学则已，苟欲兴学，则必自以政府干涉之力强行小学制度始。今试取日本人所论教育次第，撮为一表以明之。

教育期区分表（儿童身心发达表）

	廿二岁至廿五岁 大学校期 （成人期）	十四岁至廿一岁 中学校期 （少年期）	六岁至十三岁 小学校期 （儿童期）	五岁以下 家庭教育期 幼稚园期（幼儿期）
身体	体格已定全为大人之型	此期之始性欲萌芽。体格渐成大人之型。音声一变。其自身体所起之欲望较前期益发达	此期之始脑髓稍坚。能就一定之课业。身体发育之盛在于此时	一岁前后乳齿生、习步行、学言语，始与他动物全别，具人类之特性。有营养之求。有欲望之起。感觉之力渐臻敏捷
知	推理之力渐强。能寻求真理自构理想	前半期偏于想像，后半期长于推理	记忆想像之动机最强。其推理也每有持一端以概全体之弊	感觉知识之动机极为锐敏
情	情操发达	前半期虽动于情绪，后半期则情操渐发达	情绪始动	其感情皆起于感觉。恐怖之情甚强
意	理性的意志发达	前半期只有悟性的意志，后半期渐为理性的意志	前半期只有感觉的意志，后半期渐入于悟性的意志	只有感觉的意志
自观力	成自治之品性，且能人我协同，成为一群内之我	前半期我相之观念益强，几知有我不知有人。后半期始认他相，知人我协同之为急	模仿长上，而好自屈。渐欲通己意于人，我相之观念始生	未自知有我，纯然沌浑未凿境界

教育制度表

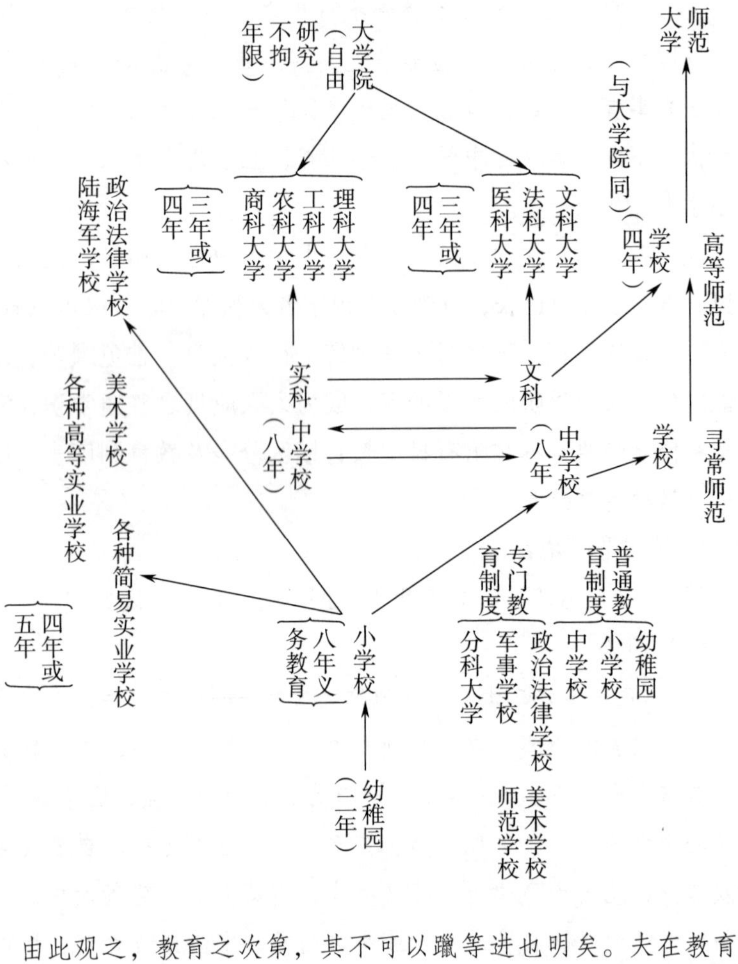

由此观之，教育之次第，其不可以躐等进也明矣。夫在教育已兴之国，其就学之级，自能与其年相应。若我国今日之学童，则当其前此及年之日，未获受相当之教育；其德知情意之发达，自比文明国之学童，低下数级，而欲骤然授之，乌见其可？然则中国最速非五年后不可开大学，虽其已及大学之年者，宁减缩中学之期限，而使之兼程以进，而决不可放弃中学之程度，而使之躐级以求也。

至于小学，今论者亦既知其急。然遍观各国小学，皆行义务教育。义务教育者何？凡及年者皆不可逃之谓也。故各国之兴小学，无不以国家之力干涉之。盖非若此，则所谓义务者必不能普及也。而今之当事者，只欲凭口舌劝说，使民间自立之而已。非惟紊乱不整，他日不能与官立之中学高等学相接，且吾恐十年以后，而举国之小学，犹如星辰也。

此言教育当有次序，按级递升。小学为教育之初基，人人必先经过，惟对于年事已长，且曾读书识字者，纵然小学一级可以省略，中学则为普通学识，不经过中学训练，径入大学，难免躐等；即使勉能应付，而中学阶段所设的课，成为人人应具之普通常识，实有尽量补修之必要。本文附有日本教育期区分表及教育制度表，以供国内办教育者之参考。

○ 第二节　德育

括有（1）道德，（2）新思潮与旧道德二目。其说如左：

（1）道德

（饮冰室文集之二十八中国道德之大原——民国元年）今之言道德者，或主提倡公德，或主策励私德，或主维持旧德，或主输进新德。其言固未尝不各明一义。然吾以为公私新旧之界，固不易判明，亦不必强生分别。自主观之动机言之，凡德皆私德也；自客观影响所及言之，凡德皆公德也。德必有本，何新非旧？德贵时中，何旧非新？惟既欲以德牖民，则择途当求简易。宋明诸哲之训，所以教人为圣贤也，尽国人而圣贤之，岂非大善？而无如事实上万不可致，恐未能造就圣贤，先已遗弃庸众。故穷理尽性之谭，正谊明道之旨，君子以之自律，而不以责人也。佛耶宗教之言，西哲伦理之学，非不微妙直捷，纤悉周备？然义由外铄，受用实难。吾以为道德最高之本体，固一切人类所从同也。至其具象的观念，及其衍生之条目，

则因时而异。甲社会之人与乙社会之人，甲时代之人与乙时代之人，其所谓道德者，时或不能以相喻。要之，凡一社会，必有其所公认之道德信条，由先天的遗传，与后天的薰染，深入乎人人之脑海而与俱化；如是，然后分子与分子之间，联锁巩固，而社会之生命，得以永续。一旧信条失其效力，而别有一新信条与之代兴，则社会现象生一大变化焉。若新信条涵养未熟，广被未周，而旧信条先已破弃，则社会泯棼之象立见。夫信条千百而摇动其一二，或未甚为病也；若一切信条所从出之总根本亦牵率而摇动，则社会之纽殆溃矣。何也？积久相传之教义，既不足以范围乎人心，于是是非无标准，善恶无定名，社会全失其制裁力，分子游离而不相摄；现状之险，胡可思议？于斯时也，而所谓识时忧世之士，或睹他社会现状之善美，推原其所以致此之由，而知其有彼之所谓道德者存。于是欲将彼之道德信条，移植于我以自淑。岂知信条之为物，内发于心，而非可以假之于外；为千万人所共同构现，而绝非一二人所咄嗟造成。征引外铄之新说，以欲挽内陷之人心；即云补救，为力已微。而徒煽怀疑之焰，益增歧路之亡，甚非所以清本源而植基于不坏也。吾尝察吾国多数人之心理，有三种观念焉。由数千年之遗传薰染所构成，定为一切道德所从出，而社会赖之以维持不敝者，谨略发明之，以资身教言教之君子审择焉。

一曰报恩。报恩之义，各国教祖哲人，莫不称道。至其郑重深切，未有若吾中国者也。凡管一国人心之枢者，必在其宗教。宗教精神所表示，恒托于其所崇奉之神。世界各国宗教，无论为多神教为一神教为无神教，要之，其崇奉之动机，起于为自身求福利者什八九。独吾中国一切祀事，皆以报恩之一义贯通乎其间。故曰：夫礼者反本报始，不忘其初也。又曰：有功德于民者则祀之，祖先之祀无论矣，自天地山川，社稷农蚕，门溜井灶，雨师风伯，先圣先

师，历代帝王，贤臣名将，循吏神医大匠，凡列于大祀常祀者，皆以其有德于民，或能为民捍难者也。下至迎猫迎虎，有类于埃希蛮俗之兽教；然亦皆取义于祈报，与彼都精神绝不相蒙。西人动诮我以多神，谓在教界未为进化，殊不知我之教义，以报恩之一大原则为之主宰；恩我者多，而报不容以不遍，此祀事所由日滋也。既本此原则，以立教义，故以此教义衍成礼俗，制成法律；于以构造社会而维持之发达之，其所以能联属全国人使之若连环相缀而不可解者，此其最强有力之主因也。

二曰明分。记称春秋以道名分，荀子称度量分界，恒言指各安本分者谓之良民。中庸述君子之德，则曰素位而行不愿乎外，分也，位也。所以定民志而理天秩，我国德教所尊论也。而或者疑定分则显悬阶级，与平等之义不相容，安分则畸于保守，与进取之义尤相戾。殊不知平等云者，谓法律之下无特权已耳。若夫人类天然之不平等，断非以他力所能袪除。孟子不云乎？物之不齐，物之情也。或相蓓蓰，或相什伯，或相千万；比而同之，是乱天下。故全社会之人各如其量，以尽其性。天下之平乃莫过是也。夫治乱之名，果何自名耶？有秩序，有伦脊，斯谓之治；无焉斯谓之乱。欲一国中常有秩序伦脊，则非明分之义深入人心焉，固不可也。分也者，分也，言政治者重分权，言学问者重分科，言生计者重分业。凡一社会必赖多数人之共同协力，乃能生存发达，全社会中所必须之职务，无限无量；而一一皆待社会之个人分任之，人人各审其分之所在，而各自尽其分内之职，斯社会之发荣滋长无有已时。苟人人不安于其本分，而日相率以希冀于非分，势必至尽荒其天职，而以互相侵轶为事，则社会之纽绝矣。

三曰虑后。社会学家论民族文野之差，以谓将来之观念深者，则其文明程度高；将来之观念薄者，则其文明程度下。斯言若信，

则我国文明程度与欧美人孰愈？此亦一问题也。我国最尊现实主义者也，而又最重将来。夫各国之教祖，固未有不以将来为教者矣。然其所谓将来者，对于现世而言来世也，其为道与现社会不相属。我国教义所谓将来，则社会联锁之将来也。孟子曰：不孝有三，无后为大。易曰：积善之家，必有余庆；积不善之家，必有余殃。经典传记中，陈义类此者，不知凡几。国人习而不察焉，以为迂论无关宏旨也。而不知社会所以能永续而滋益盛大者，其枢机实系于是。我国人惟以服膺斯义之故，常觉对于将来之社会，负莫大之义务。苟放弃此义务，即为罪恶所归。夫人之生于世也，其受过去现在社会之恩我者，无量无极，我受之而求所以增益之，以诒诸方来，天下最贵之天职，莫过是也。

以上三义，骤视之若卑卑不足道。然一切道德之条目，实皆自兹出焉。有报恩之义，故能使现在社会与过去社会相联属；有虑后之义，故能使现在社会与将来社会相联属；有明分之义，故能使现在社会至赜而不可乱，至动而不可恶也。三义立而三世备矣。孔子称庸德之行，庸言之谨；此三者洵庸德之极轨乎哉？本乎人性之自然，愚夫愚妇皆所与能，而虽有圣智，或终身由之而不能。譬犹布帛菽粟，习焉不觉其可贵；而含生必于兹托命焉。之三义者，不学而知，不虑而能，而我国所以能数千年立于大地，经无量丧乱而不失其国性者，皆赖是也。

言道德者，辄有公德私德之分。任公则认为："自主观之动机言之，凡德皆私德也，自客观影响所及言之，凡德皆公德也。德必有本，何新非旧？德贵时中，何旧非新？我国多数人之心理，所谓道德，实基于三种观念：一曰报恩，二曰明分，三曰虑后。报恩之义，各国教祖哲人，莫不称道，至其郑重深切，未有若吾中国者也。各国宗教，无论为一神教或多神教，其崇奉之动机，起于为自身求福

利者什八九。独吾中国一切祀事，皆以报恩一义贯通乎其间；故曰：有功德于民者则祀之。祖先之祀无论矣，自天地山川社稷农蚕，先圣先师等，皆以其有德于民，或能为民捍难者也。既本此原则以立教义，其所衍成之礼俗法制，所以构成社会而维持之发达之，其所以能连环相缀而不可解者，此其最强有力之主因也。”

以言明分，指各安本分者谓之良民。所谓各安本分，便是守秩序。人人能守秩序，则人与人间安然相处，社会安定，国亦无不治矣。

以言虑后，则社会学家论民族文野之差，以谓将来之观念深者则其文明程度高，将来之观念薄者则其文明程度下。我国最尊现实主义者也，而又最重将来。夫各国宗教固无不重将来，然其所谓将来者，对于现世而言来世也。我国教义所谓将来则社会联锁之将来也。孟子曰：不孝有三，无后为大。易曰：积善之家，必有余庆；积不善之家，必有余殃。我国社会所以能永续而滋益盛大者，其枢机实系于是。

以上三义，为一切道德条目所自出。有报恩之义，故能使现在社会与过去社会相联属；有虑后之义，故能使现在社会与将来社会相联属；有明分之义，故能使现在社会至赜而不可乱，至动而不可恶也。三义立而三世备矣。此我国道德教育之卓越，而永不磨灭者也。

（2）新思潮与旧道德

（饮冰室文集之三十三复古思潮平议——民国四年）然则新思潮与旧道德果有不相容者存乎？道德论与复古论果有何种之缘系乎？请得而博论之。今都会之地，士大夫群居相语，每一矢口，辄相与太息于人心风俗之败坏。败坏云者，劣于昔之云也。吾以为全国多数小民之风俗，固不敢谓视前加良，亦未见其视前加坏；于营营蹙

蹙之中，仍略带浑浑噩噩之气，与他国风俗相校，各有得失，不能尽诬也。然则今日曷为以风俗特坏闻？曰，特坏者惟吾曹号称士大夫者流耳。盖日日太息于人心风俗败坏之人，即败坏人心风俗之主动者也。而如吾曹者，其亦孰不诵孔氏之书，服忠孝节义之训，而其所造业，胡乃适得其反？譬言某药，可以辟疫，而常备此药之家，乃即为播疫之丛。是必所备药或非其真也，或备而未尝服也，或服之不以其法也，或其他不良之起居食息与药力相消也。不探其源以治之，而但侈言置药以御疫，疫不得御，徒反使人致疑于药而已。夫御不知提倡道德为改良风俗之大原，然以今日社会周遭之空气，政治手段之所影响，中外情势之所诱胁，苟无道以解其症而廓其障，则虽日以道德喃喃于大众之前，曷由有效？徒损道德本身之价值耳。尤可异者，竺旧者流，侈然俨以道德为其专卖品。于是老官僚老名士之与道德家，遂俨成三位一体之关系；而欲治革命以还道德堕落之病者，乃径以老官僚老名士为其圣药，而此辈亦几居之不疑。夫此辈中固多操行洁白之士，吾岂敢尽诬；要之，当前清末叶，此辈固多已在社会上占优越之地位，其言论行事，本有风行草偃之资。此辈诒谋苟臧，中国岂至有今日？平心论之，中国近年风气之坏，坏于佻浅不完之新学说者，不过什之二三；坏于积重难返之旧空气者，实什而七八。今之论者，动辄谓自由平等之邪说深中人心，将率天下而入于禽兽。申令文告，反复诵言；坐论偶语，群焉集矢。一若但能廓清此毒，则治俗即可立致清明。夫当鼎革之交二三年间，此种狂焰，固尝披靡一时。吾侪痛心疾首，视今之论者未多让焉。今日则兹焰殆尽熄矣，而治俗又作何象者？盖今日风气之坏，其孽因实造自二十年以来，彼居津要之人，常利用人类之弱点，以势利富贵奔走天下。务斲丧人之廉耻，使就我范围；社会本已不尚气节，遭此诱胁，益从风而靡。重以使贪使诈之论，治事者奉为信条。跻

壬乘之，纷纷以自跻于青云，其骄盈佚乐之举动，又不足以歆动流俗。新进之俦，艳羡仿效，薪火相续，日以蔓滋。俗之大坏，职此之由。故一般农工商社会，其良窳无以大异于前；而独所谓士大夫者，日日夷于妾妇而沦于禽兽，此其病之中于国家者，其轻重深浅，以视众所指目之自由平等诸邪说何如？夫假自由平等诸名以败德者，不过少数血气未定之青年，其力殊不足以左右社会。若乃所谓士大夫居高明之地者，开口孔子，闭口礼教，实则相率而为败坏风俗之源泉。今谋国者方日日蹈二十年来之覆辙，汩流以扬波，而徒翘举方严广漠之门面语曰尊崇孔子、曰维持礼教者，以相扇奖，冀此可以收效。殊不知此等语者，今之所谓士大夫，人人优能言之，无所施其扇奖。其在一般社会，则本自率循，又无所深待于扇奖；而欲求治俗之正本清源，要视乎在上位者之真好恶以为祈向，义袭而取，恐未有能济者也。……

甚矣国人之善忘也！记有之，不知来，视诸往。彼晚清以来之陈迹，岂不历历在人耳目耶？使其所操术而可以措国家于治安，则清室其至今存矣。二十年前，而所谓旧法者，已失其维持国家之功用。国人不胜其蔽，乃骇汗号吁以求更新。今又以不胜新之敝也，乃更思力挽之以返于二十年前之旧。二十年前所共患苦者，若全然忘却；岂惟忘却，乃更颠倒歆慕，视为盛世郅治而思追攀之。夫目之于色，有同美焉。二十年前共指为甚恶者，二十年后忽能变为甚美；此宁非天下大可怪之事？而或者曰：清之亡，非亡于其恋旧也，而实亡于其骛新；使清廷非惟新是骛，而坚持其旧者以相始终，夫安得有今日？若此论者，微论其言之终不能成理也。借曰事理或然，尤当知清廷之骛新，本非其所欲也。非所欲而曷为骛之？则以旧制度之作用已穷，事势所驱，不得不出于此。譬诸行旅，所遵之路，荆棘已塞，乃始改从他涂。夫在今日，彼路之荆棘，是否能刈除？

能否不为事势所驱？更折而出于骛新之举，终已不能。则将来几经波折之后，卒亦取清廷所回旋之覆辙，而次第一一复蹈之，可断言耳。夫清廷曷为以骛新而得亡？正以其本不改新，而徒以大势所迫，勉趋于新；虽勉趋于新，而于新之性质，新之价值，实未有所了解。常以恋旧之精神牵制于其间，故新与旧之功用两相消，进退失据而一败涂地也。今以恋旧责当局，而当局决不肯自仞。虽然，试静气一自勘其心理，其有以异于二十年前老辈之心理者几何？凡所设施，又何一非新与旧功用相消者。此复古之疑，所以虽哓辩而终无以自解于天下也。

任公对于民国初年之老官僚老名士往往痛言风俗日坏，归咎于提倡新思潮之人，因而坦率指陈此辈老官僚老名士时以仁义道德挂诸齿颊，而其所为适相反。二十余年来，清室之亡，实亡于此辈言行不符之人，至于中国近年佻浅不完之新学说，足以败坏风气者，充其量不过什之二三，而败坏于积重难返之旧风气者实什之七八。总之，新思潮与旧道德各有是处，其利弊实在乎言行之是否相符。若不顾实际，以旧排新，以新排旧，均非公允之道。任公邃于旧学，又能洞悉新潮；其言可谓公允。

○ 第三节　群育

括有（1）群育，（2）乐群，（3）独立与合群诸目。其说如左：

（1）群育

（饮冰室文集之二说群群理一——光绪二十二年）群者，万物之公性也。不学而知，不虑而能也。然而物固有以不能群之故，而摧坏散灭者。若星而陨，若气而散，若草木而枯，若人畜而死；其故何也？凡世界中具二种力：一曰吸力，二曰拒力。惟彼二力在世界中不增不减，迭为正负；此增则彼减，彼正则此负。于是乎有能群者，必有不能群者。有群之力甚大者，必有群之力甚轻者。则不能

群者必为能群者摧坏，力轻者必为力大者所兼并。譬如以针置之盘内，针受盘吸则群于盘；引以磁石，则针离盘转群于石，磁铁相群之力大于盘也。自地球初有生物以迄今日，物不一种，种不一变，苟究极其递嬗递代之理，必后出之群渐盛，则前此之群渐衰。泰西之言天学者，名之曰物竞。洪水以前，兽蹄鸟迹，交于中国。周公大业在驱猛兽，今则寻常陆地虎豹犀象几于绝迹，兽之群不敌人之群也。美洲非洲澳洲咸有土人，他洲客民入而居之，则土著日渐澌灭，野蛮之群不敌文明之群也。世界愈益进，则群力之率愈益大。不能如率则灭绝随之，故可畏也。

物之以群相竞，斯固然矣。至其势相逼而率相近者，则其相竞也尤甚。草木之群也，鱼之群也，鸟之群也，兽之群也，其不敌人群一也。而兽群独蚤见摧灭者何也？其居与人太逼，其类与人太近也。故鱼得以自存于渊，鸟得以自存于天，草木得以自存于地，为其于人无患与人无争也。若其相逼相近而犹能自存者，若蜂若蝗若蚁若蚊若虱，则必其能群之力，与人不甚相远，故其类终莫得而澌灭。今试比例观之，若中非洲沙漠之地，北冰洋严冱之区，虽其人极不群而犹或能自存，彼盖如鱼鸟草木，其所处之地非人所必争也。若丹麦，若荷兰，若比利时，若瑞士等，以弱小之国，逼处欧洲群雄之间而亦能自存；则其能群之力不弱于诸大国也。若夫处必争之地，而其合群之力不足以自完，则日剥月蚀，其究必至于断其种绝其育，若土耳其之回族，印度之棕人，美洲之红苗，其已然之效也。

此言合群为竞存之要着。由于兽之群不如人之群，野蛮之群不敌文明之群，故文明之人群得借其群力之坚强而繁盛。因之，教育之道，不能不特重合群，此即称为群育。

（2）乐群

（饮冰室文集之二湖南时务学堂学约——光绪二十二年）七曰乐群。荀子曰：人之所以异于禽兽者，以其能群也。易曰：君子以朋友讲习。曾子曰：君子以文会友，以友辅仁；直谅多闻，善相劝，过相规，友朋之益，视师长有加焉。他日合天下而讲之，是谓大群。今日合一堂而讲之，是谓小群。杜工部曰：小心事友生，但相爱，毋相妒；但相敬，毋相慢；集众思，广众益，学有缉熙于光明。乐群之功课，俟数月以后，每月以数日为同学会讲之期。诸生各出其劄记册，在堂互观，或有所问，而互相批答。上下议论，各出心得，其益无穷。凡会讲以教习监之。

为学须能乐群。易曰：君子以朋友讲习。足见朋友讲习，系为学之要着。为学固须有师，亦不能无友。所谓“独学而无友，则孤陋而寡闻”是也。盖一人之见短，众人之见长。师者所以传道授业，故师严道尊，师生间之相与讨论，不若朋友间之相与讨论为自由；讨论自由，则可以详尽，无微不至。所谓乐群者，则乐朋友共学，而获得共同讨论之机会也。

（3）独立与合群

（饮冰室文集之五十德性相反相成义——光绪二十六年）独立者何？不倚赖他力，而常昂然独往独来于世界者也。中庸所谓中立而不倚，是其义也。人之所以异于禽兽者以此，文明人所以异于野蛮者以此。吾中国所以不成为独立国者，以国民乏独立之德而已。言学问则倚赖古人，言政术则倚赖外国；官吏倚赖君主，君主倚赖官吏，百姓倚赖政府，政府倚赖百姓。乃至一国之人，各各放弃其责任，而惟倚赖之是务。究其极也，实则无一人之可倚赖者。譬犹群盲偕行，甲扶乙肩，乙牵丙袂；究其极也，实不过盲者依赖盲者。一国腐败，皆根于是。故今日救治之策，惟有提倡独立。人人各断

绝倚赖，如孤军陷重围，以人自为战之心，作背城借一之举。庶可以扫拔已往数千年奴性之壁垒，可以脱离此后四百兆奴种之沉沦。今世之言独立者，或曰拒列强之干涉而独立，或曰脱满洲之羁轭而独立。吾以为不患中国不为独立之国，特患中国今无独立之民。故今日欲言独立，当先言个人之独立，乃能言全体之独立；先言道德上之独立，乃能言形势上之独立。危哉！微哉！独立之在我国乎。

合群云者，合多数之独而成群也。以物竞天择之公理衡之，则其合群之力愈坚而大者，愈能占优胜权于世界上；此稍学哲理者所能知也。吾中国谓之为无群乎？彼固庞然四百兆人经数千年聚族而居者也。不宁惟是，其地方自治之发达颇早，各省中所含小群无数也。同业联盟之组织颇密，四民中所含小群无数也。然终不免一盘散沙之诮者，则以无合群之德故也。合群之德者，以一身对于一群，常肯绌身而就群；以小群对大群，常肯绌小群而就大群。夫然后能合内部固有之群，以敌外部来侵之群。乃我中国之现状，则有异于是矣。彼不识群义者不必论，即有号称求新之士，日日以合群呼号于天下，而甲地设一会，乙徒立一党；始也互相轻，继也互相妒，终也互相残。其力薄者旋起旋灭，等于无有；其力强者且将酿成内讧，为世道忧此其故亦非尽出于各人之私心焉。盖国民未有合群之德，欲集无数之不能群者强命为群，有其形质，无其精神也。故今日吾辈所最当讲求者，在养群德之一事。

独与群，对待之名词也。人人断绝倚赖，是倚群毋乃可耻；常绌身而就群，是主独无乃可羞。以此间隙，遂有误解者与托名者之二派出焉。其老朽腐败者，以和光同尘为合群之不二法门，驯至尽弃其独立，阉然以媚于世。其年少气锐者，避奴隶之徽号，乃专以尽排侪辈惟我独尊为主义。由前之说，是合群为独立之贼；由后之说，是独立为合群之贼。若是乎两者之终不能并存也。今我辈所亟

当说明者有二语：曰独立之反面，依赖也，非合群也；合群之反面，营私也，非独立也。虽人自为战，而军令自联络而整齐，不过以独而扶其群云尔。虽全机运动，而轮轴自分劳而赴节，不过以群而扶其独云尔。苟明此义，则无所容其托，亦不必用其避。譬之物质然，合无数阿屯而成一体，合群之义也。每一阿屯中皆具有本体所含原质之全分，独立之义也，若是者谓之合群之独立。

所谓独立，系指不倚赖他力，而常昂然独往独来于世界者也。所谓合群，系指合多数之独而成群也。二者似属相对之名词，然细思之，独立之反面，依赖，非合群也；合群之反面，营私也，非独立也。虽人自为战，而军令自联络而整齐，不过以独而扶其群云尔；虽全机运动，而轮轴自分劳而赴节，不遇以群而扶其独云尔。是则独立与合群固非相反，而实相成者也。

○ 第四节　智育

括有（1）学术，（2）美术与科学，（3）教育与政治，（4）国学，（5）国史教本改造诸目。其说如左：

（1）学术

（饮冰室文集之二十五下学与术——宣统三年）吾国向以学术二字相连属为一名辞。惟汉书霍光传赞，称光不学无术；学与术对举始此。近世泰西学问大盛，学者始将学与术之分野，厘然画出。各勤厥职，以前民用。试语其概要，则学也者，观察事物而发明其真理者；术也者，取所发明之真理而致诸用者也。例如以石投水则沉，投以木则浮；观察此事实，以证明水之有浮力，此物理也。应用此真理以驾驶船舶，则航海术也。研究人体之组织，辨别各器官之机能，此生理学也。应用此真理以疗治疾病，则医术也。学与术之区分及其相关系，凡百皆准此。善夫！生计学大家倭儿格之言也曰：“科学（英 Science 德 Wissenschaft）也者，以研索事物原因结果之关

系为职志者也。事物之是非良否非所问，彼其所务者，则就一结果以探索其所由来，就一原因以推断其所究极而已。术（英 Art 德 Kunst）则反是。或有所欲焉者而欲致之，或有所恶焉者而欲避之。乃研究致之避之之策以何为适当，而利用科学上所发明之原理原则以施之于实际者也。由此言之：学者术之体，术者学之用。二者如辅车相依而不可离。学而不足以应用于术者，无益之学也；术而不以科学上之真理为基础者，欺世误人之术也。”

倭氏之言如此。读此而中外得失之林可以见矣。我国之敝，其一则学与术相混；其二则学与术相离。学混于术，则往往为一时私见所蔽，不能忠实以考求原理原则。术混于学，则往往因一事偶然之成败，而胶柱以用诸他事。离术言学，故有如考据帖括之学，白首矻矻，而丝毫不能为世用也。离学言术，故有如今之言新政者，徒袭取他人之名称，朝颁一章程，暮设一局所，曾不知其所应用者为何原则，徒治丝而棼之也。知我国之受敝在是，则所以救敝者其必有道矣。

近十余年来，不悦学之风，中于全国；并前此所谓无用之学者，今且绝响。吾无取更为纠正矣。而当世名士之好谈时务者，往往轻视学问。见人有援据学理者，动斥为书生之见。此大不可也。夫学者之职，本在发明原理原则，以待人用耳；而用之与否，与夫某项原则宜适用于某时某事，此则存乎操术之人，必责治学者以兼之，甚无理也。然而操术者视学为不足轻重，则其不智亦甚矣。今世各科学中，每科莫不各有其至精至确之原则若干条；而此种原则，大率皆经若干人之试验，累若干次之失败，然后有心人乃参伍错综，以求其原因结果之关系，苦思力索，而乃得之者也。故遵之者则必安荣，犯之者则必凋悴；盖有放诸四海而皆准，俟诸百世而不惑者。……

夫空谈学理者，犹饱读兵书而不临阵，死守医书而不临症；其不足恃固也。然坐是而谓兵书医书之可废得乎？故吾甚望中年以上之士大夫，现正立于社会上而担任各要职者，稍分其繁忙之晷刻，以从事乎与职务有关系之学科。吾岂欲劝人作博士哉！以为非是则体用不备，而不学无术之讥，惧终不能免耳。

所谓学，即观察事物而发明其真理者也；所谓术，即取所发明之真理而致诸用者也。学与术之区分及其相关系，皆准此。我国向以学术二字相连属为一名辞；惟汉书霍光传赞，称光不学无术，此二辞始对举。大抵学术不分，其敝则学混于术，往往为一时私见所蔽，不能忠实以考求原理原则；术混于学，则往往因一事偶然之成败，而胶柱以用诸他事。任公认为空谈学理者，犹饱读兵书而不临阵，死守医书而不临症，其不足恃固也。然因是而谓兵书医书之可废得乎？故甚望中年以上之士大夫，现正立于社会上而担任各要职者，稍分其繁忙之晷刻，以从事乎与职务有关系之学科，盖非是则体用不备，而不学无术之讥，惧终不能免耳。

（2）美术与科学

（饮冰室文集之三十八在北京美术学校讲——民国十一年四月十五日）稍为读过西洋史的人，都知道现代西洋文化，是从文艺复兴时代演进而来。现代文化根柢在那里？不用我说，大家当然都知道是科学。然而文艺复兴主要的任务和最大的贡献，却是在美术。从表面看来，美术是情感的产物，科学是理性的产物，两件事很像不相容。为什么这位暖和和的阿特先生，会养出一位冷冰冰的赛因士儿子；其间因果关系，研究起来很有兴趣。

美术所以能产生科学，全从“真美合一”的观念发生出来。他们觉得真即是美，又觉得真才是美；所以求美先从求真入手。文艺复兴的太祖高皇帝雷安那德达温奇——就是画最有名的耶稣晚餐图

那个人，谅来诸君都知道了。达温奇有几件故事，很有趣而且有价值。当时意大利某村乡，新发见得希腊人雕刻的一尊温尼士女神裸体像，举国若狂的心醉其美。不久被基督教徒说是魔鬼，把他涂了脸，凿了眼睛，断了手脚，丢在海里去了。达温奇和他几位同志悄悄的到处发掘，又掘着第二尊。有一晚，他们关起大门在那里赏玩他们的新发见品，被基督教徒侦探着，一大群人声势汹汹的破门而入，入进去看见达温奇干什么呢？他拿一根软条的尺子在那里量那石像的尺寸部位。一双眼对着那石像出神，简直像没有看见众人一般，把众人倒楞了。当时在场的人，有一位古典派美术家老辈梅尔拉不以达温奇的举动为然，告诉他道："美不是从计算产生出来的呀！"达温奇要理不理的，许久才答道："不错，但我非知道我所要知的事情不肯干休。"有一回傍晚时候，天气十分惨淡，有一位年高望重的天主教神父，当众讲演说："世界末日快到了，基督立刻来审判我们了，赶紧忏悔啊！赶紧归依啊！"说得肉飞神动，满场听众受了激刺，哭咧，叫咧，打噤咧，磕头咧，闹得一团糟。达温奇有位高足弟子也在场，也被群众情感的浪卷去，觉得自己跟着这位魔鬼先生学，真是罪人。也叫起"耶稣救命"来。猛回头看见他先生却也在那边。在那边干什么呢？左手拿块画板，右手拿管笔，一双眼钉在那位老而且丑的神父脸上，正在画他呢。这两件故事，诸君听着好顽么？诸君啊！不要单作好顽看待，须知这便是美术和科学交通的一条秘密隧道。诸君以为达温奇光是一位美术家吗？不！不！他还是一位大科学家。近代的生物学，是他"筚路蓝缕"的开辟出来。倘若生物学家有道统图，要推他当先圣周公。达尔文不过先师孔子罢了。他又会造飞机，又会造铁甲车船。现有他自己给米兰公爵的书信为证。诸君啊！你想当美术家吗？你想知道惊天动地的美术品怎样出来吗？请看达温奇！

我说了半天，还没有说到美术科学相沟通的本题。现在请亮开来说罢！密斯忒阿特，密斯忒赛因士，他们哥儿俩，有一位共同的娘。娘什么名字？叫做密斯士奈渣。翻成中国话叫做“自然夫人”。问美术的关键在那里？限我只准拿一句话回答。我便毫不踌躇的答道：“观察自然。”问科学的关键在那里？限我只准拿一句话回答。我也毫不踌躇的答道：“观察自然。”向来我们人类，虽然和“自然”耳鬓厮磨，但总是“鱼相忘于江湖”的样子。一直到文艺复兴以后，才算把这位积年老伙计认识了。认识过后便一口咬住，不肯放松，硬要在他身上还出我们下半世的荣华快乐。哈哈！果然他老人家葫芦里法宝，被我们搜出来了。一件是美术，一件是科学。认识自然，不是容易的事；第一件要你肯观察，第二件还要你会观察。粗心固然观察不出，不能说子细便观察得出。笨伯固然观察不出，弄聪明有时越发观察不出。观察的条件，头一桩，是要对于所观察的对象有十二分兴味，用全副精神注在他上头。像庄子讲的承蜩丈人“虽天地之大万物之多，而惟吾蜩翼之知”。第二桩要取纯客观的态度，不许有丝毫主观的僻见搀在里头。若有一点，所观察的便会走了样子了。达温奇还有一幅名画叫做莫那利沙。莫那利沙就是达温奇爱恋的美人，相传画那一点微笑，画了四年。他自己说，虽然恋爱极热始. 终却是拿极冷酷的客观态度去画他。要而言之，热心和冷脑相结合，是创造第一流艺术品的主要条件。换个方面看来，岂不又是科学成立的主要条件吗？

真正的艺术作品，最要紧的是描写出事物的特性。然而特性各各不同，非经一番分析的观察工夫不可，莫泊三的先生教他作文，叫他看十个车夫，做十篇文来写他，每篇限一百字。晚餐图里头的基督，何以确是基督？不是基督的门徒？十二门徒中，何以彼得确是彼得，不是约翰？约翰确是约翰，不是犹大？犹大确是犹大，不

是非卖主的余人？这种本领，全在同中观异，从寻常人不会注意的地方，找出各人情感的特色。这种分析精神，不又是科学成立的主要成分吗？

美术家的观察，不但以周遍精密的能事，最重要的是深刻。苏东坡述文与可论画竹的方法，说道："画竹必先得成竹于胸中，执笔熟视，乃见其所欲画者；急起从之，振笔直遂，以追其所见，如兔起鹘落，少纵则逝矣。"这几句话，实能说出美术的秘钥。美术家雕画一种事物，总要在未动工以前，先把那件事物的整个实在完全摄取，一攫攫住他的生命，霎时间和我的生命并合为一。这种境界，很含神秘性。虽然可以说是在理性范围以外，然而非用锐入的观察法，一直透入深处，也断断不能得这种境界。这种锐入观察法，也是促进科学的一种助力。

美术的任务，自然是在表情；但表情技能的应用，须有规律的组织，令各部分互相照应。相传五代时蜀主孟昶，藏一幅吴道子画钟馗，左手捉一个鬼，用右手第二指挖那鬼的眼睛。孟昶拿来给当时大画家黄筌看，说道：若用拇指，似更有力；请黄筌改正。他黄筌把画带回家去，废寝忘餐的看了几日，到底另画一本进呈。孟昶问他为什么不改。黄筌答道："道子所画，一身气力色貌，都在第二指，不在拇指；若把他更改，便不成一件东西了。我这别本，一身气力却都在拇指。"吴黄两幅画，可惜现在都失传，不能拿来比勘。但黄筌这番话，真是精到之极。我们看欧洲的名画名雕，也常常领略得一二。试想，画一个人，何以能全身气力都赶到一个指头上？何以内行的人，一看便看得出来？那别部分的配置照应，当然有很严正的理法藏在里头。非有极明晰极致密的科学头脑，恐怕画也画不成，看也看不到。这又是美术和科学不能分离的证据。

现在国内有志学问的人，都知道科学之重要，不能不说是学界

极好的新气象。但还有一种误解，应该匡正。一般人总以为研究科学，必要先有一个极大的化验室，各种仪器具备，才能着手。化验室仪器，为研究科学最利便的工具，自无待言。但以为这种设备没有完成以前，就绝对的不能研究科学，那可大错了。须知仪器是科学的产物，科学不是仪器的产物。若说没有仪器便没有科学，试想欧洲没有仪器以前，科学怎么会跳出来。即如达温奇的时代，可有什么仪器呀！何以他能成为科学家不祧之祖？须知科学最大能事，不外善用你的五官和脑筋；五官脑筋，便是最复杂最灵妙的仪器。老实说一句，科学根本精神，全在养成观察力。养成观察力的法门，虽然很多，我想没有比美术再直捷了。因为美术家所以成功，全在观察“自然之美”。怎样才能看得出自然之美？最要紧是观察“自然之真”。能观察自然之真，不惟美术出来，连科学也出来了。所以美术可以算得科学的金锁匙。

我对于美术科学，都是门外汉。论理很不该饶舌，但我从历史上看来，觉得这两桩事确有“相得益彰”的作用。贵校是唯一的国立美术学校，他的任务不但在养成校内一时的美术人才，还要把美育的基础，筑造得巩固。把美育的效率，发挥得加大。校中职教员学生诸君，既负此绝大责任，那么，目前的修养和将来的传述，都要从远者大者着想。我希望诸君，常常提起精神，把自己的观察力养得十分致密，十分猛利，十分深刻；并把自己体验得来的观察方法，传与其人，令一般人都能领会都能应用。孟子说：“能与人规矩，不能使人巧。”遵用好的方法，能否便成一位大艺术家？这是属于“巧”的方面。要看各人的天才。就美术教育的任务说，最要紧是给被教育的人一个“规矩”，像中国旧话说的“可以意会，不可以言传”。那么，任凭各人乱碰上去也罢了，何必立这学校？若是拿几幅标本画临摹临摹，便算画业，那么一个画匠优为之，又何必借国

家之力呢？我想国立美术学校的精神旨趣，当然不是如此。是要替美术界开辟一条可以人人共由之路，而且令美术和别的学问可以相沟通相浚发。我希望中国将来有“科学化的美术”，有“美术化的科学”；我这种希望的实现，就靠贵校诸君。

美术是情感的产物，科学是理性的产物，二者似乎不相关联。然而美术却能产生科学，即从“真美合一”的观念发生出来。人们觉得真即是美，又觉得真才是美；所以求美须从求真入手。西洋文艺复兴的开山老祖达温奇，不只是美术家，也是科学中的生物学家。美术与科学同要观察自然。美术家的观察，不但以周遍精密为能事，最重要的是能深刻。其雕画一种事物，总要在未动工以前，先把那件事物的整个实在完全摄取，所以非用锐入的观察法，一直透入深处，断断不能得这种境界。这种锐入观察法，也是促进科学的一种助力。科学根本精神，全在养成观察力；养成观察力的法门，虽然很多，总没有比美术再直捷的了。美术家所以成功，全在观察“自然之美”；怎样才能看得出自然之美，最紧要是观察“自然之真”。能观察自然之真，不惟美术出来，连科学也出来了。任公的结论，就是希望中国将来有“科学化的美术”，也有“美术化的科学”。

(3) 教育与政治

(饮冰室文集之三十八在济南中华教育改进社年会讲演——民国十一年)今天讲演的标题，是教育与政治。诸君别要误会了，以为我要劝国内教育家都抛弃本业，来做政治活动，以为我要劝各位教师，在学校里日日和学生高谈政治问题，以为我希望各学校教出来的学生，个个都会做大总统国务员或议员。这些事不惟做不到，而且无益；不惟在教育界无益，而且在政治界也无益。今日所最需要的：

一、如何才能养成青年的政治意识。

二、如何才能养成青年的政治习惯。

三、如何才能养成青年的判断政治能力。

三件事里头，尤以第二件——养成习惯为最要而最难。这三件事无论将来以政治为职业之人，或是完全立身于政治以外的人，都是必要的。我确信这不但是政治上大问题，实在是教育上大问题。我确信这问题不是政治家所能解决，独有教育家才能解决。今日所讲，便专在这个范围内请教诸君。

政治不过团体生活所表现各种方式中之一种，所谓学政治生活，其实不外学团体生活。惟其如此，所以不必做实务的政治，才能学会政治生活。惟其如此，所以在和政治无关的学校里头，很有余地施行政治生活的教育。

今请先说团体教育生活的性质，团体生活是变迁的、进化的。在古代血族团体或阶级团体里头，只要倚赖服从，便也生活下去。他们的生活方法是不必学的，自然无所用其教育。无奈这类团体在现代是站不住了，现代的团体，不是靠一两个人支持，是要靠全部团体员支持；质而言之，非用德谟克拉西方式组成的团体，万万不能生存于现代，非充分了解德谟克拉西精神的人，万万不会做现代的团体生活。因此，怎么样才能教会多数人做团体生活，便成了教育上最困难最切要的问题。

中国现在有一种最狼狈的现象，是事实上已经立于不能做现代团体生活的地位。然而这种生活，从前实在没有做过，换句话说，几千年传下来的社会组织，实在有许多地方和德谟克拉西精神根本不相容。在这种社会组织底下生活惯了的人，一旦叫他做德谟克拉西生活，好像在淡水里生长的黄河鲤鱼，逼着他要游泳到咸水的黄海，简直不知道怎么过法。还有一个譬喻，可以说今日的中国人，正是毛虫变蝴蝶时代，用一番脱胎换骨工夫能彀变得成，便是极美丽极自由的一只蝴蝶。如其不然，便把性命送掉了。我们今日个个

人都要发愤学做现代的团体生活，如其不肯学，或学不会，不惟团体哗喇下去，便连个人也决定活不成。今日中国最大的危险在此。现代团体生活和非现代团体生活——即德谟克拉西生活和反德谟克拉西生活，分别在那里呢？依我所见，想做现代团体生活，最少要具有下列五个条件：

第一，凡团体员个个都知道团体是自己的——团体的事即是自己的事，自己对于团体该做的那一部分事，诚心热心做去，绝对不避嫌不躲懒。

第二，凡团体的事绝对公开，令个个团体员都得有与闻且监督的机会。

第三，每一件事有赞成反对两派时，少数派经过充分的奋斗之后仍然失败，则绝对的服从多数；断不肯捣乱破坏。

第四，多数派也绝对的尊重少数派地位，令他们有充分自由发表意见的余地，绝不加以压迫，而且绝对的甘受他们监督。

第五，个个团体员对于各件事都要经过充分的考虑之后，凭自己良心表示赞否，绝对的不盲从别人，更不受别人胁迫。

这五个条件，无论做何种团体生活都要应用，应用到最大的团体——即国家时，便是政治生活。拿这五个条件和我前文所讲三种需要比对，第一项属于政治意识，第二三四项属于政治习惯，第五项属于判断政治能力。……

我们种种反德谟克拉西的习惯，都是从历史上遗传下来，直到现在还是深根固蒂。但是若说中国人没有德谟克拉西本能，我们总不能相信。因为人类本能，总不甚相远；断没有某种人所做的事，别种人绝对的学不会。况且从前非德谟克拉西的国民，现在已经渐渐脱胎换骨的。眼面前就有好几国可为例证。我根本信中华民族是不会被淘汰的民族，所以我总以中华民族有德谟克拉西的可能性为

前提。不过这种德谟克拉西本能被传统的社会组织压住，变成潜伏的状态。近十年来，这种潜伏本能，正在天天想觅个石缝迸出。青年里头为尤甚。可惜从前教育方针太不对了，他的精神几乎可以说是反德谟克拉西的。这潜伏本能有点萌芽，旋被摧折，或者逼着他走到歧路去。我想只要教育界能有彻底觉悟，往这方面切实改良；则从学校里发展这种潜伏本能，是极易的事。从学校发展起来，自然便会普及全社会了。

从学校里养成德谟克拉西的团体生活习惯——尤其政治习惯，当以英国牛津剑桥两大学为最好模范。这两校的根本精神，可以说是把智识教育放在第二位，把人格教育放在第一位。所谓人格，其实只是团体生活所必要的人格。据我所观察，这两校最长的特色有三：

第一，他们不重在书本教育，而专注意于现实生活。令学生多从事实上与人接触。所谓事实上接触者，还不是讨论某个事实问题，乃是找一件实事去做，所以他们的学校生活，可以说做事时间占去一半，读书时间只占一半。就这一点论，和中国过去现在的教育都很不同。中国过去的教育，只能养成书呆子或烂名士，完全迂阔于事情；或好为乖僻脾气与人立异，又疏懒不好问俗事。现在所谓新教育办了那么多年，但这点老精神完全未改，总说学问只有读书，读书便是学问；结果纵然成绩很好，也不过教出无数新八股家来。所以高等学校以上教育方针，非从这点特别注意不可。

第二，每学生总认定一种体育。凡体育——如赛球竞渡等类，非有对手两造不能成立；而且两造又必须各有其曹偶，因此养成团体竞争之良好习惯，自能移其竞争原则于政党及各种团体生活。就这一点论，我忽然联想起中国古代学校中最通行的习射。孔子说：“君子无所争，必也射乎？……其争也君子。”孟子说：“……发而不

中，不怨胜己者。”凡射必有偶，两造各若干人对立，严守规则，为正当之竞争。争的时候一点不肯放松，失败过后却绝不抱怨对手。这种精神用在团体竞争真好极了。我们古代教育是否有这种意识，且不必深求。至于英国人之如此注意体育，我们确信他的目的不单在操练身体，实在从这里头教人学得团体生活中对抗和协同的原则；所以英国人对于政治活动感觉极浓厚的趣味。他们竞争选举乃至在国会议场里奋斗，简直和赛球无异。这是教人学团体生活的最妙法门。我们应该采用他。

第三，他们的大学，是由十几个 College 合成的。他们的教员学生组织无数 Society，更有各校联合的 Union Society 俨然和巴力门同一形式。他们常常把政治上实际问题为具体的讨论，分赞成反对为极庄重的表决。

就这一点论，他们是采半游戏半实习的方法，令学生随着趣味的发展，不知不觉便养成政治上良好习惯。

以上所说三种特色，近来各国大学亦多有仿效。内中如美国尤为能变通增长。然而精神贯注，终以牛津剑桥两校为最。我们中国对于这种团体生活习惯太没有了，应该特别助长他。所以我主张大学及高等专门，多要采用这两校的精神，大都市如北京南京上海等处，学校渐渐多了，宜赶紧用 Union 的组织，把这种精神灌输进去，行之数年，必有成效。

中学以下的教育，也该想方法令他和实际的团体生活日相接近。依我想，第一件，注意所谓公民教育。把课本悉心编好了，热心令他普及。第二件，在教员监督指导之下，奖励学生自治会。这种理想，近来倡导的很多，不必我再详细说明理由。但我希望他不终于理想，赶紧实行才好。……

所谓教育与政治，并非要劝教育家都做政治活动，也不是要所

有学生都专谈政治。任公此文的目的在：（一）如何才能养成青年的政治意识，（二）如何才能养成青年的政治习惯，（三）如何才能养成青年的判断政治能力。

政治不过团体生活所表现各种方式中之一种。所谓学政治生活，不外是学团体生活。现代的团体生活，即德谟克拉西生活，最少要具有下列五个条件：（一）凡团体员个个都知道团体是自己的。（二）凡团体的事绝对公开，使每一团体员得有与闻且监督的机会。（三）每一件事有赞成反对两派时，少数派经充分奋斗而失败后，绝对服从多数。（四）多数派也绝对尊重少数派的地位，使他们有充分发表意见的余地。（五）每一团体员应凭自己良心表示赞成或反对，绝对不盲从别人，也不受别人胁迫。以上五条件，与前述六种目的，交相为用，便是理想的政治生活。

讲到学校的政治生活之养成，任公特引英国牛津、剑桥两大学为模范。据称，该两大学最长的特色有三：（一）他们不重在书本教育，而专注意于现实生活。实际上他们的学校生活，可以说做事时间占去一半，读书时间只占一半。（二）每一学生认定一种体育。凡体育非有对手两造不能成立；由此养成团体竞争的良好习惯，自能移其竞争原则于政党及各种团体生活。（三）他们的大学，是由十几个独立学院合成的。教员学生组织无数学会，更有各学院联合的学会，俨然国会一般，常将国会原则在学会中习用。

任公又认为中学以下的教育，也该想方法令他和实际的团体生活日相接近：其一，特重公民教育，其二，在教员监督之下，奖励学生自治会。

（4）国学

（饮冰室文集之三十九为东大国学研究会讲——十二年一月九日）我以为研究国学有两条应走的大路：

一、文献的学问：应该用客观的科学方法去研究。

二、德性的学问：应该用内省的和躬行的方法去研究。

第一条路，便是近人所讲的“整理国故”这部分事业。这部分事业最浩博、最繁难，而且最有趣的，便是历史。我们是有五千年文化的民族。我们一家里弟兄姊妹们，便占了全人类四分之一。我们的祖宗世世代代在“宇宙进化线”上头，不断的做他们的工作。我们替全人类积下一大份遗产，从五千年前的老祖宗手里，一直传到今日，没有失掉。我们许多文化产品，都用我们极优美的文字记录下来。虽然记录方法不很整齐，虽然所记录的随时散失了不少，但即以现存的正史、别史、杂史、编年、纪事本末、法典、政书、方志、谱牒，以至各种笔记，金石刻文等类而论，十层大楼的图书馆也容不下。拿历史家眼光看来，一字一句，都藏有极宝贵的史料。又不独史部书而已，一切古书，有许多人见为无用者，拿他当历史读，都立刻变成有用。章实斋说：“六经皆史。”这句话我原不敢赞成，但从历史家的立脚点看，说“六经皆史料”，那便通了。既如此说，则何只六经皆史，也可以说诸子皆史，诗文集皆史，小说皆史；因为里头一字一句都藏有极可宝贵的的史料，和史部书同一价值。我们家里头这些史料，真算得世界第一丰富矿穴。从前仅用土法开采，采不出什么来；现在我们懂得西法了，从外国运来许多开矿机器了。这种机器是什么？是科学方法。我们只要把这种方法运用得精密巧妙而且耐烦，自然会将这学术界无尽藏的富源开发出来。不独对得起先人，而且可以替世界人类恢复许多公共产业。

这种方法之应用，我在我去年所著的历史研究法和前两个月在本校所讲的历史统计学里头，已经说过大概。虽然还有许多不尽之处，但我敢说这条路是不错的。诸君倘肯循着路深究下去，自然也会发出许多支路。不必我细说了。但我们要知道，这个矿太大了；

非分段开采不能成功，非一直开到深处不能得着宝贝。我们一个人一生的精力，能够澈底开通三几处矿苗，便算了不得的大事业。因此我们感觉得有发起一个合作运动之必要，合起一群人在一个共同目的共同计画之下，各人从其性之所好以及平时的学问根柢，各人分担三两门做"窄而深"的研究，拼着一二十年工夫下去，这个矿或者可以开得有点眉目了。

此外和史学范围相出入，或者性质相类似的文献学，还有许多。都是要用科学方法研究去。例如：

（一）文字学　我们的单音文字，每一个都含有许多学问意味在里头。若能用新眼光去研究，做成一部"新说文解字"。都可以当作一部民族思想变迁史或社会心理进化史读。

（二）社会状态学　我国幅员广漠，种族复杂；数千年前之初民的社会组织，与现代号称最进步的组织，同时并存。试到各省区的穷乡僻壤，更进一步入到苗子番子居住的地方，再拿二十四史里头蛮夷传所记的风俗来参证，我们可以看见现代社会学者许多想像的事项。或者证实，或者要加修正。总而言之，几千年间一部竖的进化史，在一块横的地平上可以同时看出。除了我们中国以外，恐怕没有第二个国了。我们若从这方面精密研究，真是最有趣味的事。

（三）古典考释学　我们因为文化太古，书籍太多，所以真伪杂陈，很费别择。或者文义艰深，难以索解。我们治国学的人，为节省后人精力而且令学问容易普及起见，应该负一种责任，将所有重要古典都重新审定一番，解释一番。这种工作，前清一代的学者已经做得不少。我们一面凭借他们的基础，容易进行，一面我们因外国学问的触发，可以有许多补他们所不及。所以从这方面研究，又是极有趣味的事。

（四）艺术鉴评学　我们有极优美的文学美术作品。我们应该认

识他的价值，而且将赏鉴的方法传授给多数人，令国民成为“美化”。这种工作，又要另外一帮人去做。我们里头有性情近于这一路的，便应该以此自任。

以上几件，都是举其最重要者。其实文献学所包含的范围还有许多，就是上所讲的几件，剖析下去，每件都有无数的细目。我们做这类文献学问，要悬着三个标准以求到达。

第一求真。凡研究一种客观的事实，须先要知道他“的确是如此”，才能判断他为什么如此。文献部分的学问，多属过去陈迹，以讹传讹失其真相者甚多。我们总要用很谨严的态度，子细别择，把许多伪书和伪事剔去，把前人的误解修正，才可以看出真面目来。这种工作，前清“乾嘉诸老”也曾努力做过一番，有名的清学正统派之考证学便是。但依我看来，还早得很哩！他们的工作，算是经学方面做得最多，史学子学方面便差得远；佛学方面却完全没有动手呢。况且我们现在做这种工作，眼光又和先辈不同；所凭借的资料也比先辈们为多。我们应该开出一派“新考证学”，这片大殖民地，很够我们受用咧。

第二，求博。我们要明白一件事物的真相，不能靠单文孤证便下武断，所以要将同类或有关系的事情网罗起来，贯串比较，愈多愈妙。比方做生物学的人，采集各种标本，愈多愈妙。我们可以用统计的精神作大量观察。我们可以先立出若干种“假定”，然后不断的搜罗资料，来测验这“假定”是否正确。若能善用这些法门，真如韩昌黎说的“牛溲马勃，败鼓之皮，兼收并蓄，待用无遗”。许多前人认为无用的资料，我们都可以把他废物利用了。但求博也有两个条件。荀子说：“好一则博。”又说：“以浅持博。”我们要做博的工夫，只能择一两件专门之业，为自己性情最近者做去；从极狭的范围内生出极博来，否则件件要博，便连一件也博不成。这便是好

一则博的道理。又，满钱散钱，穿不起来，虽多也是无用。资料越发丰富，则驾驭资料越发繁难。总须先求得个“一以贯之”的线索，才不至“博而寡要”。这便是以浅持博的道理。

第三，求通。好一固然是求学的主要法门，但容易发生一种毛病。这毛病我替他起个名叫做“显微镜生活”。镜里头的事务，看得纤悉周备，镜以外却完全不见。这样子做学问，也常常会判断错误，所以我们虽然专门一种学问，却切不要忘却别门学问和这门学问的关系。在本门中，也常要注意各方面相互之关系。这些关系，有许多在表面上看不出来的。我们要用锐利眼光去求得他，能常常注意关系，才可以成通学。

以上关于文献学，算是讲完，两条路已言其一。此外则为德性学，此学应用内省及躬行的方法来研究。与文献学之应以客观的科学方法研究者绝不同。这可说是国学里头，最重要的一部分，人人应当领会的。必走通了这一条路，乃能走上那一条路。……

诸君听了我这夜的演讲，自然明白我们中国文化，比世界各国并无逊色。那一般沉醉西风，说中国一无所有的人，自属浅薄可笑。论语曰：“人虽欲自绝，其何伤于日月乎？多见其不知自量也。”这边的诸同学，从不对于国学轻下批评，这是很好的现象。自然，我也闻听有许多人讽刺南京学生守旧；但是只要旧的是好，守旧又何足病诟？所以我很愿此次的讲演，更能够多多增进诸君以研究国学的兴味。

此言治国学有大路：一是文献的学问，二是德性的学问。除德性的学问应用内省及躬行的方法来研究，与文献学之应以客观的科学方法研究者绝不同外，兹集中说明有关文献之学。

所谓文献之学，便是近人所讲的“整理国故”部分事业。其中最浩博、最繁难，而最有趣者为历史。我国有五千年的历史，文化

遗产特别丰富。且不独史部书而已，一切经子与集部，无不可作史料。此外和史范围相出入，或者性质相似的文献学还多得很，例如：（一）文字学，（二）社会状态学，（三）古典考释学，（四）艺术鉴评学等等皆属之。我们做这类文献学问，要悬着三个标准以求到达，那就是：第一要求真，第二要求博，第三要求通。总之，我们中国的文化，比世界上任何一国并无逊色，那些沉醉西风的人，自属浅薄可笑。论语曰："人虽欲自绝，其何伤于日月乎？多见其不知自量也。"

（5）国史教本改造

（饮冰室文集之三十八中学国文教本改造案并目录——民国十一年）国史为中学主要科目，然现行之教科书及教授法实不能与教育目的相应。今举其缺点之最著者如下：

一、现行教科书全属政治史性质，其实政治史不能赅历史之全部。

二、旧式的政治史专注重朝代兴亡及战争，并政治趋势之变迁亦不能说明。

三、关于社会及文化事项，虽于每朝代之后间有叙述，然太简略，且不联贯。

因此缺点，其所生恶影响如下：

一、学生受国史教育完了之后，于先民之作业全不能得明确的印象，则对于祖国不能发生深厚的情爱。

二、所教授之史迹与现代生活隔离太远，致学生将学问与生活打成两橛。

三、以数千年绝少变化之政治现象，其中且充满以机诈黑暗；学生学之，徒增长保守性或其他恶德，与民治主义之教育适相背驰。

四、坐此诸因，令学生对于国史一科，不惟不能发生兴味，而

且有厌恶之倾向。

今为矫正固有缺点顺应时代新要求起见，提出本案，其主要之点有二：

第一，以文化史代政治史。

第二，以纵断史代横断史。

历史本为整个的，强分时代——如西洋旧史之分上古中世近世等，已属无理。如中国旧史以一姓兴亡断代为书，则无理更甚。今将全史纵断为六部：1 年代，2 地理，3 民族，4 政治，5 社会及经济，6 文化。虽谓为六部专门史亦可。但于各门皆为极简单之叙述，且相互间有严密之组织，则合之成一普通史耳。

年代之部，现行教科书中所述朝代兴亡事项全纳其中，而所占篇幅不及全部二十分之一。吾以为即此已足。盖一姓之篡夺兴仆，以今世史眼观之，殆可谓全无关系，不过借作标识，定时间经过之位置而已。

中国幅员如此其广，各地开化先后不同，有相距至千数百年者。旧史纯以帝王宅都之地为中心，致各地方发展之迹散而难稽；欲使学生了解整个的中国，非以分区叙述为基础不可。今列地理一部，占全篇幅百分之十五，专从历史上记述各地开展之次第。此案采行之后，本国地理教科书可以节省一大部分，亦令学生对于极干燥之地理一门，加增趣味。

民族之部，专记述中华民族之成立及扩大其异族之侵入及同化，实即本族扩大之一阶段也。故应稍为详叙，而彼我交涉之迹，亦即形成政治史中一重要部分。

政治之部，对于一时君相之功业及罪恶皆从略，专纪政制变迁之各大节目，令学生于二千年政象得抽象的概念。

社会及经济与文化之两部，现行教科书中大率在每朝代之后简

单略叙，视为附庸。实则此为历史之主要部分，且不容以时代割裂。故各独立为两部，其篇幅占全书之半。

全书略定为二百课内外，将来三三制实行后，拟以前三年教授完毕；后三年即不复授此科。其更进之研究，则委诸大学之史学系。

任公对于中学校国史教本，认为有作根本上改造之必要。他主张以文化史代政治史；并以纵断史代横断史。他拟将全史纵断为六部：（1）年代，（2）地理，（3）民族，（4）政治，（5）社会及经济，（6）文化。其中社会及经济与文化之两部最关重要，且不容以时代割裂，并主张其篇幅应占全书之半。

○ 第五节　教师

括有（1）教育家，（2）自由讲座，（3）趣味教育诸目。其说如左：

（1）教育家

（饮冰室文集之三十九教育家的自家田地——民国十一年）今天在座诸君，多半是现在的教育家或是将来要在教育界立身的人。我想把教育这门职业的特别好处，和怎样的自己受用法，向诸君说说，所以题目叫做“教育家的自己田地”。

孔子屡次自白，说自己没有别的过人之处，不过是“学而不厌，诲人不倦”。他的门生公西华听了这两句话，便赞叹道：“正惟弟子不能及也。”我们从小就读这章书，都以为两句平淡无奇的话，何以见得便是一般人所不能及呢。我年来积些经验，把这章书越读越有味，觉得学不难，不厌却难；诲人不难，不倦却难。孔子特别过人处，和他一生受用处，的确就在这两句话。

不厌不倦，是孔子人生哲学第一要件。“子路问政……请益，子曰：毋倦。”“子张问政。子曰：居之无倦，行之以忠。”易经第一个卦孔子做的象辞说：“天行健，君子以自强不息。”你看他只是教人

对于自己的职业忠实做去，不要厌倦，要像天体运行一般，片刻不停。为什么如此说呢？因为依孔子的观察，生命即是活动，活动即是生命。活动停止，便是生命停止。然而活动要有原动力，——像机器里头的蒸汽。人类活动的蒸汽在那里呢？全在各人自己心理作用——对于自己所活动的对境感觉趣味，用积极的话语来表他，便是“乐”。用消极的话语来表他，便是“不厌不倦”。

厌倦是人生第一件罪恶，也是人生第一件苦痛。厌倦是一种想脱离活动的心理现象，换一句话说，就是不愿意劳作。你想，一个人不是上帝特制出来充当消化面包的机器，可以一天不劳作吗？只要稍为动一动不愿意劳作的念头，便是万恶渊薮。一面劳作，一面不愿意；拿孔子的话翻过来说，“居之倦，则行之必不能以忠”。不忠实的劳作，不惟消失了劳作效率，而且可以生出无穷弊害。所以说厌倦是人生第一件罪恶。换个方面看，无论何等人，总要靠劳作来维持自己生命。任凭你怎样的不愿意，劳作到底免不掉，免是免不掉，愿是不愿意。天天绉着眉，哭着脸，去做那不愿做的苦工，岂不是活活的把自己关在第十八层地狱。所以说厌倦是人生第一件苦痛。

诸君听我这番话，谅来都承认不厌倦是做人第一要件了。但是怎样才能做到呢？厌倦是一种心理现象，然而心理却最是不可捉摸的东西。天天自己劝自己说不要厌呀，不要倦呀；他真是厌倦起来，连自己也没有法想。根本救治法，要从自己劳作中看出快乐，——看得像雪一般亮，信得像铁一般坚；那么，自然会兴会淋漓的劳作去。停一会都受不得，那里还会厌倦？再拿孔子的话来说：“知之者不如好之者，好之者不如乐之者。”一个人对于自己劳作的对境，能彀“好之乐之”自然会把厌倦根子永断了。从劳作中得着快乐，这种快乐，别人要帮也帮不来，要抢也抢不去；我起他一个名叫做

“自己田地”。

无论做何种职业的人，都各各有他的自己田地。但要问那一块田地最广最大最丰富，我想再没有能比得上教育家了。教育家日日做的，终身做的，不外两件事。一是学，二是诲人。学是自利，诲人是利他。人生活动目的，除却自利利他两项外，更有何事？然而操别的职业的人，往往这两件事当场冲突——利得他人便不利自己，利得自己便不利他人。就令不冲突，然而一种活动同时具备这两方面效率者，实在不多。教育这门职业却不然，一面诲人，一面便是学；一面学，一面便拿来诲人。两件事并作一件做，形成一种自利利他不可分的活动，对于人生目的之实现，再没有比这种职业更为接近，更为直捷的了。

学是多么快活啊！小孩子初初学会走，他那一种得意神情，真是不可以言语形容。我们当学生时代——不问小学到大学，每天总新懂得些从前不懂的道理，总新学会做些从前不会做的事，便觉得自己生命内容日日扩大，天下再愉快的事没有了。出到社会做事之后，论理，人人都有求智识的欲望，谁还不愿意继续学些新学问？无奈所操职业，或者与学问性质不相容，只好为别的事情，把这部分欲望牺牲掉了。这种境况，别人不知如何。单就我自己讲，也曾经过许多回，每回都觉得无限苦痛。人类生理心理的本能，凡那部分久废不用，自然会渐趋麻木。许久不做学问的人，把学问的胃口弄弱了，便许多智识界的美味在前也吃不进去。人生幸福，算是剥夺了一大半。教育家呢？他那职业的性质，本来是拿学问做本钱，他赚来的利钱也都是学问。他日日立于不能不做学问的地位，把好学的本能充分刺戟。他每日所劳作的工夫，件件都反影响到学问。所以他的学问只有往前进，没有往后退。试看，古今中外学术上的发明，一百件中至少有九十件成于教育家之手。为什么呢？因为学

问就是他的本业。诸君啊！须知发明无分大小，发明地球绕日原理固算发明，发明一种教小孩子游戏方法也算发明。教育家日日把他所做的学问传授给别人，当其传授时候，日日积有新经验。我信得过，只要肯用心，发明总是不断。试想，自己发明一种新事理，这个快活还了得！恐怕真是古人所说“南面王无以易”哩。就令暂时没有发明，然而能彀日日与学问相亲，吸受新知来营养自己智识的食胃，也是人生最幸福的生活。这种生活，除了教育家恐怕没有充分享受的机会吧。

诲人又是多么快活啊！自己手种一丛花卉，看着他发芽，看着他长叶，看着他含蕾，看着他开花。天天生态不同，多加一分培养工夫，便立刻有一分效验呈现。教学生正是这样。学生变化的可能性极大，你想教他怎么样，自然会怎么样。只要指一条路给他，他自然会往前跑。他跑的速率，常常出你意外。他们天真烂漫，你有多少情分到他，他自然有多少情分到你。只有加多，断无减少。——有人说：学校里常常闹风潮，赶教习；学生们真是难挽。我说，教习要闹到被学生赶，当然只有教习的错处，没有学生的错处。总是教习先行失了信用，或是品行可议，或是对学生不亲切，或是学问交代不下；不然断没有被赶之理。因为凡学生都迷信自己的先生，算是人类通性。先生把被迷信的资格丧掉，全由自取，不能责备学生。——教学生是只有赚钱不会蚀本的买卖。做官吗！做生意吗！自己一相情愿要得如何如何的结果，多半不能得到。有时还和自己所打的算盘走个正反对。教学生绝对不至有这种事，只有所得结果超过你原来的希望。别的事业，拿东西给了人便成了自己的损失。教学生绝不含有这种性质。正是老子说的：“既以为人己愈有；既以与人己愈多。”越发把东西给人，给得多，自己得的好处越发大。这种便宜够当，算是被教育家占尽了。

教育家是一种利人利己最理想的两利职业；因为他日日把自己所做的学问传授别人，当其传授之时，日日积有经验，只要肯用心，发明总是不断的。试想，自己能够发明新事理，其快乐那还了得？真是古人所说“南面王无以易”了。纵使暂无发明，然能日日与学问相亲，吸收新知来营养自己智识的食胃，也是人生最幸福的生活。而且诲人好像栽花，眼看它发芽，长叶，含蕾，开花，天天生态不同，多加一分培养工夫，便立刻有一分效验呈现，尤以得天下英才而教育之，真是天下一大乐事。教育家既是这样的神圣职业，其成功要诀，究竟何在？孔子屡次自白，说自己没有过人之处，只是“学而不厌，诲人不倦”。这两句话，便是教育家成功的不二法门。一个人从劳作得着快乐。这种快乐，别人要帮帮不来，要抢也抢不去。任公为它起一个名，叫做“自己田地”。无论做何种职业的人，都各有他的自己田地；但要问哪一块田地最广、最大、最丰富，恐怕没有能比得上教育家的了。

(2) 自由讲座

（饮冰室文集之三十六自由讲座制之教育——民国十年）近世所谓学校教育者，缺点有二：第一，其形式若军队然，军队之进也，怯者毋得独怯，勇者亦毋得独勇，千万人若一机之动也。今之学校，科目求备，而各科皆悬一程准，课其中程不中程，虽智力体力较劣下者，非勉及于程焉不可，其优异者亦及程而止，程以上弗授也。夫其程既通于全社会以求彻上彻下，不得不以中材为鹄；劣下者勉而就，或勤苦伤生，而终浅尝无所获也。优异者精力有余于所课，而旅进旅退焉，则或以仅中程而自满；虽不自满，而其少年最适于求学之光阴，已有一部分焉未尽其用。此种“水平线式”的教育，实国家主义之产物。国家若大匠然，需楹则斲材为楹，需桷则斲材为桷；桷楹大小若一，所斲就矣，而材之戕贼亦已多矣。故此种教

育法，适于群众教育，而不适于天才教育。

第二，其学业之相授受，若以市道交也。学校若百货之廛，教师佣于廛，以司售货者也。学生则挟赀适市而有所求者也。交易而退，不复相闻问。学生之与教师，若陌路之偶值，甚者教师视学校如亭舍也。余昔游英之剑桥大学，其校长涉菩黎博士语余："近世式之教育，若医生集病者于一堂，不一一诊其症，而授以等质等量之方剂也。"其言虽或稍过，然教者与学者关系之浅薄，诚近世式教育之大缺点，不能为讳也。故此种教育，其敝也，成为物的教育，失却人的教育。

要而论之，此种教育，虽办至极完善，然已不免以社会吞灭个性，已不免陷于机械的而消失自动力。然在行政机关整齐强固之国家，此种制度之特长确能发挥，其精神确能贯彻，则得失之数犹半也。中国又并不足以语于此。于是二十年来所谓振兴教育者，尽有他人之弊而无其利。夫今日武人之摧残教育，罪固不可胜诛矣。就令无武人之摧残，而长维持此现状以往，则亦愈积久而愈不胜其敝耳。

今欲言教育制度之根本改革，固非此短篇之所能尽，且非俟政治稍清明，行政机关有相当之意识与能力，则虽有良法，亦托空言而已矣。今欲于实际上为初步之改革，宜求不必倚赖行政权力，而社会上少数人可以发动者，以吾所见，其在普通教育方面，可著手固不少，容当别论。其在高等教育方面，则有创设"自由讲座"之一问题。

自由讲座之组织略如下：

一、以少数之同志，有专门学术，堪任教授者，组织讲师团体，但最少须五六人以上。

二、其讲座，或独立，或附设于原有之学校皆可。

三、学科不求备，以讲师确有心得，自信对于此科之教授能有特色者，乃设置之。但各科间须有相当之联络，使各科听讲毕业者，得有一系之完全知识。

四、讲授时间不必太多，使学生于听讲以外，能得较多之自动的修习，常采教师学生共同研究的态度。

五、修业期限不宜太长，约两年而毕。

六、毕业不考试，但由各讲座讲师授以该科修了之证书。

七、学生分两种，一专修者，一自由听受者。自由听受者，不必经入学试验，亦不必修业终了。专修者，须经入学试验，以能直接读外国文之参考书为及格，受课毋得间歇。

八、设备之最要者为图书馆，既设某科讲座，则凡关于该科之重要参考书必须备。其关于自然科学之讲座，于图书之外，必须有相当之仪器以资试验。

九、讲座除筹备相当之基本金外，仍别营一两种小工业，教师学生同任劳作，以补助座费。

此种组织参采前代讲学之遗意而变通之，使学校教师学生三者之间，皆为人的关系，而非物的关系。讲师之于讲座，自为主体，而非雇佣的。讲师之于学生，实共学之友，不过以先辈之资格为之指导。学生所得于讲师者，非在记忆其讲义以资一度之考试，乃在受取讲师之研究精神及研究方法。质言之，其获益最重要之点，则学者的人格之感化也。讲师之薰陶学生，除讲堂授课之外，更大有事焉。则可以察其性之所近，因势而利导，而学生之自发的研究，乃可以日进也。则天才瑰特之士，不至为课程所局，可以奔轶绝尘尽其才矣。如此则教育不至为“机械化”，不至为“凡庸化”，社会上真面目之人才，或可以养成也。

吾非敢望全国之高等教育，悉改用此组织。顾吾以为针治今日

教育界之敝，必须有此种异军特起之组织以为之药，而又信此事之建设确非甚难。凡国内办有成绩之学校，皆可以附设。凡少壮有为之学者，但结合同志数辈，即可以发起。造端虽简，将毕必巨；是在有志者之努力而已。

任公指摘当代的教育有两点：一则过分机械化；一则师生关系若陌路之偶值。所谓机械化，系指不分贤愚，一律授以同样之教育，有如剑桥大学校长涉莫黎博士所称，“近世式之教育，若医生集病者于一堂，不一一诊其症，而授以等质等量之方剂也”。所谓若陌路之偶值，系指师生间除课业之授受外，无其他之关系，无异路人。为挽救此弊，任公提倡一种自由讲座，订有组织概要九项。此种组织参采前代讲学之遗意而变通之，使学校教师学生三者之间，皆为人的关系，而非物的关系。讲师之于讲座，自为主体，而非雇佣性质。讲师之于学生，实共学之友，不过以先辈之资格为之指导。学生所得于讲师者，非在记忆其讲义，以资一度之考试，乃在受取讲师之研究精神及研究方法。质言之，其获益最重要之点，则学者的人格之感化也。讲师之薰陶学生，除讲堂授课之外，更大有事焉，则可以察其性之所近，因势而利导，而学生之自发的研究，乃可以日进也。

(3) 趣味教育

(饮冰室文集之三十八趣味教育与教育趣味——民国十一年)

“趣味教育”这个名词，并不是我所创造。近代欧美教育界早已通行了；但他们还是拿趣味当手段。我想进一步，拿趣味当目的。请简单说一说我的意见。

第一，趣味是生活的原动力。趣味丧掉，生活便成了无意义。这是不错。但趣味的性质，不见得都是好的。譬如好嫖好赌，何尝不是趣味；但从教育的眼光看来，这种趣味的性质，当然是不好。

所谓好不好，并不必拿严酷的道德论做标准，既已主张趣味，便要求趣味的贯彻。倘若以有趣始，以没趣终；那么趣味主义的精神，算完全崩落了。世说新语记一段故事：“祖约性好钱，阮孚性好屐；世未判其得失。有诣约，见正料量财物，客至屏当不尽。余两小簏，以著背后，倾身障之，意未能平。诣孚，正见自蜡屐；因叹曰：‘未知一生当着几緉屐。’意甚闲畅。于是优劣始分。”这段话，很可以作为选择趣味的标准。凡一种趣味事项，倘或是要瞒人的，或是拿别人的苦痛换自己的快乐，或是快乐和烦恼相间相续的，这就统名为下等趣味。严格说起来，他就根本不能做趣味的主体。因为认这类事趣味的人，常常遇着败兴，而且结果必至于俗语说的“没兴一齐来”而后已。所以我们讲趣味主义的人，绝不承认此等为趣味。人生在幼年青年期，趣味是最浓的；成天价乱碰乱迸，若不引他到高等趣味的路上，他们便非流入下等趣味不可。没有受过教育的人，固然容易如此。教育教得不如法，学生在学校里头找不出趣味；然而他们的趣味是压不住的，自然会从校课以外，乃至校课反对的方向去，找他的下等趣味。结果，他们的趣味是不能贯彻的。整个变成没趣的人生完事。我们主张趣味教育的人，是要趁儿童或青年趣味正浓，而方向未决定的时候，给他们一种可以终身受用的趣味。这种教育办得圆满，能彀令全社会整个永久是有趣的。

第二，既然如此，那么教育的方法，自然也跟着解决了。教育家无论多大能力，总不能把某种学问教通了学生，只能令受教的学生当着某种学问的趣味，或者学生对于某种学问原有趣味，教育家把他加深加厚。所以教育事业，从积极方面说，全在唤起趣味；从消极方面说，要十分注意，不可以摧残趣味。摧残趣味有几条路。头一件是注射式的教育，教师把课本里头东西叫学生强记，好像嚼饭给小孩子吃；那饭已经是一点儿滋味没有了，还要叫他照样的嚼

几口，仍旧吐出来看。那么，假令我是个小孩子，当然会认吃饭是一件苦不可言的事了。这种教育法，从前教八股完全是如此。现在学校里形式虽变，精神却还是大同小异。这样教下去，只怕永远教不出人才来。第二件是课目太多，为培养常识起见，学堂课目固然不能太少，为恢复疲劳起见，每日的课目固然不能不参错掉换，但这种理论，只能为程度的适用。若用得过分，毛病便会发生。趣味的性质，是越引越深；想引得深，总要时间和精力比较的集中才可。若在一个时期内，同时做十来种的功课，走马看花，应接不暇，初时或者惹起多方面的趣味，结果任何方面的趣味都不能养成。那么，教育效率，可以等于零。为什么呢？因为受教育受了好些时，件件都是在大门口一望便了，完全和自己的生活不发生关系。这教育不是白费吗？第三件是拿教育的事项当手段，从前我们学八股，大家有句通行话说他是敲门砖。门敲开了自然把砖也抛却，再不会有人和那块砖头发生起恋爱来。我们若是拿学问当作敲门砖看待，断乎不能有深入而且持久的趣味。我们为什么学数学？因为数学有趣，所以学数学。为什么学历史？因为历史有趣，所以学历史。为什么学书画？学打球？因为书画有趣，打球有趣，所以学书画学打球。人生的状态，本来是如此。教育的最大效能，也只是如此。各人选择他趣味最浓的事项做职业，自然一切劳作都是目的，不是手段，越劳作越发有趣。反过来，若是学法政用来作做官的手段，官做不成怎么样呢？学经济用来做发财的手段，财发不成怎么样呢？结果必至于把趣味完全送掉。所以教育家最要紧教学生知道是为学问而学问，为活动而活动；所有学问，所有活动，都是目的，不是手段，学生能领会得这个见解，他的趣味，自然终身不衰了。

以上所说，是我主张趣味教育的要旨。既然如此，那么在教育界立身的人，应该以教育为唯一的趣味，更不消说了。一个人若是

在教育上不感觉有趣味，我劝他立刻改行；何必在此受苦？既已打算拿教育做职业，便要认真享乐，不辜负了这里头的妙味。

孟子说："君子有三乐，而王天下不与存焉。"那第三种就是，"得天下英才而教育之"。他的意思是说教育家比皇帝还要快乐。他这话绝不是替教育家吹空气。实际情形，确是如此。我常想，我们对于自然界的趣味，莫过于种花，自然界的美，像山水风月等等，虽然能移我情，但我和他没有特殊密切的关系。他的美妙处，我有时便领略不出。我自已手种的花，他的生命和我的生命简直并合为一。所以我对着他，有说不出来的无上妙味。凡人工所做的事，那失败和成功的程度都不能预料；独有种花，你只要用一分心力，自然有一分效果还你，而且效果是日日不同，一日比一日进步。教育事业正和种花一样，教育者与被教育者的生命，是并合为一的。教育者所用的心力，真是俗语说的"一分钱一分货"，丝毫不会枉费。所以我们要选择趣味最真而最长的职业，再没有别样比得上教育。

任何事，凡具有浓厚趣味者多能成功，不过有人以趣味为手段，也有人以趣味为目的；后者当然胜于前者。趣味是生活的原动力，如果丧失趣味，生活便无意义，也就不能有成。不过趣味有高下之别。高尚的趣味，自然是好的；但如趋于下流，如嫖，如赌，如爱钱财，这些下等趣味，实际上算不得是趣味。因为一种趣味事项，倘或是要瞒人的，或是拿别人的苦痛换自己的快乐，或是快乐和烦恼相间相续的，实不应视为趣味。此外，任何事项，于人于己同样有益的，才是高尚的趣味，也可以简称为趣味。

教育是利人利已的事业，其趣味自然是高尚的；对此种事业，愈有趣味，愈能成功，也愈能持久。孟子说得好："君子有三乐，而王天下不与存焉"；其中第三种的快乐，便是"得天下英才而教育之"。教育的趣味，在目击自己所教育的人，一天天的学行长进。我

能为社会国家造就有用的人才与优良的公民，其中愉快，真是油然而起。但是一位从事教育之人，如对教育不感趣味，倒不如立刻改行，既免自已乏味，更不至误人子女也。

○ 第六节　各级各种教育

括有（1）幼学，（2）女学，（3）师范，（4）大学学风诸目。其说如左：

（1）幼学

（饮冰室文集之一变法通议——光绪二十二年）论语曰：夫子循循然善诱人。孟子曰：教亦多术矣。故夫师也者，以道得民，非以力服人也。今之教者，毁齿执业，鞭笞觵挞，或破头颅，或溃血肉，饥不得食，寒不得息。国家立法，七年曰悼，罪且减等。何物小子，受此苦刑？是故中国之人，有二大厄；男女罹毒，俱在髫年。女者缠足，毁其肢体；男者扑头，伤其脑气。导之不以道，抚之不以术；地非理室，日闻榜杨；教匪宗风，但凭棒喝。遂使视黉舍如豚笠之苦，对师长若狱吏之尊。学记曰：其施之也悖，其求之也佛。夫然故隐其学而疾其师，苦其难而不知其益也。夫岂特疾焉苦焉而已。古之听讼，犹禁笞楚；所以养廉远耻，无令自弃。今于鼓箧之始，而日以囚虏之事待之；无惑乎世之妾妇其容，奴隶其膝，以应科第求富贵者，日出而不可止也。

记曰：张而不弛，文武不能也。又曰：藏焉脩焉，息焉游焉。此古今中外之通例也。西人读书执业，皆有定时。当其时也，虽有重客要事，不以废也；逾其时也，则相从而嬉，饮酒蹴踘，所弗禁也。西人比较每岁户口生死之数，每百人中英国死者，恒逾于美国二人。医者推极其理曰：美之操工者日三时，英之操工者日四时；其率之差，实起于此。然则执业时刻之多寡，其与人身之相关，如此其重也。中国之人，不讲斯义，其惰者旦夕嬉逸，甘为游民；其

勤者终日勤动，罔知节制。来往宴会，曾靡定晷；酬应无度，丛脞是忧，斯固然矣。若夫学童者，脑实未充，干肉未强，操业之时，益当减少。论语曰：学而时习。记曰：蛾子时术之。但使教之有方，每日伏案一二时，所学抑已不少。自余暇晷，或游苑囿以观生物，或习体操以强筋骨，或演音乐以调神魂；何事非学？何学非用？其宏多矣。而必立监佐史以莅之，正襟危坐以圉之；庭内湫隘，养气不足，圈禁拘管，有如重囚。对卷茫然，更无生趣。以此而求其成学，所以师劳而功半，又从而怨之也。

此言旧日为幼学师者，动辄鞭笞生徒，使视学舍如牢狱，为学为苦事。任公认为万万不可。务须仿法西国，不仅力避鞭笞，且当减少默坐或攻读时间，使有游焉息焉之机会，则生徒之生机蓬勃，视入学为乐事。此种情形在距今七十年前已属骇人听闻。然迄于今日国民学校教师，尚有敲打学童至死，真可浩叹也。

（2）女学

（饮冰室文集之二倡设女学堂启——光绪二十三年）上可相夫，下可教子，近可宜家，远可养种。妇道既昌，千室良善；岂不然哉！岂不然哉！是以三百五篇之训，勲勲于母仪；七十后学之记，眷眷于胎教。宫中家室，古经厘其规纲；德言容工，昏义程其课目。必得傅姆，阳秋之贤伯姬；言告师氏，周南之歌淑女。圣人之教，男女平等施教，劝学匪有歧矣。去圣弥远，古义浸坠。勿道学问，惟议酒食。等此同类之体，智男而愚妇；犹是天伦之爱，戚子而膜女。悠悠千年，芸芸亿室；曾不一事生人之业，一被古圣之教。宁惟不业不教而已，且又戕其支体，蔀其耳目，黜其聪慧，绝其学业，闺闼禁锢，例俗束缚，惰为游民，顽若土番。乌乎聚二万万之游民土番，国几何而不弊也？泰西女学，骈阗都鄙，业医课蒙，专于女师。虽在绝域之俗，邈若先王之遗。女学之功，盛于时矣。彼士来游，

悯吾窘溺。倡建义学，求我童蒙。教会所至，女塾接轨。夫他人方拯我之窘溺，而吾人乃自加其梏压。管犹有子弗鞠，乃仰哺于邻室；有田弗芸，乃唠手于比耦。匪惟先民之恫，抑亦中国之羞也。甲午受创，渐知兴学；学校之议，腾于朝庑；学堂之址，踵于都会。然中朝大议，弗及庶媛；衿缨良规，靡逮巾帼。非曰力有不逮，未遑暇此琐屑之事邪？无亦守扶阳抑阴之旧习，昧育才善种之远图耶？同志之士，悼心斯弊；纠众程课，共襄美举。建堂海上，为天下倡。区区一学，万不裨一；独掌堙河，吾亦知其难矣。然振二千年之颓风，拯二兆人之吁命。力虽孤微，乌可以已。夫男女平权，美国斯盛；女学布濩，日本以强。兴国智民，靡不始此。三代女学之盛，宁必逊于美日哉！遗制绵绵，流风未沫；复前代之遗规，采泰西之美制；仪先圣之明训，急保种之远谋。海内魁杰，岂无恫游民土番之害者欤？傀傀窘溺，宁忍张目坐视而不一援手欤？仁而种族，私而孙子；其亦仁人之所乐为有事者也。天下兴亡，匹夫有责；昌而明之，推而广之，乌乎！是在吾党也矣。

此为任公于光绪二十三年在上海倡办女学堂之启事，力言我国人口号称四万万，而其中半数之女子独无受教育之机会，无异使此二万万人沦为游民土番，国几何而不弊？甲午受创以来，渐知兴学；然衿缨良规，靡逮巾帼，无亦守扶阳抑阴之旧习，昧育才善种之远图耶。则又进一步，力辟女子不受教育，不仅丧失二万万人之实力，且影响于后一代儿女之前途也。末言我国三代女学之盛，不逊于美日等国。故兴办女学，不仅采泰西之美制，且复前代之遗规也。

（3）师范

（饮冰室文集之一变法通论师范——光绪二十五年）今之府州县学官，号称冷宦，不复事事，固无论矣。此外握风气之权者，为书院山长，为蒙馆学究；车载斗量，趾踵相接。其六艺未卒业，四史

未上口，五洲之勿知，八星之勿辨者；殆十而八九也。然而此百数十万之学子，方将帝之，天之，圭之，臬之，以是为学问之极则，相率而踵袭之。今夫山木有择，必待大匠；美锦在御，不使学制，惧其有弃才也。中人之家，聘师诲子；周详审慎，必择其良，惧子弟之失学也。若夫士人者，帝王之所与共天下也。其贵也，匪直大木美锦，其重大过于中人之家之子弟万万也。今乃一举而付之不通六艺，不读四史，不知五洲，不识八星之人，使之圭之，臬之，刓琢之，欲于此间焉求人才，乌可得也。是故先王患人才之寡，后世患人才之多。患才寡，故立为学校，定其教法以成就之；患才多，故设为不待学不待教之帖括，以笼络天下士，而士之教焉学焉于其间者，亦终身盘旋于胯下，而不复知有天地之大。师范之不立，自数百年以来矣。今天下之变日亟，教学之法亦日新。于是立为同文馆，水师学堂等，皆略效西制，思讲实学。然一切教习，多用西人。西人言语不通，每发一言，必俟繙译展转口述，强半失真。其不相宜一也。西人幼学，异于中士，故教法亦每不同，往往有华文一二语可明，而西人衍至数十言者；亦有西人自以为明晓，而华文犹不能解者。其不相宜二也。西人于中土学问，向无所知；其所以为教育者，专在西学。故吾国之就学其间者，亦每拨弃本原，几成左衽。其不相宜三也。所聘西人，不专一国，各用所习，事杂言庞。尝见某水师学堂之教习，其操兵所用口号，英将官教者用英语，法将官教者用法语，德将官教者用德语，徒视其一队，非不号令严肃步伐整齐也；不知沟而通之，各不相习，且临阵之号令，随时变化，万有不齐者也。今惟寻常操练之数口号，习闻之而习知之，一旦前敌，或进退起伏，偶有一二事为平时所未习者，则统帅虽大声疾呼，而士卒且罔闻知，则安往而不偾事也。其不相宜四也。西人教习，既不适于用，而所领薪俸，又恒倍于华人。其不相宜五也。夫有此五

端，而此诸馆学堂，犹然用之；若有重不得已者。则岂不以中国之人，克任此职者之寡也。夫以四万万之大众，方领成帷，逢掖如鲫，而才任教习者，乃至乏人。天下事之可伤可耻，孰过此矣。

此言养成师范人才，为兴学首要原则。由于过去无论上自书院山长，下至蒙馆学究，多未具备现代常识。故欲推行新教育，不可不从造就师范人才入手。末言聘用外国师资，诸多不宜，不若自养成本国师资之适宜也。

（4）大学学风

（饮冰室文集之二十九莅北京大学欢迎会演说词——民国元年）

鄙人今尚欲进数言于诸君之前者，则为今日之学风问题。夫今日学风之坏，人所同慨。鄙人所欲言者，亦非仅指大学一校，惟以大学为全国最高之学府，大学学风足为全国学风之表率；是则鄙人所不能不以此责望于我大学生诸君，祈有以表率我全国之学风，而改善我全国之学风者也。语时或有开罪之处，尚望诸君谅之焉。

（一）服从　言今日学风之坏，莫过于学生缺乏服从之德，不服教师之训导，不受校长之约束；放恣乱为，动起风潮，遂致德无由进，业无由成。我可敬可爱之青年学生，几成为可鄙可贱之无业游民。言念及此，曷胜浩叹？诸君闻此言，或且有谓鄙人谬悖；欲以奴隶之行，责之共和国之大学生者矣。此在不以服从为然者，必谓学生当有自由，校长教师，等是同类；安有服从之可言？服从二字，乃奴隶之所受，讵可加之于我学生之身？然学生以德之未修，学之未成，始入学校求学；则在学校之中，自当服从校长教师之训导。不然，又安名为学生？学生中有言自由者，实不学误之也。且一国之中，一切皆可言自由，唯军队与学生乃不能言自由。军队言自由，则不仅全军瓦解，不能成军，且足以扰乱秩序；其危险莫可名状。学生言自由，亦不仅学业无成，教育无效；其影响于社会国家，所

关殊非浅鲜。故欧美先进之国，其学生莫不谨守服从之德。当退校之时，或多与教师从容谈笑。若在校中则虽年高德尊若我马校长其人者，苟为学生，亦严格整肃，谨听校长教师之训导，而毋敢或违。鄙人前游美洲大陆，曾遍观其学校，见其学生之谨守服从，至足感人。而尤足奇异者，则美之学生，不仅对于校长教师，守服从之德；下级学生之于上级学生，亦尽服从之责。上级学生苟有所命，下级学生莫不心悦诚服而为之。此其故何哉？诚以共和之国，人人有自由，即当人人能服从；不然，势成人人相抗之象，秩序危殆，国将不国。而欲养成此服从之德，在共和之国，舍教育以外，殊无他途可言。固不若专制之国，以威力胁迫人民服从，不问人民之能服从与否也。故专制国之学生，不必养成其服从之德；而共和国之学生，设不于其受教育之日，训练其能守服从之德，则国基危殆，害莫胜言矣。此鄙人之所以以服从之德望大学生诸君，有以矫正我全国学风也。

（二）朴素　孔子有言，君子食无求饱，居无求安。此在今日，虽不足奉为我人处世之道，然学生在求学之时，则不可不具此精神。欧美学生自小学而中学，中学而大学，非历二十年之久，不能成业。且学费之巨，亦非中下之产所能任。故学生之能卒业于大学者，百中实不得一二。惟能克苦之学生，始能卒业。至若日本，则能卒业于中学以上之学校者，大抵皆苦学之士，积十余年困苦艰难之学生生活，始克学成而为世用。今日彼国知名之士，若一谈其苦学之经历，则恐我国学生皆当愧死矣。我国学生，本亦寒素之士居多；惟近年来则纨袴之风大盛，衣食惟求精美，居处惟求安适；其最堪痛心者，则莫如求学之青年，奢侈放纵，既伤其德性，复害其学业。设此风不革，则中国教育之前途，尚堪问乎？此鄙人之所以祈望大学生诸君，力倡朴素之风，以改革我全国之学风也。

（三）静穆　鄙人非谓学生不当发扬蹈厉；人固贵有发扬蹈厉之精神，而后始能在社会任事。惟发扬蹈厉之精神，当用之于做事之时，不能用之于求学之时。学生在求学时代，当善养其发扬蹈厉之精神，则他日学成以后，庶能发挥此精神于事业。孟子所谓养我浩然之气者是也。若在学生时代，而误用之于校长教师，是为不守规则之学生，非所谓发扬蹈厉之精神也。且天下惟有学问有修养之士，乃能真有发扬蹈厉之精神；无学问无修养者，仅能谓之狂躁，谓之轻率，以之办事，无一事可成也。故学生若不于学生时代，以静穆之风，善养其发扬蹈厉之精神，则他日必成为狂躁之士，轻率之士，终身将不能成一事，可不勉乎哉？况学问之业，非有冷静之头脑，不能得益。学生若以浮躁之心受学，则不仅不能深入学问之道，我恐即有善教之教师，亦不能有丝毫之得益；故学生若不于求学之时，养成冷静之头脑，则于学问之业，日相去而日远矣。静穆之风，可不贵哉！简言之，静穆之风，一则以成冷静之头脑，一则以养发皇之精神。在学校之日，以之修业而进德；卒业之后，则赖之以任事而成功。此为学生至可宝贵之学风，鄙人深望大学生诸君有以提倡此风也。

关于学风问题，鄙人所欲言者，不仅此三事。惟以此三者为最要，故特举以告诸君耳。愿诸君勉之，为我中国学问之前途争光荣。

任公以服从、朴素、静穆三事勉大学校诸生，认为此种优良学风，固为一切学校学生所当具，惟大学生首当树其模范。他对此三事，发挥至为详尽。

○ 第七节　青年运动

本节仅此一目，如左：

（1）青年运动

（饮冰室文集之四十三学生的政治活动——民国十五年）晨报对于“五一”“五四”都出有特刊，征求我的感想。我想“五四”如

何能比“五一”？劳动节的“五一”是含有世界性的。学生节的“五四”不过是中国的——或者还是北京的罢了。“五一”的价值，虽不敢说与天同寿，但现在正如旭日初升，眼看着还要隆隆日上。“五四”这个名词，不惟一般社会渐渐忘记，只怕学生界本身对于他的感情也日淡一日了。晨报真是笃于念旧，每年继续不断的在今日总要替学生界做一回生日会。我想参与盛会的人，不应该客气瞎恭惟；还是说几句知心的话，促起大家的回顾反省才是。

“五四”纪念什么？老实说，就是纪念学生们的政治活动。然则纪念“五四”，当然是要希望学生继续这种活动了。因此，“学生应否参与政治活动”成了一个先决问题。

我对这问题，可以毫不迟疑的答复：“人类是政治动物。”参与政治是人类普遍的权责；学生也是人类，为什么不应参与？我以为今日应讨论的问题，不是问某种人应否参与政治活动，却要问什么是政治。现在一般人所谓政治活动，是否算得政治活动？

我对这问题，也是毫不迟疑的答复道：“中国现在并没有政治，现在凡号称政治活动的人，做的都不是政治活动。”现时所谓政治活动，不外拥护某人，排斥某人，勾搭这一系，倒那一系。不管挂有政党招牌也罢，不挂也罢；所谓政党标有主义也罢，不标也罢；所谓主义的内容好也罢，不好也罢，都不相干。顽来顽去总是那一套。质而言之，脱不了二千年前六国策士朝秦暮楚，纵横捭阖的心理。那些政客们做这行生意，吃这行饭，本无足责。可怜成千累万的青年，做什么梦，发什么狂，替他们捧场？今年看见白狗咬倒黄狗跟着起哄，明年看见黄狗咬倒白狗又跟着起哄；越斗越不成话。甚至在自命神圣清洁的最高学府里，替什么时髦少爷开起欢迎会来了。六朝时褚渊的兄弟褚炤对他的侄儿骂他侄儿的老子道：“不知汝家司空将一家物与一家，亦复何谓？”试问现在所谓政治活动，除却将这

一家物转到那一家，更有何事？这样叫做政治，政治这两个字真要永远在中国辞典上袷去了。

青年们啊：你要干政治吗？请你别要从现状政治下讨生活，请你别要和现在军阀党阀结缘。你有志气有魄力，便自己造出十年后的政治土台，在自己土台上活动。如其不然，准教活动一百回上一百回当。不信，你试回想“五四运动”为的什么？是不是为的青岛问题。结果怎么样？只赢得胶澳督办一个缺，几年来被许多军阀政客抢来抢去。

这段话我是向天真烂漫的青年们说的。至于学生界里头现在已经有许多吃政治饭当小政客的人，我对他真不敢多嘴了。

临了，再找结几句话。我对于学生的政治活动，原则上是不反对的。但须知现在所谓政治是万恶渊丛，现在所谓政治活动是诱惑青年一大阬陷。不是脚跟立得很坚定的人，我劝他别要轻容易踏进这关门。

就上文观之，任公对于青年的政治活动是不表赞同的。他认为许多青年活动，都是为政客所操纵，是不能认为真正政治活动的。任公在表面上，不便反对青年政治活动。据他说：“人类是政治动物，参与政治是人类普遍的权责；学生也是人类，为什么不应参与？我以为今日应讨论的问题，不是问某种人应否参与政治活动，却要问什么是政治？现在一般人所谓政治活动是否算得政治活动？”此项措词，非常巧妙；可是在提到“五四运动”一事，他却说“五四运动为的什么？是不是为的青岛问题？结果怎么样？只赢得胶澳督办一个缺，几年来被许多军阀政客抢来抢去”。其言外之意，可以想见了。

○ 第八节　养士与取士

括有（1）养士与取士，（2）变通科举二目。其说如左：

（1）养士与取士

（饮冰室文集之一变法通议论科举）故欲兴学校，养人才，以强中国；惟变科举为第一义。大变则大效，小变则小效。综而论之，有三策焉。何谓上策？远法三代，近采泰西；合科举于学校。自京师以讫州县，以次立大学小学；聚天下之才，教而后用之。入小学者比诸生，入大学者比举人，大学学成比进士。选其尤异者，出洋学习比庶吉士。其余归内外户刑工商各部任用，比部曹。庶吉士出洋三年，学成而归者，授职比编检。学生业有定课，考有定格，在学四年而大试之，以教习为试官，不限额，不糊名。凡自明以来，取士之具，取士之法，千年积弊，一旦廓清而辞辟之。则天下之士，靡然向风，八年之后，人才盈廷矣。

何谓中策？若积习既久，未即遽除，取士之具，未能尽变，科举学校，未能遂合；则莫如用汉唐之法，多设诸科，与今日帖括一科并行。昔圣祖高宗，两开博学鸿词，网罗俊良，激厉后进。故国朝人才，以康乾两世为最盛。此即吾向者多途胜于一途之说也。今请杂取前代之制，立明经一科以畅达教旨，阐发大义，能以今日新政，证合古经者为及格。明算一科，以通中外算术，引申其理，神明其法者为及格。明字一科，以通中外语言文字，能互繙者为及格。明法一科，以能通中外刑律，斟酌适用者为及格。使绝域一科，以能通各国公法，各国条约章程，才辩开敏者为及格。通礼一科，以能读皇朝三通，大清会典，大清通礼，谙习掌故者为及格。技艺一科，以能明格致制造之理，自著新书，制新器者为及格。学究一科，以能通教学童之法者为及格。明医一科，以能通全体学，识万国药方，知中西病名证治者为及格。兵法一科，以能谙操练法程，识天下险要，通船械制法者为及格。至其取之之法，或如康乾鸿博故事，特诏举试；或如近世算学举人，按省附考，而要之必予以出身，示

以荣途，给以翰林进士举人之名，准以一体乡会朝殿之实。著书可以入翰林，上策可以蒙召见，告之以用意之所重，导之以利禄之所存，则岩穴之间，乡邑之内，与夫西学诸馆，及出洋学习之学生，皆可因此以自达。其未有成就者，亦可以益厉于实学，以为天下用，则其事甚顺，而其效亦甚捷。

何谓下策？一仍今日取士之法，而略变其取士之具。童子试非取录经古者不得入学，而经古一场必试以中外政治得失，时务要事，算法格致等艺学。乡会试必三场并重，第一场试四书文五经文试帖各一首；第二场试中外史学三首，专问历代五洲治乱存亡之故；第三场试天算地舆声光化电农矿商兵等专门，听人自择一门，分题试之各三首。殿试一依汉策贤良故事，专问当世之务。对策者不拘格式，不论楷法。考试学差试差，亦试以时务艺学各一篇，破除成格，一如殿试。如是则向之攻八股哦八韵者，必将稍稍捐其故业，以从事于实学，而得才必盛于向日。上策者，三代之制也；中策者，汉唐之法也；下策者，宋元之遗也。由上策者强，由中策者安，由下策者存。若夫守晚明之弊制，弃历朝之鸿矩，狃百载之积习，惮千夫之目议，违作人之公理，踵愚黔之故智，则虽铁舰阗海，谁与为战？枪炮如林，谁与为用？数万里地，谁与为守？数百兆人，谁与为理？传曰子有美锦，不使人学制焉。言不学之人，不可以共政事也。今其用之也在彼，而取之也在此，是犹蒸沙而欲其成饭，适燕而南其辕也。岂不傎哉！岂不傎哉！

任公在本段文字中，继前一项变法的路线，发表其对于养士与取士的意见，认为有上中下三策。上策专赖学校养成人才，以教习为试官，不必另经他种考试，即养即用。中策为学校科举仍然分开，惟将科举别为各种分科，分别取才，俾各适于用。下策为酌量变通科举之内容，以期选拔有用之才。如此，终较墨守晚明之弊制为善。

（2）变通科举

（公车上书请变通科举折——光绪二十四年）具呈举人梁启超等，为国事危急由于科举乏才，请特下明诏，将下科乡会试及此后岁科试停止八股试帖，推行经济六科，以育人才，而御外侮；伏乞代奏事。窃顷者强敌交侵，割地削权，危亡岌岌。人不自保，皇上临轩发叹，天下扼腕殷忧；皆人才乏绝，无以御侮之故。然尝推求本原，皆由科第不变致之也。夫近代官人皆由科举，公卿百执，皆自此出；是神器所由寄，百姓所由托，其政至重也。邑聚千数百童生，而擢十数人为生员；省聚万数千生员，而拔百数十人为举人，天下聚数千举人，而拔百数人为进士；复于百数进士而拔数十人为翰林。此其选之精也。然内政外交，治兵理财，无一能举者；则以科举之试，以诗文楷法取士，学非所用，用非所学故也。凡登第皆当壮艾之年，况常官即为政事所累，婚宦交逼，应接实繁。故待从政而后读书，必无此理。此所以相率为无用之才也。非徒无用而已，又更愚之。二十行省童生数百，乃皆民之秀也。而试之以割裂搭截枯困纤小不通之题，学额极隘，百十不得一；则有穷老尽气终身从事于割裂搭截枯困纤小侮圣之文，而不暇他及者。是使数百万之秀民，皆为弃才也。若为生员宜可为学矣。则制艺功令禁用后世书后世事；于是天下父兄师长虑子弟之文以驳杂见黜，禁其读书，非徒子史不观，甚且正经不读。既可惰学，又便速化，谁不从之？至朝殿试临轩重典，亦仅试楷法或挑破体，故虽为额甚隘，得之甚艰，老宿奇才，亦多黜落，而乳臭之子，没字之碑，粗解庸滥墨调，能为楷法，亦多侥幸登第者。其循资至公卿，可为总裁阅卷，其资浅下者，亦放同考试差。谬种流传，天下同风。故自考官及多士多有不识汉唐为何朝，贞观为何号者。至于中国之舆地不知，外国之名形不识，更不足责也。其能稍通古今者，郡邑或不得一人；其能通达中外，博

达政教之故，及有专门之学者，益更寡矣。以彼人才至愚极陋如此，而当官任政如彼，而以当泰西十六之强国，万亿之新学新艺，其为所凌弱宰割，拱手受缚，乃其固然也。乾隆时舒赫德尝请废之矣。礼官泥于旧习，谓举业发明义理，名臣多出其间；千年立国，未尝有害。此似是而非之谬论，亡我国割我地者，皆自此言也。夫明孔孟之义理，为论体已可，何为试割裂题以侮圣言？限以八股代言之制，而等于倡优哉！名臣多出其间，可以治国无害者，乃先抑天下于至愚，而用其稍智者治之。此施于一统闭关之世，则可，若以较之泰西列国人才，则昔所谓名臣者，亦非有专门之学通中外之故。不过才局可用，其为愚如故也。且科举之法，非徒愚士大夫无用已也。又并其农工商兵妇女而皆愚而弃之。夫欲富国必自智其农工商始，欲强其兵必自智其兵始。泰西民六七岁必皆入学，识字学算，粗解天文舆地。故其农工商兵妇女皆知学，皆能阅报。吾之生童固农工商兵妇女之师也，吾生童无专门之学，故农不知植物，工不知制物，商不知万国物产，兵不知测绘算数，妇女无以助其夫。是皇上抚有四万万有用之民，而弃之无用之地；至兵不能御敌，而农工商不能裕国，岂不大可痛哉？今科举之法岂惟愚其民，又将上愚王公。自非皇上天亶圣明，不能不假于师学。近支王公皆学于上师房之师傅，师傅皆出自楷法八股之学，不通古今中外之故，政治专门之业；近支王公又何从而开其学识以为议政之地乎？故科举为法之害，莫有重大于兹者。夫当诸国竞智之时，吾独愚其士人，愚其民，愚其王公，以与智敌；是自掩闭其耳目，断刖其手足，以与乌获离娄搏，岂非自求败亡哉？昔我圣祖仁皇帝已赫然变之矣。然此后复行之而无害者，窃谓当闭关卧治士民乐业之时，无强敌之比较，无奸宄之生心，虽率由千年，群愚熙熙，固无害也。无如大地忽通，强邻四逼，水涨堤高，专视比较，有一不及，败绩立见。人皆智而

我独愚，人皆练而我独暗；岂能立国乎？故言守八股楷法不变者，皆不学之人，便其苟窃科第之私耳。我皇上则以育才造士任官御侮为主，何爱于割裂枯困空疏之文，方光乌端楷之字，而循庸谬之人，委以神器之重，以自弃其数百万之秀民，而割千万里之地，以亡我三百年祖宗艰难缔构之天下乎？顷者，伏读上谕举行经制之科，天下咸仰见旁求之盛意矣。而以旧科不去，经制常科，额又甚隘；举人等从田间来，见生童昼夜咿唔，尚诵读割裂搭截庸恶陋劣之文如故。举人等亦未免习写楷法，以备过承策问之用。当时局危急如此，而天下人士为无用之学如彼，岂不可为大忧哉？此非徒多士之无耻，亦有司议例之过，以误我皇上，以亡我中国也。夫易尚穷变，礼观会通；今臣工频请开中西学堂，皇上频诏有司开京师大学矣。然窃观直省生童之为八股以应科举，一邑百千皆非郡邑教官教之者，盖上以是求，下以是应。昔齐桓服紫，一国皆服紫；楚灵细腰，宫人饿死。皇上抚有四万万之民，倍于欧罗巴全洲十六国之数；有雷霆万钧之力，转移天下之权，举天下之人而陶冶成才以御侮兴治，在一反掌间耳。奚惮而不为哉！查经制常科，已由总理各国事务衙门王大臣会同礼部议准颁行。伏乞皇上忧恤国家，哀怜多士，奉圣祖仁皇帝之初制，尽行经制科之条例，断自圣衷，不必令礼官再议；特下明诏，宣布天下。今自丁酉戊戌乡会试之后下科乡会试停止八股帖试，皆归并经制六科举行，其生童岁科试以经古场为经制正场，四书文为二场，并废八股试帖，体格。天下向风，改视易听。必尽废其咿唔割裂腐烂之文，而从事于经制之学，得此三年讲求，下科人才必有可观。风化转移，人才不可胜用。皇上挟之复仇雪耻，何所往而不可哉？变法之要，莫过于此。举人等素习举业，并讲楷法；于兵农工商内政外交之学，向未讲求。至外国新法及一切情形，尤所未睹。将来幸被贡举，皇上授官任政不出，举人等既内自惭悚，

实恐误国。顷上痛误国，下恤身家；不敢复恋旧习，以徇私便，同声知误，更无异辞。谨合辞上渎，伏乞代奏皇上圣鉴。谨呈。

此为任公偕同各省举人晋京会试之时，发起奏请变通科举内容，以求真才实学。其大旨谓八股文限于程式，代圣人发言，有如倡优；加以试题割裂搭截经文，使士子皆趋于纤小无用之研究，消磨其天赋才智及大好光阴，其最高之廷试，特重楷法，以书手而任大政，何补于国？此辈幸而中式任官，将来取士，亦专赖此辈。中式以后，更无暇广读有用之书，其无知如故，不仅茫然于国外情势，甚至本国史事亦多无所知，诸子百家更无论矣。在闭关自守之时，以愚人治愚国，尚无大碍。目前海禁大开，面对泰西诸强，彼以智，我以愚，胜负显然。况除士子以外，农工商及妇女，亦皆不学，更无所知；何以裕国？何以启后？言之慨然。因是速建变更科举内容之议，克期改试经制之科，以经世致用为主，废除八股试帖体格，使人才咸趋于有用之学，借以救亡。

○ 第九节　译书

括有（1）译书，（2）日文二目。其说如左：

（1）译书

（饮冰室文集之一论译书——光绪二十二年）昔辽耶律德光谓晋臣曰：中国事，吾皆知之；吾国事，汝曹不知也。以区区之辽，犹且持此道以亡中国；况声明文物，典章制度，远出于辽人万万者乎？

欲捄斯弊，厥有二义：其一使天下学子自幼咸习西文；其二，取西人有用之书，悉译成华字。斯二者不可缺一。而由前之说，其收效必在十年以后；由后之说，则一书既出，尽天下有志之士，皆受其益。数年之间，流风沾被，可以大成。今之中国汲汲顾影，深惟治标之义，不得不先取中学成材之士而教之，养其大器，以为捄焚拯溺之用。且学校贡举之义既倡，举国喁喁向风，而一切要籍，

不备万一，则将何所挟持以教士取士耶？故译书实本原之本原也。大哉圣人乎！太祖高皇帝命子弟近臣，肄唐古忒文，诵蒙古记载，遂以抚蒙古。太宗文皇帝受命建国，首以国书译史鉴，乃悉知九州扼塞及古今用兵之道，遂以屋明社。圣祖仁皇帝万几之暇，日以二小时就西士习拉体诺文；任南怀仁等至卿贰，采其书以定历法。高宗纯皇帝开四库馆，译出西书四十一家，悉予箸录。宣宗成皇帝时，俄罗斯献书三百五十余号，有诏庋秘府，择要译布。然则当祖宗之世，边患未形，外侮未亟，犹重之也如此。苟其处今日之天下，则必以译书为强国第一义，昭昭然也。且论者亦知泰东西诸国，其盛强果何自耶？泰西格致性理之学，原于希腊；法律政治之学，原于罗马；欧洲诸国各以其国之今文，译希腊罗马之古籍。译成各书，立于学官，列于科目，举国习之，得以神明其法，而损益其制。故文明之效，极于今日。俄罗斯崎岖穷北，受辖蒙古，垂数百年；典章荡尽。大彼得躬游列国，尽收其书译为俄文，以教其民；俄强至今。日本自彬田翼等，始以和文译荷兰书，洎尼虚曼孑身逃美，归而大畅斯旨。至今日本书会，凡西人致用之籍，靡不有译本。故其变法灼见本原，一发即中，遂成雄国；斯岂非其明效大验耶？彼族知其然也，故每成一书，展转互译。英著朝脱稿，而法文之本，夕陈于巴黎之肆矣。法籍昨汗青，而德文之编，今庋于柏林之库矣。世之守旧者，徒以读人之书，师人之法为可耻，而宁知人之所以有今日者，未有不自读人之书，师人之法而来也。问者曰：中国自通商以来，京师译署，天津水师学堂，上海制造局，福州船政局，及西国教会医院；凡译出之书，不下数百种，使天下有志之士，尽此数百种而读之，所闻不已多乎？曰：此真学究一孔之论，而吾向者所谓知而不知，不知而自谓知焉者也。有人于此，挟其节本仪礼左传，而自命经术；抱其纲鉴易知录，廿一史弹词，而自诩史才。稍

有识者，未尝不嗤其非也。今以西人每年每国新著之书，动数万卷；举吾所译之区区置于其间，其视一蚊一虻不如矣。况所译者未必为彼中之善本也。即善本矣，而彼中群学，日新月异，新法一出，而旧论辄废。其有吾方视为瑰宝，而彼久吐弃不屑道者，比比然也。即不如是，而口授者未必能无失其意也，笔授者未必能无武断其词也。善夫！马君眉叔之言曰：今之译者，大抵于外国之语言，或稍涉其藩篱，而其文字之微辞奥旨，与夫各国之所谓古文词者，率茫然未识其名划？或仅通外国文字语言，而汉文则粗陋鄙俚，未窥门径。使之从事译书，阅者展卷未终，俗恶之气，触人欲呕。又或转请西人之稍通华语者，为之口述；而旁听者乃为仿佛摹写其词中所欲达之意，其未能达者，则又参以己意，而武断其间。盖通洋文者，不达汉文；通汉文者，又不通洋文；亦何怪乎所译之书，皆驳杂迂讹，为天下识者鄙夷而讪笑也？吁！中国旧译之病，尽于是矣。虽其中体例严谨，文笔雅驯者，未始无之；而驳杂繁芜，讹谬俚俗，十居六七。是此三百余种之书，所存不及其半矣。而又授守旧家以口实，谓西学之书，皆出猥陋俗儒之手，不足以寓目。是益为西学病也。故今日而言译书，当首立三义：一曰，择当译之本；二曰，定公译之例；三曰，养能译之才。请言译本。中国官局旧译之书，兵学几居其半。中国素未与西人相接，其相接者兵而已。于是震动于其屡败之烈，怵然以西人之兵法为可惧，谓彼之所以驾我者，兵也。吾但能师此长技，他不足敌也。故其所译，专以兵为主。其间及算学电学化学水学诸门者，则皆将资以制造，以为强兵之用。此为宗旨刺谬之第一事。起点既误，则诸线随之。今将择书而译，当知西人之所强者兵，而所以强者不在兵，不师其所以强，而欲师其所强，是欲前而却行也。达于此义，则兵学之书，虽毋译焉可也。

又如：

（饮冰室文集之二大同译书局叙例——光绪二十三年）译书真今日之急图哉！天下识时之士，日日论变法，然欲变士，而学堂功课之书，靡得而读焉？欲变农，而农政之书，靡得而读焉？欲变工，而工艺之书，靡得而读焉？欲变商，而商务之书，靡得而读焉？欲变官，而官制之书，靡得而读焉？欲变兵，而兵谋之书，靡得而读焉？欲变总纲，而宪法之书，靡得而读焉？欲变分目，而章程之书，靡得而读焉？今夫瞽者虽不忘视，跛者虽不忘履，其去视履固已远矣。虽欲变之，孰从而变之？无已，则举一国之才智，而学西文，读西籍，则其事又迂远，恐有所不能待。即学矣，未必其即可用，而其势又不能举一国之才智而尽出于此一途也。故及今不速译书，则所谓变法者，尽成空言；而国家将不能收一法之效。虽然，官译之书，若京师同文馆，天津水师学堂，上海制造局，始事迄今，垂三十年，而译成之书不过百种。近且悉辍业矣。然则以此事望之官局，再自今以往，越三十年，得书可二百种，一切所谓学书农书工书商书兵书宪法书章程书者，犹是万不备一。而大事之去，固已久矣。是以愤懑，联合同志，创为此局，以东文为主，而辅以西文；以政学为先，而次以艺学。至旧译希见之本，邦人新著之书，其有精言，悉在采纳。或编为丛刻，以便购读；或分卷单行，以广流传。将以洗空言之诮，增实学之用；助有司之不逮，救燃眉之急难。其或忧天下者之所乐闻也。

以上两文均言译书之重要，而谓自有同文馆以来，数十年所译之书，皆限于兵学艺学，实则泰西所擅长者不限于此二者，且二者仅为其学术之成果，而非西学之主体。例如政治学，资生学（即经济学），智学（即哲学），社会学，理化动植矿等自然科学，无一非根本之学，尤有先行译述之必要。又前此所译之书，或借外人口授，国人笔述，不尽切合；或译述之人仅通西文，而中文非所擅长，致

俚俗难读，学者多鄙视之，所谓言之无文，行之不远是也。任公主张广译西籍，尤须以通人之笔为之，其范围应包括各方面。为谋事半功倍，他力主先从日文间接缁译，其说如左：

(2) 日文

（饮冰室文集之一变法通议——光绪二十二年）日本与我为同文之国，自昔行用汉文。自和文肇兴，而平假名片假名等，始与汉文相杂厕。然汉文犹居十六七。日本自维新以后，锐意西学；所缁彼中之书，要者略备。其本国新著之书，亦多可观。今诚能习日文以译日书，用力甚鲜，而获益甚巨。计日文之易成，约有数端。音少，一也。音皆中之所有，无棘刺扞格之音，二也。文法疏阔，三也。名物象事，多与中土相同，四也。汉文居十六七，五也。故黄君公度谓可不学而能，苟能强记，半岁无不尽通者。以此视西文，抑又事半功倍也。

又如：

（饮冰室文集之四论学日本文之益——光绪二十五年）哀时客既旅日本数月，肄日本之文，读日本之书，畴昔所未见之籍，纷触于目；畴昔所未穷之理，腾跃于脑。如幽室见日，枯腹得酒，沾沾自喜，而不敢自私。乃大声疾呼，以告同志曰：我国人之有志新学者，盍亦学日本文哉！日本自维新三十年来，广求智识于寰宇，其所译所著有用之书，不下数千种，而尤详于政治学，资生学，智学，群学等。皆开民智强国基之急务也。吾中国之治西学者固微矣，其译出各书，偏重于兵学艺学，而政治资生等本原之学，几无一书焉。夫兵学艺学等专门之学，非舍弃百学而习之，不能名家；即学成矣，而于国民之全部，无甚大益。故习之者希，而风气难开焉。使多有政治学等类之书，尽人而能读之，以中国人之聪明才力，其所成就，岂可量哉？今者余日汲汲将译之以饷我同人。然待译而读之缓而少，

不若学日文而读之速而多也。此余所以普劝我国人之学日本文也。或问曰：日本之学从欧洲来耳，而欧学之最近而最精者，多未能流入日本，且既经重译，失真亦多，与其学日本文，孰若学英文矣。答之曰：子之言固我所知也；虽然，学英文者经五六年而始成，其初学成也，尚多窒碍，犹未必能读其政治学资生学智学群学等之书也。而学日本文者，数日而小成，数月而大成；日本之学，已尽为我有矣。天下之事，孰有快于此者？夫日本于最新最精之学，虽不无欠缺，然其大端固已粗具矣。中国人而得此，则其智慧固可以骤增，而人才固可以骤出；如久餍糟糠之人，享以鸡豚，亦已足果腹矣，岂必太牢然后为礼哉？且行远自迩，登高必自卑；先通日文，以读日本所有之书，而更肄英文以读欧洲之书，不亦可乎？吾之为此言，非劝人以不必学英文也，特于学英文之前，不可不先通日本文云尔。或又问曰：子言学日本文如此其易也，然吾见有学之数年而未能成者，甚矣吾子之好诳也。答之曰：有学日本语之法，有作日本文之法，有学日本文之法；三者当分别言之。学日本语者一年可成，作日本文者半年可成，学日本文者数日小成，数月大成；余之所言者，学日本文以读日本书也。日本文汉字居十之七八，其专用假名，不用汉字者，惟脉络词及语助词等耳。其文法常以实字在句首，虚字在句末；通其例而颠倒读之，将其脉络词语助词之通行者，标而出之，习视之而熟记之，则已可读书而无窒阂矣。余辑有和文汉读法一书，学者读之，真不费俄顷之脑力，而所得已无量矣。此非欺人之言，吾同人多有经验之者，然此为已通汉文之人言之耳。若未通汉文，而学和文，其势必至颠倒错杂，而无所成。

以上两文，力言彼时之日文，因汉字占大部分，其文法亦至简易，以国文通顺者学之，真是数日小成，数月大成。且日人锐意翻译西书，种类咸备，我在过渡时期利用日文译书，既速且多，又易

于达意。

○ 第十节　其他

括有：(1) 孔教，(2) 孔子非宗教家。其说如左：

(1) 孔教

(饮冰室文集之三论中国人种之将来——光绪二十五年) 孔门之为教，有特别普通之二者。特别者，所谓中人以上，可以语上也。普通者，所谓中人以下，不可以语上也。普通之教，曰诗书礼乐，凡门弟子皆学之焉。论语谓之为雅言，雅者通常之称也。特别之教，曰易春秋，非高才不能受焉。得春秋之传者为孟子，得易之传者为庄子。普通之教，谓之小康；特别之教，谓之大同。然天下中才多而高才少，故传小康者多而传大同者少。大同小康，如佛教之大乘小乘，因说法有权实之分，故立义往往相反。耽乐小乘者，闻大乘之义而却走；且往往执其偏见以相攻难，疑大乘之非佛说。故佛说华严经时，五百声闻，无一闻者。孔教亦然，大同之教，非小康弟子之所得闻；既不闻矣，则因而攻难之。故荀卿言：凡学始于诵诗，终于读礼，不知有春秋焉。孟子全书，未尝言易，殆不知有易焉。盖根器各不同，而所授亦异，无可如何也。而自秦汉以至今日，儒者所传，只有小康一派。无怪乎孔子之真面目，不可得见也。今将孔门二大系统，列其流派如下：

大同教派——
- 有子——
  - 子游
  - 子夏——田子方——庄子
  - 子张
- 曾子——子思——子思门人——孟子

小康教派——仲弓————————————荀子

由是观之，则大同教派之大师，庄子孟子也。小康教派之大师，荀子也。而自秦汉以后，政治学术，皆出于荀子。故二千年皆行小

康之学，而大同之统殆绝之所由也。今先将荀子全书，提其纲领，凡有四大端：

一、尊君权。其徒李斯传其宗旨，行之于秦，为定法制。自汉以后，君相因而损益之。二千年所行，实秦制也。此为荀子政治之派。

二、排异说。荀子有非十二子篇，专以攘斥异说为事。汉初传经之儒，皆出荀子；故袭用其法，日以门户水火为事。

三、谨礼仪。荀子之学，不讲大义，而惟以礼仪为重。束身寡过，拘牵小节。自宋以后，儒者皆蹈袭之。

四、重考据。荀子之学，专以名物制度训诂为重。汉兴，群经皆其所传，龂龂考据，浸成马融郑康成一派。至本朝而大受其毒，此三者为荀子学问之派。

(2) 孔子非宗教家

(饮冰室文集之九保教非所以学孔论——光绪二十八年) 今之持保教论者，闻西人之言曰：支那无宗教，辄怫然怒形于色，以为是诬我也，是侮我也。此由不知宗教之为何物也。西人所谓宗教者，专指迷信宗仰而言；其权力范围，乃在躯壳界之外，以灵魂为根据，以礼拜为仪式，以脱离尘世为目的，以涅槃天国为究竟，以来世祸福为法门；诸教虽有精粗大小之不同，而其概则一也。故奉其教者，莫要于起信，莫急于伏魔。起信者，禁人之怀疑，窒人思想自由也；伏魔者，持门户以排外也。故宗教者非使人进步之具也。于人群进化之第一期，虽有大功德，其第二期以后，则或不足以偿其弊也。孔子则不然，其所教者，专在世界国家之事，伦理道德之原，无迷信，无礼拜，不禁怀疑，不仇外道。孔教所以特异于群教者在是。质而言之，孔子者，哲学家，经世家，教育家，而非宗教家也。西人常以孔子与梭格拉底并称，而不以之与释迦、耶稣、摩诃末并称，诚得其真也。夫不为宗教家，何损于孔子？孔子曰：未能事人，焉

能事鬼？未知生，焉知死？子不语怪力乱神。盖孔子立教之根柢，全与西方教主不同。吾非必欲抑群教以扬孔子；但孔教虽能有他教之势力，而亦不至有他教之流弊也。然则以吾中国人物论之，若张道陵可谓之宗教家；若袁了凡，可谓之宗教家；而孔子则不可谓之宗教家。宗教之性质，如是如是。

持保教论者，辄欲设教会，立教堂，定礼拜之仪式，著信仰之规条，事事摹仿佛耶！惟恐不肖。此靡论其不能成也，即使能之，而诬孔子不已甚耶？孔子未尝如耶稣之自号化身帝子。孔子未尝如佛之自称统属天龙。孔子未尝使人于吾言之外皆不可信，于吾教之外皆不可从。孔子，人也，先圣也，先师也，非天也，非鬼也，非神也。强孔子以学佛耶，以是云保；则所保者必非孔教矣。无他，误解宗教之界说，而艳羡人以忘我本来也。

孔子是否为宗教家，在我国维新时期，主张不一。热心者流，因保国而更有保教之说。任公之态度，初时或囿于师说，不无模棱。然稍后则显然认定所谓孔教并非宗教，而为教育。以上第一文，开宗明义，称孔门之为教，则教育之教，而非宗教之教也。第二文，更排斥保教论者，而辨明宗教之意，“专指迷信宗仰而言，其权力范围，乃在躯壳界之外，以灵魂为根据，以礼拜为仪式，以脱离尘世为目的，以涅槃天国为究竟，以来世祸福为法门……故奉其教者，莫要于起信，莫急于伏魔”。此皆与孔门之教大异其趣。由此，可以证明所谓孔教并非宗教，而为教育。因而断言保教论者辄欲设教会，立教堂，定礼拜之仪式，著信仰之规条；事事摹仿佛耶，惟恐不肖；此靡论其不能成也，即使能之，而诬孔子不已甚耶？任公在此时之主张，实与蔡孑民先生完全相同。

第五章 蔡元培的教学思想

一

元培，字鹤卿，一字孑民。其行谊分别据黄世晖著蔡孑民先生传略上及高平叔著蔡孑民先生传略下，如左：

（甲）蔡孑民先生传略上

一、家世及其幼年时代

蔡氏以明季自诸暨迁山阴，其初以艺山售薪为业，至孑民之高祖以下，始为商。孑民之祖名嘉谟，字佳木，为某典经理，以公正著。其父名光普，字耀山，为钱庄经理，以长厚称，家中人至以“爱无差等”笑之。孑民之母周氏，贤而能，以民国纪元前四十四年（一八六七）一月十一日（即清同治六年十二月十七日）生孑民。方孑民丧父时，仅十一岁；有一兄，十三岁，又有一弟，九岁。其父素宽于处友，有贷必应，欠者不忍索，故殁后无积蓄。世交中有欲集款以赠其遗孤者，周氏不肯承认，质衣饰，克勤克俭，抚诸儿成立，每以“自立”“不倚赖”勉之。常自言：“每有事与人谈话，先豫想彼作何语，我宜以何语应之；既毕，又返省彼作何语，我曾何语，有误否，以是鲜偾事。”故孑民之宽厚，为其父之遗传性；其不苟取，不妄言，则得诸母教焉。

孑民有叔父，名铭恩，字茗珊，以廪膳生乡试中式，工制艺，门下颇盛，亦治诗古文辞，藏书亦不少。孑民十余岁，即翻阅史记，

汉书，困学纪闻，文史通义，说文通训定声诸书，皆得其叔父之指导焉。孑民自十三岁以后，受业于同县王子庄君，王君名懋脩，亦以工作艺名，而好明季掌故，尤服膺刘蕺山先生，自号其斋曰蕺仰山房。故孑民二十岁以前，最崇拜宋儒，母病，躬侍汤药，曾刲臂和药以进（孑民有叔父曰纯山，曾因母病而刲臂，家中传说其母得延寿十二年，故孑民仿为之，其后三年，母病危，孑民之兄元坚又刲臂以进，卒无效）。居母丧，必欲行寝苫枕块之制，为家人所阻；于夜深人静后，忽挟枕席赴棺侧。其兄弟闻之，知不可阻，乃设床于停棺之堂，而兄弟共宿。母丧既除而未葬，其兄为之订婚，孑民闻之，痛哭，要求取销，自以为大不孝。其拘迂之举动，类此者甚多。

二、旧学时代

孑民以十七岁补诸生，自此不治举子业，专治小学，经学，为骈体文。偶于书院中为四书文，则辄以古书中通假之字易常字，以古书中奇物之句法易常调，常人几不能读。院长钱振常、王继香诸君转以是赏之；其于乡会试，所作亦然，盖其好奇而淡于禄利如此。然已丑庚寅乡会试联捷，而壬辰得翰林庶吉士，甲午补编修，在孑民亦自以为出于意外云。

孑民二十岁，读书于同乡徐氏，兼为校所刻书，徐氏富藏书，因得博览，学大进。

孑民之治经，偏于故训及大义，其治史，则偏于儒林文苑诸传，艺文志及其他关系文化风俗之记载。不能为战史，政治史及地理官制之考据。盖其尚推想而拙于记忆，性近于学术而不宜于政治，于旧学时代，已见其端矣。

孑民二十四岁，被聘为上虞县志局总纂，因所定条例，为分纂所反对，即辞职。一生难进易退，大抵如此。

三、委身教育时代

自甲午以后，朝士竞言西学，孑民始涉猎译本书。戊戌，与友人合设一东文学社，学读和文书。是时，康、梁新用事，拜康门者踵相接。孑民与梁卓如君有己丑同年关系，而于戊戌六君子中，尤佩服谭复生君。然是时梁、谭皆在炙手可热之时，耻相依附，不往纳交，直至民国七年，为对德宣战问题，在外交后援会演说，始与梁卓如君相识，其孤僻如此。然八月间，康党失败，而孑民即于九月间请假出京，其乡人因以康党疑之，彼亦不与辩也。

孑民是时持论，谓康党所以失败，由于不先培养革新之人才，而欲以少数人弋取政权，排斥顽旧，不能不情见势绌。此后北京政府，无可希望；故抛弃京职，而愿委身于教育云。

是时绍兴绅士徐君方经营一中学校，名曰绍兴中西学堂，徐君自任堂董，而荐孑民为监督。校中有英法两外国语，然无关于思想，孑民与教员马用锡君、杜亚泉君均提倡新思想，马君教授文辞，提倡民权女权；杜君教授理科，提倡物竞争存之进化论，均不免与旧思想冲突。教员中稍旧者，日与辩论，孑民常右新派，旧者恨之，诉诸堂董。堂董以是年正人心之上谕送学堂，属孑民恭书而县诸礼堂，孑民愤而辞职。

孑民为中西学堂监督时，丧其妻王氏，未期，媒者纷集。孑民提出条件，曰：（一）女子须不缠足，（二）须识字者，（三）男子不取妾，（四）男死后，女可再嫁，（五）夫妇如不相合，可离婚。媒者无一合格，且以后两条为可骇。后一年，始访得江西黄尔轩先生之女，曰世振，字仲玉，天足，工书画，且孝于亲（曾因父病刲臂），乃请江西叶祖乡君媒介，始订婚焉。是时，孑民虽治新学，然崇拜孔子旧习，守之甚笃，与黄女士行婚礼时，不循浙俗，挂三星画轴，而以一红幛子缀“孔子”两大字；又于午后开演说会，云以

代闹房。

其时孑民好以公羊春秋三世义说进化论，又尝为三纲五伦辩护，曰：“纲者，目之对，三纲，为治事言之也。国有君主，则君为纲，臣为目；家有户主，则夫父为纲，而妇子为目。此为统一事权起见，与彼此互相待遇之道无关也。互相待遇之道，则有五伦，故君仁、臣忠，非谓臣当忠而君可以不仁也；父慈、子孝，非谓子当孝而父可以不慈也；夫义、妇顺，非谓妇当顺而夫可以不义也。晏子曰：‘君为社稷死则死之。’孔子曰：‘小杖则受，大杖则走。’若如俗所谓君要臣死，臣不得不死，父要子死，子不得不死者，不特不合于五伦，亦不合于三纲也。”其时孑民之见解盖如此。

庚子辛丑之间，孑民与童亦韩君至临安县，为绍兴侨农设一小学校。又在浙江省城议改某书院为师范学校，未成。

辛丑，膺澄衷学堂总理刘君之请，代理一月。

是年，南洋公学开特班，招生二十余人，皆能为古文辞者，拟授以经世之学，而拔其尤，保送经济特科。以江西赵从蕃君为管理，而孑民为教授，由学生自由读书，写日记，送教授批改，每月课文一次，由教授评改。孑民又教诸生以读和文之法，使自译和文书，亦为之改定云。是时，孑民于日记及课文评语中，多提倡民权之说，学生中最为孑民所赏识者，即闻泰、洪文祥、王茂孙、胡仁源、殷祖伊诸君；其次则谢沉（无量）、李同（叔同）、黄炎培、项骧、贝寿同诸君。

是年之冬，蒋观云君与乌目山僧发起女学校，孑民与陈梦坡君、林少泉君赞成之，罗加陵女士任每月经费之一部。建设后，名曰爱国女学校，由蒋君管理；及蒋君赴日本，由孑民管理之。是时留寓上海之教育家叶浩吾君、蒋观云君、钟宪鬯君等，发起一会，名曰中国教育会，举孑民为会长。

南洋公学自开办以来，有一部分之教员及管理员，不为学生所喜；吴稚晖君任公学教员时，为组织卫学会，已起冲突，学生被开除者十余人，吴君亦以是辞职，赴日本。而不孚人望之教员，则留校如故。是年，有中院第五班生，以误置墨水瓶于讲桌上，为教员所责，同学不平，要求总理去教员，总理不允，欲惩戒学生，于是激而为全体退学之举。特班生亦牺牲其保举经济科之资格，而相率退学。论者谓为孑民平日提倡民权之影响，孑民亦以是引咎而辞职。

南洋公学学生既退学，谋自立学校，乃由孑民为介绍于中国教育会，募款设校，沿女学校之名，曰爱国学社，以孑民为代表，请吴稚晖君、章太炎君等为教员，与苏报订约，每日由学社教员任论说一篇（孑民及吴章诸君，凡七人，选任之，一周而遍），而苏报馆则每月助学社银一百元以为酬。于是苏报馆遂为爱国学社之机关报矣。吴君又发起张园演说会，倡言革命，会南京陆师学堂退学生十余人，亦来学社，章行严君其一也；于是请彼等教授兵式体操，孑民亦剪发，服操衣，与诸生同练步伐。无何，留日学生为东三省俄兵不撤事，发起国民教育会，于是爱国学社亦组织义勇队以应之；是时，爱国学社几为国内惟一之革命机关矣。

方爱国学社之初设也，经费极支绌，其后名誉大起，捐款者渐多，而其中高材生，别招小学生徒，授以英算，所收学费，亦以一部归入学社，于是学社勉可支持，而其款皆由中国教育会经理。社员有以是为不便者，为学社独立之计划，布其意见于学社之月刊，是时会中已改举乌目山僧为会长，而孑民为副会长与评议长，于是开评议会议之。孑民主张听学社独立，谓鉴于梁卓如与汪穰卿争时务报，卒以两方面均无结果，而徒授反对党以口实，乌目山僧赞成之，揭一文于苏报，贺爱国学社独立，而社员亦布"敬谢中国教育会"一文以答之。此问题已解决矣，而章太炎君不以为然，以前次

评议会为少数者之意见，则以函电招离沪之评议员来，重行提议，多数反对学社独立。孑民以是辞副会长及评议长，而会员即举章君以代之，于是孑民不与闻爱国学社事矣。

方孑民尽力于爱国学社时，其兄鉴清亦在上海，甚危之，与戚友商议，务使孑民离上海。然孑民对于学社，方兴高采烈，计无所出，及其决计脱离学社，于是由沈乙斋君从容劝其游学，孑民言游学非西洋不可，且非德国不可，然费安从出？沈谓吾当为君筹之，其后告以汤张刘徐等，均每月贷款若干，于是探行程于陈敬如君，则谓是时启行，将以夏季抵红海，热不可耐，盍以秋季行，且盍不先赴青岛习德语，于是有青岛之行。

当孑民任南洋公学教员时，曾于暑假中，游历日本。到东京未久，适吴稚晖君以陆军学生事，与驻公使蔡钧冲突，由日警强迫上船，是时，陆仲芬君等将伴送至长崎，相与议曰："万一所来船直赴天津，则甚危，谁可偕去?"孑民以在日本无甚要事，且津京均旧游地，则曰："我偕去。"于是偕吴君归国，或疑孑民曾在日本留学者，误也。

张园之演说会，本合革命与排满为一谈，而是时邹蔚丹君作革命军一书，尤持"杀尽胡人"之见解，孑民不甚赞同，曾于苏报中揭释满仇一文，谓"满人之血统，久已与汉族混合，其言语及文字，亦已为汉语汉文所淘汰，所以为满人所标识者，惟其世袭爵位，及不营实业而坐食之特权耳。苟满人自觉，能放弃其特权，则汉人决无杀尽满人之必要"，云云（其文惟从前坊间所印之"黄帝魂"曾选之)，当时注意者甚鲜，及辛亥革命，则成为舆论矣。

孑民到青岛不及一月，而上海苏报案起，不涉孑民。案既定，孑民之戚友，以为游学之说，不过诱孑民离上海耳；今上海已无事，无游学之必要，遂取消每月贷款之议，而由孑民之兄，以上海有要

事之电，促孑民回。既回，遂不能再赴青岛，而为外交报馆译日文以自给。

孑民在青岛不及三月，由日文译德国科培氏哲学要领一册，售稿于商务印书馆，其时无参考书，又心绪不甚宁，所译人名多诘屈，而一时笔误，竟以空间为宙，时间为宇，常欲于再版时修正之。

四、革命运动时代

孑民自青岛回，中国教育会新得一会员，为甘肃陈竞全君，自山东某县知县卸任来沪，小有积蓄，必欲办一日报，仍由孑民与王小徐君、汪允宗君等组织之。陈君任印刷费及房费，而办报者皆尽义务。推王君为编辑，以是时俄事方亟，故名曰俄事警闻，不直接谈革命，而常绎述俄国虚无党历史以间接鼓吹之，每日有论说两篇，一文言，一白话，其题均曰告某某，如告学生，告军人之类。此报于日俄战争后，改名警钟，其编辑，由王君而嬗于孑民，又嬗于汪允宗、林少泉、刘申叔诸君，自王君去后，均不先直接谈革命，历数年之久，卒被封禁云。

是时西洋社会主义家，废财产，废婚姻之说，已流入中国，孑民亦深信之，曾于警钟中揭新年梦小说以见意，惟其意，以为此等主义，非世界大多数人承认后，决难实行，故传播此等主义者，万不可自失信用。尔时中国人持此主义者，已既不名一钱，亦不肯工作，而惟攫他人之财以供其挥霍，曰："此本公物也。"或常作狭邪游，且诱惑良家女子，而有时且与人妒争，自相矛盾，以是益为人所姗笑。孑民尝慨然曰："必有一介不苟取之义，而后可以言共产，必有坐怀不乱之操，而后可以言废婚姻。"即对于此辈而发也。

自东京同盟会成立后，杨笃生君、何海樵君、苏凤初君等，立志从暗杀下手，乃集同志六人，学制造炸药法于某日人，立互相监察之例，甚严。何君到上海，访孑民密谈数次，先介绍入同盟会，

次介绍入暗杀团，并告以苏君将来上海，转授所学于其他同志。其后苏君偕同志数人至，投孑民，孑民为赁屋，并介绍钟宪鬯君入会，以钟君精化学，且可于科学仪器馆购仪器药品也。开会时，设黄帝位，写誓言若干纸，如人数，各签名每纸上，宰一鸡，洒血于纸，跪而宣誓，并和鸡血于酒而饮之，其誓言，则每人各藏一纸，乃教授制药法，若干日而毕。既能造药矣，而苦无弹壳。未几，黄克强、蒯若木诸君，先后自东京来，携弹壳十余枚。是时王小徐君、孙少侯君已介绍入会，乃由孙君携弹药至南京隐僻处，试之，不适用。其后杨笃生君来，教此事尤极热心，乃又别赁屋作机关，日与王钟诸君研究弹壳之改良，其时费用，多由孙君担任，而经营机关，则孑民与其弟元康任之。元康既由孑民介绍入会，则更介绍其同乡王子余、俞英厓、王叔枚、裘吉生及徐伯荪诸君。徐君是时已联络嵊、天台诸会党，而金、衢、严、处诸府会党，则为陶焕卿君所运动。孑民既介绍陶君入会，则乘徐、陶二君同到上海之机会，由孑民与元康介绍陶君于徐君，而浙江会党始联合焉。制弹久不成，杨君奋然北行，抵保定，识吴樾君及其他同志三人，介绍入会，并为吴君介绍于孑民，言吴君将送其妹来上海. 进爱国女学校。吴君后来函，言有事不能即来，未久而中国第一炸弹，发于考察宪政五大臣车上，孑民等知发者为吴君，则弹必出杨君手，恐其不能出京，孙少侯君乃借捐官事，北上，访杨君于译学馆，知已被嫌疑，有监察者。其后杨君卒以计得充李木斋君随员而南下。

孑民既卸警钟编辑之任，则又为爱国女学校校长，其时并不取贤母良妻主义，乃欲造成虚无党一派之女子，除年幼者，照通例授普通知识外，年长一班，则为讲法国革命史，俄国虚无党主义等，且尤注重化学。然此等教授法，其成效亦未易速就；其后，遂由中国教育会中他会员主持，渐改为普通中学校矣。

五、游学时代

子民在上海所图皆不成，意颇倦，适绍兴新设学务公所，延为总理，丙午春，遂回里经事，未久，以所延干事，受人反对，后又以筹款设师范班，受人反对，遂辞职。

是时清政府议派编检出洋留学，子民遂进京销假，请留学欧洲。无何，愿赴欧美者人数太少，而政府又绌于经费，悉改派赴日本。子民不愿，而译学馆自杨笃生出京，尚未得适当之国文教员，章一山君延子民任之，兼授西洋史，教授数月，颇受学生欢迎。

丁未，孙慕韩君任驻德公使，允每月助子民以学费三十两，又商务印书馆亦订定，每月送编译费百元，子民于是偕孙君赴柏林。

在柏林一年，习德语外，并编书，又由孙君介绍，以国文授唐氏子弟四人（每月得脩德币百马克）。第二年，迁居来比锡，进大学听讲，凡三年；于哲学、文学、文明史、人类学之讲义，凡时间不冲突者，皆听之，尤注重实验心理学及美学。曾进实验心理学研究所，于教员指导之下，试验各官能感觉之迟速，视后遗像，发音颤动状比较表等。进世界文明史研究所，研究比较文明史，又于课余，别延讲师到寓所，讲授德国文学，此数年中，编中学修身教科书五册，中国伦理学史一册，译包尔生伦理学原理一册。

中国伦理学史，谓“孟子之杨朱即庄周，为我即全己之义，庄子中说此义者甚多。至列子杨朱篇，乃魏晋间颓废心理之产物，必非周季人所作”。又清儒中特揭黄梨洲戴东原俞理初三氏学说，以为合于民权女权之新说；黄戴二氏，前人已所注意，俞氏说，则子民始拈出之。

子民在来比锡时，闻其友李石曾言食肉之害，又读俄国托尔斯泰氏著作，描写田猎惨状，遂不食肉，尝函告其友寿孝天君，谓“蔬食有三义”：（一）卫生，（二）戒杀，（三）节用。然我之蔬食，

实偏重戒杀一义。因人之好生恶死，是否迷惑，现尚未能断定，故卫生家最忌烟酒，而我尚未断之；至节用，则在外国饭庄，肉食者有长票可购，改为蔬食而特任，未见便宜（是时尚未觅得蔬食饭馆，故云尔）。故可谓专是戒杀主义也。寿君复函，述杜亚泉君说："植物未尝无生命，戒杀义不能成立。"孑民复致函，谓："戒杀者，非论理学问题，而感情问题，感情及于动物，故不食动物，他日，若感情及于植物，则自然不食植物矣。且蔬食者非绝对不杀动物；一叶之蔬，一勺之水，安知不附有多数动物，既非人目所能见，而为感情所未及，则姑听之而已，不能以论理学绳之也矣。"

六、教育总长时代

辛亥，武昌起义，孑民受柏林同学之招，赴柏林勤为鼓吹，未几，回国，于同盟光复两会间，颇尽调停之力。南京政府成立，任教育总长，是时，陆伯鸿君方主任商务印书馆之教育杂志，曾语孑民谓："近时教育，或提倡军国民主义，提倡实利主义，此两者实不可偏废。"然孑民意以为未足，故宣布"蔡孑民对于教育方针之意见"，谓："教育界所提倡之军国民主义及实利主义，固为救时之必要，而不可不以公民道德教育为中坚，欲养成公民道德，不可不使有一种哲学上之世界观与人生观，而涵养此等观念，不可不注重美育。"美育者，孑民在德国受有极深之印象，而愿出全力以提倡之者也。

孑民所谓公民道德，以法国革命时代所揭示之自由、平等、友爱为准。自由者，富贵不能淫，贫贱不能移，威武不能屈，是也；古者盖谓之义。平等者，己所不欲，勿施于人，是也；古者盖谓之恕。友爱者，己欲立而立人，己欲达而达人，是也；古者盖谓之仁。

孙中山既辞总统职，欲派员迎袁项城来南京就职，其资格须同盟会会员而又现任阁员者，以孑民为合格，故派之。此行人人知必

不能达目的，然南京政府，必须有此一举，遂往迎。及北京兵变，知袁氏决无南来之望，乃承认其在北京就总统职。孑民有宣言，见当时北京各报。

唐少川君在北京，拟南北混合内阁名单，仍以教育总长属孑民，而孑民力持不可，荐范静生君自代，已定矣，范君时适在南京，闻讯，即行，并言决不承认；而外间不知因由者，且谓中山怪孑民不能迎袁南来，故褫其职，于是唐君仍商于孑民，孑民不能不承认矣。混合内阁中总理已入同盟会，其他阁员，则自司法、教育、农林、工商四部外，皆非同盟会会员也。同盟会员主用内阁制，以为事事皆当取决于国务院，而非同盟会员，主用总统制，以为事事须承旨于总统；于是最当冲之财政军政大问题，皆直接由总统府处理，并不报告于国务会议。孑民愤然，谓不能任此伴食之阁员，久邀王亮畴、宋遁初、王儒堂三君密议，谓宜辞职，尽由彼等组织一纯粹非同盟会之内阁，均赞成。乃以四人之公意告唐少川君，唐亦赞成。其后，唐君辞职，孑民等虽备受挽留，决不反顾，人或疑其何以固执若此，不知彼等早已有成约，且孑民为倡议人，决无唐去而独留之理也。孑民有宣言一篇，当时各报均载之。

孑民在教育总长任，于普通教育专门教育司外特设社会司，以为必有极广之社会教育，而后无人无时不可以受教育，乃可谓教育普及。又改大学之八科为七科，以经科并入文科，谓易、论语、孟子等已入哲学门，诗、尔雅已入文学门，尚书、三礼、大戴记、春秋三传已入史学门，毋庸别为一科。又以大学为研究学理之机关，宜特别注重文理两科，设法商科等而不设文科者，不得为大学；设医工农等科而不设理科者，亦不得为大学。

七、第二游学时代

民国元年夏，孑民既辞职，秋，遂偕眷属再赴德国，仍至来比

锡，仍在大学听讲，并在世界文明史研究所研究。二年夏，得上海电，以宋案促归国，遂为奔走调停，亦无效果。卒有赣宁之战。是年秋，孑民复偕眷属赴法国，住巴黎近郊一年。欧战开始，遂迁居法国西南境，于习法语外，编书，且助李石曾、汪精卫诸君，办理留法俭学会，组织华法教育会，不能如留德时之专一矣。

在法，与李、汪诸君初拟出民德报，后又拟出学风杂志，均不果。其时编哲学大纲一册，多采取德国哲学家之言，惟于宗教思想一节，谓“真正之宗教，不过信仰心，所信仰之对象，随哲学之进化而改变，亦即因各人哲学观念之程度而不同，是谓信仰自由。凡现在有仪式有信条之宗教，将来必被淘汰”。是孑民自创之说也。

孑民深信徐时栋君所谓石头记中十二金钗，皆明珠食客之说，随时考验，颇有所得。是时应小说月报之要求，整理旧稿，为石头记索隐一册，由月报分期印之，后又印为单行本；然此后尚未继续考出者，于再版三版时，均未及增入也。

其时又欲编欧洲美学丛述，已成康德美术学一卷，未印；编欧洲美术小史，成赖斐尔一卷，已在东方杂志印行。

为华工学校，编修身讲义数十首，旅欧杂志中次第印行。

八、大学校长时代

五年秋，孑民在法，得教育部电，促返国，任北京大学校长，遂于冬间回国，六年一月，始任事于北京大学。其时北京大学学生，颇为社会所菲薄，孑民推求其数，以为由学生之入大学，仍抱科举时代思想，以大学为取得官吏资格之机关，故对于教员之专任者，不甚欢迎，其稍稍认真者，且反对之。独于行政司法界官吏之兼任者，虽时时请假，年年发旧讲义，而学生特别欢迎之，以为有此师生关系，可为毕业后奥援也，故于讲堂上领受讲义，及当学期学年考试时，要求题目范围特别预备外，对于学理，毫无兴会。而听讲

以外，又无高尚之娱乐，与学生自动之组织，故学生不得不于学校以外，竞为不正当之消遣，此人格所由堕落也。乃于第一日，对学生演说时，即揭破“大学学生，当以研究学术为天责，不当以大学为升官发财之阶梯”云云。于是推广进德会，以挽奔竞及游荡之习，并延积学之教授，提倡研究学问之兴会；助成体育会、音乐会、画法研究会、书法研究会等，以供正当之消遣；助成消费公社、学生银行、校役夜班、平民讲演团等，及新潮等杂志，以发扬学生自动之精神，而引起其服务社会之习惯；从前大学预科，自为组织，不求与本科第一年相衔接。于是第一步，解散独立组织，使分隶各科。第二步，改为预科二年，本科四年，合六年课程，通盘计画，不使重复。

理科之门类既未全，设备亦甚单简，教室实验室，又无可扩张，而工科所设之门，与北洋大学全同，同为国立大学，京津相去又近，无取重设。于是商之教育部及北洋大学，以工科归并北洋，而以北洋之法科归并北京，得以所省工科之地位经费，供扩张理科之用。

旧有商科，毫无设备，而讲授普通商业学。于是第一步并入法科，为商业学门，第二步，则并商业门亦截止，而议由教育部别设完备之商科大学。

孑民之意，以为大学实止须文理科，以其专研学理也，而其他医、工、农、法诸科，皆为应用起见，皆偏于术，可仿德国理工、农、商高等学校之制，而谓之高等学校，其年限及毕业生资格，皆可与大学齐等，惟社会上，已有大学医科，大学工科之习惯，改之则必启争端，故提议以文理科为本科大学，以医、工、农、法、商为分科大学。所谓分科者，以其可独立而为医科大学、工科大学等，非如文理科必须并设也（比较元年之见解，又进一层）。又现行之专门学校四年制，于适当时期截止，因日本并设各科大学与专门两种，

流弊已见，我国不必蹈其覆辙也。在校务讨论会通过，教育部则承认此制，而不用本科分科之名。

子民又发见文理分科之流弊，即文科之史学、文学，均与科学有关，而哲学则全以自然科学为基础。乃文科学生，因与理科隔绝之故，直视自然科学为无用，遂不免流于空疏；理科学生，均与哲学有关，自然哲学，尤为自然科学之归宿。乃理科学生，以与文科隔绝之故，遂视哲学为无用，而陷于机械的世界观。又有几种哲学，竟不能以文理分者，如地理学，包有地质、社会等学理；人类学，包有生物、心理、社会等学理；心理学，素隶于哲学，而应用物理、生理仪器及方法；进化学，为现代哲学之中枢，而以地质学、生物学为根柢。彼此交错之处甚多。故提议沟通文理，合为一科，经专门以上学校会议，及教育调查之赞成，由北京大学试办。

又发现年级制之流弊，使锐进者无可见长，而留级者每因数种课程之不及格，须全部复习，兴味毫无，遂有在教室中瞌睡偷阅他书及时时旷课之弊，而其弊又传染于同学。适教员中有自美国留学回者，力言美国学校单位制之善，遂提议改年级制为单位制，亦经专门以上学校会议通过，由北京大学试办。右皆孑民长北京大学掺采众议励行革新之荦荦大端也。

国史馆停办后，仿各国例，附入北京大学史学门，孑民所规画者，分设征集、纂辑两股，纂辑股又分通史、民国史两类。通史先从长编及辞典入手，长编又分政治史及文明史两部。政治史，先编记事本末及书志，以时代为次，分期修编。凡各书有异同者，悉依原文采录之，如马骕绎史之例，俟长编竣事，乃付专门史学家，以一手修之为通史。而长编则亦将印行以备考也。文明史长编，分科学、哲学、文学、美术、宗教等部，分部修编，亦将俟编竣，而由文明史家一手编定之。辞典，分地名、人名、官名、器物、方言等，

先正史，次杂史，以次及各书，分书辑录，一见，再见，见第几卷第几叶，皆记之。每一书辑录竟，则先整理之为本书检目，俟各书辑录俱竣，乃编为辞典云。两年以来，所征集之材料及纂辑之稿，已粲然可观矣。

子民以大学为囊括大典包罗众家之学府，无论何种学派，苟其持之有故言之成理者，兼容并包，听其自由发展，曾于北京大学日刊之发刊词中详言之。然中国素无思想自由之习惯，每好以己派压制他派，执持成见，加让嘲辞，遂有林琴南君诘问之函，子民据理答之，其往复之函，具见各报，国人自有公评也。

子民最不赞成中国合食之法，而亦不赞成西洋菜，以为烹饪之法，中国最为进步，惟改合食为分食可矣；于管理爱国学校时，于办绍兴学务公所时，于长教育部时，皆提倡之，于北京大学，特备西洋食具，宴外宾时，均用中国菜。

子民最不喜坐轿，以为以人舁人，既不人道，且以两人或三四人代一人之步，亦太不经济也。人力车较为经济矣，然目视其伛偻喘汗之状，实大不忍，故有船则乘船，有公车则乘公车。彼认为脚踏车及摩托车，最文明；必不得已而思其次，则马车，以两人一马代步，而可容三四人，较轿为经济，能不竭马力，亦尚留爱物地步。其不得已而乘人力车，则先问需钱若干，到则付之，从不与之计较也。

子民于应用文极端赞成用国语。对于美术文，则以为新旧体均有美学上价值；新文学，如西洋之建筑、雕刻、图画，随科学哲学而进化；旧文学注重于音调之配置，字句之排比，则如音乐，如舞蹈，如图案，如中国之绘画，亦不得谓之非美术也。

子民对于欧战之观察，谓国民实力，不外科学美术之结果。又谓此战为强权论与互助论之竞争；同盟方面代表强权论，协约方面

代表互助论。最后之胜利，必属互助论，曾于浙江教育会及北京政学会演说之，时为五年之冬，两方胜负未决也。

孑民对于宗教，既主张极端之信仰自由，故以为无传教之必要。或以为宗教之仪式及信条，可以涵养德性，孑民反对之，以为此不过自欺欺人之举，若为涵养德性则莫如提倡美育，盖人类之恶，率起于自私自利；美术有超越性，置一身之利害于度外，又有普遍性，独乐乐不如与人乐乐，与寡乐乐不如与众乐乐，是也。故提出以美育代宗教说，曾于江苏省教育会及北京神州学会演说之。

孑民又提倡劳工神圣说，谓："出劳力以造成有益社会之事物，无论所出为体力，为脑力，皆谓之劳工，故农、工、教育家、著述家，皆劳工也；商业中，惟消费公社，合于劳工之格。劳工当自尊，不当羡慕其他不劳而获之寄生物。"曾于勤工俭学传序及天安门演说时畅言之。

孑民小名阿培，入塾时，加昆弟行通用之元字，曰元培，其叔父茗珊君字之曰鹤卿。及孑民治小学，慕古人名字相关之习，且以鹤卿二字为庸俗，乃自字曰仲申，而号曰隺庼。及在爱国学校时，自号曰民友。至警钟时代，则曰："吾亦一民耳，何谓民友？"乃取"周余黎民，靡有孑遗"二句中字，而曰孑民，以至于今焉。孑民曾改名蔡振，则因彼尝为麦鼎华君序伦理学，谓"四书五经，不合教科书体裁"适为张南皮所见，既不满麦书，而谓蔡序尤谬妄。商务印书馆，恐所印书题蔡元培名，或为政府所反对，商请改署，故孑民于所译包尔生伦理学原理，及所编中国伦理学史，皆假其妻黄女士之名，而署蔡振云。

近时蒋梦麟博士于到北京时，对于北京大学学生演说，讲到蔡先生的精神，谓："（一）温良恭俭让，蔡先生具中国最好之精神，（二）重美感，是蔡先生具希腊最好之精神，（三）平民生活，及在

他的眼中，个个都是好人，是蔡先生具希伯来最好之精神。蔡先生这种精神是那里来的，是学问来的。”闻者均以为确当。

（乙）蔡孑民先生传略下

民国八年青岛外交问题，激起空前之罢学风；潮首起于北京大学，次及于北京各校。五月四日，北大及北京各校学生有执旗示威举动，旗书“誓死争青岛”，“卖国贼曹、章、陆”等字样，并殴伤章宗祥，焚毁曹汝霖住宅。学生被捕者三十余人，北京十四校校长向警厅保释，先生以北大校长自愿一人抵罪，均未允。五月九日，总统徐世昌颁布命令，历述伤人焚宅等事，且有将滋事学生送交法庭依法办理等语。先生颇愤懑，遂于五月十日上午八时出走天津，留递辞呈两件，一致徐总统一致教育总长傅增湘，表明辞职之意，措词极为坚决，并在北京各报发表启事云：

我倦矣，“杀君马者道旁儿”，“民亦劳止，汔可小休”，我欲小休矣。北京大学校长之职，已正式辞去，其他向有关系之各学校，各集会，自五月九日起，一切脱离关系。特此声明，惟知我者谅之。

先生出京后，国人对上述启事颇误解，而于“杀君马”一语尤甚，有谓先生当段祺瑞内阁时代，有某种印刷物为段所忌；又谓先生主北大时，取学术自由主义，容纳新旧学派，为旧派所嫉；又谓学潮爆发时，政府有解散大学，罢免校长之主张，而一般旧官僚以此次学潮为北大倡导新学派之结果，咸集矢于先生。尚有望文生义者，谓“君”者指政府，“马”者指曹章，“道旁儿”指各校学生。实则先生以为非自身离京不足以弥平学潮；外传云，均非事实。

先生离京数月，学潮方始平息，政府及北大教职员学生挽留函电叠至。彼时，先生在杭州，与北来友人等商定程序，先请蒋梦麟氏北上，继发表告北京大学学生暨全国学生联合会书。九月，返校。

九年十一月，教育部派先生往欧美考察教育，与罗钧任氏同行。罗氏考察司法，先至巴黎。法国教育部表示对于吾国学者之钦崇，特授先生荣誉学位，典礼极隆重。旋赴荷兰、瑞典、意大利、比利时、德、英等国。

黄仲玉夫人于先生抵巴黎次日在北京逝世，先生在瑞士撰祭文云：

呜呼！仲玉。竟舍我而先逝耶？自汝与我结婚以来，才二十年。累汝以儿女，累汝以家计，累汝以国内国外之奔走，累汝以贫困，累汝以忧患；使汝善书，善画，善为美术之天才，竟不能无限发展，而且积劳成疾，以不得尽汝之天年，呜呼！我之负汝为如何耶！

我与汝结婚以后，屡与汝别，留青岛三阅月，留北京译学馆半年，留德意志四年，革命以后，留南京及北京九阅月，前年留杭县四阅月，加以其他短期之旅行，二十年中，与汝欢聚者不过十二三年耳。呜呼！孰意汝舍我如是其速耶！

凡我与汝别，汝往往大病，然不久即愈。我此次往湖南而汝病，我归汝病剧，及汝病渐痊，医生谓不日可以康复，我始敢放胆而为此长期之旅行。岂意我别汝而汝病转剧，以至于死。而我竟不得与汝一诀耶！

我将往湖南，汝恐我不及再回北京，先为我料理行装，一切完备，我今所服用者，何一非汝所采购，汝所整理，处处触目伤心，我其何以堪耶！

汝孝于亲，睦于弟妹，慈于子女，我不知汝临终时，一念及汝死后老父老母之悲切，弟妹之伤悼，稚女幼儿之哀痛，汝心其何以堪耶！

汝时时在纷华靡丽之场，内之若上海及北京，外之若柏林巴黎，我间欲为汝购置稍稍入时之衣饰，偕往普通娱乐之场所，而汝辄不

愿，对于北京妇女以酒食赌博相征逐，或假公益之名以骛声气而因缘为利者，尤慎避之，不敢与往来。常克勤克俭以养我之廉，以端正子女之习惯。鸣呼！我之感汝何如？而竟不得一面以报汝耶！

汝爱我以德，无微不至，对于我之饮食、起居、疾痛、疴痒，时时悬念，所不待言，对于我所信仰之主义，我所信仰之朋友，或所见不与我同，常加规劝，我或不能领受，以至与汝争论，我事后辄非常悔恨，以为何不稍稍忍耐，以免伤汝之心。鸣呼！而今而后，再欲闻汝规劝而不可得矣。我惟有时时铭记汝往日之言以待自检耳！

汝病剧时，劝我按预约之期以行，而我不肯。汝自料不免于死，常祈速死，以免误我之行期。我当时以为不过病中愤感之谈，及汝小愈，则亦置之。鸣呼！岂意汝以小愈促我行，而竟不免死于我行以后耶？

我自行后，念汝病，时时不宁。去年十一月二十八日在舶中发一无线电于蒋君，询汝近状，冀得一全愈之消息以告慰；而复电仅言小愈，我意非全愈则必加剧，小愈必加剧之讳言，聊以宽我耳，我于是益益不宁。到里昂后，即发一电于李君，询汝近况，又久不得复，直至我已由里昂而巴黎，而瑞士，始由里昂转到谭蒋二君之电，始知汝竟于我到巴黎之次日，已舍我而长逝矣。鸣呼！我之旅行为对于社会应尽之义务，本不能以私废公，然迟速之间，未尝无商量之余地。尔时，李夫人曾劝我展缓行期，我竟误信医生言而决行，致不得调护汝以蕲免于死，鸣呼！我负汝如此，我虽追悔，其尚可及耶！

我得电时，距汝死已八日矣，我既无法速归，归亦已无济于事，我不能不按我预定计划尽应尽之义务而后归。鸣呼！汝如有知，能不责我负心耶。

汝所爱者，老父老母也，我祝二老永远健康，以副汝之爱。汝

所爱者，我也，我当善自保养，尽力于社会，以副汝之厚爱。汝所爱者，威廉也，柏龄也，现在托庇于汝之爱妹，爱护周至，必不让于汝，我回国以后，必躬自抚养，使得受完全教育。为世界上有价值之人物，有所贡献于世界，以为汝母教之纪念，以副汝之爱。呜呼！我所以慰汝者如此而已。汝如有知，其能满意耶！

汝自幼受妇德之教育，居恒慕古烈妇人之所为，自与我结婚以后，见我多病而常冒危险，常与我约，我死则汝必以身殉，我谆谆劝汝，万不可如此，宜善抚子女，以尽汝为母之天职，呜呼！孰意我尚未死而汝竟先我而死耶！我守我劝汝之言，不敢以身殉汝，然我早衰而多感，我有生之年亦复易尽。死而有知，我与汝聚首之不远矣。

呜呼！死者果有知耶？我平日决不敢信；死者果无知耶？我今日为汝而不敢信。我今日惟有认汝为有知，而与汝作此最后之通讯，以稍稍纾我之悲悔耳！呜呼！仲玉。

先生在欧洲各国考察毕，于十年七月赴美国接受纽约大学哲学博士荣誉学位，旋遍游美国各大都市，为北京大学建筑图书馆向华侨募捐，是年十月，教育部电请过檀香山出席大平洋教育会议，归国。

十一年，彭允彝氏长教育，时罗钧任忽以金佛郎案被逮，比开释，彭氏再请拘捕，罗氏又入狱，引起先生及蒋梦麟、邵飘萍诸氏之不平。先生遂发表启事，表示与彭氏不能合作。悄然出京，住天津颇久，启事原文如左：

易经说："小人知进而不知退。"我国近年来有许多纠纷的事情，都是由不知退的小人酿成的，而且退的举动，并不但是消极的免些纠纷，间接的还有积极的势力，当民国七年南北和议将开的时候，北京有一个和平期成会，我也充作会员，会员里面有好几位任北方

代表的，中有一位某君在会中发言道："诸君知道辛亥革命，清室何以倒得这样快，惟一的原因，是清朝末年，大家知北京政府绝无希望，激烈点的固然到南方去做革命运动，就是和平点的也陆续离去北京，那时的北京几乎没有一个有智识有能力的人，所以革命军一起，袁项城一进京，清室就同'摧枯拉朽'的倒了。现在的政府也快到末日了，且看他觉悟了没有，若是这一次他还不肯开诚布公与南方协议，那就没有希望了，我们至少应该相率离京，并家眷也同去。"我那时听了这一番话，很为感动，当时的坏人，大抵是一无所能的居多，偶有所能，也是不适于时势的。他所以对付时局，全靠着一般胥吏式机械式的学者，替他在衙署里面办财政，办外交等等，替他在文化事业上作装饰品，除了这几项外，他还有什么维持的能力呢？当时这般胥吏式的学者，只有饭吃，有钱拿，无论什么东西都愿替他做工具，如俗语说的"有奶便是娘"的样子，实在是"助纣为虐"。他们的罪，比当局的坏人还多一点儿。

八年的春季，华北欧美同学会在清华学校开会，有一部分会员提出对于政治问题的意见，在会场上通过。我那时就问他们："我们提出去了，万一政府竟置之不理，我们怎样？我个人的意思，要是我们但为发表意见，同新闻记者的社论一样，那就不必说了；若是求有点效果，至少要有不再替政府帮忙的决心。"我那时候就缕述某君的话告大家，并且申说："现在政府那一个机关能离掉留学生，若留学生相率辞职，政府当得起么？"此是我第一次宣传某君的名言，去年春假，教职员联席会议，因教育经费没有着落，请八校校长出席发表意见，我从前一年从欧美回来不久即进病院，这一回算是第一次出席联席会议，我那时声明我的意见，说是教育经费不发，教职员无论为教课上进行障碍，或个人生计困难，止须向校长辞职，若教员辞职多了，校长当然向政府辞职，我想这种辞职的效力，要

比罢课包围教育当局还大得多，也缕述某君的一番话备他们参考，这是我第二次宣传某君的名言。但是我个人性质，是曾经吴君稚晖品评过，叫做“律己不苟而对人则绝对放任”。我自己反省起来，觉得他的品评是很不错，我对某君的名言，虽然是极端的佩服，但是除前说两次宣传外，偶然于谈话时传述过几次，却从没有用这种主张向何等人作积极的运动，不过自己向这个方面准备。我是一个比较的还可以研究学问的人，我的兴趣也完全在这一方面，自从任了半官式的国立大学校长以后，说多少不愿说的话，看多少不愿看的信，想腾出一两点钟看看书，竟做不到了，实在苦痛极了。而这个职务，又适在北京，是最高立法机关所在的地方，止见他们一天一天的堕落，议员的投票，看津贴的有无，阁员的位置，禀军阀的意旨，法律是舞文的工具，选举是金钱的决赛，不计是非，只计利害，不要人格，只要权利，这种恶浊的空气，一天一天的浓厚起来，我实不能再受了。我们的责任，在指导青年，在这种恶浊空气里面，要替这几千青年保险，叫他们不致受外界的传染，我自忖实在没有这种能力，所以早早想脱离关系。让别个能力较大的人来担任这个保险的任务。五四风潮以后，我鉴于为一个校长去留的问题，生了许多的枝节，我虽然抱了必退的决心，终不愿为一人的缘故牵动学校，所以近几年来在校中设各种机关，完全以诸位教授为中坚，决不致因为校长问题发生什么危险了。

到现在布置得如此妥当，我本来随时可以告退，不过为校中同人感情的牵率，预备到学期假中设法脱离，不意有彭允彝提出罗案再议的事件，叫我忍无可忍，不得不立刻告退了。罗案初起，我深恶吴景濂、张伯烈的阴谋，因为他们为倒阁起见，尽可用弹劾质问的手续，何以定要用不法行为，对于未曾证明有罪的人剥夺他的自由。我且深怪黎总统办事的糊涂，受一两人的胁迫，对于未曾证明

有罪的人草草下令逮捕，与前年受张勋胁迫下令解散国会实在是同一糊涂。我那时候觉得北京住不得了，我的要退的意思已经很急迫了，但是，那时候，这个案已交法庭，只要法庭能依法办理，他们倒阁的目的已达，不再有干涉司法的举动，或者于法律保障人权的主义，经一番顿挫，可以格外昭明一点，不妨看他一看。现在法庭果然依法办理，宣告不起诉理由了，而国务院乃竟提出再议的请求，又立刻剥夺未曾证明有罪的人的自由，重行逮捕，而提出者，又非司法当局，而为我的职务上天天有关系的教育当局；我不管他们打官话打得什么样圆滑，我总觉得提出者的人格是我不能再与为伍的，我所以不能再忍而立刻告退了。

先生以黄夫人逝世，已逾期年，家庭状况不能不续娶，其择偶条件：（一）原有相当认识，（二）年龄略大，（三）须熟谙英文而能为先生之助者。先生属意爱国女学旧同学周峻（养浩）女士。周女士在先生主持爱国时，即来就学，又进承志、启明诸校，毕业后，服务社会多年，且素有出国志愿，先生当托徐仲可夫人介绍（徐夫人前任爱国女学舍监，与养浩夫人善），得夫人同意，遂于十二年七月十日在苏州举行婚礼。婚后，先生、夫人携同女公子威廉，公子柏龄同往比利时。夫人及女公子进不鲁塞美术学校研究艺术，公子入比国劳动大学研究工艺。十三年春，夫人及女公子感于比利时研究艺术之不宜，改往法国，夫人进巴黎美专，女公子入里昂美专，公子仍留比学工，先生则往来于比、法两国间，照料夫人、女公子、公子学业，并襄助李石曾、吴稚晖诸氏办理里昂中法大学及华法教育事宜。

十三年秋，先生赴伦敦，与陈剑脩、黄建中、潘绍棠诸氏为退回庚子赔款之运动，旋得教育部电请赴荷兰、瑞典出席民族学会，该会专研讨哥伦布未发现新大陆前的美国民族问题。先生撰有论文

一篇，由谢寿康氏译为法文送会。与会，遇德国民族学家但采尔教授，但教授为先生留来比锡大学时之同学，劝先生往汉堡大学研究（汉堡民族博物馆材料极丰富），先生遂于十四年偕夫人赴德，在汉堡大学研究民族学。

先生于十五年二月依教育部电促返国，是时，先生尚未辞去北大校长，抵沪，适平、津交通断绝，无法北上，乃留沪参加江浙皖三省联合会。该会系响应国民革命军北伐之组织，浙江省科学院筹备处成立，推先生兼任正主任。是年冬，先生任浙江政治分会委员，赴宁波出席会议，时北洋军阀在浙又占优势，分会委员分途暂避，先生与马夷初氏同往象山，又改往临海，再乘渔船往福州。

先生在福州及厦门两阅月，由集美学校借捕鱼船送至温州，又换船至宁波，再由宁波至杭州，参加浙江政治分会。国民政府式立，遂进京，参加中央政治会议，任中央监察委员，国民政府教育行政委员会委员，试办北京、江苏、浙江三大学区。同年，先生又与李石曾、张静江诸氏提议设中央研究院及北平、浙江研究院，通过，由大学院呈准先设中央研究院，先生以大学院长兼任中央研究院长。

十七年五月，先生在大学院召开第一次全国教育会议，集各省教育行政主管人员，大学校长，及专家七十余人，会期亘两星期，议案四百余事，凡教育上重要问题多得适当之解决。是年，政府改组，大学院改为教育部，先生不愿兼任部长，并辞去所兼任之监察院长及司法部长，辞函中有“去志早决，义无返顾”等语，先生一生难进易退，大抵如此。

先上自辞去大学院长、监察院长、司法部长，专任中央研究院长后，对国事仍异常关怀。二十年冬，与张溥泉诸氏赴粤，代表中央接洽和议，当邀同粤方代表孙哲生诸氏来沪，作进一步协商，结果颇圆满。二十一年，受教育部委托整理中央大学，叠次中央执监

委员会全体会议，均出席发表意见；其他有关文化学术之重要设施，如中华教育文化基金董事会，故宫博物院，北平及上海图书馆，伦敦艺术展览会，靡不参与；而于中央研究院，尤殚思竭虑，力图进展。二十四年九月，罗致全国学者组织中央研究院评议会，并举行第一次第二次会议，规划推进学术研究之工作颇为周详。

先生一生尚推想而拙于记忆，性近于学术而不宜于政治，颇欲研究民族学以终老，先生曾言："我是一个比较的还可以研究学问的人，我的兴趣也完全在这一方面，自从任了半官式的国立大学校长，不知每天要见多少不愿意见的人，说多少不愿意说的话，看多少不愿意看的信，想腾出一两点钟看看书，竟做不到了，实在苦痛极了。"南来以后，烦杂更倍往昔，先生遂于二十四年七月，发表启事：（一）辞去兼职，（二）停止接受写件，（三）停止介绍职业。抄录原文如左：

以元培之年龄及能力，聚精会神，专治一事，犹恐不免陨越，若再散漫应付，必将一事无成，今自八月起，画一新时代，谨为左列三项之声明，幸知友谅之。

一、辞去兼职

荀子有言，"行衢道者不至"，又曰"鼯鼠五技而穷"。治学治事，非专不可。余自民元以来，每于专职以外，复兼其他教育文化事业之董事及委员等，积累既久，其数可惊，"老者不以筋力为礼，贫者不以货财为礼"，虽承各方体谅，不以奔走权门，创捐巨款相责，而文书画诺，会议主席，与及其他排难解纷，筹款置产之类，亦已应接不暇，衰老之躯，不复堪此，爰次辞去，略如左方，其所不及，以此类推。

一、中国公学校董兼董事长，二、上海法学院校董，三、上海美术专科学校校董兼主席校董，四、爱国女校董兼主席校董，五、

苏州振华女学校董，六、南通学院校董，七、北京孔德学校长，八、中华职业教育社评议员，九、中华教育文化基金董事会董事及董事长，十、故宫博物院董事及理事长，十一、鸿英教育基金董事会董事及董事长，十二、寰球中国学生会会员，十三、全国国语教育促进会会长，十四、中国经济统计社社员，十五、中华慈幼协会会员，十六、国际问题研究会会员，十七、太平洋国际学会员，十八、大同乐会董事长及副董事长，十九、音乐艺文社社员，二十、杭州农工银行监理，二一、中国教育电影协会监事，二二、上海市图书馆临时董事会董事及董事长，二三、国立北平图书馆长。

二、停止接受写件

余不工书，而索书者纷至，除拨冗写发者外尚积存数百件，方拟排日还债，而后者又接踵而至，将永无清偿之一日，今决定停收写件，俟积纸写完，再行定期接收。

三、停止介绍职业

事需人，人需事，谙悉两方情形者，本有介绍之义务。然现今人浮于事，不知若干倍，要求介绍者几乎无日无之，何厚于此，何薄于彼，一而二，二而三，以至于无穷。偶有一新设之机构或机关之长官更迭时，则往往同时同处接到我多数之介绍函，其效力遂等于零，在我费无谓之光阴，在被介绍者耗无谓之旅费，在受函者亦甚费无谓之计较与答复，三方面损失，何苦而为之。近日政府有全国学术工作咨询处，社会有职业指导所，各报亦有“自我职业介绍”及“谋事者鉴”等栏。且现在各国失业调查及救济之方案，我政府亦必将采用。个人绵力，汔可小休。

二十五年冬，先生忽卧病，濒危者再，卒以诊治得宜，调养经年，渐告痊可，此后身体转弱，时愈时发，八一三沪战后，先生忧怀国事，每欲驰往国外，争取友邦同情。二十七年春，移居香港，

二十八年迁往九龙柯士甸道新寓。又拟转入内地，襄理大计。笔者是秋过港，先生犹殷殷以昆明相晤为期，言犹在耳，但以高年远行，不堪劳瘁，均未果行。同年，先生为国际反侵略运动大会中国分会撰会歌一首云：

公理昭彰，战胜强权在今日，概不问，领土大小，军容赢诎，文化同肩维护任，武装合组抵抗术，把野心军阀尽排除，齐努力。我中华，泱泱国，爱和平，御强敌，两年来，博得同情洋溢。独立宁辞经百战，众擎无愧参全责，与友邦共奏凯旋歌，显成绩。

先生于二十九年三月三日在九龙寓所失足仆地，伤及内部，虽经输血手术，终以年高体弱，回天乏术，延至五日晨九时四十五分逝世，享年七十有四岁，遗夫人周养浩女士，子无忌、柏龄、怀新、英多、女威廉（二十八年逝世）、睟盎，先生得病经过有如王云五先生所述。

蔡先生年来息影香港，深居简出，去岁迁往九龙新寓后，更少来港，今年废历新正初四日，先生偕夫人公子等来港访谈，旋偕起香港仔午膳，顺游浅水湾等处，游兴甚浓，精神亦健。本月（三月）三日先生在寓失足仆地，而以为无碍，旋竟吐血一口，家人恐慌，即召医诊治，惟因时值星期假日，故所延西医朱惠康至午始到，并为加延马利医院内科主任凌医生会同诊察，认为先生年事已高，宜防意外，故即商定过海入养和医院悉心诊疗，途中由医生及蔡夫人侍伴，入院后，详为诊察，脉搏如常，似无大碍，乃为注射止血剂及葡萄糖针。本人于蔡先生赴院前及入院后，均往探望，见精神尚佳，无何异状，四日晨十一时再往医院探望，闻蔡夫人言未续吐血，医师亦谓如不转变，或可出险，时蔡先生正睡着，故未与谈，即行辞出。

讵至午后二时，接蔡夫人电话，谓先生病势转危，本人即往探

视，知从肛门排血甚多，精神骤衰，且不甚清醒，急为先后延请李祖佑、李树芬及外籍医师惠金生、郭克等四医生，会同朱医生诊治，均认系胃瘤出血，恐难救治。初，各医均主施行输血手术营救，惟蔡夫人以先生年事已高，恐输血反应甚大，不能抵抗，故非至万不得已时，不愿施行。至是，以先生病势沉重，气息仅存，故不得已决定实行输血，惟时已深夜，原已验定之输血遍觅不得，当时侍奉左右之蔡先生胞侄太冲及内侄同新，自愿输血，经赶往香港大学实验室检验，蔡君之血同型，乃即返院施行手术。在输血前，蔡先生已入极危险之状态，惠医生已断定无救，惟郭医生仍努力输血施救，输血后，经过良好，先生精神亦转佳。本人至今晨（五日晨）四时始辞出。当以输血收效甚速，故定今日（五日）再行二次输血，今晨八时，接医院电话知蔡先生又转危，本人即赶往医院，一面通知商务印书馆在职工中征求输血者，一面赶请医生急救，乃至九时四十五分，愿输血者数人赶至，未及施行手术，而先生已撒手长逝，痛哉！

二

本章所根据之资料，皆采自蔡元培先生全集。分为（甲）为学之部与（乙）教育之部。

（甲）为学之部

括有（一）学习，（二）修养，（三）研究诸节如左。

○ 第一节 学习

本节只括有一目，如左：

（我的读书经验）我自十余岁起，就开始读书。读到现在，将近六十年了。中间除大病或其他特别原因外，几乎没有一日不读点书的，然而我没有什么成就，这是读书不得法的缘故。我把不得法概

略写出来，可以作前车之鉴。

我的不得法，第一是不能专心：我初读书的时候，读的都是旧书，不外乎考据词章两类。我的嗜好，在考据方面，是偏于诂训及哲理的，对于典章名物，是不大耐烦的；在词章上，是偏于散文的，对于骈文及诗词，都不大热心的。然而以一物不知为耻，种种都读；并且算学书也读，医学书也读，都没读通。所以我曾经想编一部说文声系义证，又想编一本公羊春秋大义，都没有成书。所为文辞，不但骈文诗词，没有一首可存的，就是散文也太平凡了。到了四十岁以后我始学德文，后来又学法文，我都没有好好儿做那记生字练文法的苦工，而就是生吞活剥的看书，所以至今不能写一篇合格的文章，作一回短期的演说。在德国进大学听讲以后，哲学史、文学史、文明史、心理学、美学、美术史、民族学，统统去听。那时候这几类的参考书，也就乱读起来了。后来虽勉自收缩，以美学与美术史为主，辅以民族学，然而他类的书终不能割爱，所以想译一本美学，想编一部比较的民族学，也都没有成书。

我的不得法，第二是不能勤笔：我的读书本来抱一种利己主义，就是书里面的短处，也不大去搜寻他，我止注意于我所认为有用的或可爱的材料。这本来不算坏。但是我的坏处，就是我虽读的时候注意于这几点，但往往为速读起见，无暇把这几点摘抄出来，或在书上做一点特别的记号。若是有时候想起来，除了德文书检目特详，尚易检寻外，其他的书，几乎不容易寻到了。我国现虽有人编“索引”“引得”等等，又专门的辞典，也逐渐增加，寻检自然较易；但各人有各自的注意点，普通的检目，断不能如自己记别的方便。我尝见胡适之先生有一个时期，出门时常携一两本线装书，在舟车上或其他忙里偷闲时翻阅，见到有用的材料，就折角或以铅笔作记号。我想他回家后或者尚有摘抄的手续。我记得有一部笔记，说王渔洋

读书时，遇有新隽的典故或词句，就用纸条抄出，贴在书斋壁上，时时览读，熟了就揭去，换上新得的。所以他记得很多。这虽是文学上的把戏，但科学上何尝不可以仿作呢？我因从来懒得动笔，所以没有成就。

我的读书的短处，我已经经验了许多的不方便，特地写出来，望读者鉴于我的短处，第一能专心、第二能勤笔，这一定有许多成效。

蔡先生自己谦称读书不得法，系由于不能专心与不能勤笔二者。的确，要成为一位专材，是不应广读与乱读的。不过广读与乱读可使人成为通材；而作为一位教育家，尤其是教育行政家，有赖于通材者，远过于专材。蔡先生之所以成为大教育家，实基于他的通材，尤以能老而弥笃之故。至谓不能勤笔，算不得是坏事，因为能多读而少写，一面充实自己的学识，一面谨严其著作，也确是学者应有的态度。

○ 第二节　修养

括有（1）涵养，（2）科学的修养二目。其说如左：

（1）涵养

（中国伦理学史）人常有知及之，而行之则或过或不及，不能适得其中者，其毗刚毗柔之气质为之也。孔子于是以诗与礼乐为涵养心性之学。尝曰："兴于诗，立于礼，成于乐。"曰："诗可以兴，可以观，可以群，可以怨。"曰："若臧武仲之知，公绰之不欲，卞庄子之勇，冉求之艺，文之以礼乐，可以为成人矣。"其于礼乐也，在领其精神，而非必拘其仪式。故曰："礼云礼云，玉帛云乎哉？乐云乐云，钟鼓云乎哉？"

孔子以诗与礼乐为涵养心性之学。蔡先生除服膺孔子之教外，尤能重视美学，甚至以美学代宗教，因是，在诗礼乐而外，更加上

美学以涵养心性。实则诗与礼乐皆含有美的成分，惟不及美学包括之广。蔡先生特别重视美学是较诗与礼乐尚有所增进也。

（2）科学的修养

（民国八年三月在北京高师修养会演词）查修养之目的，在使人平日有一种操练，俾临事不致措置失宜。盖吾人平日遇事，常有计较之余暇，故能反复审虑，权其利害是非之轻重而定取舍。然若至仓卒之间，事变横来，不易有审虑之余地；此时而欲使诱惑困难不能隳其操守，非平日修养有素不可，此修养之所以不可缓也。

修养之道，在平日必有种种信条。无论其为宗教的，或社会的，要不外使服膺者储蓄一种抵抗之力，遇事即可凭之以定抉择。如心所欲而禁其不作，或以所不欲而强其必行，皆依于信条之力。此种信条，无论文明野蛮民族均有之。然信条之起，乃由数千万年习惯所养成；及行之既久，必有不适之处，则怀疑之念渐兴，而信条之效力遂失。此犹就其天然者言也。乃若古圣先贤之格言嘉训，虽属人造，要亦不外由时代经验归纳所得之公律，不能不随时代变迁而异其内容。吾人今日所见为嘉言懿行者，在日后或成故纸；欲求其能常系人之信仰，实不可能。由是观之，则吾人之于修养，不可不研究其方法。在昔吾国哲人，如孔、孟、老、庄之属，均曾致力于修养，而宋明儒者尤专力于此。然学者提倡虽力，卒不能使天下之人尽变为良善之士，可知修养亦无一定之必可恃者也。至于吾人居今日而言修养，则尤不能如往古道家之蛰隐深山，不闻世事。盖今日社会愈进，世务愈繁，已入社会者固不能舍此而他从；即未入社会之学校青年，亦必从事于种种学问，为将来入世之准备。其责任之繁重如是，故往往易为外务所缚，无精神休假之余地；常易使人生观陷于悲观厌世之域，而不得志之人为尤甚。其故即在现社会与从前不同。欲补救此弊，须使人之精神，有张有弛。如作事之后，

必继之以睡眠，而精神之疲劳，亦必使有机会得以修养。此种团体之结合，尤为可喜之事。但鄙人以为修养之致力，不必专限于集会之时，即在平时课业中亦可以利用其修养。故特标此题目："科学的修养"。

今即就贵会之修养法逐条说明，以证科学的修养法之可行。如贵会简章有"力行校训"一条，贵校校训为"诚勤勇爱"四字，此均可于科学中行之。如"诚"字之义，不但不欺人而已，亦必不可为他人所欺。盖受人之欺而不自知，转以此说，复诏他人，其害与欺人者等也。是故吾人读古人之书，其中所言苟非亲身实验证明者，不可轻信；乃至极简单之事实，如一加二为三之数，亦必以实验证明之。夫实验之用最大者莫如科学。譬如报纸记事，臧否不一，每使人茫无适从。科学则不然。真是真非，丝毫不能移易。盖一能实验，而一不能实验故也。由此观之，科学之价值，即在实验。是故欲力行"诚"字，非用科学的方法不可。

其次"勤"：凡实验之事，非一次所可了。盖吾人读古人之书而不慊于心，乃出之实验。然一次实验结果，不能即断其必良，是故断之以再以三，使有数次实验之结果。如不误，则可以证古人之是否；如与古人之说相剌谬，则尤必详考其所以致误之因，而后可以下断案。凡此者反复推寻，不惮周详，可以养成勤劳之习惯。故"勤"之力行亦必依赖夫科学。

再次"勇"：勇敢之意义，固不仅限于为国捐躯慷慨赴义之士，凡作一事能排万难而达其目的者，皆可谓之勇。科学之事，困难最多。如古来科学家往往因试验科学致丧其性命，如南北极及海底探险之类。又如新发明之学理，有与旧传之说不相容者，往往遭社会之迫害，如哥白尼、贾利来之惨祸是。可见研究学问，亦非有勇敢性质不可；而勇敢性质，即可以科学中养成之。大抵勇敢性有二，

其一发明新学理之时，排去种种之困难阻碍；其二，即发明之后，敢于持论，不惧世俗之非笑。凡此二端，均由科学所养成。

再次“爱”：爱之范围有大小，在野蛮时代，仅知爱自己及与己最接近者，如家族之类。此外稍远者辄生嫌忌之心。故食人之举，往往有焉。其后人智稍进，爱之范围渐扩，然犹不能举人我之见而悉除之。如今日欧洲大战，无论协约方面，或德奥方面，均是己非人，互仇相视，欲求其爱之普及甚难。独至于学术方面则不然：一视同仁，无分界域；平日虽属敌国，及至论学之时，苟所言中理，无有不降心相从者。可知学术之域内，其爱最溥。又人类嫉妒心最盛，入主出奴，互为门户。然此亦仅限于文学耳，若科学则均由实验及推理所得唯一真理，不容以私见变易一切，是故嫉妒之技无所施，而爱心容易养成焉。

以上所述，仅就力行校训一条引申其义。再阅简章，有静坐一项。此法本自道家传来。佛氏之坐禅，亦属此类。然历年已久，卒未普及社会；至今日日本之提倡此道者，纯以科学之理解释之。吾国如蒋竹庄先生亦然，所以信从者多，不移时而遍于各地。此修养之有赖于科学者也。又如不饮酒、不吸烟二项，亦非得科学之助力不易使人服行。盖烟酒之嗜好，本由人无正当之娱乐，不得已用之以为消遣之具，积久遂成痼疾。至今日科学发达，娱乐之具日多，自不需此无益之消遣。如科学之问题，往往使人兴味加增，故不感疲劳而烟酒自无用矣。

今日所述，仅就感想所及，约略陈之。惟宜注意者，鄙人非谓学生于正课科学之外，不必有特别之修养；不过正课之中，亦不妨兼事修养，俾修养之功，随时随地均能用力，久久纯熟，则遇事自不致措置失宜矣。

蔡先生醉心科学，遇事辄就可能，无不以科学阐明之。此次对

北京高师修养会讲演，首言修养之道，在平日服膺某些信条，预储一种抵抗力量，遇事即可凭之以定抉择；惟信条非一成不变，可能受时代与环境之影响，不能常系人之信仰。因之，致力于修养者不可不研究其方法。方法之最合理而可靠者，莫如科学。于是就校训“诚、勤、勇、爱”四字发挥其与科学之关系，谓科学在研究真是真非，故与诚字相符；科学在反复推寻，不惮周详，故与勤字相符；科学在冒险穷理，牺牲在所不惜，故与勇字相符；科学在服膺真理，不涉感情作用，故与爱字相符。人人如能时时利用科学，则修养目的自易达成。

○ 第三节　研究

本节只括有学术研究一目，如左：

（王云五撰蔡孑民先生的贡献三，学术方面——二十九年三月二十五日）蔡先生对于学术的贡献，可分（甲）研究与（乙）提倡两部分叙述其概略。

蔡先生自己对于学术的研究，在二十九岁以前完全为旧学，三十岁始阅科学书；三十二岁始习日文；三十七岁始习德文，四十一岁第一次留学德国，研究哲学及美学；四十六岁第二次留德国，研究世界文化史；四十七岁留法国，习法语。旧学方面，自十七岁补诸生后，即不治举子业，专治小学经学史学。其治经，偏于故训及大义；其治史，偏于儒林文苑诸传艺文志及其他关系文化风俗之记载。其议论特奇，文章古朴；然乡会试联捷，得翰林庶吉士，补编修，在蔡先生亦自以为出于意外。通籍后，更于奇书无所不读，备极淹博。新学方面，于文史哲及美学多所研究。更能融会中外新旧，冶于一炉。当蔡先生六十五岁生日，中央研究院同人各为论文以庆祝，撰文人共上蔡先生之书，称其“萃中土文教精华于身内，泛西方哲思之蔓衍于物外”，的系切当之言。蔡先生在学术上独特的创见

甚多，最显著者为（一）以科学方法整理国故；（二）以美育代宗教。其说影响于学术界至为深远。

蔡先生对于学术的提倡，除在北京大学促进研究的学风，甚著效果外，国立中央研究院之创设与主持，实为蔡先生对于我国学术之最大贡献。蔡先生以其无所不包之精神，树立研究不息之模范，网罗各科研究之专材，先后成立各研究所；虽为时未久，物力有限，成绩业已渐著。假以时日，并扩充经费，将不难比美欧美各国之最高学术研究机关也。

上文系就蔡先生年谱摘述其在五十岁以前研究学术之过程。他在二十九岁以前完全研究旧学，三十以后即开始阅读科学书，攻读外国文字，三度留学外国，其第二次留学德国及一度留学法国且在担任教育总长以后，足见其为学老而弥笃。至于提倡学术研究，莫如创设与主持中央研究院一事。

（乙）教育之部

括有（一）教育方针，（二）教育目的，（三）各级教育，（四）课业，（五）教育方法，（六）学生与青年，（七）其他诸节。

〇 第一节　教育方针

括有（1）民元任教育总长时期，（2）十六年任大学院院长时期，（3）民国二十年国民会议时期诸目。其说如左：

（1）民元任教育总长时期

（对于教育方针之意见——民国元年二月）近日在教育部，与同人新草学校法令，以为征集高等教育会议之预算，颇承同志饷以谠论。顾关于教育方针者殊寡。辄先述鄙见以为喤引，幸海内教育家是正之。

教育有二大别：曰隶属于政治者，曰超轶乎政治者。专制时代（兼立宪而含专制性质者言之），教育家循政府之方针，以标准教育，

常为纯粹之隶属政治者。共和时代，教育家得立于人民之地位，以定标准，乃得有超轶政治之教育。

清之季世，隶属政治之教育，腾于教育家之口者，曰军国民教育。夫军国民教育者，与社会主义僢驰，在他国已有道消之兆。然在我国则强邻交逼，亟图自卫，而历年丧失之国权，非凭借武力，势难恢复。且军人革命以后，难保无军人执政之一时期，非行举国皆兵之制，将使军人社会，永为全国中特别之阶级，而无以平均其势力。则如所谓军国民教育者，诚今日所不能不采者也。

虽然，今日之世界，所恃以竞争者，不仅在武力，而尤在财力。且武力之丰，亦由财力而孳乳。于是有第二之隶属政治者，曰实利主义之教育，以人民生计为普通教育之中坚。其主张最力者，至于普通学术，悉寓于树艺、烹饪、裁缝及金木土工之中。此其说创于美洲，而近亦盛行于欧陆。我国地宝不发，实业界之组织尚幼稚，人民失业者至多，而国甚贫。实利主义之教育，固亦当务之急者也。

是二者，所谓强兵富国之主义也。顾兵可强也，然或溢而为私斗，为侵略，则奈何？国可富也，然或不免知欺愚，强劫弱，而演贫富悬绝，资本家与劳动家血战之惨剧，则奈何？曰教之以公民道德。何谓公民道德？曰法兰西之革命也，所标揭者，曰自由、平等、亲爱；道德之要旨，尽于是矣。孔子曰："匹夫不可夺志。"孟子曰："大丈夫者富贵不能淫，贫贱不能移，威武不能屈。"自由之谓也。古者盖谓之"义"。孔子曰："己所不欲，勿施于人。"子贡曰："我不欲人之加诸我也，我亦欲无加诸人。"礼记大学曰："所恶于前，毋以先后；所恶于后，毋以得前；所恶于右，毋以交于左；所恶于左，毋以交于右。"平等之谓也。古者盖谓之"恕"。自由者，就主观而言之也；然我欲自由，则亦当尊人之自由，故通于客观。平等者，就客观而言之也；然我不以不平等遇人，则亦不容人之以不平

等遇我，故通于主观。二者相对而实相成，要皆由消极一方面言之。苟不进之以积极之道德，则夫吾同胞中，固有因生禀之不齐，境遇之所迫，企自由而不遂，求与人平等而不能者，将一切恝置之，而所谓自由若平等之量，仍不能无缺陷。孟子曰："鳏寡孤独，天下之穷民而无告者也。"张子曰："凡天下疲癃残疾茕独鳏寡，皆吾兄弟之颠连而无告者也。"禹谓天下有溺者，由己溺之；稷谓天下有饥者，由己饥之；伊尹思天下之人，匹夫匹妇有不与被尧舜之泽者，若己推而纳之沟中；孔子曰："己欲立而立人，己欲达而达人。"亲爱之谓也。古者盖谓之"仁"。三者诚一切道德之根源，而公民道德教育之所有事者也。

教育而至于公民道德，宜若可为最终之鹄的矣？曰：未也。公民道德之教育，犹未能超轶乎政治者也。世所谓最良政治者，不外乎以最大多数之最大幸福为鹄的。最大多数者，积最少数之一人而成者也。一人之幸福，丰衣足食也，无灾无害也，不外乎现世之幸福。积一人之幸福而为最大多数，其鹄的犹是。立法部之所评议，行政部之所执行，司法部之所保护，如是而已矣。即进而达礼运之所谓"大道"为公，社会主义家所谓未来之黄金时代，人各尽其所能，而各得其所需，要亦不外乎现世之幸福。盖政治之鹄的，如是而已矣；一切隶属政治之教育，充其量亦如是而已矣。

虽然，人不能有生而无死。现世之幸福，临死而消灭。人而仅仅以临死消灭之幸福为鹄的，则所谓人生者有何等价值乎？国不能有存而无亡，世界不能有成而无毁，全国之民，全世界之人类，世世相传，以此不能不消灭之幸福为鹄的，则所谓国民若人类者，有何等价值乎？且如是，则就一人而言之，杀身成仁也，舍生取义也，有何等意义乎？就一社会而言之，与我以自由乎，否则与我以死；争一民族之自由，不至沥全民族最后之一滴血不已，不至全国为一

大冢不已，有何等意义乎？且人既无一死生破利害之观念，则必无冒险之精神，无远大之计划，见小利，急近功，则又能保其不为失节堕行身败名裂之人乎？谚曰："当局者迷，旁观者清。"非有出世间之思想者，不能善处世间事；吾人即仅仅以现世幸福为鹄的，犹不可超轶现世之观念，况鹄的不止于此者乎？

以现世幸福为鹄的者，政治家也，教育家则否。盖世界有二方面，如一纸之有表里：一为现象，一为实体。现象世界之事，为政治，故以造成现世幸福为鹄的；实体世界之事，为宗教，故以摆脱现世幸福为作用。而教育则立于现象世界，而有事于实体世界者也，故以实体世界之观念，为其究竟之大目的，而以现象世界之幸福，为其达于实体观念之作用。

然则现象世界与实体世界之区别何在耶？曰：前者相对而后者绝对；前者范围于因果律，而后者超轶乎因果律；前者与时间空间有不可离之关系，而后者无空间时间之可言；前者可以经验，而后者全恃直观。故实体世界者，不可名言者也。然而既以是为观念之一种矣，则不得不强为之名，是以或谓之"道"，或谓之"太极"，或谓之"神"，或谓之"黑暗之意识"，或谓之"无识之意志"。其名可以万殊，而观念则一。虽哲学之流派不同，宗教家之仪式不同，而其所到达之最高观念皆如是。（最浅薄之唯物论哲学，及最幼稚之宗教祈长生求福利者，不在此例。）

然则教育家何以不结合于宗教，而必以现象世界之幸福为作用？曰：世固有厌世派之宗教与哲学，以提撕实体世界之故，而排斥现象世界；因以现象世界之文明，为罪恶之源，而一切排斥之者。吾以为不然。"现象""实体"，仅一世界之两方面，非截然为互相冲突之两世界。吾人之感觉既托于现象世界，即所谓实体者，则在现象之中，而必非灭乙而后生甲。其现象世界间，所以为实体世界之

障碍者，不外两种意识：一、人我之差别，二、幸福之营求是也。人以自卫力不平等而生强弱，人以自存力不平等而生贫富。有强弱贫富，而彼我差别之见起。弱者贫者，苦于幸福之不足，而营求之意识起。有人我则于现象中有种种之界画，而与实体违。有营求则当其未遂，为无已之苦痛；及其既遂，为过量之要索，循环于现象之中，而与实体隔。能剂其平，则肉体之享受，纯任自然，而意识之营求泯，人我之见亦化。合现象世界各别之意识为浑同，而得与实体吻合焉。故现世幸福，为不幸福之人类到达于实体世界之一种作用，盖无可疑者。军国民实利两主义，所以补自卫力自存力之不足，道德教育则所以使之互相卫，互相存，皆所以泯营求而忘人我者也。由是而进以提撕实体观念之教育。

提撕实体观念之方法如何？曰消极方面，使对于现象世界，无厌弃而亦无执著；积极方面，使对于实体世界，非常渴慕而渐进于领悟。循思想自由言论自由之公例，不以一流派之哲学、一宗门之教义梏其心，而惟时时悬一无方体无终始之世界观以为鹄。如是之教育，吾无以名之，名之曰“世界观教育”。

虽然，世界观教育，非可以旦旦而聒之也。且其与现象世界之关系，又非可以枯槁简单之言说袭而取之也。然则何道之由？曰美感之教育。美感者，合美丽与尊严而言之，介乎现象世界与实体世界之间，而为津梁。此为康德所创造，而嗣后哲学家未有反对之者也。在现象世界，凡人皆有爱恶惊惧喜怒悲乐之情，随离合生死祸福利害之现象而流传。至美术则即以此等现象为资料，而能使对之者，自美感以外，一无杂念。例如采莲煮豆，饮食之事也，而一入诗歌，则别成兴趣。火山赤舌，大风破舟，可骇可怖之景也，而一入图画，则转堪展玩。是则对于现象世界，无厌弃而亦无执著者也。既脱离一切现象相对之感情，而为浑然之美感，则即所谓与造物为

友，而已接触予实体世界之观念矣。故教育家欲由现象世界而引以到达于实体世界之观念，不可不用美之教育。

五者皆今日之教育所不可偏废者也。军国民主义、实利主义、德育主义三者，为隶属于政治之教育（吾国古代之道德教育，则间有兼涉世界观者，当分别论之）；世界观、美育主义二者，为超轶政治之教育。

以中国古代之教育证之：虞之时，夔典乐而教胄子以九德，德育与美育之教育也。周官以乡三物教万民，六德六行，德育也。六艺之射御，军国民主义也；书数，实利主义也；礼为德育；而乐为美育。以西洋之教育证之：希腊人之教育为体操与美术，即军国民主义与美育也。欧洲近世教育家，如海尔巴德氏纯持美育主义。今日美洲之杜威派，则纯持实利主义者也。

以心理学各方面衡之：军国民主义毗于意志；实利主义毗于知识；德育兼意志情感两方面，美育毗于情感，而世界观则统三者而一之。

以教育之分言三育者衡之：军国民主义为体育；实利主义为智育；公民道德及美育皆毗于德育；而世界观则统三者而一之。

以教育家之方法衡之：军国民主义、世界观、美育，皆为形式主义；实利主义，当实质主义；德育则二者兼之。

譬之人身：军国民主义，筋肉也，用以自卫；实利主义，肠胃也，用以营养；公民道德者，呼吸机循环机也，周贯全体；美育，神经系也，所以传导；世界观者，心理作用也，附丽于神经系，而无迹象之可求。此即五者不可偏废之理也。

本此五主义而分配于各教科，则视各科性质之不同，而各主义所占之分数，亦随之而异。国语国文之形式，其依准文法者属于实利，而依准美词学者，属于美感。其内容则军国民主义当占百分之

十，实利主义当占其四十，德育当占其二十，美育当占其二十五，而世界观则占其五。修身，德育也，而以美育及世界观参之。

历史、地理，实利主义也；其所叙述，得并存各主义。历史之英雄，地理之险要及战绩，军国民主义也；记美术家及美术沿革，写各地风景及所出美术品，美育也；记圣贤，述风俗，德育也；因历史之有时期，而推之于无始终，因地理之有涯涘，而推之于无方体，及夫烈士哲人宗教家之故事及遗迹，皆可以为世界观导线也。

算学，实利主义也，而数为纯然抽象者，希腊哲人毕达哥拉士以数为万物之原，是亦世界观之一方面；而几何学各种线体，可以资美育。

物理化学，实利主义也，原子电子，小莫能破，爱耐而几（Energy），范围万物，而莫知其所由来，莫穷其所究竟，皆世界观之导线也；视官听官之所触，可以资美感者尤多。

博物学，在应用一方面，为实利主义；而在观感一方面，多为美感；研究进化之阶级，可以养道美；体验造物之万能，可以导世界观。

图画，美育也，而其内容得包含各种主义：如实物画之于实利主义，历史画之于德育是也；其至美丽至尊严之对象，则可以得世界观。

唱歌，美育也，而其内容，亦可以包含种种主义。

手工，实利主义也，亦可以兴美感。

游戏，美育也；兵式体操，军国民主义也；普通体操，则兼美育与军国民主义二者。

右之所著，仅具辜较，神而明之，在心知其意者。

满清时代，有所谓钦定教育宗旨者，曰忠君，曰尊孔，曰尚公，曰尚武，曰尚实。忠君与共和政体不合，尊孔与信教自由相违（孔

子之学术，与后世所谓儒教孔教，当分别论之；嗣后教育界何以处孔子，及何以处孔教，当特别讨论之，兹不赘），可以不论。尚武，即军国民主义也；尚实，即实利主义也；尚公，与吾所谓公民道德，其范围或不免有广狭之异，而要为同志。惟世界观及美育，则为彼所不道，而鄙人尤所注重，故特疏通而证明之，以质于当代教育家，幸教育家平心讨论焉。（原载民国元年二月教育杂志第三年第十一期及东方杂志第八卷第十号）

其后蔡先生于“我在教育界的经验”一文中，亦曾概述上开方针，兹摘录如左：

（我在教育界的经验）四十六岁（民国元年），我任教育总长，发表“对于教育方针的意见”。据清季学部忠君、尊孔、尚公、尚武、尚实的五项宗旨而加以修正，改为军国民教育、实利主义、公民道德、世界观、美育五项。前三项，与尚武、尚实、尚公相等，而第四第五两项却完全不同。以忠君与共和政体不合，尊孔与信仰自由相违，所以删去。至提出世界观教育，就是哲学的课程，意在兼采周秦诸子、印度哲学及欧洲哲学，以打破二千年来墨守孔学的旧习。提出美育，因为美感是普遍性，可以破人我彼此的偏见；美感超越性，可以破生死利害的顾忌，在教育上应特别注重。对于公民道德的纲领，揭法国革命时代所标举的自由、平等、友爱三项用古义证明：说“自由者，富贵不能移，威武不能屈”是也；古者盖谓之义。平等者，“己所不欲，勿施于人”是也；古者盖谓之恕。友爱者，“己欲立而立人，己欲达而达人”是也；古者盖谓之“仁”。

质言之，蔡先生之教育方针，改以军国民教育、实利主义、公民道德、世界观、美育五项宗旨，以代替清季之忠君、尊孔、尚公、尚武、尚实五项。忠君与共和政体不合，尊孔与信仰自由相违；所以删去。尚公与公民教育相近，尚武合乎军国民教育，尚实则与实

利主义近似。至世界观与美育则为蔡先生所提倡。所谓世界观，就是哲学。哲学的课程，“意在兼采周秦诸子、印度哲学及欧洲哲学，以打破二千年来墨守孔学的旧习”。又美育，系因美感的普遍性可以破人我彼此的偏见，其超越性可以破生死利害的顾忌。又此五项新的教育宗旨，其内容轻重成分，拟定为军国民主义占百分之十，实利主义百分之四十，公民教育百分之二十，美育百分之二十五，世界观百分之五。又从课程各项分配之，则兵式体操属于军国民主义，普通体操，属于军国民主义与美育二者。历史、地理、算学物理化学、博物学等主要属于实利主义，间及军国民主义、公民教育、美育及世界观。修身属于德育，即公民教育而兼及世界观。图画、唱歌、游戏皆属于美育。

（2）十六年任大学院院长时期

（全国教育会议开会词）当大学院成立之初，鄙人对于教育方针，曾经提出三点，认为今后亟须努力进行者。

一、提倡科学教育，一方面从事科学上高深之研究，一方面推广民众的科学训练，俾科学方法得为国内一般社会所运用。

二、养成全国人民劳动的习惯，使劳心者亦出其力以分工农之劳，而劳力者亦可减少工作时间，而得研求学识机会。人人皆须致力于生产事业，人人皆得领略优美的文化。

三、提起全国人民对于艺术的兴趣，以养成高尚，纯洁，舍己为群之思想。简言之，使教育科学化，劳动化，艺术化。

蔡先生在此时期的教育方针，强调（1）科学教育，（2）劳动习惯，（3）艺术兴趣三者。此并非取代民元之五项宗旨，特于原有宗旨外，加强此三者。其中科学教育与劳动习惯，皆与实利主义攸关，艺术兴趣即与美育攸关。

(3) 民国二十年国民会议时期

(谈今后的教育方针——民国二十年六月) 此次国民会议决议“确定教育设施之趋向案”，对于过去之教育方针，加以澈底之改革，使中国的教育设施进入于一新的阶段。如能逐渐推行，于国计民生，裨益实大。

从前国内中小学生毕业之后，生活方面仍须仰给于其家庭，徒增其父兄之负担。所以一般农人、工人，往往为生计所追，不愿送其子弟入小学。现在规定中小学校教育，以养成独立生活之技能与增加生产之能力为中心，则可以纠正过去之缺点，增进推广小学教育之助力。

社会教育本为输贯知识之一种良好方法，但过去并未十分注意于其设备之目的，致社会反受许多不良之影响。今后一切展览会的陈列、民众教育的布置，以及各种游艺场所的演唱，均须以贯注科学知识，指导生产技术为目标，以收增加生产之效果。

职业学校及有关国民生计之专科学校，各地亦间有设置者。然因创设不甚普遍，且多不适合当地的情形，时有学非所用之叹。故增设此种学校，并使其能适应当地的情形，为目前迫切之要求。产业之发达，实有赖于生产工具之发明及生产技术之改进。所以大学教育注重自然科学及实用科学，以期达此目的。

总之，今后之教育方针，自小学以至大学，均以养成职业化，增加国民生产为一贯的精神。此种重大之革新，甚合于中国目前的需要。我相信此种新方针施行以后，国民生计当日就富裕，盗匪自渐趋绝迹，共产党的［删2字。——编注］思想，更无以肆其诱惑，国家之永久和平，于教育上奠其基矣。

蔡先生在此时期所强调的教育宗旨，在养成职业化，以适合中国当前的需要，实则职业化亦为实利主义之一种方式。并非对民元

之五项宗旨有所变更也。

○ 第二节 教育目的

括有（1）三育，（2）四育，（3）群育，（4）美育，（5）人道主义，（6）中庸之道诸目。其说如左：

（1）三育

（在上海爱国女学校之演说——五年冬）夫完全人格，首在体育，体育最要之事为运动。凡吾人身体与精神，均含一种潜势力，随外围之环境而发达。故欲其发达至何地位，即能至何地位。若有障碍而阻其发达，则萎缩矣。旧俗每为女子缠足，不许擅自出门行走，终日幽居，不使运动，久之性质自变为懦弱。光阴日销磨于装饰中，且养成依赖性，凡事非依赖男子不可。苟无男子可依赖，虽小事亦望而生畏，倘不幸地方有战争之事，敌兵尚未至，畏而自尽者比比矣，又安望其抵抗哉。是皆不运动不发达其身体之故，卒养成懦弱性质，以减杀其自卫能力与胆量也。欧美各国女子，尚不能免此，况乎中国。闻本校有体育专修科，不特各科完备，且于拳术尤为注意，此最足为自卫之具，望诸生努力，切勿间断。即毕业之后，身任体操教员者，固应时时练习，即担任别种事业者，亦当时时练习。盖此等技术，不练则荒，久练益熟，获益非浅鲜也。

次在智育，智育则属精神方面。精神愈用愈发达，吾前已言及矣。盖人之心思细密，方能处事精详，而练习此心思使之细密，则有赖于科学。就其易于证明者言之：如习算学既可以增加智识，又可以使脑力反复运用，入于精细详审一途。研究之功夫既深，则于处世时，亦须将前一事与后一事比较一番，孰优孰劣，了然于胸。而智识亦从比较而日广矣。故精究科学者，必有特别之智慧，胜于恒人，亦由其脑筋之灵敏也。

更言德育，德育实为完全人格之本。若无德，则虽体魄智力发

达，适足助其为恶，无益也。今先言吾国女子之缺点。女子因有依赖男子之性质，不求自立，故心中思虑毫无他途，惟有衣服必求鲜艳，装饰必求美丽，何也？以其无可自恃也。而虚荣心于女子为尤甚，喜闻家中人做官，喜与有势力人往还皆是。故高尚之品行，未可求诸寻常女界中也。今欲养成女子高尚之品行，非使其除依赖性质有自立性质不可。然自立不可误解；非傲慢自负、轻视他人之谓，乃自己有一定之职业，以自谋生活之谓。夫人果能自谋生活，不仰食于人，则亦无暇装饰，无取虚荣矣。尚有一端，女子之处家庭者，大凡姑媳妯娌间，总是不和，甚至诟谇，其故何在？盖旧时习惯，女子死守家庭，不出门一步，不知社会情状，更不知世界情状。所通声息者，家中姑媳妯娌间而已。耳目心思之范围，既限于极小之家庭，自然只知琐细之事，而所争者，亦只此琐细之事。若是而望女子之品行日就高尚，难乎其难，盖其所处之势使然也。女子之缺点固多，而优点亦不少。今举其一端，如慈善事业。恻隐之心，女子胜于男子。不过昔时专在布施，反足养成他人懒惰之习。今则推广爱人以德，与人为善之道。凡有善举，宜使受之者亦出劳力有益于社会，则其仁慈之心，为尤恳挚矣。女子讲自由，在脱除无理之束缚而已。若必侈大无忌，在古为无理之自由，则为反对女学者所借口，为父兄者必不送女子入学。盖不信女学为培养女德之所，而谓女学乃损坏女德之地，非女学之幸也。又今日女子入学读书后，对于家政，往往不能操劳，亦为所诟病。必也入学后，家庭间之旧习惯有益于女德者，保持勿失。而益以学校中之新智识，则治理家庭各事，必较诸未受教育者，觉井井有条。譬如裁缝，旧时只知凭尺寸裁剪而已，若加以算学智识，则必益能精。如烹饪，旧时亦只知当然，若加以化学知识，则必合乎卫生。其他各事，莫不皆然。倘女学生能如此，则为父兄者，有不乐其女若妹之入学者乎！

蔡先生在本文虽仍主张传统上之三育，即体育智育与德育是也，然每一项下均有其独到之见，如谓完全人格，首重体育，为前人所未道。盖谓身体精神合一，有健强之身体者，始能有健全之精神，尤强调拳术之重要，认为最足为自卫之具，一反我国女子柔弱依赖之风。次言智育，则特重科学，科学中尤特重算学，谓可使脑力反复运用，入于精细详审之一途。末言德育，谓为完全人格之本，鼓励自立，以造福于社会，同时勿忘固有之家政，并借新知识而改良之。向来女子修学者人数无多，一有修学之机会，不免自大而骄蹇，转令父兄不敢使其就学，于己实亦有损而无益也。

（2）四育

（普通教育和职业教育）所讲健全的人格，内分四育，即：（一）体育，（二）智育，（三）德育，（四）美育。这四育是同等重要，不可放松一项的。先讲体育，在西洋有一句成语，叫做健全的精神，寓于健全的身体。足见体育的不可轻忽。不过体育是要发达学生的身体，振作学生的精神，并不是只在赌赛跑跳，或开运动会博得名誉体面上头。其所以要比赛或开运动会，只是要引起研究体育的兴味；因恐平时提不起锻炼身体的精神，故不妨常和人家较量。我们比不过人家时，便要在平常用功了。其实体育最要紧的，是合于生理。若只求个人的胜利，或一校的名誉，不管生理上有无危险，这不要说于身体上有妨害，且成一种机械的作用，便失却体育的价值了。而且只骛虚名，在心理上亦易受到恶影响。因为常常争赛的结果，可使学生的虚荣心旺盛起来；出去服务社会，一切举动，便也脱不了虚荣心的气味。这是贻害社会不浅的。不过开运动会和竞技等，在平时操练有些呆板乏味时，偶然举行一下，倒很可以调剂机械作用。因变化常态而添出兴趣，是很好的。只要在心理上使学生彻底明白体育的目的，是为锻炼自己的身体，不是在比赛争胜上，

却要使他们望正鹄做去。

次讲智育，案我们教书，并不是像注水入瓶一样，注满了就算完事。最要是引起学生读书的兴味。做教员的，不可一句一句，或一字一字的，都讲给学生听。最好使学生自己去研究，教员竟不讲也可以，等到学生实在不能用自己的力量了解功课时，才去帮助他。至于常用口头的讲授，或恐有失落系统的毛病，故定出些书本来。而定书本也要看学生的程度，高下适宜，才对。做学生的，也不是天天到校把教科书熟读了，就算完事。要知道书本是不过给我一个例子，我要从具体的东西内抽出公例来，好应用到别处去。譬如从书上学得菊花，看见梅花时，便知也是一种植物；从书上学得道南学校，看见端蒙学校，便也知道是什么处所。若果能像这样的应用，就是不能读熟书本，也可说书上的东西都学得了。

再现在各学校内，每把学生分为班次，要知这是不得已的办法。缘学生的个性不同：有的近文学，有的喜算术；所以各人于各科进步的快慢，也不能一致。虽因经济方面，或其他的关系，一时竟没法子想。然亦总须活用为妙。就是遇有特别的天才的，总宜施以特别的教练。在学生方面，也要自省，我于哪几科觉得很困难的，须格外用功些，哪几科觉得特别喜欢的，也不妨多学些。总之，教授求学，两不可呆板便了。

至于德育，并不是照前人预定的格言做去就算数。有些人心目中，以为孔子或孟子所讲的，总是不差，照他们圣人的话实行去，便是有道德了；其实这种见解，是不对的。什么叫道德，并不是由前人已造成的路走去的意义。乃是在不论何时何地，照此做法，大家都能适宜的一种举措标准。是以万事的条件不同，原理则一。譬如人不可只爱自己，于是有些人讲要爱家，这便偏于家庭，或有些人提倡爱群，又强于群的方面了；可是他的原理，只是爱人一语罢

了。故我们要一方考察现时的风俗情形，一方推求出旧道德所以酿成的缘故，拿来比较一下。若是某种旧道德成立的缘故，现在已经没有了，也不妨把他改去，不必去死守他。我刻在中学校看见办有图书馆童子军等，这些事物，于许多人很适宜，于四周办事人亦无妨害，这便不是不道德。总之，道德不是记熟几句格言，就可以了事的，重要在实行。随时随地，抱着试验的态度。因为天下没有一劳永逸的事情，若说今天这样，便可永远这样，这是大误。要随时随地，看事势的情形，而改变举措的标准。去批评人家时，也要考察他人所处的环境怎样，而下断语，才是。

第四美育，从前将美育包在德育里的。为什么审查教育会，要把他分出来呢？因为晚近人士，太把美育忽略了。按我国古时的礼乐二艺，有严肃优美的好处。西洋教育，亦很注重美感的。为要特别警醒社会起见，所以把美育特提出来，与体智德并为四育。

美育之在普通学校内，为图工音乐等课。可是亦须活用，不可成为机械的作用。从前写字的，往往描摹古人的法帖，一点一划，依样葫芦，还要说这是赵字哪，这是柳字哪，其实已经失却生气，和机器差不多，美在哪里？

图画也是如此。从前学子，往往临摹范本，圆的圆，三角的三角，丝毫不变，这亦不可算美。现在新嘉坡的天气很好，故到处有自然的美，要找美育的材料，很容易。最好叫学生以己意取材，喜图画，教他图画；喜雕刻的，就教他雕刻，引起他美的兴趣。不然，学生喜欢的不教，不喜欢的硬叫他去做；要求进步，很难说的。像儿童本喜自由游戏，有些人却去教他们很繁难的舞蹈；儿童本喜自由嬉唱，现在的学校内，却多照日本式用 1234567 等，填了谱，不管有无意义，教儿童去唱。这样完全和儿童的天真天籁相反。还有看见西洋教音乐，要用风琴的，于是也就买起风琴来，叫小孩子和

着唱。实则我们中国，也有箫笛等简单的乐器，何尝不可用？必要事事模仿人家，终不免带着机械性质，于美育上，就不可算是真美。

以上四育，都宜时时试验演进，要一无偏枯，才可教练得儿童有健全的人格。

学校教育注重学生健全的人格，故处处要使学生自动。通常学校的教习，每说我要学生圆就圆，要学生方就方，这便是大误。最好使学生自学，教者不宜硬以自己的意思，压到学生身上。不过看各人的个性，去帮助他们作业罢了。但寻常一级的学生，总有二十人左右。一位教员，断不能知道个个学生的个性；所以在学生方面，也应自觉，教我的先生，既不能很知道我，最知我的，便是我自己了。如此，则一切均须自助才好。大概受毕普通教育，至少要获得地平线以上的人格，使四育平均发展。

本文主张以四育为教育宗旨，即于传统上之德智体三育外，增加美育一项。然各项主张，亦有独特之见。例如就体育言，“最要紧的是合于生理”，若只求个人之胜利，只骛虚名，将使“学生的虚荣心旺盛起来，出去服务社会，一切举动，便也脱不了虚荣心的气味，这是贻害社会不浅的”。但偶举行一次运动会和竞拔等，倒可以变化常态而添出兴趣。只要在心理上彻底明白体育的目的在锻炼身体，不是在比赛争胜，那就好了。就智育言，做教员的，不可一句一句，或一字一字的，都讲给学生听，最好使学生自己去研究，等到学生实在不能用自己的力量了解功课时，才去帮助他。做学生的，也不是天天到校把教科书熟读了，就算完事，须从具体的东西内抽出公例，好应用到别处去。总之，教授与求学，两不可呆板。以德育言，道德不是记熟几句格言，就可以了事的，重要在实行。尤须随时随地，看事势的情形，而改变举措的标准。故我们要一方考察现时的风俗情形，一方推求出旧道德所以酿成的缘故，拿来比较一下，若

是关于旧道德成立的原素，现在已经没有了，也不妨把他改去，不必去死守他。以言美育，从前是包括在德育里，现在特别分出来，因为晚近人士，太把美育忽略了。我国古代的礼乐二艺，有严肃优美的好处，西洋教育，亦注重美感。

（3）群育

（华工学校讲义一合群）吾人在此讲堂，有四壁以障风尘；有案与椅，可以坐而作书。壁者，积砖而成；案与椅，则积板而成者也。使其散而为各各之砖与板，则不能有壁与案与椅之作用。又吾人皆有衣服御寒。衣服者，积绵缕或纤毛而成者也。使其散而为各各之绵缕或纤毛，则不能有衣服之作用。又返而观吾人之身体，实积耳目手足等官体而成。而此等官体，又积无数之细胞而成。使其散而为各各之官体，又或且散而为各各之细胞，则亦焉能有视听行动之作用哉？

吾人生活于世界也亦然。孤立而自营，则冻馁且或难免；合众人之力而营之，而幸福之生涯，文明之事业，始有可言。例如吾等工业社会，其始固一人之手工耳。集伙授徒，而出品较多。合多数之人以为大工厂，而后能运用机械，扩张利益。合多数工厂之人，组织以为工会，始能渐脱资本家之压制，而为思患预防造福将来之计。岂非合群之效欤？

吾人最普通之群，始于一家。有家而后有慈幼养老分劳侍疾之事。及合一乡之人以为群，而后有守望之助，学校之设。合一省或一国之人以为群，而后有便利之交通，高深之教育。使合世界之人以为群，而有无相通，休戚与共，则虽有地方较薄，天灾偶行之所，均不难于补救。而兵战商战之惨祸，亦得绝迹于世界矣。

（二、舍己为群）积人而成群。群者，所以谋各人公共之利益也。然使群而危险，非群中之人出万死不顾一生之计以保群，而群

将亡。则不得已而有舍己为群之义务焉。

舍己为群之理由有二。一曰：己在群中，群亡则己随之而亡。今舍己以救群，群果不亡，己亦未必亡也。即群不亡，而己先不免于亡，亦较之群己俱亡者为胜。此有己之见存者也。一曰：立于群之地位，以观群中之一人，其价值必小于众人所合之群；牺牲其一而可以济众，何惮不为？一人作如是观，则得舍己为群之一人；人人作如是观，则得舍己为群之众人。此无己之见存者也。见不同，而舍己为群之决心则一。

请以事实证明之：一曰从军。战争，罪恶也；然或受野蛮人之攻击而为防御之战，则不得已也。例如比之受攻于德，比人奋勇而御敌，虽死无悔，谁曰不宜？二曰革命。革命未有不流血者也；然不革命而奴隶于恶政府，则虽生犹死，故不惮流血而为之。例如法国一七八九年之革命，中国数年来之革命，其事前之鼓吹运动而被拘杀者若干人，临时奋斗而死伤者若干人；是皆基于舍己为群者也。三曰暗杀，暗杀者，革命之最简单手段也。歼魁而释从，惩一以儆百，而流血不过五步。古者如荆轲之刺秦王，近者如苏斐亚之杀俄帝亚历山大第二，皆其例也。四曰为真理牺牲。真理者，和平之发见品也。然或为教会、君党、若贵族之所忌，则非有舍己为群之精神，不敢公言之。例如苏格拉底创新哲学，下狱而被酖；哥白尼为新天文说，见仇于教皇；巴枯宁倡无政府主义而被囚被逐，是也。

其他如试演飞机、探险南北极之类，在今日以为敢死之事业，虽或由好奇竞胜者之所为，而亦有起于利群之动机者，得附列之。

此言合群之重要，因而此一重要之群如发生危险时，群中之各分子，均宜牺牲一己，以保持此大群，盖群安则己安，群存则己存，且不仅一己为然也，群中之各分子皆同一命运，所保全者实远较一己为大也。因之，教育宗旨，应于德智体美四育之外，更增群育

一项。

(4) 美育

(以美育代宗教——六年在北京神州学会讲) 兄弟于学问界未曾为系统的研究，在学会中本无可以表示之意见。惟既承学会诸君子责以讲演，则于无可如何中，择一于我国有研究价值之问题，为到会诸君一言，即“以美育代宗教”之说是也。夫宗教之为物，在彼欧西各国，已为过去问题。盖宗教之内容，现皆经学者以科学的研究解决之矣。吾人游历欧洲，虽教堂棋布，一般人民亦多入礼拜堂，此则一种历史上之习惯。譬如前清时代之袍褂，在民国本不适用，然因其存积甚多，毁之可惜，则定为乙种礼服而沿用之，未尝不可。又如祝寿丧葬之仪，在理论上了无价值，然戚友中既以请帖讣闻相招，势不能不循例参加，借通情愫。欧人之沿习宗教仪式，亦犹是耳。所可怪者，我中国既无欧人此种特别之习惯，乃以彼邦过去之事实作为新知，竟有多人提出讨论。此则由于留学外国之学生，见彼国社会之进步，而误听教士之言，一切归功于宗教，遂欲以基督教导国人，而一部分之沿习旧思想者，则承前说而稍变之，以孔子为我国之基督，遂欲组织孔教，奔走呼号，视为今日重要问题。自兄弟观之，宗教之原始，不外因吾人精神作用而构成。吾人精神上作用普通分为三种：一曰知识；二曰意志；三曰感情。最早之宗教，常兼此三作用有之。盖以吾人当未开化时代，脑力简单，视吾人一身与世界万物，均为一种不可思议之事。生自何来？死将何往？创造之者何人？管理之者何术？凡此种种，皆当时之人所提出之问题，以求解答者也。于是有宗教家勉强解答之。如基督教推本于上帝，印度旧教则归之梵天，我国神话则归之盘古。其他各种现象，亦皆以神道为惟一之理由。此知识作用之附丽于宗教者也。且吾人生而有生存之欲望，由此欲望而发生一种利己之心。其初以为非损人不

能利己，故恃强凌弱、掠夺攫取之事，所在多有。其后经验稍多，知利人之不可少，于是有宗教家提倡利他主义。此意志作用之附丽于宗教者也。又如跳舞唱歌，虽野蛮人亦皆乐此不疲；而对于居室雕刻图画等事，虽石器时代之遗迹，皆足以考见其爱美之思想。此皆人情之常，而宗教家利用以为诱人信仰之方法。于是未开化人之美术，无一不与宗教相关。此又情感作用之附丽于宗教者也。天演之例，由浑而画，当时精神作用至为浑沌，遂结合而为宗教。又并无他种学术与之对，故宗教在社会上遂具有特别之势力焉。迨后社会文化，日渐进步，科学发达，学者遂举古人所谓不可思议者，皆一一解释之以科学。日星之现象，地球之缘起，动植物之分布，人种之差别，皆得以理化博物人种古物诸科学证明之。而宗教家所谓吾人为上帝所创造者，从生物进化论观之，吾人最初之始祖，实为一种极小之动物，后始日渐进化为人耳。此知识作用离宗教而独立之证也。宗教家对于人群之规则，以为神之所定，可以永久不变。然希腊诡辩家，因巡游各地之故，知各民族之所谓道德，往往互相抵触，已怀疑于一成不变之原则。近世学者据生理学心理学社会学之公例以应用于伦理，则知具体之道德不能不随时随地而变迁，而道德之原理，则可由种种不同之具体者而归纳以得之；而宗教家之演绎法，全不适用。此意志作用离宗教而独立之证也。知识意志两作用，既皆脱离宗教以外，于是宗教所最有密切关系者，惟有情感作用，即所谓美感。凡宗教之建筑，多择山水最胜之处，吾国人所谓天下名山僧占多，即其例也。其间恒有古木名花，传播于诗人之笔，是皆利用自然之美以感人者。其建筑也，恒有峻秀之塔，崇闳幽邃之殿堂，饰以精致之造象，瑰丽之壁画，构成黯浅之光线，佐以微妙之音乐。赞美者必有著名之歌词，演说者必有雄辩之素养，凡此种种，皆为美术作用，故为引人入胜。苟举以上种种设施而屏

弃之，恐无能为役矣。然而美术之进化史，实亦有脱离宗教之趋势。例如吾国南北朝著名之建筑则伽蓝耳；其雕刻则造像耳；图画则佛像及地狱变相之属为多；文学之一部分，亦与佛教为缘。而唐以后诗文，遂多以风景人情世事为对象。宋元以后之图画，多写山水花鸟等自然之美。周以前之鼎彝，皆用诸祭祀。汉唐之吉金，宋元以来之名瓷，则专供把玩。野蛮时代之跳舞，专以娱神，而今则以之自娱。欧洲中古时代留遗之建筑，其最著者率为教堂；其雕刻图画之资料，多取诸新旧约；其音乐则附丽于赞美歌；其演剧亦排演耶稣故事，与我国旧剧目莲救母相类。及文艺复兴以后，各种美术，渐离宗教而尚人文。至于今日，宏丽之建筑，多为学校、剧院、博物院。而新设之教堂，有美学上价值者，几无可指数。其他美术，亦多取资于自然现象及社会状态。于是以美育论，已有与宗教分合之两派。以此两派相较，美育之附丽于宗教者，常受宗教之累，失其陶养之作用，而转以激刺感情。盖无论何等宗教，无不有扩张己教攻击异教之条件。回教之谟罕默德，左手持可兰经而右手持剑，不从其教者杀之。基督教与回教冲突，而有十字军之战，几及百年。基督教中又有新旧教之战，亦亘数十年之久。至佛教之圆通，非他教所能及，而学佛者苟有拘牢教义之成见，则崇拜舍利受持经忏之陋习，虽通人亦肯为之。甚至为护法起见，不惜于共和时代，附和专制。宗教之为累，一至于此，皆激刺感情之作用为之也。感激刺感情之弊，而专尚陶养感情之术，则莫如舍宗教而易以纯粹之美育。纯粹之美育，所以陶养吾人之感情，使有高尚纯洁之习惯，而使人我之见，利己损人之思念，以渐消沮者也。盖以美为普遍性，决无人我差别之见能参入其中。食物之入我口者，不能兼果他人之腹；衣服之在我身者，不能兼供他人之温。以其非普遍性也。美则不然。即如北京左近之西山，我游之，人亦游之，我无损于人，人亦无损

于我也。隔千里兮共明月，我与人均不得而私之。中央公园之花石，农事试验场之水木，人人得而赏之。埃及之金字塔，希腊之神祀，罗马之剧场，瞻望赏叹者若干人，且历若干年而价值如故。各国之博物院，无不公开者，即以私人收藏之珍品，亦时供同志之赏览。各地方之音乐会、演剧场，均以容多数人为快。所谓独乐乐不如与人乐乐，寡乐乐不如与众乐乐；即以宣王之惛，尚能承认之，美之为普遍性可知矣。且美之批评，虽间亦因人而异，然不曰是于我为美，而曰是为美，是亦以普遍性为标准之一证也。美以普遍性之故，不复有人我之关系，遂亦不能有利害之关系。马牛，人之所利用者；而戴嵩所画之牛，韩幹所画之马，决无对之而作服乘之想者。狮虎，人之所畏也；而芦沟桥之石狮，神虎桥之石虎，决无对之而生搏噬之恐者。植物之花，所以成实也，而吾人赏花，决非作果实可食之想。善歌之鸟，恒非食品。灿烂之蛇，多含毒液。而以审美之观念之，其价值自若。美色，人之所好也，对希腊之裸像，决不敢作龙阳之想；对拉飞尔苦鲁滨司之裸体画，决不敢有周昉秘戏图之想。盖美之超绝实际也如是。且于普通之美以外，就特别之美而观察之，则其义益显。例如崇宏之美，有至大至刚两种。至大者，如吾人在大海中，惟见天水相连，茫无涯涘。又如夜中仰数恒星，知一星为一世界，而不能得其止境，顿觉吾身之小，虽微尘不足以喻，而不知何者为所有。其至刚者，如疾风震霆，覆舟倾屋，洪水横流，火山喷薄，虽拔山盖世之气力，亦无所施，而不知何者为好胜。夫所谓大也、刚也，皆对待之名也。今既自以为无大之可言，无刚之可恃，则且忽无超出乎对待之境，而与前所谓至大至刚者并合而为一体，其愉快遂无限量。当斯时也，又岂尚有利害得丧之见能参入其间耶？其他美育中如悲剧之美，以其能破除吾人贪恋幸福之思想；小雅之怨悱，屈子之离忧，均能特别感人。西厢记若终于崔张团圆，

则平淡无奇；惟如原本之终于草桥一梦，始足发人深省。石头记若如红楼后梦等必待宝黛成婚，则此书可以不作；原本之所以动人者，正以宝黛之结果一死一亡，与吾人之所谓幸福全然相反也。又如滑稽之美，以不与事实相应为条件。如人物之状态，各部分别有比例，而滑稽画中之人物，则故使一部分特别长大或特别短小。作诗则故为不谐之声调，用字则取资于同音义者。方朔割肉以遗细君，不自责而反自夸。优旃谏漆城，不言其无益，而反谓漆城荡荡，寇来不得上。皆与实际不相容，故令人失笑耳。要之美学之中，其大别为都丽之美，崇宏之美（日本人译言优壮美），而附丽于崇宏之悲剧，附丽于都丽之滑稽，皆足以破人我之见，去利害得失之计较。则其明以陶养性灵，使之日进于高尚者，固已足矣。又何取乎侈言阴骘，攻击异派之宗教，以刺激人心，而使之渐丧其纯粹之美感为耶？

蔡先生认为宗教之起源基于知识、意志与感情三者。近世科学发达，对于前此认为不可解释之谜，多已获得正确之知识。近世学者据生理学、心理学、社会学之公例，以应用于伦理，则知具体之道德不能不随时随地而变迁；而道德之原理，可由种种不同之具体者而归纳以得之，宗教家之演绎法已不适用。此意志作用离宗教而独立之证也。知识意志两作用既皆脱离宗教以外，于是宗教所最有密切关系者，惟有情感作用，即所谓美感。然即以美育论，现今已有与宗教分合之两派。以此两派比较，美育之附丽于宗教者，又因无论何种宗教，无不有扩充己教攻击异教之条件，究不如纯粹之美育，所以陶养吾人之感情，使有高尚而专尚陶养感情之术。盖纯粹之美育，陶养人之感情，使有高尚纯洁之习惯，而使人我之见，利己损人之思念，得以消沮者也。蔡先生因此主张以美育代宗教，较之侈言阴骘，攻击异派之宗教，以刺激人心，使之渐丧其纯粹之美感，不尤愈耶？

又如：

（文化运动不要忘了美育——八年）现在文化运动，已经由欧美各国传到中国了。解放呵？创造呵！新思潮呵！新生活呵！在各种周报日报上，已经数见不鲜了。但文化不是简单，是复杂的。运动不是空谈，是要实行的。要透彻复杂的真相，应研究科学。要鼓励实行的兴会，应利用美术。科学的教育，在中国可算有萌芽了。美术的教育，除了小学校中机械性的图画音乐以外，简截可说是没有。

不是用美术的教育，提起一种超越利害的兴趣，融合一种画分人我的偏见，保持一种永久和平的心境；单单凭那个性的冲动，环境的刺激，投入文化运动的潮流，恐不免有下列三种的流弊：（一）看得很明白，责备他人很周密，但是到了自己实行的机会，经小小的利绊住，不能不牺牲主义。（二）借了很好的主义作护身符，放纵卑劣的欲望；到劣迹败露了，叫反对党把他的污点，影射到神圣主义上，增加了发展的阻力。（三）想用简单的方法，短少的时间，达他的极端的主义；经了几次挫折，就觉得没有希望，发起厌世观，甚且自杀。这三种流弊，不是渐渐发见了么？一般自号觉醒的人，还能不注意么？

文化进步的国民，既然实施科学教育，尤要普及美术教育。专门练习的，既有美术学校、音乐学校、美术工艺学校、优伶学校等；大学校又设有文学、美学、美术史、乐理等讲座与研究所。普及社会的，有公开的美术馆或博物院，中间陈列品，或由私人捐赠，或用公款购置，都是非常珍贵的。有临时的展览会，有音乐会，有国立或公立的剧院，或演歌舞剧，或演对白剧，都是由著名的文学家、音乐家编制的。演剧的人，多受过专门教育，有理想有责任心的。市中大道，不但分行植树，并且间以花畦，逐次移植应时的花。几条大道的交叉点，必设广场，有大树、有喷泉、有花坛、有雕刻品。

小的市镇，总有一个公园。大都会的公园，不止一处。又保存自然的林木，加以点缀，作为最自由的公园。一切公私的建筑，陈列器具，书肆的印刷品，各方面的广告，都是从美术家的意匠构成。所以不论那种人，都时时刻刻有接触美术的机会。我们现在除文字界，稍微有点新机外，别的还有什么？书画是我们的国粹，却是模仿古人的。古人的书画，是有钱的收藏了，作为奢侈品，不是给人人共见的。建筑雕刻没有人研究。在嚣杂的剧院中，演那简单的音乐，卑鄙的戏曲。在市场上散步，止见飞扬尘土，横冲直撞的车马，商铺门上贴著无聊的春联，地摊上出售那恶俗的花纸，在这种环境中讨生活，什（怎）能引起活泼高尚的感情呢？所以我很希望致力文化运动诸君，不要忘了美育。

蔡先生对于美育念念不忘，当其讲述文化运动时，认为文化运动括有研究科学与利用美术二事；前者在我国可算有了萌芽，后者则除小学校中机械性的图画音乐以外，简截可说是没有文化进步的国民，既然实施科学教育，尤要普及美术教育，借以鼓励兴趣。他认为美术教育之设施，应是自上至下，彻头彻尾的。除专门练习的有美术学校、音乐学校等外，大学校又设有文学、美学、美术史、乐理等讲座与研究所。其普及于社会的，则有美术馆、博物院等；甚至街道公园，无不有美化之必要，使人生息于其间，无往而不触发美感。切忌以粗俗的装饰，代替美术。则其所得结果，适与美化相反。

又如：

（美育实施的方法——民国十一年六月）我国初办新式教育的时候，只提出体育智育德育三条件，称为三育。十年来，渐渐的提到美育；现在教育界已经公认了。李石岑先生要求我说说“美育实施的方法”，我把我个人的意见写在下面。

照现在教育状况，可分为三个范围：一、家庭教育，二、学校教育，三、社会教育。我们所说的美育，当然也有这三方面。

我们要作彻底的教育，就要著眼最早的一步。虽不能溢出范围，推到优生学；但至少也要从胎教起点。我从不信家庭有完美教育的可能性，照我的理想，要从公立的胎教院与育婴院著手。公立胎教院是给孕妇住的，要设在风景佳胜的地方，不为都市中混浊的空气、纷扰的习惯所沾染。建筑的形式要匀称，要玲珑，用本地旧派，略参希腊或文艺中兴时代的气味。凡埃及的高压式，峨特的偏激派，都要避去。四面都是庭园。有广场，可以散步，可以作轻便的运动，可以赏月观星。园中杂莳花木，使四时均有雅丽之花叶，可以悦目。选毛羽秀丽、鸣声谐雅的动物，散布花木中间；须避去用索系猴、用笼装鸟的习惯。引水成泉，勿作激流。汇水成池，畜美观活泼的鱼。室内糊壁的纸，铺地的毡，都要选恬静的颜色、疏秀的花纹。应用与陈列的器具，要轻便雅致，不取笨重或过于琐巧的。一室中要自成系统，不可混乱。陈列雕刻图画，都取优美一派；应有健全体格的裸体像与裸体画。凡有粗犷、猥亵、悲惨、怪诞等品，即使描写个性，大有价值，这里都不好加入。过度激刺的色彩，也要避去。备阅览的文字，要乐观的、和平的；凡是描写社会黑暗方面，个人神经异常的，要避去。每日可有音乐，选取的标准，与图画一样，激刺太甚的、卑靡的，都不取。总之，各种要孕妇完全在平和活泼的空气里面，才没有不好的影响传到胎儿；这是胎儿的美育。

孕妇产儿以后，就迁到公共育婴院。第一年是母亲自己抚养的；第二三年，如母亲要去担任他的专业，就可把婴儿交给保姆。育婴院的建筑，与胎教院大略相同，或可联合一处。其中陈列的雕刻图画，可多选裸体的康健儿童，备种种动静的姿势；隔几日，可更换一套。音乐选简静细的。院内成人的言语与动作，都要有适当的音

调态度，可以作儿童的模范。就是衣饰，也要有一种优美的表示。

在这些公立机关未成立前，若能在家庭里面，按照上列的条件小小布置，也可承认为家庭美育。

儿童满了三岁，要进幼稚园了。幼稚园是家庭教育与学校教育的过渡机关。那时候儿童的美感，不但被动的领受，并且自动的表示了。舞蹈、唱歌、手工都是美育的专课。就是叫他计算、说话，也要从排列上、音调上迎合他们的美感，不可枯燥的算法与语法。

儿童满了六岁，就进小学校，此后十一二年，都是普通教育时期。专属美育的课程，是音乐、图画、运动、文学等。到中学时代，他们自主力渐强，表现个性的冲动渐渐发展；选取的文字美术，可以复杂一点，悲壮、滑稽的著作，都可应用了。

但是美育的范围，并不限于这几个科目，凡是学校所有的课程，都没有与美育无关的。例如数学，仿佛是枯燥不过的了，但是美术上的比例、节奏，全是数的关系；截金术是最显的例。数学的游戏，可以引起滑稽美感。几何的形式，是图案美术所应用的。理化学似乎机械了；但是声学与音乐，光学与色彩，密切得很。雄强的美，全是力的表示。美学中有“感情移入”论，把美术品形式都用力来说明他。文学、音乐、图画，都有冷热的异感，可以从热学上引起联想。磁电的吸距，就是人的爱憎。有许多美术工艺，是用电力制成的。化学实验，常见美丽的光焰；元子电子的排列法，可以助图案变化。图画所用的颜料，有许多的化学品。星月的光辉，在天文学上不过映照距离的关系；在文学图画上便有绝大的魔力。矿物的结晶，闪光与显色，在科学上不过自然的结果；在装饰品便作重要的材料。植物的花叶，在科学上作为保护生命的作用，或雌雄淘汰的结果；在美术、文学上都为美观的材料。地理学上云霞风雪的变态，山岳河海的名胜，文学家美学家的遗绩；历史学上美术家的进

化，文学家美术的轶事，也都是美育的资料。由普通教育转到专门教育，从此关乎美育的学科，都成为单纯的进行了。爱音乐的进音乐学校；爱建筑、雕刻、图画的进美术学校；爱演剧的进戏剧学校；爱文学的进大学文科；爱别种科学的人就进了别的专科了。但是每个学校的建筑式、陈列品，都要合乎美育的条件；可以时时举行辩论会、音乐会、成绩展览会、各种纪念会等，都可以利用他来行普及的美育。

学生不是常在学校的，又有许多已离学校的人，不能不给他们一种美育的机会，所以又要有社会的美育。

社会美育，从专设的机关起：

（一）美术馆，搜罗各种美术品，分类陈列。于一类中，又可依时代为次。以原本为主，但别处所藏的图画，最著名的，也用名手的摹本；别处所藏的雕刻，也可用摹造品。须有精印的目录；插入最重要品的摄影。每日定时开馆，能不收门券费最善；必不得已，每星期日或节日必须免费。

（二）美术展览会，须有一定的建筑，每年举行几次，如春季展览、秋季展览等。专征集现代美术家作品，或限于本国，或兼征他国的。所征不胜陈列，组织审查委员选定，陈列品可开明价值，在会中出售。余时亦可开特别展览会，或专陈一家作品，或专陈一派作品。也有借他国美术馆或私人所藏展览的。

（三）音乐会，可设一定的会场，定期演奏。在夏季也可在公园、广场中演奏。

（四）剧院，可将歌舞剧、科白剧分设两院，亦可于一院中更番演剧。剧本必须出文学家手笔；演员必须受过专门教育。剧院营业，如不敷开支，应用公款补助。

（五）影戏馆，演片须经审查，凡无聊的滑稽剧、凶险的侦探

案、卑猥的恋爱剧都去掉。单演风景片与文学家作品。

（六）历史博物馆，所收藏大半是美术品，可以看出美术进化的痕迹。

（七）古物学陈列所，所收藏的大半是古代的美术品，可以考见美术的起源。

（八）人类学博物馆，所收藏的不全是美术品，或者有很丑恶的，但可以比较各民族的美术，或是性质不同，或是程度不同。无论如何幼稚的民族，总有几种惊人的美术品。又往往不相交通的民族，有同性质的作品，很可以促进美术的进步。

（九）博物学陈列所与植物园、动物园，这固然不专为美育而设，但矿物的标本与动植物的化石，或色彩绚烂，或结构精致，或形状奇伟，很可以引起美感。若种种生活的动植物，值得赏鉴，更不待言了。在这种特别设备以外，又要有一种普遍的设备，就是地方的美化。若只有特别的设备，平常接触耳目的还是些卑丑的形状，美育就不完全；所以不可不谋地方的美化。

地方的美化，第一是道路。欧洲都市最广的道路，两旁为人行道，其次公车来往道，又间以种树，艺花，及游人列坐的地方二三列，这自然不能常有的。但每条道路，都要宽平；一地方内各条道路，要有一点匀称的分配。道路交叉的点，必须留一空场，置喷泉、花畦、雕刻品等。

第二是建筑。三四间东倒西歪屋，固然起脆薄、贫乏的感想；三四层匣子重叠式的洋房，也可起板滞、粗俗的感想。若把这两者并合在一处，真异常难受了，欧美海滨或山坳的别墅，大半是一层楼，适敷小家庭居住，二层的已经很少，再高是没有的。四面都是花园，疏疏落落，分开看各有各的意匠，合起来看，合成一个系统。现在各国都有“花园城”的运动，他们建筑也大概如此。我们的城

市改革很难，组织新村的人，不可不注意呵。

第三是公园。公园有两种：一种是有围墙，有门，如北京中央公园、上海黄浦滩外国公园的样子。里面人工的设备多一点，进去有一点制限。还有一种，是并无严格的范围，以自然美为主，最要的是一大片林木，中开无数通路可以散步。有几大片草地可以运动，有一道河流，或汇成小湖，可以行小舟。建筑品不很多，游人可以自由出入。在巴黎、柏林等，地价非常昂贵，但是这一类大公园，都有好几所永远留着。

第四是名胜的布置。瑞士有世界花园的称号，固然风景很好，也是他们的保护点缀，很适宜，交通很便利，所以能吸引游人。美国有好几所国家公园，地面很大，完全由国家保护，不能由私人随意占领，所以能保留他的优点，不受损坏。我们国内，名胜很多，但如黄山等，交通不便，颇难游赏。交通较便的如西湖等，又漫无限制，听无知的人造了许多拙劣的洋房，把自然美缀了许多污点，真是可惜。

第五是古迹的保存。新近的建筑，破坏了很不美观。若是破坏的古迹，转可以引起许多历史上的联想，于不完全中认出美的分子来。所以保存古迹，以不改动他为原则。但有些非加修理不可的也要不显痕迹，且按著原状的派式。并且留得原状的摄影，记述修理情形和时日，备后人鉴别。

第六是公坟。我们中国人的做坟，可算是混乱极了。贫的是随地权厝，或随地做一个土堆子。富的是为的一个死人，占许多土地，石工墓木，也是“千篇一律”，一点没有美意。照理智方面观察，人既死了，应交医生解剖，若是于后来生理上可备参考的，不妨保存起来。否则血肉可作肥料，骨骼可供雕刻品，也算得是废物利用了。但是人类行为，还有感情方面的吸力，生人对于死人，决不肯把他

哀感所托的尸体，简单的处置了。若是照我们南方各省，满山是坟，不但太不经济，也是破坏自然美的一端。现在不如先仿西洋的办法。他们的公坟有两种：一是土葬的，如上海三马路、北京崇文门，都有西洋的公坟。他是画一块地，用墙围著，布置一点林木。要葬的可以指区购定。墓旁有花草，墓上的石碣有花纹，有铭词，各具意匠，也可窥见一时代美术的风尚。还有种是火葬，他们用很庄严的建筑，安置电力焚尸炉。既焚以后，把骨灰聚起来，装在古雅的瓶里，安置在精美石坊的方孔中，所占的地位，比土葬减少；坟园的布置，也很华美。这些办法都比我们的随地乱葬好，我们不妨先采用。

我说美育，一直从未生以前，说到既死以后，可以休了。中间有错误的、脱漏的，我再修补，尤希望读的人替我纠正。

本文主张将美育设施分布于三个范围：（一）家庭教育，（二）学校教育，（三）社会教育。家庭教育包括胎教及育婴教育及幼稚教育。学校教育，自小学以至大学皆作适度的设施。社会教育，则美术博物馆，以至种种陈列所展览会等无微不至。此外再加以公共建筑，自道路公园古迹及公墓无一不求美化。概言之，即从未生以前，迄既死之后，自始至终，无不注意及之。

（5）人道主义

（华法教育会之意趣——五年三月廿九日）其在中国，虽自昔有闭关之号，然教育界之所传诵，则无非人道主义。例如孔子作春秋，区人治之进化为三世：一曰据乱世（由乱而进于治），二曰升平世（小康），三曰太平世。据乱之世，内其国而外诸夏（内者亲也，外者疏也）；升平之世，内诸夏而外夷狄；太平之世，夷狄进至于爵（与诸夏同），天下远近大小若一（以上见何休公羊传解诂）。教化流行，德泽大洽，天下之人有士君子之行而少过矣（以上见董仲舒

春秋繁露俞序篇)。孔子又尝告子游曰:“大道之行也,天下为公,选贤与能(与者举也),讲信修睦。故人不独亲其亲,不独子其子,使老有所终,壮有所用,幼有所长,鳏寡孤独废疾者皆有所养,男有分,女有归,货恶其弃于地也,不必藏于己;力恶其不出于己也,不必为己。是故谋闭而不兴,盗窃乱贼而不作,故外户而不闭。是谓大同。”又曰:“圣人以天下为一家,中国为一人。”其他如子夏言“四海之内皆兄弟”,张横渠言“民吾同胞”;尤与法人所倡之博爱主义相合。是中国以人道为教育,亦与法国如同志也。夫人道主义之教育,所以实现正当之意志也。而意志之进行,常与知识及感情相伴。

此言中国虽自昔有闭关之号,然教育界之所传诵,无非人道主义。除礼记大同篇,宣传大同主义,实则等于人道主义。子夏复言“四海之内皆兄弟”,张横渠言“民吾同胞”,是皆中国以人道为教育,有如法人所倡之博爱主义也。

(6) 中庸之道

(中华民族中庸之道——民国十九年十一月底在亚洲文会讲)我等所生活的世界,是相对的。而我人恒取其平衡点为立足点:例如在生理上,循环系动脉与静脉相对而以心脏为中点;消化系吸收与排泄相对而以胃为中点。在心理概念上,就空间言,有左即有右,有前即有后,有上即有下,而我等个人即为其中心。以时间言,有过去即有将来,而我人即以现在为中点。这都是自然而然谁也不能反对的。在行为上,也应有此原则。而西洋哲学家,除雅里士多德曾提倡中庸之道(如勇敢为怯懦与卤莽的折中,节制为吝啬与浪费的折中等)外,鲜有注意及此的。不是托尔斯泰的极端不抵抗主义,便是尼采的极端强权主义;不是卢梭的极端放任论,就是霍布斯的极端干涉论。这完全因为自希腊民族以外,其他民族性,都与中庸之道

不相投合的缘故。独我中华民族，凡持极端说，一经试验，辄失败；而惟中庸之道，常为多数人所赞同，而且较为持久。这可用两种最有权威的学说来证明他：一是民国纪元以前二千余年传统的儒家；一是近年所实行的孙逸仙博士的三民主义。

儒家所标举以为模范的人物，始于四千年前的尧舜禹，而继以三千五百年前的汤，三千年前的文武。论语记尧传位于舜，命以“允执厥中”。舜的执中怎样？礼记中庸说道：“舜好察迩言，执其两端，用其中于民。”尚书说舜以典乐的官司教育，命他教子弟要“直而温，宽而栗，刚而无虐，简而无傲”。直宽与刚简虽是善德，但是过直就不温，过宽就不栗，过刚就虐，过简就傲；用温栗无虐无傲作界说，就是中庸的意思。舜晚年传位于禹，也命他允执厥中。禹的执中怎样？孔子说：“禹菲饮食而致孝乎鬼神，恶衣服而致美乎黻冕，卑宫室而尽力乎沟洫。”若是因个人衣食住的尚俭而对于祭品礼服与田间工事都从简单，便是不及；又若是因祭品礼服与田间工事的完备，而对于个人的衣食住，也尚奢侈，便是太过。禹没有不及与太过，便是中庸。汤的事迹，可考的很少。但孟子说“汤执中”，是与尧、舜、禹一样。文武虽没有中庸的标榜，但孔子曾说：“张而弗弛，文武弗能也；弛而弗张，文武弗为也；一张一弛，文武之道也。”是文武不肯为张而弗弛的太过，也不肯为弛而弗张的不及，一张一弛，就是中庸。至于儒家的开山祖孔子说：“道之不行也，贤者过之，不肖者不及也；道之不明也，知者过之，愚者不及也。”又尝说：“过犹不及。”何等看重中庸！又说：“质胜文则野，文胜质则史，文质彬彬，然后君子。”是求文质的中庸。又说：“君子之于天下也，无适也，无莫也，义之与比。”又说“我无可无不可”，是求可否的中庸。又说：“君子惠而不费，劳而不怨，欲而不贪，泰而不骄，威而不猛。”他的弟子说：“孔子温而厉，威而不猛，恭而安。”

这都是中庸的态度。孔子的孙子思，作中庸一篇，是传述祖训的。

在儒家成立的时代，与他同时并立的有极右派的法家，断言性恶，取极端干涉论；又有极左派的道家，崇尚自然，取极放任论。但法家的政策，试于秦而秦灭；道家的风习，试于晋而晋亡。在汉初，文帝试用道家，及其子景帝，即改用法家，及景帝之子武帝，即罢黜百家，专尊孔子，直沿用至清季；可见极右派与左派，均与中华民族性不适宜，止有儒家的中庸之道，最为契合，所以沿用至二千年。现在国际交通，科学输入，于是有新学说继续儒家而起，是为孙逸仙博士的三民主义。

三民主义虽多有新义，为往昔儒者所未见到，但也是以中庸之道德为标准。例如持国家主义的，往往反对大同；持世界主义的，又往往蔑视国界，这是两端的见解。而孙氏的民族主义，既谋本民族的独立，又谋各民族的平等，是为国家主义与世界主义的折中。尊民权的或不愿有强力的政府，强有力的政府又往往蹂躏民权，这又是两端的见解。而孙氏的民权主义，给人民以四权，专关于用人制法的大计，谓之政权；给政府以五权，关于行政立法司法监察考试等庶政，谓之治权；人民有权而政府有能，是为人民与政府权能的折中。持资本主义的，不免压迫劳工；主张劳动阶级专政的，又不免虐待资本家，这又是两端的见解。而孙氏的民生主义，一方面平均地权，节制资本，防资本家的专横；又一方面行种种社会政策，以解除劳动者的困难。要使社会上大多数的经济利益相调和，而不相冲突，这是劳资间的中庸之道。其他保守派反对欧化的输入，进取派又不注意于国粹的保存。孙氏一方面主张恢复固有的道德与智能，一方面主张学外国之所长；是为国粹与欧化的折中。又如政制上或专主中央集权，或专主地方分权，而孙氏则主张中央与地方之权限，采均权制度，凡事务有全国一致之性质的，划归中央；有因

地制宜之性质的，划归地方。不偏于中央集权或地方分权，是为集权与分权的折中。其他率皆类此。

由此可见孙博士创设这种主义，成立中国国民党，实在适合于中华民族性而与古代的儒家相当；与其他共产党的太过、国家主义派的不及大异。所以当宪政时期尚未达到以前，中国国民党不能不担负训政的责任。

所谓中庸之道，是不偏右，亦不偏左；非太过，亦非不及。此为儒家数千年来的主张，最适合于中华民族的性格。现在国父孙先生所提倡的三民主义，正合乎传统的中庸之道。蔡先生对于儒家与三民主义有合于中庸之道，阐释甚为详尽，谓以此为教育目的，最为适宜。西洋哲学家，除雅里士多德曾提倡中庸之道外，鲜有注意及此的。

○ 第三节　各级教育

括有（1）义务教育，（2）普通教育，（3）分科中学，（4）职业教育，（5）大学研究所，（6）通俗教育诸目。其说如左：

（1）义务教育

（与叶楚伧等建议为提出实施义务教育在标本兼治办法案——二十四年一月）查实施义务教育，最为吾国今日当务之急。本党政纲，原有厉行国民教育之一项。训政时期约法亦有已达学龄儿童，应一律受义务教育之一条；盖我国大多数人民，并最低限度之教育亦未经受，无论国家政令，社会建设，施行举办，动生障阂。复兴民族最基本之工作，无过于义务教育者。旧有四年义务教育办法，虽经中央及地方教育当局努力督策进行，卒因经费困乏，师资稀少，及其他种种关系，收效尚微。直至今日，通都大邑，触目皆是文盲，穷乡僻壤，更不待言。教育部十九年度统计，入学儿童，仅占学龄儿童百分之二一·八，际此世界风云紧迫之秋，吾人倘不采取更有

效之方法，于最短时间，推行义务教育，则民族前途，实有不堪殷忧者。教育部前订定小学法规，经过立法程序，于二十一年十二月由国府公布。此外又有第一期实施义务教育办法大纲，及短期义务教育实施办法大纲，于二十一年六月由部公布；并已编就短期小学课本四册，颁发应用。此外则有小学采用二部制之通令，徒以未有强迫法令令各省市遵照办理，故宽严迟早，颇未能一致。兹特将前项办法，申叙概略，并补具意见如下：

（一）应限期实施一年制之短期义务教育，对十足岁至十六足岁年长失学儿童，实行强迫教育。此为治标办法。

民国九年曾有举办义务教育之法令，其推行期限为一年。国民政府成立后，第二次全国教育会议，改定义务教育推行期限为二十年。然其推行对象，皆为四年义务教育，所需经费之浩大，所需教员之众多，衡诸国家财力、社会经济及现有师资之实际状况，相去甚远；欲达到教育普及之目的，殆有河清无期之慨。查前颁短期义务教育之期限，暂时缩短为一年之短期小学或短期小学班，使十足岁至十六足岁之年长失学儿童，每日分班受二小时之教育，并免收学费，供给书籍用品，以便贫寒子弟，得以一面工作，一面免费入学。二十年来，中央及地方提倡推行义务教育，不可谓不力。然经时久，用力多，而获效甚鲜者，实以四年义务教育，所筹经费师资，亦属数量太巨之故。短期小学或短期小学班，则以一教员，于上午、下午及晚间，分教年长失学儿童三班。以每班四十人计之，一年中得毕业儿童一百二十人。与普通小学儿童两班予以全日之教育，亦以每班四十人计，四年毕业，儿童仅八十人，两相比较，经费多寡之悬殊，不啻一与十八之比也。短期小学或短期小学班之课程，仅为识字及简单常识，浅易算术，教学至易；不过视现行民众学校，略进一步，稍知书算者，均能担任。故其师资不限曾受师范训练，

及有若何之教学经验，与普通小学课程繁多，教员必须严格检定者，情形各殊。前项实施办法大纲，规定教职员除聘请合格教员外，应充分利用下列人员：一、当地师范学校或乡村师范学校已届实习之师范生；二、已受相当训练，可为代用教员之私塾教师；三、当地公务人员；四、当地具有相当程度之人员；五、志愿担任教员并尽义务者。将教员资格特别放宽，此各国开始举办义务教育时，共有之事实也。且年事较长，学习能力亦较富，一年之效果，有时或竟与六岁入学受四年教育者相差无几。而年长之人，一经毕业，即可出而服务。就整个社会言，又不啻逐年增加多量之识字青年也。查各国实施义务教育皆从推广小学教育着手，使小学教育成为义务教育；而其义务教育年限，亦逐渐延长。我国文盲太多，财力太绌，义务教育与小学教育，实不能并为一事。对于年长失学儿童，缩短其义务教育年限，以期迅速普及，实为至不得已之事。根据上述理由，拟请由中央规定自二十四年度起为实施义务教育开始时期，暂以四年为期；并指定短期小学或短期小学班，为实施义务教育场所，对于十足岁至十六足岁之年长失学儿童，实行强迫教育。

（二）注意竭力推广充实小学教育并切实推行半日二部制，此为治本办法。

前述短期义务教育，乃专为救年长失学儿童而设。至为增加学龄儿童入学机会，提高普通小学教育效率起见，则对于小学教育之推广充实，尤属切要。前订小学法、小学规程，关于地方教育之研究，小学编制经费之支配，设备之充实，训育之改革，教职员之待遇、进修，均有严格之规定。尤于科程一事，特别注重，以期现有各小学，得遵此种种规定，以充实其内容。在第一期实施义务教育办法大纲中，并规定分年分区，及实验推行之程序，以期渐臻普遍。然逐期逐地，实验推行，颇需年岁。师资之造就，虽一面于普通师

范学校外又增设简易师范学校、简易师范科、特别师范科，然亦缓不应急。且亦无从于短时期间，训练多量之人才，则又不得不另想应急办法。此办法为何？即采用二部制是也。据十九年度统计，全国小学幼稚园数二五〇八四〇所。小学教员数五六八四八四人。在学儿童数一〇九九四八九七九人，平均每一校收儿童仅四十四名，每一教师教儿童仅十九名。不经济若此，实为世界各国所鲜见。彼教育发达，经济远胜于吾之国家，每一教员所教儿童均多于吾。以吾国之贫瘠，反如此浪费，殊不合理。即国家前途之危险，亦有不堪设想者。二部制为就现有经费师资之数量，于两不增加之原则下，力谋小学教育扩充发展之绝好办法。欧洲大战以后，已有若干国家前后采用，颇著成效；而半日二部制，较时间二部制，尤适合于目前吾国经济原则，以不须增添校舍及游戏休息场所也。就儿童获益言之，二部制虽稍为不及普通小学，惟相差亦不致过远。且为整个社会着想，少数之在学儿童，为大多数之失学儿童，略为减少几分教育上之幸福，以尽互助之天职，衡情论理，亦属应然。二部制推行后，各小学经费、教员，只须略事增加，即可添收加倍之儿童。换言之，即一校可作两校之用，全国顿增加一倍之小学。一面并将现有小学尽量利用，充实学额，则儿童入学机会当可增加数倍，浸假将普及于全体学龄儿童矣。根据上述理由，拟请中央积极提倡，由国民政府明令全国各小学，切实推行半日二部制；请乡村城市小学供不应求之处所，尤须力求照改；一面并利用私塾教师，加以训练，以补上列各项师范教育之不足。至上述义务教育经费之来源，在实施办法大纲中，业有详明之规定。其大要除就地筹措外，得呈请主管教育行政机关予以补助。惟实行强迫以后，地方经费不敷之数，必更巨大，拟请中央自二十四年度起另行指定的款，力为补助。并令各省市自二十四年度起，各拨的款，专为实施短期义务教育，

及推行小学二部制之用。(查二十年十二月二十一日第四届中央执行委员会第三次全体会议，关于教育之决议案，甲、关于国民教育者，其二三两项对此曾有规定，合并声明。)上述实施义务教育标本办法，是否有当？敬候公决。

查训政时期约法虽有已达学龄儿童应一律受义务教育一条，其时义务教育期限暂定为四年；然因经济师资两均短缺，直至民国十九年，入学儿童仅占学龄儿童百分之二一·八，蔡先生与叶楚伧等特提出两项变更办法：一为限期实施一年制之短期义务教育，对于十足岁至十六足岁年长失学儿童实行强迫教育。二为切实推行半日二部制，使一校发生两校之作用，俾不致多增经费，而可以加倍容纳学童。

(2) 普通教育

(普通教育暂行办法) 一，从前各项学堂均改称为学校。监督、堂长应一律改称校长。

一，各州县小学校应于元年三月初四日(阴历壬子年正月十六日)一律开学。中学校，师范学校视地方财力，亦以能开学为主。

一，在新制未颁行以前，每年仍分二学期。阳历三月开学，至暑假为第一学期。暑假后开学，至来年二月底为第二学期。

一，初等小学校可以男女同校。

一，特设之女学校章程暂时照旧。

一，凡各种教科书，务合乎共和民国宗旨。清学部颁行之教科书，一律禁用。

一，凡民间通行之教科书，其中如有尊崇满清朝廷，及旧时官制、军制等课，并避讳、抬头字样，应由各该书局自行修改，呈送样本于本部，及本省民政司、教育总会存查。如学校教员遇有教科书中不合共和宗旨者，可随时删改，亦可指出，呈请民政司或教育

会通知该书局改正。

一，小学读经科一律废止。

一，小学手工科应加注重。

一，高等小学以上，体操科应注重兵式。

一，初等小学，算术科自第三学年起，应兼课珠算。

一，中学校为普通教育，文实不必分科。

一，中学校，初级师范学校，已改为四年毕业。惟现在修业已逾一学期以上，骤难照改者，得照旧办理。

一，旧时奖励出身，一律废止。初高等小学毕业者，称初高等小学毕业生。中学校师范学校毕业者，称中学校师范学校毕业生。

此为蔡先生于民国元年教育总长任内所颁之普通教育暂行办法，包括中小学两级及师范学校在内。其中最重要之改革为小学读经科一律废止，又高等小学以上，体操科应注重兵式，以实现军国民教育之宗旨。

（3）分科中学

（德国分科中学之说明——民国七年十月）近日北京大学鉴于文理分科之流弊，提出“整理合并”之议，而中学教育界乃盛传“文实分科”之说。异哉！原中学文实分科说之由来：

（1）由国文教员嫌国文教授时间之不足，而欲减数学若自然学科之时间以补之。

（2）由数学教员嫌数学教授时间之不足，而欲减国文若历史地理之时间以足之。

为调和两者计，乃有文实分科之说；在清季已试行之。其制盖有数种流弊：

（1）各省竞设文科中学，而实科至少。以实科之设备较普通中学需费更巨，其教员亦非现在高等师范之毕业生不能任。至于文科，

则设备之费更简；而科举时代之文人皆可为教员也。

(2) 既少实科中学，则专门以上学校之属于文、法、商诸科者，虽不患无可招之生，而理、医、工、农诸科，则合格之生甚少。

(3) 文，法，商诸科所招之中学毕业生，科学智识太缺乏，仍为变相的举子，而不适于科学万能之新时代。

故民国元年，教育部取消文实分科之制，而定现行之中学制，在现行中学制所需改革之点固多，而决无恢复文实分科之理。说者动引德国文实分科制以为凭借，不知德之中学，本止文科；其后因时势之需要而增设实科，未几又有文实合科之制。后者已出，而前者未被淘汰，且因一部分人之尽力，前者亦次第改良，有以适应乎时势，故亦随教育之进步而稍有增设，遂使三者得并存于教育界，初非建设之初即规定有此三种也。

蔡先生反对中学文实分科制度，盖恐各省竞设文科中学，而实科太少，则专门以上学校之属于文、法、商诸科者虽不患无可招之生；而理、工、医、农诸科，则合格之生甚少。至于文法商诸科所招之中学毕业生，科学知识太缺乏，仍为变相的举子，而不适于科学万能之新时代。由此可见蔡先生之重视科学，而认为人人在中学阶段，均须经过相当程度之科学训练，因而不主张分为文实中学，使文科中学办得过多，而对于科学知识，借口不加重视也。

(4) 职业教育

(中华职业教育社宣言) 本社同人努力研究提倡并试验职业教育，亦既有年。平昔屡以一得一愚，条陈政府，贡献社会，不敢惮烦。兹值战事告终，全国统一，更应群策群力，谋民生主义之实现，弭国家危患于无形。适本社有专家会议之举，集合众思，慎重考虑，会议结果，一致主张对于政府，对于社会，本所经验，掬诚宣言。

我国社会问题，日趋严重，抉其最著，约有数端。近人恒言，

普通教育愈发达，社会失业者愈众，虽因果关系，未必尽然。但毕业高级小学，不能升中学，毕业中学，不能升大学，一岁间无虑数十万。此辈散在社会，高低两无成就，既已有相当之知识，养成超越平民之欲望，而却无一技专长，执业社会。怅怅何之，满怀抑郁。其于国家社会，为利为害，不言可知，此其一。

民众失业救济之困难各邦皆然，我国尤甚。据本社上海职业指导所十九年统计报告，委托介绍职业者二千八百七十二人。其中国内大学毕业七百三十八人，国外大学毕业一百三十三人。受高等教育者，皇皇求事，若此其可怜，而反观职业界所需求，乃在一能一技之专精，对于学位崇高者，转不免望而生畏。上海为通商首埠，一隅如此，全国可以推之。夫社会事业，既已日见凋枯，而人才供求，更复两非其当。国家社会，损失几何，宁能数计，此其二。

我国新式工业方具萌芽，比之邻邦幼稚特甚。工厂职工，年轻气盛，思想既易转移。迨年事较长，积习稍深，又复多染暮气。工作效能减退，即生产数量，无望增加。正其思想，改其环境，凡所以杜绝乱源，裨益产业，实为目前当务之急，此其三。

妇女职业，非仅关系家运之荣枯，即社会组织，亦多利赖。我国妇女，向未以职业为重。同人以男女平权参政，本诸人道之公，惟必须对于社会国家，厚储服务知能。然后自立立人，根本上方为有效。外而就业，内而治家，皆须在相当年龄，予以适宜之训练。若对女子教育，偏重普通，此种方针，是否适合于中国目前需要，实为绝大疑问，此其四。

我国以农立国，至于今日，衣食大源，且多仰给外人。兹姑舍棉货一端而不论，检十八年海关报告，米输入价达五千八百九十余万两，小麦输入价达二千一百四十余万两，面粉输入价达六千二百九十余万两，足已令人不寒而栗。农事不修，产量既因之日绌，农

智未启，生活尤无由改良。夫以如此穷弱愚昧，一盘散沙之农民，其数占全国人民百分之八十五以上，谓可立国于今日之大地，宁非妄谈。倘不早图挽救，后患何可设想，此其五。

以上五端，皆为迫在眉睫，刻不容缓之严重问题。欲谋解决，固不能专赖一方，而扼要之图，确惟职业教育是赖。乃依教育部最近统计，全国中学一千一百三十九所，内职业学校一百四十九所，仅占百分之十三。全国中学学生二十三万四千八百十一人，内职业学校学生一万六千六百四十一人，仅占百分之七。需要供给，相悬至此，无惑乎求事者未能得事，求才者坐叹无才。本社同人十余年来，口瘏笔秃，既惭无补于民生，而实际设施，分量尤为有限。其可共见于社会者，关于工商教育，农村教育，蚕桑缝纫等女子职业教育，各种职业补习教育，以及升学指导，择业指导、职业介绍等，凡此种种，在本社不过尽试验之功能，勉为社会打开新路，乃奏曲非高而寡和，勇者先登而绝援。耳聒乎民穷财尽之呼声，心痛乎杯水车薪之罔济。至今日而沸羹不已，伏莽尤多。本届会议有人报告，土匪十之九皆为兵士，［此处删 3 字。——编注］十之九皆为学校毕业生。前者既明揭潢池酿乱之原，后者更不胜学校破产之痛。目所共见，心实为危。用敢掬其真诚，恳切希望于我秉国之政府，我立身之社会，在最短期间，实现下列诸事：

（一）请教育部联合内政财政实业交通铁道等部，组织委员会。从人才方面，各就主管事务，提出需求与供给双方连络进行之切实办法，使用才与培才，得相剂之效。省教育厅，市教育局，亦应有同样之联合。

（二）各地普通教育与职业教育需要分量之差别，既非常明显，应将普通学校，限制添设，并切实减少。至各地职业学校，未设者应从速计划设立，已设者应力求充实内容，增加效率。

（三）各地设立职业学校，必须教育与职业两方极端联络。故对于是项学校方式认为惟下列四种收效较有把握。

（甲）农村划区设校。

（乙）职业学校自营农工商业机关。

（丙）职业学校与同性质之职业团体合作。

（丁）职业团体附设同性质之职业学校。

以上四种，皆足使学生一面修学，一面实地习其所学。迨学年终了，尤须责令实际服务半年或一年，取得管理者之成绩证明，然后正式给予毕业文凭。此法凡有目的之教育，如师范学校等亦宜采用。

（四）职业学校，应采用各国先习后学制度，凡学生先令实习若干时期，然后授课。此不惟养成工作习惯，且使学其所习，易增进课业上之兴趣。

（五）各地普通中学，须令兼设职业学科，使毕业后一部分不能升学之青年，得立足于社会。

（六）各地工商业团体，应请教育部会同实业部通令期限举办补习教育，增进职工服务知能，即以立发展改良实业之根本。

（七）各地须指定相当地点，试办农村改进，以改良整个的农民生活为目的。然后逐步推广。其下手方法，一方养成农村教育师资，一方兼须养成农村警察，方收指臂相使之效。

（八）女子职业教育，须多方宣传，尽量设施。其职业种类，应以在不妨碍家庭生活之下，提倡社会服务为原则。

（九）职业学校之师资，必须从速培养。培养方法，与其单独设置，或就师范学校设职业科，不如就著有成绩之职业学校，附设职业师范科。

（十）各地义务教育之推广，无论都市或乡村，皆须确立一标

准，即对受教育者，在未经养成其相当能力时，绝对勿使脱离固有生活，庶不致义务教育愈发达，社会基础愈动摇。

（十一）普通小学，应特别施行职业陶冶，先分与以职业上之基本知能。

（十二）各级教育，应于训练上一律励行劳动化，俾青年心理上确立尊重职业之基础，且使获得较正确之人生观。

（十三）各地应多设职业指导所，由政府择定地点，先行试办，予以充分的考察及指导，并从速培养职业指导人才。

（十四）请求中央政府，确立工商保护政策，切实励行，俾实业充分发展，于人才出路，固有裨益，即于国家前途，根本免除危险，吾中华民国，实利赖之。

政府为民众所托命，社会为小己所构成，当能念国势之阽危，鉴愚忱之恳挚，俯表同情，立予采纳，喁喁向望，无任屏营，谨此宣言，伏希鉴察。

蔡先生在民元任教育总长时，已宣示其五项教育宗旨，其中实利主义占百分之四十，稍后复以职业化为教育方针之一。因之，其重视职业教育，由来已久。此处特将职业教育之细节，详为宣言。

（5）大学研究所

（论大学应设各科研究所之理由——民国二十四年一月）我国新式学校系统之编制，始于前清光绪二十八年。是年所定之学制，于大学堂以上有大学院，其说明谓“大学院为学问极则之研究，不主讲授，不主课程”。及二十九年易大学院之名为通儒院，限以五年。民国元年之大学令，仍改通儒院为大学院，谓“为大学教授与学生极深研究之所，不立年限”。十七年又改大学院为研究院，谓“为大学毕业生而设，年限不定”。本年教育部所颁布之大学研究院暂行组织规程，则又称“大学为招收大学本科毕业研究高深学术并供给教

员便利起见，得设研究院”。综上各条观之，其名称虽有大学院、通儒院、研究院三种之别，而其任务为高深学术之研究，则前后一致。惟光绪二十八年之规定，大学院为学问极则之研究，其性质近于现在之独立研究院（如国立之中央研究院及北平研究院）。至民国元年之大学令，及本年之大学研究所规程，则已对于大学教员、毕业生及学生均已认为研究之分子，其理由如左：

一、大学无研究院，则教员易陷于抄发讲义不求进步之陋习。盖科学的研究，搜集材料，设备仪器，购置参考图书，或非私人之力所能胜；若大学无此预备，则除一二杰出之教员外，其普通者，将专已守残，不复为进一步之探求，或在各校兼课，至每星期任三十余时之教课者亦有之。为学生模范之教员尚且如此，则学风可知矣。

二、大学毕业生除留学外国外，无更求深造之机会。现在大学毕业生因社会需要或个人经济关系，急求一职以自赡者固居多数；然亦有少数对于学术有特殊兴趣，不以在大学所已受之教育自封者，辄要求以自费或公费留学外国，而社会上对于留学归国之学生亦特别器重。此亦非全由崇拜外人之心理。实以欧美各国，除独立研究院外，各大学无不有相当之研究院故也。其研究院中方面之多，导师之努力，既为我国所望尘莫及，而院外之独立的图书馆、史料馆、博物院、天文台、动植物园、工厂、医院等等足备学者参考者，亦至为完备；故留学自有优点。然留学至为糜费，而留学生之能利用机会学成而归国者，亦不可多得；故亦非尽善之策。苟吾国大学，自立研究院，则凡毕业生之有志深造者，或留母校，或转他校，均可为初步之专攻。俟成绩卓著，而偶有一种问题，非至某国之某某大学研究院参证者，为一度短期之留学；其成效易睹，经费较省，而且以四千年文化自命之古国，亦稍减倚赖之耻也。

三、未毕业之高级生，无自由研究之机会。余所最不解者，吾国小学中学，尚有设计教育与道尔顿制等为学生自动之试验；而大学中何以全为注入式之讲义。课程繁重，使学生无自修之余暇，又安有自动之机会。德国大学并无何种学士硕士之阶级；大学生希望毕业者，于相当时期，提出问题，得一种研究所导师承认，即可入研究所，预备博士论文，毕业时即得博士学位。吾国学位制尚未颁布，将来或采美国制，即大学毕业生进研究院者始有预备博士论文之机会。此制较为整齐，自可采用，惟大学既设研究院以后，高年级生之富于学问兴趣而并不以学位有无为意者，可采德国制精神，由研究所导师以严格的试验，定允许其入所与否；此亦奖进学者之一法。吾国未立研究院之大学，已有采用毕业论文法者；研究院成立以后，更易施行矣。

是大学研究院之不可不设，其理甚明矣。而余尚有一种提议，即大学中可有一种专设研究院，以收容大学毕业生而不授四年级之课程者，此于省立大学为最相宜。民国元年之大学令，废各省高等学堂而设大学预科，此与大学甚便，而各省遂失去集中学者之机关，人才均集中于大学区，而各省遂苦贫乏，故文化上进步濡滞。十年前忽有每省设一大学之时尚，然校舍缺乏，经费竭蹶，即勉强成立，亦复有名无实。尔时余曾提议，省立大学，可专设几种研究所，如地质、生物、理化、经济、教育等等，视本省所需要者而次第设之。每所聘导师若干人，如本国人才不足，不妨参用外国人，招考大学毕业者为研究生，不必以本省人为限；使彼等一面用功，一面调查本省物产，计划农工业及其他文化事业。俟有余力，再次第建设各学院。然其时各省皆取旧有之专门学校合并而为大学，故仍偏于分院制，未有采用研究院制者。惟山东大学近年在济南所设之农学院，完全与余所提议者相同，余以为其成绩必胜于其他大学不设研究所

之农学院也。

最后，余尚欲一说大学研究院与独立研究院之异点：大学研究院，既须兼顾教员、毕业生、高级生三方面之方便，故其所设研究所之门类，愈多愈善，凡大学各院中主要科目，以能完全成立为最善，庶不至使一部分之教员与学生失望。独立研究院，以研究员为主体，故外国间有以研究员之姓名为一个研究所之标准者，其科目不求备，视有特殊之研究员与社会有特别之需要而设之。除研究员所需要之助理外，是否有兼收研究生之需要与可能，完全由研究员决定之。前者稍偏于博大，而后者稍偏于精深；不必强求其一致也。

大学研究所，为最高之学术研究机构。大学校与中小学校不同之处，即学生于听讲之外，须能自动研究。然因课程颇重，除应付教授所讲外，已无充分自动研究时日。于是有研究所之设，专收大学毕业生之优秀者，其所修学分在精而不在多，俾研究生得在教授指导之下自行研究，且有充裕时间以资研究。蔡先生于本文详言大学设置研究院所之必要。然自民国二十一年颁布学位授予法以后二十余年，各大学设有研究所者，寥寥无几，其所授较高级之学位者仅以硕士为限，至于最高之博士学位，则过分慎重，迟迟不设高级研究生，直至一九五五年余任“考试院”副院长，兼任“国立”政治大学政治研究所教授之时，极力提倡迅即开办高级研究班，准备授予博士学位。此一主张，并得彼时任“教育部长”之张晓峰君赞助，卒底于成。初时仅准政治及中国文学两所得授博士学位。十余年来，已扩充至自然科学、工程学、经济学等十余研究所。最近统计，台省各大学已有研究生共约二千人，其中高级研究生亦在百人以上。

（6）通俗教育

（在北京通俗教育研究会演说词——五年十二月二十七日）鄙人

出游列邦日久，于祖国内情，诸多隔阂。此次重履故土，辱承诸君不弃，敦嘱演说。惟鄙人自顾学识谫陋，有负诸君子厚望，然又不敢自秘。兹将此次游历各国时，于通俗教育上所见所闻，为诸君子缕陈之。

夫通俗教育研究会，创立未久，聆诸君报告，各项成绩，已属昭然，足征贵会诸君子热心毅力，始克臻此，鄙人良深钦仰。窃以通俗教育，在二十世纪中，实为当务之急。尝谓世界各事之进步，其动因皆由于不平者而欲使之平。总观世界史乘，最初以不平而起潮流者，厥为宗教。彼时教皇之势力，虽君主莫敌。不特此教与彼教争，即一教之中，亦阶级悬殊，争斗蜂起。甚至有因仇视异教而施之极刑者。说者谓教祸时代之教规，实较专制君主之刑法为厉，洵不虚也。其结果遂有信教自由之说，以救济其不平。乃宗教之潮流方息，而政治上不平之潮流，即继之而起。盖一国之政治，操之少数人之手。权势偏重，最易生反动力。法兰西之大革命，美利坚之脱离羁束，各起极大之战争。其结果遂有立宪政治之产出，而济其不平。乃政治潮流方息，而社会不平之潮流，又因之而起。如晚近因贫富之不平，而启劳动家与资本家之纠讼。盖因少数之资本家，役使大多数之劳动家，以增殖其产业，而劳动家乃转不免于冻馁，其不平也实甚，于是有社会主义之发现。近日欧美各国，此种主义，日益发展。顾欲达到目的，事亦非易。盖贫富阶级，最不易消弭也。近日之富人，亦或赞成此种主义而试行之者；散其资财以与贫民，或画一区域以试验共产主义之实行。乃其结果，转与初旨相反。迨加以研究，始知彼劳动家之失败，由于未受平等之教育。近时欧西各国，义务教育，虽已甚完备，然此制仅施之全国学龄之儿童，且所授者仅为初级之普通知识，若高深之学术，则仍为有力者所垄断。各国贤者，已图力矫此弊。鄙人在德国时，常见彼邦之大学生徒，

每于校外，出其所长，教授一般工人以实用知识或外国语言。至法国则有所谓平民大学，为大学教员所组织，专在夜间讲演，无论何人，均得入校听讲，不因贫富年龄之故，稍有歧异。凡此皆所以济教育之不平，而期于普及。今通俗教育研究会之设，所研究者即使此不平者，渐跻于平之义也。顷聆诸君报告，各项成绩，已甚优美，将来移转风化，实惟诸君是赖。惟以鄙见所及，三方虽均属重要，而以讲演之范围为较广，著手亦难。盖讲演者之心理，纯借口讲指画为表示，务须有得于心，尽人皆晓，庶得良好之结果。佛教中之讲演经典，耶教中之传播圣经，均用此法。在昔宋明儒者之讲学亦然。鄙人对于此事，亦未能多有所贡献，惟望诸君尽力以为之而已。

小说于教育上尤有密切之关系，往往有寝馈其中而得获知识者。昔时尚无人注意及此，近自西学转入，迻译彼邦小说，日渐繁多，国人始稍稍注意。小说家之名，已见于汉书艺文志。自唐以后，小说渐盛。综观我国小说，强半多涉男女之情，其故由于我国男女之防素严，作小说者，往往多借文字以发泄怀抱。其他则不外乎鬼怪神仙之谈。如水浒、红楼梦等书，在昔人已有目为诲淫诲盗者，足征论者已认此种小说，具教育之价值。著水浒传者，实抱有一种革命思想。此种思想，在今日视之，固已为过去之陈迹，然在当时，亦可谓有价值之书矣。又如三国演义一书，尽人皆知，其中结构，以诸葛孔明为主要之人物，而曹孟德则为其对待者。其于曹孟德，固目为奸雄，然亦极写其智谋材力，为人所不及。而其写诸葛也，亦适成为一机械变诈之人物，实与其写曹孟德不甚相远。要之此书之写上等人物，实不外乎权术用事，纯恃手段制胜而已。颇有人谓我国近时最著名之某公，其一生行事，即取法乎三国演义所写之人物，其后卒因以致败。昔人之思想，其不适用于今日之世界也，审矣。又如石头记一书，世人多视为言情小说，其实为政治小说。书

中述男女交际，皆取放任主义。其后有儿女英雄传一书，则专持与石头记相反之主义，为旧思想之代表而已。总计中国小说，其著名者，大略如此。欧洲各国小说，在文学界中，位置素高。近时则自然派盛行。如法国之弗罗贝尔及淑拉，德国之许特曼等皆是。俄国之托尔斯泰，吾国人多知其名。彼亦即自然派中之一人，且尝著书反对英国之大戏剧家莎士比亚，谓其所著不合自然。所谓自然派者，其所述事实，必皆为情理上所可有，而绝不容有虚无缥缈之谈。如我国之侈言神仙鬼怪。此亦因近世科学日臻发达，故小说亦因科学之潮流而转移也。就教育家之眼光，审谛小说，固必取隐恶扬善之意。惟小说家之笔墨，写君子难而写小人易。试观各国之操新闻事业者，为动阅者之目起见，往往搜集各种新奇之侦探案，将案中细情曲意描摹，载诸报纸之上。为营业起见，计固良得，然阅者之脑筋，日日印入此非法行为，难保不因之感染。尝闻有人日阅医家之治症告白，久而久之，其人果患与告白相类之病症。以此例彼，其关系于人心也巨矣。世界万事，有阴必有阳，有暗必有明，作小说者讵能违乎此旨。顾西国所谓自然派小说，笔底虽写黑暗之状，而目光常注光明之点。我国之作者则不然。如近时所传之官场现形等书，其描写黑暗情形，可谓淋漓尽致，然不能觅得趋向光明之径线，则几何不牵帅读者而使之沉湎于黑暗社会耶。

讲演能转移风气，而听者未必皆有兴会。小说之功，仅能收之粗通文义之人。故二者所收效果，均不若戏剧之大。戏剧之有关风化，人所共认。盖剧中所装点之各种人物，其语言动作，无一不适合世人思想之程度，故舞台之描摹，最易感人。且我国旧剧中之白口，均为普通语言，听之者绝无隔膜之弊，未受教育之人，因戏剧而受感触者，恒较为锐敏。尝见北京旧日戏园，有所谓池座者，大抵为不识字之人所占，而每次采声，必先发自池座。近人主张改良

戏剧，莫不致力于新剧之编纂。盖旧剧之体裁，久已印入人心，而新剧则尚未习惯，又编演者程度幼稚，或不足以动人，故不能与旧剧相抗衡也。就中国往事观之。旧剧感人之魔力，实为至巨。如清季拳匪之祸，肇于刚毅诸人，而此辈之见识，纯由观剧而得。刚毅尝谓人曰，董福祥者，我之黄天霸也。是即受施公案等戏剧之教育者。拳匪之不曰神仙下界，即曰天将来助，亦即本之于我国戏剧。更有一事实与西人相反者，即西人重视悲剧，而我国则竞尚喜剧。如旧剧中述男女之情，大抵其先必受种种挫折，或男子远离，女子被难，一旦衣锦荣归，复相团聚。此等情节，千篇一律。例如续西厢记之必述张生及第归来，复与莺莺团圆之类。曾不知天下事，有成必有败，岂能尽如人愿，而无丝毫之缺憾。即以历史人物而论，颜渊敏而好学，不幸短命。屈原，楚之贤大夫也，而自沉于汨罗。惟其如此，始足使千载下动无穷之凭吊。然我国人绝无演此类事于舞台之上者。盖我国之思想，事事必求其圆满。专制时代之为皇帝者，已属无上之尊，而贪心犹未已。秦皇汉武，至欲求长生不死之术，亦其例也。西人之重视戏剧也，有将剧本采入学校中之教科书者，其价值可想。考其戏剧，约有数种：其第一种为歌舞剧，即所谓阿泊拉，为戏剧中之最正式者，所演多为悲剧。此种专重歌舞，而无科白，佐以音乐。又有一种，专用科白者，则与中国近时所演之新剧相类，亦以悲剧为多。其所用语言皆彼国最正国语，故外国之人在彼国者，多借听剧以练习彼国语言。又有小品歌舞剧，则参用歌舞与科白，而多为喜剧。又有一种杂剧院，以滑稽戏跳舞及各种杂技相间演之。此西国戏剧之大概也。其演剧时间，大率自晚间八时至十二时。自杂剧外，所演者大抵为一剧。至若中国旧剧，往往截各种全剧之一节而演之，则甚类西洋之杂剧院也。歌舞剧中之音乐，感人至深。晚近欧洲各国，研究不遗余力。亦时有单纯之音

乐会，若以我国之音乐与相比拟，则瞠乎后矣。

关于通俗教育，尚有一轻而易举之法，则电光影戏是也。影戏之成本较轻，而收效至易。近闻英国新流行一种影戏器，尤为省事，盖不必制玻片，即以邮片插入，亦能影出者是也。通行之活动影戏，为迎合观者之心理起见，亦有加入不正当之影片者。德国影戏院中，凡中学校以下生徒，平时不得入览。而于每星期三、六或休假日，特择其较为纯正者演之，始许学生入观。大半为关于科学事理之片，间有滑稽之作，要皆无害于身心者。再如外国模范戏园，国家恒每年酌予巨款以补助之。我国现值财政困难之际，恐一时未克仿行。然如美术馆、博物院、展览会、科学器械陈列所等，均足以增进普通人之智德，而所费亦皆不甚巨，愿希望研究通俗教育者，设法提倡此种有益之举，则所获尤非浅鲜也。以上皆第就个人所见及者，陈说于诸君之前，自愧学识有限，不能多所贡献，惟诸君谅之。

通俗教育为成人之补习教育，其教育不限于有形式者，除识字教育外，其他有关德育智育之设施，可从小说戏剧等无形中加以感化。我国向来对于小说戏剧往往视为仅供消遣。蔡先生则认为有关教育，特别是通俗教育。

○ 第四节　课业

括有（1）旧教育课业，（2）读经，（3）文言与白话，（4）国语，（5）国文与外国文，（6）军事训练诸目，其说如左：

（1）旧教育课业

（我所受旧教育的回忆——民国二十三年四月五日）我六岁（以阴历计，若按新法只四岁余），入家塾，读百家姓、千字文、神童诗等。本来初上学的学生，有读三字经的，也有读千家诗或先读诗经的，然而我没有读这些。我读了三部“小书”以后，就读四书。四书读毕，读五经。读小书四书的时候，先生是不讲的，等到读五经

了，先生才讲一点。然而背诵是必要的；无论读的书懂不懂，读的遍数多了，居然背得出来。

读书以外，还有识字、习字、对句的三法，是我了解文义的开始。识字是用方块字教的，每一个字，不但要念出读法，也要说出意义；这种方法，现在儿童教育上还是采用的，但加上图画，这是比从前进步了。习字是先摹后临，摹是先描红字，后用影格。临则先在范本的空格上照写，后来用帖子放在面前，在别的空白纸上照写。初学时，先生把住我的手，助我描写，熟练了，才自由挥写。对句是造句的法子，从一个字起，到四个字止，因为五字以上便是做诗，可听其自由造作，不必先出范句了。对句之法，不但名词动词静词要针锋相对，而且名词中动植矿与器物宫室等，静词中颜色、性质与数目等，都要各从其类；例如先生出了白马，学生对以黄牛、青狐等，是好的，若用黄金、狡狐等等作对，就不算好了。先生出了登高山，学生对以望远海、鉴止水，是好的；若用耕绿野、放四海等作对，用颜色数目来对性质，就不算好了。其他可以类推。还有一点，对句时兼练习四声的分别；例如平声字与平声字对，侧声字与侧声字对，虽并非绝对的不许，但总以平侧相对为正轨。又练习的时候，不但令学生知道平侧，而且在侧声中上、去、入的分别，也在对句时随时提醒了。

我的对句有点程度了，先生就教作八股文。八股文托始于宋人的经义，本是散文的体裁，后来渐渐儿参用排律诗与律赋的格式，演成分股的文体，通常虽称八股，到我学八股的时候，已经以六股为最普通了。六股以前有领题，引用题目的上文，是“开篇”的意义；六股以后又有结论，可以见自领题到结论，确是整篇。然而领题以前有起讲（或称小讲），约十余句，百余字；起讲以前有承题，约四五句，二十余字；承题以前有破题，仅二句，约十余字。这岂

不是重复而又重复吗？我从前很不明白。现在才知道了。这原是一种练习的方法：先将题目的一句读为两句（也有将题目的若干句缩成两句的，但是能作全篇的人所为）；进一步，演为四句；再进一步，演为十余句；最后乃演为全篇。照本意讲，有了承题，就不必再有破题；有了起讲。就不必再有破题与承题；有了全篇，就不必再有破、承与起讲。不知道何时的八股先生，竟头上安头，把这种练习的手续都放在上面，这实是八股文时代一种笑柄；我所以不避烦琐，写出来，告知未曾做过八股的朋友。

我从十七岁起，就自由的读“考据”“词章”等书籍，不再练习八股文了。

此为蔡先生对其自身所受旧教育的回忆。他在三十岁以前所研究者皆为旧学，然本文所叙系至十七岁起，则自由的读考据词章等书籍。他通籍以后，未尝任有职务的官职，以其好学的性格，当从十七岁至三十岁所研究的旧学至为广泛。他对于旧教育的课业，还没有什么不好的批评，独对八股文，视为一种笑柄。可是他却靠八股文而中式而发迹的。

（2）读经

（读经问题的意见）读经问题，是现在有些人主张，自小学起，凡学生都应在十三经中选出一部以上作为读本的问题。为大学国文系的学生讲一点诗经，为史学系的学生讲一点书经与春秋，为哲学系的学生讲一点论语、孟子、易传与礼记，是可以赞成的。为中学生选几篇经传的文章，编入文言文读本，也是可以赞成的。若要小学生也读一点经，我觉得不妥当，认为无益有损。

在主张读经的人，一定认为经中有很好的格言，可以终身应用，所以要熟读他。但是有用的格言，我们可以用别种方法发挥他，不一定要用原文。例如论语说恕字，是“己所不欲，勿施于人”，又说

是："我不欲人之加诸我也，我亦欲无加诸人。"在礼记中庸篇说是："施诸己而不愿，亦勿施诸人。"在大学篇说是"絜矩之道，所恶于上，毋以使下；所恶于下，毋以事上；所恶于前，毋以先后；所恶于后，毋以从前；所恶于右，毋以交于左；所恶于左，毋以交于右。"在孟子说："爱人者人恒爱之；敬人者人恒敬之。"又说："杀人之父，人亦杀其父；杀人之兄，人亦杀其兄。"这当然都是颠扑不破的格言。但太抽象了，儿童不容易领会。我们若用"并坐不横肱"等具体事件，或用"狐以盘饷鹤、鹤以瓶饷狐"等寓言证明这种理论，反能引起兴趣。又如论语说："志士仁人，有杀身以成仁，无求生以害仁。"孟子说："生，我所欲也；义，亦我所欲也。二者不可得兼，舍生而取义者也。"也说得斩钉截铁的样子；但是同儿童说明，甚难了解。我们若是借黄花冈七十二烈士或其他先烈的传记来证明，就比较的有意思了。所以我认呆读经文，没有多大益处。在司马迁史记里面，引书经的话，已经用翻译法；为什么我们这个时代还要小孩子读经书原文呢。

经书里面，有许多不合于现代事实的话，在古人们处他们的时代，不能怪他；若用以教现代的儿童，就不相宜了。例于尊君卑臣，尊男卑女一类的话。又每一部经中总有后代人不容易了解的话，论语是最易近人的，然而"凤鸟不至""子见南子""色斯举矣"等章，古今成年人都解释不明白，要叫小孩子们硬读，不怕窒碍他们的脑力么。易经全部，都是吉凶悔吝等信仰卜筮的话，一展卷就说"潜龙""飞龙"。诗经是"国风好色"，"小雅怨诽"，在成人或可体会那不淫不乱的界限，怎样同儿童讲明呢；一开卷就是"窈窕淑女，君子好逑"。牡丹亭曲本里的杜丽娘，就因此而引起伤春病，虽是寓言，却实有可以注意的地方。所以我认小学生读经，是有害的；中学生读整部的经，也是有害的。

蔡先生对于读经问题，认为对于大学生，按其所修专科，分别讲读些有关经书，是可以赞成的。但对于中学生读整部的经书，或小学生照经书的原文选读若干部分，他总是认为有害的。一因不易了解，二因时代不同，难免格格不相入。

（3）文言与白话

（国文的将来——八年十一月十一日）国文的问题，最重要的，就是白话与文言的竞争。我想将来白话，似一定占优胜的。白话是用今人之话，来传达今人的意思，是直接的；文言是用古人的话来传达今人的意思，是间接的。间接的传达，写的人与读的人，都要费一番缁译的工夫，这是何苦来？我们偶然看见几个留学外国的人，写给本国人的信，都用外国文，觉得很好笑。要是写给今人看，偏用古人的话，不觉得好笑么？

从前的人，除了国文，可算是没有别的功课。从六岁起，到二十岁，读的写的，都是古人的话，所以学得很像。现在应学的科学，很多了，要不是把学国文的时间腾出来，怎么来得及呢？而且从前学国文的人，是少数的，他的境遇，就多费一点时间，还不要紧。现在要全国的人，都能写能读，那能叫人人都费这许多时间呢？欧洲十六世纪以前，写的读的都是拉丁文；后来学问的内容复杂了，文化的范围扩张了，没有许多时间来摹仿古人的话，渐渐儿都用本国文了。他们的中学校，本来用希腊文拉丁文作主要科目的。后来创设了一种中学，不用希腊文。后来又创设了一种中学，不用拉丁文了。日本维新的初年，出版的书，多用汉文。到近来，几乎没有不是言文一致的。可见由间接的趋向直接的，是无可抵抗的。我们怎样能抵抗他呢？

有人说：文言比白话有一种长处，就是简短，可以省写读的时间。但是脑子里缁译的时间，可以不算么？

有人说：文言是统一中国的利器，换了白话，就怕各地方用他本地的话，中国就分裂了。但是提倡白话的人，是要大家公用一种普通话，借着写的白话，来统一各地方的话，并且用读音统一会所定的注音字母，来帮助他，那里会分裂呢？要说是靠文言来统一中国，那些大多数不通文言的人，岂不屏斥在统一以外么？

所以我敢断定白话派一定占优胜。但文言是否绝对的被排斥，尚是一个问题。照我的观察，将来应用文，一定全用白话。但美术文，或者有一部分仍用文言。

应用文，不过记载与说明两种作用。前的是把所见的自然现象或社会经历给别人看。后的是要把所见的真伪善恶美丑的道理与别人讨论。都只要明白与确实，不必加新的色彩，所以宜于白话。譬如司马迁的史记，不是最有名的著作么？他记唐虞的事，把钦字都改作敬字，克字都改作能字，其余改的字很多。记古人的事还要改用今字，难道记今人的事反要用古字么？又如六朝人喜作骈体文，但是译佛经的人，别创一种近似白话的文体，不过直译印度文与普通话不同罢了。后来禅宗的语录，就全用白话。宋儒也是如此。可见记载与说明，应用白话。古人已经见到，将来的人，自然更知道了。

美术文，大约可分为诗歌、小说、剧本三类。小说从元朝起，多用白话。剧本，元时也有用白话的，现在新流行的白话剧，更不必说了。诗歌，如击壤集等，古人也用白话，现在有几个人，能做很好的白话诗，可以料到将来，是统统可以用白话的。但是美术，有兼重内容的，如图书、造象等；也有专重形式的，如音乐、舞蹈、图画等。专注形式的美术，在乎支配均齐，节奏调适。旧式的五七言律诗与骈文，音调铿锵，合乎调适的原则；对仗工整，合乎均齐的原则，在美术上不能说毫无价值。就是白话文盛行的时候，也许

有特别传习的人。譬如我们现在通行的是楷书、行书，但是写八分的、写小篆的，写石鼓文或钟鼎文的，也未尝没有。将来文言的位置，也是这个样子。

又如：

（答林琴南书——八年三月十八日）对于第二点，当先为三种考察：（甲）北京大学是否已尽废古文而专用白话？（乙）白话是否能达古书之义？（丙）大学少数教员所提倡之白话的文字，是否与引车卖浆者所操之语相等？

请先察“北京大学是否已尽废古文而专用白话”。大学预科中有国文一科，所据为课本者，曰模范文，曰学术文，皆古文也。其每月中练习之文，皆文言也。本科中国文学史、西洋文学史、中国古代文学、中古文学、近世文学；又本科预科皆有文字学，其编成讲义而付印者，皆文言也。于北京大学月刊中，亦多文言之作。所可指为白话体者，惟胡适之君之中国古代哲学史大纲，而其中所引古书，多属原文，非皆白话也。

次考察“白话是否能达古书之义”。大学教员所编讲义，固皆文言矣。而上讲坛后，决不能以背诵讲义塞责，必有赖于白话之讲演；岂讲演之话，必皆编为文言而后可欤？吾辈少时读四书集注、十三经注疏，使塾师不以白话讲演之，而编为类似集注，类似注疏之文言以相授，吾辈岂能解乎？若谓白话不足以讲说文、讲古籀、讲钟鼎之文，则岂于讲坛上当背诵徐氏说文解字系传、郭氏汗简、薛氏钟鼎款识之文，或编为类此之文言而后可，必不容以白话讲演之欤？

又次考察“大学少数教员所提倡之白话的文字，是否与引车卖浆者所操之语相等”。白话与文言，形式不同而已，内容一也。天演论、法意、原富等，原文皆白话也，而严幼陵君译为文言。小仲马、迭更司、哈德等所著小说，皆白话也，而公译为文言。公能谓公及

严君之所译，高出于原本乎？若内容浅薄，则学校报考时之试卷，普通日刊之论说，尽有不值一读者，能胜于白话乎？且不特引车卖浆之徒而已，清代目不识丁之宗室，其能说漂亮之京话与红楼梦中宝玉、黛玉相埒，其言果有价值欤？熟读水浒传、红楼梦之小说家，能于续水浒传、红楼梦等书以外，为科学哲学之讲演欤？公谓："水浒、红楼作者，均博极群书之人，总之非读破万卷，不能为古文，亦并不能为白话。"诚然，诚然。北京大学教员中，善作白话文者，为胡适之、钱玄同、周启孟诸君。公何以证知为非博极群书非能作古文，而仅以白话文藏拙者？胡君家世从学，其旧作古文，虽不多见，然即其所作中国哲学史大纲言之，其了解古书之眼光，不让清代乾嘉学者。钱君所作之文字学讲义、学术文通论，皆古雅之古文。周君所译之域外小说，则文笔之古奥，非浅学者所能解。然则公何宽于水浒、红楼之作者，而苛于同时之胡、钱、周诸君耶？

蔡先生对于文言与白话之比较，首先肯定地指出白话是用今人的话，来传达今人的意思，是直接的；文言是用古人的话，来传达今人的意思，是间接的。他认史记的作者司马迁，在记述唐虞的事中，把"钦"字都改作"敬"字，"克"字改作"能"字，其余改的字很多。他记古人的事还要改用彼时的今字，以便了解；难道记今人的事反要用古字么？在文言文盛行之时，禅宗的语录和宋明学者的语录都全用白话。其所说明者是深奥的哲理，白话的语录并无损于其价值。反之，肤浅粗俗的内容，徒然以文言叙述，又有什么价值呢？蔡先生并不认为文言文绝对可以放弃不用。大抵美术文字，为着音调铿锵，对仗工整，有时应用文言，亦未尝无价值。不过为着一般人记述或传达之用，白话文，既较直接而易解，当然较文言文，须经过一度翻译始得其意义，自属更切实用。

蔡先生在另一文中，即答复林琴南之指摘时，首先声明北京大

学并非尽废古文而专用白话。次则谓白话为现在通用之语言，要使人了解文言文，仍不能不依赖白话的解说，无论是古书所用的文言，或教授讲义通常所用的文言，在讲授时，不能专就原文或原注宣读，必须助以白话的解说。最后则称文章的优劣，在其内容，如内容不佳，徒然利用典雅的文言来写作，何尝稍增其真价；反之，如内容甚佳，即用白话文写作，亦何损于真价。

（4）国语

（在国语讲习所的演说——民国九年六月十三日）为什么要有国语？一是对国外的防御；一是求国内的统一。现在世界主义渐盛，似无国外防御的必要；但我们是弱国，且有强邻，不能不注意。国内的不统一，如省界，如南北的界，都是受方言的影响。

也有人说，我们语言虽然不统一，文字是统一的。但言文不一致的流弊很多。

用那一种语言作国语？有人主张用北京语。但北京也有许多土语，不是大多数通行的。有主张用汉口话的（章太炎）。有主张用河南话的，说洛阳是全国的中心点。有主张用南京话的，说是现在普通话就是南京话，俗语有“蓝青官话”的成语，蓝青就是南京。也有主张用广东话的，说是广东话声音比较的多。但我们现在还没有一种方言比较表，可以指出那一地方的话是确占大多数，就不能武断用那一地方的。且标准地方最易起争执，即如北京是现在的首都，以地方论，比较的可占势力，但首都的话，不能一定有国语的资格。德国的语言，是以汉堡一带为准；柏林话算是土话。北京话没有入声，是必受大多数反对的。

所以国语的标准，决不能指定一种方言，还是用吴稚晖先生“近文的语”标准，是妥当一点。现在通行的白话文，就是这一体。

提倡国语的次序——我们想造成一种国语，从那里下手呢。第

一是语音，第二是语法，第三是国语的文章。

语音——近三十年有许多人造简字，或仿日本假名，或仿欧洲速记法。最流行的，要算是王照君的字母；但同时并立的很多。民国元年，教育部特开了一个读音统一会，议决注音字母三十九个。在我个人意见：国音标记，最好是两种方法。一是完全革新的，就是仍用拉丁字母，从前教会中人已经用过了，日本也有这一种拼音法。一是为接近古音起见，简直用形声字上声的偏旁，来替代一切合体的字，大约至多用一千字，也就足了。第一法是有许多人主张的。第二法是我的私见。因为用这种方法，教授时有的便利，可以从古篆学起，学一字就懂这一字的所以这样写法。又许多字所以同一个音，觉得很有趣味，一定容易记得。但后来读音统一会议定的，却是这两法中间的一法，既然经过什么正式的会议议决的，比较的容纳多数意见，总胜于私人闭门造车的了。这三十九字母虽然以北音为主，但是有入声有浊音，可算是南北音都有的。他所收不进的音，还可以加闰音，这也算很便当了。

这些字音所以名“注音字母”的缘故，是不许独立的。因为中国异义同音的字太多，怕得容易含混。但既有简字，还要人人学那很复杂的字，也是不合人情，只要在不致误会的范围内去行用，也自然而然的。现在如国语统一筹备会所议定“词的区号”，曾彝进君设旗语时所加傍旁的记号，左贯文君、钱玄同君所研究旧字的省笔，都是救济的方法。

我想现在先可应用在译名上。欧文的固有名词，向来用旧字译的，很繁很不画一。若照日本人用假名译西音的办法，规定用国音某字母代西文某字母；有缺的，在音近的字母上加一点记号，如国语统一筹备会所议决ㄜ母加｀，读若厄的办法，是最便当不过的了。

这种办法不必经部定的手续，也不必公约，尽可自由试验。我

若译音，一定要用这个方法；但附一个国音简字与西文字母对照表就比许多中国字的译名，或直写西文，或于中字译名下又注西文的都简便一点。

语法——中国人本来不大讲文法。古文的文法，只有马氏文通一部；白话的文法，现在还没有成书的。但是白话的文法，比古文简一点儿，比西文更简一点儿。懂得古文法的人，应用他在国语上，不怕不够；懂得西文法的人，应用他在国语上，更不患不够。先讲词品。西文的冠词名词代名词与静词，都分阴阳中三性，一多两数。我们的语言，是除了代名词有一多的分别外，其他是没有这种分别的。近来有人对于第三位的代名词，一定要分别，有用她字的，有伊字的。但是觉得这种分别是没有必要的。譬如说一男一女的事，如有他字与她字才分别他们，固然恰好。若遇着两男或两女的，这种分别还有什么用呢？欧语的数词，十三到十九，单数都在十数前，二十一起英法是单数在十数后，德语仍是单数在前，但是百数仍在十数后，千数仍在百数后，就不一律了。最奇怪的，法文从七十起，没有独立的名，七十就叫六十同十，七十一、七十二等等就叫六十同十一，六十同十二等等。到了八十，就叫四个二十；到了九十一、九十二，就叫四个二十同十一，四个二十同十二等等。何等累赘！我们所用的数词，一切都按着十进，简便多了。静词的级数，动词的时间，止要加上更、最，或已、将等字，没有语尾的变化。句法止主词在前，宾词在后，语词在中间，差不多没有例外。文言上还有倒句，如“尔无我诈，我无尔虞”等，语言并这个都没有。要是动词在名词后，定要加一个将字在名词前，仿佛日本语的远字，西文的有字。又文言中天圆地方山高水长等，名字与静词间不加字，在白话上总有一个是字，并西文相像。胡君适之曾作“国语的进化”一篇，载在第七卷三号的新青年上，很举了几种白话胜过文言的例。

听说他著的国语法，不久可以出版，一定可以作语法的标准。

语体文——文章的开始，必是语体；后来为要便于记诵，变作整齐的句读，抑扬的音韵，这就是文言文。古人没有印刷，抄写也苦繁重，不得不然。孔子说“言之不文不能行远”，就是这个缘故。但是这种句调，是与人类审美的性情相投的，所以愈演愈精，一直到六朝人骈文，算是登峰造极了。物极必反，有韩昌黎柳柳州等提倡古文，这也算文学上一次革命，与欧洲的文艺中兴一样。看韩柳的传志，很看得出表示特性的眼光与手段，比东汉到唐初的碑文进步得多了。这一次进步，仿佛由图案画进为山水画实物画的样子。从前是拘定均齐节奏，与颜色的映照，现在不拘此等，要按着实物、实景，来安排了。但是这种文体，传到宋元时代，又觉得与人类的性情不能适应。所以又有水浒三国演义等语体小说与演义。罗贯中的思想与所描写的模范，虽然不见得高妙；但把他所描写的，同陈承祚的原文或裴注所引的各书对照，觉得他的文体是显豁得多。把水浒同唐人的文言小说比较，那描写的技能，更显出大有进步。这仿佛西洋美术，从古典主义进到写实主义的样子绘影绘光，不像从前单写通式的习惯了。但是许多语体小说里面，要算石头记是第一部。他的成书总在二百年前。他那表面上反对父母强制婚姻，主张自由结婚。他反对肉欲，提倡真挚的爱情，又用悲剧的哲学的思想来打破爱情的缠缚。他反对禄蠹，提倡纯粹美感的文学。他反对历代阳尊阴卑男尊女卑的习惯，说男污女洁，又说女子嫁了男人，沾染男人的习气，就坏了。他反对主奴的分别，贵公子与奴婢平等相待。他反对富贵人家的生活，提倡庄稼人的生活。他反对厚貌深情，赞成天真烂漫。他描写鬼怪，都从迷信的心理上描写，自己却立在迷信的外面。照这几层看来，他的价值已经不得了。这种表面的长处都是假象。他实在把前清康熙朝的种种伤心惨目的事实，寄托在

美人香草的文字；所以说“满纸荒唐言，一把酸心泪”。他还把当时许多琐碎的事，都改变面目，穿插在里面。这是何等才情！何等笔力！我看过的书，只有德国第一诗人鞠台所著的缶斯脱（Faust）可与比拟。缶斯脱是鞠台费了六十余年的光阴慢慢儿著成的。表面上也讲爱情，讲宗教，讲思想行为的变迁，里面寄托他的文化观宇宙观。成书后到此刻是九十年了，注释的已经有数十家。大学文学科教授，差不多都有讲这个剧本的讲义，还没有定论，不是与我们那些红楼梦索隐释真等等纷杂相像么？石头记是北京语，虽不能算是折衷的语体，但是他在文学上的价值，是没有别的书比得上他，又是我平日间研究过的，所以特别介绍一回。

此言所谓国语，不当以一地方之语言充之，还是用吴稚晖所主张“近文的语”为标准，那就是现在通行的白话文，亦即可以笔之于书的语体文，而不是各地方能说而不能写的土语。另一条件，便是不当以符号代替文字，只是用注音字母来矫正读音。又国语须合乎语法，与文言之必须合乎文法一般。蔡先生认为文章的开始，必是语体。我国之所谓文言，便是古代的语体。为着便于记诵，渐渐变为整齐的句读，抑扬的音韵。可供各时代的口语，愈练愈简洁。文体之分，即由于是。我们所以需要国语，一是对于国外之防御，一是求国内的统一。

（5）国文与外国文

（论国文的趋势及国文与外国语及科学之关系）第二问题，是国文和外国文的关系。严又陵作天演论的序，曾说道：“英国名学家穆勒约翰有言：欲考一国之文字语言而能见其理极，非谙晓数国之文字语言者不能也。”这可见研究外国语，是很有益于国文的。治国文的人，不能不研究文字源流。试问文字都是从简单的起，为什么“一”“二”“三”的古文反作“弌”“弍”“弎”呢？我从前也很不

明白。后来在法国贝尔惹著的古代文字史中看见秘鲁的绳文，才恍然大悟。他摹了两种绳文：一是一根木棍上挂了许多“平行的绳字”。其中几根是有结的，结有大有小（原注参看第一图，兹从略）。我国易经说：“上古结绳而治。”郑康成的注说是“大事大结其绳，小事小结其绳”，就是这个绳文的样子了。一是在一根带着粗枝的木棍上挂了许多丝束，丝有红黄蓝绿各种颜色，也有一束中用两种颜色的。有挂在棍上的，也有挂在枝上的（原注参看第二图，兹从略）。这带着粗枝的木棍我们叫作“弋”。“弌”“弍”“弎”等字，就是弋上挂一束两束三束的样子。这就是我国的绳文。那时候或者也有画到十几束的，和秘鲁一样。但流传到许叔重时代，止有这三个，所以“四”字下止有古文“卯”和籀文“亖”，便没有从“弋”的了。又如治国文的人，不能不研究文法。但是国文的第一部文法书，便是二十年前马眉叔先生著的文通，以前是没有的。马先生因学了法文和拉丁文，把那种文法应用在国文上，才能著这文通。要是学国文的人永远不学外国文，怕就永远没有文法书，这不是国文和外国文很有密切的关系么？

蔡先生认为研究外国文，将有助于对本国文的了解。例如治国文的人，不能不研究文法，但我国向来没有文法书，其最初的一部，名为马氏文通的，便是一位兼通外国文的中国学者马眉叔所撰。要是学国文的人永远不学外国文，那就永远没有文法书。

(6) 军事训练

（我在北京大学的经历——二十二年一月）我在爱国学社时，曾断发而习兵操，对于北大学生之愿受军事训练，常特别助成；曾集这些学生编成学生军，聘白雄远君任教练之责，亦请蒋百里、黄膺白诸君到场演讲。白君勤恳而有恒，历十年如一日，实为难得的军人。

蔡先生远在其办理爱国学社时，便曾断发而习兵操。足见赞同军事训练。他在民元所发表教育方针五项，便首列军国民教育，即以此故。

○ 第五节　教育方法

括有（1）教育独立，（2）劳动教育，（3）即工即学主义诸目。其说如左：

（1）教育独立

（教育独立议——民国十一年三月）教育是帮助被教育的人，给他能发展自己的能力，完成他的人格，于人类文化上能尽一分子的责任，不是把被教育的人，造成一种特别器具给抱有他种目的的人去应用的。所以教育事业，当完全交与教育家，保有独立的资格，毫不受各派政党或各派教会的影响。

教育是要个性与群性平均发达的。政党是要制造一种特别的群性，抹杀个性。例如鼓励人民亲善某国，仇视某国；或用甲民族的文化，去同化乙民族；今日的政党，往往有此等政策，若参入教育，便是大害。教育是求远效的，政党的政策，是求近功的。中国古书说："一年之计树谷，十年之计树木，百年之计树人。"可见教育的成效，不是一时能达到的。政党不能常握政权，往往不出数年，便要更迭。若把教育权也交与政党，两党更迭的时候，教育方针，也要跟著改变，教育就没有成效力量。所以教育事业不可不超然于各派政党以外。

教育是进步的：凡有学术，总是后胜于前；因为后人凭着前人的成绩，更加一番功夫，自然更进一步。教会是保守的；无论什（怎）么尊重科学，一到圣经的成说，便绝对不许批评；便是加了一个限制。教育是公同的：英国的学生，可以读阿拉伯人所作的文学；印度的学生，可以用德国人所造的仪器，都没有什么界限。教会是

差别的：基督教与回教不同，回教与佛教不同。不但这样，基督教里面，天主教与耶稣教又不同。不但这样，耶稣教里面，又有长老会、浸礼会、美以美会等等派别的不同。彼此说真说伪，永远没有定论。正好让成年的人，自由选择，所以各国宪法中，都有信仰自由一条。若是把教育权交与教会，便恐不能绝对自由。所以教育事业，不可不超然于各派教会以外。

但是什（怎）样可以实行超然的教育呢？鄙人拟一个办法如下：

分全国若干大学区，每区立一大学；凡中等以上各种专门学术，都可以设在大学里面。一区以内的中小学校教育，与学校以外的社会教育，如通信教授、演讲团、体育会、图书馆、博物院、音乐、演剧、影戏……与其他成年教育、盲哑教育等等，都由大学办理。大学的事务，都由大学教授所组织的教育委员会主持。大学校长也由委员会举出。由各大学校长，组织高等教育会议，办理各大学区互相关系的事务。

教育部办理高等教育会议所议决事务之有关系于中央政府者，及其他全国教育统计与报告等事，不得干涉各大学区事务。教育总长必经高等教育会议承认，不受政党内阁更迭的影响。

大学中不必设神学科，但于哲学科中设宗教史、比较宗教学等。

各学校中，均不得有宣传教义的课程，不得举行祈祷式。

以传教为业的人，不必参与教育事业。

各区教育经费，都从本区中抽税充用。较为贫乏的区，经高等教育会议议决后，得由中央政府拨国家税补助。

注：分大学区与大学兼办中小学校的事，用法国制。大学可包括各种专门学术，不必如法德等国。别设高等专门学校，用英国制。大学兼任社会教育，用美国制。大学校长，由教授公举，用德国制。大学不设神学科，学校不得宣传教义，与教士不得参与教育，均用

法国制；瑞士亦已提议。抽教育税，用美国制。

所谓教育独立，便是教育事业超然于各政党各教会以外，以达学术自由之目的。蔡先生对此主张，拟有一种具体方法，就是分全国为若干大学区，每区立一大学，凡区内的中小学教育与校外的社会教育，都由大学办理。大学的事务，都由大学教授组织的教育委员会主持。大学校长，也由委员会举出。再由各大学校长，组织高等教育会议，办理各大学区互相关系的事务。教育总长必经高等教育会议承认，不受政党内阁更迭的影响。据称分大学区与大学兼办中小学校的事，系用法国制。大学可包括各种专门学术，不必如法德等国。别设高等专门学校，用英国制。大学兼任社会教育，用美国制。大学校长，由教授公举，用德国制。大学不设神学科，学校不得宣传教义，与教士不得参与，均用法国制；瑞士亦已提议。抽教育税，用美国制。此文作于民国十一年三月，距国民政府大学院之成立，前五六年。足见蔡先生早存此种理想也。

（2）劳动教育

（劳动大学的意义及劳大学生的责任——十九年）（甲）劳动的意义　劳动是对人类做点有益的事情。劳动的主要的部分是工和农。农人养蚕、造林，培养天然种子而获得其生产；工人改造自然生产的性质，适应人类的需要。两者都从事于有益人类的事业。没有他们工作，人类便不能生存。中国古时，或分士、农、工、商四阶级。管子所谓士之子恒为士，农之子恒为农，工之子恒为工，商之子恒为商；那时阶级极严，士为特别受教育的人。现在教育普及，农工也要受教育，所以士的阶级可以不要。商人运输货品、运送货品，亦是劳动的工作，也是工的一种。正当的商人，只处于转运货品的地位，决不能垄断居奇，投机买卖；现在社会制度不良，所以还有这种现象存在。可是这四个阶级归纳起来，只有农工两类，所以农

工便是劳动。

（乙）劳动教育的意义　农工为劳动的主要者。农工是人民生活所系的。中国本是农业国，以农为最好。工的方面，中国发达也很早，二千年前已有考工记。他们虽然未受教育，但他们制造得很好，也能应人类的需要。到了现在，因为人口增多，旧的方法不能满足人类的需要，于是世界上有了一种新的方法。这种新的方法的原则是出力少而生产多，不费多大的力量而使增多的人口能够满足需要。这种方法，也是永远在进步的。要学习这种新方法而且要不断的加以改良，所以要劳动教育。从前老圃老农为孔子所不及，可见他们并非没有教育的。但是工场的学徒，从前不施以任何教育，这是因为方法简单，容易学得；现在有了机械，方法复杂，不是从前那样教法可以学到，所以必须施行教育。

（丙）劳动大学的意义　自从中国采用外国制度而后，就有甲种农业工业学校、农工业专门学校及大学的农科和工科等。这种学校，本系学理与实际并重的。但到了中国后，就变了性质。跑到工农学校去读书的人，专以书本为事，不做实际工作，他们更一变而为士了。农人的子弟，一进学校而后，回到家里便看不起他们的父兄；工人的子弟，也是一样。他们一出学校，便去做管理工农的事，或竟做与工农毫无关系的事。因此，那时对于教育行政委员会诸先生提议创办劳动大学为先例。劳动大学虽然说与工业专门学校不无相同，然而也可以说是一种革命。他们的工课，专门注意于实际工作，课堂工作不过是补助而已；其最高级为大学，大学毕业也可得和其他大学相同的学位。但是不希望学生出去作技师，希望他们能够去做实际工作，要打从前专门以指挥工人为事的工程师，使能实际做工，那么我们为什么要办大学呢？因为我们现在必须采用世界新法，这是一层。但现在需要日增，方法必须改新。采用他国的新法，而

加以应用还不够，我们更须负责发明。大学的目的即在能够应用固有方法而又进而发明，以供给社会的需要。有钱的人来读书可以不劳动，现在他们既然肯劳动，来做实际工作，我们当然欢迎他们，所以劳动大学的学生，并不限于农和工。

此言我国向有士农工商四民之分；今则农工与商无不须从事于学问与研究，故士之一级可并入于农工商三者。农工固须劳动，商有转运种种关系，亦不能免除劳动。所谓劳动教育，在使人人手脑并用。学农学工者，即毕业大学，亦不当以技师自居，务须人人皆能操作，皆能生产；学商者亦然。劳动教育的意义，在使人之能劳动，并使人人能利用新方法新工具，费力少而产出多。切忌自视为学校毕业生，高人一等，不肯自己劳动，事事仰赖他人。

（3）即工即学主义

（贫儿院与贫儿教育的关系——八年三月十五日）即工即学主义，是学生只须作工，一切学理就在作工时候指点他，用不著什么教科书。我但用贫儿院已设的烹饪、裁缝、木器与地毡四项工作。做个比例，就容易明白了。这四项的原料，都是动植物，便可以读生物学。这四项的工具，都是矿物作成的，便可以讲矿物学、地质学。这四项工作的时候，或用热度，或用手工，或用机械，或用电磁，就可以讲物理学。食物的调和，衣服的漂白与渲染，木器的油漆，都与化学有关，便可以讲化学。食物的分量，衣服的尺寸，木器各方面比例，地毡与房屋的配合，各种原料与工具的购入，各种成绩品的出售，都要计算记录，便可以讲数学簿记法。指明原料出产的或成绩品出售的地方，比较各民族饮食衣服器具的异同，便可讲地理学与人类学。比较古今饮食衣服器具的异同，便可讲历史学。作工要勤，要谨慎，要有进步，要与同作的学生互相帮助；这四项工作以外，有休息，有共同的运动；又有洗濯食器与整理衣服被褥，

洒扫堂屋，应对宾客等杂务，便可以讲卫生与修身。就食物的装置，衣服与器具的形式与色彩，可与讲美学与美术。就贫儿已往的苦痛，现在的安乐，将来的希望，也可以讲点哲学。把一切经过的情形或教习的语言，叫各人写出来，便可以练习国文或外国文。诸位看！照此办法，还要用什么教科书？还要聚了几十个学生在教室里面，各人对了一本书，听教习一句一句的呆讲么？但这种学校生活与社会生活密接的组织，不但我们中国人没有肯办的，就是办了也怕没有人肯送他的子弟入学。因为中国人现在还叫进学校作读书，要是到校以后，止有工作，没有读书，就一定不赞成了。现在贫儿院既有工作，何不把上午的读书省却，匀派在工作的时间，来试试杜威博士的新主义呢？要是试了成效，就可以劝别个学校也来试试。这是我第二种的希望。

蔡先生就贫儿院已设之烹饪、裁缝、木器、地毯四门工作，认为读书上课，就可由教师分别按所作之工，阐明其有关各种学科之原理。这便是即工即学主义。但目前社会上以入学校修业为读书，如不读书，便有失入校之意义。此种观念，固有改革之必要也。

○ 第六节　学生与青年

括有（1）现代学生，（2）青年运动，（3）学业为重诸目。其说如左：

（1）现代学生

（怎样才配称做现代学生——十九年十月）一般似乎很可爱的青年男女，住著男女同学的学校，就可以算做现代学生么？或者能读点外国文的书，说几句外国语；或者能够“信口开河”的谈什么什么主义和什么什么……文学，也就配称做现代学生么？我看，这些都是表面的或次要的问题。

我以为至少要具备下列三个基本条件，才配称做现代学生：

（一）狮子样的体力　我国自来把读书的人叫做文人，本是因为他们所习的为文事的缘故，不料积久这“文人”两个字和“文弱的人”四个字竟发生了连带的关系。古时文士于礼、乐、书、数之外，尚须学习射、御，未尝不寓武于文。不料到后来被一般野心帝王专以文字章句愚弄天下儒生，鄙弃武事，把知识阶级的体力继续不断的摧残下去；流毒至今，一般读书人所应有的健康，大都被毁剥了。羸弱父母，那能生产康强的儿女。先天上既虞不足，而学校教育，又未能十分注意体格的训练，后天上也就大有缺陷。所以现时我国的男女青年的体格，虽略较二十年前的书生，稍有进步，但比起东、西洋壮健活泼、生机勃茂的样子来，相差真不可道里计。新近有一位留学西洋多年而回国不久的朋友对我说：他刚从外洋回到上海的时候，在马路上走，简直不敢抬头；因为看见一般孱弱已极、毫无生气的中国男女，不禁发生恐惧和惭愧的感觉。这位朋友的话，并不是随便邪说。任何人刚从外国返到中国国境，怕都不免有同样的印象。这虽是就普通的中国人观察，但是学校里的学生也好不了许多。先有健全的身体，然后有健全的思想和事业。这句话无论何人都是承认的。所以学生体力的增进，实在是今日办教育的生死关键。

现今欲求增进中国学生的体力，惟有提倡运动一法。中国废科举、办学校，虽已历时二十余年之久，对于体育一项的设备，太不注意。甚至一个学校，连操场、球场都没有。至于健身房、游泳池等等关于体育上的设备，更说不上了。运动机会既因无“用武地”而减少，所以往往有聪慧勤学的学生，只因体力衰弱的缘故，纵使不患肺病、神经衰弱病及其他痼疾而青年夭折，也要受精力不强、活动力减少的影响，不能出其所学贡献于社会，前途希望和幸福就从此断送。这是何等可悲痛的事？

今日的学生，便是明日的社会中坚、国家柱石。这样病夫式或

准病夫式的学生，焉能担得起异日社会国家的重责！又焉能与外国赳赳武夫的学生争长比短。就拿本年日本举行的第九届远东运动会而论，我国运动员的成绩比起日本来，几于处处落人之后。较可取巧的足球，日本学生已成我劲敌；至于最费体力的田径赛，则完全没有我国学生的地位。这又是何等可羞耻的事。体力的增进，并非一蹴而企。试观东、西洋学生，自小学以至大学，无一日不在锻炼陶冶之中。所以他们的青年，无不嗜好运动，兴趣盎然。一闻赛球，群起而趋。这种习惯的养成，良非易事。而健全国民的基础，乃以确立。这种情形，在初入其国的，尝误认为一种狂癖。观察稍久，方知其影响国本之大。这是我们所应憬然猛省的。

外人以我国度庞大而不自振作，特赠以“睡狮”的怪号。青年们，醒来罢。赶快回复你的“狮子样的体力”！好与世界健儿，一较好身手；并且以健全的体力，去运用思想，创造事业！

（二）猴子样的敏捷　“敏捷”的意思，简单说起来就是“快”。在这二十世纪的时代做人，总得要做个“快人”才行。譬如赛跑或游泳一样，快的居前，不快的便要落后，这是无可避免的结果。我们中国的文化，在二千年前，便已发展到与现今的中国文化程度距离不远。那时欧洲大陆还是蛮人横行的时代。至美洲尚草莽未辟，更不用说。然而今日又怎样呢？欧洲文化的灿烂，吾人既已瞠乎其后，至美洲则更发展迅速。美利坚合众国立国至今不过一百五十四年，其政治、经济的一切发展，竟有“后来居上”之势。这又是什么缘故呢。这固然是美国的环境好，适于建设。而美国人的举动敏捷，也是他们成功迅速一个最大的原因。吾人试游于美国的都市，汽车、街车等等的风驰电掣不算，就是在大街两旁道上走路的人，也都是迈往直前，绝少左顾右盼、姗姗行迟，像中国人所常有的样子。再到他们的工厂中或办事房中去参观，他们也是快手快脚的各

忙各的事体。至于学校里的学生，无论在讲堂上、操场上、图书馆里、实验室里，一切行动态度，总是敏捷异常，活泼得很。所以他们能够在一个短期间内，学得多，做得多。将来的成就也自然的多起来了。掉转头来看看我国的情形。一般人的行动颟顸迟缓，姑置勿论。就是在学校里的学生，读书做事，也大半是一些不灵敏。所以在初中毕业的学生，国文不能畅所欲言；在大学毕业的学生，未必能看外国文的书籍。这不是由于他们的脑筋迟钝，实在是由于习惯成自然。所以出了学校以后，做起事来，仍旧不能紧张，“从容不迫”的做下去。西洋人可以一天做完的事，中国人非两天或三天不能做完。在效率上相差得这样多，所成就的事体，自然也就不可同日而语了。

关于这种迟缓的不敏捷的行动，我说是一种习惯，而且这种习惯是由于青年时代养成的，并不是没有什么事实上的根据。我们可以用华侨子弟和留学生来证明：在欧美生长的中国小孩，行动的敏捷，固足与外国小孩相颉颃；而一般留学生，初到外国的时候，总感觉得处处落人之后，走路没有人家快，做事没有人家快，在课堂上抄笔记也没有人家写得快，记得多，苦不堪言。但在这样环境中吃得苦头太多了以后，自然而然的一切行动也就渐渐的会变快了。所以留学生回国后一切行动，总比普通一般人要敏捷些。等待他们在百事迟钝的中国环境里住的时间稍为长久一点，他们的迟缓的老脾气，或者也会重新发作的。就拿与人约会或赴宴会作例子。在欧美住过几年的人，初回国的时候，大都是很肯遵守时间，按时而到；后来觉得自己到了，他人迟到，也是于事无益，呆坐著等人，还白白糟蹋了宝贵的时间，不如还是从俗罢。但是这种习惯的误事和不便，是人人所引为遗憾的，尤其是我们的青年人，应当积极纠正的。

青年们呀！现在已经是二十世纪的新时代了。这个时代的特征

就是“快”。你看布满了各个大陆的铁道，浮遍了各个海洋的船舰，肉眼可看见的有线电的电线，不可见的无线电的电浪，可以横渡大西洋而远征南、北极的飞机，城市地面上驰骋著的街车与汽车，地面下隧道中通行的火车与电车，以及工厂、农场、公事房、家庭中所有的一切机器，那一件不是为要想达到“快”的目的而设的。况且凡百科学，无不日新月异的在那里增加发明。我们纵不能自己发明，也得要迎头赶上去，学上去，这都是非快不为功的。

据进化论的昭示，我们人类由猿猴进化而来。却是人类在这比较赴舒的环境中，行动渐次变了迟钝，反较猴子略逊一筹。而中国人的颟顸程度更特别的高。以开化最早的资格，现反远居人后，这是多么惭愧的事。现在我们的青年，如要想对于求学做事两方面，力振颓风，则非学“猴子样的敏捷”急起直追不可。

（三）骆驼样的精神　在中国四万万同胞中，各人所负责任的重大，恐怕要算青年学生首屈一指了！就中国现时所处的可怜地位和可悲的命运而论，我们几乎可以说：凡是可摆脱这种地位，挽回这种命运的事情和责任，直接或间接都是要落在学生们的双肩上。第一是对于学术上的责任：做学生的第一件事就要读书。读书从浅近方面说，是要增加个人的知识和能力，预备在社会做一个有用的人材；从远大的方面说，是要精研学理，对于社会国家和人类最有价值的贡献。这种责任是何等的重大。读者要知道，一个民族或国家要在世界上立得住脚——而且要光荣的立住——是要以学术为基础的。尤其是，在这竞争剧烈的二十世纪，更要倚靠学术。所以学术昌明的国家，没有不强盛的；反之，学术幼稚和知识蒙昧的民族，没有不贫弱的。德意志便是一个好例证。德人在欧战时力抗群强，能力固已可惊；大败以后，曾不十年而又重列于第一等国之林。这岂不是由于他们的科学程度特别优越而建设力强所致么？我们中国

人在世界上原来很有贡献的——如发明指南针、印刷术、火药之类——所以现时国力虽不充足，而仍为谈世界文化者所重视。不过经过两千年专制的锢蔽，学术遂致落伍。试问在现代的学术界，我们中国人对于人类幸福有贡献的究竟有几个人呢。无怪人家渐渐的看不起我们了。我们以后要想雪去被人轻视的耻辱，恢复我们固有的光荣，只有从学术方面努力，提高我们的科学知识，更进一步对世界为一种新的贡献。这些都是不能不首先属望于一般青年学子的。

第二是对于国家的责任：中国今日，外则强邻四逼，已沦于次殖民地的地位；内则政治紊乱，民穷财匮，国家的前途实太危险了。今后想摆脱列强的羁绊，则非急图取消不平等条约不可。想把国民经济现状改良，使一般国民能享独立、自由、富厚的生活，则非使国内政治能上轨道不可。昔范仲淹为秀才时便以天下为己任，果然有志竟成。现在的学生们，又安可不以国家为己任咧！

第三是对于社会的责任：先有好政治而后有好社会，抑先有好社会而后有好政治。这个问题用不著什么争论的，其实二者相互影响的。所以学生对于社会也是负有对于政治同等的责任。我们中国的社会是一个很老的社会，一切组织形式及风俗习惯，大都陈旧不堪，违反现代精神而应当改良。这也是要希望学生们努力实行的。因为一般年纪大一点的旧人物，有时纵然看得出，想得到，而以濡染太久的缘故，很少能彻底改革的。所以关于改良未来的社会一层，青年所负的责任也是很大的。

以上所说的各种责任都放在学生们的身上，未免太重一些；不过生在这时的中国学生，是无法避免这些责任的。若不学著“骆驼样的精神”来“任重致远”，又有什么办法呢！

除开上述三种基本条件而外，再加以“崇好美术的素养”，和“自爱爱人”的美德，便配称现代学生而无愧了。

蔡先生认为现代学生必须具备三个条件：一是狮子样的体力，二是猴子样的敏捷，三是骆驼样的精神。要实现狮子的体力，有赖于体育运动。我国从前之所谓文人，便与文弱一词发生了连带关系。现代的学生虽有体育功课，但执行不能切实而普遍，所以聪慧勤学的学生，往往体力衰弱。故于此事务宜特别注意，借以养成狮子样的体力。所谓猴子的敏捷，便是动作迅速，迅速的结果便是效率高强。做一个现代的学生，除须有坚强的体力，还须要动作迅速，才能与世界的青年争胜。至于骆驼的精神，是指能任重致远。学生的第一件事从事于学问与研究，不畏难，不避苦，务养成学术救国的能力。又除上述种种基本条件而外，再加上崇好美术的素养和自爱爱人的美德，才配称现代学生而无愧。

（2）青年运动

（对于青年运动提案）吾党过去青年运动之作用，及现今不能继续之理由。吾党主义非为一时，其不受时间之支配，人所共喻。若施设之策，则不能不因前后情势之不同，而参合事实，适应因革。外交方针如此，农工运动如此，在教育何莫不然。往者中央党部、国民政府，在广州，举国大半皆在军阀之下，不得不厚集革命之力量，以颠覆籍据。故吾党当时助各地青年学生之运动，不复虑其一时学业之牺牲。本理所宜然，策所必助。虽有所痛于心，诚不能免乎此也。及后革命势力克定长江，学生鼓励民气之功绩已著。而青年牺牲学行训练之大弊亦彰。改弦易策，人同此心。中央四次全会有鉴于此，于其宣言郑重言之曰：“就今日受痛苦最大之点言之，无过于未成年之学生参加政治斗争之一事。夫政治运动及社会运动，乃关系人民实际生活国家实际利害之问题。参与此种运动者，必须有实际利害之认识，与正确智识之判断。未成年之青年男女身体精神之发育未完全，基本之知识经验未具备，即个人之私生活，尚不

能离成年者之保佐而独立。何况国家社会之大事，乃放任于未成年者之自由活动，是不特将民族所可爱可宝之未来生命，付之无代价之牺牲；亦直是以国家社会全体之生命，作儿戏之试验品也。各国法律，在私法上规定行为能力之年龄。未成年者一切行为，不认其有法律上之效力，亦不科以法律上之责任。而国民之公权，则更有各种限制。此不特维持社会公共生活之秩序，国家之安存发展，亦所以培养青年并保护青年者也。以目前中国之情形论，文化落后，经济落后，国民之身体精神无不衰弱。所仅足属望者，惟后起之青年耳。然当其应受培养与保护之时代，不教之以正当之学问，专之以正当之道途，使其身体精神得遂其自然而健全之发展，乃欲付以成年者所不能胜之重任。及自己陷于错误，而祸害已波及于社会国家。然后不得已而科之未成年者所不应受之严刑，此岂足以救亡。实所以召灭种之祸而已。”又本年全国教育会议中山大学广东广西教育厅所提：确定学生会之组织及其法律关系一案云：“现在之学生会组织，尚有一大谬误。即联合会之无限制的扩大，与势力之滥用是也。此种组织，将全国百千万之学生，操纵于少数学生政客之手，而强迫百千万之学生以盲从。名为民主，实乃最专制愚民之制度。等于整个国家组织之中夺取一部分之国家以去，而自成一国家。一有错误，全体随之。此制不革，国家不能立教育方针，社会不能立生活秩序。教育破产，生活破产，学术破产，国家破坏，均由此起。而各学生本身之危险，则更不待言。此种感觉，不仅提案者有之；此时负教育责任者，多怀此隐忧。盖军阀之下，学生之趋向，在国民党统治境内者，理应不同。革命军兴之时，与建设之时，理应不同。昔谋革命之早日成功，今图建设之人格培养，则过去之青年运动，现今不能继续。以多破坏而妨建设。理甚显也。”本党之农工商运动，一方面在增进农工商自身利益。一方面又在唤起彼等共同努

力于革命。权利与义务兼顾者也。而本党之青年运动，则在运动学生，使牺牲其课业，牺牲其学校之秩序，专一从事于激动之工作。可谓有义务而无权利。原吾党当时之所以不得不任学生牺牲者，盖以有故。一、学生所进之学校，大抵在军阀势力范围之内。其训育宗旨，多与本党主义相违。率学生以反对校员，亦未始非宣传党义一法。二、破坏工作在大多数有地位有家室有经验者多不肯冒险一试。学生更事不多，激动较易。既无家累，而智识辩才，适在其他民众之上，为最便于利用之工具。三、欲在反革命区域以内，救援全体民众。而牺牲一部分青年之利益，以政治学上最大多数之最大幸福之要求衡之，尚非不值。有此三义，故本党往昔之青年运动，自今日思之不得不告歉于青年。而自当日言之，实出于不得已。正如军队以服从长官为天职。而对于敌人境内之军队，则虽运动其下级官反对上级，或运动其兵士反对官长，亦非所恤。出于不得已也。今中国本部已尽在青天白日旗帜之下。国民政府对于不服从党义之官吏及学校教职员，皆有干涉与更易之权，无求助于学生之必要。正如敌军既已归附，则不可不律以军纪。一也。战事结束，建设开始。成年者知无危险，咸告奋勇。不必再资补充于未成年之学生。如常备军既已足用，不必遽调后备。工人方虑失业，不宜雇及童工。二也。训政时期，百废待举。在在感专门人才之缺乏。若不于此时广为培植，则永不能度此难关。正如有七年之病，而不求三年之艾，则岁不我与，追悔无及。三也。若狃于往昔之青年运动，而必欲继续行之，则为无病而呻，徒乱人意。十年二十年以后，今之青击既已老大，感学业之不足以应世变，虽取吾辈之白骨而鞭之，岂足以偿误国误党之罪耶？浙东多莳竹者，竹先为笋，笋可食也。冀其成林，必养笋成竹而后可。饥不得食？不能不挖笋以充饥，犹可说也。若谷蔬既备，而犹挖可以成竹之笋其可乎！各省造林之厂，先植幼

木，旅人经此，适值严寒。不得不暂采以为薪，犹可说也。若燃料既具，而犹摧及幼木，使造林之目的，无由而达其可乎！故吾党不信教育则已，若欲实行建国大纲，及本党政纲中重视教育各条文，则青年不可不有长期之正当培植，以充其知识，成其技能，坚其人品，明其廉耻，庶可成为建设之材。而不至趋于游民之路。换言之，即非停止往日之青年运动不可。或谓往日之青年运动，偏于破坏；今若偏于建设之运动，则必无损而有益。此固言之有理，然试问建设之运动，应指何种。若指体育上之运动、智育上之研究与辩论、德育上之自治，及其他服务社会研究时事音乐美术等高尚娱乐之类，苟为吾党所主张，则皆可督促教育行政机关分别设备。或联合各学校而行之，非学生团体所能自举也。若学生团体不负此种责任，而空设组织宣传通电游行之任务，则其事大抵与党部重复。而其繁琐又决非专任不可，势必蹈往日学生联合会之覆辙。其职员悉以离校之学生充之，不得不多觅活动之机会，以求免尸位之诮。其余全体学生，必有扰累，而无裨补，可断言也。或谓近日共产党国家主义派以及自号第三党之一类，正竞事青年运动。吾党若不以运动与之竞，则势必全体青年悉为彼等所吸收而后已。窃以为无虑。彼等既已反对吾党为目的，则仿效吾党往日之运动，而从事破坏。宜也。且彼等既不公然征求党员，故不得不有此秘密之结合。吾党既有管理学校之权，主义方略，编入教科书中；教职员与学生均有进党之机会，学校又有区分部区党部之组织。如学生中有秘密受他种团体之运动者，凡服从党义之教职员与学生，皆得而伺察之。初无恃乎特别之团体。且既有团体，则其他团体之为特别运动者，安知不即利用此团体，如庄子所谓大力者负之而趋乎。故学生之受他党诱惑与否，初不关乎往日青年运动之学生会之有无也。鄙意本党对于学生，宜根据四次全体会宣言，采用广州中山大学及广东广西教育厅

所提出之案，不必再为他种学生会及学生联合会等组织，以避免学术界之大牺牲。是否有当，敬请公决。提议者中央监察委员蔡元培。

此为蔡先生以中国国民党中央监察委员之提案，盖鉴于北洋军阀时期，青年运动起于爱国，惟一发而不可收拾，直至国民政府统一全国，积极从事建设之际，此风仍未息，以至学子未能专心学问，特提此案，吁请党中学生不必再为他种学生会及学生联合会等组织，以避免学术界之大牺牲。其意以为“党中政纲重视教育各条文，则青年不可不有长期之正当培植，以充其知识，成其技能，坚其人格，明其廉耻，庶可成为建设之材，而不至趋于游民之路，换言之，即非停止往日之青年运动不可。或谓往日之青年运动，偏于破坏；今若偏于建设之运动，则必无损而有益。此固言之成理。然试问建设之运动，应指何种？若指体育上之运动，智育上之研究与辩论，德育上之自治，及其他服务社会时事音乐美术等高尚娱乐之类，苟为吾党所主张，则皆可督促教育行政机关分别设施，或联合各学校而行之，非学生团体所能自举也。若学生团体不负此种责任，而空设组织宣传通电游行之任务，则其事大抵与党部重复，而其繁琐又决非专任不可，势必蹈往日学生联合会之覆辙”。

(3) 学业为重

(说青年运动) 青年是求学时期。青年运动，是指导青年于求学以外，更为贡献于社会的运动。这种运动有二类：

一是普通的。

一是非常的。

普通的运动，如夜间及星期日合设民众学校，于假期中尽有益社会之义务，如中央党部列举的“识字运动”、“造林运动”等。这类运动，不但时间上无碍于学业，而经验上且可为学业之保证，于青年甚为有益。非常的运动，如“五四”及“三一八”等，完全为

爱国心所驱迫，虽牺牲学业，亦有所不顾，这是万不得已而为之的。青年的学业，为将来事业的准备，目前牺牲了一分学业，将来事业上不知要受多少的损失。孙中山先生所以能创立主义，领导革命，固仗天才，尤凭学力。我们读孙文学说、实业计划及三民主义的演讲等，很可推见他博学而深思。现在我们袭孙先生的余荫，想把亟应建设的事业，刻期实现，很觉得有点困难。这完全是由于人才不够，就是因我们这一辈人在青年时代，大半没有切切实实的用功，现在就想补习，也来不及了。一个人成为废物，还是小事，把全民族的事业耽误了，关系何等重大。既往不咎，来日大难，将来的事业，全靠现代青年去担任。一般青年，若不以前一辈人为前车之鉴，而仍旧不肯好好的求学，到将来担任事业的时候，也同我们一样的无能。那时候国际情形，比现在还要紧张，怕的中华民族，真的陷于万劫不复的地步了。学业既这样重要，所以非有关于国族存亡的大问题，断乎不值得牺牲的。若是为小小问题，如与一二教员伤了感情，或为学校改换名称，要增加经费或校舍等，就认为运动的题目，因而罢课游行，甚至毁物伤人，都所不惜，这就完全失了青年运动的本义了。愿现代青年注意！

此言将青年运动，别为普通的及非常的两类。普通的运动，如于夜间及星期日合设民众学校，或于假期中尽有益社会之义务；那是有益的。非常之运动，如“五四”，“三一八”等完全为爱国心所驱迫，万不得已而为之则可，若转为经常之举，那是有损的。青年当以学业为第一要务，目前牺牲了一分学业，将来事业上不知要受多少的损失。国父孙先生所以创立主义，领导革命，固仗天才，尤凭学力。因此，青年当师法国父，务以学业为重。

○ 第七节　其他

括有（1）学术派别的相对性，（2）孔子非宗教家二目，其说

如左：

（1）学术派别的相对性

（我在北京大学的经历——二十三年一月）我素信学术上的派别是相对的，不是绝对的；所以每一种学科的教员，即使主张不同，若是“言之成理，持之有故”的，就让他们并存，令学生有自由选择的余地。最明白的，是胡适之君与钱玄同君等，绝对的提倡白话文学；而刘申叔、黄季刚诸君，仍极端维护文言的文学；那时候就让他们并存。我相信为应用起见，白话文必要盛行，我也常常作白话文，也替白话文鼓吹；然而我也声明，作美术文用白话也好，用文言也好。例如我们写字，为应用起见，自然要写行楷，若江艮庭君的用篆隶写药方，当然不可；若是为人写斗方或屏联，即写篆隶章草，有何不可？

此文足证蔡先生对于学术各派兼容并包，最适于主办大学校，提倡学术自由之任务。诚如蔡先生所言，学术上的派别是相对的，不是绝对的。由于学术的发展并无止境，如一作绝对的规定，则研究学术便不能自由，也就不易再有进展了。

（2）孔子非宗教家

（释孔子非宗教家致许崇清书——六年五月）孔子非宗教家。自广义的宗教言之，（信仰心）必有形而上之人生观及世界观，而孔子无之。其所言者，皆伦理学教育学政治学之范围。孔子自言无可无不可，孟子评为圣之时者，其不立一定之信条可见。自狭义的宗教言之，必有神秘思想。而孔子又无之，未知生焉知死，未能事人焉能事鬼，不语神怪。立祀典则以有功德于民及以死勤事为条件。古代稍涉神秘之传说，如感生帝及符瑞谣谶之属，见于谶纬者，皆孔子所删，其不涉神秘可见。故孔子绝非宗教家，而孔教为不辞。

由于后世尊崇孔教，以对抗异教之故，致误认孔教为一种宗教，而不知孔教之真义为教育也。孔子所以为万世师表者，即以其为万世所尊崇之大教育家也。蔡先生对于宗教之意义，从广义与狭义加以解说，更明证孔子无论在哪一方面均非宗教家。

第六章　胡适的教学思想

一

胡适，原名洪骍，字适之。安徽绩溪县人。生于民国前二十一年（清光绪十七年）。光绪三十年赴上海，入梅溪学堂，继转入澄衷学堂。三十二年又转入中国公学。三十四年九月，中国公学发生风潮，大部分学生退出学校，另组中国新公学，适之亦随同加入新公学，除上课外，兼教低级各班英文。旋毕业。任上海租界工部局所设华童公学国文教员。宣统二年为政府考试留美庚子赔款官费生之第二年，适之报名与考获取，即于是年八月由上海乘船赴美留学。初进康南耳大学，修农科，经过一年半，以兴趣不属，乃改修政治、经济，兼治文学哲学。民国三年六月，毕业，得学士学位。四年九月入纽约哥伦比亚大学进修，专攻哲学。六年四月提出博士论文。经考试及格，获得博士学位。六月返国，七月抵上海。先是适之在返国以前，已由北京大学校长蔡元培函聘为北京大学教授，于是即由上海返绩溪省母后，是年八月由绩溪动身到校任教。自此至民国十六年，十一年间连续担任北大教授。民国十七年，他被推任为母校中国公学的校长，继续任职至民国十九年。是年冬中华文化教育基金董事会，设立编译委员会于北平，请适之前往主持。二十年初蒋梦麟就任北京大学校长，即聘请适之为北大文学院院长。二十六年七月，中日战事起，七月间适之由北平赴庐山会议。会毕回到南

京时，平津已陷落，上海亦发生战事。适之奉命赴欧美聘问，对其朝野有所商洽。二十七年九月，在由美赴欧之际，奉政府特命为驻美大使。自是迄民国三十一年九月交卸大使职务后，因病暂留美国；一方面仍留心世局之演变，他方面从事于研究工作。中间曾任美国国会图书馆东方部名誉顾问。三十四年三月二十七日国民政府特派为中国出席旧金山联合国会议代表之一。同年十一月联合国在伦敦召开创设联合国教育科学文化组织会议，适之被政府任为中国代表团首席代表。三十五年六月政府任命适之为国立北京大学校长，七月由美返国就职，同年十一月被选为制宪国大代表，并于开会时被推为主席。三十六年四月，被选为第一届国民大会代表，并被推任主席团主席。三十七年十二月十五日，因共军已包围北平城，适之遂乘政府所派专机飞抵南京。三十八年赴美，寓纽约从事研究与著作。一九五七年九月被任为出席联合国大会中国代表团代表。同年十一月，“中央研究院”改选院长，适之当选，于一九五八年四月回到台北，十日就任“中央研究院”院长之职。一九六二年二月二十四日在“中央研究院”主持第五次院士会议，会毕，下午六时在招待院士会中，以心脏病突发去世。

适之之著作真正堪称“等身”，实则连同其尚未发表之著作，不知其高度要等于身高之若干倍。他开始著作甚早。在肄业中国公学时，即为竞业旬报撰稿。及光绪三十四年，适之转入中国新公学时，适之年甫十七，便于竞业旬报复刊后不久，主持编辑，并连续写了不少文章。那时候他的笔名为铁儿，殆配合其父铁花（讳传，又字守三）别号之意义。留美期内，不断写作，尤以经常撰写日记，汇编为胡适留学日记。归国任教后，首先撰成中国哲学史大纲卷上，于民国八年由上海商务印书馆刊行。八年八月写成清代学者的治学方法前六章，九年春补写第七章，十月十一日写成第八草。这篇文

章对于研究国学之青年，殆与其哲学史大纲同等重要。九年七月写水浒传考证，十年十一月写红楼梦考证，于考据学与文学均有重大影响。然而影响于青年最大者，莫如其所倡导的文学革命运动。早至民国六年一月，他发表了文学改良刍议，载新青年二卷五号。其后一连串赞助文学改革之议论，蔚为一种重大的革新。适之其他专著，为淮南王书，胡适词选，国语文法概论，四十自述，神会尚和遗集，戴东原哲学，白话文学史，论学近著第一集，水经注等，无不脍炙人口。其零篇著作，多刊载于努力及独立评论等期刊。多已汇集为胡适文存共四集，连同其留学日记，皆为流行甚广之巨著。

本章所根据的资料，只能限于已出版者，尤以胡适文存及留学日记为主。

二

本章分为（甲）为学之部与（乙）教育之部。

（甲）为学之部

括有（一）为学，（二）文学改革，（三）文法，（四）研究诸节。

○ 第一节　为学

括有（1）读书，（2）兴趣，（3）专精与博学诸目。其说如左：

（1）读书

（胡适文存第三集卷二读书——十四年四月）“读书”这个题，似乎很平常，也很容易。然而我却觉得这个题目很不好讲。据我所知，“读书”可以有三种说法：

（一）要读何书　关于这个问题，京报副刊上已经登了许多时候的“青年必读书”；但是这个问题，殊不易解决，因为个人的见解不同，个性不同。各人所选只能代表各人的嗜好，没有多大的标准作

用。所以我不讲这一类的问题。

（二）读书的功用　从前有人作“读书乐”，说什么“书中自有千钟粟，书中自有黄金屋，书中自有颜如玉”，现在我们不说这些话了。要说，读书是求智识，知识就是权力。这些话都是大家会说的，所以我也不必讲。

（三）读书的方法　我今天是要想根据个人所经验，同诸位谈谈读书的方法。我的第一句话是很平常的，就是说，读书有两个要素：

第一要精，第二要博。

现在先说什么叫“精”。

我们小的时候读书，差不多每个小孩都有一条书签，上面写十个字，这十个字最普遍的就是“读书三到：眼到，口到，心到”。现在这种书签虽不用，三到的读书法却依然存在。不过我以为读书三到是不够的，须有四到，是：“眼到，口到，心到，手到。”我就拿它来说一说。

眼到是要个个字认得，不可随便放过。这句话起初看去似乎很容易，其实很不容易。读中国书时，每个字的一笔一画都不放过。近人费许多功夫在校勘学上，都因古人忽略一笔一画而已。读外国书要把A，B，C，D等字母弄得清清楚楚。所以说这是很难的。如有人繙译英文，把port看作pork，把oats看作oaks，于是葡萄酒一变而为猪肉，小草变成了大树。说起来这种例子很多，这都是眼睛不精细的结果。书是文字做成的，不肯仔细认字，就不必读书。眼到对于读书的关系很大，一时眼不到，贻害很大，并且眼到能养成好习惯，养成不苟且的人格。

口到是一句一句要念出来。前人说口到是要念到烂熟背得出来。我们现在虽不提倡背书，但有几类的书，仍旧有熟读的必要，如心爱的诗歌，如精采的文章，熟读多些，于自己的作品上也有良好的

影响。读此外的书，虽不须念熟，也要一句一句念出来，中国书如此，外国书更要如此。念书的功用能使我们格外明了每一句的构造，句中各部分的关系。往往一遍念不通，要念两遍以上，方才能明白的。读好的小说尚且要如此，何况读关于思想学问的书呢？

心到是，每章每句每字意义如何？何以如是？这样用心考究。但是用心不是叫人枯坐冥想，是要靠外面的设备及思想的方法的帮助。要做到这一点，须要有几个条件：

（一）字典、辞典、参考书等等工具要完备。这几样工具虽不能办到，也当到图书馆去看。我个人的意见是奉劝大家，当衣服，卖田地，至少要置备一点好的工具。比如买一本韦氏大字典，胜于请几个先生。这种先生终身跟着你，终身享受不尽。

（二）要做文法上的分析。用文法的知识，作文法上的分析，要懂得文法构造，方才懂得它的意义。

（三）有时要比较参考，有时要融会贯通，方能了解。不可但看字面。一个字往往有许多意义，读者容易上当，例如 turn 这字：作外动字解有十五解，作内动字解有十三解，作名词解有二十六解，共五十四解，而成语不算。又如 Strike：作外动字解有三十一解，作内动字解有十六解，作名词解有十八解，共六十五解。又如 go 字最容易了，然而这个字：作内动字解有二十二解，作外动字解有三解，作名词解有九解，共三十四解。

以上是英文字须要加以考究的例。英文字典是完备的；但是某一字在某一句究竟用第几个意义呢？这就非比较上下文，或贯串全篇，不能懂了。

中文较英文更难，现在举几个例：

祭文中第一句“维某年月日”之“维”字，究作何解？字典上说它是虚字。诗经里“维”字有二百多，必需细细比较研究，然后

知道这个字有种种意义。又诗经之“于”字，“之字于归”“凤凰于飞”等句，“于”字究作何解？非仔细考究是不懂的。又“言”字人人知道，但在诗经中就发生问题，必须比较，然后知“言”字为联接字。诸如此例甚多。中国古书很难读，古字典又不适用，非是用比较归纳的研究方法，我们如何懂得呢？

总之，读书要会疑，忽略过去不会有问题，便没有进益。

宋儒张载说：“读书先要会疑。于不疑处有疑，方是进矣。”他又说：“在可疑而不疑者，不曾学。学则须疑。”又说：“学贵心悟，守旧无功。”

宋儒程颐说：“学原于思”。

这样看起来，读书要求心到；不要怕疑难，只怕没有疑难。工具要完备，思想要精密，就不怕疑难了。

现在要说手到。手到就是要劳动劳动你的贵手。读书单靠眼到，口到，心到，还不够的；必须还得自己动动手，才有所得。例如：

(1) 标点分段，是要动手的。

(2) 翻查字典及参考书，是要动手的。

(3) 做读书札记，是要动手的。札记又可分四类：(a) 抄录备忘。(b) 作提要、节要。(c) 自己记录心得。张载说：“心中苟有所开，即便劄记。不则还塞之矣。”(d) 参考诸书，融会贯通，作有系统的著作。

手到的功用。我常说，发表是吸收智识和思想的绝妙方法。吸收进来的智识思想，无论是看书来的，或是听讲来的，都只是模糊零碎，都算不得我们自己的东西。自己必须做一番手脚，或做提要，或做说明，或做讨论，自己重新组织过，申叙过，用自己的语言记述过，——那种智识思想方才可算是你自己的了。

我可以举一个例。你也会说“进化”，他也会谈“进化”，但你

对于“进化”这个观念的见解未必是很正确的，未必是很清楚的，也许只是一种“道听涂说”，也许只是一种时髦的口号。这种知识算不得知识，更算不得是“你的”知识。假使你听了我句话，不服气，今晚回去遍翻各种书籍，仔细研究进化论的科学上的根据；假使你翻了几天书之后，发愤动手，把你研究所得写成一篇读书札记；假使你真动手写了这么一篇“我为什么相信进化论?”的札记，列举了（一）生物学上的证据，（二）比较解剖学上的证据，（三）比较胚胎学上的证据，（四）地质学和古生物学上的证据，（五）考古学上的证据，（六）社会学和人类学上的证据，到这个时候，你所有关于“进化论”的知识，经过了一番组织安排，经过了自己的去取叙述，这时候这些知识方才可算是你自己的了。所以我说，发表是吸收的利器；又可以说，手到是心到的法门。

至于动手标点，动手翻字典，动手查书，都是极要紧的读书秘诀，诸位千万不要轻轻放过。内中自己动手翻书一项尤为要紧。我记得前几年我曾劝顾颉刚先生标点姚际恒的古今伪书考。当初我知道他的生活困难，希望他标点一部书付印，卖几个钱。那部书是很薄的一本，我以为他一两个星期就可以标点完了。那知顾先生一去半年，还不曾交卷。原来他于每条引的书，都去翻查原书，仔细校对，注明出处，注明原书卷第，注明删节之处。他动手半年之后，来对我说，古今伪书考不必付印了，他现在要编辑一部疑古的丛书，叫做“辨伪丛刊”。我很赞成他这个计划，让他去动手。他动手了一两年之后，更进步了，又超过那“辨伪丛刊”的计划了，他要自己创作了。他前年以来，对于中国古史，做了许多辨伪的文字，他眼前的成绩早已超过崔述了，更不要说姚际恒了。顾先生将来在中国史学界的贡献一定不可限量，但我们要知道他成功的最大原因是他的手到的工夫勤而且精。我们可以说，没有动手不勤快而能读书的，

没有手不到而能成学者的。

第二要讲什么叫“博”。

什么书都要读，就是博。古人说：“开卷有益”，我也主张这个意思，所以说读书第一要精，第二要博。我们主张“博”有两个意思：

第一，为预备参考资料计，不可不博。

第二，为做一个有用的人计，不可不博。

第一，为预备参考资料计。

在座的人，大多数是戴眼镜的。诸位为什么要戴眼镜？岂不是因为戴了眼镜，从前看不见的，现在看得见了；从前很小的，现在看得很大了；从前看不分明的，现在看得清楚分明了？王荆公说得最好：

世之不见全经久矣。读经而已，则不足以知经。故某自百家诸子之书，至于难经、素问、本草诸小说，无所不读，农夫女工，无所不问；然后于经为能知其大体而无疑。盖后世学者与先王之时异矣；不如是，不足以尽圣人故也。……致其知而后读，以有所去取，故异学不能乱也。惟其不能乱，故能有所去取者，所以明吾道而已。（答曾子固）

他说：“致其知而后读。”又说：“读经而已，则不足以知经。”即如墨子一书在一百年前，清朝的学者懂得此书还不多。到了近来，有人知道光学、几何学、力学等，然后看墨子，才知道其中有许多部分是必须用这些科学的知识方才能懂的。后来有人知道了论理学、心理学等，懂得墨子更多了。读别种书愈多，墨子愈懂得多。

所以我们也说，读一书而已则不足以知一书。多读书，然后可以专读一书。譬如读诗经，你若先读了北大出版的歌谣周刊，便觉得诗经好懂的多了；你若先读过社会学、人类学，你懂得更多了；

你若先读过文字学、古音韵学，你懂得更多了；你若读过考古学、比较宗教学等，你懂得的更多了。

你要想读佛家唯识宗的书吗？最好多读点论理学、心理学、比较宗教学、变态心理学。

无论读什么书总要多配几副好眼镜。

你们记得达尔文研究生物进化的故事吗？达尔文研究生物演变的现状，前后凡三十多年，积了无数材料，想不出一个单简贯串的说明。有一天他无意中读马尔图斯的人口论，忽然大悟生存竞争的原则，于是得着物竞天择的道理，遂成一部破天荒的名著，给后世思想界打开一个新纪元。所以要博学者，只是要加添参考的材料，要使我们读书时容易得“暗示”；遇着疑难时，东一个暗示，西一个暗示，就不至于呆读死书了。这叫做“致其知而后读”。

第二，为做人计。

专工一技一艺的人，只知一样，除此之外，一无所知。这一类的人，影响于社会很少。好有一比，比一根旗竿，只是一根孤拐，孤单可怜。

又有些人广泛博览，而一无所专长，虽可以到处受一班贱人的欢迎，其实也是一种废物。这一类人，也好有一比，此一张很大的薄纸，禁不起风吹雨打。

在社会上，这两种人都是没有什么大影响，为个人计，也很少乐趣。

理想中的学者，既能博大，又能精深。精深的方面，是他的专门学问。博大的方面，是他的旁搜览博。博大要几乎无所不知，精深要几乎惟他独尊，无人能及。他用他的专门学问做中心，次及于直接相关的各种学问，次及于间接相关的各种学问，次及于不很相关的各种学问，以次及于毫不相关的种种泛览。这样的学者，也有

一比，比埃及的金字三角塔。那金字塔，据最近东方杂志，第二十二卷第六号，页一四七，高四百八十英尺，底边各边长七百六十四英尺。塔的最高度代表最精深的专门学问；从此点以次递减，代表那旁收博览的各种相关或不相关的学问。塔底的面积代表博大的范围，精深的造诣，博大的同情心；这样的人，对社会是极有用的人才，对自己也能充分享受人生的趣味。宋儒程颢说的好：

须是大其心使开阔：譬如为九层之台，须大做脚始得。

博学正所以“大其心使开阔”。我曾把这番意思编成两句粗浅的口号，现在拿出来贡献给诸位朋友，作为读书的目标：

为学要如金字塔，
要能广大要能高。

适之就读书一题，先分为三种说法，即：（一）要读何书?（二）读书的功用，（三）读书的方法。其中关于方法方面，第一要精，第二要博。精的方面，我国向来有所谓读书三到：眼到，口到及心到。适之认为应增入手到一项，合之为四到。眼到是要个个字认得，口到是要一句一句念到烂熟，心到是要每章每句每字的意义弄得清清楚楚；手到是要处处动手，如标点分段，翻查字典及参考书，做读书札记等等。至于第二方法博字，就是什么书都要读。适之主张博字有两个意思：第一，为预备参考资料计，不可不博；第二，为做一个有用的人计，不可不博。理想中的学者，既能博大，又能精深。精深方面，是他的专门学问；博大方面，是他的旁搜博览。博大要几乎无所不知，精深要几乎惟他独尊，无人能及。他用他的专门学问为中心，次及于直接相关的各种学问，次及于间接相关的各种学问，次及于不很相关的各种学问，以次及于毫不相关的各种泛览。这样的学者，也有一比，比埃及的金字三角塔，那金字塔高达四百八十英尺，底边各边长达七百六十四英尺。塔的最高处代表

最精深的专门学问，从此点以次递降，代表那旁收博览的各种相关或不相关的学问。因此，他提出左列两句口号，作为读书的目标：

为学要如金字塔，

要能广大要能高。

（2）兴趣

（胡适留学日记卷五记兴趣（Interest）——三年七月十六日）今日读外观报，有 H. Addington Bruce 论“The Importance of Being Interested”（The Outlook，July 18，1914）一文，极喜之，节其大要如下：

人生能有所成就，其所建树，对于一己及社会皆有真价值者，果何以致此耶？无他，以其对于所择事业具深挚之兴趣，故专心肆力以为之耳。

弗兰克林幼时，父令习造烛，非所喜也；后令习印书，亦非所喜也；惟以印书之肆易得书，得书乃大喜，日夜窃读之。十六岁即不喜肉荤，欲节费买书也。复学作文，极勤苦，文乃大进，年未三十而名闻远近。及其死也，欧美两洲交称之，以为圣人。达尔文少时不乐读书，家人以为愚钝，日惟喜间行田野中打枪，逐狗，杀鼠。父忧之，令入格拉司科大学习医，数月即弃去。又令入康桥大学习经典，既至，适韩思洛（Henslow）主讲天然学，达尔文往听讲，韩令日入深林中采花草捉虫鸟为标本，达大喜过望，习动植物学极勤……他日遂发明“天演进化”之说，为世界开新纪元。穆剎（Mozart）父为宫中乐师，穆襁褓中习闻乐器，辄大喜，又时以细手按拍，父奇之，未三岁即教之乐器，所教辄能为之，四岁已能奏钢丝琴（Harpsichord），五岁已能自作曲，六岁习提琴（Violin），惊倒国中名手……其后遂成世界音乐巨子。

此三子之能有所建树，成不朽之业者，皆以其所择业为性所酷

嗜，兴趣所在，故专一以赴之，其成功宜也。成功之要道无他，浓挚之兴趣，辅之以坚忍之工夫而已耳。然坚忍之工夫，施之于性之所近，生平所酷嗜，则既不勉强，收效尤易而大。

拿破仑喜战阵，虽在剧场乐部，其心中所筹画皆调兵之布置也。穆剎自三岁即习音乐，于世界巨子之作无所不读，一日，与友人为桌球戏（Billiard），口中咿哑不绝，戏终，自言已成一谱，即其最著名之“Zauberflote”之第一节也。

是故为父母者，宜视其子女兴趣所在以为择业之指南，又宜于子女幼时，随其趋向所在，培植其兴趣，否则削足适履，不惟无成，且为世界社会失一有用之才，滋可惜也。

此言为学最重兴趣，有兴趣则辛勤不以为苦，转以为乐；反之，毫无兴趣，勉强为之，既不乐于努力，自难盼其有成。适之所举弗兰克令、达尔文二例，在未发生兴趣时，毫无成就，及一感兴趣，则努力为之，卒告大成。至穆剎一例，则自小养成兴趣，终身从事，乐而忘苦，卒成名手。是故为父母者，宜视其子女兴趣所在，以为择业指南，自己为学者，亦当一本兴趣为之，不宜妄随社会趋向，勉强为之。三百六十行，行行出状元，惟能针对兴趣为学与择业，其成就自能卓越，不宜追随时尚，不问有无兴趣，勉强为之，不仅事倍功半，且恐毫无成就也。以适之自身言之，留美之初，原习农科，因不感兴趣，改学文哲，卒于此一方面成为名学者；设勉习农科，不予改变，其成就断不能如是也。

（3）专精与博学

（胡适留学日记卷七专精与博学——三年十一月十日）与赵元任君同访哲学教师阿尔培（E. Albee）先生，谈至夜深始归。先生为言其生平所喜哲学之外，尚有写真摄影及显微镜之考察二事，因出其所摄海陆山谷风景若干册，又以其所宝显微镜见示。其夫人亦工写

真，兼精琴乐。因叹西方学者兴趣之博，真吾人觇国者所不可不留意也。即如此校中教员，有电学工程教师高拉彼托夫（Karapetoff, V.）先生为此邦有名电学技师，而其人最工音乐，能弄诸乐器，为此间名手。又有工程教师脱内勿（Trevor）先生亦以音乐著。又如算学教师薛尔勿曼（L . L . Silverman），侯威次（Hurwitz），皆以音乐著名者也。又如计学教师约翰生（A. S. Johnson）乃工埃及希伯来希腊诸古文，又擅文学；去年以其计学教授之余暇著小说一部颇风行。又如哲学教师狄莱（Frank Thilly），吾去夏见之，审其手中所读书，乃意大利文之小说也。凡此诸人，略举即是。至如史学教员哀尔（G. L . Burr）、古代语学教员须密（N. Schmidt）之博极诸学，尤不待言矣。近人洛威尔（Lowell，哈佛校长）之言曰："教育之目的，在于使人知一物之物物，与夫物物之一物也。"（Everything of something , and something of enerything.）一物之物物者，专门也，精也。物物之一物者，旁及也，博也。若终身守一物，虽有所成，譬之能行之书厨，无有生趣矣。今吾国学者多蹈此弊，其习工程者，机械之外几于一物不知，此大害也。吾屡以为言，然一二人之言安能收效，是在有心人之同力为之，庶可挽救此偏枯之弊耳。

适之举其校中之若干教授为例，证明专攻一学门之专家，多能旁通他事。前者为专精，后者为博学，如此则兴趣盎然，不若终身守一物者，虽有所成，譬之能行之书橱，了无生趣矣。至所述哈佛校长洛威尔之言 Everything of something and something of everything，谓教育之目的，在于使人知一物之物物，与夫物物之一物。译语稍晦，不若改译为"使人知某些事之一切以及每事之一点点"；前者言对其专攻某事的一切知识，无微不至，谓其精也；与夫对非所专攻之每事获有一点点知识，谓其博也。适之提倡白话文最力，而对上开两句则以文言文译之，不免稍晦，不如改译白话文之为真切显明也。

○ 第二节　文学改革

括有（1）文学革命，（2）文学改良，（3）文学改革进行程序，（4）白话文言之比较诸目。其说如左：

（1）文学革命

（胡适留学日记卷十二吾国历史上的文学革命——五年四月五夜）文学革命，在吾国史上非创见也。即以韵文而论：三百篇变而为骚，一大革命也。又变为五言，七言，古诗，二大革命也。赋之变为无韵之骈文，三大革命也。古诗之变为律诗，四大革命也。诗之变为词，五大革命也。词之变为曲，为剧本，六大革命也。何独于吾所持文学革命论而疑之？

文亦遭几许革命矣。孔子以前无论矣。孔子至于秦汉，中国文体始臻完备，议论如墨翟孟轲韩非，说理如公孙龙荀卿庄周，记事如左氏司马迁，皆不朽之文也。六朝之文亦有绝妙之作，如吾所记沈休文范缜形神之辩，及何晏王弼诸人说理之作，都有可观者。然其时骈俪之体大盛，文以工巧雕琢见长，文法遂衰。韩退之“文起八代之衰”，其功在于恢复散文，讲求文法，一洗六朝人骈俪纤巧之习。此亦一革命也。唐代文学革命巨子不仅韩氏一人，初唐之小说家，皆革命功臣也。（诗中如李杜韩孟，皆革命家也。）“古文”一派至今为散文正宗，然宋人谈哲理者似悟古文之不适于用，于是语录体兴焉。语录体者，以俚语，说理记事。今举数例如下：

（大程子）到恍然神悟处，不是智力求底道理，学者安能免得不用力？

百理具在，平铺放着。几时道“尧尽君道”添得些君道多？“舜尽子道”添得些孝道多？元来依旧。

（二程子）莫说道：“将第一等让与别人，且做第二等。”才如此说，便是自弃。

（朱子）知得如此，是病。即便不如此，是药。

学问须是大进一番，方始有益。若能于一处大处攻得破，见那许多零碎是这一个道理，方是快活。然零碎底非是不当理会。但大处攻不破，纵零碎理会得些少，终不快活。今且道他那大底是甚物事。天下只有一个道理。学只要理会得这一个道理。

（陆子）今人略有些气焰者，多只是附物，元非自立也。若某则不识一字，亦须还我堂堂地做个人。

善学者如关津，不许胡乱放过人。

要当轩昂奋发，莫恁地沉埋在卑陋凡下处。

吾友近来精神都死，却无向来亹亹之意。防闲，古人亦有之。但他底防闲与吾友别，吾友是硬把捉。……某平日与兄说话，从天而下，从肝胆中流出，是自家有底物事，何尝硬把捉？

自立自重，不可随人脚跟，学人言语。

凡此诸例，皆足示语录体之用。此亦一大革命也。至元人之小说，此体始臻极盛。今举水浒传西游记中语数则，以示其与语录体之关系。

水浒

武松劈手（把残酒）夺来，泼在地下，说道：“嫂子，休要恁地不识廉耻！”把手只一推，争些儿把那妇人推一交。武松睁起眼来道：“武二是个顶天立地噙齿带发男子汉，不是那等败坏风俗没人伦的猪狗！嫂嫂休要这般不识廉耻！倘有些风吹草动，武二眼里认得是嫂嫂，拳头却不认得嫂嫂，再来，休要恁地！”（二十三回）石秀押在厅下，睁圆怪眼，高声大骂：“你这与奴才做奴才的奴才！我听着哥哥将令早晚便引军来打你城子，踏为平地，把你砍做三截，先教老爷来和你们说知！”（六十二回）

西游

行者笑道："师父，你原来不晓得，我有几个草头方儿能治大病。管情医得他好便了。就是医死了，也只问个'庸医杀人'罪名，也不该死，你怕怎的？"（六十八回）那大圣坐在石崖上，骂道："你这馅糠的夯货！你去便罢了，怎么骂我？"八戒跪在地下道："哥呵！我不曾骂你。若骂你，就嚼了舌头根。"行者道："你怎么瞒得过我？我这左耳往上一扯，晓得三十三天人说话。我这右耳往下一扯，晓得十代阎王与判官算帐。你骂我岂不听见？"叫，"小的们，选大棍来，先打二十个见面孤拐，再打二十个背花，然后等我使铁棒与他送行！"（三十一回）

总之，文学革命，至元代而登峰造极。其时，词也，曲也，剧本也，小说也，皆第一流之文学，而皆以俚语为之。其时吾国真可谓有一种"活文学"出世。倘此革命潮流（革命潮流即天演进化之迹。自其异者言之，谓之"革命"。自其循序渐进之迹言之，即谓之"进化"可也），不遭明代八股之劫，不受明初七子诸文人复古之劫，则吾国之文学必已为俚语的文学，而吾国之语言早成为言文一致之语言，可无疑也。但丁（Dante）之创意大利文，却叟（Chaucer）诸人之创英吉利文，马丁路得（Martin Luther）之创德意志文，未足独有千古矣。惜乎五百余年来，半死之古文，半死之诗词，复夺此"活文学"之席，而"半死文学"遂苟延残喘，以至于今日。今日之文学，独我佛山人（吴趼人），南亭亭长（李伯元），洪都百炼生诸公之小说可称"活文学"耳。文学革命何可更缓耶？何可更缓耶？

又如：

（胡适留学日记文学革命八条件——五年八月廿一日）

我主张用白话作诗，友朋中很多反对的。其实人各有志，不必强同。我亦不必因有人反对遂不主张白话。他人亦不必都用白话作

诗。白话作诗不过是我所主张“新文学”的一部分，前日写信与朱经农说：

新文学之要点约有八事：(1) 不用典。(2) 不用陈套语。(3) 不讲对仗。(4) 不避俗字俗语。(不嫌以白话作诗词。) (5) 须讲求文法。——以上为形式的方面。(6) 不作无病之呻吟。(7) 不摹仿古文。(8) 须言之有物。——以上为精神（内容）的方面。

能有这八事的五六，便与“死文学”不同，正不必全用白话。白话乃是我一人所要办的实地试验。倘有愿从我的，无不欢迎，却不必强拉人到我的实验室中来，他人也不必定要捣毁我的实验室。

以上两文，均作于适之留学时期。第一文标题为“吾国历史上的文学革命”，第二文为“文学革命八条件”。

前者首叙韵文之革命，由三百篇而骚，而五言七言古诗，由赋而为无韵之骈文，由古诗而律诗，而词，而曲，而剧本。次述文由议论而衍为说理记事，由骈俪而散文，而语录。凡此，无一非革命也。总之，至元代而登峰造极，构成真正之活文学。

后者，谓文学革命有八条件，即：(1) 不用典，(2) 不用陈套语，(3) 不讲对仗，(4) 不避俗字俗语，(5) 须讲求文法，(6) 不作无病呻吟，(7) 不摹仿古人，(8) 须言之有物。能有上开八条的五六，便与“死文学”不同，不必全用白话也。

(2) 文学改良

(胡适文存第一集卷一文学改良刍议——民国六年二月)

今之谈文学改良者众矣；记者末学不文，何足以言此！然年来颇于此事再四研思，辅以友朋辩论，其结果所得，颇不无讨论之价值。因综括所怀见解，列为八事，分别言之，以与当世之留意文学改良者一研究之。

吾以为今日而言文学改良，须从八事入手。八事者何？一曰，

须言之有物。二曰，不摹仿古人。三曰，须讲求文法。四曰，不作无病之呻吟。五曰，务去烂调套语。六曰，不用典。七曰，不讲对仗。八曰，不避俗字俗语。

一曰须言之有物

吾国近世文学之大病，在于言之无物。今人徒知“言之无文，行而不远”；而不知言之无物，又何用文为乎？吾所谓“物”，非古人所谓“文以载道”之说也。吾所谓“物”，约有二事：一、情感……二、思想……

文学无此二物，便如无灵魂无脑筋之美人，虽有秾丽富厚之外观，抑亦末矣。近世文人沾沾于声调字句之间，既无高远之思想，又无真挚之情感，文学之衰微，此其大因矣。此文胜之害，所谓言之无物者是也。欲救此弊，宜以质救之。质者何？情与思二者而已。

二曰不摹仿古人

文学者，随时代而变迁者也。一时代有一时代之文学：周、秦有周、秦之文学，汉、魏有汉、魏之文学，唐、宋、元、明有唐、宋、元、明之文学。此非吾一人之私言，乃文明进化之公理也。即以文论，有尚书之文，有先秦诸子之文，有司马迁、班固之文，有韩、柳、欧、苏之文，有语录之文，有施耐庵、曹雪芹之文：此文之进化也。试更以韵文言之：击壤之歌，五子之歌，一时期也；三百篇之诗，一时期也；屈原、荀卿之骚赋，又一时期也；苏、李以下，至于魏、晋，又一时期也；江左之诗流为排比，至唐而律诗大成，此又一时期也；老杜、香山之“写实”体诸诗（如杜之石壕吏，羌村，白之新乐府），又一时期也。诗至唐而极盛，自此以后，词曲代兴，唐、五代及宋初之小令，此词之一时代也；苏、柳（永）、辛、姜之词，又一时代也；至于元之杂剧传奇，则又一时代矣。凡此诸时代，各因时势风会而变，各有其特长；吾辈以历史进化之眼光观

之，决不可谓古人之文学皆胜于今人也。左氏、史公之文奇矣；然施耐庵之水浒传，视左传、史记，何多让焉？三都、两京之赋富矣；然以视唐诗宋词，则糟粕耳！此可见文学因时进化，不能自止。唐人不当作商、周之诗，宋人不当作相如、子云之赋，——即令作之，亦必不工。逆天背时，违进化之迹，故不能工也。

三曰须讲文法

今之作文诗者，每不讲求文法之结构。其例至繁，不便举之，尤以作骈文律诗者为尤甚。夫不讲文法，是谓“不通”。此理至明，无待详论。

四曰不作无病之呻吟

此殊未易言也。今之少年往往作悲观，其取别号则曰“寒灰”，“无生”，“死灰”；其作为诗文，则对落日而思暮年，对秋风而思零落，春来则惟恐其速去，花发又惟惧其早谢：此亡国之哀音也。老年人为之犹不可，况少年乎！其流弊所至，遂养成一种暮气，不思奋发有为，服劳报国，但知发牢骚之音，感喟之文；作者将以促其寿年，读者将亦短其志气：此吾所谓无病之呻吟也。国之多患，吾岂不知之？然病国危时，岂痛哭流涕所能收效乎？吾惟愿今之文学家作费舒特（Fichte），作玛志尼（Mazzini），而不愿其为贾生、王粲、屈原、谢皋羽也。其不能为贾生、王粲、屈原、谢皋羽，而徒为妇人醇酒丧气失意之诗文者，尤卑卑不足道矣！

五曰务去烂调套语

今之学者，胸中记得几个文学的套语，便称诗人。其所为诗文，处处是陈言烂调。“蹉跎”，“身世”，“寥落”，“飘零”，“虫沙”，“寒窗”，“斜阳”，“芳草”，“春闺”，“愁魂”，“归梦”，“鹃啼”，“孤影”，“雁字”，“玉楼”，“锦字”，“残更”之类，累累不绝，最可憎厌。其流弊所至，遂令国中生出许多似是而非、貌似而实非之

诗文。

六曰不用典

吾所主张八事之中，惟此一条最受朋友攻击，盖以此条最易误会也。吾友江亢虎君来书曰：

所谓典者，亦有广狭二义。饾饤獭祭，古人早悬为厉禁；若并成语故事而屏之，则非惟文字之品格全失，即文字之作用亦亡。……文字最妙之意味，在用字简而涵义多。此断非用典不为功。不用典不特不可作诗，并不可写信，且不可演说。来函满纸“旧雨”，“虚怀”，“治头治脚”，“舍本逐末”，“洪水猛兽”，“发聋振聩”，“负弩先驱”，“心悦诚服”，“词坛”，“退避三舍”，“滔天”，“利器”，“铁证”……皆典也。试尽抉而去之，代以俚语俚字，将成何说话？其用字之繁简，犹其细焉。恐一易他词，虽加倍蓰而涵义仍终不能如是恰到好处，奈何？……

此论甚中肯要。今依江君之言，分典为广狭二义，分论之如下：

一　广义之典非吾所谓典也。广义之典约有五种：

（甲）古人所设譬喻，其取譬之事物，含有普通意义，不以时代而失其效用者，今人亦可用之。如古人言“以子之矛，攻子之盾”，今人虽不读书者，亦知用“自相矛盾”之喻，然不可谓为用典也。上文所举例中之“治头治脚”，“洪水猛兽”，“发聋振聩”……皆此类也。盖设譬取喻，贵能切当；若能切当，固无古今之别也。若“负弩先驱”，“退避三舍”之类，在今日已非通行之事物，在文人相与之间，或可用之，然终以不用为上。如言“退避”，千里亦可，百里亦可，不必定用“三舍”之典。

（乙）成语　成语者，合字成辞，别为意义。其习见之句，通行已久，不妨用之。然今日若能另铸“成语”，亦无不可也。“利器”，“虚怀”，“舍本逐末”……皆属此类。此非“典”也，乃日用之

字耳。

（丙）引史事　引史事与今所论议之事相比较，不可谓为用典也。如老杜诗云，“未闻殷、周衰，中自诛褒、妲。”此非用典也。近人诗云，“所以曹孟德，犹以汉相终。”此亦非用典也。

（丁）引古人作　此亦非用典也。杜诗云：“清新庾开府，俊逸鲍参军。”此乃以古人比今人，非用典也。又云“伯仲之间见伊吕，指挥若定失萧曹。”此亦非用典也。

（戊）引古人之语　此亦非用典也。吾尝有句云，“我闻古人言，艰难惟一死。”又云，“尝试成功自古无，放翁此语未必是。”此乃引语，非用典也。

以上五种为广义之典，其实非吾所谓典也。若此者可用可不用。

二　狭义之典，吾所主张不用者也。吾所谓用“典”者，谓文人词客不能自己铸词造句以写眼前之景、胸中之意，故借用或不全切、或全不切之故事陈言以代之，以图含混过去：是谓“用典”。上所述广义之典，除戊条外，皆为取譬比方之辞：但以彼喻此，而非以彼代此也。狭义之用典，则全为以典代言：自己不能直言之，故用典以言之耳。此吾所谓用典与非用典之别也。狭义之典，亦有工拙之别：其工者偶一用之，未为不可；其拙者则当痛绝之。

（子）用典之工者　此江君所谓用字简而涵义多者也。客中无书不能多举其例。

（丑）用典拙者　用典之拙者，大抵皆懒惰之人，不知造词，故以此为躲懒藏拙之计。惟其不能造词，故亦不能用典也。总计拙典亦有数类：

（1）比例泛而不切，可作几种解释，无确定之根据。今取王渔洋秋柳一章证之：

娟娟凉露欲为霜，万缕千条拂玉塘。浦里青荷中妇镜，江干黄

竹女儿箱。空怜板渚隋堤水，不见琅琊大道王。若过洛阳风景地，含情重问永丰坊。

此诗中所用诸典无不可作几样说法者。

(2) 僻典使人不解。夫文学所以达意抒情也。若必求人人能读五车书，然后能通其文，则此种文可不作矣。

(3) 刻削古典成语，不合文法。“指兄弟以孔怀，称在位以曾是。”(章太炎语)是其例也。今人言“为人作嫁”，亦不通。

(4) 用典而失其原意。如某君写山高与天接之状，而曰“西接杞天倾”是也。

(5) 古事之实有所指，不可移用者，今往往乱用作普通事实。如古人灞桥折柳以送行者，本是一种特别土风。阳关、渭城亦皆实有所指。今之懒人不能状别离之情，于是虽身在滇、越，亦言灞桥，虽不解阳关、渭城为何物，亦言“阳关三叠”，“渭城离歌”。又如张翰因秋风起而思故乡之莼羹鲈脍；今则虽非吴人、不知莼鲈为何味者，亦皆自称有“莼鲈之思”。此则不仅懒不可救，直是自欺欺人耳！

凡此种种，皆文人之下下工夫；一受其毒，便不可救。此吾所以有“不用典”之说也。

七曰不讲对仗

排偶乃人类言语之一种特性；故虽古代文字，如老子、孔子之文，亦间有骈句。如“道可道，非常道；名可名，非常名。无名天地之始；有名万物之母。故常无，欲以观其妙；常有，欲以观其徼。”此三排句也。“食无求饱，居无求安。”“贫而无谄；富而无骄。”“尔爱其羊；我爱其礼。”此皆排句也。然此皆近于语言之自然，而无牵强刻削之迹；尤未有定其字之多寡，声之平仄，词之虚实者也。至后世文学末流，言之无物，乃以文胜；文胜之极，而骈

文律诗兴焉，而长律兴焉。骈文律诗之中非无佳作，然佳作终鲜。所以然者何？岂不以其束缚人之自由过甚之故耶？

八曰不避俗语字

吾惟以施耐庵、曹雪芹、吴趼人为文学正宗，故有“不避俗字俗语”之论也。（参看上文第二条下。）盖吾国言文之背驰久矣。自佛书之输入，译者以文言不足以达意，故以浅近之文译之，其体已近白话。其后佛氏讲义语录尤多用白话为之者，是为语录体之原始。及宋人讲学以白话为语录，此体遂成讲学正体。

本文就上目之后一项，加以发挥，除八条件顺序与字面均略有改动外，每一条例各加以详尽之说明，盖详加研究后，略有修正，并补充说明也。

其中第一条件，须言之有物，非如古人之所谓文以载道。其所谓物，约为（一）情感与（二）思想，有此二者之一，即可谓之有物矣。其第二条件，须不摹仿古人，盖以文学为随时代而变迁者，一时代有一时代之文学。各因时势风会而变，各有其特长；吾辈以历史进化之眼光观之，决不可谓古人之文学皆胜于今人也，各勉效古人，有违进化之迹，虽刻意为之，不能工也。其第三条件，须讲求文法，自属当然；否则措词纵典雅，终属不通也。其第四条件，为不作无病呻吟。我国文人，字里行间，多寓悲观态度。其流弊所至，养成一种暮气。老年人为之犹不可，况少壮之年乎？其第五条件，为务去烂调套语。我国文人胸中记得几个文学的套语，便称诗人，而不知此等陈言烂调，足以损人志气，尤非青少年富有朝气者所宜出此也。其第六条件，为不用典。典有广狭二义，广义之典括有（甲）古人所设譬喻，（乙）成语，（丙）引史事，（丁）引古人作比，（戊）引古人之语，皆不得谓之典，故可用可不用。惟狭义之典，谓文人词客不能自己铸词造句以写眼前之景，胸中之意；而借

用或不全切，或全不切之故事陈言以代之，以图含混过去，简直以典代言，失之毫厘，谬以千里。尤以所用之典，拙而不工，最宜避用。其第七条例，为不讲对仗，尤以言之无物，徒借文词堆砌，既嫌牵强刻削，尤足以束缚写作之自由，故宜力戒。其第八条，为不避俗字。自宋明语录盛起，俗语几成讲学之正体，更何所窥避？

（3）文学改革进行程序

（胡适文存第一集卷一答盛兆熊——民国七年四月）来信论文学改革实行的程序，极中肯要。先生以为实行的次序应该从最高级的学校里开始改革。实际上看来，这话虽然有理，却也有许多困难。第一，我们现在没有那么大的权力可以把大学入学的国文试验都定为白话。第二，就是我们有这种权力，依我个人想来，也不该用这种专制的手段来实行文学改良。第三，学生学了国文，并不是单为预备大学的入学试验的。他的国文，须用来写家信，上条陈，看报，做报馆里的“征文”等等。他出学校之后，若去谋事，无论那一途，都用不着白话。现今大总统和国务总理的通电都是用骈体文做的；就是豆腐店里写一封拜年信，也必须用“桃符献瑞，梅萼呈祥，遥知福履绥和，定卜筹祺迪吉”等等刻板文字。我们若教学生“一律做白话文字”，他们毕业之后，不但不配当“府院”的秘书，还不配当豆腐店的掌柜呢！

所以我的私意，改革文学这件事，不是立刻就可做到的，也决不是几个人用强硬手段所能规定的。我的意思，以为进行的次序，在于极力提倡白话文学。要先造成一些有价值的国语文学，养成一种信仰新文学的国民心理，然后可望改革的普及。

若必须从学校教育一方面着想，似乎还该从低级学校做起。进行的方法，在一律用国语编纂中小学校的教科书。现在所谓“国文”，定为“古文”须在高等小学第三年以上才开始教授。“古文”

的位置，与“第一种外国语”同等。教授“古文”，也用国语讲解；一切“模范文”及“典文”的教授法，全用国语编纂。

编纂国语教科书，并不是把现有的教科书翻成国语就可完事的。第一件要事，在于选用教科的材料。现有的材料，如先生信中所举的“留侯论”，“贾谊论”，“昆阳之战”之类，是决不可用的。我的意思，以为小学教材，应该多取小说中的材料。读一千篇古文，不如看一部三国志演义。这是我们自己身受的经验。只可惜现在好小说太少了，不够教材的选择。可见我上文所说先提倡白话文学，究竟是根本的进行方法。没有新文学，连教科书都不容易编纂！

现在新文学既不曾发达，国语教科书又不曾成立，救急的方法只有鼓励中小学校的学生看小说。小说之中，白话的固好，文言的也可勉强充数，总比读古文辞类纂更有功效些。

适之认为提倡国语文，即从事文学改革之下手处，当从小学开始。首先用语体编写教科书，并鼓励学童阅读语体之小说，使之了解所读的内容，随而利用语体文，去写自己所想写的事。

（4）白话文言之比较

（胡适留学日记卷十三白话文言之优劣比较——五年七月六日追记）在绮色佳时与叔永杏佛擘黄（唐钺字）三君谈文学改良之法，余力主张以白话作文作诗作戏曲小说。余说之大略如下：

（一）今日之文言乃是一种半死的文字，因不能使人听得懂之故。

（二）今日之白话是一种活的语言。

（三）白话并不鄙俗，俗儒乃谓之俗耳。

（四）白话不但不鄙俗，而且甚优美适用，凡言语要以达意为主，其不能达意者，则为不美。如“赵老头回过身来爬在街上，扑通扑通的磕了三个头”，若译作文言，更有何趣味？又如“嫖”字，

岂非好字？何必故意转许多湾子而说“狎妓”，“宿娼”，“纵情青楼”。今如对众言“嫖”，无不懂者。若言“狎妓”，则懂者百之一二耳。如此而有舍“嫖”而择“狎妓”者，以为“嫖”乃俗字，而“狎妓”为典雅也，岂非顽固之尤哉？（又如“懂”字，亦一例也。）

（五）凡文言之所长，白话皆有之。而白话之所长，则文言未必能及之。（详下文六（4））

（六）白话并非文言之退化，乃是文言之进化。其进化之迹，略如下述：

（1）从单音的进而为复音的。

（例）辞、推→推辞；法、律→法律；刑、罚→刑罚；救、药→救药；乐、音→音乐。

（2）从不自然的文法进而为自然的文法。

（例）吾未之见：我没有看见他。/己所不欲：自己不要的。

（3）文法由繁趋简。

（例）天所杀——所。/杀人者——者。/天之杀人——之。

此三字皆可以“的”字代之。

（4）文言之所无，白话皆有以补充。

（甲）表词的形容词：

这书是我的儿子的。/这计策是消极的，而非积极的。

文言以“者也”表之。然实不合文法。

（乙）副词的长顿：

他又在那里鬼鬼祟祟的干他的勾当了。

他把这事一五一十的告诉了我。

此例甚多，不可枚举。

（七）白话可产生第一流文学。

（1）白话的诗词，（2）白话的语录，（3）白话的小说，（4）白

话的戏剧。

此四者皆有史事可证。

（八）白话的文学为中国千年来仅有之文学。（小说，戏曲，尤足比世界第一流文学。）其非白话的文学，如古文，如八股，如劄记小说，皆不足与于第一流文学之列。

（九）文言的文字可读而听不懂，白话的文字既可读，又听得懂。凡演讲、讲学、笔记，文言决不能应用。今日所需，乃是一种可读、可听、可歌、可讲、可记的言语。要读书不须口译，演说不须笔译；要施诸讲坛舞台而皆可，诵之村妪妇孺而皆懂。不如此者，非活的言语也，决不能成为吾国之国语也，决不能产生第一流的文学也。

此一席话亦未尝无效果。叔永后告我，谓将以白话作科学社年会演说稿。叔永乃留学界中第一古文家，今来决然作此实地试验，可喜也。

余于二十四日自绮往克利弗兰城（Cleveland，O.）。后数日，得杏佛寄一白话诗，喜而录之：

寄胡明复（白话）

自从老胡去，这城天气凉。

新屋有风阁，清福过帝王。

境闲心不闲，手忙脚更忙。

为我告“夫子”（赵元任也），科学要文章。

此诗胜南社所刻之名士诗多多矣。赵元任见此诗，亦和作一首：

自从老胡来，此地暖如汤。

科学稿已去，“夫子”不敢当。

才完就要做，忙似阎罗王。（原注“Work like h—.”）

幸有“辟克匿”（Picnic），那时，波士顿肯白里奇的社友

还可大大的乐一场。

此等诗亦文学史上一种实地试验也，游戏云乎哉？

适之在此文中，就白话与文言两方面，各举散文与韵文若干例，互为比较，认为文言所能表达的意见或事实，白话皆优为之；反之，白话所能表达者，文言却不能完全表达，至少不能活泼地表达。因为文言是死的文字，与白话之为活的文字，不可并论，其优劣自可立决也。

○ 第三节　文法

括有（1）文法，（2）国语文法，（3）句读符号诸目。其说如左：

（1）文法

（胡适留学日记十三作文不讲文法之害——五年四月十九日）“子贡问孔子。子曰：‘先行其言，而后从之。’”朱注引周氏曰：“先行其言者，行之于未言之前。而后从之者，言之于既行之后。”邢昺疏曰：“君子先行其言，而后以行从之。言行相副，是君子也。”

此两说皆未能满意。盖原文本不明白。“其言”，是谁之言？“之”，又指何物？指“言”耶？抑指“行”耶？“从”字又无主词。谁从之耶？依周说，则“言”从之也。依邢说，则“行”从之也。

此章可得以下诸说：

(1)〔君子〕先行其言，而后〔言〕之。

(2)〔君子〕先行其言，而后〔以行〕从之。

(3)〔君子〕先行其言，而后人从之。

(4) 先行〔君子之〕言，而后从之。（此“行”字“从”字皆命令法。）

英文译本：

Marshman 译本：“He puts words into deeds first, and sorts what he

says to the deeds.” 此又为一说，略同周说（1）而稍异。

(5)〔君子〕先行其言而后〔顾行而言〕。

Legge 译本：“What he first says, as a result of experience, he afterwards follows up.”

华英四书：“He acts before he speaks, and afterwards speaks according to his actions.”

作文不讲文法之害如此。

此例甚多，不可胜举。更举一二：

(1)“学而时习之。”“之”字何指?

(2)“博学之，审问之，慎思之，明辨之，笃行之。”“之”字又何指?

(3)“父母唯其疾之忧。”“其疾”是谁的病?

(4)“孟懿子问孝。子曰：‘无违。’”违的什么?

昨日有名 W. D. Gates 者演说，引“先行其言”一节，以示孔子与近世“致用主义”相同。其所引，盖 Marshman 所译。余以此章本无定论，未足为据。偶有所感，连类记此。

文言文侧重简略，往往略去主格或目的格，或竟以一未定之代名词代表目的格，使人产生一种不确定的印象。适之所举数例，皆可证明文言文之不合文法，远不如白话文之意旨确定，凡文法上各要件皆未予省略也。

(2) 国语文法

(胡适文存第一集卷三国语文法概论) 什么是国语文法? 凡是一种语言，总有他的文法。天下没有一种没有文法的语言，不过内容的组织彼此有大同小异或小同大异的区别罢了。但是，有文法和有文法学不同。一种语言尽管有文法，却未必一定有文法学。世界文法发达最早的，要算梵文和欧洲的古今语言。中国的文法学发生最

迟。古书如公羊、穀梁两家的春秋传，颇有一点论文法的话，但究竟没有文法学出世。清朝王引之的经传释词，用归纳的方法来研究古书中“词”的用法，可称得一部文法书。但王氏究竟缺乏文法学的术语和条理，故经传释词只是文法学未成立以前的一种文法参考书，还不曾到文法学的地位。直到马建忠的文通出世（光绪二十四年，西历一八九八），方才有中国文法学。马氏自己说：“上稽经史，旁及诸子百家，下至志书小说，凡措字遣辞，苟可以述吾心中之意以示今而传后者，博引相参，要皆有一成不变之例。”（文通前序）又说：“斯书也，因西文已有之规矩，于经籍中求其所同所不同者，曲证繁引，以确知华文义例之所在。”（后序）到这个时代，术语也完备了，条理也有了，方法也更精密了，故马建忠能建立中国文法学。

中国文法学何以发生的这样迟呢？我想，有三个重要的原因。第一，中国的文法本来很容易，故人不觉得文法学的必要。聪明的人自能“神而明之”，笨拙的人也只消用“书读千遍，其义自见”的笨法，也不想有文法学的捷径。第二，中国的教育本限于很少数的人，故无人注意大多数人的不便利，故没有研究文法学的需要。第三，中国语言文字孤立几千年，不曾有和他种高等语言文字相比较的机会。只有梵文与中文接触最早，但梵文文法太难，与中文文法相去太远，故不成为比较的材料。其余与中文接触的语言，没有一种不是受中国人的轻视的，故不能发生比较研究的效果。没有比较，故中国人从来不曾发生文法学的观念。

这三个原因之中，第三原因更为重要。欧洲自古至今，两千多年之中，随时总有几种平等的语言文字互相比较，文法的条例因有比较遂更容易明白。我们的语言文字向来没有比较参证的材料，故虽有王念孙、王引之父子那样高深的学问，那样精密的方法，终不能创造文法学。到了马建忠，便不同了。马建忠得力之处全在他懂

得西洋的古今文字，用西洋的文法作比较参考的材料。他研究“旁行诸国语言之源流，若希腊，若拉丁之文词，而属比之，见其字别种而句司字，所以声其心而形其意者，皆有一定不易之律；而因以律夫吾经籍子史诸书，其大纲盖无不同。于是因所同以同夫所不同者。”(后序) 看这一段，更可见比较参考的重要了。

但是马建忠的文法只是中国古文的文法。他举的例，到韩愈为止；韩愈到现在，又隔开一千多年了。马氏文通是一千年前的古文文法，不是现在的国语的文法。马建忠的大缺点在于缺乏历史进化的观念。他把文法的条例错认作“一成之律，历千古而无或少变”。(前序) 其实从论语到韩愈，中国文法已经过很多的变迁了；从论语到现在，中国文法也不知经过了多少的大改革！那不曾大变的只有那用记诵模仿的方法勉强保存的古文文法。至于民间的语言，久已自由变化，自由改革，自由修正；到了现在，中国的文法——国语的文法与各地方言的文法——久已不是马建忠的“历千古而无或少变”的文法了。

国语是古文慢慢的演化出来的，国语的文法是古文的文法慢慢的改革修正出来的。中国的古文文法虽不很难，但他的里面还有许多很难说明的条例。我且举几个很浅的例罢：

(例一) 知我者，其天乎？(论语)

(例二) 莫我知也乎？(论语)

(例三) 有闻之，有见之，谓之有。(墨子非命中)

(例四) 莫之闻，莫之见，谓之亡。(同上)

这两个“我”字都是“知”字的“止词”；这四个“之”字都是“见”字“闻”字的“止词”。但(例二)与(例四)的“我”字与“之”字都必须翻到动词的前面。为什么呢？因为古文有一条通则：

凡否定句里做止词的代名词必须在动词的前面。

这条通则很不容易懂，更不容易记忆，因为这通则规定三个条件：（一）否定句（故例一与例三不适用他）。（二）止词（只有外动词可有止词，故别种动词不适用他）。（三）代名词（故“不知命”“不知人”“莫知我艰”等句，虽合上二个条件，而不合第三条件，故仍不适用他）。当从前没有文法学的时侯，这种烦难的文法实在很少人懂得。就是那些号称古文大家的，也说不出一个“所以然”来，不过因为古书上是“莫我知”，古文家也学着说“莫我知”；古书上是“不汝贷”，古文家也学着说“不汝贷”；古书上是“莫之闻，莫之见”，古文家也决不敢改作“莫闻之，莫见之”。他们过惯了鹦鹉的生活，觉得不学鹦鹉反不成生活了！马建忠说的那“一成之律，历千古而无或少变”，正是指那些鹦鹉文人这样保存下来的古文文法。但是一般寻常百姓却是不怕得罪古人的。他们觉得“莫我知”，“不汝贷”，“莫之闻，莫之见”一类的文法实在很烦难，很不方便，所以他们不知不觉的遂改作“没人知道我”，“不饶你”，“没人听过他，也没人见过他”。——这样一改，那种很不容易懂又不容易记的文法都变成很好讲又很好记的文法了。

这样修正改革的结果便成了我们现在的国语的文法。国语的文法不是我们造得出的，他是几千年演化的结果，他是中国“民族的常识”的表现与结晶。“结晶”一个名词最有意味。譬如雪花的结晶或松花（即皮蛋）蛋白上的松花结晶：你说他是有意做成的罢，他确是自然变成的，确是没有意识作用的；你说他完全无意识罢，他确又很有规则秩序，绝不是乱七八糟的，雪花的结晶不会移作松花的结晶。国语的演化全是这几千年“寻常百姓”自然改变的功劳，文人与文法学者全不曾过问。我们这班老祖宗并不曾有意的改造文法，只有文法不知不觉的改变了。但改变的地方，仔细研究起来，

却又是很有理的，的确比那无数古文大家的理性还高明的多！因此，我们对于这种玄妙的变化，不能不脱帽致敬，不能不叫他一声“民族的常识的结晶”！

我国文字之有文法学，始于清末马建忠所著之马氏文通，系就其与西洋文字文法学之比较，取例于我国古文，编制而成。然此种文法学系针对古代之文言文，对于现代的语体文不尽适合。试举“莫我知”与“莫之闻”为例，句中之目的格（又称止词）“我”与“之”二字分别倒置于动词“知”字与“闻”字之上。其所以如此，实有两种情况：一须是否定之句，例如“莫”字，二此止词须是代名词。凡不具此情况者，止词仍须位于动词之下。但语体的文句则并无此种特例。足见语体文法业经无量数说话的老百姓予以修正。此种修正是更合理的。总之，文言的文法，由于屡代相沿，我国向来又缺乏文法学，于是读书者咸借诵读古籍而加以模仿，知其然而不知所以然。语体文法，则为老百姓所日常应用，深觉将止词倒置于动词之前，不合逻辑，遂予更改，以资便利。此则语体文法与文言文法差别之一也。其他，尚不乏其例，兹不赘述。

（3）句读符号

（胡适文存第一集卷一论句读符号）论句读符号一层，本社同人也不知共同讨论了多少次。我从前在科学第二卷第一期作论句读及文字符号时，曾说：“吾国文凡疑问之语，皆有特别助字以别之。故凡何，安，乌，孰，岂，焉，乎，哉，欤诸字，皆即吾国之疑问符号也。故问号可有可无也。”吾对于感叹符号，也颇有这个意思。但后来我的朋友钱玄同先生说，这两种符号（？！）都不可废。因为中国文字的疑问语往往不用上举诸字；并且这些字有各种用法，不是都拿来表疑问的意思。

我记不得钱先生所举的例了。中国京调戏里常有两个人问答。

一个问道，“当真?”一个答道，“当真。”又问道，“果然?”又答道，“果然。”这四句写出来若不用疑问符号，便没有分别了。又如人说，“你吃过饭了?”答道，“我吃过饭了。”又如说，“你敢来?”答道，“我敢来。”都是这一类的例。又如檀弓上：曾子怒曰，“商，汝何无罪也!”这句虽用“何”字，却不是疑问语，乃是怒骂语，故当用感叹符号。又如孟子上陈仲子说，“恶用是鶂鶂者为哉!”这句用了“恶”字和“哉”字，但不是疑问语，乃是厌恶语，故当用感叹号。又如我们说“做什么”三个字，若大声喝问，当用感叹号；若是平常问话，当用疑问号。钱先生曾举古书“也”“耶”两字通用的例（俞樾说）。若“也”字用作“耶”字时，有疑问号指出，便不致误会了。（参看新青年第三卷诸号通信。）

总而言之，文字的第一个作用便是达意。种种符号都是帮助文字达意的。意越达得出越好，文字越明白越好，符号越完备越好。这是本社全用各种符号的主意。

近见时事新报八月八日登有绩溪黄觉僧君的“折衷的文学革新论”。黄君极赞成我们的文学革新论，但他却“不主张纯用白话”。他这一种主张，我另有答复，今不具论；他对于我们所用的句读符号，与慕楼君所主张略同。他说，“西文所用之 Comma (,), Semicolon (;), Colon (:), Period (·) 等是可用者。若 Interrogation (?), Exclamation (!) 等，则我国既有么、呢等或乎、哉等表示问词，乎、哉等表感叹词之尾声，何必再加此赘疣乎?”黄君此言，我已答在上文，故附录其语于此。即如黄君所举诸字中，“乎”“哉”两字可表感叹，又可表疑问，若不用符号，岂不容易混乱吗?

句读符号可以帮助文字的了解，不仅断句而已。我国现在行用的句读符号，系仿自西方国家，较我国固有的圈点更为完备。不过有人以为西方的疑问号与惊叹号，在我国原用若干单字为之表示，

似夫此两符号可不必重复使用。然详加研究，我国有些疑问句与惊叹句不一定插入这些表示疑问或惊叹的单字，仍以采用此两符号，更为方便。且表示疑问的单字有时亦可改用以表示惊叹，因之，更有分别以此两符号之一明确表示之。他如引号，及半引号，亦为我国向所未备。因之，全部采用西方之句读符号殆有其必要也。

○ 第四节　研究

括有（1）清代学者的治学方法，（2）扩大与改进国学研究二目。其说如左：

（1）清代学者的治学方法

（胡适文存第一集卷二清代学者的治学方法——十年十二月）中国旧有的学术，只有清代的“朴学”确有“科学”的精神。“朴学”一个名词包括甚广，大要可分四部分：

（1）文字学（Philology）。包括字音的变迁，文字的假借通转等等。

（2）训诂学。训诂学是用科学的方法，物观的证据，来解释古书文字的意义。

（3）校勘学（Textual Criticism）。校勘学是用科学的方法来校正古书文字的错误。

（4）考订学（Higher Criticism）。考订学是考订古书的真伪，古书的著者，及一切关于著者的问题的学问。

因为范围很广，故不容易寻一个总包各方面的类名。“朴学”又称为“汉学”，又称为“郑学”。这些名词都不十分满人意。比较起来，“汉学”两个字虽然不妥，但很可以代表那时代的历史背景。“汉学”是对于“宋学”而言的。因为当时的学者不满意于宋代以来的性理空谈，故抬出汉儒来，想压倒宋儒的招牌。因此，我们暂时沿用这两个字。

“汉学”这个名词很可表示这一派学者的公同趋向。这个公同趋向就是不满意于宋代以来的学者用主观的见解来做考古学问的方法。这种消极方面的动机，起于经学上所发生的问题；后来方才渐渐的扩充，变成上文所说的四种科学。现在且先看汉学家所攻击的几种方法：

(1) 随意改古书的文字。

(2) 不懂古音，用后世的音来读古代的韵文，硬改古音为“叶音”。

(3) 增字解经。例如解“知致”为“致良知”。

(4) 望文生义。例如论语“君子耻其言而过其行”，本有错误，故“而”字讲不通。宋儒硬解为“耻者，不敢尽之意；过者，欲有余之辞”；却不知道“而”字是“之”字之误。(皇侃本如此。)

这四项不过是略举几个最大的缺点。现在且举汉学家纠正这种主观的方法的几个例。唐明皇读尚书洪范“无偏无颇，遵王之义”，觉得下文都协韵，何以这两句不协韵，于是下敕改“颇”为“陂”，使与义字协韵。顾炎武研究古音，以为唐明皇改错，因为古音“义”字本读为我，故与颇字协韵。他举易象传“鼎耳革，失其义也；覆公餗，信如何也”，又礼记表记“仁者，右也；道者，左也；仁者，人也；道者，义也”，证明义字本读为我，故与左字，何字，颇字协韵……

“望文生义”的例如老子“行于大道，唯施是畏”，王弼与河上公都把“施”字当作“施为”解。王念孙证明“施”字当读为“迆”，作邪字解。他举的证据甚多：(1) 孟子离娄，“施从良人之所之。”赵岐注，“施者，邪施而行。”丁公著音迆。(2) 淮南齐俗训，“去非者，非批邪施也。”高诱注，“施，微曲也。”(3) 淮南要略，“接径直施。”高注，“施，邪也。”以上三证，证明施与迆通；

说文说，“迆，衺行也。”（4）史记贾生传，“庚子日施兮”，汉书写作“日斜兮”。(5) 韩非子的解老篇解老子这一章，也说，“所谓大道也者，端道也。所谓貌施也者，邪道也。”以上两证，证明施字作邪字解。这种考证法还不令人心服吗?

这几条随便举出的例可以表示汉学家的方法。他们的方法的根本观念可以分开来说:

（1）研究古书，并不是不许人有独立的见解，但是每立一种新见解，必须有物观的证据。

（2）汉学家的“证据”完全是“例证”。例证就是举例为证。看上文所举的三件事，便可明白“例证”的意思了。

（3）举例作证是归纳的方法。举的例不多，便是类推（Analogy）的证法。举的例多了，便是正当的归纳法（Induction）了。类推与归纳，不过是程度的区别，其实他们的性质是根本相同的。

（4）汉学家的归纳手续不是完全被动的，是很能用“假设”的。这是他们和朱子大不相同之处。他们所以能举例作证，正因为他们观察了一些个体的例之后，脑中先已有了一种假设的通则，然后用这通则包涵的例来证同类的例。他们实际上是用个体的例，精神上实在是把这些个体的例所代表的通则，演绎出来。故他们的方法是归纳和演绎同时并用的科学方法。如上文所举的第一件事，顾炎武研究了许多例，得了“凡义字古音皆读为我”的通则。这是归纳。后来他遇着“无偏无颇，遵王之义”一个例，就用这个通则来解释他，说这个义字古音读为我，故能与颇字协韵。这是通则的应用，是演绎法。既是一条通则，应该总括一切“义”字，故必须举出这条“义读为我”的例，来证明这条“假设”的确是一条通则。印度因明学的三支，有了“喻体”（大前提），还加上一个“喻依”(例)，就是这个道理。

适之认为清代学者治学方法具有科学精神。他们所治之学，通称为朴学，或汉学，括有（1）文字学，（2）训诂学，（3）校勘学，（4）考据学四部分。汉学是对宋学而言，因为当时学者不满意于宋代以来的性理空谈。这些汉学家攻击宋学家所习用的几种方法，便是：（1）随意改古书的文字，（2）用后世的音来读古文的韵文，硬取古音为叶音，（3）增字解经，（4）望文生义。至于汉学家的治学方法，则改取下开各项：（1）研究古书，每立一种新见解，必须有物观的证据。（2）他们的证据，完全是例证。（3）举例作证是归纳的方法。举例不多，便是类推的证法，举例多了，便是正当的归纳法。汉学家的归纳手续不是完全被动的，是很能用假设的。他们的方法是归纳和演绎同时并用的科学方法。

（2）扩大与改进国学研究

（胡适文存第二集卷一国学季刊发刊宣言——十二年一月）自从明末到于今，这三百年，诚然可算是古学昌明时代，总括这三百年的成绩，可分这些方面：

一　整理古书。在这方面，又可分三门。第一，本子的校勘；第二，文字的训诂；第三，真伪的考订。考订真伪一层，乾嘉的大师（除了极少数学者如崔述等之外）都不很注意；只有清初与晚清的学者还肯做这种研究，但方法还不很精密，考订的范围也不大。因此，这一方面的整理，成绩比较的就最少了。然而校勘与训诂两方面的成绩实在不少。戴震、段玉裁、王念孙、阮元、王引之们的治“经”，钱大昕、赵翼、王鸣盛、洪亮吉们的治“史”，王念孙、俞樾、孙诒让们的治“子”；戴震、王念孙、段玉裁、邵晋涵、郝懿行、钱绎、王筠、朱骏声们的治古词典，都有相当的成绩。重要的古书，经过这许多大师的整理，比三百年前就容易看的多了。我们试拿明刻本的墨子来比孙诒让的墨子间诂，或拿二徐的说文来比清

儒的各种说文注，就可以量度这几百年整理古书的成绩了。

二　发现古书。清朝一代所以能称为古学复兴时期，不单因为训诂校勘的发达，还因为古书发现和翻刻之多。清代中央政府，各省书局，都提倡刻书。私家刻的书更是重要：丛书与单行本，重刊本，精校本，摹刻本，近来的影印本。我们且举一个最微细的例。近三十年内发现与刻行的宋、元词集，给文学史家添了多少材料？清初朱彝尊们固然见着不少的词集；但我们今日购买词集之便易，却是清初词人没有享过的福气了。翻刻古书孤本之外，还有辑佚书一项，如古经解钩沉，小学钩沉，玉函山房辑逸书，和四库全书里那几百种从永乐大典辑出的佚书，都是国学史上极重要的贡献。

三　发现古物。清朝学者好古的风气不限于古书一项；风气所被，遂使古物的发现，记载，收藏，都成了时髦的嗜好。鼎彝，泉币，碑板，壁画，雕塑，古陶器之类，虽缺乏系统的整理，材料确是不少了。最近三十年来，甲骨文字的发现，竟使殷商一代的历史有了地底下的证据，并且给文字学添了无数的最古材料。最近辽阳、河南等处石器时代的文化的发现，也是一件极重要的事。

但这三百年的古学的研究，在今日估计起来，实在还有许多缺点。三百年的第一流学者的心思精力都用在这一方面，而究竟还只有这一点点结果，也正是因为有这些缺点的缘故。那些缺点，分开来说，也有三层：

一，研究的范围太狭窄了。这三百年的古学，虽然也有整治史书的，虽然也有研究子书的，但大家的眼光与心力注射的焦点，究竟只在儒家的几部经书。古韵的研究，古词典的研究，古书旧注的研究，子书的研究，都不是为这些材料的本身价值而研究的。一切古学都只是经学的丫头！内中固然也有婢作夫人的，如古韵学之自成一种专门学问，如子书的研究之渐渐脱离经学的羁绊而独立。但

学者的聪明才力被几部经书笼罩了三百年，那是不可讳的事实。况且在这个狭小的范围里，还有许多更狭小的门户界限。有汉学和宋学的分家，有今文和古文的分家。

二，太注重功力而忽略了理解。学问的进步有两个重要方面：一是材料的积聚与剖解；一是材料的组织与贯通。前者须靠精勤的功力，后者全靠综合的理解。清儒有鉴于宋、明学者专靠理解的危险，所以努力做朴实的功力而力避主观的见解。这三百年之中，几乎只有经师，而无思想家；只有校史者，而无史家；只有校注，而无著作。

三，缺乏参考比较的材料。我们试问，这三百年的学者何以这样缺乏理解呢？我们推求这种现象的原因，不能不回到第一层缺点——研究的范围的过于狭小。宋、明的理学家所以富于理解，全因为六朝、唐以后佛家与道士的学说弥漫空气中，宋、明的理学家全都受了他们的影响，用他们的学说作一种参考比较的资料。宋、明的理学家，有了这种比较研究的材料，就像一个近视眼的人戴了近视眼镜一样，从前看不见的，现在都看见了；从前不明白的，现在都明白了。

以上指出的这三百年的古学研究的缺点，不过是随便挑出了几桩重要的。我们的意思并不要菲薄这三百年的成绩，我们只想指出他们的成绩所以不过如此的原因。前人上了当，后人应该学点乖。我们借鉴于前辈学者的成功与失败，然后可以决定我们现在和将来研究国学的方针。我们不研究古学则已；如要想提倡古学的研究，应该注意这几点：

(1) 扩大研究的范围。

(2) 注意系统的整理。

(3) 博采参考比较的资料。

我们观察这三百年的古学史，研究这三百年的学者的缺陷，知道他们的缺陷都是可以补救的；我们又返观现在古学研究的趋势，明白了世界学者供给我们参考比较的好机会，所以我们对于国家的前途，不但不抱悲观，并且还抱无穷的乐观。我们认清了国学前途的黑暗与光明全靠我们努力的方向对不对。因此，我们提出这三个方向来做我们一班同志互相督责勉励的条件：

第一，用历史的眼光来扩大国学研究的范围。

第二，用系统的整理来部勒国学研究的资料。

第三，用比较的研究来帮助国学的材料的整理与解释。

适之认为自明末至今三百年来可算是古学昌明时代，其成绩括有：（一）整理古书，（二）发现古书，（三）发现古物。但这三百年的古学研究，在今日估计起来，还有许多缺点，计为：（一）研究的范围太狭窄；（二）太注重功力而忽略了理解；（三）缺乏参考比较的材料。我们不研究古学则已，如要想提倡古学的研究，应该注意下开各点：（1）扩大研究的范围，（2）注意系统的整理，（3）博采参考比较的资料；更具体的说，我们应该互相督责勉励，以达成左列三事：

第一，用历史的眼光来扩大国学研究的范围。第二，用系统的整理来部勒国学研究的资料。第三，用比较的研究来帮助国学的材料的整理与解释。

（乙）教育之部

括有（一）一般教育，（二）告大学毕业生，（三）德育，（四）教学法，（五）读经问题，（六）孔教，（七）其他诸节。

○ 第一节　一般教育

括有（1）中国教育史料，（2）教育破产的救济方法二目。其

说如左：

(1) 中国教育史料

(胡适文存第三集卷七中国教育史料与陈世棻书——十三年十一月)我曾劝杨振声先生作中国教育学说史及中国教育制度史，并且答应他材料上的援助。这是因为教育史的材料往往与哲学史的材料相关，故我自信也许能帮一点忙；并不是因为我对于此项材料有什么特别的搜集。

我看你的信，可以推知你的研究在于制度史的方面。我以为教育制度史有两种做法：

一、单叙述制度的沿革变迁，略如九通中所记而加详。这是死的制度史。

二、不但述制度的历史，还要描写某种制度之下的“学生”生活状态。这才是活的制度史。

例如写各时代的大学，应注重在搜求大学生活的材料。如宋之大学生活，宜于各家文集及笔记中求之。试举一例。罗大经鹤林玉露卷十四有“无官御史”一条云：大学古语云“有发头陀寺，无官御史台”，言其清苦而鲠亮也。……这十个字写大学的地位与生活，何等清楚！此条后半写乾、淳间与嘉定间的大学生活的不同，详释此十字，也是重要史料。

又如周密齐东野语卷十三“张乂、林叔躬”一条，可考当日“斋长”与诸生的关系；卷十七“方大猷”一条，可考当日大学生的威势，皇帝尚不敢碰他。此皆大学史料也。

又如述各代的小学，应写当日小学生活作何状况。如“上大人，孔一已”见于宗杲集中，可见其起在北宋或北宋以前。如元稹序长庆集说，“予尝于平水市中见村校诸童竞习诗；召而问之，皆对曰，‘先生教我乐天、微之诗。’固亦不知予之为微之也。”此史料也。

明代小学的情形，最详细的描写莫如醒世姻缘小说。此书第三十三回与三十五回真是长篇大幅的绝好教育史料！（所谓“徐文长故事”的最早记载也出在第三十三回及他回。）三十五回论南北教书先生的方法不同，其论南方先生一段可引作例：

那南边的先生，真真实实的背书，真真看了字，教你背，还要连三连五的带号。背了还要看着你当面默写。写字真真看你一笔一画，不许你潦草。写得不好的，逐个与你改正。写一个就要认一个。讲书的时节，发出自己的性灵，立了章旨，分了节意。有不明白的，就把那人情世故体贴了，譬喻与你，务要把这节书发透明白，才罢。讲完了，任你多少徒弟，各人把出自己的识见，大家辨难。果有什么卓识，不难舍己从人。……这样日渐月磨，循序化诲，及门的弟子怎得不是成才？……

这种详细的记叙是很不容易得的。九通二十四史里那有这样好材料？

又如儒林外史里也有许多关于十八世纪上半的教育史料。

以上略举数例，略说教育制度史的性质与史料的来源。来源不拘一格，搜采要博，辨别要精，大要以“无意于伪造史料”一语为标准。杂记与小说皆无意于造史料，故其言最有史料的价值，远胜于官书。

你的四期区分法也不很圆满。我对于此问题，尚无具体主张，但有数点颇自信为教育制度史的分期的必然标准：

（1）东周以前，无可信的材料，宁可阙疑，不可妄谈“邃古”。

（2）汉代为学制形成的最重要时期：贾谊，董仲舒，学记，王制，文王世子，大戴记，周礼，皆极重要的书。

（3）宋代为第二个重要时期：一方面为国学的改革与州郡学的建设，一方面为书院制度的形成，一方面为科举制度的改革。书院

的成立尤为重要。

用这三个标准来区分教育史，可以不至于有大错了。

此言中国教育史料多不是从九通、二十四史等书得来，反之，乃由各种笔记小说及各家文集中得来，因此，要搜罗中国教育史料，所费的工夫必须散在于各方面，不能集中于三几部大书，其费时费力，即由于此。然亦何尝限于教育史料为然哉！任何研究题材，固莫不如是。余尝谓在我国典籍中，要搜集特定的资料，有如淘沙得金，其难可知，而其兴趣亦即在此也。

（2）教育破产的救济方法

（胡适文存第四集卷四教育破产的救济方法还是教育——二十三年八月）我们中国人有一种最普遍的死症，医书上还没有名字，我姑且叫他做“没有胃口”。无论什么好东西，到了我们嘴里，舌头一舔，刚觉有味，才吞下肚去，就要作呕了。胃口不好，什么美味都只能“浅尝而止”，终不能下咽，所以我们天天皱起眉头，做出苦样子来，说：没有好东西吃！这个病症，看上去很平常，其实是死症。

前些年，大家都承认中国需要科学，然而科学还没有进口，早就听见一班妄人高唱“科学破产”了；不久又听见一班妄人高唱“打倒科学”了。前些年，大家又都承认中国需要民主宪政；然而宪政还没有入门，国会只召集过一个，早就听见一班“学者”高唱“议会政治破产”“民主宪政是资本主义的副产物”了。

更奇怪的是今日大家对于教育的不信任。我做小孩子的时候，常听见人说这类的话：“普鲁士战胜法兰西，不在战场上而在小学校里。”“英国的国旗从日出处飘到日入处，其原因要在英国学堂的足球场上去寻找。”那时的中国人真迷信教育的万能！山东有一个乞丐武训，他终身讨饭，积下钱来就去办小学堂；他开了好几个小学堂，当时全国人都知道“义丐武训”的大名。这件故事，最可以表示那

个时代的人对于教育的狂热。民国初元，范源濂等人极力提倡师范教育，他们的见解虽然太偏重“普及”而忽略了“提高”的方面，然而他们还是向来迷信教育救国的一派的代表。民国六年以后，蔡元培等人注意大学教育，他们的弊病恰和前一派相反，他们用全力去做“提高”的事业，却又忽略了教育“普及”的方面。但无论如何，范、蔡诸人都还绝对信仰教育是救国的唯一路子。民八至民九，杜威博士在中国各地讲演新教育的原理与方法，也很引起了全国人的注意。那时阎锡山在娘子关内也正在计划山西的普及教育，太原的种种补充小学师资的速成训练班，正在极热烈的猛进时期，当时到太原游览参观的人，都不能不深刻的感觉山西的一班领袖对于普及教育的狂热。

曾几何时，全国人对于教育好像忽然都冷淡了！渐渐的有人厌恶教育了，渐渐的有人高喊“教育破产”了。

从狂热的迷信教育，变到冷淡的怀疑教育，这里面当然有许多复杂的原因。第一是教育界自己毁坏他们在国中的信用：自从民八双十节以后北京教育界抬出了“索薪”的大旗来替代了“造新文化”的运动，甚至于不恤教员罢课至一年以上以求达到索薪的目的，从此以后，我们真不能怪国人瞧不起教育界了。第二是这十年来教育的政治化，使教育变空虚了，往往学校所认为最不满意的人，可以不读书，不做学问，而仅仅靠着活动的能力取得禄位与权力；学校本身又因为政治的不安定，时时发生令人厌恶的风潮。第三，这十几年来（直到最近时期），教育行政的当局无力管理教育，就使私立中学与大学尽量的营业化；往往失业的大学生与留学生，不用什么图书仪器的设备，就可以挂起中学或大学的招牌来招收学生；野鸡学校越多，教育的信用当然越低落了。第四，这十几年来，所谓高等教育的机关，添设太快了，国内人才实在不够分配，所以大学地

位与程度都降低了，这也是教育招人轻视的一个原因。第五，粗制滥造的毕业生骤然增多了，而社会上的事业不能有同样速度的发展，政府机关又不肯充分采用考试任官的方法，于是“粥少僧多”的现象就成为今日的严重问题，做父兄的，担负了十多年的教育费，眼见子弟拿着文凭寻不到饭碗，当然要埋怨教育本身的失败了。

这许多原因（当然不限于这些），我们都不否认。但我要指出，这种种原因都不够证成教育的破产。事实上，我们今日还只是刚开始试办教育，还只是刚起了一个头，离那现代国家应该有的教育真是去题万里！本来还没有“教育”可说，怎么谈得到“教育破产”？产还没有置，有什么可破？今日高唱“教育破产”的妄人，都只是害了我在上文说的“没有胃口”的病症。他们在一个时代也曾跟着别人喊着要教育，等到刚尝着教育的味儿，他们早就皱起眉头来说教育是吃不得的了！我们只能学耶稣的话来对这种人说：“啊！你们这班信心浅薄的人啊！”

我要很诚恳的对全国人诉说：今日中国教育的一切毛病，都由于我们对教育太没有信心，太不注意，太不肯花钱。教育所以“破产”，都因为教育太少了，太不够了。教育的失败，正因为我们今日还不曾真正有教育。

为什么一个小学毕业的孩子不肯回到田间去帮他父母做工呢？并不是小学教育毁了他。第一，是因为田间小孩子能读完小学的人数太少了，他觉得他进了一种特殊阶级，所以不屑种田学手艺了。第二，是因为那班种田做手艺的人也连小学都没有进过，本来也就不欢迎这个认得几担大字的小学生。第三，他的父兄花钱送他进学堂，心眼里本也就指望他做一个特殊阶级，可以夸耀邻里，本来也就最不指望他做块“回乡豆腐干”重回到田间来。

对于这三个根本原因，一切所谓“生活教育”“职业教育”，都

不是有效的救济。根本的救济在于教育普及，使个个学龄儿童都受义务的（不用父母花钱的）小学教育，使人人都感觉那一点点的小学教育并不是某种特殊阶段的表记，不过是个个“人”必需的东西——和吃饭睡觉呼吸空气一样的必需的东西。人人都受了小学教育，小学毕业生自然不会做游民了。

中学教育和大学教育的许多怪现状，也不全是教育本身的毛病，也往往是这个过渡时期（从没有教育过渡到刚开始有教育的时期）不可避免的现状。因为教育太希有，太贵，因为小学教育太不普及，所以中等教育更成了极少数人家子弟的专有品，大学教育更不用说了。今日大多数升学的青年，不一定都是应该升学的，只因为他们的父兄有送子弟升学的财力，或者因为他们的父兄存了“将本求利”的心思勉力借贷供给他们升学的。中学毕业要贴报条向亲戚报喜，大学毕业要在祠堂前竖旗杆，这都不是今日已绝迹的事。这样希有的宝贝（今日在初中的人数约占全国人口一千分之一；在高中的人数约占全国人口四千分之一；在专科以上学校的人数约占全国人口一万分之一!）当然要高自位置，不屑回到内地去，宁作都市的失业者而不肯做农村的导师了。

今日中等教育与高等教育所以还办不好，基本的原因还在于学生的来源太狭，在于下层的教育基础太窄太小（十九年度全国高中普通科毕业生数不满八千人，而二十年度专科以上学校一年级新生有一万五千多人!），来学的多数是为熬资格而来，不是为求学问而来。因为要的是资格，所以只要学校肯给文凭便有学生。因为要的是资格，所以教员越不负责任，越受欢迎，而严格负责的训练管理往往反可以引起风潮；学问是可以牺牲的，资格和文凭是不可以牺牲的。欲要救济教育的失败，根本的方法只有用全力扩大那个下层的基础，就是要下决心在最短年限内做到初等义务教育的普及。国家与社会在今

日必须拼命扩充初等义务教育，然后可以用助学金和免费的制度，从那绝大多数的青年学生里，选拔那些真有求高等知识的天才的人去升学。受教育的人多了，单有文凭上的资格就不够用了，多数人自然会要求真正的知识与技能了。

这当然是绝大的财政负担，其经费数目的伟大可以骇死今日中央和地方天天叫穷的财政家。但这不是绝不可能的事。在七八年前，谁敢相信中国政府每年能担负四万万元的军费？然而这个巨大的军费数目在今日久已是我们看惯毫不惊讶的事实了！

所以今日最可虑的还不是没有钱，只是我们全国人对于教育没有信心。我们今日必须坚决的信仰：五千万失学儿童的救济比五千架飞机的功效至少要大五万倍！

此言国人喜新，尤喜喊新的口号；惟不久却自行取消此项口号，而毁之为破产。教育的口号，喊得最久，惟亦有一个时期，此一口号，并不见吃香，至有毁之为教育破产者。实际上在民国二十年代，教育尚远未发达，尤欠普及，是教育之产尚未造成，何至有产可破？推原其故，实因教育办得尚未充分，受教育者之范围太狭，于是此少数之曾受教育者不免自视过高，小学毕业生不肯下田工作，中学毕业生须贴报条，大学毕业生要竖旗杆，好像获得功名一般。此辈文不文，武不武，多数变为游手好闲之人，以视科举时代，中式者，尚有官可做，实际上足以夸耀乡里者犹觉彼胜于此。适之认为此种病态，只有仍投以大量教育之药，即以教育治教育之病。例如小学实施义务教育，受过此等教育占绝大成分，则人我同等，无足自视过高。农家之子常为农，设农家子绝大部分已受过小学教育，则人人需食不能不下田，绝不如前此千百人中仅得一小学毕业者，以稀为贵，不肯降格下田者可比。他如中学大学亦复相同，只要毕业人数大增，则需靠真才实学以谋生，仅得一纸文凭而无实学者，谋生

已自不易，更何骄矜之可能？所谓以教育救教育者，此之谓也。

○ 第二节　告大学毕业生

本章只此一目为左：

（胡适文存第四集卷四赠与今年的大学毕业生——二十一年六月）你们毕业之后，可走的路不出几条：绝少数的人还可以在国内或国外的研究院继续作学术研究；少数的人可以寻着相当的职业，此外还有做官，办党，革命三条路；此外就是在家享福或者失业闲居了。第一条继续求学之路，我们可以不讨论。走其余几条路的人，都不能没有堕落的危险。堕落的方式很多，总括起来，约有这两大类：

第一是容易抛弃学生时代的求知识的欲望。你们到了实际社会里，往往所用非所学，往往所学全无用处，往往可以完全用不着学问，而一样可以胡乱混饭吃，混官做。在这种环境里，即使向来抱有求知识学问的决心的人，也不免心灰意懒，把求知的欲望渐渐冷淡下去。况且学问是要有相当的设备的：书籍，试验室，师友的切磋指导，闲暇的工夫，都不是一个平常要糊口养家的人所能容易办到的。没有做学问的环境，又谁能怪我们抛弃学问呢？

第二是容易抛弃学生时代的理想的人生的追求。少年人初次与冷酷的社会接触，容易感觉理想与事实相去太远，容易发生悲观和失望。多年怀抱的人生理想，改造的热诚，奋斗的勇气，到此时候，好像全不是那么一回事。眇小的个人在那强烈的社会炉火里，往往经不起长时期的烤炼就熔化了，一点高尚的理想不久就幻灭了。抱着改造社会的梦想而来，往往是弃甲曳兵而走，或者做了恶势力的俘虏。你在那俘虏牢狱里，回想那少年气壮时代的种种理想主义，好像都成了自误误人的迷梦！从此以后，你就甘心放弃理想人生的追求，甘心做现成社会的顺民了。

要防御这两方面的堕落，一面要保持我们求知识的欲望，一面要保持我们对于理想人生的追求。有什么好法子呢？依我个人的观察和经验，有三种防身的药方是值得一试的。

第一个方子只有一句话："总得时时寻一两个值得研究的问题！"问题是知识学问的老祖宗；古今来一切知识的产生与积聚，都是因为要解答问题——要解答实用上的困难或理论上的疑难。所谓"为知识而求知识"，其实也只是一种好奇心追求某种问题的解答。不过因为那种问题的性质不必是直接应用的，人们就觉得这是"无所为"的求知识了。我们出学校之后，离开了做学问的环境，如果没有一个两个值得解答的疑难问题在脑子里盘旋，就很难继续追求保持学问的热心。可是，如果你有了一个真有趣的问题天天逗你去想他，天天引诱你去解决他，天天对你挑衅笑你无可奈何他，——这时候，你就会同恋爱一个女子发了疯一样，坐也坐不下，睡也睡不安，没工夫也得偷出工夫去陪她，没钱也得撙衣节食去巴结她。没有书，你自会变卖家私去买书；没有仪器，你自会典押衣服去置办仪器；没有师友，你自会不远千里去寻师访友。你只要能时时有疑难问题来逼你用脑子，你自然会保持发展你对学问的兴趣，即使在最贫乏的智识环境中，你也会慢慢的聚起一个小图书馆来，或者设置起一所小试验室来。所以我说，第一要寻问题。脑子里没有问题之日，就是你的智识生活寿终正寝之时！古人说："待文王而兴者，凡民也。若夫豪杰之士，虽无文王犹兴。"试想葛理略（Galileo）和牛敦（Newton）有多少藏书？有多少仪器？他们不过是有问题而已。有了问题而后，他们自会造出仪器来解答他们的问题。没有问题的人们，关在图书馆里也不会用书，锁在试验室里也不会有什么发现。

第二个方子也只有一句话："总得多发展一点非职业的兴趣。"离开学校之后，大家总得寻个吃饭的职业。可是你寻得的职业未必

就是你所学的，或者未必是你所心喜的，或者是你所学而实在和你的性情不相近的。在这种状况之下，工作就往往成了苦工，就不感觉兴趣了。为糊口而作那种非“性之所近而力之所能勉”的工作，就很难保持求知的兴趣和生活的理想主义。最好的救济方法只有多多发展职业以外的正当兴趣与活动。一个人应该有他的职业。又应该有他的非职业的玩艺儿，可以叫做业余活动。凡一个人用他的闲暇来做的事业，都是他的业余活动。往往他的业余活动比他的职业还更重要，因为一个人的前程往往全靠他怎样用他的闲暇时间。他用他的闲暇来打马将，他就成个赌徒；你用你的闲暇来做社会服务，你也许成个社会改革者；或者你用你的闲暇去研究历史，你也许成个史学家。你的闲暇往往定你的终身。英国十九世纪的两个哲人，弥儿（J. S. Mill）终身做东印度公司的秘书，然而他的业余工作使他在哲学上，经济学上，政治思想史上都占一个很高的位置；斯宾塞（Spencer）是一个测量工程师，然而他的业余工作使他成为前世纪晚期世界思想界的一个重镇。古来成大学问的人，几乎没有一个不是善用他的闲暇时间的。特别在这个组织不健全的中国社会，职业不容易适合我们性情，我们要想生活不苦痛或不堕落，只有多方发展业余的兴趣，使我们的精神有所寄托，使我们的剩余精力有所施展。有了这种心爱的玩艺儿，你就做六个钟头的抹桌子工夫也不会感觉烦闷了，因为你知道，抹了六点钟的桌子之后，你可以回家去做你的化学研究，或画完你的大幅山水，或写你的小说戏曲，或继续你的历史考据，或做你的社会改革事业。你有了这种称心如意的活动，生活就不枯寂了，精神也就不会烦闷了。

第三个方子也只有一句话：“你总得有一点信心。”我们生当这个不幸的时代，眼中所见，耳中所闻，无非是叫我们悲观失望的。特别是在这个年头毕业的你们，眼见自己的国家民族沉沦到这步田

地，眼看世界只是强权的世界，望极天边好像看不见一线的光明，——在这个年头不发狂自杀，已算是万幸了，怎么还能够希望保持一点内心的镇定和理想的信任呢？我要对你们说：这时候正是我们要培养我们的信心的时候！只要我们有信心，我们还有救。古人说："信心（Faith）可以移山。"又说："只要工夫深，生铁磨成绣花针。"你不信吗？当拿破仑的军队征服普鲁士占据柏林的时候，有一位穷教授叫做菲希特（Fichte）的，天天在讲堂上劝他的国人要有信心，要信仰他们的民族是有世界的特殊使命的，是必定要复兴的。菲希特死的时候（1814），谁也不能预料德意志统一帝国何时可以实现。然而不满五十年，新的统一的德意志帝国居然实现了。

一个国家的强弱盛衰，都不是偶然的，都不能逃出因果的铁律的。我们今日所受的苦痛和耻辱，都只是过去种种恶因种下的恶果。我们要收将来的善果，必须努力种现在的新因。一粒一粒的种，必有满仓满屋的收，这是我们今日应该有的信心。

我们要深信：今日的失败，都由于过去的不努力。

我们要深信：今日的努力，必定有将来的大收成。

佛典里有一句话："福不唐捐。"唐捐就是白白的丢了。我们也应该说："功不唐捐！"没有一点努力是会白白的丢了的。在我们看不见想不到的时候，在我们看不见想不到的方向，你瞧！你下的种子早已生根发叶开花结果了！

你不信吗？法国被普鲁士打败之后，割了两省地，赔了五十万万佛郎的赔款。这时候有一位刻苦的科学家巴斯德（Pasteur）终日埋头在他的试验室里做他的化学试验和微菌学研究。他是一个最爱国的人，然而他深信只有科学可以救国。他用一生的精力证明了三个科学问题：（1）每一种发酵作用都是由于一种微菌的发展；（2）每一种传染病都是由于一种微菌在生物体中的发展；（3）传染病的

微菌，在特殊的培养之下，可以减轻毒力，使它从病菌变成防病的药苗。——这三个问题，在表面上似乎都和救国大事业没有多大的关系。然而从第一个问题的证明，巴斯德定出做醋酿酒的新法，使全国的酒醋业每年减除极大的损失。从第二个问题的证明，巴斯德教全国的蚕丝业怎样选种防病，教全国的畜牧农家怎样防止牛羊瘟疫，又教全世界的医学界怎样注重消毒以减除外科手术的死亡率。从第三个问题的证明，巴斯德发明了牲畜的脾热瘟的疗治药苗，每年替法国农家减除了二千万佛郎的大损失；又发明了疯狗咬毒的治疗法，救济了无数的生命。所以英国的科学家赫胥黎（Huxley）在皇家学会里称颂巴斯德的功绩道："法国给了德国五十万万佛郎的赔款，巴斯德先生一个人研究科学的成绩足够还清这一笔赔款了。"

巴斯德对于科学有绝大的信心，所以他在国家蒙奇辱大难的时候，终不肯抛弃他的显微镜与试验室。他绝不想他的显微镜底下能偿还五十万万佛郎的赔款，然而在他看不见想不到的时候，他已收获了科学救国的奇迹了。

朋友们，在你最悲观最失望的时候，那正是你必须鼓起坚强的信心的时候。你要深信：天下没有白费的努力。成功不必在我，而功力必不唐捐。

适之认为大学毕业生除有机会入国内外研究院进修者外，其他或就业，或任官，或赋闲者，都不能没有堕落的危险。堕落的方式约有两大类。其一是容易抛弃学生时代求知识的欲望，其二是容易抛弃学生时代理想的人生的追求。要防御这两方面的堕落，除保持我们求知识的欲望与对于理想人生的追求外，还有三种防身的药方值得一试。那就是：（一）总得时时寻一两个值得研究的问题，（二）总得多多发展一点非职业的兴趣，（三）总得有一点信心。关于第一种药方，系因问题是知识学问的老祖宗，古今来一切知识的

产生与积聚，都是因为要解答问题。一个人只要能时时有疑难问题来逼他用脑子，他自然会保持发展他对于学问的兴趣。关于第二种药方：一个人所就的职业，未必尽合其兴趣，最好的救济方法只有多多发展职业以外的正当兴趣与活动，这称为业余活动。往往这些业余活动比其职业还重要，因为一个人的前程往往靠其怎样利用闲暇的时间。你的闲暇往往定你的终身。关于第三种药方：我们生当这个不幸的时代，耳闻目见，多属悲观失望的事，这正是我们培养信心的时候。古人说："信心可以移山。"当拿破仑征服普鲁士占据柏林的时候，普鲁士一位穷教授叫做菲希特的，天天在讲堂上劝他的国人要有信心，有信心定能复兴。结果在他死后不久，新的统一的德意志帝国居然实现了。

○ 第三节　德育

括有（1）新生活，与（2）道德观念诸目。其说如左：

（1）新生活

（胡适文存第一集卷四为新生活杂志第一期作——八年八月）那样的生活可以叫做新生活呢？我想来想去，只有一句话。新生活就是有意思的生活。

你听了必定要问我，有意思的生活又是什么样子的生活呢？

我且先说一两件实在的事情做个样子，你就明白我的意思了。

前天你没有事做，闲得不耐烦了，你跑到街上一个小酒店里，打了四两白干，喝完了；又要四两，再添上四两。喝的大醉了，同张大哥吵了一回嘴，几乎打起架来。后来李四哥来把你拉开，你气忿忿的又要了四两白干，喝的人事不知，幸亏李四哥把你扶回去睡了。昨儿早上，你酒醒了，大嫂子把前天的事告诉你，你懊悔的很，自己埋怨自己："昨儿为什么要喝那么多酒呢？可不是糊涂吗？"

你赶上张大哥家去，做了许多揖，赔了许多不是，自己怪自己

糊涂，请张大哥大量包涵。正说时，李四哥也来了，王三哥也来了。他们三缺一，要你陪他们打牌。你坐下来，打了十二圈牌，输了一百多吊钱。你回得家来，大嫂怪你不该赌博，你又懊悔得很，自己怪自己道：“是呵，我为什么要陪他们打牌呢？可不是糊涂吗？”

诸位，像这样子的生活，叫做糊涂生活，糊涂生活便是没有意思的生活。你做完了这种生活，回头一想，“我为什么要这样干呢？”你自己也回不出究竟为什么。

诸位，凡是自己说不出“为什么这样做”的事，都是没有意思的生活。

反过来说，凡是自己说得出“为什么这样做”的事，都可以说是有意思的生活。

生活的“为什么”，就是生活的意思。

人同畜生的分别，就在这个“为什么”上。你到万牲园里去看那白熊一天到晚摆来摆去不肯歇，那就是没有意思的生活。我们做了人，应该不要学那些畜生的生活。畜生的生活只是糊涂，只是胡混，只是不晓得自己为什么如此做。一个人做的事应该件件事回得出一个“为什么”。

我为什么要干这个？为什么不干那个？回答得出，方才可算是一个人的生活。

我们希望中国人都能做这种有意思的新生活。其实这种新生活并不十分难，只消时时刻刻问自己为什么这样做，为什么不那样做，就可以渐渐的做到我们所说的新生活了。

诸位，千万不要说“为什么”这三个字是很容易的小事。你打今天起，每做一件事，便问一个为什么，为什么不把辫子剪了？为什么不把大姑娘的小脚放了？为什么大嫂子脸上搽那么多的脂粉？为什么出棺材要用那么多叫化子？为什么娶媳妇也要用那么多叫化

子？为什么骂人要骂他的爹妈？为什么这个？为什么那个？——你试办一两天，你就会晓得这三个字的功用也无穷无尽。

诸位，我们恭恭敬敬的请求你们来试试这种新生活。

所谓新生活便是有意义的生活，其没有意义的生活，便是糊涂生活。要决定何者为新生活，何者为糊涂生活，只看对“为什么?”这一问题的答复，是否站得住。

（2）道德观念

（胡适留学日记卷二道德观念之变迁——二年十月）道德学课论道德观念之变迁：古代所谓是者，今有为吾人所不屑道者矣。古人所谓卫道而攻异端，谋杀异己，如欧洲中古教宗（Church）焚戮邪说，以为卫道所应为也，今人决不为此矣。耶教经典以为上帝为男子而造女子，非为女子而造男子，故女子宜屈服于男子，此说今人争嗤笑之矣。不特时代变迁，道德亦异也。即同一时代，欧人所谓是者，亚人或以为非；欧亚人所谓非者斐澳之土人或以为是。又不特此也，即同种同国之人，甲以为是者，乙或以为非；耶教徒以多妻为非，而满门之徒乃以为是；民主党以令斐律宾独立为是，而共和党人争以为非。又不特此也，即同一宗教之人，亦有支派之异：天主旧教多繁文缛礼，后人苦之而创新教。然新旧教都以耶稣为帝子，神也，死而复生，没而永存，于是有三尊之说（Trinity）。三尊者，天帝为父，耶稣为子，又有“灵”焉（Holy Spirit）。近人疑之，于是有创为一尊之教（Unitarianism），以为上帝一尊，耶稣则人也。凡此之类，都以示道德、是非之变迁。是故道德者亦循天演公理而演进者也。然则道德是非将何所取法乎？善恶果无定乎，抑有定乎？其无定者是非乎，抑人心乎？人心是非观念之进退，其有所损益于真是非乎？抑天下固无所谓真是非真善恶者耶？则将应之曰：天下固有真是非真善恶，万代而不易，百劫而长存，其时代之变迁，人

心之趋向，初无所损益于真是非也。事之真是者，虽举世非之，初不碍其为真是也。譬之杀人，则人争非之，然复仇而杀人，则有嘉之者矣。复仇者以复仇为是，许复仇者以许复仇之故而遂嘉杀人，然在被杀者则必不以复仇者之杀之为是也；其被杀者之妻子友朋，亦必不以复仇者为是也。若以“犯而不校”之说往，则复仇者又见非于孔子之门矣。若以“以德报怨”之说往，则复仇者又将见斥于老氏耶氏之门矣。若以“果报”之说往，则复仇为多事矣。然终不能谓天下无真非真是也，其所见者异也。复仇者所见为真是非之一面，孔佛耶老所见亦真是非之一面也。梭格拉底曰：“知识者，道德也。”（Knowledge is Virtue）道德不易者也。而人之知识不齐，吾人但求知识之进，而道德观念亦与之俱进，是故教育为重也。（此说亦有可取之处。然吾今日所持，已与此稍异矣。民国六年一月记。）

道德观念，因时代、地域、信仰而不尽相同；然真是真非，亦未尝无之。大抵文化相同或相似者，其道德观念亦相同或相似，其是非之辨亦相同或相似。盖文化为生活方式，生活方式相同或相似，其观念自必随之。

○ 第四节　教学法

括有（1）教授文言文，（2）中国国文教授二目。其说如左：

（1）教授文言文

（胡适留学日记卷十一如何可使吾国文言易于教授——四年八月廿六夜）作一文（英文）论“如何可使吾国文言易于教授”，将乞赵君元任于今年东美学生年会时读之。

先是有钟某等广刊传单，极力诋毁汉文，主张采用字母，以为欲求教育之普及，非有字母不可。……其词极激昂，志在动人也。余以为此问题至重大，不当以意气从事，当从容细心研究之，故建议以“国文”为今年年会讨论问题。而分此题为二分：先论国文，

次论国语，吾与赵君分任之。赵君作论，论吾国语能否采用字母制及其进行方法。吾则择上所记题。

吾文大旨如下：

（一）无论吾国语能否变为字母之语，当此字母制未成之先，今之文言，终不可废置，以其为仅有之各省交通之媒介物也，以其为仅有之教育授受之具也。

（二）汉文问题之中心，在于“汉文研究可为传授教育之利器否”一问题。

（三）汉文所以不易普及者，其故不在汉文，而在教之之术之不完。同一文字也，甲以讲书之故而通文，能读书作文；乙以徒事诵读，不求讲解之故，而终身不能读书作文。可知受病之源，在于教法。

（四）旧法之弊，盖有四端：

（1）汉文乃是半死之文字，不当以教活文字之法教之。（活文字者，日用语言之文字，如英法文是也，如吾国之白话是也。死文字者，如希腊拉丁，非日用之语言，已陈死矣。半死文字者，以其中尚有日用之分子在也。如犬字是已死之字，狗字是活字；乘马是死语，骑马是活语。故曰半死文字也。）

旧法不明此义，以为徒事朗诵，可得字义，此其受病之根原也。教死文字之法，与教外国文字略相似，须用繙译之法，译死语为活语，所谓“讲书”者是也。

（2）汉文乃是视官的文字，非听官的文字。凡象形会意之文字，乃视官的文字；而字母谐声之文字，皆听官的文字也。

凡一字有二要：一为其声，一为其义。无论何种文字，不能同时并达此二者。字母的文字，但能传声，不能达意；象形会意之文字，但可达意，而不能传声。

（例）英文 Dog（狗），合三字母而成。能拼音者，皆知其音为“多葛”。然何以此 DOG 三字母合成则为狗？此则无从索解，但须强记而已。

至汉文之“犬”则不然。“犬”乃象形之字，义即在形中，无待远求。惟犬何以读如犬，则亦无从索解，但须强记而已。

更取稍繁复之字以明之：

英文 Candidate（候选人）拉丁文为 Candidatus（候选人），（本义为“白衣人”，以罗马制，凡选人皆衣白故也。源出 Cadidus（色白），更出动词 Canēdere（发白，作白色），与梵文 Chand（照耀）盖有关系。自英文之字溯源至于梵文，可谓深矣。而终不能知何以 Candēre 为“作白色”，与夫何以 Chand 有“照耀”之义，终须强记耳。

至于汉文则不然。如“猫”字，析之得豸苗二字。豸以示此物属肉食兽类，苗以示此兽鸣声。合之为“作苗声之肉食兽”也。“苗”字象田上所植草。更析之，则艸象形，田指事也。皆足达意而不能传声。学者须强记艸读为草，田读为田，苗读为苗也。

是故，切韵之语与会意之语，各有所长，亦各有所短。

今之汉文，已失象形、会意、指事之特长，而教者又不复知说文学。六书之学，向之以授八岁之孩童者，今虽老生宿儒未必知之。其结果遂令吾国文字既不能传声，又不能达意。向之有一短者，今并失所长。学者不独须强记字音，又须强记字义，是事倍而功半也。

欲救此弊，须用何法乎？

① 将恢复篆书耶？此必不可得之事也。

② 当鼓励说文学（字源学）。

③ 当以古体与今体同列教科书中。

④ 小学教册中之新字须遵六书之法，先令童蒙习象形指事之

字，徐及浅易之会意字，次及浅易之形声字。其源不易明解者，宜俟之稍进之学级，不当以发蒙也。

商务印书馆之初级教科书第一页有“天地日月山川草木”八字。夫“草”字为艸之俗字，不当以之教人。其“天”“地”二字之字源极不易解，非童蒙所能晓也。（天源出一大，大象人形。初民以肢体量物，手足所极，故为大也；人上之物，故曰天也。地从土也。也即也字，本义为女阴也。初民迷信，以地配天。地乃土上雌性之一物，所以配天者也。）

⑤ 中学以上，皆当习字源学。

凡此诸法，皆所以增益儿童识字之兴趣。令其由兴趣记忆字义，则其记忆也，不劳而易能，庶几稍复吾国文字既失之一长云尔。

（3）吾国文本有文法，而古来从未以文法教授国文。今马氏文通出世已近廿载，而文法之学不治如故。夫文法乃教文字语言之捷径。今当提倡文法学，使普及国中；又当列“文法”为必须之学科，自小学至于大学，皆当治之。

（4）吾国向不用文字符号，致文字不易普及；而文法之不讲，亦未始不由于此（说见所著文字符号论）。今当力求采用一种规定之符号，以求文法之明显易解，及意义之确定不易。

此文盖三日夜始成。

在留学界中，许多青年多出以竞新矜奇之姿态，至有钟某等广刊传单，力诋汉文，主张采用字母，以期教育普及，适之独出而反对，认为今之文言终不可废除，以其为仅有之各省交通之媒介，且为仅有之教育授受之具也。他所言汉文所以不易普及者，其故不在汉文，而在教之之术之不完。因分析旧教法之弊有四，如左：

（1）汉文乃是半死之文字，不当以教活文字之法教之。

（2）汉文乃是视官的文字，非听官的文字。

（3）吾国文本有文法，而古来从未以文法教授国文。

（4）吾国向不用文字符号，致文字不易普及。

欲救此弊，须用何法乎？

（1）将恢复篆书耶？此必不可得之事也。

（2）当鼓励说文学（即字源学）。

（3）当以古体与今体同列教科书中。

（4）小学教册中之新字，须遵六书之法，先习象形指事之字，徐及浅易之会意字，次及浅易之形声字。

（5）中学以上皆当习字源学。

凡此诸法，皆可以增益儿童识字之兴趣，令其由兴趣记忆字义，不劳而易能，庶几稍复吾国文字既失之一长云尔。

（2）中国国文教授

（胡适文存第一集卷一中学国文的教授——九年三月）民国元年的中学校令施行细则第三条说：

一　国文要旨在通解普通语言文字，能自由发表思想，并使略解高深文字，涵养文学之兴趣，兼以启发智德。

这一条因为也是理想的，并不曾实行，故现在看来还没有什么大错误。即如“通解普通语言文字”一句，在当初不过是欺人的门面话，实在当时中学的国文与“普通语言”是无有关系的；但是到了现在国语进行的时候，这六个字反更有意义了。又如“并使略解高深文字”一句，当日很难定一个界说；现在把国语和古文分开，把古文来解“高深文字”，这句话便更容易解说了。……

我承认元年定的标准不算过高，故斟酌现在情形，暂定一个中学国文的理想标准：

（1）人人能用国语（白话）自由发表思想——作文，演说，谈话——都能明白通畅，没有文法上的错误。

（2）人人能看平易的古文书籍，如二十四史、资治通鉴之类。

(3) 人人能作文法通顺的古文。

(4) 人人有懂得一点古文文学的机会。

这些要求不算苛求吗?

二　假定的中学国文课程

定了标准，方才可谈中学国文的课程。现行的部定课程是:

第一年: 讲读，作文，习字。　　共七时

第二年: 讲读，作文，习字，文字源流。　　共七

第三年: 讲读，作文，习字，文法要略。　　共五

第四年: 讲读，作文，文法要略，文学史。　　共五

依我们看来，现在中学校各项功课平均每周男校三十四时，女校三十三时，未免太重了。我们主张国文每周至多不能过五时，四周总数应在二十时以下。现在假定每周五时，暂定课程表如下:

年一: 国语文一，古文三，文法与作文一。　　共五时

年二: 国语文一，古文三，文法与作文一。　　共五

年三: 演说一，古文三，文法与作文一。　　共五

年四: 辩论一，古文三，文法与作文一。　　共五

这表里删去的学科是习字，文字源流，文学史，文法要略四项。写字决不是每周一小时的课堂习字能够教得好的，故可删去。现有的文法要略、文字源流，都是不通文法和不懂文字学的人编的，读了无益，反有害(孙中山先生曾指出文法要略的大错，如谓鹄与猨为本名字，与诸葛亮王猛同一类!)。文学史更不能存在。不先懂得一点文学，就读文学史，记得许多李益、李颀、老杜、小杜的名字，却不知道他们的著作，有什么用处?

又这表上“国语文”只有两时。我的理由是:

(1) 第三四年的演说和辩论都是国语与国语文的实习，故这两年可以不用国语文了。

(2) 我假定学生在两级小学时已有了七年的国语，可以够用了。

三　国语文的教材与教授法

先说“国语文”的教材。共分三部：

(1) 看小说　看二十部以上，五十部以下的白话小说。

(2) 白话的戏剧　此时还不多，将来一定会多的。

(3) 长篇的议论文与学术文　因为我假定学生在两级小学已有了七年的白话文，故中学只教长篇的议论文与学术文，如戴季陶的我的日本观，如胡汉民的习惯之打破，如章太炎的说六书之类。……

次说国语文的教授法。

(1) 小说与戏剧，先由教员指定分量——自何处起，至何处止——由学生自己阅看。讲堂上止有讨论，不用讲解。

(2) 指定分量之法，须用一件事的始末起结作一次的教材。如水浒劫“生辰纲”一件事作一次，闹江州又作一次；儒林外史严贡生兄弟作一次，杜少卿作一次，娄家弟兄又作一次；又西游记前八回作一次。

(3) 课堂上讨论须跟着材料变换，不能一定。……

(4) 无论是小说，是戏剧，教员应该点出布局，描写的技术，文章的体裁，等等。

(5) 读戏剧时，可选精采的部分令学生分任戏里的人物，高声演读。若能在台上演做，那更好了。

(6) 长篇的议论文与学术文，也由学生自己预备，上课时教员指导学生讨论。讨论应注重：

(甲) 本文的解剖：分段，分小节。

(乙) 本文的材料如何分配使用。

(丙) 本文的论理：看好文章的思想条理，远胜于读一部法式的论理学。

四　演说与辩论

须认明这两项是国语与国语文的实用教法。凡能演说、能辩论的人，没有不会做国语文的。做文章的第一个条件只是思想有条理，有层次。演说辩论最能帮助学生养成有条理系统的思想能力。

(1) 择题　演说题须避太抽象，太笼统的题目。

(2) 方法　演说辩论的班次不宜人数太多，太多了一个人每年轮不着几回；也不宜太少，太少了演说的人没有趣味。

五　古文的教材与教授法

先说中学古文的教材。

(1) 第一学年　第一年专读近人的文章。例如梁任公、康长素、严几道、章行严、章太炎等人的散文，都可选读。此外还应该多看小说。林琴南早年译的小说，如茶花女遗事、战血余腥记、撒克逊劫后英雄略、十字军英雄记，朱树人的穑者传等书，都可以看。还有著作不多的学者，如蔡孑民答林琴南书，吴稚晖上下古今谈等。

(2) 第二三四学年　后三年应该多读古人的古文。我主张分两种教材：

(甲) 选本　不分种类，但依时代的先后，选两三百篇文理通畅，内容可取的文章。从老子、论语、檀弓、左传，一直到姚鼐、曾国藩，每一个时代文体上的重要变迁，都应该有代表。这就是最切实的中国文学史；此外中学堂用不着什么中国文学史了。

(乙) 自修的古文书　最重要的还是学生自己看的书。一个中学堂的毕业生应该看过下列的几部书：

(a) 史书：资治通鉴或廿四史。(或通鉴纪事本末。)

(b) 子书：孟子、墨子、荀子、韩非子、淮南子、论衡等等。

(c) 文学书：诗经是不可不看的。此外可随学生性之所近，选习两三部专集，如陶潜、杜甫、王安石、陈同甫之类。

我拟的中学国文课程中最容易引起反对的，大概就在古文教材的范围与分量。一定有人说："从前中学国文只用四本薄薄的古文读本，还教不出什么成绩来。现在你定的功课竟比从前增多了十倍！这不是做梦吗？"我的回答是：

（第一）从前的中国文所以没有成效，正因为中学堂用的书只有那几本薄薄的古文读本。我们试回头想想，我们自己做古文是怎样学的？是单靠八九十篇古文得来的呢？还是靠看小说看古文书得来的？我自己从来背不出一篇古文，但是因为我自小就爱看小说，看史书，看杂书，所以我还懂得一点古文的文法。

（第二）请大家不要把中学生当小孩子看待。现在学制的大弊就是把学生求知识的能力看得太低了。现在各级学堂的课程，都是为下下的低能儿定的，所以没有成绩。

（第三）我这个计画是假定两级小学都已采用国语做教科书了。国语代替文言以后，若不能于七年之内，使高小毕业生能做通顺的国语文，那便是国语教育的大失败。学生既通国语，又在中学第一年有了国语文法（见下），再来学古文，应该更容易好几倍，成绩应该加快好几倍。

六　文法与作文

从前教作文的人大概都不懂文法，他们改文章全无标准，只靠机械的读下去，读得顺口便是，不顺口便不是，总讲不出为什么要这样做，为什么不可那样做。以后中学堂的国文教员应该有文法学的知识；不懂文法的，决不配做国文教员。所以我把文法与作文并归一个人教授。

先讲文法。

第一年，专讲国语的文法。要在一年之内，把白话文法的要旨都讲完。

次讲作文。

(1) 应该多做翻译，翻白话作古文，翻古文作白话文。……

(2) 若是出题目做的文章，应注意几点：(一) 最好是令学生自己出题目。(二) 千万不可出空泛或抽象的题目。(三) 题目的要件是：第一要能引起学生的兴味，第二要能引学生去搜集材料，第三要能使学生运用已有的经验学识。

(3) 学生平日做的笔记，杂志文章，长篇通信，都可以代替课艺。

(4) 作文的时间不可多，至多二周一次。作文都该拿下堂去做。

(5) 改文章时，应该根据文法。合文法的才是通，不合文法的便是不通。每改一句，须指出根据那一条文法通则。

(6) 千万不可整篇涂去，由教员重作。如有内容论理上的错误，可由教员批出，但不可代做。

适之根据民元的中学校令施行细则第三条，发表其对于国文教授的主张。对于原规定认为尚无不当，因而斟酌现在情形，暂定一个中学国文的理想标准，计有如下之四项：(1) 人人能用白话自由发表思想——作文、演说、谈话——都能明白通畅，没有文法上的错误；(2) 人人能看平易的古文书籍，如二十四史，资治通鉴之类；(3) 人人能作文法通顺的古文；(4) 人人有懂得古文文学的机会。

其次是有关国语文的教材，共分三部：(1) 看二十部以上，五十部以下的白话小说；(2) 看白话的戏剧；(3) 看长篇的议论与学术文。

再次是有关国语文的教授法，共分六项：(1) 小说与戏剧，先由教员指定分量，由学生自己阅看，堂上只有讨论，不用讲解。(2) 指定分量之法，须用一件事的始末起结作一次的教材。(3) 课堂上讨论须跟着材料变换，不能一定。(4) 无论是小说，是戏剧，教员

应点出布局、措写的技术，文章的体裁等等。（5）读戏剧时，可选精采的部分，令学生分任戏里的人物，若能在台上演做，更好。（6）长篇的议论文与学术文，也由学生自己预备。上课时教员指导学生讨论。

又关于古文的教材，第一学年读近人的文章。第二三四年，应多读古人的古文。

至于文法与作文，第一年专讲国语的文，以后才讲文言文的文法。作文方面，应注意下列几项：（1）应多做翻译，即翻白话为古文，翻古文作白话。（2）若是出题作文，最好令学生自己出题，千万不可出空泛或抽象的题目。（3）学生平日做的笔记、杂志文章、长篇通信，都可以代替课艺。（4）作文的时间不可多，至多二周一次，都可拿下堂去做。（5）改文章时，应根据文法，每改一句，须指出根据哪一条文法通则。（6）千万不可整篇涂去，由教员重作。

适之的出发点在请大家不要把中学生当小孩子看待，现在学制的大弊，就是把学生求知识的能力看得太低了。现在各级学堂的课程，都是为下下的低能儿定的，所以没有成绩。

○ 第五节　读经问题

（胡适文存第四集卷四我们今日还不配读经——二十四年四月）傅孟真先生昨天在大公报上发表星期论文，讨论学校读经的问题，我们得了他的同意，转载在这一期（独立第一四六号）里。他这篇文章的一部分是提倡读经的诸公所能了解（虽然不肯接受）的。但是其中最精确的一段，我们可以预料提倡读经的文武诸公决不会了解的。那一段是：

经过明末以来朴学之进步，我们今日应该充分感觉六经之难读。汉儒之师说既不可恃，宋儒的臆想又不可凭，在今日只有妄人才敢说诗书全能了解。有声音文字训诂学训练的人是深知“多闻阙疑”

“不知为不知”之重要性的。那么，今日学校读经，无异于拿些教师自己半懂半不懂的东西给学生。……六经虽在专门家手中也是半懂半不懂的东西，一旦拿来给儿童，教者不是浑浑混过，便要自欺欺人。这样的效用，究竟是有益于儿童的理智呢，或是他们的人格？

孟真先生这段话，无一字不是事实。只可惜这番话是很少人能懂的。今日提倡读经的人们，梦里也没有想到五经至今还只是一半懂得一半不懂得的东西。这也难怪。毛公、郑玄以下，说诗的人谁肯说诗三百篇有一半不可懂？王弼、韩康伯以下，说易的人谁肯说周易有一大半不可懂？郑玄、马融、王肃以下，说书的人谁肯说尚书有一半不可懂？古人且不谈，三百年中的经学家，陈奂、胡承珙、马瑞辰等人的毛诗学，王鸣盛、孙星衍、段玉裁、江声、皮锡瑞、王先谦诸人的尚书学，焦循、江藩、张惠言诸人的易学，又何尝肯老实承认这些古经他们只懂得一半？所以孟真先生说的“六经虽在专门家手中也是半懂半不懂的东西”，这句话只是最近二三十年中的极少数专门家的见解，只是那极少数的“有声音文字训诂学训练的人”的见解。这种见解，不但陈济棠、何键诸公不曾梦见，就是一般文人也未必肯相信。

所以我们在今日正应该教育一般提倡读经的人们，教他们明白这一点。这种见解可以说是最新的经学，最新的治经方法。始创新经学的大师是王国维先生，虽然高邮王氏父子在一百多年前早已走上这条新经学的路了。王国维先生说：

诗、书为人人诵习之书，然于六艺中最难读。以弟之愚暗，于书所不能解者殆十之五；于诗，亦十之一二。此非独弟所不能解也，汉、魏以来诸大师未尝不强为之说，然其说终不可通。以是知先儒亦不能解也。（观堂集林卷一，与友人论诗书中成语书。）

这是新经学开宗明义的宣言，说话的人是近代一个学问最博而

方法最缜密的大师，所以说的话最有分寸，最有斤两。科学的起点在于求知，而求知的动机必须出于诚恳的承认自己知识的缺乏。古经学所以不曾走上科学的路，完全由于汉、魏以来诸大师都不肯承认古经的难懂，都要“强为之说”。南宋以后，人人认朱子、蔡沈的集传为集古今大成的定论，所以经学更荒芜了。顾炎武以下，少数学者走上了声音文字训诂的道路，稍稍能补救宋、明经学的臆解的空疏。然而他们也还不肯公然承认他们只能懂得古经的一部分，他们往往不肯抛弃注释全经的野心。浅识的人，在一个过度迷信清代朴学的空气里，也就纷纷道听涂说，以为经过了三百年清儒的整理，五经应该可以没有疑问了。谁料到了这三百年的末了，王国维先生忽然公开揭穿了这张黑幕，老实的承认，诗经他不懂的有十之一二，尚书他不懂的有十之五。王国维尚且如此说，我们不可以请今日妄谈读经的诸公细细想想吗？

何以古经这样难懂呢？王国维先生说：

其难解之故有三：讹阙，一也。（此以尚书为甚。）古语与今语不同，二也。古人颇用成语，其成语之意义与其中单语分别之意义又不同，三也。

唐、宋之成语，吾得由汉、魏、六朝人书解之；汉、魏之成语，吾得由周、秦人书解之。至于诗、书，则书更无古于是者。其成语之数数见者，得比较之而求其相沿之意义。否则，不能赞一辞。若但合其中之单语解之，未有不龃龉者（同上书）。

王国维说的三点，第一是底本，第二是训诂，第三还是训诂。其实古经的难懂，不仅是单字，不仅是成语，还有更重要的文法问题。前人说经，都不注意古文语法，单就字面作诂训，所以处处“强为之说”，而不能满人意。王念孙、王引之父子的经传释词，用比较归纳的方法，指出许多前人误认的字是“词”（虚字），这是一

大进步。但他们没有文法学的术语可用，只能用“词”“语词”“助词”“语已词”一类笼统的名词，所以他们的最大努力还不能使读者明了那些做古文字的脉络条理的“词”在文法上的意义和作用。况且他们用的比较的材料绝大部分还是古书的文字，他们用的铜器文字是绝少的。这些缺陷，现代的学者刚刚开始弥补：文法学的知识，从马氏文通以来，因为有了别国文法作参考，当然大进步了；铜器文字的研究，在最近几十年中，已有了长足的进展；甲骨文字的认识，又使古经的研究添出了不少的比较的材料。所以今日可说是新经学的开始时期。路子有了，方向好像也对了，方法好像更精细了，只是工作刚开始，成绩还说不上。离那了解古经的时期，还很远哩！

正因为今日的工具和方法都比前人稍进步了，我们今日对于古经的了解力的估计，也许比王国维先生的估计还要更小心一点，更谦卑一点。王先生说他对诗经不懂的有十之一二，对尚书有十之五。我们在今日，严格的估计，恐怕还不能有他那样的乐观。尚书在今日，我们恐怕还不敢说懂得了十之五。诗经的不懂部分，一定不止十之一二，恐怕要加到十之三四吧。这并不是因为我们比前人更笨，只是因为我们今日的标准更严格了。试举几个例来做说明。

(1) 大诰开篇就说：

王若曰，猷大诰尔多邦。

微子之命开篇也说：

王若曰，猷殷王元子。

多方开篇也说：

周公曰：王若曰，猷告尔四国多方。

这个“猷”字，古训作“道”，清代学者也无异说。但我们在今日就不能这样轻轻的放过他了。

(2) 又如“弗”“不”两个字，古人多不曾注意到他们的异同；

但中央研究院的丁声树先生却寻出了很多的证据，写了两万多字的长文，证明这两个否定词在文法上有很大的区别，“弗”字是“不之”两字的连合省文，在汉以前这两字是从不乱用的。

(3) 又如诗、书里常用的“诞”字，古训作“大”，固是荒谬；世俗用作“诞生”解，固是更荒谬；然而王引之经传释词里解作“发语词”，也还不能叫人明白这个字的文法作用。燕京大学的吴世昌先生释“诞”为“当”，然后我们懂得“诞弥厥月”就是当怀胎足月之时；“诞寘之隘巷”“诞寘之平林”就是当把他放在隘巷之平林。这样说去，才可以算是认得这个字了。

(4) 又如诗经里常见的“于以”二字：

于以采蘋，南涧之滨。

于以采藻，于彼行潦。

于以采蘩，于沼于沚。

于以用之，公侯之事。

于以求之，于林之下。

“于以”二字，谁不认得？然而清华大学的杨树达先生指出这个“以”字应解作“何”字，就是“今王其如台”的“台”字。这样一来，我们只消在上半句加个疑问符号（?），如下例：

于以求之？于林之下。

于以采蘩？于沼于沚。

这样说经，才可算是“涣然冰释，怡然顺理”了。

我举的例子，都是新经学提出的小小问题，都是前人说经时忽略的，所认为不须诂释的。至于近二三十年中新经学提出的大问题和他们的新解决，那都不是这篇短文里说得明白的，我们姑且不谈。

总而言之，古代的经典，今日正在开始受科学的整理的时期，孟真先生说的“六经虽在专门家手中也是半懂半不懂的东西”，真是

最确当的估计。诗，书，易，仪礼，固然有十之五是不能懂的，春秋三传也都有从头整理研究的必要。就是论语、孟子也至少有十之一二是必须经过新经学的整理的。最近一二十年中，学校废止了读经的功课，使得经书的讲授完全脱离了村学究的胡说，渐渐归到专门学者的手里，这是使经学走上科学的路的最重要的条件。二三十年后，新经学的成绩积聚的多了，也许可以稍稍减低那不可懂的部分，也许可以使几部重要的经典都翻译成人人可解的白话，充作一般成人的读物。

在今日妄谈读经，或提倡中小学读经，都是无知之谈，不值得通人的一笑。

本文主旨在说明经书之不易解，古代以来经学大师自以为是。愈到近代，训诂之学愈明，转使今之国学大师不敢自信能够充分解经。以淹博如王国维者，尚自言“于书所不能解者殆十之五，于诗亦十之一二。古经所以难解之故有三：讹阙，一也；古语与今语不同，二也；古人颇用成语，其成语之意义与其中单语分别之意不同，三也。此外还有更重要的文法问题。前人说经，都不注意古文语法，单就字面作训诂，故处处强为之说，而不能满人意。总之，古代的经典，今日正在开始受科学的整理的时期。最近一二十年中，学校废止了读经的功课，使得经书的讲授完全脱离了村学究的胡说，渐渐归到专门学者的手里，这是使经学走上科学的最重要的条件。二三十年后，新经学的成绩积聚的多了，也许可以稍稍减低那不可懂的部分，也可以使几部重要经典都翻译成人人可解的白话，充作一般成人的读物。

今距适之发此议论之时已三十有六年矣。据称二三十年后新经学的成绩积聚的多了，也许可稍稍减低那不可懂的部分。余不揣冒昧，于四年前选定经部要籍十种，分别委托专家今注今译，

迄今已由商务印书馆印行者有尚书、礼记、春秋左氏传三种，已收稿在制版中者有周礼、诗经二种。并承“中华文化复兴推行委员会”采纳鄙见，列入工作要目之一，并加选古籍十余种，由该会委托专家今注今译，行见三数年内，连同商务印书馆所约已交及未交稿者合计，不下三十种，逐渐蔚为大观，则适之所虑者，或可稍解欤？

○ 第六节　其他

括有（1）孔教，（2）尊孔二目。其说如左：

（1）孔教

（胡适留学日记卷三孔教问题——三年一月）今人多言宗教问题，有倡以孔教为国教者，近来余颇以此事萦心。昨复许怡荪书，设问题若干，亦不能自行解决也，录之供后日研思：

（一）立国究须宗教否？

（二）中国究须宗教否？

（三）如须有宗教，则以何教为宜？

　一、孔教耶？

　二、佛教耶？

　三、耶教耶？

（四）如复兴孔教，究竟何者是孔教？

　一、孔教之经典是何书？

　　（1）诗

　　（2）书

　　（3）易

　　（4）春秋

　　（5）礼记

　　（6）论语

(7) 孟子

(8) 大学

(9) 中庸

(10) 周礼

(11) 仪礼

(12) 孝经

二、孔教二字所包何物?

(1) 专指五经四书之精义耶?

(2) 三礼耶?

(3) 古代之宗教耶?(祭祀)

(4) 并及宋明理学耶?

(5) 并及二千五百年来之历史习惯耶?

(五) 今日所谓复兴孔教者,将为二千五百年来之孔教欤?抑为革新之孔教欤?

(六) 苟欲革新孔教,其道何由?

一、学说之革新耶?

二、礼制之革新耶?

三、并二者为一耶?

四、何以改之?从何入手?以何者为根据?

(七) 吾国古代之学说,如管子墨子荀子,独不可与孔孟并尊耶?

(八) 如不当有宗教,则将何以易之?

甲、伦理学说耶?

东方之学说耶?

西方之学说耶?

乙、法律政治耶?

适之在距今五十七年之民国三年，对于孔教问题，仅表关怀，未明示其主张。他首先提出若干问题，即：（一）立国究须宗教否？（二）中国究须宗教否？（三）如须有宗教，则孔教、佛教、耶教中以何者为宜？又如复兴孔教，则又产生下列各问题：（一）孔教之经典是何书？（二）孔教二字所包何物？此外今日所谓复兴孔教者，将为二千五百年之孔教欤？抑为革新之孔教欤？又苟欲革新孔教，其道何由？吾国古代之学说，如管子、墨子、荀子，独不可与孔孟并尊耶？如不当有宗教，则将何以易之？以上一连串问题，尚待解决。终适之之一生，实亦未尝对宗教有何积极之主张，更无论其对孔教矣。

（2）尊孔

（胡适留学日记卷七袁氏尊孔令——三年十一月十六日）

中国数千年来，立国根本在于道德。凡国家政治，家庭伦纪，社会风俗，无一非先圣学说发皇流衍。是以国有治乱，运有隆替，惟此孔子之道，亘古常新，与天无极，经明于汉，祀定于唐，俎豆馨香，为万世师表，国纪民彝，赖以不坠。隋唐以后，科举取士，人习空言，不求实践，濡染酝酿，道德浸衰。近自国体变更，无识之徒误解平等自由，逾越范围，荡然无守，纲常沦斁，人欲横流，几成为土匪禽兽之国。幸天心厌乱，大难削平而黉舍鞠为荆榛，鼓钟委于草莽，使数千年崇拜孔子之心理缺而弗修，其何以固道德藩篱而维持不敝？本大总统躬行重任，早作夜思，以为政体虽取革新，而礼俗要当保守。环球各国，各有所以立国之精神，秉诸先民，蒸为特性。中国服循圣道，自齐家治国平天下，无不本于修身。语其小者，不过庸德之行，庸言之谨，皆日用伦常所莫能外，如布帛菽粟之不可离。语其大者，则可以位天地，育万物，为往圣继绝学，为万世开太平，苟有心知血气之伦，胥在范围曲成之内。故尊崇至

圣，出于亿兆景仰之诚，绝非提倡宗教可比。前经政治会议议决祀孔典礼，业已公布施行。九月二十八日为旧历秋仲上丁，本大总统谨率百官举行祀孔典礼，各地方孔庙由各该长官主祀，用以表示人民，俾知国家以道德为重，群相兴感，潜移默化，治进大同，本大总统有厚望焉。此令。

此袁氏尊孔之令也。此令有大误之处七事，如言吾国政俗"无一非先圣学说发皇流衍"，不知孔子之前之文教，孔子之后之学说(老佛杨墨)。皆有关于吾国政俗者也。其谬一。今日之"纲常沦斁，人欲横流"，非一朝一夕之故，岂可尽以归咎于国体变更以后二三年中自由平等之流祸乎？其谬二。"政体虽取革新，礼俗要当保守"，礼俗独不当革新耶？（此言大足代表今日之守旧派。）其谬三。一面说立国精神，忽作结语曰"故尊崇至圣"云云，不合论理。其谬四。明是提倡宗教，而必为之辞曰绝非提倡宗教。其谬五。"孔子之道，亘古常新，与天无极"，满口大言，毫无历史观念；"与天无极"尤不通。其谬六。"位天地，育万物，为往圣继绝学，为万世开太平，苟有生知血气之伦，皆在范围曲成之内"，一片空言，全无意义，口头谰言，可笑可叹。其谬七。嗟夫！此国家法令也，掷笔一叹！

适之批评袁世凯之尊孔令，谓有谬点七处，其所谓荒谬，系指袁氏命令之措词，而非谓尊孔之措施也。我国历代专制帝皇，辄借尊孔为名，以快其私图，袁氏亦复如此。五四运动虽有打倒孔家店之妄言，然实出自无知之学生，适之时虽执教北大，实非其主动也。